Gesellschaft für Heimatkunde

Brandenburgia

Jahrgang 1901, 1902

Gesellschaft für Heimatkunde

Brandenburgia

Jahrgang 1901, 1902

Inktank publishing, 2018

www.inktank-publishing.com

ISBN/EAN: 9783747753521

„Brandenburgia."

MONATSBLATT

DER

GESELLSCHAFT FÜR HEIMATKUNDE

DER

PROVINZ BRANDENBURG

ZU

BERLIN.

Unter Mitwirkung des Märkischen Provinzial-Museums

herausgegeben

vom

Gesellschafts-Vorstande.

X. Jahrgang 1901/2.

Berlin 1902.
Druck und Verlag von P. Stankiewicz' Buchdruckerei,
Bernburgerstrasse 14.

18. (10. ausserordentl.) Versammlung des IX. Vereinsjahres

Feier des 9. Stiftungsfestes. Mittwoch, den 13. März 1901 in den Sälen des Hôtel Impérial, Enckeplatz 4 u. 4a.

Vorsitzender: Herr Geheime Regierungsrat Friedel.

Nachdem die sehr zahlreiche, von vielen Gästen besuchte Versammlung an der Festtafel Platz genommen, eröffnete der Vorsitzende die Reihe der Ansprachen mit ungefähr folgenden Worten:

Hochansehnliche Versammlung!

Namens des Vorstandes begrüsse ich die heut anwesenden Damen und Herren auf das Herzlichste. Da der heutige Abend vorzugsweise der Geselligkeit gewidmet ist, will ich das Geschäftliche mit äusserster Kürze behandeln. Für unsere Gäste sei bemerkt, dass das neue Geschäftsjahr mit dem 1. April beginnt; unsere wissenschaftliche Thätigkeit ist eine dreifache. Zunächst Naturkunde der Provinz Brandenburg. Auf diesem Gebiet sind wir im laufenden Geschäftsjahr namentlich zum Schutz des märkischen Waldes, interessanter Baumgruppen und einzelner schöner Bäume mit anderen Vereinen und mit den Behörden thätig gewesen. Wir werden hier unsere Bemühungen auch im kommenden Jahre fortsetzen und auf die Erhaltung denkwürdiger grosser Steine und Felsblöcke, namentlich solcher ausdehnen, an die sich Sagen oder sonstige Überlieferungen anknüpfen.

Das zweite Kapitel ist die Altertumskunde mit ihren mannigfaltigen geschäftlichen Hülfswissenschaften. Wie unsere Monatsblätter ausweisen, sind wir auf diesem Gebiet recht ausgiebig thätig gewesen. Das Märkische Provinzial-Museum, mit welchem wir auf dem denkbar besten Fusse stehen, hat uns alle im letzten Jahre ihm zugegangenen wichtigeren Funde zur Besprechung vorgelegt. — Das dritte Kapitel betrifft die Gegenwart und gruppiert sich um die Volkskunde. Hier haben wir uns mit den märkischen Sagen, Sitten, Gebräuchen und Volkstrachten beschäftigt und daran Wanderfahrten sowohl innerhalb Berlins wie in der Provinz angeknüpft. Ich erinnere an die Ausflüge nach Jüterbog und Mittenwalde.

1

Dazu kommt, dass unsere brandenburgische Heimatkunde im Milieu der grossen Landesgeschichte steht. Wir wollen unsere Provinz Brandenburg nicht als die wichtigste Provinz des preussischen Staates herausstreichen, das wäre vermessen. Aber die Thatsache kann uns doch nicht bestritten werden, dass sich aus dem Markgrafentum Brandenburg das Kurfürstentum Brandenburg und aus diesem das Königreich Preussen entwickelt hat, auf dessen Schultern das neuerstandene deutsche Reich ruht.

Dies Alles ist uns erst kürzlich — gelegentlich der 200 Jahrfeier des Königreichs Preussen am 18. Januar d. J. — so recht wieder vor die Augen geführt worden. Gleichzeitig haben wir aber dabei auch wieder erkannt, dass Brandenburg-Preussen, was und wie es geworden, nicht allein der eigenen Kraft, sondern recht eigentlich auch der landesväterlichen Fürsorge und der weitblickenden Staatskunst unseres hohenzollerschen Herrschergeschlechts verdankt.

Bevor wir nun unserm brandenburgischen Markgrafen, unserm geliebten Kaiser und König die erste Huldigung darbringen, wollen wir die Ansprache des Genius der Brandenburgia hören.

Dieser trat im weissen, faltenreichen Gewande vor die Rampe mit Sternenkranz und Stab geschmückt. Er wurde dargestellt durch Frau Kommerzienrath Fickert. Laut und wohltönend klangen die Worte des Dichters durch den Saal, und ausdrucksvoll und empfunden war der Vortrag. Der Dichter, Herr Dr. jur. Depène schildert in schwungvollen Versen das Emporkommen der Mark im Laufe der Jahrhunderte.

Unter anderem heisst es:

Zerfallen ist das alte röm'sche Reich,
Doch seine Streusandbüchse ward vom Schicksal
Zum Eckstein eines neuen Reichs erkoren,
Das weiter, immer weiter über Land
Und Meer sich dehnt bis in die fernen Breiten,
Wo meine wackren Märker heut das Banner
Germanias pflanzen, meiner gröss'ren Schwester. —

Hier ging der Vorhang auseinander und im Hintergrunde erschienen die Medaillen Friedrichs I. und Wilhelms II., flankiert von den Gestalten des Friedens und des Krieges. Im weissen Gewande des Friedens stand Fräulein Friedel auf der einen Seite und hielt den Palmzweig in die Höhe, während Fräulein Bergljot-Goltdammer, im roten Gewande des Krieges, den Lorbeerzweig emporstreckte.

Nachdem der Prolog zu Ende gesprochen war, nahm der I. Vorsitzende wieder das Wort und brachte das Hoch auf den Kaiser aus, in welches die Versammlung begeistert einstimmte. Stehend wurde darauf der erste Vers von Heil Dir im Siegerkranz gesungen.

Nun nahm das Festmahl seinen Verlauf, es wurde durch Toaste,

Vorträge, gemeinschaftliche Lieder oft unterbrochen. Als erster toastete Herr Professor Dr. Galland auf die Gäste und übermittelte das Willkommen an sie. Hierauf antwortete Herr Direktor K. J. Müller und stattete dafür den Dank der Gäste ab. Der Damen gedachte Herr Professor Dr. Wagner, indem er zum Schluss seines Toastes die Herren aufforderte, den schönen Vers Hoffmanns von Fallersleben zu singen: „Deutsche Frauen etc." Am Schluss endlich ergriff Herr Hofjuwelier Telge das Wort und feierte den Arrangeur des Festes, sowie die mitwirkenden Dichter und Künstler. Vor allem dankte er Herrn Franz Körner, der wieder in überraschend trefflicher Weise alles angeordnet, geleitet und durchgeführt hatte.

Die deklamatorischen Vorträge eröffnete Fräulein Recke, welche die Lieder „Murmelnde Lüfte" und „Frühlingsstimmen" vortrug. Bewundernswert waren Reinheit, Tiefe, Klang und Wechsel der Töne. Frau Kommerzienrat Fickert entzückte auch diesmal wieder, wie schon wiederholt, die Hörer durch ihr reiches Organ, den seelenvollen Vortrag und die Auswahl ihrer Lieder. Endlich riss Herr Taenzler durch die kraftvolle Durchführung seiner Arie aus Lohengrin die Versammlung zu stürmischem Beifall hin.

Aber auch für die Bethätigung der Corona war gesorgt. Es wurde mit Begeisterung das „Kaiserlied" von K. J. Müller gesungen. Darauf sangen die Herren das Lied „Den Damen" von A. Lazari und endlich der gesamte Kreis wieder das humoristische Mammuthlied von F. Körner.

So verlief die Tafel unter dem heitersten Wechsel, und die jungen Herrschaften begannen lebhaft an den Tanz zu denken.

Nachdem der Saal geräumt worden war, traten die Paare zur Polonaise an und gruppierten sich allmählich derartig, dass die Mitte des Saales freiblieb. Hierhinein traten nun 12 jugendliche Paare und führten eine Gavotte auf. Die Damen in hellen Kleidern und Hüten und die Herren im schwarzen Frack und Kniehosen. Mit grosser Aufmerksamkeit verfolgten die Zuschauer den reizenden Tanz mit seinen anmutigen Bewegungen und Figuren und spendeten den Tänzern reichen Beifall.

Hierauf arrangierte sich der Zug aufs neue und jedes Paar erhielt noch ein kleines Geschenk zur Erinnerung. Endlich löste sich die Polonaise in eine Polka auf und damit trat der Tanz die Alleinherrschaft an und hielt die Paare bis an den Morgen beisammen.

So verlief auch das 9. Stiftungsfest dank der aufopfernden Hingabe so vieler tüchtiger Kräfte und der guten Stimmung der übrigen in schönster Harmonie.

———

19. (9. ordentliche) Versammlung des IX. Vereinsjahres

Mittwoch, den 27. März 1901, abends 7½ Uhr im grossen Sitzungssaale des Brandenburgischen Ständehauses, Matthäikirch-Strasse 20/21.

Vorsitzender: Herr Geheime Regierungsrat E. Friedel.

Von letzterem rühren die Mitteilungen unter 1 bis 9 her.

1. Zum Kapitel der Bauopfer teile ich mit, dass bei dem seitens des hiesigen Magistrats zwecks Gewinnung einer Baustelle für das Berlinische Gymnasium zum Grauen Kloster ausgeführten Abbruch des Gebäudes Neue Friedrich-Strasse 86, welches dem 18. Jahrhundert angehört zu haben scheint, in dem am Nachbargrundstück No. 87 belegenen Giebel, erstes Stock, in einer zugemauerten ehemaligen Thürnische in einem Glase dicht verschlossen und in Weingeist erhalten, ein etwa 4 Monat alter menschlicher Embryo vermauert aufgefunden wurde. Das Gefäss ist ein weisses Hafenglas von 11,5 cm Höhe und 7 cm Durchmesser, mit einer Glasplatte bedeckt und mittels Wachs sehr sorgfältig verkittet. Da es nicht recht denkbar ist, dass dies Präparat auf diese umständliche Weise etwa hat beseitigt werden sollen, so liegt vielmehr die Vermutung nahe, dass es in die Klasse der Bauopfer gehört, über welche in der Brandenburgia mehrfach*) gesprochen worden ist. Ursprünglich hat man wirkliche Menschen oder Tiere, um den Bestand des Gebäudes zu festigen und zu sichern, vermauert; im Laufe der Zeiten sind hierfür abgeblasstere und mildere Formen des Opfers getreten.

Neben dem Bauopfer her gehen die eigentümlichen ebenfalls teils rituellen teils symbolischen Vorgänge, welche beim Verlegen des Grundsteins und beim Richtfest des Hauses üblich waren und zum Teil noch üblich sind. Erlauben Sie mir aus zwei berühmten Schriftstellern ein paar Beläge hier anzuführen:

Goethe in seinem Roman „Die Wahlverwandtschaften" (um 1809) schildert die symbolischen Vorgänge beim Grundsteinlegen (Cottasche Aug. 1854 Band 15, Seite 75 flg.) sehr anschaulich. Der Geselle sagt: „Diese metallenen zugelöteten Köcher enthalten schriftliche Nachrichten; auf diese Metallplatten ist allerlei Merkwürdiges eingegraben; in diesen schönen gläsernen Flaschen versenken wir den besten alten Wein mit Bezeichnung seines Geburtsjahres; es fehlt nicht an Münzen verschiedener Art in diesem Jahre geprägt; alles dieses erhielten wir durch die Freigebigkeit unseres Bauherrn. Auch ist hier

---

*) Ueber Bauopfer vgl. Brandenburgia IV. 252; VIII. 414; IX. 5 und 358.

mancher Platz, wenn irgend ein Gast und Zuschauer etwas der Nachwelt zu übergeben Belieben trüge."

Es werden nun noch Uniformknöpfe, Haarkämme, Riechfläschchen, von Ottilien sogar die goldene Halskette geopfert, an der das Bild ihres Vaters gehangen hatte.

Dann trinkt der junge Gesell auf das Wohl der Anwesenden und wirft das für Eduarden in seiner Jugend verfertigte, mit den verschlungenen Buchstaben E und O verzierten Glas fort. Es zerschellt — als böses Omen — nicht, wird vielmehr von einem der Arbeiter aufgefangen und später von Eduard (S. 145 u. 258) wieder erworben.

Dies hätte Eduard nach dem Volksglauben nicht thun sollen, denn es ist ein Unglücksglas, dessen Opferung die Gottheit verschmäht hat. Das bewahrheitet sich in dem unglücklichen Ende Eduards, der zu seinem Entsetzen kurz vor dem Tode noch erfährt, dass ein Kammerdiener das echte Glas unlängst zerbrochen und ein ähnliches untergeschoben habe (S. 312).

In Wilhelm Meisters Lehrjahren (1778 begonnen) wird gerade umgekehrt bei einem Gelage des Guten zuviel gethan und in der Begeisterung nicht bloss Glas auf Glas durch die Fensterscheiben auf die Gasse geworfen, sondern schliesslich der Punschnapf selbst, der nach einem solchen Feste durch unheiliges Getränk nicht wieder entweiht werden sollte, in tausend Stücke geschlagen (a. a. O. Bd. 16 S. 145).

Ich verweise im übrigen auf meine Angaben in der Brandenburgia IV S. 250 u. 253.

In sehr anschaulicher Weise schildert ferner vortrefflich der 1818 zu Oberplan in Böhmen geborene Adalbert Stifter, Studien, Die Mappe meines Urgrossvaters", die Vorgänge beim Richten des Hauses und Verlegen des Grundsteins (S. 113 flg.) sehr anschaulich aus Deutsch-Böhmen um 1740:

„Als die letzte Sparre aufgerichtet worden war, an welcher der Fichtenwipfel befestigt war, an dem die bunten Bänder wallten, vorzüglich rot- und blauseiden, als man unten die erste Latte angenagelt hatte, dann sogleich an ihr die nächst obere, und als es mit den vielen Händen, die beschäftigt waren, im Taktschlage rasch aufwärts ging, bis endlich die oberste und letzte am First befestigt war, und die drei Daraufschläge als Zeichen, dass es nun vollendet sei, nach den rollenden Axtschlägen noch einzeln erschollen waren, da erhob sich ein Zimmergeselle neben dem Fichtenwipfel in seinem Sonntagsstaate, von dessem Hute zwei lange rote und blaue seidene Bänderenden herunter hingen, am Rande des Brettes stehend, das man über die obersten Querbalken der Sparren gelegt hatte, und sagte den Zimmermannsspruch auf uns herunter, die wir im Grase standen und hinauf schauten. Als er mit dem Spruche fertig war, nahm er eine Krystallflasche, die hinter ihm auf dem Brette gestanden hatte, schenkte sich aus der Flasche einen Wein, der in derselben enthalten war, in ein Glas, das er in der Hand hielt, und trank den Wein auf uns herunter grüssend aus. Dann warf er das leere Glas hoch in einem Bogen in das Eichenhaag hinüber, dass es in den Aesten zerschellte. Hierauf reichte er die Flasche dem zunächst hinter ihm auf dem Brette stehenden, welcher sich auch ein Glas schenkte, austrank, und das Glas in den Eichenhaag warf. Und so thaten alle hintereinander auf dem Brette stehenden Gewerksgesellen, bis es auf den letzten kam. Dieser nahm die Flasche, die bei ihm leer geworden war, zu sich. Die leere Flasche wurde dem Bauherrn übergeben, weil in sie Dinge verschiedener Art gethan, sie dann verschmolzen und in den Grundstein vergraben werden sollte, wenn man sein Fest feiern würde."

Einige Zeit darauf wurde das Fest der Grundsteinlegung des Hauses gefeiert.

„Es waren ungefähr die nämlichen Menschen zugegen, wie damals, da der Zimmermannspruch bei der Aufstellung des Dachstuhls abgehalten wurde. Man öffnete die Marmorplatte des Steines, der unter dem Haupteingange lag. Unter der gehobenen Marmorplatte kam ein hohler Würfel, ebenfalls aus Marmor, zum Vorscheine, der durch eine sehr starke Glasplatte geschlossen war. Als man auch diese Platte gehoben hatte, zeigte sich der hohle Raum, der bestimmt war, die Gedenksachen, die man hinein thun wollte, aufzunehmen. Der Raum war ganz mit Glas, welches nämlich gar keiner Art Fäulnis unterliegt, gefüttert.*) Man stellte die Flasche, aus welcher der Zimmermann bei seinem Dachstuhlspruch Wein eingeschenkt hatte, in den hohlen Raum. In der Flasche waren alle Silber- und Goldmünzen enthalten, welche jetzt gangbar sind, und ihr Gepräge war von dem letzten Jahre, dann war ein viereckiges Goldstück dabei, eigens zu dem Zwecke gemacht, dass darin der Jahrestag der Grundsteinlegung geschnitten wurde**), dann lag noch ein Pergament in der Flasche, auf welchem die notwendigen Dinge des Herganges aufgeschrieben waren. Die Flasche ist am Munde ihres Halses mit einem Glasstück zugeschmolzen worden. Da dieses Denkmal hineingestellt worden war, legten viele der Anwesenden auch noch Dinge dazu, die sie entweder schon deshalb mitgebracht hatten, oder die ihnen erst jetzt einfielen. Ein Buch, einen kleinen Ring, eine Mundschale von Porzellan, einen Uhrschlüssel, beschriebene Blätter, einer warf eine Rose hinein, die er aus einem Gewächshause mit hierher gebracht hatte, und die

*) Dies gilt nur von Hohlgläsern (Flaschen, Phiolen u. dergl.), nicht von Glasplatten, insbesondere Fensterscheiben, die, wie ich bei Ausgrabung von Fensterscheiben in Kirchenruinen pp. in den verschiedensten Gegenden, auch in der Provinz Brandenburg gesehen, ganz amorph, bröcklich und braunschwarz werden, dass man die Masse kaum für Glas halten möchte. Ferner kommt es auf die Zusammensetzung an; hartes Kron- oder Flint-Glas hält sich besser in der Erde als weiches bleiiges Glas. Manche Glasschlacken wittern so seltsam aus, dass man sie für natürliche Erzeugnisse, sogar als Meteorite gehalten hat, wie die in gewissen Strichen Böhmens und Mährens vorkommenden, Moldavite genannten Rückstände alter Glashütten.

E. Friedel.

**) Eine quadratförmige sogenannte „Klippe"; die Schrift darauf verläuft nicht parallel zu den Rändern, sondern rechtwinklig quer durch. E. Friedel.

Mädchen und Frauen thaten Bänder hinein, dass man einst wisse, was dazumal in diesen Dingen für eine Mode geherrscht habe. Als dieses vorbei war, legten die Gewerke die Glasplatte wieder auf die Oeffnung, dass sie sehr gut gefügt war, dann wurde die Fügung, die rings um das Glas lief, mit einem dichten Kitte verstrichen, der erhärtet und dann keine Luft, keinen Regen und keinen Dunst durch sich hindurch lässt. Ueber der Glasplatte wurde der Deckel aus Marmor in seinen Falz gethan, und derselbe ebenfalls mit dem Kitte verklebt, worauf über der Platte der gewöhnliche Stein gelegt wurde, mit denen der ganze Gang und rings ein Streifen des Hofes gepflastert ist, dass man nicht mehr unterscheiden konnte, unter welcher Stelle die Dinge ruhten, die man eben in die Erde gethan hatte."

In Berlin sind die Bauopfer früher sehr mannigfaltig gewesen: Hunde, Hasen, Hühnereier, Gefässe mit Wein, Bier, Meth oder Milch, sogar gedruckte Bücher.*)

In den Städten und Dörfern der Provinz Brandenburg findet man häufig, namentlich in den Kirchen auf der Erde Backsteine mit Hundestapfen, so dass der Pfotenabdruck des Thieres nach oben liegt, häufig als Bauopfer verwendet. So sahen wir auf den Ausflügen des Märkischen Museums z. B. in den Kirchen zu Wusterhausen a. d. Dosse, Jüterbog (Nikolaikirche), Diedersdorf, Kreis Teltow (gerade unter der Kanzel), Petershagen, Kreis Teltow (am Eingang einer vermauerten Thür) dergleichen Fliesen. Das Märkische Museum besitzt verschiedene dieser Hundestapfen- oder Hundetapfen-Steine, die teils durch Zufall entstanden sind, indem ein Hund freiwillig über den noch weichen Thon lief, oder durch Absicht, indem man einen Hund hinüber zu laufen zwang.

Den Beschluss dieser mit dem Bau-Ritual zusammenhängenden Gebräuche möge für diesmal die Wiedergabe eines gereimten Richtworts machen, welches der Maurerpolier Strese beim Richtfest des Lietzower Kirchturms bei Nauen (Ost-Havelland) am 17. Oktober 1863, nach gefälliger Mitteilung u. M. des Herrn Rektor Monke, sprach.

Zum Werk, das hier in Gottes Namen
Begonnen ist mit schwacher Hand,
Hat Gott gesprochen jetzt sein Amen;
Ihr seht es hier im fert'gen Stand.
Vollendet ist der Turmbau hier,
Des Dorfes Schmuck und grösste Zier.

Zur Ehr' des mächt'gen Vaters droben,
Der mit uns ist, den wir jetzt loben
Und bitten: O! Herr der Welt

*) Gedrucktes wurde früher auch als zauberkräftig gehalten. Ich entsinne mich, dass eine alte Frau, als sie sah, dass ein Schütze ein gedrucktes Buch zerriss um ein Blatt als Pfropfen in seine Flinte mit dem Ladestock hineinzustossen, unwillig rief: es sei Unrecht, „Gottes Wort" so zu behandeln und aus der Flinte zu schiessen. E. Friedel.

Giess Du von Deinem Himmelszelt
Von jetzt nur Heil und Segen aus
Hier über dieses Gottes-Haus,
Damit auch hier an jedem Tage
Dein Wort die besten Früchte trage.

Der Turm hier möge uns stets lehren,
Gott, unsern Vater, zu verehren;
Er rufe uns an jedem Tage,
Eh' wir gefühlt der Arbeit Plage,
Schon früh im Schimmer der Morgenröte
In's Kämmerlein zum stillen Gebete.
Wer Gott vertraut ist nie verzagt. —

Und geh'n wir des Abends fröhlich nach Haus,
Erfreut, dass die Sorge des Tages ist aus,
Dann mahnt uns der Turm durch der Glocken Klang
Zum tiefgefühlten und herzlichen Dank
Für alle die grossen und schönen Gaben,
Die wir durch Seine Güte haben.
Das Kreuz hier oben soll uns lehren,
Den Gottessohn hoch zu verehren,
Der für uns alle starb.
Hoch stehet dieses Kreuz — erhaben —
Weit über dem Getreibe dieser Welt,
Wie Christi Lehr' das Grösste was wir haben,
Die uns allein mit ihm zusammenhält.
So spricht der Turm in's irdische Leben
Ein steter Zeuge Gottes Ruhms;
Er mög' die Herzen zu Dir stets erheben.
Und hier befestigen die Lehr' des Christentums;
Dann wirst Du mächt'ger Gott das hier beschützen
Was wir mit schwacher Hand jetzt aufgebaut.
Es mögen dann donnern die Wetter und leuchten die Blitze,
Der Bau steht fest, weil wir Dir vertraut.
So lasst uns nun zum Schluss vor Gott hintreten
Und zu ihm freudig und innig beten:
„Vater unser" u. s. w.

(Vergl. hierzu meine Mitteilung Brandenburgia IV. S. 247.)

3. „Bei Gustav Kühn gedruckt in Neu-Ruppin." — Zur Ergänzung meiner Mitteilungen über die berühmte Bilderindustrie in der Sitzung vom 30. Januar 1901 (Brdb. IX. S. 484 flg.) mache ich noch folgende Angaben, die teils handschriftlichen Notizen der Firma teils einem Auszug aus der Papier-Zeitung Jahrg. 1891 entnommen und von den jetzigen Inhabern (seit 1892 Richard Gumprecht und Otto Mensel) zur Verfügung gestellt sind.

Die Firma Gustav Kühn wurde im Jahre 1775 von Johann Bernhard Kühn gegründet und hat vor 16 Jahren ihr hundertjähriges Jubelfest gefeiert.

Im Hand-Koloriren der Neu-Ruppiner Bilderbogen ist anscheinend ein gewisser Stillstand eingetreten. Verschiedene Anzeichen sprechen dafür, dass die Zukunft der Bilderbogen-Herstellung mehr auf dem Gebiet der Maschinenarbeit liegt. Es wird vermutlich eine Zeit kommen, wo Farbensteindruck, oder, was wahrscheinlicher ist, Farbenbuchdruck an die Stelle des Hand-Schablonierens tritt. Ansätze in dieser Richtung sind, wie wir später sehen werden, schon vorhanden, und es ist nicht unwahrscheinlich, dass man im laufenden Jahrhundert in Neu-Ruppin die gegenwärtig noch blühende Koloriertechnik bald nur noch vom Hörensagen kennen wird.

Der erwähnte Gründer des Kühnschen Geschäfts, Johann Bernhard Kühn, errichtete 1775 in dem durch nachstehende Abbildung veranschaulichten Häuschen eine kleine Buchdruckerei. Er wandte sein Augenmerk schon früh auf die Herstellung sogenannter „fliegender“ Blätter“ mit humoristischen Darstellungen, aus welchen die späteren „Bilderbogen“ hervorgingen. Die ersten Arbeiten dieser Art waren durchweg in jener derben, steifen Holzschnittmanier ausgeführt, wie sie zu Ende vorigen Jahrhunderts üblich war. Nur wenige grelle Farben wurden gewählt und in breiten Flächen aufgetragen. Einige Beispiele von Bilderbogen aus jener Zeit sind noch im Märkischen Museum zu Berlin vorhanden.

1787 wurde Neu-Ruppin durch einen grossen Brand heimgesucht, dem auch das Kühnsche Häuschen zum Opfer fiel. Friedrich Wilhelm II., der sich lebhaft für die Stadt interessierte, lieferte bei dieser Gelegenheit ein Zeichen erstaunlicher Opferfreudigkeit, indem er den abgebrannten Bürgern Ziegel, Bauholz und Baugelder zur Verfügung stellte. Die Stadt wurde rasch wieder aufgebaut und bot nunmehr gleich allen nach verheerender Feuersbrunst planmässig wiederhergestellten Ortschaften einen um vieles erfreulicheren Anblick dar. Die dankbaren Bürger setzten später dem freigebigen Fürsten auf dem Marktplatz ein stattliches Bronze-Standbild.

Auch Kühns Geschäftshaus war stattlicher wieder aufgebaut worden, und die Bilderbogenfabrikation nahm, angeregt durch die in den nächsten Jahrzehnten folgenden Kriegsereignisse, neuen Aufschwung. Soldaten- und Schlachtenbilder, Bildnisse der Fürsten und Heerführer, wahrscheinlich auch einige der ohne Druckfirma verbreiteten Karikaturen auf Napoleon gingen aus der Anstalt hervor.

Johann Bernhard Kühn starb 1822. Sein Sohn und Nachfolger Leopold Gustav Kühn, ist der eigentliche Begründer der Firma, welche noch heut seinen Namen führt. Während das Geschäft bisher in der Hauptsache Buchdruckerei war und als solche verschiedensten Zwecken diente, gab er ihm jene bestimmte Sonderrichtung, welcher es seinen späteren Weltruf verdankt. Gustav Kühn war ein strebsamer Kopf. Er lernte in seiner Jugend bei Professor Gubitz in Berlin das Holzschneiden, besuchte gleichzeitig die Akademie, interessierte sich lebhaft für die damals neu erfundene Kunst des Steinzeichnens und Steindruckens, und richtete bald nach Übernahme des Geschäfts Steindruckerei ein. Durch Anwendung der leichteren, freieren lithographischen Technik erfuhren die Bilderbogen eine erhebliche Verbesserung. Obgleich aber Senefelder schon gegen Mitte der zwanziger Jahre lithographischen Farbendruck ausübte, wurde in Neu-Ruppin das Schablonen-Kolorierverfahren, in welchem die Arbeiter bedeutende Übung erlangt hatten, beibehalten.

Etwa vom Jahre 1830 an hatte Gustav Kühn einen tüchtigen Mitarbeiter an dem Hofmaler Bülow, dessen Sohn später ebenfalls mehrfach Bilderbogen-Zeichnungen lieferte. Die Bülows hatten Wohnung und Werkstatt im königlichen Schlosse zu Berlin; sie waren beide im Steinzeichnen geübt, und so kam es, dass eine Zeit lang die Platten zu den Neu-Ruppiner Bilderbogen aus dem stolzen Königsschloss an der Spree hervorgingen. Friedrich Wilhelm IV., der für Kunst und Kunsttechnik viel Sinn und Verständnis hatte, interessierte sich auch für den in seinem Schlosse betriebenen Kunstzweig und besuchte öfters die Werkstatt.

Weltberühmt ist die Firma aber hauptsächlich durch ihre bunten Bilderbogen geworden. Ihre eigentlichen Bilderbogen zerfallen in mehrere Hauptgruppen. Da giebt es solche mit zusammenhanglosen kleinen Bildern mit und ohne Text, Soldatenbogen, Märchenbilder mit begleitendem Text, humoristische Märchen-, Tier- und Pflanzenbilder, Ankleidefiguren, Modellierbogen, Theaterbilder, Gesellschaftsspiele u. s. w. Einige Bogen zeigen je ein farbiges und ein Umrissbild nebeneinander; sie sind zu Tuschübungen bestimmt; daneben giebt es Drachen- und Scheibenbilder, Vorlagen zu Laubsägearbeit und Kerbschnitt, Riesen-Ziehfiguren und lebensgrosse Tierbilder. Überall waltet nach dem alten Volksliede der Grundsatz:

„Bunte Farbe lieb' ich traun,
Sonderlich die rote."

Eine Abteilung für sich bilden die Spiele und Bilderbücher, die Zauber-, Traum- und Wahrsagekarten. Geheimnisvolle Dinge sind darunter, wie das „siebenmal versiegelte Buch" mit unfehlbarer Auslegung der Träume und die „Zauberkarten des Nostradamus", mit deren Hilfe man einer jeden Person sagen konnte, wie alt sie ist und wieviel Geld sie bei sich hat; ferner „Briefsteller für Liebende" mit wunderbaren, blumenreichen Briefen, und zahlreiche Komplimentierbücher.

Da ist zunächst ein Bogen, der durch Diagonalteilung in zwei Dreiecke zerlegt wurde. In jedem dieser Dreiecke befindet sich inmitten einer Umrahmung ein Marienbild von jener sonderbaren kegelförmigen Gestalt ohne Füsse, wie sie nach altem Herkommen als Sinnbild für Bergkapellen gewählt wird, ferner eine Kirche, verschiedene rote, blaue und grüne Engel und ein Wallfahrerzug. Wie die holländische Unterschrift besagt, haben diese Dreieckzipfel Bezug auf Wallfahrten. Sie werden ausgeschnitten und von den Wallfahrern an ihren Stöcken befestigt. Mit solchen Fähnchen zieht dann die fromme Bruder- und Schwesterschaft singend und betend vom Wallfahrtsort nach Hause.

Ein anderes Stück der Sammlung von kulturgeschichtlichem Interesse ist die sogenannte „Rockenbinde". Das ist ein auf dünne Lederpappe gezogenes Blatt von 17 zu 50 cm, umgeben von einem grünen, gestrichenen Rande. Die Vorderseite ist in drei Felder geteilt, in deren mittelstem ein kosendes Liebespaar dargestellt ist. Der männliche Teil ist ein Husar unbekannter Landeszugehörigkeit, anscheinend ein österreichischer, der weibliche ein sanft dreinschauendes Bauernmädchen. An den Seitenfeldern befinden sich grosse rote flammende Herzen, von Amoretten gehalten, und inmitten eines Kranzes von Rosen Verse, welche die Unwiderstehlichkeit der Soldaten besingen. Ein langes, unmittelbar auf die Pappe gedrucktes Gedicht auf der Rückseite erläutert die Bestimmung des Blattes. Johann ist aus der Stadt zurückgekehrt und lässt in der Spinnstube die Mädchen raten, was er mitgebracht hat. Wers rät, soll das Geschenk haben. Dörte rät auf ein Tuch, Sophie auf ein neues Kleid. Letzteres wird indes von Regine, die einen tiefen Blick in die wirtschaftlichen Verhältnisse des Herrn Johann gethan zu haben scheint, lebhaft bestritten:

Nun ja! Regine spöttisch sagt,
Dazu hätt' er auch Geld!
Umsonst Ihr Euch mit Raten plagt,
Was mir so leicht einfällt;
Ein Ring ist es, nichts als ein Ring,
Den hat er mitgebracht! —
Allein Regin', das kluge Ding,
Ward tüchtig ausgelacht.

Also auch ein Ring war es nicht. Endlich, endlich errät es Johanns Herzenskönigin:

Da hebt Maria schüchtern an,
Indem sie dreht ihr Rad
Und fragt: »Ist es vielleicht, Johann,
Ein neues Rockenblatt?«

Das wars und Marie bekommt sowohl das Blatt als auch den Geber.

Der Zweck eines Rockenblattes besteht darin, dass es um den Rocken, jenes Flachsbündel, aus welchem beim Spinnen die Fäden herausgezupft werden, gewickelt und mit einem farbigen Bande festgebunden wird. In einzelnen deutschen Landesteilen wird nämlich noch vielfach mit dem Rocken gesponnen, so z. B. in der Lausitz, in Pommern, Mecklenburg, dem Schwarzwald u. s. w.

Weitere interessante Stücke in der Sammlung sind ein Stickmusterbüchlein, in dessen rot überzogenen Deckel ein Spiegelchen von der Grösse eines Markstücks eingelassen ist, und eine Zappelfigur in Gestalt einer bayerischen Kellnerin. Wenn man an der „Strippe“ zieht, schwingt das holde Wesen in jeder Hand ein Viertel-Dutzend Maasskrüge, zeigt die Zähne und verdreht die Augen. Solche Zappelfiguren werden namentlich um die „Bockzeit“ in Bierhäusern von Hausierern verkauft.

Auch einige Bogen Pfefferkuchenbilder, wie man sie in Verbindung mit Pfefferkuchenpäckchen auf allen Jahrmärkten sehen kann, sind in der Sammlung vertreten. Sie handeln viel von Liebe und ewiger Treue, von Küssen und der unbezwinglichen Zaubermacht schwarzer Augen.

Vielbegehrte Lagerartikel der Firma sind ferner die für ländliche Wirtshäuser bestimmten Kneipbilder. Auf ganzen Bogen sind die Wirtshausscenen verschiedener Art: die Heimkehr des Berauschten, sein Empfang durch die „bessere Hälfte“ u. s. w., meist recht drastisch dargestellt. Einladungen zu möglichst ergiebigem Biergenuss und die eindringliche Mahnung: „Hier wird nicht gepumpt“ reihen sich an. Als Gegenstücke hierzu finden sich Heiligenbilder und Darstellungen aus der biblischen Geschichte. Auch lebensgrosse Brustbilder bekannter und berühmter Persönlichkeiten, so z. B. des Kaisers und der Kaiserin, sind, teilweise in recht guter Ausführung, vertreten.

Vom Standpunkt der Geschichte heimatlichen Gewerbefleisses und der Volkskunde wird unsere Brandenburgia auch ferner gern anteilnehmen am weitern Erblühen der alten Firma Gustav Kühn in Neu-Ruppin.

4. Den Schutz des Waldes und überhaupt der seltenen heimischen Pflanzen, ingleichen die Herausgabe eines forstbotanischen Merkbüchleins — vgl. in unseren Monatsheften IX. 10, 258, 384, 481, 483 und 481 — betreffen die nachfolgenden Schriftsätze.

An den Vorstand des Botanischen Vereins der Provinz Brandenburg richtete ich zunächst folgendes amtliche Schreiben am 18. Januar d. Js.:

Berlin, den 18. Januar 1901.

In der Angelegenheit betreffend die Inventarisierung, Klassierung und Beschützung der zu den natürlichen Denkmälern zu rechnenden seltenen Pflanzen, insbesondere Bäume, Baumgruppen u. dgl., ersuchen wir den Vorstand, sich gefälligst dahin verwenden zu wollen, dass ein forstbotanisches Merkbüchlein thunlichst genau nach dem vortrefflichen Conwentzschen für die Provinz Westpreussen recht bald für die Provinz Brandenburg und für den praktischen Gebrauch in weitesten Kreisen hergestellt, selbstverständlich auch auf den politisch nicht zur Provinz Brandenburg gehörigen Stadtkreis Berlin ausgedehnt werde.

Die Herausgabe eines grösseren Prachtwerkes über denselben Gegenstand ist gewiss auch recht wünschenswert, kommt aber erst, als bei weitem nicht so dringlich, in zweiter Linie in Frage.

In dem Conwentzschen Werk ist übersehen worden, die interessanteren Hexenbesenbäume (insbesondere die durch Exoascus hervorgerufenen Bildungen) in die Inventur und den Schutz mit einzuziehen. Wir ersuchen, bei dem forstbotanischen Merkbüchlein für Brandenburg und Berlin auch die wichtigsten mit stattlichen Hexenbesen ausgestatteten Bäume mit zu berücksichtigen.

Eine Vermengung mit der Inventur, Klassierung und Schützung der denkwürdigsten Geschiebeblöcke und sonstigen interessanten geologischen Vorkommnisse, wie sie die im übrigen hochschätzbare Arbeit des Herrn Professor Jentzsch für Ostpreussen enthält, bitten wir dringend, abzulehnen.

Diese geologischen Gegenstände verdienen in ein besonderes Merkbüchlein aufgenommen zu werden.

Märkisches Provinzial-Museum. Die Direktion E. Friedel.

Dem Schreiben vom 18. Januar schloss sich demnächst unter dem 1. v. M. folgender diesseitiger Antrag an.

Den in der Zuschrift des Märkischen Provinzial-Museums vom 18. Januar d. J. ausgesprochenen Grundsätzen ist die Brandenburgia in ihrer Sitzung vom 30. Januar d. Js. auf Grund eingehender Erörterung einstimmig beigetreten und wird auch unsererseits gebeten, zuvörderst die Herstellung eines Merkbüchlein nach Analogie des Westpreussischen betreiben zu wollen.

Vorstand der Brandenburgia, Gesellschaft für Heimatkunde
der Provinz Brandenburg.

Der erste Vorsitzende. gez. Friedel. Geheimer Regierungsrat.

Auf beide Zuschriften ist folgende Antwort am 13. d. M. ergangen.

Botanischer Verein der Provinz Brandenburg. Berlin W., den 13. März 1901. Grunewaldstr. 6/7.

Hochgeehrter Herr Geheimrat!

Für die Teilnahme, welche die Direktion des Märkischen Provinzial-Museums wie die Brandenburgia der Herausgabe eines forstbotanischen Merkbuches schenkt, im Namen des Botanischen Vereins bestens dankend, beehre ich mich Ihnen mitzuteilen, dass die beiden unter dem 5. Februar d. Js. hier eingegangenen Schriftstücke in der Kommissionssitzung am 8. d. Mts. zur Vorlesung gekommen sind, und dass in Übereinstimmung mit den darin ausgesprochenen Wünschen beschlossen wurde, von einer Aufnahme der erratischen Blöcke abzusehen und das Format des herauszugebenden Werkes ganz so wie das des Herrn Prof. Dr. Conwentz zu gestalten. Der Anregung, auch Hexenbesen (Exoascus) zum Gegenstand einer Fragestellung zu machen, wurde keine Folge gegeben, dagegen es für notwendig erachtet, ausser einer Aufzählung, Beschreibung, eventuell auch Abbildung seltener, alter oder merkwürdiger Bäume zu geben, daneben auf ausgezeichnete Standorte wichtiger und charakteristischer Pflanzengemeinschaften hinzuweisen. Der Regierung soll durch letztere an die Hand gegeben werden, bestimmt zu bezeichnende Moore, Haideflächen, Waldparzellen, Sumpfgelände etc. nach Möglichkeit für intakt zu lassende Schutzgebiete zu erklären, für Zufluchtstätten, in denen sich die bedrohten Vertreter einer ehemaligen arktischen Flora, der früheren Steppenvegetation u. s. w. dauernd zu erhalten vermögen.

Nachdem von Seiten des Provinzial-Ausschusses, des Kultus- und Landwirtschafts-Ministeriums die nötigen Mittel bewilligt sind, habe ich die zur Verteilung gelangenden Fragebögen ausgearbeitet und dem Oberpräsidenten eingesandt. Es ist demnach zu hoffen, dass das Unternehmen gesichert ist und zu einem gedeihlichen Abschluss kommen werde.

Mit vorzüglicher Hochachtung ergebenst

gez. Georg Volken.

5. Das Dorf Eichholz mit den zwei grossen Eiben (Taxus baccata L.) bei Finsterwalde, Kreis Kalau, wurde von mir und Herrn Pfleger H. Maurer am 9. Juni 1897 besucht. In dem stattlichen Dorf sind mehrere Wohnhäuser und Scheunen im altwendischen Blockhaus-Verbande aus Kiefernholz erbaut.

Die Kirche hat ihren Turm 1876 durch Sturmwind verloren, und ist zum Ersatz neben der Turmseite ein besonderer, niedriger Glockenturm erbaut. Die Glocken sind neueren Datums ohne geschichtliches Interesse. Die Kirche ist gotisch mit einer sehr altertümlichen schmalen Thür, darin ein uraltes hölzernes Kastenschloss mit sehr grossem, nicht hohlem, eisernem Schlüssel. Das Mauerwerk besteht aus gespaltenen, an den Gebäudeecken rechtwinkelig bearbeiteten Feldsteinen, meist Granit; aus gleichem Baustoff sind die eigentümlich abgetreppten Giebel hergestellt. Inwendig zeigt sich eine Balkendecke. Das Gestühl und Gebälk ist erst nach dem 30jährigen Kriege hergerichtet; rohe Bauernmalerei am Altar und an der Kanzel. Auf dem Kirchboden drei einzelne bemalte weibliche Heiligenfiguren. Der Pastor, Herr Redlich, wohnt in Lugau bei Dobrilugk.

Aelteste Eibe der Provinz Brandenburg
(1,10 m Stamm-Durchm.)
Eichholz bei Finsterwalde, Kreis Luckau.

Später, aber sicherlich noch vor dem 16. Jahrhundert ist die Aussenmauer der Kirche mit derbem, steinhart gewordenem Putz übertragen und gleichzeitig dieser Putz in quadratische Streifen, die zum Teil — wie die Wecken im bayerischen Wappen — rautenförmig schief verlaufen, roh eingeteilt worden.

In diesem jetzt, wie gesagt, steinhart gewordenen Putz sind, sicherlich schon in katholischer Zeit, eine Menge Weihnäpfchen, darunter die bekannten bis zu einem Fünfmarkstück grossen halbkugelig-kesselförmigen Vertiefungen absichtlich eingerieben. Offenbar musste man dies weichere Material nehmen, weil die Feldsteine der Mauer zu hart waren.

Nun zu den zwei berühmten, aber in der weiteren forstbotanischen Welt wenig bekannten uralten Eiben.

Von Finsterwalde aus gesehen auf der linken Seite der Dorfstrasse steht zunächst eine Eibe — die Dörfler sprechen „Ibe" — auf dem Dannenbergschen Gehöft. Dieselbe ist leider am 1. Juli 1866 teilweise durch Feuer beschädigt und grünt seither nur noch aus einem Stammteile. Dieser Baum hat den bei der Eibe, wo sie im Dickicht steht, so gewöhnlichen strauchartigen Wuchs trotz seiner Grösse und jetzigen isolirten Stellung beibehalten. Dieser Taxus ist männlich. Bei 80 cm über der Erde Stammumfang 4,5 m, bei 1,25 m über der Erde Stammumfang 2,25 m, Höhe des Baumes ca. 7,5 m. Der Baum teilt sich bald über dem Gelände in mehrere Stämme. Der Boden erwies sich leidlich feucht.

Ein ganz anderes Bild bietet die zweite Eibe, deren Abbildung ich auf dem beigefügten Blatt wiedergebe.

Dieser herrliche Baum ist kerzengerade gewachsen, durchaus kräftig und gesund. Er ist weiblich — viele Samenkörner desselben lagen am Boden umher. Dieser Baum wird von den Leuten „unsere Ceder" genannt. Er steht auf einem zweiten linksseitigen Bauerngehöft, in weit trocknerem Boden gewachsen; daher wohl zum Teil sein schlanker Wuchs. Nach Mitteilung des Besitzers, Herrn Haeselich, finden sich von den Früchten herrührend verschiedene Pflanzlinge in seinem Hausgarten. Bei 1 m über der Erde beträgt der Stammumfang 3,50 m, bei 2,90 cm ist die erste Astabzweigung. Die Höhe der Eibe erreicht 11,75 m.

Herr Kustos Rudolf Buchholz erwähnt in seiner Chronik der Berliner Schützengilde, wo er von dem Wert des Eibenholzes zu Bogen spricht (Archiv der Brandenburgia 3. Band S. 6), dieser Eiben mit 2 Zeilen. Die Abbildung verdanke ich dem Herrn Archidiakonus Schlobach in Finsterwalde. Auf dem Bilde steht links eine alte Frau, Herrn Haeselichs Grossmutter, rechts der Lehrer Otte und eine Nachbarin.

Erfahrungsgemäss leiden die vereinzelt bei Kirchen und in Gärten stehenden grossen Eibenbäume dadurch, dass Zweige zu Totenkränzen von ihnen abgeschnitten werden. Auf diese Weise hat z. B. die im Pfarrgarten zu Zingst auf der gleichnamigen Ostsee-Insel (Neu Vorpommern) stehende gewaltige uralte Eibe, wie ich an anderer Stelle vor Jahren geschildert, ein höchst trauriges und seltsames Aussehen bekommen.

Hier in Eichholz werden Taxuszweige umgekehrt gerade bei freudigen Ereignissen z. B. zu Hochzeitskränzen verwendet.

Ich teile diesen Beitrag zu einem brandenburgischen forstbotanischen Merkbüchlein in der Hoffnung mit, dass die Eichholzer Eiben uns noch um Jahrhunderte überleben mögen. Sonst zu vergleichen über die Eibe Brandenburgia I 90, 151; VII 252, 488; VIII 31; IX 197 und 327.

5. Staub- und Blutregen in der Mark Brandenburg. Am 11. d. M. ist in Berlin und seiner Umgegend z. B. auf der Sternwarte des Direktors Archenhold in Treptow und in vielen anderen Teilen unserer Provinz z. B. Sommerfeld ein gelblich bis rötlich gefärbter Staubfall beobachtet worden, der in meteorologischer wie volkskundlicher Beziehung mancherlei Bemerkenswertes bietet. Dieser Staubfall, teilweise mit Regen vermischt, ist auch in Mecklenburg, in Schleswig-Holstein bis nach Jütland beobachtet worden, wo man zunächst an vulkanischen Staub, vom Hekla auf Irland herrührend, dachte. Es zeigte sich aber, dass dies Phänomen zur gleichen Zeit oder noch einen Tag früher im Süden und bis nach Sizilien vorkam, und dass die Beobachtungskette von dort bis Skandinavien reicht, wobei das Phänomen je weiter nach Norden um so schwächer wurde.

In der Ges. für Erdkunde zu Berlin berichtet Dr. Meinardus vom Meteorologischen Institut über den Staubregen. Am 11. März, so erklärte M., wurde in der Provinz Brandenburg der Staubfall von 9—11 Uhr vormittags beobachtet. Von Tunis ab, wo am 10. eine Depression einsetzte, ergiebt sich eine Luftlinie von 2200 bis 2300 km und eine Geschwindigkeit von 54 km in der Stunde für die Fahrt des Staubes. Man nahm Saharastaub an, doch ist die nördliche Bahn selten; dieser Staubregen bleibt sonst zumeist im Mittelmeer-Gebiet oder erscheint in Russland. Eine genaue Untersuchung im hiesigen Meteorologischen Institut wird stattfinden. Freiherr v. Richthofen meinte, die Ursachen auf Lateritstaub aus dem Süden, wo Trockenheit sei, beziehen zu sollen.

Am auffallendsten machte sich der Staubfall natürlich auf den Schneefeldern der Alpen als sogen. roter Schnee oder Blutschnee bemerkbar. Professor Dr. Dölter verlautbarte darüber folgende Bemerkungen in der „Grazer Tagespost“:

„Wie schon vor vielen Dezennien Ehrenberg gesagt hat, giebt es zwei Arten roten Schnees, von denen der eine seine Färbung Organismen verdankt, während der andere durch Mineralpartikelchen gefärbt ist; zu letzterer Gattung gehört der jüngst gefallene. „Ich habe", führt Dölter aus, „zuerst von dem Bezirkstierarzt Bernhard Fest in Murau Proben von dort erhalten, weitere durch Professor Dr. R. Hoernes zur Untersuchung bekommen. Die Farbe der mir zur Verfügung gestellten Proben war braunrot; aus anderen Gegenden wurde über eine gelbbraune oder gelbe Färbung berichtet; in Sizilien soll der Regen blutrot gewesen sein. Der färbende Bestandteil ist aber, soweit aus den eingesandten Proben hervorgeht, stets derselbe; es sind wohl die verschiedenen Farben, abgesehen von dem subjektiven Moment, erstens auf das Mengenverhältnis des färbenden Bestandteiles, zweitens auch auf die Beleuchtung des Schnees zurückzuführen.

Das Färbemittel ist Eisenoxydhydrat, Brauneisen oder Eisenocker, wie er in den meisten mineralischen Sanden in geringer Menge vorkommt, während in den Tropensanden eine bedeutendere Menge desselben eine intensivere braunrote Färbung bedingt. Durch Verwitterung entsteht in vielen tropischen Gegenden Afrikas und Asiens eine eigentümliche rote bis braunrote Erde, die einen starken Gehalt an Eisenoxyhydrat zeigt und Laterit genannt wird. Sie entsteht aus verschiedenen Gesteinen, durch Verschwinden von Feldspat, Quarz und Bildung von Eisen- und Thonerdehydraten. Ich sammelte selbst in Westafrika solchen Laterit; sein Färbemittel hat mit dem des Schnees manche Ähnlichkeit.

Die Untersuchung des Sandes, der dem Schnee beigemengt war, zeigte neben dem roten Bestandteil, der im durchfallenden Licht unter dem Mikroskop bräunlichrot, gelblichrot, seltener blutrot erscheint, noch einige undurchsichtige Partikelchen von Eisenglanz, die aber in dünneren Partien ebenfalls blutrot erscheinen, dann in geringer Menge Quarzbruchstücke, dagegen viel Glimmerblättchen, Feldspat und ziemlich viel kohlensauren Kalk, der am Aufbrausen mit Säure sofort erkenntlich ist; auch Mischungen von dichtem Kalcit (ohne Krystallform) mit Eisenocker kommen vor. Alle diese Bestandteile erklären sich leicht als Verwitterungsgruss von Graniten, Glimmerschiefern und dichten Kalksteinen, die wahrscheinlich stärker eisenhaltig waren. Demnach haben wir es mit einem Wüstensand zu thun, zu dem sich noch ein Bestandteil gesellt, der unter dem Mikroskop sofort ins Auge springt: Salzkrystalle in Würfeln, die offenbar auf dem Flug über das Meer mitgerissen wurden. Der Sand stimmt übrigens zum grössten Teil überein mit einem Schlammregen, der im Jahre 1885 bis Klagenfurt fiel. Mit vulkanischem Schlammregen hat das beobachtete Phänomen, wie aus der Untersuchung der Gemengteile hervorgeht, wohl nichts gemeinsam." *)

*) Auch Meteorstaub ist zeitweilig für die Färbung des Staub- und Blutregens verantwortlich gemacht worden. Das erstreckt sich sogar, wie nachfolgendes Citat erweist, auf andere Planeten.

Was diesen von Dr. Dölter erwähnten Laterit anlangt, so bemerke ich, dass er zweifellos auch in einzelnen nichttropischen Gegenden der Erde vorkommt. So habe ich in der Nähe von Abbazia im österreichischen Küstenlande gewaltige Ablagerungen von Laterit, „rote Erde“ (terra rossa) über dem harten ausgewaschenen Karst-Kalkstein gesehen und in meinem Tagebuch vom 15. Mai 1895 darüber folgendes bemerkt: „Am Nachmittag nach Lovrana mit Dampfer gefahren und dann den istrischen Strand noch weiter nach Süden verfolgt. Der Uferweg wird immer höher und höher zum Adriatischen Meer hin abfallend. Dann erscheinen ungeheure Abstürze, Draga genannt, der roten Erde (terra rossa) welche sich bis zum Meer erstrecken und zu mehreren hundert Metern erheben. Schlünde, Spalten und Löcher sind darin in phantastischer Weise ausgewaschen. Da, wo ein Stein aufliegt oder die Klammerwurzeln festeren Buschwerks in der Roterde haften, bilden sich Erdpyramiden, ähnlich wie bei Bozen, nur mit breiterer pyramidaler Basis, nicht so säulenartig schlang wie bei Bozen und wie nahe Innsbruck bei Patsch.“ Regen und Wind führen die lockere fruchtbare lateritische Roterde nach unten; setzt nun eine Bora oder ein sonstiger Wirbelsturm, wie sie auf dem Karstgebiet und in Istrien bis zum Meere hinunter mitunter in furchtbarer Wut hausen, ein, so werden die roten Staubmassen trombenartig in die Luft gerissen, schlagen sich weit und breit mit Regengüssen nieder und bilden gelegentlich das Phänomen des Blutregens.

Gleichwohl glaube ich diese terra rossa diesmal nicht als die Ursache unseres Blut- und Staubregens anklagen zu dürfen, denn die Färbung war — wie schon angedeutet — je weiter nach Süden, je intensiver, für Europa in Sizilien am dunkelsten. Es bleibt also auch nach meiner Meinung das Wahrscheinlichste, den Ursprung des Phänomens vom 10. und 11. d. M. in Afrika zu suchen.

Im Volksglauben spielen, wie man sich leicht denken kann, die Blutregen eine grosse Rolle. Der alte Bekmann (Hist. Beschreibung der Chur und Mark Brdb. 1751 S. 529 flg.) weiss natürlich auch davon zu berichten. So hat eines Müller's in Grossmantel Magd auf ihren Kleidern mehrere Tage Blut i. J. 1675 gehabt. Sie hätte auch ein Gesicht von zwei Reutern gegen Norden bemerkt und wäre endlich durch eine lange weissgekleidete Person gewarnet worden, das Blut nicht abzuwischen, sondern den Thatbestand den Gerichten anzuzeigen.

„Was die rötliche Färbung der Oberfläche (der Schneezonen des Mars) betrifft, so meint Schmidt, dafür Meteorstaub verantwortlich machen zu können, dessen Anwesenheit in unserer Atmosphäre durch Einschmelzen ungeheurer Schneemengen in den Nordpolregionen durch Nordenskjöld nachgewiesen worden ist.“

Hnatek in der Naturwiss. Wochenschrift XVI, S. 118.

Vgl. über den Blutregen auch Dr. E. Less in der Naturwissensch. Wochenschrift No. 16, S. 186, Bd. XVI, 1891. E. Friedel.

Nachdem der Magister Friedrich Madeweis hierüber eine erbauliche Epistel in wohlgesetztem Latein verfasst, kam heraus, dass sich die Mühlknappen ein Spässchen gemacht und der sehr einfältigen Magd das Blut mit einer Wurstspritze appliziert. Angelus Marchicus berichtet von Blutregen in den Jahren 1541, 1588 und 1596. Bekmann giebt auch eine ziemlich vernünftige Erklärung des Blutregens, den er mit rotem Erdstaub in Verbindung bringt. Er führt auch nach Peiresc als möglich an, „dass solche Farbe vom geschmeiss und unflath gewisser sommervögel herrühre, welche einen röbtlichen unflaht fallen lassen."*)

Bekmann erwähnt noch folgende Beobachtung:

„Sonst hat man A. 1737 am h. abend vor Weihnachten bei Straussberg wahrgenommen, dass der Straussee daselbst ganz roht ausgesehen, als wäre das wasser mit Bluht vermenget. Bald ging die rede, der See bei Straussberg wäre Bluht geworden. Nachdem das wasser verschiedentlich untersucht worden: hat zwar wollen gemuhtmasset werden, dass es von einem im grunde blühenden kraut- oder wurzeln herrühre, allein der wahre grund hat gesteckt in den dabei gelegenen Ellern,**) welche ausgehauen worden, da sich aus den wurzeln und spähnen ein saft abgeweichet, der nach und nach durch die erde in den See gedrungen, und weil es subtile holztheilchen gewesen, solche sich oben gesetzet, und die farbe verursachet; wie sich solches gezeiget, wann man wasser davon in einem glase stehen lassen. Dann da hat sich oben das roht wie eine feine faule feine borke gesetzet. — Der Hr. D. Gleditsch, der diese sache untersuchet, hat befunden, dass die am Straussee gelegene Elsenbrücher, deren quellen sich in den See ergiessen, verschlamt, verstopft, und in langer zeit nicht recht gangbar gewesen, und da sie auf einmahl aufgeräumet worden, durch eingefallenen anhaltenden regen auf einmahl eine grosse menge von einer zarten rohten Eisenerde, wie die sublimation mit ex gezeiget, welche mit leichtem schlamm vermenget gewesen, in den See geführt worden, wodurch die rohte Farbe entstanden. Ein gallertartiges gewächse aber, welches beim Linnaeus Flor. Suec. 369. Tremella plicata undulata, sonst aber vom Gemeinen Mann Sternenbutz genannt wird, hat die bluhtige lappen im wasser vorgestellet: welches derselbe auch bei dem Dorfe Johannesfelde in dem Wiesengraben und in Gerlsdorf an den quellen bemerket. Ob es mit einem See bei Zollnow unweit Soldin, der 1629 31. Mai auch bluhtig soll ausgesehen haben, gleich bewandniss habe, lässet man dahin gestellt sein."

Dazu sei bemerkt, dass ich am 9. Oktober 1898 mit der Pflegschaft des Märkischen Museums den Pfuhl bei der Stadtstelle im Blumenthal bei Straussberg (vgl. Jahrg. IX 258, 348, 481) blutrot

---

*) Vergl. meinen Aufsatz in der Zeitschrift „Der Zoologische Garten, XLI. Jahrg. Frkf. a. M. 1900 S. 390 flg. E. Friedel. Der Polyhistor Peiresc ein Tierkenner und Tierfreund des 16. und 17. Jahrhunderts." E. Friedel.

**) Vergl. meine Beobachtungen im Amts- oder Mariensee bei Kloster Chorin, den ich von Erlenwurzeln am 21. Juli 1895 stellenweis rot gefärbt fand. Brandenburgia IX. S. 202. E. Friedel.

2*

gefärbt und zum Teil wie mit blutigen Laggen bedeckt fand. Auch diese Erscheinung würden Abergläubische mit einem Blutregen in Verbindung bringen, namentlich wenn etwa ein Wirbelwind mit Regen von diesem blutigen Wasser etwas herausreissen und in der nähern odern weitern Umgegend verbreiten sollte.

Krieg, Pestilenz, Aufruhr wurden wie überall, so in der Mark Brandenburg, mit dieser auffallenden und immerhin recht seltenen Erscheinung in Verbindung gebracht, wie man aus den vielerlei Aufzeichnungen gedruckter und zum Teil noch ungedruckter Chronisten ohne Schwierigkeit nachweisen könnte.

7. Das Brockengespenst in der Provinz Brandenburg. Eine zweite interessante meteorologische, zu den Seltenheiten gehörige Erscheinung teilt die „Naturwissenschaftliche Wochenschrift" unter dem 25. Februar 1901 mit. — Die bekannte Erscheinung des Brockengespenstes ist bisher ausschliesslich in gebirgigen Gegenden beobachtet worden und speziell auf dem besonders nebelreichen Brocken, welcher dem Phänomen auch den Namen geliehen hat. An und für sich liegt natürlich kein Grund vor, weshalb die Erscheinung, deren Entstehungsursachen als bekannt, vorausgesetzt werden dürfen, nicht unter gleichen günstigen Umständen auch im Tiefland vorkommen sollte. Doch war bisher kein derartiger Fall bekannt geworden. Nun berichtet Professor Dr. H. Bork aus Friedenau bei Berlin, dass er das Brockengespenst in der Morgenfrühe des 19. Juli 1900 auf der Chaussee zwischen Crossen a. O. und Grünberg i. S. beobachtet habe, also im ausgesprochenen Tiefland.

Die Chaussee läuft an der genannten Stelle zwischen den feuchten Oderwiesen hindurch und ist gegenüber dem umliegenden Terrain erhöht. Die Wiesen waren, als Prof. Bork mit seinem Sohn auf einer Radtour daran vorbeifuhr, von einem tischhohen Morgennebel bedeckt. Es war 4 Uhr 15 Min. Morgens, als die eben aufgegangene Sonne die Gestalten der vorbeifahrenden Radfahrer als scharfe Silhouette der Nebelwand abzeichnete. Die Radfahren stiegen ab und beobachteten, dass die Köpfe der Schattenbilder von farblosen, prachtvoll leuchtenden Aureolen umgeben waren; auf diesen folgte ein weiterer, schöner, regenbogenfarbener Ring, dessen Rot nach aussen gekehrt war. Die benachbarten Chausseebäume warfen merkwürdigerweise keinen Schatten, trotzdem die Schattenbilder der beiden Beobachter so deutlich waren, dass die 5 Finger der emporgehaltenen, gespreizten Hand auf dem Nebel deutlich zu erkennen waren.

Die Erscheinung währte etwa eine Minute, dann verschwand sie mit der steigenden Sonne, welche nach wie vor am wolkenlosen Himmel strahlte, während der weisse Morgennebel auch weiterhin die Wiesen bedeckte.

8. **Volkstümliche Schifffahrts- und Fischerei-Ausdrücke in der Provinz Brandenburg.** Die Deutsche Anthropologische Gesellschaft versendet auf Anregung des Herrn Geheimen Regierungsrats Dr. A. Voss vom hiesigen Kgl. Völkermuseum den Ihnen hiermit vorgelegten, auf die volkstümliche Schifffahrt bezüglichen Fragebogen. Da die sozusagen „künstliche“ Schifffahrt die alte deutsche Schifffahrt naturgemäss immer mehr verdrängt, so gehen auch die Erinnerungen an die alten Schiffsformen und Schiffsgeräte sowie die technischen Ausdrücke mehr und mehr verloren.

Es ist deshalb die von Herrn Voss sehr zweckmässig angestrebte Niederlegung der alten Formen und Kunstausdrücke ein so dankenswertes Unternehmen, dass wir dasselbe von Seiten der Brandenburgia gewiss bereitwilligst unterstützen werden. Unter Zustimmung des Herrn Voss bringen wir deshalb den Fragebogen mit Rücksicht auf den Umfang unserer Provinz zum Abdruck und bitten alle bezüglichen Angaben an das Märkische Museum Berlin SW, Zimmerstrasse 90/91 baldmöglichst gelangen zu lassen.

Folgendes ist zu beantworten, thunlichst unter Angabe der betreffenden Maasse.

I. Vorkommen.

Provinz Brandenburg.

1. Kreis, 2. Ort, 3. Gewässer (See, Fluss).

II. Schiffsform.

1. Einbaum (ausgehöhlter Baumstamm)? 2. Plankenboot?

a) Vorderteil (Bug). aa) Seitenansicht:

α) horizontal, β) gehoben (hochgeh.)

bb) Draufsicht: α) gerade; β) winkelig.

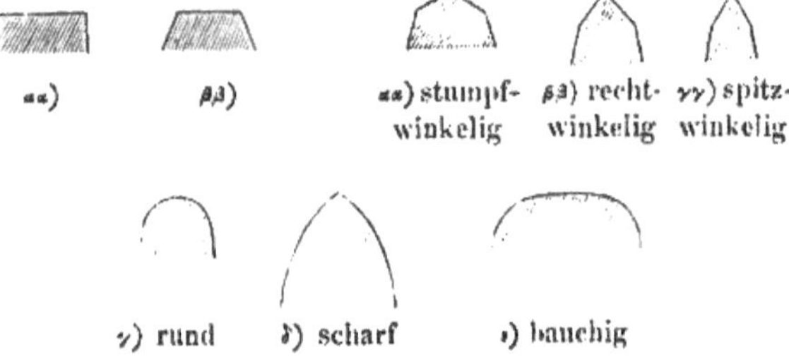

b) Vordersteven:

α) gerade, αα) schräg nach obengehend; — ββ) senkrecht;

β) gekrümmt, αα) nach innen (concav); — ββ) nach aussen (convex).

c) Hinterteil (Heck). Die in Betracht kommenden Formen sind diselben, wie alle des Vorderteils (Bugs).

aa) Seitenansicht:

α) horizontal, β) hochgehend (gehoben); —

bb) Draufsicht:

α) gerade, β) winkelig; — αα) stumpfwinkelig, ββ) rechtwinklig, γγ) spitzwinkelig; — γ) rund, δ) scharf, ε) bauchig.

d) Hintersteven:

α) gerade, αα) schräg nach oben gehend; — ββ) senkrecht; — β) gekrümmt, αα) nach innen (concav); — ββ) nach aussen (convex).

e) Schiffsboden:

α) horizontal (eben), β) rund, γ) scharf, δ) mit Kiel, ε) ohne Kiel.

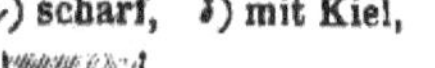

f) Schiffswand:

α) senkrecht, β) schräg n. aussen, γ) schräg n. innen, δ) winkelig, ε) bauchig.

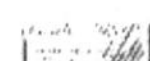

g) Bauart:

α) Einbaum, αα) ohne erhöhte Seitenwand; — ββ) mit erhöhter Seitenwand; —

β) Plankenboot, αα) mit glatter Wand, wobei die Planken stumpf aufeinander gesetzt sind (Krawelbau); —

ββ) Klinkerbau, wobei die Ränder der Planken dachziegelförmig übereinander gehen und durch Nieten miteinander fest verbunden sind;

γγ) Zahl der Plankengänge (der vom Kiel aufwärts übereinander befestigten Plankenreihen); — δδ) sind Holz- oder Metallniete oder Stricke verwendet? — εε) welche Form haben die Niete?

h) Innenbau:

α) hat das Fahrzeug Querwände („Schotten")? αα) halbe, bis zur halben Höhe der Wand; — ββ) ganze, bis zum oberen Rande der Wand αα) ββ); — γγ) wie viele von jeder Art? — β) hat es Spanten (Rippen)? wie viele und wie weit von einander entfernt? γ) hat es Sitzbänke („Duchten“)? wie viele und wie weit von einander entfernt?

i) Hat das Boot α) einen ringsherum laufenden Dollbord oder β) nur Verstärkungsklötze für die Dollen? γ) Zahl der Dollen Widerlager für die Ruder).

k) Ist das Boot α) ganz offen? β) teilweise gedeckt? αα) vorne? ββ) hinten? γγ) in der Mitte? γ) ganz mit Verdeck versehen?

III. Fortbewegung durch:

a) Zug von Menschen oder Tieren, b) Stossen oder Schieben mit Riemen oder Stangen („Staaken“), c) Rudern, d) Segeln.

IV. Steuerung. Wie wird das Boot gesteuert?

a) mit Ruder („Steuer“)? α) wie ist es am Schiffshinterteil befestigt? β) ist die Ruderpinne übergestreift? oder γ) durch den Ruderkopf gesteckt?

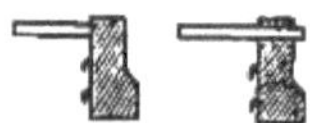

b) mit Seitenruder am Steuerbord? α) wie ist dies befestigt? β) welche Form hat es? c) wird das Boot mit einem Riemen gesteuert? in welcher Weise? d) ist es mit einem Schwert versehen? α) auf einer Seite? β) auf beiden Seiten? γ) in der Mitte? δ) sind die Schwerte fest mit der Schiffswand verbunden?

V. Takelung.

a) Zahl der Masten, b) Benennung der Masten, c) Stellung der Masten senkrecht oder geneigt, d) haben sie Wanten? e) sind Bugspriet und f) Klüverbaum vorhanden? g) Zahl und Benennung der Segel: α) sind es Raasegel oder β) Sprietsegel? γ) Seitensegel mit Giek und Gaffel? δ) Lateinische Segel, dreieckig mit schräger Raae? ε) wie viel Focksegel sind vorhanden? ζ) werden Toppsegel geführt? η) welche Form haben die einzelnen Segel? ϑ) wie ist ihre Benennung? (Um Skizzierung der Form der Segel wird gebeten.)

VI. Benennung des Fahrzeuges und seiner einzelnen Teile im Dialekt (volkstüml. Benennung).

VII. Zweck und Benutzungsweise des Fahrzeuges.

a) zum Transport von Personen? b) welcher Güter? c) zum Fischen?

VIII. Seit wann ist diese Schiffsform am Orte gebräuchlich?

IX. Wie weit ist sie verbreitet?

X. Durch wen ist sie in der Gegend eingeführt?

XI. Welche Fahrzeuge waren früher im Orte oder in der Gegend gebräuchlich?

XII. Die Abmessungen des Fahrzeuges in seinen hauptsächlichsten Teilen betragen:

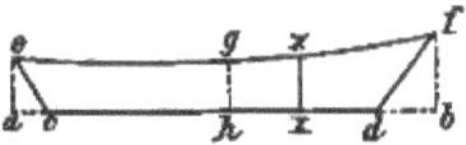

a) grösste Länge (a—b), b) Kiellänge (c—d), c) Höhe des Vorderteils (d—f), d) Höhe des Hinterteils (a—e), e) Höhe im niedrigsten Teile des Rumpfes (g—h,

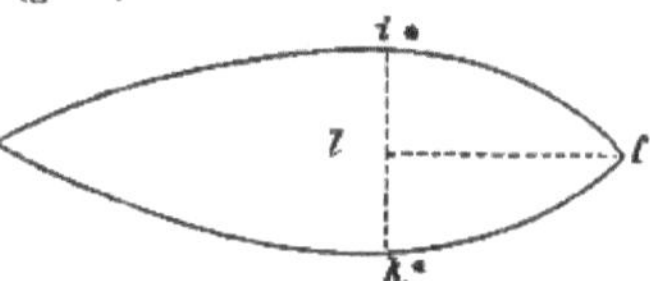

f) grösste Breite (i–k), g) Entfernung der grössten Breite am vordersten Punkte des Bootes (l—f).

Zusätzlich bemerke ich, dass sich nach den zwei Hauptflüssen der Provinz Brandenburg der Elbe und der Oder schon jetzt, nach Lage meiner Beobachtungen, zwei getrennte volkstümliche Schiffahrtsgruppen unterscheiden lassen.

Die bezüglichen Ausdrücke beider Stromgebiete werden im untern Laufe vom Meer und der Seeschiffahrt beeinflusst, bei der Elbe von Hamburg und der Nordsee, bei der Oder von Stettin und der Ostsee. Durch den Finow-Kanal tritt eine Vermengung beider Gebiete ein. Der obere Lauf der Elbe wird durch die böhmisch-sächsische Schiffahrt — auch von der böhmischen Moldau her — beeinflusst; die Oder-Schiffahrt von Breslau her, aber auch slavischerseits von der bei Küstrin in die Oder einmündenden Warthe. Manche der Ausdrücke und Schiffsformen unsers Odergebietes sind im brandenburgischen Elbgebiet ganz ungebräuchlich und umgekehrt.

Ich bitte aber die Nachforschungen sowohl wie die Angaben auch auf die brandenburgische Fischerei auszudehnen. Für dieselben ergeben sich ähnliche Unterschiede je nach dem es sich um das Flussnetz der Oder oder der Elbe handelt.

Einiges auf die volkstümliche Fischerei bezügliche Material habe ich selbst u. a. in folgenden Schriften bereits veröffentlicht: Führer durch die Fischerei-Abteilung des Märkischen Provinzial-Museums der Stadtgemeinde Berlin. 2. Ausg. 1880. — Einteilungsplan der Zoologischen Abteilung des Märkischen Museums: Fische. Berlin 1885. — Verzeichnis der Fischerei-Geschichtlichen Ausstellung des Märkischen Provinzial-Museums auf der Berliner Gewerbe-Ausstellung 1896. Mit geschichtlichen Erläuterungen und Übersichten. Berlin 1896.

9. Bildliche Erinnerung an das „tolle“ Jahr 1848. Aus dem Nachlass des bekannten Reisenden Dr. Fedor Jagor, dessen Testamentsvollstrecker ich geworden bin, hat das Märkische Museum ein aus dem Jahre 1848 stammendes Bild erworben, welches ein Streiflicht auf die damaligen phantastischen Vorstellungen wirft, welche sich bei manchen jugendlichen Enthusiasten mit Lebhaftigkeit geltend machten. Das Bild ist in Öl auf Leinwand gemalt, nach Angabe des Herrn Dr. Dubois-Reymond, von dem spätern Direktor der Berliner Kunstakademie Carl Becker und hat eine Höhe von 33 cm, bei einer Breite von 27 cm.

Es stellt den genannten Maler, ferner den Künstler Heidel, den verstorbenen Fedor Jagor, den bekannten russischen Flüchtling und Kommunisten Bakunin und noch einen bislang nicht festgestellten jungen Mann dar, wie sie auf dem Cladower Sandwerder in der Havel gegenüber Wannsee am Ufer ein Feuer angemacht haben und am Spiess einen Hammelbraten. Nach einem durchschwärmten Abend waren die Abenteurer hier gelandet, Bakunin hatte vorgeschlagen von einer Hammelheerde bei Cladow ohne weiteres ein Schaaf zu rauben. — Das Proudhonsche Wort „Eigentum ist Diebstahl“ war ihm offenbar zu Kopfe gestiegen. Mit Mühe brachten es die übrigen Teilnehmer dahin, dass Bakunin die Bezahlung des Wolltieres gestattete. Es sollte auf der Insel ein kommunistischer Zukunftsstaat begründet und dessen Entstehen mit der Schlachtung eines Hammels und einem Gelage gefeiert werden. Die Nacht war übrigens so kühl und das angebrannte zähe Hammelfleisch schmeckte so abscheulich, dass die jugendlichen Stürmer am andern Morgen sehr ernüchtert und in katzenjämmerlicher Stimmung nach Hause kehrten.

Michael Bakunin, damals 34 Jahre alt, hatte sich nach dem Slavenkongress und dem Aufstand in Prag nach Wien gewendet, wo er mit den unruhigsten deutsch-radikalen Führern anbändelte, bis er im Oktober aus Preussen ausgewiesen wurde. In die Zeit dieses Berliner Aufenthalts fällt das Abenteuer auf dem Cladower Sandwerder. Die Tannen, welche der Maler im Hintergrunde angebracht hat, verdanken seiner Phantasie ihren Ursprung und sind nur des Effekts halber angebracht. Mir ist wenigstens nicht bekannt, dass damals dort Tannenbäume gewesen seien.

10. Hierauf hielt Herr Professor Dr. Galland einen mit lebhaftem Beifall begrüssten, durch Bilder aus dem Märkischen Museum unterstützten Vortrag, betitelt:

Die ältere Berliner Geschichtsmalerei.

Wenn wir heute von einer heimischen Geschichtsmalerei reden, so denken wir vornehmlich an den künstlerischen Abglanz der jüngsten Zeitgeschichte, deren wichtigsten Momente die Entstehung und der

Ausbau des deutschen Kaiserreiches bilden. So haben die letzten grossen Kriege unseres Volkes eine malerische Darstellung von kaum je erreichtem Umfang erfahren. Doch weiss ein Jeder, dass die Darstellung von Historien schon früher auch bei uns nennenswerte Ergebnisse gehabt hat. Nur über die Zeit der Anfänge in Berlin ist man in weiten Kreisen noch recht mangelhaft unterrichtet. Da diese Anfänge dadurch eine besondere Bedeutung beanspruchen, dass im Rahmen des ältern Geschichtsfaches die vaterländischen und die zeitgeschichtlichen Stoffe sehr hervortraten, wird hier noch näher zu beleuchten sein. Die vorliegende Betrachtung möchte ich daher auf diesen Teil der Historienmalerei beschränken. Dass wir heute kaum die Namen jener alten Meister und die Titel ihrer Werke, geschweige gar diese selbst, kennen, ist wohl Schuld der Kunsthandbücher, die manches verheimlichen, wie sie anderes über Gebühr verherrlichen und die Dinge so darstellen, als sei die moderne Historienmalerei im 19. Jahrhundert von Paris und Belgien ausgegangen. Seit der Mitte dieses Jahrhunderts ist allerdings die Mehrzahl unserer Historienmaler durch die Ateliers der Franzosen und Belgier, der Delaroche, Cogniet, Wappers u. a. gegangen. Aber muss nicht den Glauben, dass es auch ausserhalb dieser Hauptströmung eine Historienmalerei früher bei uns gab, schon der einzige Name Adolph Menzel befestigen? Unabhängig von jenen westlichen Meistern behandelte er frühzeitig vaterländische Stoffe mit Erfolg. Schon zwischen 1834 und 1836 hatte er den Anfang gemacht mit einer Folge von lithographierten Zeichnungen: Denkwürdigkeiten aus der Brandenburgischen Geschichte und auf 12 Blättern die Epochen Albrechts des Bären mit der Einführung des Christentums bei den Wenden und der Erstürmung von Brennabor, des ersten hohenzollernschen Kurfürsten Friedrich, Joachims II., des Grossen Kurfürsten und der Schlacht bei Fehrbellin u. s. w, bis zur Zeit der Befreiungskriege mit jugendlichem Temperament geschildert.

Die spätern Biographen des inzwischen berühmt und zur Exzellenz gewordenen Menzel pflegen die Dinge so darzustellen, als habe der damals 19jährige Jüngling eine unerhörte und völlig neue künstlerische That vollbracht. In Dr. Rosenbergs Geschichte der Berliner Malerschule heisst es: Für die historische Bedeutung der von Menzel gewählten Momente hatte man damals nicht das geringste Verständniss und man konnte es auch nicht haben in einer Periode, während welcher eine unheilvolle Politik unser Vaterland lenkte. Freilich wurden die Freiheitskriege noch von einigen Künstlern ausgebeutet; aber das patriotisch-historische Moment trat hinter dem rein militärischen zurück. In dieser trostlosen Zeit politischer Erschlaffung wies nun der 19jährige Menzel mit energischer Hand auf die Marksteine in der Entwickelung der Brandenburgisch-Preussischen Geschichte hin. Er zeigte die Etappen eines kraftvollen Entwickelungsganges in lebendiger Verkörperung durch hervorragende Persönlichkeiten: Friedrich von Hohenzollern, der Grosse Kurfürst, Friedrich der Grosse erscheinen zum ersten Male (!) innerhalb der preussischen Malerei als charaktervolle Typen und in einer Umgebung, für welche ebensoglücklich der historische Charakter getroffen war." Das ist sehr schön gesagt, aber wir werden erfahren, dass die verdienstvollen Menzelschen Denkwürdigkeiten aus der Brandenburgischen Geschichte damals durchaus keine besondere Neuheit repräsentierten. Seit den Tagen Chodowieckis, seit der ersten akademischen Kunstausstellung in Berlin 1786, führen die alten Ausstellungs-Kataloge fast ohne Unterbrechung solche vaterländischen „Denkwürdigkeiten" einzeln oder in ganzen Folgen auf. Der junge Menzel ist also nur auf einer lange vor ihm bereiteten Bahn fortgeschritten, freilich dank seines sieghaften Talents erfolgreicher als die andern. Wenn indes gemeint wird, dass jene Erstlingsarbeiten des jungen Künstlers z. Zt. nicht das geringste Verständnis fanden, so kann dies weit eher für die damaligen Hauptströmungen der Malerei, die ausserhalb Berlins blühten, gefolgert werden. Anderwärts war das Publikum damals mehr als bei uns daran gewöhnt, das Geschichtliche — sei es durch Idealisierung der Form, sei es durch gedankliche Vertiefung des Stoffes, durch Steigerung des Ausdrucks, selbst schon durch erhöhten Farbenreiz — in einem gleichsam interessanten Lichte zu erblicken, und ausserdem schwärmte die Klassik für die Antike, die Romantik für das Mittelalter. Jene ältere Generation lebte völlig im Banne ästhetischer Anschauungen und sie mag es von ihrem Standpunkt aus vielleicht als eine Dekadenz betrachtet haben, dass man in Berlin an Stelle ihres Schönheitsverlangens die nüchterne Beobachtung setzte und sich für patriotische Stoffe, für die jüngeren und jüngsten Geschichtsepochen begeistern konnte.

Den frischen Eindruck des Jüngsterlebten, die Zeitgeschichte zu malen, halten manche wohl auch heute für künstlerisch erfolglos. Man müsse die Dinge von weitem überschauen können, meinen sie. Wer soll dann aber das Gewand, den Charakter, die genaueste Wahrheit einer Epoche für die Zukunft festlegen — wenn nicht der lebende Zeuge dieser Epoche? In einer kürzlich am Kaisersgeburtstage gehaltenen Festrede in der Akademie der Künste sagte Herr von Tschudi, Direktor unserer Nationalgalerie: „Hundert Jahre mussten vergehen bis die Friderizianische Zeit ihre künstlerische Wiedergeburt erlebte. Keiner der zeitgenössischen Maler wäre (!) imstande gewesen, das Bild des grossen Königs und seiner Generale mit der zwingenden Wahrheit des innerlich Geschauten vor uns hinzustellen, wie es dem Meister des 19. Jahrhunderts glückte." Da jener Redner den Ausdruck „wäre imstande gewesen" gebraucht, so scheint auch ihm nichts von einem Versuch der zeitgenössischen Maler und der folgenden Generation in gedachter Richtung bekannt zu sein. Aber hat er denn mit der Thatsache, die er anführt, wirklich recht, ich meine generell betrachtet recht? Müsse denn unbedingt jede gleichzeitige oder schnell folgende Schilderung grosser Ereignisse zu einem Fiasko führen? „Man" habe, so behauptete der Festredner der Akademie, „die künstlerische Gestaltung eines unkünstlerischen Stoffes" gefordert, als man die lebenden Maler die Kriege von 1864, 1866, 1870 und 1871 verbildlichen liess. Ich kenne überhaupt keinen künstlerischen Stoff an sich! Unkünstlerisch kann er wohl durch die mangelnde Fähigkeit des Malers werden. Aber echte schöpferische Kraft vermag jeden Stoff zu meistern und künstlerisch zu gestalten.

Und das hätte ein Menzel, wäre er 50 Jahre früher an die Arbeit seiner friederizianischen Darstellungen gegangen, auch sicherlich gekonnt, früher oder später. Später hatte er bekanntlich erst, gleich einem Gelehrten, alle erhaltenen Dokumente des verflossenen Zeitalters in ihren Verstecken aufstöbern müssen. Ein erheblicher Teil seiner Vorarbeit wäre ihm erspart geblieben, ohne dass ihm dadurch die künstlerische Lösung seiner Aufgabe unmöglich gemacht worden wäre. Es wäre auch wohl seltsam, wenn grosse Ereignisse immer nur auf geringwertige künstlerische Zeugen gestossen sein sollten. Hat nicht z. B. ein Alfred Rethel den Eindruck der Revolution von 1848 in seinem berühmten Totentanz unmittelbar festgelegt; hat nicht der grosse Rembrandt in seiner sog. Nachtwache eine Amsterdamer Schützenabteilung in Bewegung und der Spanier Velasquez ein anderes Zeitereignis, die Uebergabe von Breda, gemalt — Darstellungen, die nicht nur „Historien", sondern vor allem echte Kunstwerke sind?

Zugleich lehren die zuletzt erwähnten Beispiele, dass die moderne Historienmalerei nicht so neuen Datums ist, wie viele glauben. In Italien wurden bereits im 16. und im 17. Jahrhundert Schlachtenscenen und Belagerungen von Vasari und Salvator Rosa, in Frankreich im 17. Jahrhundert von van Loo, Lebrun, van der Meulen, in den Niederlanden damals von Pieter Snayers u. a. gemalt. Es gab also schon zur Zeit der Renaissance nicht wenige Historien- und Kriegsmaler, die man zu den deutschen Kriegsmalern der eben verflossenen Epoche in Parallele setzen kann.

Um so auffälliger, dass das 18. Jahrhundert in dieser künstlerischen Richtung sich so unbedeutend bethätigt hat. Friedrich II. und seine Kriegserfolge wären freilich dazu angethan gewesen, die schaffenden Kunstkräfte zu entflammen. Aber andererseits war es bekanntlich grade dieser so weitsichtige grosse Fürst, der, weil er das geringste Mass von Achtung für deutsche Kunst empfand, die heimischen Talente lähmte. Seine französisch verfasste Abhandlung „De la Littérature Allemande

(1780)“ zeigt ausserdem, wie absprechend er über die poetische und historische Litteratur seines Volkes im allgemeinen urteilte. Man weiss auch, welche Abneigung er hatte, den Künstlern zu einem Bildnis zu sitzen. Ihre Studien der Person des Monarchen musten sie z. B. bei einer Parade oder beim Manöver machen, wenn sie sich nicht auf flüchtige Erinnerungen verlassen wollten.

Der alte Schadow, der bekannte Bildhauer, erzählt in seinem Buche „Kunstansichten“ — einer Selbstbiographie, die erst 1849 herauskam, dass die jungen Künstler im Mai 1780 früh morgens mit den ausrückenden Soldaten zum Thore hinausspazierten; sie fanden da lebende Wouwermans d. h. also wirkliche Scenen, die an Gemälde Wouwermans erinnerten. „Die gelben Reiter u. A. kampierten im Freien. Chodowiecki nahm da seinen König, und es ist das Blatt: der König zu Pferde im Profil, das beste, was die totale Erscheinung wiedergiebt. Der alte Ziethen nahm den zweiten Rang etc.“ In Ermangelung besserer Bildnisse des alten Fürsten hat Chodowieckis Reiterkonterfei Friedrichs II. später mehrere Künstler sichtlich beeinflusst. Aber diese Ungunst der Verhältnisse bezüglich künstlerischer Studien erklärt das niedrige Niveau der Berliner Historienmalerei bei Lebzeiten des Königs doch keineswegs. Mehr überzeugt die Thatsache, dass damals an ausgiebigen heimischen Talenten überhaupt Mangel war. Bernhard Rode, geb. 1725 in Berlin, Daniel Chodowiecki geb. 1726 in Danzig und allenfalls noch Frau Anna Dorothea Therbusch geb. Liszewska, geb 1721 zu Berlin, möchte ich die namhaftesten Kräfte nennen, die sich hier in Historien versucht hatten. Auch lag das herrschende Übel an dem geradezu kläglichen Zustand der Akademie der Künste, die unter dem Franzosen Lesueur nichts weiter als eine Zeichenschule bedeutete. Hierin hatte auch nach dem Tode Lesueurs 1783 die Berufung des Berliners Rode an die Spitze der Akademie zunächst garnichts ändern können; vielleicht hat sie nur das Selbstgefühl der heimischen Künstlerschaft moralisch zu stärken vermocht.

Kurz vor seinem Tode erwies Friedrich der Akademie noch die Wohlthat, dass er dem schwergeprüften Institut in dem Minister Freiherrn von Heinitz einen thatkräftigen, vielvermögenden Kurator gab. Heinitz soll es gewesen sein, der die Künstler sogleich nachdrücklichst auf die dankbaren vaterländischen Stoffe hinwies und durch dessen Förderung die erste akademische Kunstausstellung noch im Todesjahr Friedrichs des Grossen 1786 beginnen konnte. In das damals verbesserte alte Reglement der Akademie wurde u. A. die Abhaltung von Kunstausstellungen als eine dauernde Einrichtung in Berlin aufgenommen. Wie Gottfried Schadow und die zeitgenössischen Bildhauer seit diesem Jahre (1786) unaufhörlich an der monumentalen Verherrlichung des gestorbenen grossen Königs arbeiteten und ihre plastischen Modelle und Entwürfe zu einem Friedrichsdenkmal auf die Ausstellungen schickten — so haben gleichzeitig die Maler die Thaten, die Siege, die Tugenden Friedrichs in Bildern, manchmal noch allegorisch, zumeist aber realistisch vorgeführt. Und für die, welche persönlich jene Glanzzeit Preussens nicht miterlebt, kam bald eine wichtige anregende Quelle hinzu, aus der sie die Kenntnis der friederizianischen Kriegsepoche mit allen Details schöpfen konnten: nämlich die von Archenholz verfasste „Geschichte des Siebenjährigen Krieges“, die 1789 im Berliner Historischen Taschenbuch und vier Jahre darauf erweitert, zweibändig erschien.

Bernhard Rode und Daniel Chodowiecki waren damals bereits in ihr 7. Jahrzehnt getreten; sie standen in der Reihe der Zeugen der friederizianischen Vergangenheit obenan. Neben dem Phantasiemenschen Rode war der andere der kühle nüchterne Beobachter des Lebens. Doch war der gedankliche Horizont Chodowieckis weder so eng, wie Viele glauben, die von ihm nur höchst saubere Spiegelbilder der gewöhnlichen Wirklichkeit kennen — noch war Rode nichts weiter als der leichtfertige Schnellmaler, der „Fixmaler“, der Fa presto seiner Zeit, als den ihn der alte Schadow der Nachwelt denunziert hat. Die Studien des letzteren waren unleugbar ernst und dauernd eifrig betrieben worden, ehe er seine Meisterschaft im Aktzeichen und Entwerfen erlangte. Im Malen hatte er sich einst im Atelier Antoine Pesnes hinlängliche Kenntnisse erworben. Dann suchte er seine Studien in Paris und in Italien, in Venedig und Rom, zu vollenden. Die strengere Richtung eines Mengs hat ihn auch später nicht berührt. Er darf vielmehr als ein Epigone der Barockmeister, jener raumgewaltigen Malerdekorateure, deren letzte Grösse Tiepolo damals noch lebte, genommen werden. Mit ihnen teilte Rode die Gepflogenheit, die Gestalten, die er schuf, nicht charakteristisch durchzubilden, nicht individuell zu beseelen. Die typische Behandlung der menschlichen Figur und ihrer Glieder will weniger als ein Fehler des Meisters betrachtet sein, sondern sie offenbart die Eigenschaft des Dekorateurs. Aber diese Eigenschaft wirkt im Staffeleibilde, im Historiengemälde natürlich so unvorteilhaft wie möglich. Die älteren Zeitgenossen, wie Friedrich Nikolai und der Dichter Ramler, der an ihn eine Ode richtete, hatten trotzdem eine sehr hohe Meinung von Rodes Fähigkeiten nicht nur als Maler von Deckenfresken, sondern auch als Schöpfer von Historien religiöser und weltlicher Gattung, selbst als Porträtist und endlich als Radierer. Ein grosser Teil seiner Plafondmalereien, die für die künstlerische Beurteilung wohl wichtig wären, ist leider zu Grunde gegangen; seine Altargemälde sind sehr zerstreut und darum nicht leicht zugänglich. Was ich von ihm allein kenne, seine Radierungen und ein Paar Gemälde, lassen ihn als einen Künstler erkennen, der sehr geschickt Selbstersonnenes und auch von ältern Meistern Entlehntes zu gefälligen Kompositionen zu verbinden wusste. Seine Gruppierungen zeigen entschieden malerischen Geschmack. Seine Farbe ist die lichte, heitere der Rokokozeit. In seinen Historien wirkt er zumeist übersichtlich und verständlich, und er weiss auch Teilnahme für seinen Gegenstand zu gewinnen. Das ist sicherlich nicht alles, was zu einem wirklichen Historienmaler gehört; aber für jene Epoche erscheinen die Qualitäten Rodes immerhin beträchtlich. Es spricht für sein Können wie für die allgemeine Anerkennung, die er frühzeitig fand, dass er für den König ein von Pesne unvollendet zurückgelassenes grosses Gemälde, einen „Raub der Helena" vollenden durfte. Chodowiecki besass von ihm — wie Nikolai in seiner Topographie von Berlin und Potsdam 1779 bemerkt — ausser einigen Bibelbildern, eine Historie, den Tod Kaiser Barbarossas vorstellend.

Rodes Stoffgebiet war also, wie Sie aus meinen flüchtigen Angaben schon entnehmen konnten, recht umfassend. Das Interessanteste für uns aber ist wohl: dass er für die heimische Malerei das vaterländische Gebiet inauguirt hat — wie gesagt, 50 Jahre vor Adolph Menzel. Dass die Kunstgeschichtsschreibung unserer Tage eine so erhebliche Thatsache verschweigen konnte, scheint mir im hohen Grade bedauerlich. Statt dessen hat sie freilich ein analoges Verdienst, welches sich ein Anglo-Amerikaner ungefähr um dieselbe Zeit erwarb, als eine künstlerische Grossthat gefeiert. Benjamin West und einige seiner Landsleute haben damals der Geschichte ihrer amerikanischen Nation geeignete Stoffe entnommen. Gebührt diesen Leistungen der Ausländer zeitlich und vom malerischen Standpunkt jedenfalls der Vorrang, so ist doch wohl daneben das Verdienst Rodes noch immer wenigstens der nachdrücklichen Erwähnung wert, obwohl von einem deutschen Autor es fast zu viel verlangt wäre, dem Propheten im eigenen Lande gerecht zu werden, also lediglich anzuerkennen, dass in den Tagen, da Winckelmann und Lessing die empfänglichsten Geister für das klassische Altertum fesselten und schliesslich selbst die Künstler allerwärts in diese formenstrenge ideale Richtung drängten, dass damals nicht nur in London die Amerikaner West und Copley nationale und moderne Geschichtsstoffe wählten, sondern auch einzelne unbeachtete preussische Maler in Berlin, die hier sogar eifrige Nachfolge fanden.

Vorläufig, da an der Hand unserer geringen Kenntnis der Werke Rodes die Frage der englischen Priorität und künstlerischen Überlegenheit nicht absolut zu entscheiden ist, sind wir genötigt, dem alten Schadow Glauben zu schenken, der das Berliner Historienbild von jener englisch-amerikanischen Richtung ableitete. Trotzdem möchte ich die Möglichkeit nicht ganz abweisen, dass der damalige Realismus der Berliner Maler ein später Ausläufer der ältern niederländischen

Wirklichkeitskunst gewesen sein möchte, die im 17. Jahrhundert eine Pflegestätte an der Spree hatte und diese Nachwirkung hier wohl zeitigen konnte. War doch damals auch in der Bildnerei Tassaert, der Lehrmeister Schadows, ein Niederländer, der als Altersgenosse Rodes die Statuen der Generale Seydlitz und Keith im realistischen Zeitkostüm für den Wilhelmsplatz meisselte.

Dennoch spricht anderes für die gegenteilige Meinung Schadows. Wests berühmtes Gemälde „Tod des Generals Wolfe in der Schlacht bei Quebeck am 13. September 1759", zum ersten Male bereits 1768 in der Royal Academy zu Londen ausgestellt, war zweifellos frühzeitig durch den Kupferstich auch in Berlin bekannt geworden. Es ist hier eine gefühlvolle Scene von fast realer Auffassung komponiert, die später wohl für Hunderte von Todesdarstellungen zum Vorbild diente. Ein gleiches für die Preussische Geschichte zu leisten, schreibt Schadow, seien Cuningham und Clemens im Jahre 1784 nach Berlin gekommen. Er knüpft also an ein ganz bestimmtes Datum an für die Uebertragung des modernen Realismus auf die Berliner Geschichtsmalerei durch den englischen Maler Cuningham und den englischen Kupferstecher Clemens. Ersterer habe einen richtigen Blick für die preussischen Militärkostüme und die Haltung des Militärs gehabt und nahm sich heraus, unsere Meister zu korrigieren, was gut angenommen wurde. Dann weiter: Cuningham malte Portraits in Pastel; ihm lag daran die Ähnlichkeiten zu erhalten vom Personal, welches den König bei der grossen Revue umgab. Auf der kürzlichen Kronjubiläums - Ausstellung war in der That auch ein Ölgemälde auf Leinwand (1,69 m × 2.44 m) von diesem Engländer zu sehen: „Friedrich der Grosse mit seinem Gefolge vom Manöver zurückkehrend." Es ist dasselbe Bild, welches zuerst auf der akademischen Kunstausstellung von 1787 gezeigt wurde. Auf der ersten Ausstellung von 1786 wurde Cuningham noch als „Bildnismaler aus London" im Katalog bezeichnet, ein Jahr nachher rangierte er bereits unter die „Berlinischen Künstler" und bei der vierten Ausstellung wurde er Historienmaler und akademisches Mitglied genannt. Auch der Begründer seiner Richtung der Historienschilderung in London Benjamin West war ordentliches Mitglied der Berliner Akademie, die seinen Tod in ihrer Sitzung am 30. April 1821 beklagte.

Einer genauen Untersuchung des auffindbaren Materials muss es überlassen bleiben, künftig zu entscheiden, ob der kunstgeschichtliche Thatbestand in dem Schadowschen Buche zu Ungunsten unseres Bernhard Rode etwa verschleiert und die dortige Angabe event. zu korrigieren sei. Jedenfalls scheint es mir wichtig, festzustellen, dass Rode schon im Jahre der Eröffnung der akademischen Ausstellungen nicht weniger als 22 Historienbilder zum Teil mit lebensgrosses Figuren zeigen konnte, und es ist wohl anzunehmen, dass manchen dieser Werke aus der Zeit vor Cuninghams Ankunft in Berlin stammte. Allein 14 Stücke dieser Sammlung bezogen sich auf die vaterländische Geschichte. Es muss uns vorläufig genügen, nur die Themata kennen zu lernen: Burggraf Friedrich IV. übergiebt dem Kaiser Ludwig von Bayern den Degen des von ihm besiegten Gegenkaisers. Friedrich I. wird vom Kaiser Siegismund mit der Kurwürde belehnt. Kurfürst Friedrich II. schlägt die böhmische Krone aus. Albrecht Achilles erobert eine feindliche Fahne. Johann Cicero als thatkräftiger Friedensfürst. Krönung der Kinder Joachims I. Joachim II. nimmt zuerst den Kelch beim Hl. Abendmahl. Johann Georg verteilt an seine Söhne das fürstliche Erbe. Joachim Friedrich stiftet den Geheimen Staatsrat. Johann Siegismund schliesst eine protestantische Union. Georg Wilhelms Unterredung mit Gustav Adolf von Schweden. Der Grosse Kurfürst mit Derflinger auf dem Kurischen Haff. Die Königskrönung Friedrichs III König Friedrich Wilhelm belagert Stralsund . . . Bis auf die damalige Gegenwart ist der Schöpfer dieser Bilderfrage hier noch nicht gegangen. Auf jener ersten Berliner Kunstausstellung führte Daniel Chodowiecki u. v. a. eine Allegorie auf den Frieden der Kaiserin Katharina II. mit Polen und der Türkei in Federzeichnung vor, dagegen sein jüngerer Bruder Gottfried Chodowiecki drei kleine Aquarelle: Schlachtenbilder aus dem russisch-türkischen Kriege von 1769 und 1770 — also Zeitgeschichte im realen Gewande.

Mit dem zweiten Ausstellungsjahr (1787) erkennt man, wie die heimischen Kräfte inzwischen angefangen haben, sich der Gestalt und der Thaten des verstorbenen grossen Königs künstlerisch zu bemächtigen. Mit Vorliebe suchen die Bildhauer wie auch die Maler die historische Erscheinung mit einem heroïschen Nimbus zu verbinden; die Tracht wird antikisiert, die Umgebung allegorisiert. Rode schildert damals z. B. die Gerechtigkeitsliebe des „Preussischen Titus“ (wie der König im Text des Katalogs heisst) durch einige Frauengestalten, welche abstrakte Tugendbegriffe, Gerechtigkeit, Klugheit, Dankbarkeit, als Genien verbildlichen. Allegorisch wird von dem Künstler auch der König als Stifter eines Fürstenbundes verherrlicht, wie er gepanzert und lorbeergekrönt dasitzt und ein Bündel Pfeile mit dem Ölzweig umkränzt: Deutschland, die Staatsklugheit und die Eintracht sind hier als Genien beigegeben . . . Dagegen stellt sich Rode in zwei andern Bildern ganz auf den Boden der Wirklichkeit; und beide Arbeiten erinnern allerdings gegenständlich an jenes Werk von Benjamin West, da sie Sterbeszenen geben: der Tod des Königs und der Tod des ertrunkenen Herzogs Leopold von Braunschweig. Von letzterem Gemälde — ebenso von Rodes „Fürstenbund“ — enthält die Publikation der akademischen Hochschule, die zur Jubelfeier 1896 erschien, kleine, aber gute Abbildungen. Die Situation: wie Herzog Leopold von Schiffern aus dem Wasser gezogen und erkannt wird, bekundet soviel Glaubhaftigkeit, dass man vor solchem kräftigen und durchaus modernen Realismus des Berliner Meisters des 18. Jahrhunderts allen Respekt haben muss.

Rodes Schüler Frisch, der liebenswürdige und zaghafte Frisch, wie ihn Schadow mit Hochachtung nennt, war gleichfalls Historienmaler und trat mit seinen vaterländischen Stoffen, seinen friderizianischen Bildern ganz in die Fusstapfen seines Lehrmeisters. Eins seiner Hauptwerke, „der Tod Schwerins in der Schlacht bei Prag“ von 1787 erinnert ebenfalls an jenes Vorbild des amerikanischen Meisters West. Der Kupferstecher Berger hat später eine zweite gelungene Komposition von Frisch „Seydlitz in der Schlacht bei Rossbach“, 1795 ausgestellt, als Pendant zu dem Schwerinbilde auf Kupfer übertragen; beide Stiche sind in der genannten Festschrift im kleinsten Format reproduziert . . . Die Kunstausstellung von 1789 brachte wiederum ein historisches Gemälde von Cuningham: „Friedrich II. in der Schlacht bei Hochkirch“, wo Keith und andere preussische Generale fallen, ohne dass des Königs Mut und Kaltblütigkeit nur einen Augenblick ins Wanken kommen. Die Beschreibung im Katalog lobt die Wahrheit und die Kraft des Ausdrucks aller Gruppen und Einzelfiguren und resümiert die Vorzüge des Bildes durch die drastische Bemerkung, dass dem Beschauer die Geschichte hier bis zur Täuschung nahegeführt sei. Die Künstler schrieben sich also damals ihre Kritiken selber, und sie waren sehr zufrieden damit.

Das Berliner Publikum scheint den historischen Stoffen übrigens wirkliches Interesse entgegengebracht zu haben, sonst würden sie kaum sich dauernd behauptet haben. Selbst Daniel Chodowiecki, der bisher wohl nur vereinzelt Friderizianisches produziert hatte, wie jene Anekdote vom alten Ziethen, der vor Friedrich einnickte, und die Potsdamer Wachtparade von 1777 mit dem König zu Pferde, bietet in diesen Jahren Vaterländisches in Hülle und Fülle, mit dem er die verschiedenen Almanache schmückt: hervorgehoben sei nur der Berlinische genealogische Kalender auf 1794, welcher zwölf Thaten Friedrichs II. illustriert und der Lauenburgische Kalender desselben Jahres mit den Verbildlichungen von sechs friderizianischen Anekdoten.

Dem 18. Jahrhundert und kürzere Zeit dem Berliner Künstlerkreise gehörte auch der berühmte Däne Asmus Carstens an, der gedankenreiche erste Klassizist unter den Malern, dessen ideale Ausdrucksweise bekanntlich das Gewand des künstlerischen Griechentums und des Cinquecentos trug. Im Jahre 1791 hat er als einziges Beispiel der vorliegenden Gattung „Die Schlacht bei Rossbach“ als „Zeichnung in Braun“ ausgeführt; er sandte sie zugleich mit einer Argonautenskizze auf die nächste Berliner Ausstellung. Näheres darüber berichtet Schadow in den „Kunstansichten“: „Carstens, ein Künstler, den Kennern in wertem Andenken wegen des hohen Stils in seinen Crayon-Entwürfen erhielt den Auftrag, König Friedrich II. in der Schlacht von Rossbach mit Gefolge zu zeichnen; es fiel so aus wie das von B. Rode, nämlich ganz unbrauchbar". Mit den ästhetischen Grundsätzen der klassischen Richtung war freilich bei solcher Aufgabe nichts anzufangen. Die Schlacht im Hintergrunde ist nicht allzu aufregend geschildert; während vorn rechts der König zu Ross mit vorgestrecktem Krückstock einem General Befehle erteilt, so gemächlich wie auf einer Wachtparade und zwar „einer aus der guten alten Zeit", nach den „Fliegenden" . . . Carstens starb 1798 in Rom, ihm war Rode um ein Jahr voraufgegangen, Cuningham lebte damals längst nicht mehr und Chodowiecki folgte nach kurzem Direktorat im Jahre 1801.

So begann die Historienmalerei im neuen Jahrhundert mit für uns grossenteils neuen Persönlichkeiten. Zunächst brachte die Kunstausstellung von 1800 gleich eine Sammlung von Historien, eine Galerie vaterländisch-historischer Darstellungen in Malerei, Stich- und Handzeichnung, die — wie man im Katalog liest — „grösstenteils auf Befehl S. Maj. des Königs angefertigt" waren. Friedrich II. nach der Schlacht bei Leuthen, jene bekannte Scene „Bon soir Messieurs", die ja auch Ad. Menzel später packend schilderte, war ein Kupferstich von Daniel Berger nach der Zeichnung des Dresdener Professors Schubert, Friedrich II. bei Collin war ein Gemälde von Frisch, Friedrich der Grosse am Sarge des Grossen Kurfürsten ein Werk von Puhlmann, der Grosse Kurfürst mit Gemahlin bei der Belagerung von Anklam, lautete der Titel einer Malerei von Prof. F. G. Weitsch, der aus Braunschweig stammte und an die Berliner Akademie berufen war. Ferner sah man auf jener Ausstellung von 1800 vaterländische Historien von Meil d. Ältern, Chodowiecki, H. A. Daehling, Rosenberg, Grätsch, Collmann, Karl Kretschmar, Karl Kolbe, dem Kupferstecher Meno Haas Prof. H. Schumann u. a. Lehrern und Mitgliedern der Akademie.

Diese Überfülle von Werken der einen Gattung, deren Vereinigung auf der Kunstausstellung von 1800 mehr einer besonderen Veranlassung, der Jahrhundertfeier und dem königlichen Wunsche, zu danken war, konnte daher unmöglich als ein Beweis für die Einseitigkeit des Berliner Kunstschaffens jener Epoche überhaupt gelten. Wer die Kataloge der ersten akademischen Ausstellungen aufmerksam durchblättert, wird vielmehr herausfinden, dass schon damals in unsern Ausstellungen eigentlich jede Richtung, jeder Stoffkreis der Zeit vertreten war: Antike Mythe, Mittelalter, Neuzeit, ideale Poesie und derbe Prosa, Allegorien und Wirklichkeitskunst, Griechentum und Märkertum. Für alles warben die Künstler um die Gunst des Beschauers. Und ein Urteil, dass hier allein der Naturalismus mit der Wirklichkeits- und Nützlichkeitsforderung zuhause sei, das damals kein geringerer als Göthe in der

3*

Zeitschrift „Die Propyläen“ gelegentlich einer Rundschau über das Berliner Kunstschaffen fällte, erscheint demnach aufechtbar. Indes grade für den Jahrhundertaufang bot die Eigenart der akademischen Ausstellung der Göthe'schen Kritik in der That die Berechtigung. Poesie, heisst es in jener Kritik u. a., werde durch Geschichte — Charakter und Ideal durch Porträt — das Allgemein-Menschliche durch das Vaterländische verdrängt. Vielleicht überzeuge man sich bald, dass es keine patriotische Kunst und patriotische Wissenschaft gebe . . . So konnte ein Göthe wohl reden vom Standpunkt seiner damaligen Weltanschauung und seiner ästhetischen Glaubenslehre. Der Künstler, der Maler zumal hat Veranlassung seine Thätigkeit im eigenen Lichte zu betrachten; ihm ist Poesie an sich genau so viel und so wenig wert wie Geschichte; die künstlerische Auffassung, die malerische Behandlung — das allein entscheidet. So war es auch damals Gottfried Schadow leicht genug, dem grossen Dichter den Grundfehler seines Urteils nachzuweisen.

Grade an der Charakteristik unserer Gestalten, so etwa meinte er, an den naturgetreuen Bildnissen werde man uns erkennen und von anderen Nationen zu unterscheiden wissen. In der Landschaft gebe es ja auch keinen allgemeinen Baum, sondern nur bestimmte Baumarten, die man behufs Wiedergabe genau studieren müsse. So wie einst die Holländer, so hätten es auch die Alten schon gemacht. Ihre Statuen zeigen hellenische Geschichtsbildung, haben ganz bestimmte Merkmale. Für den Künstler liege das Allgemein-Menschliche im Rahmen des Nationalen . . .

Wenn die Mehrzahl der Werke der alten Berliner Historienmaler auf einem vergleichsweise nur niedrigen künstlerischen Niveau stand, so ist nicht der nationale Standpunkt ihrer Urheber daran schuld, sondern lediglich ihre unzureichende Begabung . . . Leider hat es auch der nächsten Generation, die, vielfach von romantischen Empfindungen beseelt, nun auch die denkwürdigen Befreiungskriege in den Stoffkreis der heimischen Historienschilderung hineinzog, an durchdringenden Talenten gefehlt: solche waren die Ludwig Wolf, H. W. Kolbe, Friedrich Wilhelm Herdt, Raymond de Baux u. A. allerdings nicht. Erst die folgende Epoche des sog. Biedermeiertums schenkte uns respektable Meister z. B. den begabten und gediegenen Franz Krüger, der Hervorragendes leistete in der Darstellung von Paraden und festlichen Ereignissen, einen Wilhelm Hensel, einen A. Eybel, dessen Hauptwerk „Der Grosse Kurfürst in der Schlacht bei Fehrbellin“ s. Zt. Aufsehen erregte . . . Alle diese und viele andere Berliner Maler waren die bisher wenig beachteten Vorläufer unseres Adolph Menzel, des berufensten vaterländischen Schilderers, der durch sein gesteigertes malerisches Gefühl, seinen überlegenen scharfen Geist, seinen sarkastischen

Humor alle jene älteren Meister in den Schatten der Ruhmlosigkeit drängte.

Aber wenn sie auch vielfach ärmlich in der Erfindung ihrer Bilder erscheinen, wenn sie gar aus der Überlieferung der berüchtigten Zopfzeit noch manchmal die nüchterne Form und die gedankliche Plattheit beibehielten — so gaben sie uns doch noch mehreres, wofür wir verwöhnten Nachgeborenen ihnen dankbar sein müssen. Ausser der bedeutsamen Thatsache ihrer historischen Richtung überhaupt, gebührt ihnen das Verdienst, dass sie den Sinn für die Heimatkunst in Berlin belebten und verbreiteten. Deshalb darf wohl auch die „Brandenburgia“ das Andenken an diese Vertreter der ältern Berliner Historienmalerei nicht vergessen.

Kleine Mitteilungen.

Das Verschwinden einer ganzen Strasse in einer Stadt gehört zu den grossen Seltenheiten. In Berlin ist gelegentlich des Entwurfs für die Kaiser Wilhelm-Strasse und die Verbreiterung der Kloster- und Neuen Friedrichs-Strasse die Kalands-Gasse und die berüchtigte Strasse an der Königsmauer verschwunden, desgl. bei den Umänderungen bei der St. Nikolai-Kirche seit 1899 die Nikolaikirch-Gasse. Jetzt befindet sich im Gemeindeblatt folgende Bekanntmachung:

> Durch anderweitige Bebauung der Neuen Friedrich-Strasse bezw. Rosen-Strasse hat die Schmale Gasse aufgehört zu bestehen.
> Berlin, den 31. August 1900.
> Magistrat hiesiger Königl. Haupt- und Residenzstadt.
> J.-Nr. 316 Wahl 00.

Die Schmale Gasse hiess früher „Bullenwinkel“ und „Rosmarin-Gasse“. Ihre bisherige Bezeichnung wurde vom Kgl. Polizei-Präsidium am 27. August 1837 veröffentlicht. (H. Vogt: die Strassen-Namen Berlins 1885 S. 84.) E. Fr.

Über Hünen-Hacken und einen seltenen Baum. a) In Hohen-Finow, wohin ein Teil der Pflegschaft des Märkischen Provinzial-Museums am 26. August 1900 sich begab und mit Genehmigung des Herrn Oberpräsidenten von Bethmann-Hollweg, unseres Ehrenmitgliedes, den hervorragend schönen und wohlgepflegten Schlosspark besichtigte, befindet sich hinter der Terrasse vor dem Schloss ein sehr merkwürdiger Solitär-Baum von grosser Schönheit. Es ist ein hochstämmiger virginischer Wachholder (Juniperus virginiana), welcher nach unseren Messungen einen Meter über der Erde reichlich zwei Meter Umfang hat. Nach Schätzung unseres berühmten Dendrologen und Mitgliedes Dr. Carl Bolle könnte der Baum 150 Jahr alt sein. Die virginische „Ceder" gehört zu den frühesten Einführungen aus dem Arboretum Nord-Amerikas und ist in der Mark schon seit langen Zeiten akklimatisiert. Der herrliche Baum beschattet mit seinen dunklen feinen Nadelschuppen einen grossen Umfang und sind um den Stamm Sitzplätze angebracht. b) Eine zweite Merkwürdigkeit auf der Terrasse, wenn man vom Schloss kommt, rechter Hand geht, besteht in einem grossen granitenen Mahltrog, welcher der vorwendischen Stein- oder Bronzezeit angehört und in die von mir Brandenburgia Jahrg. VI. S. 383 abgebildete Klasse der sogen. Hünenhacken gehört. Hufeisenförmig durch das Reiben mit einer Steinkugel ausgehöhlt, wodurch ein Rand entsteht, der aber bei längerem Gebrauch da, wo die quetschende Sklavin hantierte, fortfällt, sodass die überwiegende Menge der Hünenhacken so aussieht, als wäre eine Seite derselben abgeschlagen, was niemals beabsichtigt worden ist. Dieser sehr geräumige granitene Mahltrog, welcher von fleissigen germanischen Müllerinnen, Bäckerinnen und Köchinnen Jahrhunderte hindurch gebraucht worden sein mag, ist auf eine Unterpackung von Steinen gestellt, so dass er wie eine Schale mit Untersatz aussieht, mit Erde gefüllt und mit schönen Pflanzen besetzt. Im Volksglauben gilt dieser Stein als ein Opferaltar der alten Wenden, wozu wohl die Stellung des Mahltrogs auf dem Unterbau mit Veranlassung geboten hat.

Noch häufiger als im steinreichen Ober-Barnim, wohin Hohen-Finow gehört, finden sich die Hünenhacken in der gegenüberliegenden Uckermark. Hier werden diese Steine oftmals zu wirtschaftlichen Zwecken verwendet. Bei Herrn Amtmann Deegen auf Peelitz bei Chorin fand ich vor drei Jahren eine Hünenhacke unter dem Hofbrunnen als Traufstein. In Lunow fand ich am 2. September 1900 einen dergleichen flachen Trog, bei dem die Vorderseite noch nicht fortgeschlagen war, als Sitz vor der Thür des Bauern Wilhelm Polack, Hauptstrasse No. 11. — Eine sonderbare Verwendung nahm ich vor Jahren in dem Oderdorf Hohen-Saathen wahr. Ein wohlhabender Bauer hatte vor der Hinterwand seiner Scheune einen germanischen Mahltrog derartig angebracht, dass, wenn er seinen Ackerwagen mit der Deichsel nach der Hinterwand zu hineinschob, die Spitze der Deichsel von dem Mahltrog aufgefangen wurde. Ohne diesen seltsamen Ausbau hätte die ausgedreckte Deichsel nicht mehr ganz in der Scheune Raum gefunden. Diese Scheune ist inzwischen abgerissen.

In Greifswald (Neu-Vorpommern) kenne ich seit 25 Jahren einen solchen Trog, der vor einem Gasthof an der Ecke der Rakower- und Eisenbahn-Strasse liegt und als Fangstein für die Dachtraufe an der scharfen Ecke dient.

Der Fürst von Putbus hat, wie ich bemerkte, in seinem Park bei Schloss Putbus aus Rügen einen ganzen Hügel von Hünenhacken auftürmen lassen. Bei dem Wirtshaus „Waldhalle" in der Stubnitz, Halbinsel Jasmund, Insel Rügen, unweit Sassnitz hat der Wirt, wie ich unlängst sah, um eine grosse Rotbuche herum eine Menge von Hünenbacken aus der Nachbarschaft gruppiert. Unter den dortigen und unter den Putbuser Exemplaren befinden sich ein paar Stücke, die doppelt, also unten und oben zu Mahltrögen ausgearbeitet sind. Dies sind sehr seltene Vorkommnisse, denen ich aus der Provinz Brandenburg nichts an die Seite stellen kann.

Das Alter der Hünenbacken anlangend, so habe ich schon angedeutet, dass sie bereits in der Steinzeit allgemein sind. Sie gehen aber auch durch die Kupfer- und Bronzezeit. Bei Ausgrabung eines bronzezeitlichen Flachgrabes in der Stubnitz erhob ich selbst einen kleinen Mahltrog. Als der Abhang des grossen Hünengrabs Dubberwort nahe Sagard, Insel Rügen angegraben wurde, fand sich sofort eine Hünenhacke. — Bei den Steinkisten, in welchen sich in Hinterpommern und Westpreussen die bekannten Gesichtsurnen befinden, sind nicht selten Hünenbacken als Deck- oder Seitenplatten verwendet. Ernst Friedel.

Stimmen über Berlin im Jahre 1864. In Harpers Handbook for travellers in Europe and the East by W. Pembroke Tetridge. New-York 1864 heisst es in Uebersetzung. „Mr. Laing (ein bekannter englischer Reisender) sagt: „Berlin hat die Miene der Metropole eines Königreichs von gestern: keine gotischen Kirchen, keine engen Strassen, keine phantastischen Giebel, keinen geschichtlichen Stein und Mörtel, keine Überlebsel des pitturesken Alters, keine Erinnerung der alten Zeiten. Voltaire in seidenen Hosen und gepuderter Perrücke, Friedrich der Grosse in hohen Stiefeln und Zopf, und das französische klassische Zeitalter Ludwig XIV., sind die Männer und die Zeiten, an welche Berlin den Reisenden erinnert. Berlin ist eine Stadt von Palästen, das ist von ungefügen, kasernenartigen Gebäuden mit Pfeilern, Bildsäulen u. s. w. u. s. w."

„Die Gegenstände (führt nun Tetridge fort), welche das Auge in den Strassen von Berlin treffen, sind weite Fronten von Häusern, Ornamente, Bildsäulen, Inschriften, eine Verschwendung von Vergoldung, Wachtgebäude Schilderhäuser. Die Menschen sind Schildwachen, welche jeden Augenblick das Gewehr präsentieren, Offiziere mit Federn und Orden unaufhörlich passierend, Miets-Droschken (hacney droskies) herumratternd und Mengen wohlgekleideter Leute. Ein träger, aber ansehnlicher Fluss, die Spree, stagniert durch die Stadt, und das Geld, welches für Stuck und äusserlichen Schmuck der Häuser ausgelegt wird, würde mit Verdecken der offnen Rinnsteine, Anlegung einer Wasserleitung und Reinigung der Strassen und Entwässerungen viel besser verwendet. Dies indessen wird jetzt verbessert."

Wenn Laing auch die mittelalterlichen Reste Berlins ganz totgeschwiegen und Tetridge manches übertrieben hat, so ist es doch nicht zu leugnen, dass Berlin auf die Fremden den Eindruck äussern Scheinwesens machen musste, wenn sie damit den Zustand der Strassen und Brücken, des Pflasters und der offenen Rinnsteine verglichen. Die letzten 30 Jahre haben ja, Gott Lob! Wandel geschaffen. E. Fr.

Fragekasten.

Frl. A. Wetterregeln. Die französischen Wetterregeln für März, April und Mai, welche zum Teil unseren deutschen genau gleichen und welche Sie wahrscheinlich meinen, sind u. a. folgende:

Proverbes du mois de mars:

Mars sec et chaud
Remplit caves et tonneaux.

Au commencement ou à la fin
Mars a poison et venin.

Proverbes du mois d'avril et de mai:

Au mois d'avril
Ne quitte pas un fil,
Au mois de mai
Va comme il te plaît.

Il n'est si gentil mois d'avril
Qui n'ait son chapeau de grésil. E. Fr.

S. A. „Auf dem Jagdhund fahren". Im Volksmunde bürgert sich die Redensart ein „auf dem Jagdhund fahren", wenn man auf der Berliner Ringbahn um die Stadt herumfährt. Sie fragen: ob dieser Ausdruck daher kommt, dass man so schnell wie ein Jagdhund darauf herumfahre? Wir vermuten nein! Denn die Fahrt ist garnicht so jagdhundmässig schnell. Wir glauben vielmehr, dass die Redensart durch den in allen Wagenabteilen aushängenden Plan der Ringbahn entstanden ist, deren Trace mit dem Profil eines nach Westen schauenden Jagdhundes eine wirklich schlagende Ähnlichkeit besitzt. Die Nase liegt bei der westsüdlichen Biegung westlich Haltestelle Jungfernhaide, das Maul bei der Einmündung der Stadtbahn westlich von Bahnhof Charlottenburg, die Ohren liegen zwischen Haltestelle Central-Viehhof und Putlitzstrasse. Fr.

Anfrage anlässlich des harten Winters. Die höchste Kälte seit 1850 kam in Norddeutschland im Winter 1850 selbst vor, indem am 22. Januar das Thermometer in Berlin bis auf Minus 25,0 Grad Celsius heruntterging. Im gleichen Monat brachte es Königsberg i. Pr. auf Minus 30 Grad, Bromberg auf Minus 36,6 Grad Celsius. Nicht viel geringer war jedoch die Kälte auch im Winter 1893, in dem am 19. Januar Berlin Minus 23 Grad, Potsdam Minus 26 Grad und Blankenburg bei Berlin sogar Minus 32 Grad Celsius hatte. Am 16. Januar 1893 sank die Temperatur zu Königsberg i. Pr. wie im Januar 1850 bis auf Minus 30 Grad, am 18. Januar in Frankfurt a. O. bis auf Minus 26 Grad Celsius.

Für die Redaktion: Dr. Eduard Zache, Cüstriner Platz 9. — Die Einsender haben den sachlichen Inhalt ihrer Mitteilungen zu vertreten.
Druck von P. Stankiewicz' Buchdruckerei, Berlin, Bernburgerstrasse 14.

1. (1. ausserordentl.) Versammlung des X. Vereinsjahres.

Mittwoch, den 3. April 1901, nachmittags 3 Uhr, in der Berliner Garnisonkirche, Neue Friedrich Strasse.

(Referent: Dr. Gustav Albrecht.)

Eine stattliche Anzahl von Teilnehmern hatte sich der Einladung des Vorstandes folgend in der Vorhalle der Garnisonkirche versammelt, um unter Führung des Königlichen Militär-Oberpfarrers und Evangelischen Garnisonpfarrers von Berlin, Herrn Georg Goens, die Räume und Kunstschätze des renovierten Gotteshauses und die darunter befindlichen Marschalls-Grüfte zu besichtigen. Gewaltige Orgelklänge durchbrausten das hohe, gewölbte Kirchenschiff, als die Besucher das Innere des Gotteshauses betraten, und andachtsvoll lauschte alles dem meisterhaft gespielten Präludium, das die Einleitung zu dem Vortrage des Oberpfarrers Goens über die Geschichte der Garnisonkirche bildete.

Die Anfänge des preussischen Garnisonkirchenwesens, so führte der Vortragende, der auch eine Monographie über die Geschichte der Garnisonkirche*) veröffentlicht hat, aus, gehen bis in die Zeiten des Grossen Kurfürsten, bis in die Zeiten der Gründung eines stehenden Heeres zurück. Kurfürst Friedrich Wilhelm war ein frommer Christ und hatte ausserdem von seinem Vorbilde Gustav Adolf gelernt, dass Manneszucht und Kriegsbereitschaft eine wesentliche Unterstützung durch die Erziehung der Soldaten zur Frömmigkeit erfahren, und aus diesem Grunde richtete er in Berlin eine evangelische Militärgemeinde ein, die unter der Leitung eines „Churfürstlich brandenburgischen Garnisonpredigers“ stand. Die Gottesdienste und Amtshandlungen der „Gemeinde so zum Regiment gehörig“ fanden an der Ecke der Heiligen-Geist-Gasse und Spandauerstrasse statt, auf dem Kirchhofe des Spitals zum Heiligen Geist, dessen Kirchlein jetzt noch erhalten ist, und unter jenen drei Linden, welche die Sage von drei unschuldig

---

*) Geschichte der Königlichen Berlinischen Garnisonkirche von Georg Goens evangelischem Garnisonpfarrer von Berlin. Mit zahlreichen Abbildungen. Berlin 1897 (Mittler & Sohn) 116 Seiten.

verurteilten Brüdern mit den Wurzeln nach oben eingepflanzt sein lässt. Diese Gottesdienste im Freien, welche vom Jahre 1655 an erwähnt werden, wurden so lange beibehalten, bis der Nachfolger des Grossen Kurfürsten, nachdem er Preussen zum Königreich erhoben hatte, für seine Soldaten eine eigene Garnisonkirche erbauen liess. Dieses Gotteshaus, dessen Grundstein am 24. September 1701 in Gegenwart des Kronprinzen Friedrich Wilhelm, vieler Offiziere und der gesamten Garnison gelegt wurde, fand seinen Platz auf der Stelle der jetzigen Kirche in der Uffelschen Bastion, einem durch die Veränderung der Festungswerke entbehrlich gewordenen Bollwerk, und war in den einfachen Formen der Renaissance als Kreuzkirche mit einem Dachreiter über der Vierung erbaut. Am 1. Januar 1703 wurde die neue Kirche mit grossem militärischen Gepränge eingeweiht. Über das Fest der Einweihung sind keine Nachrichten erhalten, nur der Wortlaut der Inschrift über der Hauptthür liegt vor:

In nomine O. M. Domini
Exercituum
Friedericus I. rex Boruss.
Patriae et exercituum pater
Hoc templum militibus
Harum urbium praesid.
religios. Frequent.
extruxit
et inaugurare jussit
Kal. Januar. Secul. XVII.
Anno regni III.

Neben dem Gotteshause hatte König Friedrich I. gleichzeitig eine Schule für Soldatenkinder errichten lassen, und da hierzu ein für die Festungsbaupferde bestimmtes Gebäude benutzt worden war, so wies eine lateinische Inschrift am Schulhause darauf hin. Ausserdem wurden in den nächsten Jahren in dem vorspringenden Bastionswinkel hinter der Kirche ein Garnisonhospital und ein Lazaret, ein Waisenhaus und später noch ein zweites Lazaret erbaut und die ganze Anlage durch die Fürsorge des Königs und des Gouverneurs Grafen von Wartensleben beständig erhalten und erweitert. Das Innere der Kirche wurde würdig ausgeschmückt und eine Orgel — freilich nur mit acht Tönen — erbaut. Der „Kapitains-Chor" bekam eine Polsterung aus Juchtenleder, die Generale und Obristen erhielten acht mit Taffet überzogene Stühle, und für den Gouverneur wurde in einer abgeschlossenen Loge ein bequemer Lehnsessel aufgestellt.

Wie König Friedrich I. sorgte auch sein Nachfolger, der fromme König Friedrich Wilhelm I., in gnädiger Weise für die Garnisonkirche, für die Schule und für die anderen zum Gotteshause gehörigen Institute, und verschiedene Offiziere der Berliner Garnison folgten dem

Beispiele ihres Herrschers und machten der Garnisonkirche erhebliche Zuwendungen.

Im August des Jahres 1720 traf die Garnisonkirche ein harter Schlag. Gegenüber derselben erhob sich nämlich als Rest des alten Spandauer Thors ein 100 Fuss hoher Turm, der als Pulvermagazin benutzt wurde, und dieser sollte in dem genannten Jahre zur Verbreiterung der Strasse nebst der alten Stadtmauer abgebrochen werden. Beim Ausräumen des Pulvers flog der Turm am 12. August 1720 „mit einem erschrecklichen Blitz und gedoppelten Knall“ in die Luft, und die niederfallenden Trümmer zerstörten sowohl die anliegenden Häuser als auch einen Teil der Kirche, das Garnisonschulhaus und die Wohnung des Obristen von Glasenapp. Vierunddreissig Schulkinder und siebenunddreissig Erwachsene wurden von den umherfliegenden Steinen getödtet und eine grosse Anzahl von Leuten verwundet. König Friedrich Wilhelm I., der persönlich zur Unglücksstätte eilte, war von der Katastrophe aufs tiefste erschüttert und that, was er zur Linderung des Elends thun konnte. Im folgenden Monat wurde bereits mit dem Abbruch und im Frühjahr 1721 mit dem Neubau der Kirche begonnen, und am 31. Mai 1722 erfolgte in Gegenwart des Königs und der gesamten Garnison die Einweihung des erheblich vergrösserten Gotteshauses. Letzteres, dessen Grundmauern noch den heutigen Bau umschliessen, war in den einfachsten Formen auf rechteckiger Grundlage erbaut; es war 185 Fuss lang, 100 Fuss breit und 54 Fuss hoch und enthielt gegen 4000 Sitzplätze, von denen die Hälfte auf den Emporen lag. 56 Fenster gaben dem Kirchenschiff Licht und 8 Thüren führten in das Innere. Draussen am Giebel prangte unter der Krone der Namenszug des königlichen Bauherrn und über jedem Portale ein Medaillon mit dem schwarzen königlichen Adler, der der Sonne zustrebt, und der Umschrift: „Non soli cedit“ (Er weicht der Sonne nicht). Ebenso einfach wie das Äussere war auch das Innere der Kirche. Die Wände waren weiss getüncht und Holzschnitzereien ausser an der Kanzel nicht vorhanden. Starke Eichenpfeiler stützten die Balkendecke, über der sich ein mächtiges Dach, den Kirchenboden umschliessend, aufbaute. An Stelle des Altars stand, dem reformierten Brauch entsprechend, unter der Kanzel ein ungedeckter Tisch und diesem gegenüber fand der Taufstein, der noch heute erhalten ist und ein Werk Schlüters sein soll, seinen Platz. An Stelle der alten Orgel, die nach Potsdam in die Nikolaikirche kam, stiftete der König ein neues kunstreiches Orgelwerk mit über 3000 Pfeifen und verschiedenen mechanischen Spielereien, wie Engeln, die Posaunen blasen, Putten, die Kesselpauken schlagen, sich drehenden Sonnen, fliegenden Adlern u. a.

Friedrich Wilhelm I. war ein sehr gottesfürchtiger Herr und besuchte sehr häufig die Garnisonkirche. Der einfache Holzstuhl, den

3*

er während der Predigt benutzte, ist noch vorhanden und auf Befehl des Kaisers in der königlichen Loge aufgestellt. Friedrich Wilhelms Nachfolger, Friedrich der Grosse, hat die Garnisonkirche nur wenig besucht, da er der Kriegszeiten wegen meist von Berlin abwesend war, hat ihr aber trotzdem seine Fürsorge zugewandt. Die Dankgottesdienste für die glorreichen Siege der schlesischen Kriege wurden in der Garnisonkirche abgehalten, und verschiedene erbeutete Fahnen, so 79 Fahnen und 8 Standarten aus der Beute von Hohenfriedberg und Soor und 13 Fahnen und 4 Standarten aus der Schlacht von Kesselsdorf, zum ewigen Gedächtnis an den Pfeilern der Kirche aufgehängt. Ferner schenkte der König dem Gotteshause einen schönen Abendmahlskelch, ein Meisterwerk der Goldschmiedekunst, der noch heutigen Tages bei der Kommunion benutzt wird.

Die an die Ruhmesthaten des fridericianischen Heeres erinnernden Feldzeichen blieben in der Kirche bis zum Jahre 1806, wo sie aus Furcht vor den einrückenden Franzosen abgenommen und im Holzstall der Garnisonkirche verborgen wurden. Seitdem sind sie verschollen — der Küster Jacob starb während der Franzosenzeit — und trotz aller Bemühungen nicht wieder aufzufinden gewesen. Dagegen sind vier grosse Gemälde des Geschichtsmalers und Akademiedirektors Rode, die damals auch aus der Kirche entfernt wurden, später wieder auf dem Boden des Pfarrhauses aufgefunden und jetzt zu beiden Seiten der Orgel aufgehängt worden. Sie erinnern ebenfalls an die fridericianische Zeit und stellen dar: Schwerin und Keith, denen die Siegesgöttin einen Kranz aufsetzt, Winterfeld, dessen Thaten eine Muse niederschreibt, Zieten, an dessen Graburne ein Löwe ruht, und Kleist, an dessen Urne die Göttin der Freundschaft trauert. Was man befürchtet hatte, geschah, die Franzosen hausten wie die Wilden im Gotteshause, zertrümmerten Altar und Kanzel, brachen die Särge im Grabgewölbe auf und beraubten die Toten. Das Kirchenschiff wurde durch eine Sackleinewand in zwei Teile geteilt, von denen der eine an einen Spiritusfabrikanten vermietet wurde, während man den anderen als Heumagazin benutzte. Erst der Friede von Tilsit und der Einzug der preussischen Truppen am 10. Dezember 1807 machte dem traurigen Zustand in der Kirche ein Ende.

König Friedrich Wilhelm III. sorgte alsbald für eine würdige Wiederherstellung der Kirche. Er setzte zunächst einen tüchtigen Garnisonpfarrer, den bisherigen Brigadeprediger Friedrich Wilhelm Schliepstein, ein und regelte die zerrütteten Besitzverhältnisse der Kirche. Dann liess er das Gotteshaus vollständig renovieren und in angemessener Weise ausschmücken. Die alten Eichenpfeiler wurden durch Backsteinpfeiler ersetzt, Altar und Kanzel neu aufgestellt und die geraubten Altargerätschaften durch neue ersetzt. An Stelle der verlorenen Feldzeichen aus der Zeit Friedrichs des Grossen wurde das Innere der Kirche mit Gedächtnistafeln geschmückt, welche die Namen der Vaterlandsfreunde von 1806 und 1807, der Gefallenen von 1813—15 und der Ritter des neugestifteten Eisernen Kreuzes enthielten. Am 29. Oktober 1817 erfolgte die Einweihung der restaurierten Garnisonkirche, für die der König auch weiterhin in gnädiger Weise sorgte.

Gar manche erhebende militärische Feier hat sich in den Mauern der schlichten Garnisonkirche seit den Tagen der Freiheitskriege vollzogen, und einer der bedeutendsten Momente war es, als am 11. November 1866 und einige Jahre später am zweiten Pfingsttage des Jahres 1872 die sieggekrönten Feldzeichen der Garde die kirchliche Weihe erhielten. In der einfachen Ausstattung aus der Zeit Friedrich Wilhelms III. blieb die Garnisonkirche die ganzen Jahre hindurch, bis im Jahre 1900 Kaiser Wilhelm II. eine durchgreifende Erneuerung des Gotteshauses vornehmen liess. Im Dezember des genannten Jahres war der Umbau vollendet, und am 23. Dezember erfolgte die Einweihung unter entsprechenden Feierlichkeiten und in Gegenwart des Kaiserpaares, der Staats- und Militärbehörden und Abordnungen der gesamten Berliner Garnison.

Nach dem interessanten Vortrage des Geistlichen begann die Besichtigung der Kirche. Zunächst wurde der Altarraum in Augenschein genommen, wo der neue, eichene Altaraufbau mit einem Gemälde, Christus am Ölberg, die alte, wiederhergestellte Eichenkanzel mit einem antiken, waffengeschmückten Torso als Unterbau und mit Schnitzereien an Brüstung und Schalldeckel und der in Form eines Säulenkapitäls hergestellte Taufstein aus Sandstein — vermutlich ein Werk Schlüters und ein Überbleibsel aus der ersten Garnisonkirche — gebührende Beachtung fanden. Ferner wurden die Altargerätschaften, unter diesen der kostbare Kelch Friedrichs des Grossen, zwei Kelche und ein Ciborium, die Kaiser Wilhelm I. gestiftet hat, und zwei einfache Leuchter, die Friedrich Wilhelm III. der Kirche verehrte, besichtigt. Dann schritt man zur Kaiserloge, deren Wände mit Eichenschnitzereien und gepressten Ledertapeten geziert sind. Die Decke der Loge trägt den zur Sonne fliegenden Adler mit der bekannten Umschrift, die Rückwand zeigt den heiligen Michael mit dem flammenden Schwert. An der Brüstung des der Kaiserloge benachbarten Kirchenstuhls sind zwei kunstvolle Schnitzwerke, das Innere der Garnisonkirche vor und nach der Franzosenzeit darstellend, angebracht.

Nun folgte ein Rundgang durch das Kirchenschiff, wobei man Gelegenheit hatte die schöne Ausstattung des Innern zu bewundern. Sechs Sandsteinpfeiler tragen die aus Beton hergestellten Gewölbekappen, die mit Emblemen der preussischen Herrscher und der Armee und Marine geziert sind, zwischen diesen Pfeilern ziehen sich in den Seitenschiffen die stattlichen eichenen Emporen hin, während sich im Mittelschiff die einfachen, aber schmucken Sitzbänke aneinander reihen, von denen die ersten durch ein kunstvoll gearbeitetes schmiedeeisernes Gitter für die Offiziere abgetrennt sind. Die Pfeiler sind mit je sieben Fahnen und die beiden Seiten des Altarraums mit je sieben Standarten und sechs Fahnen geschmückt, die aus der Blücherschen Beute aus den Freiheitskriegen herrühren und die Kaiser Wilhelm II. der Garnisonkirche als Ersatz für den verlorenen Fahnenschmuck aus der fridericianischen Zeit verliehen hat. Zwei stattliche Kronleuchter aus Bronze hängen von der Gewölbedecke herab und zahlreiche elektrische Glühlampen sind an den Emporen und in den Gurtbogen verteilt. Im Glanze der elektrischen Beleuchtung bietet das Innere des Gotteshauses einen erhabenen Anblick dar.

Nach dem Rundgang durch das Schiff begaben sich die Anwesenden in die Sakristei, von deren Wänden die Bildnisse früherer Garnisonpfarrer und des Gouverneurs Graf Wartensleben herabblicken, und von dort durch den Betsaal, den ein Gemälde von Prof. Schmitt „Lasset die Kindlein zu mir kommen“ schmückt, nach dem oberen Chor. Den hinter dem Altarraum belegenen Teil des Chors schmücken drei schöne Glasgemälde, Christus als Herr der Heerscharen und die ausziehenden und heimkehrenden Krieger darstellend, und eine Anzahl seltener französischer Reiterstandarten aus der Blücherschen Beute. In einer Seitenkapelle ist der alte Altar, vor dem Garnisonprediger Frommel bis zu seinem Tode gepredigt hat, aufgestellt, ferner das Altarkreuz, das Friedrich Wilhelm III. der Kirche geschenkt hat, und auf den Seitenemporen hängen die erwähnten Gedächtnistafeln und neben der kunstreichen Orgel die vier Bilder von Rode.

Nach der Besichtigung des Gotteshauses begaben sich die Anwesenden gruppenweise in die unter der Kirche angelegten Grabgewölbe, wo seit 1723 bis 1830 eine grosse Anzahl preussischer Heerführer und Offiziere beigesetzt sind, unter ihnen 14 General-Feldmarschälle (Graf von Wartensleben, von Finckenstein, von Natzmer, von Glasenapp, von Keith, von Kalkreuth, Kleist von Nollendorf u. a.) und 50 Generäle. In langer Reihe stehen die wohlerhaltenen Särge — 221 an der Zahl — in den schön gewölbten Kellerräumen, die elektrisch erleuchtet werden, nebeneinander, und bequem kann man die lange Reihe hinabschreiten. Früher war die Zahl der Särge noch grösser, bei den verschiedenen Renovationen der Kirche hat man indes die von den Franzosen beschädigten oder im Laufe der Zeit zerfallenen Särge, soweit sie nicht wiederherzustellen waren, nach dem Garnisonfriedhof überführt und dort beigesetzt. Die in dem Gewölbe beigesetzten Leichen sind infolge der trockenen Luft, ähnlich wie in den Bleikellern des Doms zu Bremen, mumifiziert und gut erhalten, so dass man bei einigen die charakteristischen

Gesichtszüge und bei den im Kampfe Gefallenen die Wunden erkennen kann. Die Särge sind mit Nummern versehen und genau registriert, so dass jederzeit die Beisetzungsstelle eines Toten ermittelt werden kann. Das Recht der Beisetzung, welches der Garnisonkirche von Friedrich Wilhelm I. 1723 verliehen wurde, bildete eine reiche Einnahmequelle und aus diesem Fonds wurden zum Teil die Kosten des vorjährigen Umbaues, die sich auf eine Million Mark beliefen, bestritten.

Am Schluss der Besichtigung überreichte Oberpfarrer Goens dem Vorsitzenden der „Brandenburgia" die von ihm verfasste Geschichte der Garnisonkirche und jedem Anwesenden eine Postkarte mit der Innenaufnahme der Kirche.

Nach der Besichtigung fand eine freie Zusammenkunft im Altstädter Hof am Neuen Markt statt.

---

2. (1. ordentl.) Versammlung des X. Vereinsjahres

Mittwoch, den 14. April 1901, abends 7 Uhr im grossen Sitzungssale des Brandenburgischen Ständehauses.

Vorsitzender: Herr Geheime Regierungsrat Friedel.

Von demselben rühren die Mitteilungen zu 1 bis 6 her.

1. Zum Ehrenmitglied der Brandenburgia wird Herr Schulrat Professor Dr. Carl Philipp Euler, welcher das Amt als zweiter Vorsitzender wegen Kränklichkeit niedergelegt, laut § 9 und § 17 der Satzungen vom 22. März 1892 von der Gesellschaft in heutiger ordentlicher Sitzung auf übereinstimmenden Beschluss des Vorstandes und Ausschusses gewählt. — An Stelle des Herrn Euler ist Herr Provinzial-Konservator Geheime Baurat Bluth zum 2. Vorsitzenden und innerhalb des Ausschusses Herr Professor Dr. G. Galland zum Obmann, Herr Direktor Professor Dr. Otto Reinhardt zum Obmann-Stellvertreter und Herr Professor Dr. Friedrich Wagner zum Ausschuss-Mitgliede erwählt worden.

2. „Der Bär", Illustrierte Wochenschrift für Geschichte, Kultur und modernes Leben ist in den Besitz und die Redaktion unseres Mitgliedes des Herrn Historienmalers Adolf Sommerfeld übergegangen. Die im laufenden Jahre erschienenen Nummern, welche manches auf Berlin und die Provinz Brandenburg Bezügliche enthalten, werden vorgelegt. Es wird dringend gebeten, das weitere Erscheinen dieses gemeinnützigen vaterländischen Blattes durch fleissiges Abonnieren zu ermöglichen. Dasselbe kostet 2,50 Mk. vierteljährlich.

3. Der Riesenblock bei Französisch-Buchholz (Brandenburgia IX, 448 und 481) wird auf Veranlassung der Städtischen Rieselgüter-Verwaltung nicht bloss erhalten, sondern auch mit einem Wege ringsherum und einigem gärtnerischen Schmuck ausgestattet werden. Den Herren Stadträten Marggraff und Struve sowie dem Kanalisations-Direktor Adams sei für ihre diesjährigen Bemühungen hiermit wärmster Dank ausgesprochen.

4. Von unserm Mitgliede Herrn Wilhelm Pütz, einem unserer geschicktesten Amateurphotographen, sind drei nach dem grossen Schneefall im Grunewald unweit des Karlsbergs aufgenommene Photographien vorgelegt, welche den märkischen Kiefernwald in seiner ganzen melancholischen Winterpracht zeigen, die Äste zum Teil von Schneemassen niedergedrückt.

5. Vinterbilder från Skansen utgifna af Artur Hazelius Stockholm (April 1901) zeigen allerdings die Herrlichkeit und Gewalt des nordischen Winters noch in weit grossartigerem Massstabe. Ich habe Ihnen schon öfter Publikationen des unermüdlichen Heimatsforschers Artur Hazelius über seine unvergleichliche Schöpfung in Skansen, diese Vereinigung von Volks- und Landeskunde in freier Natur, vorgelegt, doch bezogen sich dieselben zumeist auf die milderen Jahreszeiten. Hier sehen sie Land und Leute unter der Herrschaft der Forst- und Reif-Riesen: Lappenlager, Hirsche und Renntiere im tiefen Schnee. Nordisches Hundefuhrwerk, die verschiedenen Holzbaustile und das behaglich warme Innere der Bauernhäuser*) mit den verschiedensten Eigenartigkeiten.

6. Die Enthüllung des Denkmals für Kaiser Wilhelm den Grossen auf der Langen Brücke zu Potsdam fand am 11. April d. J. unter Beteiligung vieler Mitglieder unserer Brandenburgia in Gegenwart S. M. des Kaisers und Königs statt. Unser Ehrenmitglied Landes-Direktor Freiherr von Manteuffel hielt die Festrede. Zwei unserer Mitglieder, Dr. med. Friedrich Netto und Friedrich Backschat, haben bei dieser Gelegenheit eine Festschrift verfasst: „Die Lange Brücke zu Potsdam“. Ein Stück Hohenzollern- und Stadtgeschichte. (Druck und Verlag von A. W. Hayn's Erben, Berlin-Potsdam 1901). Die mit vielen Abbildungen geschmückte, inhaltreiche, mit Sorgfalt nach den Quellen verfasste Schrift wird fortan als ein wertvoller Beitrag zur Ortsgeschichte Potsdams und zur Heimatkunde Brandenburgs angesehen werden. Die erste Erwähnung einer Brücke bei Potsdam datiert von 1317.

*) Bei Abschluss der Redaktion dieses Heftes geht uns die erschütternde Nachricht vom Ableben des unvergleichlichen Artur Hazelius Ende Mai 1901 zu. Wir werden im September, nach den Ferien, auf die grossen Verdienste unseres Freundes um die Heimatkunde ausführlich zurückkommen. E. Friedel.

7. Herr Kustos Buchholz weist zunächst auf das ausgestellte Krönungs-Jubiläums-Bild hin, das zwar in Tausenden von Exemplaren verbreitet und genugsam in seinen Einzelheiten beschrieben ist, das aber in diesem Exemplar einen besonderen Wert dadurch hat, dass es vom Kaiser ausdrücklich für das Märkische Provinzial-Museum bestimmt und mit eigenhändiger Allerhöchster Unterschrift versehen ist. Ein Exemplar mit der gleichen Auszeichnung für die Stände der Provinz Brandenburg befand sich zufällig auch im Vortragssal.

8. Eine weitere Erinnerung an die Krönungs-Jubelfeier bietet die von der Altertumsgesellschaft Prussia in Königsberg herausgegebene Festschrift, in der die Baugeschichte des Königsberger Schlosses und insbesondere der Schlosskirche, in der sich der feierliche Salbungs-Akt vor 200 Jahren vollzog, in Wort und Bild dargestellt wird.

9. Herr Kustos Buchholz machte fernere Vorlagen: Vom **Uckermärkischen Museums- und Geschichtsverein** liegen aus seiner 4 jährigen Thätigkeit 6 Druckhefte vor, von denen 5 je einen Vortrag enthalten:

Amtsrichter Georg Schmeisser sprach über: „Die Eiszeit in der Uckermark“ ein grade für die Uckermark sehr interessantes Thema, weil die sie der Länge nach durchziehende glaciale Endmoräne neben den sich dort zahlreich findenden Mittel-, Seiten- und Grundmoränen sehr wichtiges Material für die wissenschaftliche Ergründung der letzten Oberflächenbildung des norddeutschen Tieflandes abgegeben hatte. Der Verfasser entwirft ein recht gemeinverständliches Bild der Glacial-Periode, indem er sich dabei auf Fachautoritäten stützt. Otto Leonhard sprach über „fossile Rechte“, Hugo Schuhmann über „Vorgeschichtliche Beziehungen der Uckermark während der Stein- und Bronzezeit“, R. Sendke über „Uckermärkisches Volkstum und lebendes Altertum“ und Graf Albert von Schlippenbach über „die Entstehung und Entwickelung des deutschen Adels insbesondere des Uckermärkischen Geschlechtes“. Auch dieser Vortrag enthält manches kulturgeschichtlich Bemerkenswerte.

Endlich ist als Arbeit von den Vereinsmitgliedern Schuhmann und Mieck ein Heft hervorgegangen: „Das Gräberfeld bei Oderberg-Bralitz“. Dies Gräberfeld liegt zwar schon im Kreise Königsberg, also nicht mehr im Bereich der Uckermark, aber seine so erschöpfende und ins einzelne gehende Behandlung scheint den Zweck gehabt zu haben, den Vereinsmitgliedern ein möglichst volles Bild des Inhaltst eines solchen im Gebiet der Provinz Brandenburg zu Hunderten vorkommenden Gräberfeldes zu geben. Deshalb ist auf den angefügten 30 Tafeln auch jeder einzelne gefundene Gegenstand, so unscheinbar er auch ist und so häufig er sich auch schon in andern Gräberfeldern gefunden hat, abgebildet, auch sind 3 Ansichten solcher Gräber, wie sie in der Erde stehen, wenn auch ein wenig dealisiertgez eichne, beigefügt. Von all diesen mehr als 200 Abbildungen ist nur No. 70 auf Tafel 14 als besondere Merkwürdigkeit anzuführen, ein Gefäss in Gestalt eines Vogelkörpers, wie sie im ostgermanischen Gräbergebiet schon oft gefunden sind, aber der Kopf ist hier mit 2 Hörnern besetzt.

Das Heft enthält auch eine Klassifikation der Gefässformen unter Heranziehung von Vergleichen aus dem litterarischen Material, sowie einen Versuch der Zeitstellung des Bralitzer Gräberfeldes und der ethnographischen Zugehörigkeit, wobei im Anschluss an massgebende Autoren die Sueben als die Urheber dieser Gräber bezeichnet werden.

10. Herr Kustos Buchholz, unter Vorlagen:

Aus dem Nachlass des im Jahre 1884 verstorbenen berühmten Berliner Zeichners und Malers Ludwig Burger hat das Märkische Museum eine Mappe mit vielen Studienblättern erworben, die auf Berlin und die Mark Brandenburg Bezügliches darstellen.

Darunter ist ein ganzes Fascikel Skizzen, die der Künstler im April 1855 zur Herstellung eines Jubiläumsblatts für die Schicklersche Zuckersiederei aufgenommen hatte; andere Blätter enthalten Details aus den königlichen Schlössern, verschiedenen Kirchen und der Deckerschen Hofbuchdruckerei, ferner aus Spandau, Brandenburg, Eberswalde, Falkenberg, Köpenick, Tangermünde; auch eine Anzahl Trachtenstücke aus den Jahren 1850—1870 befinden sich dabei.

Endlich fanden sich in der Mappe die Entwürfe zu den Glasfenstern des einstigen Kurfürstenkellers im Hause Poststrasse 4, die der in den 70er und 80er Jahren viel bekannte Weinhändler Fr. W. Richter, angeregt durch die mit dem kurfürstlichen Hof verquickte Geschichte des Hauses, für sein Kellerlokal durch L. Burger fertigen liess. Sie enthalten die Bilder sämtlicher hohenzollernscher Kurfürsten und dreier Könige. Ludwig Burger hatte sich in seinen letzten Jahren namentlich durch seine malerischen Dekorationen in vielen öffentlichen Berliner Bauwerken einen grossen Ruf erworben, während sein jüngerer, aber schon 1876 gestorbener Bruder Adolf Burger hauptsächlich durch seine Bilder aus dem Spreewalde bekannt und anerkannt war.

11. Den Vortrag des Herrn Stadtbauinspektors und Dozenten an der Königlich-technischen Hochschule O. Stiehl: „Der Ursprung des märkischen Backsteinbaus“ werden wir in erweiterter Form als besonderen Aufsatz in einem der nächsten Hefte bringen. Der Vortrag war durch zahlreiche Bilder und Skizzen erläutert

12. Nach der Sitzung vereinigten sich die Teilnehmer zu einem zwanglosen Beisammensein in Hickels Restaurant, Potsdamerstr. 13.

3. (2. ausserordentliche) Versammlung des X. Vereinsjahres.

Sonnabend, den 27. April 1901 in der Sternwarte zu Treptow.

Angelockt durch das herrlichste Wetter haben sich Mitglieder und Gäste in grosser Zahl eingefunden und wurden von Herrn Direktor Archenhold in liebenswürdigster Weise empfangen.

Die Gesellschaft bestieg zunächst den Rundgang der Sternwarte, um die Erklärung des Riesenfernrohrs durch Herrn Direktor Archenhold selber zu hören. Das Neue und Geniale an dem Fernrohr ist das Fehlen der Kuppel, die zum Schutz für das Fernrohr auf den alten Sternwarten über dem Fernrohr angebracht ist und sich mit dem Rohr drehen muss. Dieser Schutz ist ersetzt durch einen Mantel aus dünnem Eisenblech, der das Fernrohr einschliesst, und dessen oberes Ende durch einen Deckel verschlossen werden kann. Das Objektiv hat einen Durchmesser von 70 cm, das Fernrohr ist 21 m lang; es ist das längste der Erde, da die grössten amerikanischen, das Lick- und Yerkestelescop, nur 15 bezw. 18 m lang sind; somit trägt es seinen Namen „Riesenfernrohr“ mit Recht. Eine zweite Neuerung, die sich mit dem Fehlen der Kuppel verbinden lässt, ist die Art der Aufhängung. Während bisher die grossen Fernrohre im Schwerpunkt aufgehängt waren, ist hier die Befestigung an das Okularende gelegt worden. Es ist dadurch ein grosser Vorteil erreicht worden. Es fällt hierdurch Sehpunkt, Stehpunkt und Drehpunkt zusammen. Der Beobachter hat nun nicht nötig dem Okular zu folgen, das auf den alten Sternwarten grosse Bogen beschreibt, so dass dort Treppen und bewegliche Podien nötig sind. Hier verlässt der Beobachter das feststehende Podium nicht.

Der Fortfall der beweglichen Kuppel hat die Herstellungskosten bedeutend herabgesetzt. Es ist dadurch möglich geworden, es für 250 000 Mk. herzustellen, während es sonst auf 4 Millionen Mark gekommen wäre. Die Linse hat allein 55 000 Mk. gekostet; sie ist in Jena von Prof. Abbe und Dr. Shott gegossen und in München von Dr. Steinheil geschliffen worden. Die Eisenteile haben ein Gewicht von 2600 Centner und sind von der Maschinenfabrik von C. Hoppe gegossen worden; besonders hat sich Paul Hoppe um die Konstruktionen verdient gemacht, während die Feinteile von Gustav Meissner geliefert worden sind. Die Sternwarte steht auf einem flachen, 12 m langen, 8 m breiten und 90 cm tiefen Cementklotz, der alle Erschütterungen abhält und einschliesslich des Oberteils nur 14 900 Mk. gekostet hat; auch diese

Neuerung ist durch Herrn Direktor Archenhold vorgeschlagen, da die ursprünglich geplanten Fundamente hier auf 80 000 Mk. veranschlagt worden waren. Die Bewegung des Fernrohrs wird durch Elektrizität besorgt; die nötigen Einrichtungen lieferte Siemens & Halske, während die Akkumulatoren von Böse & Co. angefertigt worden sind. Ein Körtingscher Gasdynamo erzeugt den nötigen Strom. Es sind 110 Volt und 56 Ampère erforderlich, während die Feinbewegung durch einen Motor von 1/4 Pferdekraft bewirkt wird.

Die Treptow-Sternwarte.

Der Grobbewegungmotor, der den Eisenkoloss auf die Sterne richtet, gebraucht 6 1/2 Pferdekraft. Das Fernrohr ist in der Zeit vom 15. Juni 1895 bis 18. August 1896 fertiggestellt worden. Herr Direktor Archenhold hat in ihm den Typ des neuen Jahrhunderts geschaffen, und die amerikanischen Astronomen, die es besuchten, haben dem Erbauer rückhaltslos ihre Anerkennung ausgesprochen.

Nach der Erläuterung des Fernrohrs, zu dessen genauer Demonstration zwei Modelle zur Stelle waren, versammelten sich die Teilnehmer in dem Hörsaal, um einen Projektionsvortrag des Herrn Direktors Archenhold über die Errungenschaften des letzten und über astronomische Aufgaben des neuen Jahrhunderts zu hören. Der Vortrag begann mit der Entwickelungsgeschichte des Fernrohres. Das erste Bild zeigte einen alexandrinischen Astronomen, welcher mit einem einfachen Stab die Entfernungen der Sterne messen will. Auf dem nächsten erblicken wir das erste grosse Fernrohr aus Holz. Seine Durchbiegung ist so gross, dass es seinem Erbauer nur einmal gelang den Saturn damit zu sehen. Die dritte Tafel erläuterte schematisch die gebräuchlichen Aufhängungsarten der Fernrohre und die folgenden Bilder gaben Innenansichten der wichtigsten Sternwarten der Welt und lehrten, wie schwierig das Beobachten auf ihnen sein muss im Gegensatz zu der Treptower. Hieran schlossen sich nun zahlreiche Bilder, welche die Errungenschaften des 19. Jahrhunderts demonstrierten und Ausblicke eröffneten für kommende Zeiten. Wir sahen Bilder von Doppelsternen, von Sternhaufen und von Nebelmassen in höchst wunderbarer Form. Der wunderbarste ist der Orionnebel. Hieran schloss sich eine Tafel, welche die Spektren verschiedener Sterne enthielt, welche lehrte, dass neben der Übereinstimmung sich auch bedeutsame Unterschiede finden, ein Zeichen, dass diese Welten verschieden sind. Wunderbar schöne Bilder demonstrierten den feineren Bau der Kometen, ein anderes Bild bot die Photographie einer Sternschnuppe, die sich deutlich zwischen den Kreisbahnen der Sterne abhob. Diese Spuren waren dadurch entstanden, dass der Sternhimmel längere Zeit auf die Platte wirkte, bis sich eine Sternschnuppe einfand. Darauf wurde eine Reihe von Photographien vorgezeigt, welche leuchtende Wolken darstellten und die merkwürdigen Dämmerungserscheinungen aus dem Jahre 1883. Man führt beide Erscheinungen

Während der Beobachtung.

zurück auf die Aschenmassen, welche bei Ausbruch des Krakatoa in die Atmosphäre geschleudert worden waren. Den Schluss endlich bildeten mehrere Mondkarten, an denen der Herr Vortragende die Eigenheiten der Mondoberfläche, die Krater, die Gebirge und die Rillen erläuterte, welche wir später durch das Fernrohr selber besichtigen sollten. An dieser Stelle versprach der Herr Vortragende der Branden-

Das Focussieren des Fernrohres.

burgia ein Relief des Mondes zu dedicieren. Am Schluss des Vortrages sprach der 1. Vorsitzende Herr Geheimrat Friedel Herrn Direktor Archenhold für die lehrreichen Stunden den Dank der Gesellschaft aus.

Hierauf begab sich ein Teil der Gesellschaft sogleich hinauf zur Besichtigung der Mondoberfläche durch das Fernrohr, während der Rest dem Museum einen Besuch abstattete. An beiden Stellen war durch Beamte für ausreichende Erklärung gesorgt. Das Museum besteht aus mehreren Zimmern, deren Wände mit Bildern und Karten geschmückt sind, und in denen auf Tischen Modelle, Instrumente u. s. w. aufgestellt sind. In einem Zimmer befand sich z. B. ein Modell, um die Entstehung von Ebbe und Flut zu erläutern, und sodann eine Vorrichtung, um die Herstellung von farbigen Photographien zu zeigen. Auf einem Tische waren auch eine Anzahl von Fernrohrmodellen aufgestellt, um die Aufhängungsweise und Gebrauchsart vergleichsweise betrachten zu können. Ein Planetarium zeigt die Stellung der Planeten zur Sonne und ihre Umdrehungszeiten. An einem Tellurium kann die Bewegung der Erde mit ihrem Monde erläutert werden.

Ferner findet sich ein Sternglobus und ein Relief vom Monde. An den Wänden hängen die Bilder berühmter Astronomen und Physiker, ferner mehrere Tafeln der Planeten, welche die wirkliche und die scheinbare Grösse derselben erläutern und endlich eine Anzahl Mondkarten und eine Tafel des Mars mit den Kanälen, sowie mehrere Photographien der Sonnenoberfläche mit den Sonnenflecken. Eine Vitrine beherbergt noch eine Anzahl beobachtenswerter Instrumente und Objekte: u. a. eine Wolkenkamera zum Photographieren von leuchtenden Wolken, ein Fernrohr aus dem Nachlasse Frauenhofers, ein Spiegelteleskop, einen Metallspiegel, Bruchstücke verschiedener Glasarten, eine grosse Linse aus Glas, fehlerhafte Linsen, um Luftblasen und Schlieren zu demonstrieren, ein Modell des Copernikanischen Systems, ein Gefässbarometer mit konstantem Nullpunkt, mehrere Sonnenuhren, ein Chronometer mit Cardanischer Aufhängung u. a. m.

Darauf wurden wir auch in den untersten Teil des Gebäudes geführt, in welchem die 6 Elektromotoren stehen, welche die Bewegung des Fernrohres regulieren und wo ein Teil der Gegengewichte untergebracht ist für die Haltung des Fernrohres.

Endlich hatte jeder noch Gelegenheit einen Blick durch das Fernrohr zu werfen und die Oberfläche des Mondes zu beobachten. Das Bild zeigte den Copernikus und den Gebirgszug der Apenninen in wunderbarer Klarheit.

Dieses Bild, das eine 400 fache Vergrösserung der Mondoberfläche bot, zeigte die grosse Leistungsfähigkeit des Fernrohres auf das beste. Eine solche hohe Leistungsfähigkeit ist grade für den Laien wünschenswert, der in seiner Unkenntnis leicht unberechtigte Anforderungen stellt und dann durch kleinere Fernrohre enttäuscht wird. Für ihn ist eine deutliche Abbildung fast noch nötiger als für den geübten Astronomen.

Nach der Besichtigung der Sternwarte vereinigte sich die Gesellschaft bei einem Abendbrot im Restaurant Regelin.

Noch einige losere Nachträge zur Dorfchronik von Niedergörsdorf auf Grund der Chronik von Jüterbog.

Frohnden- und Hofedienste.

Schon S. 420 ist erwähnt worden, wie die freien flämischen Kolonisten mit List und Gewalt unter Hörigkeit gebracht worden sind, aber zur Erinnerung, unter welchem Joch die Vorfahren geseufzt haben, scheint es angebracht, über diese Sache noch näheres zu sagen.

Was früher bittweise und etwa durch eine Speisung lockend geleistet worden war, wurde darauf als Observanz durch kommissarische Vergleiche festgestellt. 1566 haben die Amtsvorstädter Handfrohnen auf den Schlossgründen zu leisten und die Hufenbesitzer auch 2 jährliche Landfuhren zu verrichten und zwar jede auf 4 Tage Hin- und Rückfahrt, doch keines Tags über 4 Meilen weit. Hierzu kamen 1579 für die Dorfbewohner: Wachdienst, Wasser- und Holztragen, Holzhauen etc., die Schlossteiche zu fischen, als Treiber mit auf die Hasenjagd zu gehen, Hopfen und Flachs zu pflücken, Holzfuhren. Die Pferde der Lehnschulzen hatten die Amtsdiener, zu denen sich auch der Amtmann rechnete, zu befördern. Später tritt noch hinzu: das Ausschlämmen der Schlossteiche, Getreidefuhren bis auf 8 Meilen, Zwangsdienst der Kinder für geringern Lohn; die Altsitzer, welche noch auf Tagelohn gehen konnten, mussten an 2 Erntetagen Dienste leisten. Die nächsten 5 Dörfer, zu denen auch Niedergörsdorf gehörte, mussten Mühl-, Sand-, Rübe-, Bierfuhren leisten; das waren arge Plackereien. Die Leute erzählen sich noch jetzt drollige Sachen. Da hatte so ein findiger Frohnsherr eine Quelle gefunden, um sich Gewinn zu verschaffen. Er bestellte die Hüfner zu den schuldigen Fuhren meist dann, wenn etwa Glatteis lag, oder die Wege im Frühjahr und Herbst grundlos waren. Diese waren dann gerne bereit, sich mit einer Geldzahlung von der Verpflichtung los zu machen. Einmal kam ihnen die Sache doch recht verdächtig vor, denn sie erschienen vollzählig, um die Fuhren zu leisten. Siehe da, der Herr Amtmann hatte nur gar kein Korn, welches abzufahren gewesen wäre. Wer mag sich wundern, dass die Leute misstrauisch und sehr vorsichtig geworden sind.

Gerichtsbarkeit.

Eigene Gerichtsbarkeit haben die hiesigen Gemeinden nie besessen, sie gehörten unter den Vogt, welcher wie die altdeutschen Gaugrafen das Recht über Leib und Leben, über Hals und Hand, über Tod und Leben ausübte. Das altdeutsche Gericht hiess Ding oder Gedinge; es wurde unter freiem Himmel auf der Dingstätte der Tie-Thy abgehalten. Dort verhandeln hiess thedingen und das Abwenden einer Anklage verthedingen = verteidigen. Zu einem Gericht gehörten 11 Schöppen und der Schuldheiss. Dieser hatte dem Vogt die Voruntersuchung zu leisten; der Angeklagte konnte sich selbst verteidigen oder einen Vorsprecher (Anwalt) erwählen. Wenn ein Urteil gefällt ist, so darf keiner ferner seinen Gegner anlaufen oder schelten und muss solches Vergehen mit 3 Pfund an den Vogt und mit 8 Schilling an das Schulzengericht büssen.

In einem Blutgericht durften weder Richter noch Schöppen Hüte, Kappen, Handschuhe anhaben; die Mäntel wurden auf den Schultern getragen. Der Richter sass mit übereinander geschlagenen Beinen, womit seine Seelenruhe abgebildet werden sollte; vor ihm lag anstatt des Schwertes des Gaugrafen ein weisser Stab. Ihm zu beiden Seiten sassen auf Bänken die Schöppen, welche sich in schwierigen Fällen mit älteren, erfahrenen Männern besprechen. Hier zu Lande waren die Schöppen des Landgerichts die erblichen Lehnschulzen, weshalb sie auch Gerichtsschulzen hiessen. In Jüterbog bei der Dammkirche, wo die Vogtwohnung in ältester Zeit lag, stand in der südöstlichen Ecke des Kirchhofs eine Linde, unter welcher Gericht gehalten wurde. Um 1500 gingen die Landgerichte unter freiem Himmel ein; aber noch 1748 berichtet der Amtmann Beck von einem solchen Gericht. Die Lehnschulzen erschienen mit einem Lehnpferde und einem Knecht und erhielten aus der Amtskasse 9 Groschen Geld und einen Scheffel Hafer. Auch bei Feierlichkeiten erschienen berittene Lehnschulzen. Da mit der Zeit nicht immer reichliche Arbeit für die Schöppen da war, so musste alle 8 Tage einer im Amte erscheinen, um Berichte und Briefe nach Halle auf die Post zu besorgen. Als 1680 der letzte Administrator Augustai verstarb, bedurfte man der Schulzen Lehnpferde nicht mehr und wurde nun ein Schulzendienstgeld von 5 Thalern entrichtet. Die alte Schöppenpflicht war somit in einen Frohndienst verwandelt.

Dass auch der Freischulze in Niedergörsdorf zu den Gerichtsschulzen gehört hat, geht daraus hervor, dass sein Lehnpferd gerichtlich abgeschätzt worden ist, wenn ein neuer Wirt auftrat. Das damalige Kriminalrecht war sehr kurz. Der Dieb wurde gehenkt, alle Mörder und diejenigen, welche notwendige Ackergeräte verletzten, Mühlen, Kirchen, Kirchhöfe beraubten, alle Hochverräter, Mordbrenner wurden

4

gerädert. Wer einen Mann erschlägt oder beraubt, wer den Frieden bricht, wer im Ehebruch erfunden wird, verliert das Haupt. Wer Diebe oder Räuber hauset, der ist dem Räuber gleich zu achten. Wer mit Zauberei und Gifttränken umgeht, den soll man auf einer Horde brennen. Wurde eine Dieberei oder Räuberei verübt und der Thäter sofort ergriffen, so durfte man einen Gogreven (Gau-Grafen) erwählen und sofort richten (Volksgericht). Solches Gogrevenamt (Gau-Grafen) wurde wohl auch an das Schulzenamt als Lehen gegeben. Ist in einem Dorf ein Diebstahl unter 3 Schilling Wert geschehen, so soll der Bauermeister richten am selbigen Tage zu Haupt und Haar oder mit 3 Schilling lösen lassen (NB. die Verurteilung zu Haupt und Haar, bestand in Beraubung der Kopfhaut (Scalpieren) wodurch man die Diebe zeichnete und als Spitzbuben bezeichnete). Der Dieb, welcher nächtlich stahl, wurde als strafwürdiger betrachtet. Als Gebühr für seine Mühwaltung erhielt der Schulze 6 Pfenge, unterweilen auch 3 Schillinge, welche in der Bauerngemeinde vertrunken wurden. Das Vogtgericht hatte seine Einnahme aus Vermögensstrafen, aus herrenlosen Erbschaften, besonders aus den Wetten. In den Wetten musste jede Partei unter der Darreichung einer Summe geloben, dass sie im Rechte sei. Wer verlor, verwirkte die vorgestreckte Summe. Dem Vogt gebührte $^1/_3$ der Gerichtseinkünfte, $^2/_3$ gingen an den Landesherrn.

Neben diesem weltlichen Gerichte gab es auch ein geistliches. Dem Bischof kam das Recht zu, dreimal im Jahre Gericht zu halten über kirchliche Strafvergehungen, als Dienstversündigungen der Geistlichen, Störung des Gottesdienstes, Ketzerei, Zauberei u. dergl. Da er Gericht in jedem Propsteiorte abhalten konnte, und er dabei Beköstigung empfing, so ging man lieber zu einer Synode in der Bischofsstadt und entschädigte den Bischof für die Mahlzeit durch Geld (Synodaticum). Dem Bischof gehörte auch der Nachlass des Pfarrers, welches zur bischöfl. cathedra (Stuhl) fiel. Weil dies den Erben, besonders den Haushälterinnen lästig war, so erhielt der Bischof eine Geldabgabe (cathedraticum). 1473 betrug das Synodaticum 9 ₰, das cathedraticum 4 und diese Abgabe hiess Frustum. Niedergörsdorf und Wölmsdorf zahlten 8 Frusten.

Münzwesen.

In Jüterbog befand sich eine Münzstätte, in welcher anfangs aus einer Mark (16 Loth) Silber 20 Schillinge geprägt wurden. Auf jeden Schilling gingen dann 12 Pfennige. Die Pfennige bestanden aus Silberblech und dem aufgeprägtem Stempel auf einer Seite, dabei erhielten sie eine schalenförmige Gestalt (Pfännichen-Pfennig). Bald brauchte man auch halbe Pfennige und nannte nun die ganzen Pfennige Grosse (Groschen), die halben Pfennige Häbter (Heller). Grosse Summen rechnete man nach Schock Groschen und ein Schock entsprach einer Mark oder drei geprägten Goldstücken (Goldgulden). Um das Münzwesen für die Landesherren recht einträglich zu machen, wurden von Zeit zu Zeit schlechtere Münzen (verkupfertes Silber) zu demselben Werte ausgegeben. Die Pfennige beim Antritt der Regierung eines Landesherrn zu erneuern, war Gebrauch, und um die neuen Münzen in Umgang zu bringen, wurden die alten Münzen für ungiltig erklärt und um $^1/_4$ Verlust eingezogen. Die Münzen aus Jüterbog scheinen in keinem guten Ruf gewesen zu sein. Es war eine heillose Verwirrung im damaligen Münzwesen. So enthielt der Bestand der Stadtkasse Jüterbog 1533 folgende Münzsorten:

6 Gulden böhmische Pfennig,
5 „ meissnische Münze,
40 „ berlinische Pfennige,
4—5$^1/_2$ Groschen in allerlei Groschen,
180 Gulden märkische Groschen,
174 „ Mattiger- und Marien-Groschen,
20 „ Schenkenberger,
7—9 Groschen apitzer und zerbster Groschen,
15 Gulden rheinische Goldgulden,
4 „ ungarische Goldgulden,
3—16$^1/_2$ „ Göttinger zu 5 Pfennig gezählt.

Die Jüterbog Münze ist nicht dabei und scheint verrufen gewesen zu sein. Da loben wir uns die Münzen unserer Tage und wünschen uns die schönen 20 Mk.-Stücke in die Tasche!

Zwei Reliquien der Quitzowzeit.

Ausser Wilsnack und Plattenburg, deren vor einiger Zeit in der Nationalzeitung als geschichtlich und landschaftlich interessanter Punkte freundlich gedacht wurde, giebt es in der Westprignitz noch zwei weitere interessante Stellen altertümelnden Charakters in naturschöner Landschaft. Unter anderen führt dieselben zur Zeit in der Urania (Taubenstrasse) Herr Direktor Franz Görke als „Charakterbilder aus der Mark“ nach eigener photographischer Aufnahme zur Anschauung vor.

Durch den Unterzeichneten in Kenntnis der nachstehend geschilderten Verhältnisse gebracht, hegte Theodor Fontane im Jahre 1889 die

4*

Absicht, zur nordwestlichen Spitze seiner geliebten Mark zu kommen, um durch eigenen Augenschein sich vom Vorhandensein zweier Erscheinungen zu überzeugen, die selbst dem vielerfahrenen Wanderer in der Mark unvorstellbar erschienen. Leider traten dem Gealterten immer wieder Hemmnisse in den Weg. Und auch der Erbe des Fontaneschen Geistes, Dr. Franz Otto Gensichen in Berlin, sah sich trotz wiederholt geäusserten Vorsatzes, des werten Entschlafenen Absicht seinerseits auszuführen, bisher nicht in der Lage, species facti aufzunehmen.

Da, weil die Möglichkeit in der Luft schwebt, dass die betreffenden miracula eines schönen Tages wirklich still von der Bildfläche verschwunden sind, mache ich mich selbst daran, der Eigenschaft als Folklorist Folge leistend an jener grösseren Forscher und Erzähler Stelle zwei merkwürdige Stücke einheimischer Vorzeitlichkeit vorzuführen.

1. Der Schlagbaum im Sande.

Nur wenige Kreis-Kunststrassen giebt es noch in preussischen Landen, auf welchen ein Chaussee-Schlagbaum den Reisenden bezw. Viehtreiber mit Verdruss erfüllt. Und bald wird den Ausgaben der Schillerschen Gedichte für den Passus im „Poeten“:

> Der König sperrt die Brücken und die Strassen
> Und spricht: Der Zehnt' ist mein!

eine kommentierende Note beigefügt werden müssen, soll anders die deutsche Zukunftsjugend solche Poesie verstehen. Immerhin ist es zur Zeit noch möglich fiskalische Wegesperrung nebst Wege- u. s. w. Zoll vom Staat, von der Provinz, vom Kreise ausgeübt, verständlich zu finden.

Aber das muss jedermann im Übergangsjahre vom 19. zum 20. Jahrhundert als Mythe erscheinen, dass es im ältesten Teile des deutschen Hohenzollern-Reiches, im brandenburgischen Stammlande Preussens auf der uralten Rethrastrasse, dem grossen Post- und öffentlichen Verkehrswege zwischen den beiden grössten deutschen Städten Berlin und Hamburg im tiefsten märkischen Mahlsande einen Privatschlagbaum giebt, der Wagen, Pferd, Rind und Schaf zum Wegezoll zwingt!

's ist aber der Fall: beim Forsthause Eldenburg nahe der Brandenburgisch-Mecklenburger Grenze zwischen den Städtchen Lenzen hüben und Dömitz sowie Eldena drüben steht dieses Erbstück grauer Vorzeit, bei welchem der Förster oder des Försters Magd den des Weges Kommenden um den Obolus ersucht.

Früher soll mit solchem Zollgelde der Knüppeldamm samt den zwei Brücken zwischen Mühle und Dorf Eldenburg erhalten worden sein. Demgemäss waren — und sind heute noch — die weiland „Hörigen und Mühlenzwang-Verpflichteten von Eldenburg" bei etwaiger Wegebenutzung zollfrei. Jetzt ist das verschollen. Weg und Brücken unterhält das Gut Eldenburg (was bei Hochwasserzeiten oft sehr schwierig und teuer ist) und der sog. Dammzoll wird dem Privatförster zu Eldenburg ins Gehalt eingerechnet.

Wenn das Märkische Museum in Berlin seinen Neubau bezieht, müsste dieser Eldenburger Sandschlagbaum zu dauerndem Gedächtnis als letzter seiner Art auf dessen Hof versetzt werden zusammen mit dem mutmasslich letzten öffentlichen Halseisen für malefici, welches zur Zeit an der Thüre des Spritzenhauses in Dorf Mödlich bei Lenzen a. Elbe warnend zur Schau aushängt!

Man fragt verwundert: Wie hat solche Wegelagerei entstehen, wie sich ihre unzeitgemässe Fortsetzung erhalten können?

Die Entstehung ist leicht erklärlich.

Reiten und Rauben war bekanntlich in der Quitzowzeit keine Schande. Und hier auf der Eldenburg sassen seit 1308 auch Quitzows im Lande. Das Volk nannte diesen Prignitzer Familienzweig vom Jahre 1566 ab „die guten Räuberquitzows". Bis dahin war ihr Ruf mehr als 200 Jahre lang ein sehr schwankender. Die Sage meldet, von den Marggrafen Johann und Otto seien Quitzows zu Grenzhütern wider Mecklenburg-Schwerin und wider die Herzöge von Braunschweig-Lüneburg auf die Eldenburg gesetzt worden. Sie berichtet weiter, das diese Grenzfeste nie besiegt worden sei. Aber so tapfer jene Quitzows waren, so kleinherrisch folgten sie dem Geiste ihrer Zeit im Rauben und Schinden. Der Landesherr weilte fern im Schlosse zu Spandow. So sperrten sie ohne sein Vorwissen die Grenze sich selbst zu gut. Um ganz sicher Kunde von jedem durchfahrenden Hans-Makeprang-Wagen zu bekommen, legten sie einen Klingelzugdraht unter die schwanken Hölzer des Knüppeldamms beim Dammzollkruge zwischen Schloss Eldenburg und Dorf Polz in Mecklenburg.

Jenes Schloss ist im Jahre 1588, der Dammzollkrug um das Jahr 1865 von der Erde verschwunden. Dieser Draht wurde durch über den Damm fahrende Wagen sowie durch darüberschreitendes Vieh niedergedrückt und setzte im nahen Sumpfschlosse eine Schelle in Bewegung. Sobald deren Ton durch das Schloss schrillte, flugs eilten die Quitzowleute zum Schlagbaum und erleichterten nach Belieben die des Weges Gekommenen. Am ärgsten soll es zur Zeit des Kurfürsten Joachims I. vom Jahre 1510 bis zum Jahre 1566 der „Judenklemmer Kuno Hartwig„ und dessen Sohn und Enkel getrieben haben, von deren Wüten der „eiserne Stuhl" im Uhrturm schauderhaftes bekundet. Ein anderes

Erinnerungsdenkmal an jene Quitzow-Unthaten ist das Pfarrhaus von Seedorf an der Löcknitzbrücke. Von ihm meldet die Sage: Der Judenklemmer, von einer Bussfahrt nach Jerusalem heimgekehrt und den heimtückischen Nachstellungen seines brudermörderischen Sohnes glücklich entronnen, hat zur Sühne der über hundert Jahre währenden Misshandlung armer Wanderer beim „Schlagbaum im Sande" zuletzt diese fromme Stiftung gemacht. Er hat bei der Kreuzung von Wasser und Land seiner drei hörigen Dorfschaften Breetz, Seedorf, Eldenburg Kirche mit Pfarre und Schule errichtet, ist selbst Johanniterritter geworden und hat in seinem anno 1588 fertiggestellten Neuen Schlosse Eldenburg 365 Fenster anbringen lassen. Seine Nachkommen sollten jeden Tag im Jahre nach anderer Richtung ausschauen, ob sie, die Reichen und Mächtigen, zur Ausgleichung vielen alten Unrechts Armen und Gebrestigen gutes thun könnten.

Ende gut, alles gut! Man sieht, Bischof und Graf Firmian von Salzburg hat hier einen norddeutschen Seitengänger. 1719 starb der letzte „gute Räuberquitzow", Kuno Hartwig, Erbherr auf Eldenburg, Rüstädt, Kletzke, Gottberg und Lubars, Johanniterritter. Eldenburg wurde als erledigtes Lehn von de Krone Preussens eingezogen, ward 1810 in der Franzosenzeit zur Deckung der Kriegskosten verkauft. 1881 am Gründonnerstag brannte das Schloss der 365 Fenster nieder. Der Neubau trägt Kasernenstyl. Der Lieblichkeit des Rundblicks vom Turm thut das nicht Abbruch.

Noch stehen die drei Wahrzeichen der alten Quitzowzeit: Der Schlagbaum im Sande, der Lug ins Land mit dem Eisenstuhl, das Pfarrhaus am Treffpunkt der Flussläufe Löcknitz und Elde auf sagenumwobenen „Wildsaugrunde".

Wer sehen will, eile, ahme das Beispiel der Berliner Herren Direktor Görke (Urania) und Sökeland (Museum für Trachtenkunde) nach. Leicht könnte, wie 1888 Gefahr genug drohte, das andere Mirakel dieser Gegend dem ganzen Bestande ein schnelles Ende bereiten. Dieses andere menschenfeindliche Ding tritt in die Erscheinung als

II. Gottes Wasser über Gottes Land.

War No. I ein Kunstüberbleibsel der alten Zeit, bestanden geblieben in traumhaftem Konservatismus, so ist No. II einfachere Natur-Reliquie, die da war und ist und trotz der zur Zeit regen Wasserbaubestrebungen wohl noch eine gute Weile bleiben wird.

Da bekanntlich die Elemente hassen das Gebild der Menschenhand, könnte das alljährlich statthabende Nagen des Wassers jene vorerwähnten drei Kunstbauten einmal unvermutet in ein nasses Grab senken. Letzthin die Jahre 1876, 1882, 1888, 1895, 1899 waren hierfür bedrohlich genug.

Wie ist's nur möglich bis hin zu unserer so sehr auf Menschenwohl bedachten Zeit? Soll wenig gelten das 1791 vom Oberbaurat Schulz über die Havel gefällte Urteil (vergl. Brandenburg in Wort und Bild, Berlin 1900, S. 155.): „ist ein sehr kranker Fluss, ihre Krankheit ist unheilbar"?

Der Grosse Kurfürst dachte seiner Zeit anders. Er beauftragte 1640 den weiland holländischen Admiral Gysel vom Lyr, die Lenzener Elbwische durch ein niederländisches Deichsystem aus wüster Elbhochwasserwildnis in schönes Graspflegeland zu wandeln. So ward der Wert dieser Landschaft aufgedeckt.

Doch es gilt ja weiter in jeder Lebensbeziehung: Was Du ererbt von Deinen Vätern hast, erwirb es, um es zu besitzen!

Dass Wasser nicht bloss geradeaus vorwärts, dass es unter Umständen auch zur Seite und um die Ecke fliesst, das vergass die konservativ ruheselige Menschheit der Folgezeit an unrichtiger Stelle.

Riesenhaft erhöht wurden zwar von Jahrzehnt zu Jahrzehnt die Deiche neben dem Elbstromlaufe und für Vertiefung der Inner-Stromrinne durch Buhnenbau wurde reichlich gesorgt. Aber dass Entwaldungen im Obergebiet und zahllose Drainierungen und Gräbenregulierungen zur Zeit der Schneeschmelze und starker Regengüsse für verstärkten Wasserzulauf dem Unterteil der Elbe zwischen Tangermünde und Lauenburg (von wo ab regelmässige Meeresebbe und -flut die Strömung abbricht) keinen hinreichenden Abfluss darbietet, diese Schlussfolgerung ward leider nicht gezogen.

Eine Erleichterung, welche die grosse Wasservorlage des Mittellandkanals nebst Ergänzungsbauten, denen vielleicht später ein Seiten-Ellipsenkanal Wolmirstädt-Cuxhaven eingefügt wird, bringen kann und bringen muss, ist ja in der letzten Landtagssession auch wieder auf die lange Bank geschoben.

So sind wir denn mit der schönen, für den deutschen Fleischbedarf so notwendigen Lenzener Elbwische wieder so ziemlich zurückgetrieben um bald 600 Jahre in die Wasserzustände der Quitzowzeit. Geändert ist die Lage nur insofern, dass das befruchtenden Schlick zeitweise bringende Hochwasser nicht mehr vorwärts von oben über Felder und Wiesen läuft, sondern dass es rückwärts staut und nebenher unterhalb der Deiche als sogenanntes Qualmwasser die Ländereien versauert und auspovert.

Kein Wunder, dass in diesem bis zum Jahre 1875 blühenden Landstrich, der vom Jahre 1876 ab fast regelmässig alle 2 Jahre von späten Frühjahrs- und frühen Herbstwässerungen unliebsam heimgesucht ist, Wohlstand und Wohlbefinden bedenklich zurückgegangen sind.

In den Zeitungen war vor Kurzem zu lesen, die Malaria-Kommission habe für Deutschland Freiheit von Malaria festgestellt. Waren Mitglieder derselben auch in der Elb- und Löcknitzniederung? Ich kann berichten, dass seit 1876 bis zu seinem Tode Herr Dr. Fischer in Lenzen sich Notizen über Auftauchen von Malaria machte, die er seinem früheren Chef, Herrn Geh.-Rat Virchow, laut Verabredung im Sommer 1886 einsenden wollte. Fischers Tod riss plötzlich leider diesen Faden ab. Doch Dr. Fischers Nachfolger, Herr Dr. Brüning in Lenzen, ist durch eigene Beobachtungen, ohne etwas von des Verstorbenen Notizen zu wissen, auf Malaria-Urteil über die Elbniederung bei Lenzen gekommen! Dazu sind Masern, Scharlach, Diphtheritis seit 1876 endemisch geworden. Und während die Durchschnittsstatistik der Kindersterblichkeit für Totgeborene nebst Gestorbenen im 1. und 2. Lebensjahre 23% bis 25% der Todesfälle zu betragen pflegt, stellt sich dieselbe für die 25 Jahre seit 1876 in den 3 Kirchspielen der Lenzener Elbniederung der Art:

12 wilde Überschwemmungsjahre : 35,7%
12 milde Nichthochflutjahre : 31,6%

Frühsterblichkeit.

Ganze Jahrgänge von Schulkindern fehlen bisweilen; und die übriggebliebenen leiden an nervösen Zuständen bedenklichster Art.

Unlust, hierselbst wohnen zu bleiben, ist viel zu viel in die ortsanwesende Bevölkerung eingeschlichen. Arbeiter herzubekommen hat für Besitzer grössere Schwierigkeit als anderswo. In Dorf Breetz auf den einst reichen Herrensitzen, steht etwa die Hälfte der Wohnräume leer. Kirchspiel Seedorf, das wasserum- und durchflossene, zählte im Jahre 1875 rund gerechnet 800 Seelen; 3 Schulen waren darin, darunter die in Dorf Eldenburg mit 83 Kindern. Heute zählt die Gemeinde 537 Seelen, die Schule in Dorf Breetz ist eingegangen, die 2 andern Schulen zählen 31 bez. 33 Kinder.

Geht es noch längere Zeit so weiter, dass „Gottes Wasser über Gottes Land“, dann ist Aussicht auf Wiederkehr der Quitzowzeit, da die Burgvasallen auf der Eldenburg freie Land- und Wasserjagd unter Treiberbeihilfe der Hörigen aus den Pfahlbauten und Wurtenhäusern der Lenzener Wische zu eigen besassen.

Der Touristenklub der Mark Brandenburg widmete dem Anblick dieser Wasserwüstung im Jahre 1892 eine Oster- und Pfingstfahrt. Herr Direktor Görke nahm zur Pfingstzeit 1899 Bilder für die zur Zeit Urania, Taubenstrasse, dargestellten „Charakterbilder in der Mark“ davon auf.

Wer's in natura kennen lernen will zugleich mit einigen Baureliquien der Quitzowzeit, als da sind Rauchhäuser ohne Schornstein, Blockbauten, Strohkathen, Weidenflechtzäune, Lehmfachwände: Eile thut not — wer kann wissen, ob der Art Interessantes nach 25 Jahren noch anzutreffen ist?! E. Handtmann.

III. Denkmalsschutzbericht des Herrn Provinzial-Konservators Geheimen Baurats Bluth.

In der am 23. Januar d. J. unter dem Vorsitze des Herrn Oberpräsidenten Dr. von Bethmann-Hollweg abgehaltenen Jahressitzung der Provinzial-Kommission für die Denkmalspflege in der Provinz Brandenburg wurde beschlossen, sämtliche in der letzteren angestellte Königl. Kreisbaubeamten, sowie die im Hochbaufache wirkenden technischen Mitglieder der Königl. Regierungen, soweit diese Herren bisher noch nicht als Vertrauensmänner bei der Denkmalpflege bestellt sind, zu ersuchen, dies Amt zu übernehmen. — Nachdem der Magistrat zu Brandenburg a. H. die Dächer der Nikolaikirche wiederhergestellt, auch die Seitenschiffe an den bisher darin untergebrachten Erbbegräbnissen freigelegt hat, wird der Wunsch desselben auf eine würdige Wiederherstellung dieses für die Kunstgeschichte in der Mark Brandenburg bedeutsamen, romanischen Baudenkmals als dem Interesse der Denkmalspflege entsprechend anerkannt; der Herr Oberpräsident wird ersucht werden, einen Plan hierfür durch die Königl. Regierung aufstellen, auch seine Befürwortung um Gewährung von Beihilfen für diesen Zweck bei dem Herrn Kultusminister und dem Provinzialausschusse eintreten zu lassen.

Für eine Wiederherstellung des Inneren der Kirche St. Petri und Pauli zu Wusterhausen a. D. ist von dem Baurat Wichgraf ein Plan nebst Kostenüberschlag aufgestellt worden, nach welchem letzteren für diesen Zweck 28 000 M. erforderlich sind. Eine Erklärung der kirchlichen Körperschaften über diesen Entwurf und die Aufbringung der Mittel ist bisher noch nicht abgegeben.

Der Gemeinde-Kirchenrat zu Kyritz hat die Wiederherstellung des Inneren der dortigen Pfarrkirche bei der Königl. Regierung und dem Provinzial-Konservator sehr dringend beantragt. Das wertvolle in spätgotischen Formen und in edlen Verhältnissen errichtete Baudenkmal hat wiederholt Brandschäden erlitten, und ist bei den Wiederherstellungen im Anfange des 18. Jahrhunderts und bei Ergänzungen am Ende des letzteren sowie um die Mitte des 19. Jahrhunderts vielfachen für seine Architektur ungünstigen Veränderungen unterzogen worden; die mehrfach vorgenommenen Untersuchungen, an welchen sich auch der Herr Staatskonservator beteiligte, haben ergeben, dass unter dem Putze der Pfeiler sehr fein profilierte Gliederungen der Ecken vorhanden, und dass auch die Pfeiler selbst aus guten, zum Rohbau sich eignenden Backsteinen hergestellt sind; es wird daher möglich sein, die Pfeiler in dieser Weise wieder auszugestalten und dadurch sowie durch Anbringung eines sorgfältigen Putzes auf den übrigen Wand- und auf den Gewölbeflächen sowie durch einfache Bemalung derselben, ferner durch Zurückrückung der Emporen, für das Innere der Kirche eine erhebende Wirkung zu erzielen, welche gegenwärtig nicht vorhanden ist. Die Königl. Regierung wird einen Entwurf und Kostenanschlag für diese Wiederherstellung aufstellen lassen.

Die kirchlichen Behörden der St. Marienkirche zu Prenzlau haben seit einer Reihe von Jahren sich der Wiederherstellung der infolge langjähriger Verwahrlosung sehr verfallenen Margarethenkapelle widersetzt und haben die Restaurierung dieses wertvollen mittelalterlichen Baudenkmals, welches an der Südseite der Kirche in edlen Formen der späteren Backsteingotik errichtet ist, bisher zu verhindern vermocht, obwohl der Herr Kultusminister und der Provinzialausschuss die gesamten, auf 9000 Mk. ermittelten Kosten der Wiederherstellung zur Verfügung gestellt hatten Nachdem die kirchlichen Behörden nunmehr ihren Widerspruch gegen Erhaltung der Kapelle aufgegeben haben, ist Aussicht auf die Wiederherstellung der letzteren vorhanden.

Zur Restaurierung der St. Johanniskirche zu Luckenwalde bittet der Gemeindekirchenrat um Erwirkung einer Beihilfe seitens des Provinzialausschusses, um auch die Fenster und das Hauptgesims der Kirche stilgerecht wiederherzustellen, für welche Zwecke die Mittel zu den auf 22 000 Mk. veranschlagten Kosten der Wiederherstellung nicht ausreichen.

Eingehend berichtet der Provinzialkonservator über den Verlauf des am 24. und 25. September v. J. in Dresden abgehaltenen Denkmaltages und über die Vorträge und Verhandlungen auf demselben betreffend die Einführung eines gesetzlichen Schutzes für die Denkmäler im deutschen Reiche, die bei den vorzunehmenden Inventarisationen derselben zu beobachtenden Grundsätze, die Herausgabe eines Handbuches der deutschen Inventarisationen und Denkmäler, sowie die bei Restaurierungen und Ergänzungen von Denkmälern anzuwendenden Gesichtspunkte und giebt zugleich Kenntnis von den zu diesen Gegenständen gestellten Anträgen und Beschlüssen. Der Provinzialkonservator teilt mit, dass bei den Verhandlungen die wärmste Teilnahme der Anwesenden sich kund gegeben und dass letztere in hohem Grade von dem Ergebnisse der Verhandlungen befriedigt gewesen seien; es dürfe daher angenommen werden, dass der Denkmaltag zu einer ständigen Einrichtung sich herausbilden und für die Pflege und den Schutz der Denkmäler von Segen sein werde. In der an diese Mitteilungen sich schliessenden Besprechung wurde dem Wunsche Ausdruck gegeben, dass den hinsichtlich der Gesetzgebung betreffend den Schutz der Denkmäler, sowie der Inventarisierung und der Restaurierung derselben aufgestellten Grundsätzen weitere Verbreitung — auch im Kreise der Mitglieder der Kommission und der Vertrauensmänner für die Denkmalpflege — gegeben werden möge, welchem Wunsche durch Aufnahme dieser Grundsätze in den Jahresbericht des Provinzialkonservators entsprochen werden wird.

Bezüglich des vor 1½ Jahren aufgedeckten vorgeschichtlichen Königsgrabes bei Seddin (Kreis Westprignitz) teilt der Provinzialkonservator mit, dass der Grund und Boden desselben inzwischen für den Provinzialverband von Brandenburg erworben, ein Zugang zu der Grabkammer angelegt und ein Verschluss vor derselben angebracht sei.

Herr Franz Goerke hierselbst hat seine wertvollen photographischen Aufnahmen von Denkmälern in der Mark Brandenburg der Provinzialkommission kostenlos zur Verfügung gestellt. Der Provinzialkonservator wird beauftragt, dem Herrn Goerke dafür den Dank der Versammlung auszusprechen und sich mit ihm wegen weiterer noch zu bewirkender Aufnahmen in Verbindung zu setzen.

An Beihilfen zur Wiederherstellung von Denkmälern sind im Laufe des Jahres vom Provinzialausschuss bewilligt worden: für Instandsetzung der Stadtmauer von Templin 400 Mk. desgl. von Mohrin 2250 Mk. in fünf Jahresraten, für die Restaurierung der Pfarrkirche zu Beelitz 3500 Mk., der Promnitzschen Gruftkapelle in Sorau 1000 Mk., des Denkmals der Königin Luise zu Gransee 350 Mk.

Die stilgerechte Wiederherstellung des Pulverturms in der Stadtmauer zu Mittenwalde ist erfolgt.

Die alte in Blockverbande errichtete Kirche zu Burschen (Kreis Ost-Sternberg) und der zugehörige, in Holz konstruierte Glockenturm — die wichtigsten Denkmäler dieser Art in der Provinz Brandenburg — sollten nach dem Antrage des Gemeindekirchenrates abgebrochen und dafür eine neue Kirche errichtet werden. Dieser Antrag ist vom Herrn Kultusminister abgelehnt und werden diese Bauten erhalten bleiben.

Ein sehr schönes im Anfange des 17. Jahrhunderts in grossen Abmessungen, in Marmor hergestelltes Epitaph für Heino von Broesigke in der Kirche zu Ketzür (Kreis Westhavelland) ist entdeckt worden und wird seine Aufnahme veranlasst werden.

Die Bestrebungen des Provinzial-Konservators eine stilgerechte Wiederherstellung der schönen Marienkapelle an der Kirche St. Maria und Andreas zu Rathenow herbeizuführen, sind leider nicht von Erfolg gewesen, weil die städtischen und die kirchlichen Körperschaften die Bereitstellung von Mitteln hierfür abgelehnt haben.

In Luckau ist die Wiederherstellung des Barockgiebels eines Hauses am Marktplatze zwar erreicht worden; aber es besteht die Gefahr, dass derselbe doch verschwinden wird, nachdem das Haus inzwischen in anderen Besitz übergegangen ist.

Die Stadtgemeinde zu Kyritz hatte gegen die von dem Herrn Regierungspräsidenten ihm auferlegte Wiederherstellung schadhafter Teile der Stadtmauer bei dem Königl. Oberverwaltungsgerichte Widerspruch erhoben. Dieser ist von der Stadtgemeinde zurückgezogen worden, nachdem der Herr Kultusminister letzterer zu den Kosten eine Beihilfe bewilligt hat. Die Wiederherstellung wird nunmehr erfolgen.

Graf von Wilamowitz-Möllendorff sprach sein Bedauern aus, dass die Kirche zu Gross-Lüben, Kreis Westprignitz, einem Neubau weichen solle, zu welchem bei dem Zustande der vorhandenen Kirche ein Bedürfnis nicht vorläge, was von dem Provinzial-Konservator zugegeben wurde. Indes liegt vom Standpunkte der Denkmalpflege ein Anlass nicht vor, auf die Erhaltung der alten Kirche zu dringen.

Von derselben Seite wurde auf die bei dem Schlosse zu Neuhausen (Kreis Westprignitz) und zu Horst (Kreis Ostprignitz) vorhandenen alten Burgruinen aufmerksam gemacht. Für die Erhaltung der ersteren ist nach dem Berichte des Provinzial-Konservators vor einigen Jahren das Notwendigste geschehen.

Auf eine Anfrage wegen der Erhaltung des Berliner Thores in Potsdam erfolgte die Mitteilung des Provinzial-Konservators, dass nach seiner Kenntnis eine Änderung in der Stellung dieses Thores zur Erzielung einer grösseren Durchfahrtöffnung geplant sei.

Auf eine Anregung wegen Schutzes eines grossen erratischen Blockes — sog. Teufelstein — in der Gemarkung Wendisch-Drehna wird der Provinzial-Konservator das dazu Erforderliche veranlassen.

Kleine Mitteilungen.

Bernhard Altum †. Am 1. Februar 1900 verstarb zu Eberswalde am Schlagfluss der Geheime Regierungsrat Professor Dr. Bernhard Altum im 76. Lebensjahre. Altum, aus Westfalen gebürtig, war ursprünglich katholischer Pfarrer, studierte dann in Berlin Naturwissenschaften. 1857 promovierte er zum Doktor der Philosophie, war dann als Lehrer am Realgymnasium seiner Vaterstadt Münster thätig und übernahm 1869 eine Lehrerstelle an der Forstakademie zu Eberswalde. Er wurde dort Professor und Direktor des Museums der genannten Staatsanstalt. Für die Forstzoologie, insbesondere für die Erforschung der Vogelwelt unserer Heimat ist er unablässig thätig gewesen. Er unterstützte Naturforscher und Naturfreunde, die ihn in E. aufsuchten, gern mit Rat und That. Für das Aufblühen der Brandenburgia interessierte er sich und hatte die Absicht einen Besuch unserer Mitglieder in diesem Jahr auf seinem Institut zu empfangen. E. Fr.

Die Erhaltung alter Kunstwerke, Altäre, Kanzeln, Taufsteine, Grabdenkmäler in Kirchen hat der bekannte Dresdener Gelehrte Hofrat Professor Dr. Cornelius Gurlitt in einem Aufsatze über die sächsischen Dorfkirchen in Dr. Robert Wuttkes Sächsischer Volkskunde dem Volke erst kürzlich dringend ans Herz gelegt „Diese Werke haben einen Wert, den kein moderner Künstler den seinigen geben kann, den des geistigen Verwachsenseins mit der Gemeinde. Sie sollten daher nicht nach dem Geschmack von heute beurteilt und selbst, wenn sie „Sachverständigen“ missfallen, nicht entfernt werden. Wir sollen über den Geschmack unserer Väter und ihre Thaten nicht richten, damit nicht wir einst gerichtet werden. Denn was uns schön erscheint, wird deshalb nicht auch unsern Nachkommen als das Bessere gelten. Alter Besitz ist ein unersetzliches Gut, man sollte doppelt vorsichtig sein, es zu veräussern, denn das Verlorene ist nie wiederzubringen. Auch die in den Kirchen aufgestellten Grabsteine sollte man als ehrwürdige Denkmäler schonen. Auch hier ist der Gesichtspunkt falsch, dass man über ihre Erhaltung nach dem Gefallen oder selbst nach sachverständigem Kunsturteil entscheidet. Denkmäler sind errichtet, dass man der Toten und des Todes gedenkt, nicht um Kunstwerke zu erzeugen. Sie gehören in erster Linie der Ortsgeschichte, erst in zweiter der Kunstgeschichte an. Darum soll auch das unscheinbare Denkmal, selbst das einer unbedeutenden Persönlichkeit, mit Ehrfurcht bewahrt bleiben. Stören sie dort, wo sie stehen, den Gottesdienst, so ist doch immer eine Stelle in der Kirche zu finden, wo sie dies nicht thun und vor Unbill geschützt sind. Eine wohlgeordnete Kirchenverwaltung sollte diese oft kostbaren Andenken an die Toten einer kunstreicheren Zeit, die mit wenigem oft zu erhalten sind, nicht unberücksichtigt lassen. Eines seien die Kirchenverwaltungen vor allem eingedenk: es ist nicht zu erwarten, dass in ländlichen Kirchen sich Kunstwerke ersten Ranges finden. Man soll an ihre Schätzung nicht mit jenem Massstabe herantreten, den man in unseren grossstädtischen Museen sich aneignete. Man soll vielmehr die Liebe als Mass nehmen, mit der das Werk geschaffen ist, selbst bei mässigem Gelingen. Und die Kirche soll streng darauf halten, dass das ihr in Liebe Gebotene nicht ohne Grund in Missachtung komme." Was Gurlitt vom Königreich Sachsen hier so richtig sagt, sind goldene Worte und diese gelten vollauf auch von unseren brandenburgischen Kirchen, in denen ohne vorgängige Befragung des Konservators, noch jetzt mitunter unzweckmässige Änderungen der alten Ausstattung im Innern der ländlichen Gotteshäuser vorgenommen werden. E. Fr.

Wo liegt der Spandauer Bock? — Komische Frage, wird mancher alte Berliner denken. Da wo er immer lag, westlich von Charlottenburg an der Spandauer Chaussee. — Freilich, dort liegt er auch, aber auf welcher Seite der Chaussee?

Als geborener Berliner kannte ich die Sache nicht anders, als dass der Spandauer „Bock" südlich von der Chaussee nach dem Grunewald zu liegt, während sich gegenüber nach der Spree zu die „Zibbe" erhebt. Wiederholt ist mir aber in neuerer Zeit entgegnet worden, dass die Sache sich gerade umgekehrt verhielte, und dass es immer so gewesen wäre. Trotzdem diese gegenteilige Meinung sogar von Autoritäten der Berliner Lokalgeschichte ausgesprochen wurde, wollte sie mir nicht recht einleuchten, da ich als Berliner Junge oftmals um die Osterzeit des Bocktrubels wegen nach dem Spandauer Bock hinausgepilgert war und stets auf der südlichen Anhöhe als auf dem „Bock" geweilt hatte. Gelegentlich eines Spazierganges durch den Grunewald stattete ich kürzlich dem Spandauer Bock einen Besuch ab und erkundigte mich des Näheren nach der Lage desselben. Der betreffende Kellner glaubte zunächst, ich wollte ihn utzen, da ich mich ja auf dem „Bock" befand, und gab erst, als ich ihm erklärte, dass es sich um Meinungsverschiedenheiten handle, bereitwilligst Auskunft. Was ich von ihm erfuhr, deckte sich mit meinen Ansichten, und befriedigt zog ich von dannen.

Man könnte mir nun entgegnen, dass ein Kellner keine Geschichtsquelle sei und seine Aussagen nur mit Vorsicht aufzunehmen seien. Dies kann ich nur zugeben. Zufällig wurden die betreffenden Angaben aber auch von anderer Seite bestätigt und finden sich ausserdem in dem Fontane-Führer des Touristen-Klubs für die Mark Brandenburg (Berlin 1894), Teil IV (Grunewald) S. 58 f. verzeichnet. Ich lasse die betreffende Stelle zur Aufklärung der Sache hier folgen:

„Über die Entstehung und Entwicklung der Spandauer Bockbrauerei haben wir folgendes in Erfahrung gebracht: Im Jahre 1827 wurde Conrad Bechmann, der Vater des langjährigen Direktors der Brauerei, jetzigen Rentiers Herrn August Bechmann in Charlottenburg, durch den Rittergutsbesitzer, Amtsrat Schütz, nach dessen Gut Grünthal bei Biesenthal berufen, um dort nach bayrischem Muster die erste Lagerbierbrauerei in der Mark Brandenburg zu begründen. Dies geschah denn auch, und das von Conrad Bechmann gebraute Grünthaler Unterhöhler-Bier verschaffte sich infolge seiner Vorzüglichkeit bald guten Ruf und Eingang in Berlin und vielen anderen Städten Deutschlands. Nach 13-jährigem Wirken in Grünthal, als Braumeister und Geschäftsführer, machte sich Conrad Bechmann im Jahre 1840 selbständig und kaufte in Spandau eine Brauerei. Auf dem Spandauer Berge baute er die Lager- und Eiskeller, wozu ihm vom König Friedrich Wilhelm IV. eine Parzelle des Grunewalds gegen mässige Zinsen auf Erbpacht gegeben wurde. Gleichzeitig mit der Einrichtung der Kellereien wurde hier ein Ausschank eröffnet, und da auch im Frühjahr das Bockbier hier auf dem Berge verzapft wurde, erhielt die ganze Anlage im Volksmunde den Namen Spandauer Bock. Am 15. März 1874 brannten die Baulichkeiten bis auf die Erde nieder; dieselben wurden 1875 wieder aufgebaut und bilden den eigentlichen Bock. Das zweite, jenseits der Chaussee auf der Wasserseite gelegene, neue Lokal ist anfangs der 50er Jahre entstanden. Der Berliner Volkswitz, wie immer, so auch hier fix bei der Hand, gab dem neuen Lokal die weniger schöne als treffende und die lustige Bockbierstimmung verratende Bezeichnung „Zibbe". Der Bock war nun nicht mehr allein, er hatte sein junges Weibchen! Die Brauerei befindet sich seit 1852 ebenfalls auf der Wasser- (Spree-) Seite; sie ist seitdem vielfach erweitert und in ihrer Einrichtung vervollkommnet worden. 1885 wurde sie in ein Aktien-Unternehmen umgewandelt."

Diese Angaben, welche meine Ansicht nur bestätigen, veranlassen vielleicht einige kundige Mitglieder der „Brandenburgia" ihrerseits zur Aufklärung der Sache beizutragen. Dr. Gust. Albrecht.

Grabschriften. Unter Bezugnahme der auf Seite 27 des Monatsblattes der „Brandenburgia", Jahrg. IX No 1 citierten Grabesinschrift:

„Hier ruht mein Weib, u. s. w."

führe ich eine andere, in meiner Jugend oft aus dem Munde meiner sel.

Mutter, einer geborenen Lychnerin gehörten Lesart jener Inschrift an. Sie lautet:

„Hier ruht mein Weib,
Gott sei's gedankt,
Denn immerfort hat sie gezankt;
Drum Wandrer, eile fort von hier —
Sonst steht sie auf und zankt mit dir."

Die Ähnlichkeit beider Lesarten und die Nachbarschaft Templins mit Lychen lassen vermuten, dass es sich hier um ein und dieselbe Inschrift handelt. Welche Lesart jedoch Anspruch auf Originalität hat, will ich nicht entscheiden, bemerke nur, dass meine sel. Mutter 1819 in Lychen geboren, und dass sie ihre Vaterstadt schon im Jahre 1832 verlassen hat. Daraus geht hervor, dass die von mir wiedergegebene Inschrift vor ca. 75 Jahren im Volksmunde bekannt war. Ob sich die Robert Mielkesche Wiedergabe auf noch ältere Daten bezieht, ist mir nicht bekannt. M. Kühnlein.

Über die älteste deutsche Weide- und Ackerwirtschaft findet sich bei R. Henning bei Bespr. von Weitzen's Siedelung und Agrarwesen. Zeitschr. f. d. Altertum, Bd. 43, Berlin 1899, S. 242 folgende auch für unsere Heimatkunde interessante Bemerkung:

Die ältesten agrarischen Zustände der Germanen sind hier ohnehin nicht zu verfolgen. Aber zwischen unsern Flurplänen und den deutschen „Weidewirtschaften", welche M. noch bis in die Zeiten Caesars zurückschiebt, liegen, wenn es eine solche Stufe überhaupt je gegeben hat, unübersehbare Zeiträume. Dass unsere Vorfahren den Ackerbau sehr lange nicht mit Passion betrieben haben, das können die Flurpläne allerdings den alten Schriftstellern bestätigen. Aber vielleicht stand eine ältere Periode, diejenige der „Hochäcker", sogar noch auf einer höheren Stufe als die folgende römische „Zeit". Noch im Mittelalter erkannte man an den unvergänglichen Spuren, dass der Ackerbau zurückgegangen sein müsse. Saxo Grammaticus VIII, S. 419 (Müller-Velschow) meldet auf Grund derselben aus der kimbrischen Halbinsel von einer Zeit, ubi olim cultores terram altius versantes vastas dissipavere glebas, während das jetzige Geschlecht brevibus agellis contentus agrestem operam citra veteris culturae vestigia cohibet. Er schreibt sie einem früheren Volke, den ausgewanderten Langobarden zu. Helmold I. 12 kannte sie gleichfalls: adhuc restant antiquae illius habitationis pleraque indicia, praecipue in silva . . . cuius vasta solitudo et vix penetrabilis inter maxima silvarum robora sulcos praetendit, quibus iugera quondam fuerunt dispertita. Er weist sie, ebenso wie die damit verbundenen Wallburgen (urbium quoque seu civitatum formam structura vallorum praetendit) vielmehr den vorslavischen Sachsen zu. Zur Zeit des Tacitus würde man sie vielleicht „kimbrisch" genannt haben, vgl. Germania 37: veteris famae lata vestigia manent, utraque ripa castra et spatia, quorum ambitu nunc quaque metiaris molem manusque gentis et tam magni exitus fidem. Es gab schon damals in Deutschland „prähistorische" Zeiten. E. Fr.

Baummühle und Pimpert. Auf der Exkursion der Berliner Anthropol. Gesellschaft nach Wilmersdorf im Kreise Beeskow-Storkow am 25. Juni 1899 wurde im Dorfe Lamitzsch eine alte, aus einem Baumstamm gefertigte Mühle besichtigt und für das Volkstrachten-Museum erworben. Diese Handmühle hatte die Gestalt eines hohen cylindrischen Mörsers und wurde zum Zerquetschen von Kartoffeln, Rüben und anderen Bestandteilen des Schweinefutters benutzt. Ein langer Stössel war an der Decke des Stalles befestigt und diente, indem er mit beiden Händen aufwärts und abwärts bewegt wurde, zum Zerkleinern der in dem Hohlraum der Mühle befindlichen Masse. — Ein ähnliches Hausgerät fand der Unterzeichnete im Dorfe Kietz in der Lenzer Wische, als er sich im Oktober 1896 in Gemeinschaft mit Herrn Robert Mielke auf einer Wanderfahrt durch die Priegnitz befand. Hier wurde das Gerät, welches ebenfalls aus einem Baumstamm verfertigt war und eine gleiche, nur kleinere Gestalt wie die obige Mühle hatte, als Mörser bezeichnet und diente dazu, um Graupen aus Gerste herzustellen. Der Stössel, welcher etwa dreiviertel Meter lang war, war nach unten zu kolbenförmig verstärkt und hatte am oberen Ende eine Querstange zur besseren Handhabung. Der Bauer, welcher uns das Gerät zeigte, nannte den Stössel einen „Pimpert", welche Bezeichnung wohl die gleiche Bedeutung wie Stössel haben dürfte, da der Ausdruck „pimpern" in der Mark im allgemeinen für „stossen" gebraucht wird. Ebenso bedeutet „pimperlings" „stossweise", auch „ruck- und sprungsweise". Über die Ethymologie dieses Volksausdrucks liess sich nichts ermitteln.

Dr. Gustav Albrecht.

Beigegeben wird die Abbildung, von der im ersten Heft dieses Jahrganges S. 15 die Rede ist. **Die Redaktion.**

Für die Redaktion: Dr. Eduard Zache, Cüstriner Platz 9. — Die Einsender haben den sachlichen Inhalt ihrer Mitteilungen zu vertreten.
Druck von P. Stankiewicz' Buchdruckerei, Berlin, Bernburgerstrasse 14.

Der Ursprung des märkischen Backsteinbaues.

Von O. Stiehl *)

Hochverehrte Anwesende!

Lassen wir den Entwickelungsgang unserer Mark Brandenburg vor unserem geistigen Auge vorüberziehen, so finden wir einen Abschnitt von grundlegender, alle späteren Ereignisse bestimmender Wichtigkeit, wie solchen in ähnlicher Weise wenige Länder durchgemacht haben. Es ist die Zeit der deutschen Eroberung und Besiedelung in der 2. Hälfte des 12. und im Beginn des 13. Jahrhunderts. Im Laufe weniger Menschenalter brachte sie eine vollständige Neuordnung fast aller Verhältnisse des Landes und des Lebens, eine gänzliche Umgestaltung des Staatswesens, des wirtschaftlichen Betriebes und der socialen Gliederung.

Die Herrschaft deutscher Markgrafen und ihrer Lehensleute trat an Stelle der lockeren slavischen Stammes-Verbände unter oft schattenhafter polnischer Oberhoheit. Umwälzend wirkte wirtschaftlich die Einführung des gründlicheren deutschen Ackerbaubetriebes, die Förderung von Handel und Gewerbe durch Gründung zahlreicher Städte, in socialer Beziehung ebenso die Einwanderung und das Gedeihen einer zahlreichen Schicht freier deutscher Bauern und freier Bürger, die ein Mittelglied bildeten zwischen dem kriegerischen Adel und seinen slavischen unfreien Hintersassen.

Es ist natürlich, dass für die unendlich vielseitigen Bedürfnisse dieser reichen Entwicklung auch ganz neue und reichere Mittel aufgewendet werden mussten, dass insbesondere in baulicher Hinsicht viel weitergehende Forderungen an Festigkeit, Schönheit und Dauerhaftigkeit zu erfüllen waren. Es folgte daraus der Übergang von dem bisher allein landesüblichen Holz- und Reisighüttenbau zur Errichtung steinerner Gebäude. Da nun unser Land die im Westen und Süden Deutschlands so reichlich vorhandenen natürlichen Bausteine so gut wie ganz ent-

*) Vortrag gehalten am 24. April 1901.

6

behrt, musste man zu anderen Hilfsmitteln greifen und man fand das Mittel zur Befriedigung der neuen baulichen Bedürfnisse im Backsteinbau. Dieser an sich begreifliche Vorgang wird zu einem wahren Rätsel der Baugeschichte dadurch, dass der Backsteinbau ganz plötzlich, in voller Ausbildung der Technik und der Form, schulmässig abgeschlossen bei uns auftritt.

Es ist das wunderbar, weil der Vorgang an sich durchaus nicht einfach ist. Bei Einführung eines neuen Materials werden wir zunächst Vorstufen in der Bereitung des Baustoffes voraussetzen müssen. Als wahrscheinlich werden wir ein mehrfaches Misslingen ansehen, wobei wir dann einen Wechsel in der Behandlung, ein allmähliches Aufsteigen zu grösserer Fertigkeit beobachten könnten. Wir finden bei uns nichts davon, im Gegenteil sind gerade die ältesten Bauten am besten und sorgfältigsten bearbeitet, gerade an ihnen finden wir die umständliche Überarbeitung der einzelnen Steinoberflächen mit Scharriereisen und Säge, die später allmählich verschwindet. Auch die Ausbildung der Formen ist nicht ganz einfach, da die Bedingungen der Technik zu wesentlichen Abänderungen der Werksteinformen zwangen. Der Backsteinbau ist genötigt, mit kleinen Stücken zu arbeiten, da nur diese im Brande sich zu wetterfesten Steinen umwandeln lassen, er muss grössere Formen daher durch schichtmässiges Mauern herstellen. Er hat andererseits gegen den Werksteinbau das Hilfsmittel der tiefen Farbe, das in Verbindung mit weissem Putz ganz neue Wirkungen hervorbringen lässt. Es treten diese Eigentümlichkeiten des Materials besonders hervor in der Behandlung der Fensterbögen, in der Durchbildung der Bogenfriese, die in ganz abweichender Konstruktion aus Einzelstücken auf schlanken, schmalen Konsolen hergestellt werden. Sie üben weiter wesentlichen Einfluss auf die Formen der Kapitelle, die als Würfelkapitelle, Trapezkapitelle, Trichterkapitelle eine ganz eigene, durch die Schichtenteilung bedingte Entwicklung durchmachen. Auch in dieser Formgebung finden wir keine Unsicherheit, kein Schwanken, wir sehen vielmehr in dem ganzen Gebiete des Backsteinbaues neben manchem individuellen, selbstständigen Zuge eine grosse Gleichartigkeit der Formgebung, die sich aber scharf unterscheidet von den Gewohnheiten im Werksteinbau benachbarter Länder. Es wird daher auch allgemein angenommen, dass der Backsteinbau von aussen zu uns gekommen ist, die Frage ist nur, wo sollen wir sein Ursprungsland suchen?

Die Beantwortung dieser Frage ist erschwert durch den grossen Mangel an unzweideutigen Nachrichten. Urkunden aus jener Zeit sind uns über unsere Bauten nur sehr spärlich erhalten und sie betreffen fast nur Schenkungen und Stiftungen an einzelne Kirchen, wobei wir keinerlei Anhalt haben, dass die damals vorhandenen und erwähnten Kirchen schon die jetzt an gleicher Stelle stehenden Backsteinbauten gewesen sind. Auch die anderen geschichtlichen Quellen und Chroniken geben uns nichts über die künstlerische Entwickelung der Bauten an, wofür naturgemäss in damaliger Zeit der Überblick fehlen musste. Für unsere Gegend ist die einzige geschichtliche Quelle die Slavenchronik des holsteinischen Priesters Helmold. Dieser berichtet, dass unzählige und starke Männer (innumerabiles et fortes viri) von den Gestaden des Oceans gekommen und weithin im Osten die Länder der Slaven besiedelt und bald zu hoher Blüte gebracht hätten. Man nahm auf diese Nachricht gestützt an, dass auch unsere märkischen Gebiete im Westen und in der Altmark im wesentlichen von Holländern urbar gemacht und besiedelt worden seien. Man setzte im Anfang der 40er Jahre dazu in Holland eine Backsteinbaukunst hohen Alters voraus, was in jener Zeit zulässig erschien, da die Denkmalskenntnis weniger ausgebildet war als heutzutage. Man glaubte, dass der Backsteinbau in den Niederlanden seit Römerzeiten her bestanden und etwa im Beginn des 12. Jahrhunderts einen neuen Aufschwung erlebt habe und folgerte daraus, dass er aus den Niederlanden zu uns gekommen sei. Diese Anschauung, zuerst von Otte geäussert, von F. Adler mit grossem Geschick weiter ausgebaut, hat Jahrzehnte lang fast widerspruchslos geherrscht und den Besten ihrer Zeit genug gethan. Wenn aber nach einem bekannten Dichterwort für den Menschen gilt, dass er in diesem Falle genug gethan hat für alle Zeiten, so muss die Wissenschaft auf einem andern Standpunkt stehen und bei Auftauchen neuer Gesichtspunkte auch ihre Anschauungen fortschreitend verändern. Solche neuen Gesichtspunkte sind thatsächlich in den letzten Jahren mehrfach zu unserer Kenntnis gekommen. Es ist zunächst von Seiten der reinen historischen Forschung die Zuverlässigkeit des Helmoldschen Berichtes neuerdings als zweifelhaft erwiesen worden. Wir haben erkannt, dass dieser Berichterstatter die Ereignisse, soweit sie sich in seiner Nähe abspielten, mit grosser Sicherheit wiedergab, dass er die entfernteren Vorgänge in der Mark Brandenburg aber nur vom Hörensagen und in mehr schematischer Weise darstellte. Er hat offenbar bei seinem Bericht die in Holstein thatsächlich vorhandene niederländische Einwanderung ohne genügenden Grund verallgemeinert. Von anderer Seite her ist uns diese niederländische Einwanderung in der Mark Brandenburg zweifelhaft geworden. Wir wissen, dass der grosse Wanderzug der Niederländer hervorgerufen wurde durch die Einbrüche des Meeres, dass er mit dem Aufhören dieser Ursache gegen das Jahr 1136 nachlässt und bald vollständig verschwindet. Da unsere Gegenden erst nach dieser Zeit kolonisiert wurden, werden wir auch die niederländische Bevölkerung in ihnen nicht hoch anschlagen können.

Dazu kommt ein weiterer Gesichtspunkt, den uns die Erweiterung unserer Denkmalskenntnis an die Hand giebt. Die nähere Durch-

5*

forschung der niederländischen Baudenkmäler ergiebt, dass in der Zeit des 11. und 12. Jahrhunderts in den Niederlanden durchaus nicht allgemein Backsteinbau, sondern vielmehr Tuffbau geherrscht hat, nur wenige ganz unbedeutende und kleine Bauten aus Backsteinen haben sich in diesen reich entwickelten Gegenden ausfindig machen lassen. Es sind kleine Dorfkirchen, Turmunterbauten sehr einfacher Art. Sie enthalten keinen Innenraum, keine Säule, kein Portal in reicherer Ausbildung; es fehlen ihnen also gerade die meisten Formen, für die sie angeblich als Vorbilder gedient haben sollen.

Eine fernere Enttäuschung hat uns sodann die Erweiterung unserer Denkmalskentnis im eigenen Lande gebracht. Wir kennen ausserhalb und innerhalb der Mark Brandenburg einige Gebiete, die sicher im wesentlichen von niederländischen Kolonisten besetzt und urbar gemacht wurden. Es ist das das Marschland bei Bremen, besiedelt zwischen 1106 und 1142, die Elbniederung von der Mündung bis etwa nach Havelberg, besiedelt von 1120 bis etwa 1200; es ist ferner der Höhenzug des Vläming, der von den eingewanderten Vlamländern seinen Namen erhalten haben soll. Auch in Anhalt und Obersachsen finden wir zerstreut und vereinzelt reichliche Ansiedelungen der Niederländer urkundlich nachweisbar. Aber keiner dieser Orte hat trotz reger Entwicklung der Gegenden eine Backsteinkirche aus der Zeit der Besiedelung aufzuweisen. Die einzige Ausnahme, die Klosterkirche zu Altenzelle in Sachsen hat so ausgeprägte Besonderheit in der Formgebung, dass sie mit voller Sicherheit aus anderem, nicht niederländischem Ursprunge hergeleitet werden kann. Wenn so die Gebiete, die mit Sicherheit von Niederländern besetzt wurden, den Backsteinbau zur Zeit der Besiedelung nicht kennen, so werden wir um so weniger in der Mark Brandenburg den Backsteinbau voraussetzen können als von Niederländern eingeführt, weil uns ja die niederländische Besetzung der Mark Brandenburg schon an sich zweifelhaft geworden ist. Der Schluss aus jener einzelnen allgemein gehaltenen Stelle der Chronik hat uns offenbar auf einen Irrweg geführt. Können wir uns danach der älteren Ansicht nicht mehr anschliessen, so darf doch hervorgehoben werden, dass die hingebende Arbeit der vorher genannten Forscher nicht etwa fruchtlos und verloren ist. Wie uns aus ihren eindringlichen Forschungen erst die unbedingt notwendige Übersicht über die Urkunden wie über den grossartigen Bestand unserer Denkmäler erschlossen worden ist, so werden wir uns immer dankbar daran erinnern, dass wir nur auf ihren Arbeiten fussend in der Erkenntnis dieser Fragen weiter fortschreiten können.

Bieten uns alte Urkunden und chronikale Nachrichten keine genügende Auskunft, so bleibt uns das Mittel durch Formvergleichung den Ursprung unserer Baukunst festzustellen. Das Mittel ist mit

Vorsicht zu gebrauchen, weil ja zweifellos gleiche Formen aus einer gleichen Stimmung, aus gleichen Bedürfnissen gelegentlich an verschiedenen Orten gleichzeitig entstehen können. Es gilt das besonders für die mittelalterliche Baukunst, in welcher die Forderungen der Technik äusserst einflussreich für die Ausbildung der Formen sich erweisen. Als beweiskräftig können wir daher eine Übereinstimmung von Formen nur ansehen, wenn sie sich in vielfältigen Einzelzügen gleichmässig wiederholt, noch mehr, wenn sie uns durch die Übereinstimmungen die Erklärung giebt für Formen, welche an der einen Stelle als ganz willkürlich und unerklärlich erscheinen. Gerade für die vielen Besonderheiten des Backsteinbaues erscheint der Weg dieser Formvergleichung besonders aussichtsreich. Die Umschau nach solchen übereinstimmenden Formen wird sich für uns erstrecken müssen über ganz West-Europa, da ja ganz Europa von den Römern den Backsteinbau gelernt und überkommen hat.

Wir finden thatsächlich weite Gebiete des Backsteinbaues in Spanien, in Süd-Frankreich, am Oberrhein und am Niederrhein. Wir sehen den Backsteinbau auch auftreten in England. In all diesen Gebieten aber finden wir nirgends Besonderheiten der Formen, die den unseren ähnlich sind. Auch in Ober-Italien, einem der Hauptgebiete mittelalterlichen Backsteinbaues finden wir ein Gebiet grossartiger Denkmäler in Venedig und Umgegend, ein anderes in Piemont, das mit unserer heimischen Baukunst wenig oder keine Vergleichspunkte bietet. Aus dieser weiten Verbreitung des Backsteinbaues im Mittelalter allein können wir aber doch für unsere Gegenden die Nutzanwendung ziehen, dass nicht das plötzliche Auftreten des Backsteinbaues an sich, sondern die enge Verbindung mit den eigenartigen Formen das ist, was für die Herleitung unserer Kunst als massgebend angesehen werden muss.

Ein reichliches Material zur Erklärung der Vorgänge, die uns beschäftigen, findet sich im Gegensatz zu den eben genannten Ländern in der Lombardei und in der südlich angrenzenden Emilia.*) Es muss geradezu wunderbar erscheinen, dass die reichen Reste einer entwickelten Backsteinkunst in diesen Ländern bis vor kurzem kaum beachtet und wissenschaftlich garnicht verarbeitet worden sind. Wir finden dort eine Bauweise, die sich in der Behandlung fast aller Einzelformen auf das genaueste mit unseren norddeutschen Backsteinbauten deckt. Wir sehen dort genau die gleiche Durchbildung der Bogenfriese, genau die gleiche Ausbildung der Fensterbögen in mehrfach wechselnder Art und zwar finden wir eine Behandlungsweise, die bei uns nur durch Malerei

*) Ausführlich behandelt in O. Stiehl: Der Backsteinbau romanischer Zeit. Leipzig, Baumgärtner 1898.

auf dem Putz angedeutet wurde, dort in der ursprünglichen Herstellungsweise aus grossen Thontafeln abwechselnd weiss und roter Farbe zusammengesetzt. Die schichtmässig gemauerten Kapitelle mit allen Eigenheiten der Formgebung, wie sie bei uns auftreten, sind dort in vielfältigster Art als Vorbilder vorhanden. Merkwürdigkeiten, wie die weisse Färbung einzelner Bauglieder, vor allem der Sägeschichten, finden sich dort als ganz übliche Gewohnheit. Eine ganz nationale italienische Sitte: das Einlassen von glasierten Töpfen als Verzierung der Aussenwände tritt uns dort häufig entgegen. Wir finden es bei uns an der Klosterkirche zu Jerichow ganz vereinzelt und unerklärlich wiederholt. Dazu kommt die völlig gleiche Behandlung und Bearbeitung der Steinoberflächen, wie ich sie bei den ältesten Bauten unserer Gegend vorhin erwähnte. Was uns diese Anklänge und Uebereinstimmungen am wertvollsten macht, ist der Umstand, dass wir hier die Entwickelung der Formen aus den einfachsten Anfängen, zum Teil aus byzantinischen Einflüssen, zum Teil aus den Vorbildern des Werksteinbaues ganz allmählich und mit Sicherheit verfolgen können. Wir finden hier ein allmähliches Loslösen von den Bedingungen der Werksteinformen, durch das sich viele der bei uns so unvermittelt auftretenden Eigenheiten auf das natürlichste erklären. Hier hat sich aus tausend Ansätzen verschiedenster Art im Wechsel der eigenartigsten Bildungen mit der Zeit eine feste und gleichmässige Behandlungsweise entwickelt und zwar geht diese Entwicklung zunächst in jeder einzelnen Stadt für sich und selbständig vor sich. Erst gegen das Jahr 1200 beginnt eine grössere Übereinstimmung auch der einzelnen städtischen Stile sich einzubürgern.

Dabei lässt sich die Zeitstellung dieser Bauten aus reichlicher erhaltenen Urkunden mit grosser Sicherheit bestimmen; das Ergebnis ist, dass auch hier in Oberitalien die römische Technik gegen das Jahr 800 vorkommt und verschwindet. Man gewöhnte sich auch hier mit dem allgemeinen Niedergang der Kultur, die römischen Bauten als Steinbrüche zu benutzen und errichtete bis gegen das Jahr 1100 die wenigen bedeutenderen Bauten aus Trümmern und Bruchstücken römischer Ziegel. Erst gegen das Jahr 1100 beginnt wieder die Herstellung neuen Backsteinmaterials, zunächst in sehr urtümlicher Weise, indem man aus grossen flach geschlagenen Thonkuchen mit dem Messer vierkantige Stücke ziemlich wechselnder Grösse und Dicke herausschnitt. Bald nach 1100 beginnen in Mailand die ersten noch sehr schwankenden Versuche, Gesimse aus Backsteinen zu formen. Ein Menschenalter etwa später geht man zur Bildung von Kapitellen und reicheren Gesimsen über. Die fortschreitende Entwicklung dauert, immer noch wechselnd und in ziemlicher Unsicherheit, bis gegen das Jahr 1160. Der Zeitraum von 1160 bis etwa 1200 ist dann der Ausbildung grösserer Sicherheit und grösserer Einheitlichkeit der einzelnen Landschaften gewidmet.

Auf Grund dieser Übereinstimmungen und dieser Zeitbestimmungen können wir nicht nur die Übertragung der Formen aus Ober-Italien in unsere Gegend als sicher annehmen, wir können auch den Zeitpunkt dieser Übertragungen unschwer bestimmen. Sicher wurde im Jahre 1173 in Lübeck der Dom im Beisein des grossen Welfenherzogs Heinrichs des Löwen als Backsteinbau gegründet. Es ist das die erste unzweideutige urkundliche Nachricht über das Auftreten dieser Bauweise in unserm Lande. Vielleicht wurde schon um das Jahr 1160 der Domturm in Verden aus Ziegeln gebaut. In der Mark ist die älteste Gruppe von Ziegelbauten die im Lande Jerichow, welche wir um das Jahr 1200 aus allgemeinen Gründen und aus Gründen der Formvergleichung datieren können. Die Klosterkirche zu Jerichow, eine spät romanische, ursprünglich auf Wölbung angelegte Basilika, welche erst später in einfacherer Weise mit Flachdecke fortgeführt wurde, ist der Hauptbau dieser Gruppe, die neben dieser noch eine Anzahl von Dorfkirchen und Stadtkirchen umfasst. Von diesen kleineren Kirchen ist eine der bedeutendsten die Kirche zu Schönhausen, deren Weihung im Jahre 1221 als urkundlich beglaubigt ist. Derselben Gruppe nahe steht auch der Dom in Brandenburg, dessen Erbauung wir in die Zeit von 1200 bis 1235 verlegen können. — Neben diesen flachgedeckten Kirchen treten weitere Gruppen auf, die die reichere Entwickelung des Gewölbebaues bei uns vertreten. Als Hauptbeispiele sind anzuführen: Die Klosterkirche in Diesdorf, die Klosterkirche zu Lehnin, etwa 1200 begonnen und 1272 geweiht, ferner die Klosterkirche zu Dobrilugk, schon mit gotisch-profilierten Rippen in den Wölbungen; endlich die Klosterkirche zu Kolbatz, etwa 1220 begonnen und erst im langsamen Baufortschritt im 14. Jahrhundert gewölbt. — Die letztgenannten Kirchen geben schon die Überleitung zum Aufkommen der gotischen Baukunst, deren älteste Denkmäler, die Klosterkirche zu Berlin 1290, die Kirche zu Chorin um 1300 und die Klosterkirche zu Doberan um 1310 erbaut wurden. Dieser vorstehend gegebenen Zeitfolge steht in den vorhandenen Urkunden keinerlei Hindernis entgegen. Sie erscheint den wahrscheinlichen Kulturverhältnissen des Landes durchaus angemessen, weil sie die ersten monumentalen Kirchenbauten erst in eine Zeit setzt, in der die rohen Zustände, die jeder Besiedelung feindlicher Gebiete anhaften, schon überwunden sein konnten. Sie gewährt einen zwanglosen Anschluss an das allmähliche Eindringen gotischer Bauweise, mit deren ersten Denkmälern wir um die Wende des 14. Jahrhunderts eine Zeit vielfältiger sicherer Datierungen erreicht haben. In diesem naturgemässen Bilde einer ununterbrochenen, ruhig fortschreitenden Entwickelung können wir eine wertvolle Bestätigung dafür sehen, dass das Ergebnis unserer Darstellung, die Annahme italienischen Einflusses auf unsern Backsteinbau, nicht auf Irrtum beruht.

Fassen wir nochmals alles zusammen, so können wir nach dem jetzigen Stande unserer Denkmalskunde und unserer urkundlichen Kenntnisse mit Sicherheit sagen, dass die Vorarbeiten zur künstlerischen Behandlung des Backsteinbaues den Meistern Ober-Italiens zu verdanken sind; aber es wäre grundfalsch, deshalb in der märkischen Backsteinbaukunst eine reine Nachahmung oberitalienischer Art zu sehen. Es liegt vielmehr in der Eigenart mittelalterlichen Kunstschaffens tief begründet, dass sich mit diesem Strome fremder Einzelformen eine Anzahl anderer Einflüsse mischt und durchdringt. Vor allem wirkt in dieser Hinsicht ein die grosse Selbständigkeit, mit welcher die alten Meister das in der Fremde Gelernte als Ausdrucksmittel ihrer echt deutschen Gesamtauffassung verwendeten. Selbst bei engstem Anschluss an ihre Vorbilder in Einzelformen und Technik bleibt doch mit wenigen Ausnahmen die Gesamtanordnung unserer Kirchen im Grundriss und Aufriss rein deutsch. Bei späteren Bauten ist auch eine Anspannung der übertragenen Backsteinformen an die gewohnten Bildungen der westdeutschen Hausteinkunst vielfach unverkennbar. Durch diese Selbständigkeit wahrten sich die alten Meister die Fähigkeit mit der überkommenen Form neu auftretende Baugedanken zu verschmelzen und insbesondere den Gewölbebau in durchaus eigenartiger und folgerichtiger Weise zu entwickeln. So waren sie imstande mit der zähen Kraft, die dem Märker von jeher eignete, dem Backsteinbau die grosszügige und dabei originell bewegliche Eigenart aufzuprägen, die die schönen Städtebilder unserer Mark vor allem auszeichnet und die den märkischen Backsteinbau auch für uns wieder zu einem Vorbild und zu einer Quelle der Belehrung macht, aus der wir reiche Anregung zur selbständigen Lösung unserer neuen baulichen Aufgaben gewinnen können.

---

4. (3. ausserordentliche) Versammlung des X. Vereinsjahres.

Mittwoch, den 1. Mai 1901, abends 7 Uhr, Besuch der Urania, Taubenstr. 48/49.

Zur angesetzten Stunde hatte sich eine grosse Anzahl Mitglieder und Gäste im Vestibül des Instituts eingefunden. Nachdem der 1. Vorsitzende, Herr Geheimrat Friedel dem Direktor der Urania, Herrn Franz Goerke den Dank der Gesellschaft abgestattet hatte für die freundliche Erlaubnis zur Besichtigung des Instituts, verteilten sich die Besucher in die verschiedenen Säle, deren sechs vorhanden sind, um die zahlreichen Apparate zu besichtigen und mit ihnen zu experimentieren. Alle Gebiete der Physik sind vertreten, am reichlichsten die Elektrizität. Einige Säle enthalten aber auch prachtvolle zoologische Präparate, Demonstrationsobjekte, Aquarien und Terrarien.

Um 8 Uhr versammelten sich die Besucher in dem grossen Demonstrationssaal zu dem Vortrage des Direktors: „Charakterbilder aus der Mark". Schon zweimal hatte Herr Goerke die Liebenswürdigkeit aus dem reichen Schatze seiner Sammlungen für die Brandenburgia eine Auswahl vorzuführen. Zu dem heutigen Vortrage hatte er vornehmlich den westlichen Gipfel der Mark und das benachbarte Grenzland ausgewählt.

Würdig eröffnete die Reihe die alte Residenzstadt Tangermünde an der Elbe. Die ersten Bilder zeigten die alte Burg. Man sah die festen Mauern, welche sich steil auf dem Abhang über der Elbe erheben und ihn zum Teil gegen die Unterwaschung durch das Elbwasser schützen. Die nächsten Bilder brachten die drei Thore, das Hühnerdorfer, das Neustädter und das Wasserthor und die letzten das Rathaus und die Stephanskirche. Diese Bilder zeigten, wie reich die Stadt mit künstlerischen Bauwerken geziert war und zeugten von der politischen Bedeutung der Stadt. Hierauf führte uns der Vortragende über die Elbe hinüber nach Jerichow. Er zeigte uns im Bilde die Klosterkirche, welche das Vorbild für die märkischen Backsteinkirchen geworden ist. Weitere Ansichten boten Einblick in das Innere der Kirche. Die folgenden Photographien umfassten eine reiche Sammlung von Ansichten aus Stendal. Wir führen hieraus an das Bild des Domes, dieses schönsten Bauwerkes Norddeutschlands aus dem späteren Mittelalter, die grosse Linde auf dem Domplatz, die Marienkirche, das prachtvolle Ünglinger Thor, das zweiflüglige Rathaus mit der Gerichtslaube und dem 5½ m hohen Roland davor. Nun folgten Bilder aus der Mark selber. Wir erblickten einen Teil der Stadt Havelberg. Die Brücke mit den Häusern und dahinter den Steilhang des Domberges, von dessen Krone das imposante Bauwerk des Domes in die Lande hinausschaut. Die folgenden Bilder zeigten die grossartige innere Einrichtung z. B. die Chorstühle, den Paradiessaal, das Refektorium und den Kreuzgang. Auch die folgenden Bilder boten noch Belege für die Prachtliebe und das künstlerische Verständnis der geistlichen Herren des Mittelalters. Sie zeigten uns die Wallfahrtskirche von Wilsnack und die Plattenburg; der älteste Teil dieses Schlosses, das bis zur Reformation den Bischöfen von Havelberg gehörte, ist dreistöckig und blickt auf einen Park aus dichtem Gebüsch mit Wasser. Wir begleiteten nun den Wanderer weiter in die Prignitz hinein und erblickten in den Photographien Stiftskirche, Kreuzgang u. a. von dem Jungfrauenkloster Heiligengrabe. Hieran schlossen sich Ansichten aus dem benachbarten Wittstock. Die Bilder zeigten uns den Marktplatz, die Marienkirche, das Gröperthor, einen Hof mit altertümlichen Ställen und endlich die Überreste der bischöflichen Residenz, den alten Bergfried und die Umfassungsmauer des Hofes. Darauf machten wir noch einen Abstecher an die Nord- und Westgrenze. Wir trafen im Norden die alten Grenzfestungen Freyenstein und Meyenburg. Die Bilder zeigten uns das alte Schloss von Freyenstein, einen festen Granitbau und die Ruinen des neuen Schlosses ganz von Grün eingesponnen. Gross und stattlich blickte uns das Schloss von Meyenburg an. Im westlichen Vorsprung der Prignitz liegt Lenzen. Als wichtiger Übergangsplatz hatte es seine Burg, dessen Burgwart uns ein Bild vorführte. Einige andere Photagraphien sind aufgenommen worden zur Zeit der Frühjahrs-Überschwemmungen in den Jahren 1890, 1895 und 1899. Von Lenzen aus machten wir noch einige Ausflüge. Dem gastlichen Pfarrhaus von Seedorf, den alten Häusern von Mödlich und dem Hünengrab von Melle statteten wir noch einen Besuch ab. Damit war der Vorrat an Bildern aus der Prignitz erschöpft; sie lehrten auf das deutlichste, welche Fülle von geschichtlichen und landschaftlichen Merkwürdigkeiten die Prignitz beherbergt. An diese Bilder schlossen sich noch einige aus der Mittelmark und der östlichen Mark an. Ein Teil derselben brachte Ansichten aus der Umgegend von Belzig. Die schroffen Abhänge des Fläming gewähren hier sehr schöne Bilder mit reichem Wechsel. Die letzten Photographien endlich waren aufgenommen worden in der Nachbarschaft des Städtchens Lagow im Kreise Ost-Sternberg. Auch hier waren es vorzugsweise Landschaftsbilder aus der wald- und seereichen Umgebung.

Die künstlerisch und technisch gleich vollendeten Bilder und der fesselnde Vortrag, welcher die nötigen Erläuterungen über die geschichtliche Bedeutung derselben gab, fanden den lebhaftesten Beifall der Zuhörer, so dass der 1. Vorsitzende nur wünschen konnte, dass Herr Direktor Goerke weitere Musse und künstlerische Stimmung finden möchte für neue Aufnahmen.

Tangermünde.

Durch die Enthüllung des der Stadt Tangermünde geschenkten Standbildes Kaiser Karls IV., die in Gegenwart Seiner Majestät stattfand, wird die Erinnerung an jene Zeit wieder wachgerufen, in welcher dieser jetzt zum einfachen Landstädtchen herabgesunkene Ort, der vielen kaum dem Namen nach bekannt ist, als ehemalige Grenzfeste sowie Haupt- und Residenzstadt der ersten Verweser der Altmark resp. Mark Brandenburg eine wichtige Rolle in der Geschichte der Mark spielte.

Jedoch nicht hiervon will ich sprechen, sondern von einem Begebnis, das sich in der Nähe von Tangermünde zu jener Zeit zugetragen hat, an welches noch heute der betreffende Name des Thatortes erinnert.

Es war im Jahre 1003. Werner von Walbeck, dem vom Kaiser Heinrich II. das Amt als Verweser der Mark Brandenburg übertragen worden war, residierte in Tangermünde und besass die besondere Gunst des Kaisers. Auf einer Reise, die dieser nach Werben a. Elbe, auf welcher ihn Werner zu begleiten hatte, unternahm, soll er sich aber die Gunst seines hohen Gönners dadurch verscherzt haben, dass er unverhohlen seinen Unwillen äusserte über die Schenkung der Stadt Arneburg an den Erzbischof von Magdeburg durch den Kaiser.

Werner hielt nämlich diese That für einen Eingriff in seine, Werners, Privatrechte insofern, als Arneburg zu seinem persönlichen Gebiete gehörte resp. in demselben lag und einem Verwandten von ihm gehört hatte.

Werners Gegner und Todfeind, der gleichfalls zum Hofstaate Kaiser Heinrichs II. gehörige Graf Dedo von Wettein (Wettin), der die Äusserungen Werners gehört hatte, hatte nun nichts eiligeres zu thun, als sie dem Kaiser in verleumderischer Weise zu hinterbringen, als trüge sich Werner mit hochverräterischen Plänen. Nur eine Erkrankung Werners hinderte den Kaiser, den Einflüsterungen Dedos von Wettein nachzugeben und die Untersuchung gegen ihn einzuleiten. Nicht genug aber mit der Verleumdung, benutzte auch Dedo die Zeit der Erkrankung Werners, um die diesem gehörige Stadt Wolmirstedt in Brand zu stecken.

Anstatt sich auf legalem Wege Genugthuung zu verschaffen beschloss nun Werner, sich selbst zu rächen. Zu diesem Zwecke verband er sich mit seinem Vetter Friedrich von Walbeck und legte sich mit diesem sowie einer Begleitmannschaft von 20 Reisigen in der Gegend von Tangermünde in einer Waldschlucht in einen Hinterhalt, von welchem aus er dann den des Weges kommenden Grafen Dedo überfiel, dessen noch einmal so grosse Begleitmannschaft schlug und Dedo mit eigener Hand tödtete.

Im Volksmunde nennt man diesen Ort noch heute das „Mordthal“. Nachstehendes Gedicht schildert diesen Überfall wie folgt:

Das Mordthal bei Tangermünde.

Was jagen die Reiter dort sonder Rast?
Es stürzen die keuchenden Rosse fast,
Als wenn des Jägers des wilden Heer
Wohl hinter den flücht'gen Gesellen wär'.

So jagen sie weiter in wilder Flucht
Durch dichte verworrene Waldesschlucht;
Der Sporn treibt die Pferde fort ohne Ruh',
Sie reiten auf Tangermünde zu.

S' ist Dedo, der edle Graf zu Wettin,
Und vierzig Knappen geleiten ihn;
So jagen sie fort durch des Waldes Nacht,
Und nirgends wird Ruhe noch Rast gemacht.

Doch wie das Gebüsch immer dichter rings her,
Da saust durch die Lüfte ein mächtiger Speer;
Es sinkt aus der Knappen dienendem Tross
Getroffen der Eine vom schnaubenden Ross.

„Hei! Hei! Mein edler Graf von Wettin
Wie dorten die Flammen von Wolmirstedt glühn
Jetzt trifft Dich die Rache! die Stunde ist gut;
Und Markgraf Werner, er fordert Dein Blut!"

Wie Wetterleuchten vom Himmel fährt,
Blitzt Werner von Walbecks mächtiges Schwerdt,
Der hier, um zu rächen die brennende Stadt,
Bei nächtlicher Weile gelauert hat.

Hei! Hei! Mein edler Graf gebt Acht!
Wie doch der Hieb in den Panzer kracht!
Wo der Kragen sich eisern am Halse schnürt;
Den Hieb hat Werner von Walbeck geführt.

Und der Graf sinkt blutend vom bäumenden Ross,
Es flieht seiner Knappen feigherziger Tross. —
„Jetzt schliesst Dir der Tod Deinen lästernden Mund,
Jetzt klage mich an beim Kaiser, Du Hund!"

So ruft der Markgraf noch höhnend aus
Und jagt auf dem flüchtigen Hengste nach Haus;
Der Tote bleibt stumm dort im Walde zurück.
Es heischt Vergeltung sein brechender Blick.

Der Kaiser, über die That Werners entsetzt, wollte Vergeltung üben, indes gelang es Werners Verwandten, das diesem drohende Unheil von ihm abzuwenden. Zwar wurde er seines Amtes als Markgraf für verlustig erklärt, Leben und Eigentum wurden ihm aber gelassen.

Karl Pötters.

Die Fischereigeräte in der Mark Brandenburg.*)

Wenn die Brandenburgia auf ihren Wanderungen zu Wasser und zu Lande durch die Mark Brandenburg bemüht ist, das Leben und Treiben unserer Vorfahren zu ermitteln und Land und Leute festzustellen, wenn die Mitglieder der Brandenburgia den so interessanten Mitteilungen und Belehrungen ihrer Führer und Fachmänner darüber lauschen, wie sich hier das Land gebildet hat, dort Vorfahren gelebt haben, wenn es uns vergönnt ist, Funde aus jener Zeit der Nachwelt zu erhalten und zu übermitteln, als Zeichen damaliger Gebräuche und Kultur, dann habe ich immer eins vermisst — nämlich die Berücksichtigung der Wasserverhältnisse und der Bewohner des nassen Elements! — Und doch, glaube ich, würden auch Forschungen auf diesem Gebiete mit dazu beitragen, unser Wissen und unsere Kenntnisse von der Gestalt und dem Aussehen unserer Mark in früheren Zeiten zu bereichern und zu vervollkommnen.

Dass die Forschungen bezüglich der Fischarten der Vorzeit eine ziemlich undankbare Aufgabe bilden, sagt schon Carus Sterne in „Werden und Vergehen,“ aber gerade die Schwierigkeit, die zu überwinden ist, dürfte ein Ansporn mehr sein für die Erforschung der Gewässer und ihrer Bewohner in der Mark. — Heute möchte ich von den Fanggeräten sprechen, wie sie in der Mark im Gebrauch waren und noch sind. Allerdings zeigt sich, soweit die Vorzeit in Betracht kommt, auch hier dieselbe Erscheinung wie in allem, was unsere Vorfahren betrifft — die Geschichtsforschung versagt fast gänzlich! —

Die Fischereigeräte in ältester Zeit waren, soweit sich dieses heute noch feststellen lässt, der Speer, der Pfeil, die Schleuder und die Angel. Später kam die Schleife hinzu, eine Art Selbstfang, aus Wurzeln oder dünnen Baumzweigen gefertigt.

Wiederum später wurden Fanggeräte aus Weidengeflecht und Holz hergerichtet, man baute Fischzäune und Wehre.

Eins derjenigen aus Holz und Geflecht hergestellten Fanggeräte, welche an diejenigen der Vorzeit erinnern, ist der noch heute im Gebrauch befindliche Aalkorb, der aus den „Schaalbrettern“, also dem kernlosen Holz und dünnen Wurzeln der Kiefer gefertigt wird. Die Herrichtung der Fischereigeräte, solange der Fischer sich dieselben selbst verfertigte, geschah und geschieht noch meistens im Winter, wenn

*) Modelle der hier von mir genannten Fischereigeräte befinden sich im Märkischen Museum.

der Fischfang ruht oder wenigstens nicht in dem Umfange betrieben wird, wie dies zu den übrigen Jahreszeiten der Fall ist.

Da sass dann der Fischer im Winter und „klöbte“ (spaltete) die „Schaalbretter“ mit dem „Knief“ (einem gekrümmten scharfen Messer mit kurzem Stiel und dito Klinge) in etwa 2 m lange „Geren“ (Stäbe), die wieder mit einem kleineren Knief rund und glatt geschnitten oder gehobelt wurden. Nebenher wurden die kleineren resp. dünneren Wurzeln der Kiefer im Walde gerodet, sodann im kochenden Wasser „aufgebrüht“ und die äussere Haut oder Rinde entfernt; die etwas stärkeren Wurzeln wurden gespalten, damit das „Herz“ daraus entfernt werden konnte, da dieses „hart und brüchig sei“. Im kalten Wasser wurde dann die „Päde“ (der technische Ausdruck für die so bearbeitete Wurzel) aufbewahrt resp. weich gehalten bis zu ihrer Verarbeitung.

Aus diesen „Geren“ und „Päden“ wurde, wie gesagt, der Aalkorb gefertigt.

Die Herstellung des Aalkorbes geschah nun durch Flechten desselben, d. h. um ein „Ger“ wird eine weiche „Päde“ gelegt, sodass letztere das Ger oder die „Gere“ fest umschliesst (die Päde wird hierbei so über oder um das Ger gelegt, wie etwa beim Haarflechten eine Strähne über die andere). Sodann kommt wieder ein Ger u. s. f.; je nachdem der Aalkorb weit werden soll, werden Geren — gewöhnlich 50—60 Stück — verwendet. Durch enges Zusammenflechten an der Spitze formen sich die Geren zu einem strahlenförmigen Kreis. Je nachdem der Aalkorb weit werden soll, d. h. welchen inneren Durchmesser er erhalten soll, werden diese strahlenförmig im Kreise stehenden Geren über eiserne Ringe, die dem beabsichtigten Durchmesser entsprechen, zusammengebunden. In Form von Schlangenwindungen wird dann die Päde um die einzelnen Gerestangen geschlagen, und diesen hierdurch Halt und Festigkeit gegeben, sodass das Ganze schliesslich eine lange Röhre bildet. Beim Flechten ist wieder darauf zu achten, dass die Geren die vorschriftsmässige Entfernung von einander haben, diese beträgt 1—2 Fingerweite. Zweck dieses Zwischenraumes ist in erster Linie der, dass Aale, die nicht zum Fange reif sind, Gelegenheit zum Entschlüpfen haben. „Es ist wieder einer durchgegangen“, sagt der Fischer, sieht er bei der Untersuchung des Aalkorbes zwischen zwei Geren Aalschleim sitzen.

In diese, Aalkorb, genannte Holzröhre werden nun auf je ein Drittel ihrer Länge die beiden Kehlen eingesetzt, die dem Aale wohl den ungehinderten Eintritt in den Aalkorb gestatten, ihm aber durch die spitzen Holzspitzen der Geren den Ausgang verweigern. Im Gegensatz nämlich zu der Spitze des Aalkorbes, die festgefügt ist, stehen die einzelnen Spitzen der Geren kreisförmig, eine Öffnung von etwa Faustgrösse lassend, nach der Spitze des Aalkorbes gerichtet, also nach innen. Die Öffnung der Kehlen unter sich ist aber auch nicht gleich und bei Faustgrösse meine ich für die sogenannte grosse Kehle, die am letzten Drittel der Holzröhre eingesetzt wird, die Grösse einer Mannesfaust mitunter noch grösser oder weiter, während die Öffnung der kleinen Kehle nur die Weite einer Kinderfaust hat.

Im Gegensatz zu der scharfen Spitze des Aalkorbes hat seine Schlussöffnung, die dem Aal Gelegenheit zum Einschlüpfen giebt, eine Weite bis zu $^1/_2$ m.

Einen derartigen Aalkorb zu fertigen ist eine Kunst. Denn von der kunstgerechten Herstellung hängt es ab, ob er „fischt“ und ferner, wie lange er zu gebrauchen ist, also seine Gebrauchszeit.

An Stelle der Päde ist heute häufig schon der „Draht“ getreten der zum Flechten verwendet wird; nur auf dem Lande und in abgelegeneren Orten wird heute die Päde noch in Urväterweise verwendet. Auch setzt man an Stelle der beschriebenen Spitze eine derjenigen der Kehlen ähnliche Spitze und schiebt in die Öffnung einen grösseren Holzklotz. Bei den mit geschlossner Spitze hergestellten Aalkörben wird bei der sogenannten kleinen Kehle eine Decke oder Klappe hergerichtet, durch welche dann der Aal aus dem Aalkorb genommen wird.

Beim Fischfang bildet die kunstgerechte Herstellung der Fanggeräte eine grosse Hauptsache mit und mancher Fischer, welcher gerade diesen Umstand nicht genügend beachtet, muss bei seinem besser und sorgfältiger arbeitenden Kollegen sehen, wie es diesem häufig gelingt, an Stellen Fische zu fangen, an welchen er sich vergeblich abgemüht hat. Die Maschen zu eng oder zu weit, zu fest oder zu lose gestrickt, den Netzfaden zu stark oder zu fein gesponnen, der Hanf zu hart oder zu rauh, alles dieses beeinflusst das Fischen in ganz bedeutender Weise und es verlangt daher die Herstellung der Netze stets die besondere Aufmerksamkeit des Fischers. Ferner müssen bei Anfertigung der Netze nicht nur die Gewohnheiten des Fisches, wie er zu fangen ist, oder sich fangen lässt, dem Fischer bekannt sein, sondern der Fischer hat auch die Wasserverhältnisse zu berücksichtigen, ob er beabsichtigt dem Fisch im Strom, d. h. im schnell oder weniger schnell fliessenden, oder im toten, d. h. stehenden Wasser, wie Teich etc. nachzustellen. An der Ostseeküste z. B. haben die Fischer besondere Fanggeräte zum Fang der Fische in der Ostsee und zum Fang derselben in den Landseen. Gleichfalls ein Fanggerät in seiner Herrichtung überkommen aus alter Vorzeit — aus der Zeit der Pfahlbauten — bildet das Wehr, wie wir es heute z. B. noch bei Schildhorn, zwischen Schildhorn und Pichelsbergen sowie oberhalb Spandaus auf der Fahrt nach Tegel etwa bei Saatwinkel sehen können.

Das Wehr wird aus zwei aus Weidengeflecht und Pfählen hergestellten Flügeln und den davor gesetzten Aalkörben, einem grösseren und einem kleineren gebildet.

Die Flügel des Wehrs, die eine Art Engpass bilden, werden, wie gesagt aus Pfählen, die in den Grund getrieben und mit Weidenreisig durchflochten sind, gebildet in der Weise, dass Pfähle und Geflecht vom Grund auf bis etwa ½ m über die Wasserfläche reichen. Vor den Flügeln befindet sich ein sogen. Galgen, zwei Pfähle mit einem Querholz und vor diesem Galgen zuerst ein grösserer Aalkorb, dessen hintere Öffnung die Höhe des Galgens hat. Die Spitze dieses Korbes ist offen, über dieselbe wird ein kleinerer Aalkorb gezogen, bis in welchen der sich fangende Fisch vordringt und verweilt, bis der Fischer ihn aus diesem Gefängnis befreit. Aalkorb und Wehr werden hauptsächlich zum Fang des Aals das ganze Jahr hindurch benutzt. Ausser dem Kaulbars, der ein wirklicher, aber sogar unter den Fischessern noch wenig bekannter Leckerbissen ist und der namentlich im Frühjahr zur Laichzeit in Spree und Havel viel gefangen wird, ist es noch die Quappe, welche in Aalkorb und Wehr geht.

Ihrer Bauart wegen sei, als hierher gehörig, noch die „Klönitze“ oder „Klänitze“ erwähnt. Sie bildet kein direktes Fanggerät, sondern dient mehr zur Aufbewahrung der gefangenen Aale. Sie wird geflochten wie ein Aalkorb und hat auch dieselbe Gestalt wie dieser, nur dass sie etwas kleiner ist und am Ende so spitz zuläuft, wie der Anfang spitz angelegt ist, — also wie etwa ein Doppelkegel.

Die primitiven Geräte der alten Zeit sind nunmehr geschwunden und haben den neuen, praktischeren den Platz abtreten müssen.

Zwar sieht man hier und dort noch den „Einbaum“ schwimmen, einen aus einem Eichenstamme, durch Aushöhlen desselben gebildeten Kahn, den zu führen es grosser Geschicklichkeit bedurfte, aber neben ihm macht sich bereits der Brettkahn geltend, wie wir ihn noch heute in seinen verschiedensten Variationen auf den Gewässern unserer Mark schwimmen sehen, um den alten Einbaum schliesslich ganz zu verdrängen.

Aus der Angel von Knochen ist eine von Eisen geworden, deren Widerhaken dem Fische gefährlicher ist; an Stelle der Reusen aus Weiden- und Wurzelgeflecht kommt eine solche aus Hanfgeflecht, d. h. das Spinnrad hat den Hanf verarbeitet, ihn zu einem Faden verdichtet, der in des Fischers Hand mittels der „Knüttnadel“ und des „Knotts“ („Knütts“ oder Strickholzes, eines runden, kurzen Holzes, über welches das Netz gestrickt wird, und dessen Durchmesser die Maschenweite des Netzes giebt) sich zu einem Netz verknüpft.

Auch diese Fischnetze „knüttete“ oder strickte der Fischer sich während der Winterzeit selber und manche Klafter oder Faden wurde an einem solchen „Abend“, der sich allerdings häufig bis nach Mitternacht hinzog, fertig. Bei der Anfertigung dieser Netze muss gleichfalls die Stärke des Fadens, die Weichheit des Materials, sowie die Maschenweite genau beobachtet werden, „sonst fischt es nicht!“ —

Mit dem Fortschreiten der Kultur verbesserten sich auch diese Fanggeräte in der Fischerei, und in neuester Zeit, seit etwa 20—30 Jahren, sucht auch die Industrie, die sich bis dahin diesem Gebiete völlig fern hielt, die Fischer in der Herstellung der Netze und Garne zu unterstützen, denn seit dieser Zeit kennt man mechanische Netzwebereien. Bis dahin aber hiess es: „Als der Grossvater knüttete und die Grossmutter spann“! —

In der Mark kommen nun beim Fischen folgende Geräte in Anwendung, wobei stets zu beachten ist, dass der Gebrauch der einzelnen vollständig abhängig ist von den jedesmaligen örtlichen Verhältnissen, also, ob gefischt werden soll in einem Fluss, Strom, See oder Teich. Jedes Gewässer hat seine bestimmten Fischarten, und in jedem derselben will der Fisch wieder auf eine andere Weise gefangen werden. Es kommen also folgende Geräte in Anwendung:

1. Der schon erwähnte Aalkorb und das Wehr,
2. verschiedene Arten von Garnreusen, Hamen, Waden, Netzen und Garnen.

Garnreusen unterscheidet man zweierlei Arten: die Bügelreuse „Bählrūse“ und die Flügelreuse „Flāhlrūse“.

Erstere ist ein von gesponnenem Hanf gestrickter, über Weidenbügel gezogener und nach den beiden Enden hin durch Abnehmen der Maschen sich verjüngender Cylinder, dessen Enden in ihn hineingezogen wie Röhren offen gegenüber stehen. Die Endöffnungen werden nach innen (der Mitte) durch 3 oder 4 kreuzweise straffgezogene Schnüre gegenseitig offen gehalten, wobei diese Schnüre gleichzeitig wieder dazu dienen, dem Fisch wohl den Eingang zu gestatten, ihm aber den Ausgang zu versperren.

Eine kleinere Sorte dieser Art Reusen bildet (beinahe einem Spielzeug ähnlich) die Krebsreuse, in welcher dieser Leckerbissen und Schalenritter mit Köder von Kalb- oder Hammelleber gefangen wird.

Die Flügelreuse dagegen ähnelt wieder dem aus Holzgeflecht gefertigten Aalkorb resp. Wehr; sie wird gleichfalls aus gesponnenem Hanf gestrickt und über Weidenbügel gezogen, bildet aber einen nach einem Ende hin sich verjüngenden Cylinder mit zwei eingestrickten Kehlen, deren Öffnungen nach der Spitze des Hauptcylinders hin gerichtet sind und durch je 2 resp. 3 straffe Schnüre offen gehalten werden.

Am Anfang dieser Reuse, also am ersten Bügel nach rückwärts gedacht, befinden sich die beiden sich gegenüber stehenden Flügel

„Flähle". Diese Flügel, auch Fluchten und Wehre genannt, bilden zwei glatte Netzwände in der Höhe des ersten Weidenbügels der Reuse.

Die Höhe dieser Reusen (man versteht darunter gleichzeitig ihre Grösse) richtet sich nach der Tiefe des Wassers, in welchem sie zu stehen kommen und variiert daher zwischen ½—15 u. m. m (z. B. die Heringsreuse in der Ostsee hat häufig eine Höhe von 15—20 m). Gefischt wird mit der Bügelreuse nur im flachen, krautigen und schilfreichen Wasser, in das sie tags zuvor eingesenkt wird. Dieses Senken wird bewirkt durch Steine, welche in die durch „Sperrstöcke" (von welchen sich je einer auf einer Seite der Reuse in gleicher Höhe befindet) straff gehaltene Reuse gelegt werden. Die Sperrstöcke sind etwas länger als die Reuse selber, haben an dem einen Ende eine Gabel, welche gegen den einen, äusseren Bügel gestellt wird, während sich am anderen Ende des Stockes kleine Einschnitte, sogen. Kerbe befinden, in welche eine Netzmasche gelegt wird.

Die Flügelreuse dagegen wird dadurch auf den Grund des Wassers gebracht, dass die Flügelenden an Stöcken, sogen. Pählen befestigt werden. Diese Stöcke oder Pfähle werden in den Grund getrieben und mit ihnen die Reuse. An der Spitze, dem geschlossenen Ende der Reuse befindet sich der sogen. Steertpoal. Durch die Spitze der Reuse läuft eine dünne Schnur, die die Spitze verschliesst, so dass der in die Reuse gegangene Fisch durch sie nicht wieder entschlüpfen kann. Diese Schnur wird um den Spitzenpfahl geschlungen, mit ihm wird die Reuse gerade gerichtet und gehoben.

Wir kommen nunmehr zu den Netzen. Das namentlich in der Spree und Havel gebräuchlichste Netz ist das „Flock" oder Flaknetz, ein etwa 5—6 m langer Netzsack, dessen Öffnung an der oberen Hälfte mit Binsen, Korken (Fläten) versehen, die untere Hälfte dagegen mit Steinen von der Grösse und Stärke einer Handfläche behangen ist. Die Steine sind auf beiden breiten Seiten glatt geschliffen. Befestigt werden sie und ebenso die Schwimmkorke auf einer durch die Randmaschen laufenden dicken Leine mittels einer dünnen Schnur. Die Steine (Kalksteine) sind mit Löchern versehen, durch welche diese Schnur gezogen ist. Zwei Fischer, der eine am Steuer, der andere in der Spitze des quer auf dem Wasser treibenden Bootes stehend, werfen das mit der rechten resp. linken Hand zusammengeraffte Netz in der Weise über Bord, dass es gleich einem ausgebreiteten Tuch auf die Wasserfläche fällt, wobei die obere Leine mit den Korken im Boote verbleibt, während die untere mit den Steinen, die bereits bei Anlegung des Netzes über Bord gelegt war, in die Tiefe verschwindet. Beim Rückwärtsstossen des Bootes mittels langer Ruder glättet und spannt sich das Netz auf dem Wasser. Jetzt wird die obere, mit Korken besetzte Leine nachgeworfen. Gleichzeitig aber verschwinden hiermit auch die Flaksteine, von welchen sich auf jeder Seite (der sogen. Schlussstelle des Sackes) je einer befindet und die das Netz auf den Grund ziehen sollen. Die Flaksteine, welche nicht ganz ¼ m im Durchmesser bei einer Stärke von 3—4 cm haben und oben und unten mit je einem Loch versehen sind, werden an dem Netz in der Weise befestigt, dass die Enden der beiden Leinen, an welchen sich die Steine und Korke befinden, durch eins dieser Löcher gezogen und dort festgebunden werden. In dem zweiten Loch ist die Flakleine oder „Reep" befestigt, die vom Netz aus in das Boot läuft und hier durch einen „Schlag" um einen in der Bootswand befindlichen Holzpflock geschlagen ist.

Nun schwimmt das Netz klar im Wasser, wird durch das Rückwärtsschieben oder Stossen des Bootes vorwärts geholt und alles, was in den Bereich des Netzes kommt, ist gefangen. Ist der Zug „Sträk" beendet, so wird das Netz an der eben beschriebenen Leine (Reep) in die Höhe geholt, wobei es sich, sobald die Leine mit den kleineren Steinen sich wieder im Boot befindet, vollständig schliesst. Nun wird auch der obere Teil des Netzes in das Boot geholt — gereiht — und hierbei fallen die sich in ihm befindlichen Fische, soweit sie nicht in den Maschen sitzen, mit allem was das Netz sonst noch an Wurzeln, Kraut u. s. w. mit an das Tageslicht gebracht hat, gelegentlich auch Leichen, in das Boot. Sofort wird das Netz wieder klar gelegt und der weitere Zug kann beginnen.

Neben dem Boot, gewöhnlich auf der entgegengesetzten Seite von derjenigen, auf welcher gefischt wird, schwimmt ein grosser verschlossener Kasten, dessen Seitenwände sowie Boden mit Löchern versehen sind, — das „Hüfatt" — Hütefass. In diesen Behälter werden die gefangenen Fische während des Fischens eingesetzt und so lange aufbewahrt, bis der Fischer sie verkauft. Neben dem Flaknetz ist das Treibnetz im Gebrauch, kann aber nur in fliessenden Gewässern angewendet werden, also z. B. auf Spree und Havel. Es ähnelt dem Flaknetz, nur seine Handhabung ist eine andere. Während, wie wir gesehen haben, beim Flaknetz das Boot mittels langer Ruder oder Staken fortbewegt wird, sitzen beim Treibnetz die Fischer im Boot und lassen dieses mit dem Strome treiben, nur darauf achtend, dass das Boot gleichmässig einer bestimmten Richtung zutreibt. Das Versenken und Heben dieses Netzes gleicht demjenigen des Flaknetzes.

Während diese beiden Netzarten einwandig sind, d. h. aus einem Stück bestehen, sind die sogen. „Pööre" oder Portnetze dreiteilig, d. h. ein kleinmaschiges Netz ist auf beiden Seiten von je einem weitmaschigen Netz überdeckt, so dass also das Portnetz eigentlich aus drei aufeinander liegenden, oder nebeneinander stehenden Netzen gebildet wird, wobei die Maschen der äusseren Netze etwa 10 mal so weit sind, wie die des Mittelnetzes.

6*

Da diese Netze zu den sogen. Stellnetzen gehören, d. h. so eingerichtet sind, dass sie senkrecht im Wasser stehen können, so haben sie an Stelle der oberen mit Korken besetzten Leine eine Schnur von Rosshaaren, und unten eine ebensolche mit runden Bleistücken statt mit Steinen belastet. Dies letztere insbesondere deshalb, weil diese Netze ausschliesslich im Schilf und Rohr Verwendung finden, wobei die Steine sich hinderlich erweisen würden. Mittels einer langen Stange, deren stärkstes Ende in die an den oberen und unteren Enden des Netzes befindlichen Taschen oder Laschen gesteckt wird, wird das „Poort" in das Schilf gestossen, so dass es hier gleich einer Wand zu stehen kommt. Ein Dreieck oder Quadrat bildend, werden drei oder vier gleiche Netze in das Wasser gestellt, so dass alle drei resp. vier Netze mit den Enden dicht aneinander stehen.

Nun nimmt der Fischer eine zweite am stärkeren Ende mit einem grossen Büschel Schilf versehene Stange und stösst vom Boote aus in das von den Netzen gebildete Quadrat oder Dreieck, um so die Fische in sein Netz zu jagen; daher heisst das Fischen mit diesem Netz auch „Poortjähn" oder „Poortjagen".

Bei diesem Fischen flieht der aufgeschreckte Fisch durch das erste weite Netz in das mittlere, engere und da er hier nicht weiter kann, mit diesem durch das zweite weite Netz, wobei das enge Netz einen förmlichen Sack an der Stelle bildet, wo der Fisch aufläuft und diesen somit einschliesst. Ausser diesen Poortnetzen giebt es noch einfachere Stellnetze, die, je nachdem, welchen Fisch sie fangen sollen, eng- oder weitmaschig, ein- oder mehrwandig sind! Ihre Höhe richtet sich stets nach der jedesmaligen Wassertiefe. Sie werden meistens im toten, also nicht fliessenden Wasser in der Weise angewendet, dass man sie vor Schilf oder Rohr stellt, um so dem Fisch auf seiner Reise in das Schilf oder aus demselben heraus in das freie Wasser den Weg zu versperren. Die beiden Enden des Netzes sind mit Anker oder an Pfählen befestigt. Der Fisch, dickköpfig wie er ist, sucht das Hindernis zu überwinden und läuft hierbei mit dem Kopf zwar nicht gegen die Wand, aber doch in die Masche und bleibt hier mit dem Kiemen hängen.

Zu den Netzen rechnet man schliesslich auch noch den Fischhamen, ein sackförmiges Netz von einigen Metern Länge, das mittels Bügels an einer weiten hölzernen Gabel, deren Enden in dem Bügel befestigt sind, sitzt. Man fischt mit diesem Hamen in der Weise, dass man auf dem Lande oder im Wasser stehend, den Hamen nach dem Grund des Wassers hin vorwärts stösst, oder vom Boote aus, indem eine Person, in der Spitze desselben sitzend, während die andere das Boot vorwärts rudert, das Netz in der eben beschriebenen Weise versenkt und hebt.

Von den Hamen werden gebraucht: Bügel, Vorsetz, Hand, Zug, Senk, Wurf, Kratz und Scheeren-Hamen u. d. m. Die Senke oder

„Tutebelle“ gehört auch noch hierher. Sie ist ein in einem Holzrahmen, oder auch ohne diesen durch zwei sich kreuzende eiserne Bügel festgespanntes Netz von verschiedener Grösse (ein bis mehreren Metern im Quadrat). An der Kreuzungsstelle der Bügel befindet sich wieder eine längere Stange zum Halten des Netzes. Die „Tutebelle“ wird in das Wasser bis auf den Grund versenkt (gewöhnlich wirft man ein Stück Köder auf das Netz), hier lässt man sie längere Zeit ruhig stehen, um sie dann schnellstens aus dem Wasser zu heben, wobei die oberhalb der Tubelle stehenden Fische gefangen werden.

Die bisher genannten Netzarten gleichen sich fast alle in ihrer Maschenweite; gänzlich hiervon abweichend sind aber das Gründlings- und das Stintnetz. Diese beiden Netzarten haben so enge Maschen, dass man fast sagen könnte, sie seien wasserdicht. Insbesondere das Stintnetz, dessen Maschen so eng sind, dass man nicht mit der Spitze des kleinen Fingers hineinkann; infolgedessen lässt sich mit diesem Netz auch sehr schwer fischen, und bei Beendigung eines Zuges muss immer längere Zeit gewartet werden, bis sich das Wasser aus dem Netz verlaufen hat.

Von den Netzen kommen wir zu den Garnen. Diese unterscheiden sich von den ersteren durch ihre Bauart und ihre Anwendung. Hierher gehören deshalb auch die beiden letztgenannten Netze, das Gründlings und das Stintnetz, weil diese beiden Netze gleich den Garnen in verschiedenen Gegenden angewendet werden.

Auch in der Maschenweite unterscheiden sich die Garne von den Netzen insofern diese, d. h. die Garne, oft in den Maschen etwas weiter sind als die Netze.

Wenn im Frühjahr in den Havel- etc. Niederungen das Hochwasser die Wiesen überschwemmt hat, kann man die Fischer häufig beim Fischen mit dem „Trecketüch“ beobachten. Das „Trecke“ oder Zugzeug wird gebildet von einem mehrere Meter langen und breiten an der unteren Seite mit Steinen, an der oberen mit Kork oder Binsen (wie beim Flaknetz) versehenen Sacknetz. An den beiden Seiten, den Schlussstellen, wo sich beim Flaknetz die Flaksteine befinden, sieht man hier je einen sogen. „Flehl“flügel ansetzen, der gleichfalls mehrere Meter lang und oft gleichfalls mit Steinen und Korken wie der Garnsack versehen ist.

An den Enden der Flügel befinden sich wieder kurze runde Hölzer von etwa Armstärke und an diesen die sogen. Zugleinen.

Zum Fischen mit diesem Garn sind mindestens zwei Boote mit je einem Fischer im Boot erforderlich. Beide Boote treffen sich bei einem Punkt. Hier wird mit dem Auswerfen des Garnsackes u. s. w. begonnen; wobei die Fischer ihre Boote in entgegengesetzter Richtung, also der eine nach rechts, der andere nach links fortbewegen, um sich später, einen Halbkreis beschreibend, bei einem vorher vereinbarten Punkt wieder zu vereinigen. Dem Garnsack folgen während dieses Ausfahrens die Flügel und diesen wieder die Leinen, welche auf einer in dem Boote befindlichen Winde aufgewickelt werden. Bei dieser Ausfahrt muss natürlich darauf geachtet werden, dass das Garn langsam mitschwimmt, andernfalls würde es untergehen, in sich zusammenfallen und nicht fischen.

Ist der Treffpunkt erreicht, dann verankern sich beide Boote und das Netz wird mittels Winde und Leinen so herangewunden, dass es zwischen beide Boote geschwommen kommt. Die so umstellten Fische können nicht entfliehen, da dieser Treffpunkt gewöhnlich im flachen seichten Wasser gesucht wird; die Fische suchen sich zwar in das tiefere Wasser zu retten, gelangen hierbei aber in den Garnsack und sind so eine noch sicherere Beute des Fischers.

Wiederum sehen wir im Winter beim Schlittschuhlaufen auf dem Eise drei- auch viereckig gehauene Löcher (Lumen) und vor dem Loche aufgerichtet die aus demselben herausgenommene Platte Eis stehen. — Auch hier war der Fischer mit dem „Trecketüch", — nur dass er diesmal unter dem Eise fischte, d. h. das Garn wird unter dem Eise entlang gezogen in folgender Weise: Zwei Fischer mit grossen Eisäxten hauen in das Eis ein grosses Loch, in welches das Garn versenkt wird, dann gehen sie, einen Halbkreis bildend, jeder auf je einer Seite entlang, die oben beschriebenen dreieckigen Löcher hauend. Ihnen folgen wiederum zwei Fischer, welche mit Rudern, Gabeln, Haken versehen, sich mit denselben in den Löchern beschäftigen. — Da es im Winter nicht möglich ist das Garn, wie oben beschrieben, im Frühjahr, fortzubewegen, so hilft man sich nun in der Weise, dass man die Leinen an lange kiehnene Schwimmruten befestigt. Diese Ruten werden dann mittels der Gabeln von Loch zu Loch gestossen und ziehen die Leinen, an welchen wiederum Fischer das Garn „heranholen", nach sich. Natürlich muss das Ziehen des Garnes gleichmässig erfolgen, da es sonst schief im Wasser zu stehen kommt und nicht fischt. Nach einem längeren Zug („Sträk") hauen die beiden Fischer wieder ein grösseres Loch, aus welchem dann das Netz herausgeholt wird.

Ein solches Garn wird auch beim Stralauer Fischzuge verwendet.

Nun giebt es auch noch kleinere Zugnetze, die ein Fischer in folgender Weise bedienen kann. An einem festgerammten Pfahl befestigt er das eine Ende des Garns oder Garnflügels, dann fährt er, einen Kreis beschreibend, Garn und Leine aus und zwar so, dass er schliesslich zum Pfahl zurückkehrt. Die eingeschlossenen Fische bilden den Fang.

An den an den Flügeln befestigten Leinen sind häufig noch Gras-

oder Strohbündel oder kleine Baumzweige zum Scheuchen des Fisches befestigt.

Durch die vervollkommnete Technik in der Herstellung der Fischnetze und Garne kennt man einen Vorläufer des Garns fast nur noch dem Namen nach, d. i. die „Strohzuhre“. Die Strohzuhre glich dem oben beschriebenen Garn, nur dass sie an Stelle der Flügel, und wo diese an dem Garnsack beginnen, eine Leine hatte, an der sich befestigte Stroh-, Gras- oder Heubüschel oder kleine Baumzweige befanden. Die Form der Anwendung war dieselbe, wie beim jetzigen Zuggarn.

Was man sonst noch unter dem Namen wie Garnsäcke, Garnschläuche, Beutelnetze, Flossgarne u. s. w. kennt oder gebraucht, ähnelt dem von mir beschriebenen Zuggarn. Ausser diesen Fanggeräten kennt man noch und wendet teilweise an:

Die Aalschnur; eine 20—40 m und noch längere Hanfschnur, an welcher in Abständen von $1^1/_2$— 2 m kürzere mit Angelhaken versehene Schnüre sitzen von etwa $^1/_2$ m Länge. Das Legen dieser Schnur erfolgt in der Weise, dass an beiden Enden der Schnur Steine befestigt werden, Steine werden auch in der Mitte etc. eingeschleift, damit die Schnur auf den Grund des Gewässers zu liegen kommt. Die Angelhaken werden mit Köder (Regenwurm, Üklei etc.) versehen und die ganze Schnur beim Legen resp. Ausfahren so geordnet, dass die Haken mit dem Köder über Bord hängen. Während nun der eine Fischer das Boot möglichst in gerader Richtung fährt, wirft der andere den am Anfang der Schnur sitzenden Stein in das Wasser, ihm folgt dann die ganze Schnur bis schliesslich der letzte Stein hinein „plumpst“.

Diese Art des Fischens kann man täglich am Sommerabend beim Sonnenuntergang auf dem Müggelsee und der Dahme beobachten.

Wie gesagt, erfolgt das Versenken der Schnüre beim Sonnenuntergang, das Heben derselben aber bereits vor Sonnenaufgang. Der beutegierige Aal, bei Regenwurm als Köder, aber auch andere Fische fangen sich dann an dieser Schnur resp. Grundangel wie an der gewöhnlichen Handangel, die man als Kind kennen gelernt hat.

Eine zweite Art Angel ist die „Puppe“. Diese besteht aus einer langen Schnur, an welcher ein mit Köder versehener Angelhaken befestigt ist, während die Schnur selber wiederum von der „Puppe“, einem Büschel getrockneter Binsen, gehalten wird.

Zum Fischen werden die Puppen auf die Oberfläche des Wassers geworfen, wobei die auf der Puppe aufgewickelte Schnur etwas gelöst wird, so dass das Ende mit dem Haken und Köder etwa $^1/_2$ m im Wasser hängt. Der Aal will sich den anscheinend leckeren Bissen nicht entgehen lassen, schnappt zum eigenen Verderben zu, und fest sitzt ihm der Haken in der Kehle.

Gleich einem harpunierten Walfisch fährt er nun in die Tiefe und wieder in die Höhe und wild im Wasser umher, stets bemüht, sich wieder frei zu machen. Aber soviel er sich auch müht, die Schnur wickelt sich ab, und mit ihr folgt über dem Wasser die Puppe. Findet der Aal auf seiner Flucht Schilf oder Rohr, so geht er hier hinein und — wer ihn dies wohl gelehrt haben mag? — hier umkreist er die Binsen-, Rohr- oder Schilfstauden so lange, bis er merkt, die Schnur hat sich festgezogen, dann giebt er sich selbst einen kräftigen Schwung und — frei ist er wieder — wenn die Schnur nicht mehr neu war, oder der Angelhaken so gefasst hatte, dass der Aal entweder ohne jeden Verlust oder unter Opferung einiger Mundteile oder mit gespaltenem resp. zerrissenem Oberkiefer sich wieder befreien konnte.

Ziemlich ermüdend ist es für den Fischer, am nächsten Morgen die zerstreut in das Wasser geworfenen Puppen wieder zu finden. Wie oben geschildert, geht der gefangene Aal damit in das Schilf oder sucht tiefes Wasser auf. Wird abends auch die Windrichtung festgestellt, so kann sich dieser über Nacht gedreht haben, und nun muss den Puppen gefolgt werden, soweit das Spiel der Wellen und der Wind sie getrieben haben.

Früher gestattete, jetzt aber verbotene Fanggeräte sind z. B. die Blenken oder Darden, in Fisch- oder Löffelform gehaltene, kupferne oder silberne, mit Widerhaken versehene Platten, die möglichst glänzen müssen. Während das Boot durch Ruder oder mittels Segel vorwärts bewegt wird, schwimmen die Darden an einer 30—40 m langen, dünnen Schnur hinterher, fortwährend auf- und niedertauchend. Der Hecht, der mit der Darde gefangen werden kann, hält diese für eine feiste Rotfeder oder leckere Plötze, er schiesst in seiner Gier darauf los und verschluckt den leeren Haken der Darde, dass ihm die Spitze desselben gleich durch den Oberkiefer dringt.

Ferner verboten ist das Hechtschlagen und das Blenden.

Wenn man im Winter das Eis auf den überschwemmten Wiesen betritt, kann man, wenn dieses einigermassen durchsichtig ist, unter dem Eise den Fisch stehen oder schwimmen sehen. Schlägt man nun mit einem starken Knüttel auf die Stelle, wo der Hecht steht, so wird dieser von dem Schlage so betäubt, dass er, den Bauch nach oben, liegen bleibt. Durch ein mit einem Beil in das Eis gehauenes Loch kann man ihn dann aus dem Wasser langen. Das Blenden geschieht mittels eines eisernen Eimers, in welchem sich brennender Kienspan befindet, d. h. dieser Eimer hat nicht etwa die Gestalt unserer Wassereimer, sondern ähnelt mehr einem Trockenofen, wie wir solche häufig auf Neubauten zum Austrocknen von Räumen sehen, nur bedeutend kleiner ist solch ein Leuchteimer als dieser Ofen.

Das Blenden der Fische, insbesondere der Hechte, geschieht im Frühjahr, wenn das Eis von den Wiesen herunter ist, und die Frühlingssonne das auf den Wiesen stehende seichtere Wasser durchwärmt hat; dann kommt der Hecht in dieses Wasser, um seinen Laich abzusetzen und läuft hierbei in sein Verderben.

Das Blenden der Fische erfolgt des Abends und während der Nacht. Ein Mann sitzt in der Spitze des Bootes den Blendeimer mit brennendem Kiehnspan an einer langen Stange über die Spitze des Bootes hinaushaltend; hinter ihm stehen die mit langen Fischspeeren Bewaffneten. Der Hecht, vom Feuer geblendet, merkt das Nahen des Bootes nicht, sondern bleibt unbeweglich stehen, bis ihn der tötende Stahlspeer trifft. Oder aber im ganz flachen Wasser geht ein Mann mit dem Leuchteimer in das Wasser hinein, während ihm die andern mit den Speeren gleichfalls im Wasser watend folgen. —

Das neue Fischereigesetz kennt zwei Arten des Fischfanges: „Die stille Fischerei und die Raubfischerei". Dem entsprechend sind auch die gestatteten und im Gebrauch befindlichen Netzarten eingerichtet.

Unter stiller Fischerei versteht man den Selbstfang, d. h. die Art, bei welcher dem Fische Gelegenheit gegeben ist, sich durch Ein- oder Auflaufen auf das Netz selbst zum Gefangenen zu machen.

Daher bedient man sich bei der stillen Fischerei der sogen. Selbstfänge, wie Aalkörbe, Wehre, der verschiedensten Sorten Reusen, Stellnetze, Aalschnüre-Puppen u. s. w.

Die Raubfischerei dagegen wird mit allen denjenigen Fanggeräten betrieben, mit welchen es möglich ist, den Fisch gewaltsamer Weise in den Besitz des Fischers zu bringen, also mit dem Flaknetz, dem Garn, den verschiedenen Hamen, dem Speer, der Darde u. s. w.

„Fischerie — Lotterie!"

Selten entspricht wohl eine Redensart so der Wahrheit wie hier. Keines Handwerkers, Kaufmanns oder Fabrikanten Einkünfte sind so vom Zufall abhängig, wie die des Fischers. Wind, Wetter, Jahreszeiten, Wasserstand und viele andere Umstände machen es dem geschicktesten Fischer oft unmöglich sich seinen Lebensunterhalt allein durch Fischen — ich rede hier nicht von den Fischhändlern, sondern von den wirklichen, die Fischerei ausübenden Fischern — zu verdienen. Häufig findet er die Abends gestellten Netze des Morgens leer, häufig kamen ihm Diebe zuvor, die ihm nicht nur den Fang fortnahmen, sondern ihm auch die Netze so total zerstörten, dass er sie überhaupt nicht wieder gebrauchen kann. Dann wieder fährt ein rücksichtsloser Schiffer mit seinem Dampfer, trotz der ausgesetzten Warnungszeichen, durch die Netze, diese wickeln sich um die Schraube des Dampfers und verschwunden sind sie ebenso auf Nimmerwiedersehen, wie jene Netze, die einem beladenen Segelschiff, das seinen Weg gleichfalls durch die Netze nahm, an seinem tiefliegenden Steuer hängen geblieben sind.

Endlich kommen Sturm, Wasser, Eis, die sich den Feinden des Fischers anschliessen und ihn nicht nur um den wohlverdienten Lohn bringen, sondern noch das ihrige dazu beitragen, die Fanggeräte zu zerstören.

Bedenkt man, dass die Fischerei einen Broterwerb bildet, dann kann man auch den Wunsch der Fischer, dass gleiches Strafrecht für Fischräuber und Wilddieb geschaffen werden möge, sehr wohl verstehen.

Von den primitiven Strick-Gerätschaften, wie sie Herr Geheimer Regierungsrat Friedel in der Sitzung der Brandenburgia am 25. November 1896 vorlegte, sind in der Mark Brandenburg zum Anfertigen der Leddernigs- und Poortnetze die Gabel Fig. b S. 290 V. Jahrgang No. 8 November 1898 des Monatsblattes und Fig. c daselbst im Gebrauch.

Nimmt man Gelegenheit sich in Fischerkreisen, namentlich in denjenigen der Städte der Mark umzusehen, so freut man sich, welch einen guten Klang der Name „Friedel" dort hat. Karl Poetters.

Fischerei der Provinz Brandenburg.

(Aus den Sammelkästen des Märkischen Provinzial-Museums.)

(Vgl. Brandenburgia IV, 177—182 u. 202—206; VII, 193—199.)

1. **Karpfenfang im Spreewald.** Sobald in jetziger Zeit einige Nächte Frostwetter eingetreten ist, macht sich unter den Fischereiberechtigten des Spreewalddorfes Lehde ein reges Leben bemerkbar. Eine Schar erprobter Fischer zieht dann mit ihren Kähnen nach der Gorroschoa, einem Hauptarme der Spree, welcher ziemlich tief und reissend ist, um dort zu knoppeien. Es handelt sich nämlich um das Fangen des schmackhaften Karpfens, welcher sich beim Eintritt der kälteren Jahreszeit in die tieferen Fliesse zurückzieht. Zu diesem Fange sind besondere Gerätschaften notwendig. Das wichtigste Fangzeug ist der Scherran. Derselbe besteht aus zwei grossen und starken Bügeln aus Weidenholz, welche halbkreisförmig gebogen sind. Diese sind in der Mitte kreuzweis übereinandergelegt, so dass die vier Enden nach unten zu stehen kommen. Zwischen den Enden ist ein Netz ausgespannt. Das Ganze ist an der Kreuzungsstelle der Bügel an einer Stange befestigt. Dieser Scherran wird an den Stellen ins Wasser gesetzt, wo die Standorte und Sammelstellen der Karpfen sind, und diese Stellen sind den kundigen Fischern genau bekannt. Ist der Scherran nun dort eingesetzt, so harren die Leute, mit der einen Hand das betreffende Gerät haltend und mit der anderen den Kahn, unbeweglich der angetriebenen Fische. — Eine Strecke weiter stromaufwärts hat sich nämlich eine kleine Kahnflotte aufgestellt, so dass die ganze Breite des Flusslaufes gesperrt ist.

In jedem Kahne stehen gewöhnlich zwei Leute. Der eine führt und der andere ist mit einer Stange bewaffnet, an deren Ende ein viereckiger oder kreisförmiger Lederfleck angenagelt ist, so dass das Werkzeug einer Stampfe ähnlich sieht. Das ist die Knoppaue. Auf ein gegebenes Zeichen führt die Flotte nun stromab den den Scherran haltenden Gefährten zu, wobei sie fortwährend „knoppeien", d. h. mit der Knoppaue bis auf den Grund des Fliesses und auch in die an den Ufern befindlichen Löcher stossen. Die Fische werden dadurch immer vor den Kähnen hergetrieben und um dem Lärm zu entgehen, suchen sie ihre Sammelstellen auf. Auf diesen Augenblick haben die den Scherran haltenden Männer gewartet, um durch Aufheben desselben die Karpfen zu fangen. — Die Ausbeute beim Knoppeien ist sehr verschieden. Oft sind in den Netzen neben einigen Barschen, Bleien und Hechten nur 1—2 Karpfen; oft zählte man aber schon bis zu 20 Karpfen in einem einzigen Scherran. So wird das betreffende Fliess allmählig abgeknoppeit. Der Fang wird dann unter die Teilnehmer gleichmässig verteilt. Lok.-Anz. 16. 12. 1899.

2. **Ein grosses Fischsterben** hat wieder einmal die Gewässer der Stadt heimgesucht. An der Mühlendammschleuse und an der Jungfernbrücke sah gestern Gross und Klein mit Bedauern, wie tausende und abertausende kleine und sogar mittelgrosse Fische ganz oder halbverendet stromabwärts trieben. Die noch lebenden, die aber kaum noch schnappen konnten, wurden vielfach eine Beute der Hechte, die unter diesen Umständen eine mühelose Jagd hatten und nimmersatt fortwährend zuschnappten. Berl. Ztg. 8. 9. 1900.

3. **Behufs Schonung des Fischbestandes** in der Havel hat die Regierung soeben eine wesentliche Einschränkung des Angelns angeordnet. Bisher war es jedem Inhaber einer Angelkarte gestattet, mit fünf Angelruten den Fischfang zu betreiben. Fortan darf er indes nur noch zwei Angelruten benutzen. Sodann ist bestimmt worden, dass die Fischereigemeinden Tiefwerder und Pichelsdorf, die das Recht des Verkaufes von Angelkarten haben, davon nur eine gewisse Zahl, nämlich 113 jede Gemeinde, verausgaben dürfen. So lange durften sie eine unbeschränkte Zahl von Angelkarten verkaufen, und sie haben von dieser Freiheit auch einen sehr weitgehenden Gebrauch gemacht, weil dies eine bedeutende Einnahme brachte, welche die fischereiberechtigten Eigentümer unter sich verteilten. B. T.-Bl. 14. 11. 1900.

4. **Die Fischerei-Verhältnisse des Gemeindebezirks Berlin.** Auf Antrag des Vorsitzenden des Brandenburgischen Fischerei-Vereins, Herrn Geheimen Justizrats Uhles, unseres Mitgliedes, ist eine grosse Anzahl von Fragebogen in Form der nachfolgenden Tabelle versendet worden, um eine Übersicht über die Fischverhältnisse und eine allgemeine Fischereikarte der Provinz Brandenburg darnach herzustellen. Es braucht kaum ausgeführt zu werden, dass dies ein in jeder Beziehung dankenswertes Unternehmen ist, das recht eigentlich auch der Heimatkunde nach verschiedenen Richtungen hin zu Gute kommt. Unterzeichneter hat die Ausfüllung der bezüglichen, den Gemeindebezirk Berlin betreffenden Tabelle veranlasst und wird letztere wegen ihres Interesses für die Mitglieder der Brandenburgia und alle Freunde unserer Forschungen in unserer Zeitschrift hiermit veröffentlicht.

Berlin, den 9. Februar 1899. E. Friedel.

A	B		C	D	E	F	G	H
Laufende No	Namen der in dem Bezirk vorhandenen Gewässer		Grösse und Tiefe der stehenden Gewässer (Seen und Teiche)	Welche Mühlen und sonstige Stauanlagen sind vorhanden?	Wo liegen die unter D aufgeführten Mühlen und Stauanlagen?	In welchen Gewässern finden Verunreinigungen statt?	Wodurch werden die Verunreinigungen veranlasst?	Welche Fische kommen in den einzelnen Gewässern vor?
	a fliessende	b stehende (Seen u. Teiche)						
1	Oberspree Vom Oberbaum bis zum Mühlendamm einschliessl. des Schleusenkanals von der Inselbrücke bis zur Schleuse		—	Stau-Anlagen bei den ehem. Damm-Mühlen an der unteren Grenze der Oberspree	—	ja	a) Zeitweise durch die Kanalisations-Not-Ausläufe. b) durch versch. Fabrik-Ausläufe, z. B Riedel'sche Appretur u. Färberei i. d. Köpenickerstr.; Coundésche Färberei i. d. Wassergasse pp.	Aal, Hecht, Barsch, Plötze, Blei u. Giester, Plötzen u. Rotaugen als wertvollste Handelsfische
2	Unterspree vom Mühlendamm bis Martinickenfelde bei Charlottenburg			nein	—	ja	Aus den unter 1 genannten Quellen	Wie unter 1
3	Kupfergraben von der Schleuse b. Mehlhaus			nein	—	ja	wie vorher	wie vorher
4	Landwehr-Kanal von der Oberschleuse bis Charlottenburg			Ausser oberhalb u. unterhalb keine Stauwerke	—	ja	ähnlich wie vorher, insbesondere auch durch chemische Fabriken	wie vorher, Aale weniger
5		Rummelsburger See		—	—	—	—	wie vorher
6		Humboldthafen nebst Spandauer Schiffahrtskanal von Alsenbrücke b. Plötzensee		nein	—	ja	dt. auch Petroleumhof	wie vorher

I	K Wird die Fischerei ausgeübt als:					L	M	N	O
In welchen unter B aufgeführten Gewässern findet Fischfang statt?	Fischerei der Uferbesitzer?	Haus- u. Küchen-Fischerei?	Gemeinde-Fischerei?	Fiskalische Fischerei?	Gewerbe-Innungs-Genossenschafts-Fischerei?	Wert der Fischerei in den einzelnen Gewässern nach Gewicht oder Pachtertrag?	Sind ständige Fischereivorrichtung. (Fischwehre, Aalfang) vorhanden u. welche?	Sind Fischereivereine vorhanden? Name	Bemerkungen
ja	nein	nein	—	—	Innung (hat von Gemeinde u. Fiskus gepachtet	Pachtertrag früher 3800 Mk., jetzt in Folge der Verunreinigungen des Wassers nur 800 Mk.	Jetzt keine mehr	Berliner Fischer Innung	Früher wurden auch Karpfen, Welse und Stinte gefangen, die sich in Folge der Verunreinigungen verzogen haben
ja	nein	nein	—	—	Genossenschaft von 6 Besitzern (Spreeherrn zu Berlin)	jetzt 10 Ctr. früher 150 Ctr. Gesamt-Fischgewicht im Jahr	nicht mehr	Vereinigung der 6 Spreeherrn	Durch die Regulierung und Tieferlegung des Spreebetts u. die Schifffahrt hat sich namentlich der Aalbestand vermindert.
jetzt nicht mehr, früher verpachtet	—	—	—	ja	nein	wertlos	nein	nein	
ja	—	—	—	Eigentümer: Fiskus	Innung	100 Mk. Pacht	nein	nein	Von der Berliner Innung gepachtet
ja	—	—	Besitzer: Stadt Berlin	—	Der See ist an die Eiswerke verpachtet, die Fischerei von diesen an Stralauer Fischer		nein	nein	
—	—	—	—	Eigentümer: Fiskus	—	—	—	Für Berlin und Umgebung: „Central-Verein der Angelfreunde zu Berlin". Gegr. [illegible] Vorsitzd. G. Wessely, Rentier, Bergmann-Strasse 10. Tagt vom Oktober bis April am 1. Donnerstag jeden Monats, Stralauerstr. 36/37, Berlin O.	

5. **Untersuchung und Befischung der Berliner Tiergarten-Gewässer durch Dr. Marsson.** Im Fischerei-Verein für die Provinz Brandenburg, dessen Vorsitzender unser Mitglied Geheimer Justizrat Uhles ist, berichtete Dr. M. am 9. Juli 1900: in den rein gehaltenen Seen ergab der Fang reichlich Karpfen von $^3/_4$—4 Kilo Schwere, Plötzen bis $^1/_2$ Kilo, wenig Hecht bis $1^1/_4$ Kilo, Bleie, Schleihe, Quappen und Stichlinge. Karpfenbrut war nicht aufgekommen. In dem sogen. Loch, wo höhere Wasserpflanzen geduldet werden, wurden hauptsächlich Schleihe gefangen, die sich hier augenscheinlich gut vermehren, daneben Karauschen, kleine Hechte und Barsche. Ausserdem kommen noch mehrere Weissfischarten vor, die hier laichen. Von den ausgesetzten Higois und Regenbogenforellen wurde nichts bemerkt. In den Gräben finden sich wegen Licht- und Sonnenscheinmangel wenig Fische. Die ausgesetzten Aale waren wohl alle ausgewandert. Besonders ertragreich war, wie zu erwarten, der neue See; hier wurden auf einer Stelle mit einem Zug 65 Karpfen, an anderer Stelle daselbst 50 Kilo Plötzen gefangen. Was die niederen Organismen anlangt, so kommen im wesentlichen die bereits von dem berühmten Mikrozoologen Ehrenberg hier festgestellten vor. E. Fr.

6. **Von König Salomon** rührt das wahrscheinlich älteste Buch von den Fischen her. Nach I. Buch der Kön. 4, 34 schrieb Salomon eine vollständige Tierkunde: Säugetiere, Vögel, Fische und „Gewürm". Diese naturgeschichtlichen Arbeiten des Königlichen Weisen und Polyhistor sind sämtlich untergegangen. E. Fr.

7. **Grosser Stör** (Acipenser sturio L.). Einen seltenen Fang machte in der Nacht zum 9. Juni 1900 der Fischermeister Marquardt von Morrn, indem er in der Warthe einen Stör von etwa 3 m Länge und 240 Pfund schwer in seinem Netze fing. E. Fr.

8. **Der Grimnitzsee bei Joachimsthal i. M.,** ungefähr kreisrund, mit etwa 4500 Schritt Durchmesser, bisher für 3200 Mk. verpachtet, ist vom 1. April 1899 ab für jährlich 6800 Mk., der südlich von erstgenannter Stadt belegene Werbellin-See, etwa 14 000 Schritt lang und bis zu 1500 Schritt breit (10 000 Schritt gleich einer Meile), früher für 1400 Mk. verpachtet, ist vom gedachten Zeitpunkt für jährlich 3350 Mk. verpachtet worden. Der Grimnitzsee, meist mit sumpfigen Ufern und vielen Rohrgelegen, fast ohne Abfluss, ist erheblich fischreicher als der Werbellin. Der letztere steht nach Süden zu mittels des Werbellin-Kanals mit dem Finow-Kanal in Verbindung. Er ist sehr tief und enthält Maränen (Coregonus albula). Sein Spiegel liegt 22 m unter dem des Grimnitzsees. Ein undurchlässiges Lager von tertiärem Septarienthon bildet die Scheide zwischen beiden Seen.

Hubertusstock, am 18. Juni 1899. E. Friedel.

9. **Die Ertragfähigkeit der Fischerei in Havel und Spree** ist in den letzten Jahren bedeutend zurückgegangen. Ganz besonders wird dies in diesem Winter wahrgenommen. Meistenteils ist die Ausbeute der Fischer so gering, dass kaum der Lohn des dazu benötigten Personals herauskommt. Dieser Rückgang der Fischerei trifft nicht allein die Kleinfischer in Tiefwerder und Pichelsdorf, sondern auch die Grossgarnfischer, welche die

Fischereiberechtigung auf der Oberhavel von der königlichen Regierung (Domänenfiskus) gepachtet haben. Das häufiger vorkommende grosse Fischsterben nach einem Gewitter infolge des Zuflusses aus den Notauslässen der Kanalisationen, wobei immer unzählige Fische zu Grunde gehen, sodann die Fabrikabwässer und der zunehmende Dampferverkehr werden als die hauptsächlichsten Ursachen der Ertraglosigkeit der Fischerei angesehen. Die Fischer von Tiefwerder und Pichelsdorf, die früher in der Lage waren, grosse Mengen Fische nach Berlin zu verkaufen, sind jetzt sogar darauf angewiesen, einen Teil der Fische zur Deckung des Bedarfs von Spandau in der Berliner Centralmarkthalle zu kaufen. B. T.-Bl. 19. 1. 1900.

10. **Usedom,** 22. Januar. Seit Jahren hat sich die Fischerei in den hiesigen Binnengewässern so verschlechtert, dass sie den Fischern kaum noch den nötigen Lebensunterhalt gewährt. Auch einzelne glückliche Züge sind in den lezten zwei Jahren seit dem gewaltigen Lassaner Fange nicht mehr gethan worden. Die Fischer schrieben die Fischabnahme den milden Wintern zu, und die Umstände scheinen ihnen Recht zu geben; denn nachdem in diesem Winter im Dezember die Fischer zweier Peenedörfer mit dem grossen Netz im Achterwasser einige Züge im Werte von je einigen hundert Mark gemacht haben, hatten in letzter Zeit Lassaner und Zempiner Fischer das seltene Glück, in der Peene resp. im Achterwasser je einen Bleifang im Werte von mehreren tausend Mark zu machen. B. T.-Bl. 24. 1. 1900.

11. **Der Fischzug für den Zaren.** Einer alten russischen Tradition gemäss wurde dem Zaren vor wenigen Tagen die Ausbeute des ersten Fischzuges, den die Uralkosaken in diesem Winter unternommen haben, feierlichst dargebracht. Dieser erste Störfang im Jahre ist geradezu ein Fest, an dem selbst die Veteranen der Gegend teilnehmen — Helden, die für ihre Tapferkeit auf dem Schlachtfelde mit dem Georgskreuz ausgezeichnet worden sind. Aus beträchtlicher Entfernung kommen sie in ihren von übermütigen Pferden gezogenen kleinen Schlitten zu dem Rendezvous. Sobald der Hetman erschienen ist, erdröhnt ein Kanonenschuss, das Signal zum Beginn. Alles gruppiert sich um grosse, in das Eis gehauene Löcher, bis zu denen der Stör, dessen Aufenthaltsort man vorher genau ausgekundschaftet hat, mit langen Stangen getrieben wird. Kaum zeigt sich ein Fisch im Umkreis des Loches, dann werden Harpunen nach ihm geworfen, und nur selten verfehlt der Kosak sein Ziel. Der ganze dem Zaren dedizierte Ertrag des ersten Fanges wird sofort von einer offiziellen Deputation nach seinem Bestimmungsort befördert. Die diesjährige Abordnung rekrutierte sich aus dem Anführer eines Kosakendetachements, dem „Doyen" Sokolow, und neun Offizieren. Das von dem Herrscher aller Reussen gnädig entgegengenommene Angebinde bestand diesmal in 109 ansehnlichen Stören und 24 Centner frischem Kaviar. B. T.-Bl. 24. 1. 1900.

12. **Fischräuber.** Die Ansicht, dass der ehemalige Reichtum an Fischen, besonders an Aalen, in der Oberspree bis auf eine Entfernung von vier Meilen oberhalb Berlins so gesunken sei, dass es sich kaum lohnt, den Fang berufsmässig auszuüben, wurde seit längerer Zeit von den Fischern geäussert. Fanden diese ja doch in den Netzen und Körben, welche sie

regelmässig in der Fangzeit während der Nacht auslegten, nur sehr selten eine sich der Mühe lohnende Beute. Allgemein wurde angenommen, dass an dem Aussterben der Fische und der Fernhaltung derselben allein die Verunreinigung des Wassers durch die Abflüsse der Städte und der immer stärker werdende Schiffsverkehr die Hauptschuld tragen. Seit den letzten Monaten aber verminderte sich der Fang in so erschreckender Weise, dass die Fischer allen Grund hatten, noch nach einer anderen Ursache zu suchen. Endlich — es hat lange gedauert — ist man dieser auf die Spur gekommen. Fischräuber von Profession sind es, die den ehrlichen Fischern die Beute streitig machen und durch ihre Bösartigkeit den Fischbestand schädigen. In finsterer Nacht, bei möglichst schlechtem Wetter, ziehen die mit den erforderlichen Diebesgeräten, aber auch mit Waffen versehenen Fischdiebe mit Kähnen auf Raub aus. Wissen sie sich beobachtet, dann geben sie sich den Anschein, als ob sie eine nächtliche rudersportmässige Übungsfahrt unternehmen oder verspätet von einem Ausfluge zurückkehren. Beim Ausrauben der Netze, Reusen und Fischkasten, denn auch solche werden nicht geschont, gehen die Fischpiraten ebenso systematisch wie gründlich zu Werke. Schon vorher haben sie ausgekundschaftet, wo gute, unbewachte Beute zu finden ist. Mit grosser Geschicklichkeit werden die Netze u. s. w. gehoben und die Fische geborgen. Die aufgestellten Posten geben bei den geringsten Zeichen vorhandener Gefahr Signale, die nur den Räubern verständlich sind. Netze, Körbe und andere Fanggeräte werden nach der That so regelrecht wieder in Stand gebracht und wieder versenkt, dass nicht ein Anzeichen von ihrer bereits vollzogenen Hebung zu finden ist. Nur dann ist dies der Fall, wenn die Diebe sich überrascht wähnen. Sie kühlen ihre Rachsucht damit, dass sie die in den Fängern und Kasten befindlichen Fische einfach entschlüpfen lassen und auch wohl die Netze und Reusen zerstören. Thatsache ist es, dass im Rummelsburger See 30 bis 50 Netze und Reusen, die voll von lebenden Aalen waren, in einer einzigen der letzten Nächte geplündert worden sind, und ebenso ist es Thatsache, dass es bis jetzt nicht gelungen ist, einen einzigen dieser Fischräuber zu fassen. Auch gelang es bisher nicht, die Abnehmer der gestohlenen Fische ausfindig zu machen. Um endlich den Piraten, deren es eine ziemliche Anzahl geben muss, das Handwerk zu legen, stellen jetzt die Fischer wohlbewaffnete Posten aus. B. T.-Bl. 3. 8. 1900.

Für die Redaktion: Dr. Eduard Zache, Cüstriner Platz 9. — Die Einsender haben den sachlichen Inhalt ihrer Mitteilungen zu vertreten.
Druck von P. Stankiewicz' Buchdruckerei, Berlin, Bernburgerstrasse 14.

5. (2. ordentl. u. Haupt-) Versammlung des X. Vereinsjahres

Mittwoch, den 15. Mai 1901, abends 7½ Uhr, im grossen Sitzungssale des Brandenburgischen Ständehauses, Matthäikirch-Strasse 20/21.

Vorsitzender: Herr Geheime Regierungsrat E. Friedel. Von demselben rühren die Mitteilungen zu I bis IX her.

1. Zu Ehrenmitgliedern werden auf übereinstimmenden Beschluss des Vorstandes und Ausschusses gewählt das Mitglied Herr Willibald von Schulenburg und Herr Geheimer Medizinalrat Professor Dr. Rudolf Virchow. Das Diplom soll dem letzteren in Adressenform zu seinem 80. Geburtstag am 13. Oktober d. J. überreicht werden.

2. Herr Professor Dr. Jentsch in Guben, unser Ehrenmitglied, ladet zur 17. Hauptversammlung der Niederlausitzer Gesellschaft für Anthropologie und Altertumskunde auf Dienstag, den 28. Mai bis 3. Pfingstfeiertag nach Spremberg i. Lausitz ein. Am 28. wird die Stadt besichtigt, wobei bemerkt sei, dass an der Gartenstrassenecke durch einen Stein das für diesen Punkt ermittelte geographische Centrum des Deutschen Reichs ermittelt ist. Die Herren Lehrer Karl Gander und Rektor Hänisch werden Vorträge halten. Allerhand merkwürdige Funde sind ausgestellt. Bei dem Festessen werden von einer Wendenkapelle einige Gesänge und auf den alten volkstümlichen Instrumenten Musikstücke vorgetragen. Am Nachmittag hält die Schützengilde ein Adlerschiessen mit Armbrüsten zum Teil aus dem 16. Jahrhundert. Auch ist ein Ausflug nach dem Wendendorf Schleife geplant.

Es wird dringend zur recht zahlreichen Beteiligung seitens der Brandenburgia aufgefordert. Herr Geheime Baurat Bluth wird die Güte haben sowohl die Brandenburgia wie das Märkische Provinzial-Museum in Spremberg zu vertreten.

3. Herrn Schulrats Dr. Eulers Dank für die Ernennung zum Ehrenmitgliede wird mitgeteilt.

7

4. Ein **Ausschuss zur Ehrung Johann Gottlieb Fichtes** an dessen Spitze der hiesige Universitäts-Professor Dr. Lasson steht, der am 24. v. M. in unserer Brandenburgia zu Gaste erschien, ladet ein zur Beteiligung an einem **Fichte-Denkmal in Berlin.** Der Werdegang des patriotischen Philosophen ist uns ja allen gegenwärtig. Am 19. Mai 1762 in der Oberlausitz geboren, war er bereits 1793

ordentlicher Professor der Philosophie in Jena, 1805 in Erlangen. Während der Besetzung Berlins durch die Franzosen hielt er seine flammenden „Reden an die deutsche Nation“, ermunterte später die akademische Jugend zu den Waffen zu greifen, und ging dabei, wie ein bekanntes eigentümliches zeitgenössisches Bild zeigt, mit gutem Beispiel voran. Am 27. Januar 1814 erlag er dem Typhus, den er sich bei der Pflege Verwundeter geholt hatte. Er wurde auf dem alten Dorotheenstädtischen Kirchhof an der Chaussee- und Hanoverschen Strasse vor dem Oranienburger Thor begraben, woselbst sein Grabmal noch zu sehen ist.

Die Errichtung eines eigenen Denkmals für den grossen Denker und Vaterlandsfreund erscheint um so mehr geboten, als die von seinen früheren Verehrern gestiftete stattliche bronzene Gedächtnistafel am Hause Neue Promenade 9 entfernt werden musste, weil das Gebäude, an dessen Stelle teilweise der Bahnhof Börse getreten ist, gelegentlich des Stadtbahnbaus niedergelegt wurde.

Die Tafel ward von der Direktion der Stadt- und Ringbahn dem Märkischen Museum überwiesen und ist daselbst unter B. VI No. 4568 inventarisiert. Das Äussere der Tafel, welche 110 cm hoch und 105 cm breit ist, wird durch die vorstehende Abbildung wiedergegeben.

In einem Bericht der Spenerschen Zeitung vom 21. Mai 1862, in dem die zwei Tage vorher vom Nationalverein im Victoria-Theater begangene Feier des hundertsten Geburtstages Fichtes eingehend geschildert wird, findet sich zum Schluss folgende Notiz, die über die Absicht, dem Philosophen diese Gedenktafel zu errichten, die erste Auskunft giebt.

„Endlich trat Dr. Veit auf und brachte, nach einigen Worten über die glücklich begangene Feier, den Vorschlag des Komitees zur Kenntnis, Fichte noch ein Denkmal an dem Hause Neue Promenade Nr. 9, in dessen zweiten Stock er von 1800 bis zur Schlacht bei Jena gewohnt, bestehend in einer Gedenktafel von Erz und einem Medaillon, zu errichten, da das Haus Friedrich-Strasse 139, worin er gestorben, ein öffentliches Gebäude geworden sei und sich nicht dazu eigne, und forderte zu freiwilligen Beiträgen auf, die während des gemeinschaftlichen Abendessens gesammelt werden würden. Der Vorschlag fand lauten Anklang."

5. Als Gast und neu angemeldetes Mitglied ist unter uns anwesend Herr Pastor Giertz aus Petershagen bei Fredersdorf, Kreis Niederbarnim. Wir begrüssen den Herrn besonders deshalb, weil er Stifter und Leiter eines eigenen befreundeten Vereins, des Vereins für Heimatskunde zu Petershagen und Eggersdorf ist, und in der Hoffnung, dass sich in der Provinz Brandenburg noch recht viele derartige kleine heimatkundliche Vereine aufthun und an unsere grössere Brandenburgia angliedern mögen.

Herr Giertz ladet zu einer Besichtigung von Petershagen und Fredersdorf auf Sonntag, den 12. Mai ein. Es sollen dabei einige Stellen auf der Petershagener und anstossenden Alt-Landsberger Feldmark untersucht werden, welche auf mittelalterliche Ansiedelungen, bis in die wendische Zeit reichend, hinzudeuten scheinen. Die Pflegschaft des Märkischen Museums, welche sich bekanntlich hauptsächlich aus

7*

Mitgliedern der Brandenburgia zusammensetzt, wird die betreffende Sonderuntersuchung veranlassen.

6. Ich habe bereits einmal über die Üppigkeit bei altmärkischen Hochzeiten (vgl. Brandenburgia IX. 124) berichtet, die an die „guten alten Zeiten“ erinnert. Nun vernehmen wir, dass damit noch kein Ende geschehen ist, vielmehr nicht weniger denn zehn derartige altmärkische Riesen-Hochzeiten in den letzten vierzehn Tagen gefeiert worden sind. Auch bei diesen Bauernhochzeiten ist der bekannte gewaltige Hochzeitspomp wieder entfaltet worden, der jedesmal durch die grosse Anzahl der Hochzeitsgäste, durch den Staat der ländlichen Schönen und nicht zuletzt durch die für die Hochzeitstafel erforderliche Massenschlachtung, Kuchenbäckerei und den Bier- und Weinkonsum in die Erscheinung tritt. Auf der grossen Landhochzeit in Gröningen am letzten Freitag waren über 500 Hochzeitsgäste zugegen, ausserdem strömten aus allen umliegenden Ortschaften die Dorfbewohner herbei, da bei einer Hochzeit für jedermann, der erscheint, etwas abfällt. Anwesend waren bei den Hochzeiten in Valsitz 375 Personen, in Hohentreue 250 Personen, in Wallstawe 150 Personen, in Függen 275 Personen, in Siedenlangenbeck über 300 Personen, in Niendorf 150 Personen, in Mehrin gegen 450 Personen, in Molitz 350 Personen; an der in Audorf heute stattfindenden grossen Landhochzeit werden mindestens 300 Hochzeitsgäste teilnehmen. Man giebt für diese Hochzeiten folgende Schlachtungen an: 20 Kühe, 45 Schweine, 60 Hammel, ca. 1000 Hühner, 25 Kälber. Der Kuchenkonsum und der Kaffeeverbrauch ist überhaupt nicht festzustellen; ebenso kann der Bier-, Branntwein- und Weinkonsum auch nicht annähernd bestimmt werden. Grosse Landhochzeiten dauern zwei oder auch drei Tage. Bei zwei von den obigen Hochzeitsfesten ist es zu einer groben Ausschreitung beziehungsweise zu einem komischen Zwischenfall gekommen. Auf der grossen Gröninger Hochzeit wurde ein Arbeiter von zuschauenden Männern überfallen und mit Messerstichen lebensgefährlich zugerichtet. Auf der Hochzeit in Wallstawe war ein 7-jähriges Mädchen unter den Hochzeitsgästen, das mit an der langen Tafel sass, mit den Kindern tanzte und sich mit voller Lust amüsierte. Jedermann glaubte, dass sie zu den Angehörigen eines Hochzeitsgastes gehöre, schliesslich stellte es sich heraus, dass es ein wildfremdes Mädchen war, das niemand aus der weiten Umgegend kannte. Aus dem Mädchen war nichts herauszubekommen, und so mussten es denn die Dorfväter in sichere Obhut nehmen. Bis zum heutigen Tage ist das Kind noch nicht „festgestellt“ worden. Vielleicht war es eine „Unnereerdsche“.

7. Ludwig Lehmann: Märkisches Dorfleben einst und jetzt. Bilder aus der Geschichte der Landgemeinden Hermersdorf—Wulkow—Trebnitz i. Mark von altersher bis auf die

Gegenwart. Berlin, deutscher Dorfschriftenverlag-Landbuchhandlung, Bernburger-Strasse 15/16 1901 VIII + 95 S. 8°. Die Thätigkeit des Herrn Ludwig Lehmann, Pfarrers zu Hermersdorf, geht insofern gleichsinnig mit der des unter No. 5 genannten Herrn Pastor Giertz, als sich unser Mitglied Herr Pfarrer Lehmann ebenfalls der gründlichen Durchforschung eines kleineren abgegrenzten Gebiets und zwar hauptsächlich nach der volkskundlichen Seite hin gewidmet hat.

Mit Recht citiert der Verfasser hierbei als Motto Wilhelm Müllers schöne Verse:

Es ist das kleinste Vaterland
Der grössten Liebe nicht zu klein:
Je enger es dich rings umschliesst,
Je näher wird's dem Herzen sein.

Neben den besten gedruckten Quellen hat der Verfasser Kirchenbücher und Pfarrakten, insbesondere die von einem früheren Hermersdorfer Pastor Gutknecht auf mehr als 500 Folioseiten niedergeschriebene, die Jahre 1584—1750 umfassende Ortschronik benutzt, welche als Handschrift in der Handschriften-Abteilung der Kgl. Bibliothek zu Berlin verwahrt wird.

Interessant sind die Schilderungen aus der Zeit des Feldmarschalls Derfflinger, der hier Grundherr war und aus der Zeit des Rittmeisters Georg Friedrich von Ziethen, eines Verwandten des berühmten Husarengenerals von Zieten, und die Berichte aus der Gegenwart darüber, was sich in dieselbe an Überlebseln aus alter Zeit gerettet hat. Die Sprache des Büchleins ist schlicht und einfach, ohne dabei die Wärme vermissen zu lassen, welche jedem heimatkundlichen Buch nun einmal eigen sein muss.

Möchten die löblichen Beispiele unserer Mitglieder der Herren Pfarrer Zimmermann-Niedergörsdorf, Giertz-Petershagen und Lehmann-Hermersdorf unter ihren brandenburgischen Amtsbrüdern recht bald und recht viele Nachahmer finden.

8. Ich lege ferner von den Niederlausitzer Mitteilungen Band VI. 1900 das Heft 7, welches von Herrn Hugo Jentsch Nachrichten über den Schusteraltar der Gubener Stadtkirche und über das Gubener Leprosenspital zu Guben, über die Lage der wüsten Mark Nusse dil von Wold. Lippert und über herrschaftliche Besitzer bei Guben von 1620—1700, von A. Werner, enthält.

Dr. E. Mucke liest die czechische Inschrift der Finsterwalder Glocke (Niederlaus. Mitth. VI. 56 f., 310) jetzt richtig so: Brykcy Zwonarz Z Cynpergkv W Nowem Miestie Vdielal Leta 1597 d. i. Briccius der Glockengiesser aus Zinnberg in der

Neustadt (Prag) verfertigt i. J. 1597. (Der Lesefehler Volelal ist in Vdielal zu berichtigen.) Zinnberg gehört zur Kreishauptmannschaft Chemnitz. — Die Hauptsache für uns ist, dass es sich nicht um eine wendische Inschrift handelt, wie erst verbreitet wurde und was sehr merkwürdig gewesen wäre, sondern lediglich um eine czechische Inschrift.

9. Kiesslings Reisebücher. Wanderbuch für die Mark Brandenburg und angrenzenden Gebiete. Erster Teil. Nähere Umgegend Berlins. Mit 13 Karten. 5. Auflage. — Zweiter Teil. Weitere Umgegend Berlins (Westliche Hälfte). Mit 13 Karten. 4. Auflage. — Dritter Teil. Weitere Umgegend Berlins (Östliche Hälfte). Mit 17 Karten. Berlin 1901. Es gereicht mir zur Freude, den Mitgliedern und Freunden der Brandenburgia dies auch der Direktion des Märkischen Museums bei ihren vielen amtlichen Ausflügen als Richtschnur dienende Wanderbuch in neuer Ausgabe vorlegen zu dürfen. Unser Mitglied Professor Dr. Graupe hat sich von der Herausgabe zurückgezogen, welche nunmehr u. M. Professor Dr. E. Albrecht (nicht zu verwechseln mit u. M. Dr. Gustav Albrecht, ebenfalls einem der eifrigsten Wanderer und Forscher unserer Provinz) allein obliegt. Alles was ich früher zum Lobe dieser ausgezeichneten drei Wanderbücher aus voller Überzeugung sagen konnte, kann ich nur vollinhaltlich bezüglich der neuen, auf die Höhe unserer jetzigen Märkischen Ortskenntnis gestellten drei Ausgaben wiederholen. Ein zuverlässiger Ratgeber für den Wanderer im Gebiet unserer Heimat!

10. Ueber die Schützengilde zu Oderberg i. M. teilt uns u. M. Herr Architekt Karl Wilke folgende Angaben mit. Der älteste Oderberger Schützenplatz mit der Schiessbahn befand sich vor dem Angermünder Thore unweit der Garnmeisterei und des Rates Ziegelscheune. Als späterhin die Feuerwaffen aufkamen, sank damit gleichzeitig die Macht der Städte und naturgemäss die Bedeutung der Gilden; aber sie erhielten sich, vom Landesherrn und dem Magistrat stets begünstigt, als gemeinnützige Vergnügungsvereine ohne politische Tendenzen bis auf unsere Tage.

Das älteste, wenigstens bis jetzt bekannt gewordene Privilegium der Oderberger Schützengilde ist allen märkischen Städten gemein, es stammt vom 30. März 1588 unter Kurfürst Johann Georg. Auf Grund dieser Urkunde sollten die Schützen ihr Schiessen nach der Scheibe jährlich alle Sonntage zwischen Ostern und Michaelis bei Verlust ihres Privilegs halten, Damit sie ihre Büchsen imstande halten und sich fleissig im Schiessen üben möchten. Um als gute Büchsenschützen gegen den Feind zu bestehen, wurde der Schützengilde das Recht, jährlich sechs freie „Brauen" zu halten, inkorporiert, was einer Dotation von 60 Thalern damaligen Geldstandes entspricht.

So blieb es Jahrhunderte hindurch, selbst nach Beendigung des verheerenden deutschen Religionskrieges kam das Schützenwesen, gefördert durch den grossen Kurfürsten, erst recht zu hoher Blüte. Im Jahre 1705 im April wurde die Oderberger Schützengilde reorganisiert, indem dieselbe mit militärisch gebildeten Chargierten von der Festung her versehen wurde; Trommler und Pfeifer wurden gleichfalls ausgebildet. Die erforderlichen Flinten gab das Kgl. Zeughaus her. Eine Schützenfahne stiftete die Kämmerei in Oderberg. Nur eine allgemeine Montur hatten sich die Schützen aus eigenen Mitteln zu beschaffen.

Dafür genossen die Schützen aber auch manche Freiheiten. Es war nämlich gleichfalls verordnet worden, dass alle, die hier in Oderberg das Bürgerrecht gewinnen wollten, zunächst Aufnahme in die Schützengilde nachzusuchen hatten. Von persönlichen Diensten — wie Jagdlaufen, Cantonnement waren die Schützen gleichfalls befreit. Die Prämien an den Schützenkönig, wovon dieser reichlich abzugeben hatte, wurden nun aus der Accisenkasse mit jährlich 36 Thalern bezahlt. Bei der grossen Stärke der Gilde, bei ihren guten Kassenverhältnissen war das ein recht beachtenswerter Zuschuss. Die Schützen hatten nicht nur die Pflicht der Landesverteidigung, sondern auch das Vorrecht, bei Passieren der Landesherrschaft zu paradieren.

Als nun im Jahre 1706 der König Friedrich I. nach Oderberg kam, hat die Schützengilde ihre Parade so trefflich bestanden, dass ihr verschiedene Gnadenbeweise zu teil wurden.

König Friedrich Wilhelm I. hob jedoch kurz nach seinem Regierungsantritt alle Schützenkompagnien in der Monarchie auf, und die Prämienzuschüsse wurden gestrichen. Nicht genug damit, auch das Vermögen der Schützengilde wurde eingezogen. Der Verkaufspreis der Liegenschaften in Oderberg betrug 163 Thaler, die der Hospital- und Armenkasse der Stadt zufielen, und von dieser hypothekarisch auf das Predigerwittwenhaus hierselbst angelegt wurden.

Die Schützengilde fristete weiterhin als privater Vergnügungsverein ihr Dasein, bis ihr in Friedrich Wilhelm IV. ein neuer Gönner entstand, der durch eine Schenkung ein altes Vergehen sühnte.

Die Geschichte der Schützengilde ist mit der Stadt eng verbunden, sie zeigt viele Züge an Grösse, die wohl der Vergessenheit entrissen zu werden verdienen.

II. Bericht des zweiten Schriftwarts.

A. Mitglieder-Statistik.

Das vergangene Geschäftsjahr eröffneten wir mit einem Mitgliederbestand von 258. Unter ihnen hielt der Tod dieses Mal eine reiche

Ernte. Es starben sechs: Das Ehrenmitglied Oberbürgermeister a. D. Zelle, Generalleutnant a. D. v. Erckert, Excellenz, Hauptmann a. D. Herford, Rentier Lehnerdt, Professor Dr. Pallmann, Geh. Rechnungsrat Petsch. Beitraten 36. Die Gesellschaft zählt im ganzen jetzt 270 Mitglieder, von denen 243 männliche und 26 weibliche sind. Ausserdem ist ein Institut Mitglied.

In der Zusammensetzung des Vorstandes, dessen Bestand gegenüber dem 8. Vereinsjahr eine Änderung erfuhr, wie der Bericht über die ordentliche Versammlung vom 21. März 1900 im 9. Jahrgang unserer Monatshefte (S. 34) zeigt, trat wiederum eine Modifikation ein. Herr Prof. Dr. Euler legte beim Ablauf des Jahres sein Amt als zweiter Vorsitzender, das er nur ein Jahr geführt hat, aus Gesundheitsrücksichten nieder. An seine Stelle trat Herr Geh. Baurat Bluth, der bisher Obmann des Ausschusses gewesen ist. Statt seiner wurde der bisherige Obmann-Stellvertreter Prof. Galland Obmann, während die Funktionen des Stellvertreters Herr Prof. Dr. Reinhardt übernahm. Die durch diese Verschiebung frei gewordene Stelle eines Ausschussmitgliedes ist noch zu besetzen.

B. Versammlungen.

Es fanden 19 statt, 9 ordentliche und 10 ausserordentliche. Von jenen wurden 7 im Bürgersaal des Rathauses, zwei im Ständehaus abgehalten. Die ausserordentlichen Zusammenkünfte waren folgende:

Am 18. April 1900 Besichtigung der Aschingerschen Vorratsräume
„ 27. Mai „ Wanderfahrt nach Jüterbog
„ 20. Juni „ Wanderversammlung in Tegel
„ 16. September 1900 Wanderversammlung in Mittenwalde
„ 25. „ „ Besichtigung des Warenhauses von Hermann Tietz
„ 20. Oktober 1900 Besichtigung des Deutschen Volkstrachten-Museums
„ 14. November 1900 Besichtigung der Fabrik von Musikwerken von Cocchi, Bacigalupo & Graffigra.

Die Zahl der Ehrenmitglieder, die sich durch den Tod des Oberbürgermeisters Zelle um 1 vermindert hatte, wuchs auf 11, indem die bisherigen Mitglieder Prof. Dr. Euler und Herr W. von Schulenburg zu neuen ernannt wurden.

Am 17. November 1900 Besichtigung der städtischen Leichensammelstelle und des Verbrennungsofens.
„ 19. Januar 1901 Besichtigung des neuen provisorischen Märkischen Provinzial-Museums.
„ 13. März 1901 wurde das Stiftungsfest in der hergebrachten Weise gefeiert.

Vorträge und grössere Besprechungen.

Es sprachen die Herren Geh. Rat Friedel sechsmal, Herr Kustos Buchholz viermal, Dr. Albrecht, Mielke, Prof. Krüner und der Referent je zweimal. Je einmal sprachen die Herren Professor Galland, Körner, Meyer, Müllenhoff, Wagner, Zache.

12. **Bericht des Bibliothekars.**

Am Schlusse des Vereinsjahres 1899/1900 waren in der Bibliothek vorhanden 351 Büchernummern mit 860 Bänden. Zugegangen sind 16 Nummern mit 91 Bänden, einschliesslich der Fortsetzungen von Vereins-Jahresschriften, sodass der Bestand 367 Nummern in 951 Bänden beträgt.

Davon gingen als Geschenke 11 Nummern ein.

Im Schriftenaustausch stehen wir mit 78 Vereinen bezw. Anstalten und zwar:

Berlin: Touristenklub für die Mark Brandenburg.
„ Redaktion der „Naturwissenschaftlichen Wochenschrift“.
Bamberg: Historischer Verein.
Bayreuth: Historischer Verein für Oberfranken.
Bern: Bibliothek des Naturhistorischen Museums.
Brandenburg a. H.: Historischer Verein.
Breslau: Verein für das Museum schlesischer Altertümer.
„ Schlesische Gesellschaft für Volkskunde.
Bromberg: Historische Gesellschaft für den Netzedistrikt.
Budapest: Ungarische Landesgesellschaft für Archäologie und Anthropologie.
Danzig: Westpreussisches Provinzial-Museum.
Darmstadt: Historischer Verein für das Grossherzogtum Hessen.
Donaueschingen: Verein für Geschichte und Naturgeschichte der Baar und angrenzenden Landesteile.
Dresden: Königlich Sächsischer Altertums-Verein.
„ Zentral-Kommission für die „Wissenschaftliche Landeskunde von Deutschland“.
Düsseldorf: Düsseldorfer Geschichts-Verein.
Eger: Verein für Egerländer Volkskunde.
Eisenberg: Geschichts- und Altertumsforschender Verein.
Eisleben: Verein für Geschichte und Altertümer der Grafschaft Mansfeld.
Erfurt: Verein für die Geschichte und Altertumskunde.
Frankfurt a. O.: Naturwissenschaftlicher Verein für den Regierungsbezirk Frankfurt a. O.
Giessen: Oberhessischer Geschichtsverein.
Görlitz: Gesellschaft für Anthropologie und Urgeschichte der Oberlausitz.
Gotha: Vereinigung für Gothaische Geschichte und Altertumsforschung.
Gothembourg, Schweden: Kungl. Vetenskaps och Vitterhetssamhället.
Greifswald: Gesellschaft für pommersche Geschichte und Altertumskunde.
Guben: Niederlausitzische Gesellschaft für Anthropologie und Urgeschichte.

Halle a. S.: Verein für Erdkunde.
„ Thüringisch-Sächsischer Geschichts- und Altertums-Verein.
„ Provinzial-Museum der Provinz Sachsen.
Heidelberg: Historisch-philosophischer Verein
Heilbronn: Historischer Verein.
Helsingfors, Finnland: Die Finnische Altertumsgesellschaft.
Hof: Nordoberfränkischer Verein für Naturgeschichts- und Landeskunde.
Jena: Verein für thüringische Geschichte und Altertumskunde.
Insterburg: Altertumsgesellschaft.
Kahla: Verein für Geschichte und Altertumskunde zu Kahla und Rohda.
Kempten: Allgäuer Geschichtsverein.
Kiel: Verein zur Pflege der Natur- u. Landeskunde in Schleswig-Holstein, Hamburg u. Lübeck.
„ Gesellschaft für Kieler Stadtgeschichte.
„ „ „ Schleswig-Holstein-Lauenburgische Geschichte.
Königsberg i. Pr.: Altertums-Gesellschaft „Prussia“.
„ Physikalisch-ökonomische Gesellschaft.
Landsberg a. W.: Verein für Geschichte der Neumark
Linz: Oberösterreichisches Gewerbe-Museum.
Marienwerder: Historischer Verein für den Regierungsbezirk Marienwerder.
Meissen: Verein für die Geschichte der Stadt Meissen.
Metz: Gesellschaft für lothringische Geschichte und Altertumskunde.
Münster: Westfälischer Provinzial-Verein für Wissenschaft und Kunst.
Neuchâtel: Société Neuchâteloise de Géographie.
Nürnberg: Germanisches National-Museum.
„ Verein für die Geschichte der Stadt Nürnberg.
Philadelphia: Museum of the University of Pensylvania.
Plauen i. V.: Altertums-Verein.
Posen: Historische Gesellschaft für die Provinz Posen.
Prag: Verein für die Geschichte der Deutschen in Böhmen.
„ Altertums-Museum.
Ravensburg: Verein für Geschichte, Altertumskunde pp.
Reichenberg: Verein der Naturfreunde.
Riga: Verein für livländische Geschichte.
Rostock: Verein für Rostocks Altertümer.
Salzburg: Städtisches Museum Carolino-Augusteum.
Salzwedel: Altmärkischer Verein für vaterländische Geschichte und Industrie.
Schleiz: Geschichts und Altertumsforschender Verein.
Schwerin: Verein für mecklenburgische Geschichte und Altertumskunde.
Stettin: Gesellschaft für pommersche Geschichte und Altertumskunde.
Stockholm: Konigl. Vitterhets Historie och Antiquitets Akademien.
„ Nordisches Museum.
Stuttgart: Württembergische Kommission für Landesgeschichte.
Thorn: Coppernicus-Verein für Wissenschaft und Kunst.
Torgau: Altertums-Verein.
Troppau: Kaiser-Franz-Josef-Museum für Kunst und Gewerbe.
Ulm: Verein für Kunst und Altertum in Ulm und Oberschwaben.

Upsala: Königliche Universität.
Washington: Smithsonian-Institution.
Worms: Wormser Altertums-Verein.
Würzburg: Historischer Verein für Unterfranken und Aschaffenburg.
Zwickau: Altertums-Verein für Zwickau und Umgegend.

Bilder, Pläne pp.

sind in dem verflossenen Jahre nicht zugekommen, so dass der Bestand auf 120 Nummern stehen geblieben ist.

---

13. Kassenstatus der „Brandenburgia", Gesellschaft für Heimatkunde der Provinz Brandenburg, Berlin vom 31. März 1900 bis 31. März 1901.

Einnahmen.

Titel I Bestand.		
Baarbestand p. 1/4. 1900		723,45 M.
Titel II Mitgliederbeiträge.		
p. 1. Sem. 1900/1901. 242 à 6 M.	1452,— M.	
p. 2. Sem. 1900/1901. 244 à 6 „	1464,— „	
		2916,— „
Titel III Aussergewöhnliche.		
a) Zuschuss der Brandenb. Landes-Kasse . .	500,— M.	
b) Desgl. des Magistrats	500,— „	
c) Verkauf von Heften	—,— „	
d) Überschüsse Jüterbog	6,80 „	
		1006,80 „
Titel IV. Reservefonds.		
Kapitalzinsen		70,— „
	Summe der Einnahmen	4716,25 M
Kapitalvermögen.		
Berliner $3\frac{1}{2}$% St. Anl. 2000 M.		

Ausgaben:

Titel I Local		
Vacat		—,— M
Titel II Drucksachen.		
a) Monatshefte No. 1—11	2471,24 M.	
b) Tafeln u. Red.-Spesen	50,— „	
		2521,24 „
Titel III Porti u. Depeschen		
Porti etc.		56,88 „

Titel IV Bureau u. Schr.-Mater.
Couverts, Mitgliedskarten etc. . . . . 3,— M.

Titel V Remuner. f. gel. Arbeiten.
Abschriften, Ausfertigungen etc. . . . . 225,— „

Titel VI Bibliothek.
Vacat . . . . —,— „

Titel VII Aussergewöhnliche.
Wanderversammlungen etc. . . . . 33,05 „

Titel VIII Sonstige Ausgaben.
Vacat . . . . —,— „

Titel IX Reservefonds.
Vacat . . . . —,— „

Summe der Ausgaben 2839,17 M.

Summe der Einnahmen . . . . 4716,25 M.
„ der Ausgaben . . . . 2839,17 „
Bestand pro 1900/1901 1877,08 „

---

14. **Haushalt-Etat der „Brandenburgia", Gesellschaft für Heimatkunde der Provinz Brandenburg, Berlin vom 1. April 1901 bis 1. April 1902.**

Einnahmen.

Titel I Bestand.
Bestand von 1900/1901 . . . . 1877,08 M.

Titel II Mitgliederbeiträge.
pro 1901/1902 c. 250 Mitglieder à 12 M . . . . 3000,— „

Titel III Aussergewöhnliche.
a) Zuschuss der Brandenb. Landes-Kasse . . 500,— M.
b) „ des Magistrats . . . . 500,— „
c) Überschuss v. Wandervers u. Verk. v. Heften 52,92 „
1052,92 „

Titel IV Reservefonds.
Kapitalzinsen . . . . 70,— „

Summe der Einnahmen 6000,— M.

Ausgaben.

Titel I Local.
Vacat . . . . —,— M.

Titel II Drucksachen.		
a) Monatshefte u. Archiv	3500,— M.	
b) Zeichnungen etc.	300,— „	
		3800,— M.
Titel III Porti u. Depeschen.		
Porti etc.		100,— „
Titel IV Bureau u. Schreibmater.		
Papier, Couverts, Karten etc.		50,— „
Titel V Remuneration f. gel. Arb.		
Abschriften, Entschädigungen etc.		300,— „
Titel VI Bibliothek.		
Buchbinder etc.		50,— „
Titel VII Aussergewöhnliche		
Wanderversammlungen etc.		300,— „
Titel VIII Reservefonds.		
a) Kapitalanlage	— ,— M.	
b) Baarbestand	1600,— „	
		1600,— „
	Summe der Ausgaben	6000,— M.

---

15. Herr Kustos Buchholz legt die photographische Kopie einer Zeichnung von Mützel aus dem Jahre 1849 vor, die in 13 kleinen Stücken Bilder aus dem Zoologischen Garten darstellt und zwar: die Restauration, den Hirschgarten, die grosse Volière, das Affenhaus, das Eulenhaus, den Käfig für einheimische Raubtiere, Käfig für grosse Raubtiere, das Wildschweinhaus, den Büffelteich, den Kängurustall, die Bärengrube, den Zebustall und die Ansicht des Eingangs. Diese Bilder sind die einzigen, die sich aus den ersten Jahren des Bestehens des Zoologischen Gartens noch erhalten haben. Die darin dargestellten Anlagen erfuhren im Laufe von mehr als 50 Jahren nur wenige Änderungen, und sind uns deshalb meistens aus eigener Anschauung noch bekannt. Nur das Restaurationsgebäude ist im Jahre 1870 gänzlich verschwunden und durch das grosse, gegenwärtig noch bestehende ersetzt worden.

Alle übrigen Anlagen erfuhren erst in den letzten 4 Jahren, in denen eine neue Verwaltung an die Aufgabe herangetreten ist, den ganzen Garten, den modernen Anforderungen und der Würde der Reichshauptstadt entsprechend, umzugestalten, ihre Beseitigung bezw. Veränderung und Ergänzung, nachdem in der Zeit zwischen 1870 und 1890 u. a. das grosse Antilopen-, das Affen- und das Elephantenhaus neu errichtet war.

Da in unsern Schriften die geschichtlichen Daten über den Zoologischen Garten bisher nicht gegeben sind, so sei hier kurz erwähnt:

Unter Friedrich Wilhelm III. gab es für Berlin ausser Menagerien nur die königliche Sammlung von lebenden Tieren auf der Pfaueninsel. Den Bemühungen des Berliner Universitäts-Professors und Direktors des Zoologischen Museums, Karl Lichtenstein, gelang es mit Unterstützung Al. v. Humboldts, den König Friedrich Wilhelm IV. im Jahre 1841 zu einer Kabinetsordre zu bestimmen, durch welche zur Begründung eines Zoologischen Gartens die bisherige Fasanerie, ferner der Tierbestand auf der Pfaueninsel (470 Stück), auch 18000 Thaler bar als Darlehn hergegeben wurden. Die Errichtung des Gartens dauerte dann noch bis zum 1. August 1844, an welchem Tage er für das Publikum eröffnet wurde. Inzwischen war ein Aktienverein gebildet worden mit 1000 Aktien à 100 Thaler, der die Verwaltung des Gartens im öffentlichen Interesse übernahm; doch hatte sich die Regierung vorbehalten, in dem aus neun Personen bestehenden Vorstande die Stelle des Vorsitzenden und zweier Mitglieder durch Staats-Kommissarien zu besetzen. Diese Organisation ist im Jahre 1869 durch ein neues Statut geändert worden, so dass gegenwärtig die Gesellschaft ihre Beschlüsse selbständig fasst, und die letzteren in gewisser Hinsicht der Genehmigung des vom Finanz- und Kultus-Minister gemeinschaftlich ernannten Staats-Kommissars bedürfen. Die Entwickelung des Gartens unter Lichtenstein nahm einen für die damaligen Verhältnisse rühmlichen Fortgang. Mit dem 1857 erfolgten Tode dieses verdienten Mannes trat ein Stillstand ein bis der 1869 zum Direktor berufene Bodinus den guten Weltruf des Gartens wieder herstellte. Bodinus starb 1884, sein Nachfolger, Max Schmidt, schon nach vier Jahren.

Seit 1888 führte Direktor Dr. Heck die Verwaltung. Vor vier Jahren, nach dem Tode des langjährigen Vorsitzenden des Aktienvereins, Major Dunker, trat Baurat Böckmann in dessen Stelle, und von der Zeit an hat der Garten sehr bedeutende architektonische, wie landschaftliche Umgestaltungen erfahren, so dass er nunmehr der inzwischen eingetretenen grossartigen Entwickelung der Reichshauptstadt auch in diesen Richtungen entspricht. Dabei ist zugleich der Verwaltungsbetrieb in einen zoologisch-wissenschaftlichen und einen kaufmännischen geteilt, und der letzteren Abteilung der Direktor Meissner vorgesetzt worden.

Herr Kustos Buchholz unter Vorlage zweier Münzfunde:

Mit den beiden hier vorliegenden, im Märkischen Museum neu eingegangenen Münzfunden dürfte eine allgemeine Übersicht solcher Funde aus der Mark zu verknüpfen sein.

Münzfunde sind nicht allein für die Numismatik von Wichtigkeit; sie dienen auch in hervorragender Weise der Geschichts- und Altertums-Forschung. In den 27 Jahren des Bestehens des Märkischen

Museums sind dort allein mehr als 40 solcher Münzfunde, das heisst nicht einzelner gefundener Münzen, sondern ganzer, in märkischer Erde vergrabener Geldschätze, angesammelt worden. Von diesen gehört allerdings kein einziger der älteren vorgeschichtlichen Zeit an. Unsere altgermanischen Vorfahren haben geprägtes Geld als Tauschmittel nicht gebraucht und einzelne griechische oder römische Münzen sind, wie andere Sachen von Gold, Silber oder Bronze, nur zufällig in diese Gegend gelangt. Auch aus der ersten wendischen Zeit kann nur ein Fund erwähnt werden, der von Biesenbrow, wo der Pflug eine grosse Zahl von Goldmünzen der oströmischen Kaiser Zeno und Justinian teils zerstreut, teils zu Tage gefördert hat. Den so einzeln gefundenen Münzen fehlt aber der Zusammenhang als ganzer Fund, namentlich ist auch von dem zugehörigen Gefäss nichts gerettet. Dagegen sind aus der letzten wendischen Zeit häufiger Münzfunde vorgekommen. Diese haben dann immer einen sicheren Anhalt für die Zeitbestimmung der damit zugleich gefundenen Schmucksachen, des Gefässes u. s. w. gegeben. So z. B. der von Tempelhof im Kreise Soldin aus dem 10. Jahrhundert, deutsche Denare neben arabischen Münzen und Silberschmucksachen enthaltend, von Leissow und von Niederlandin aus dem 11. Jahrhundert, in denen immer neben deutschen Denaren die sogenannten Wendenpfennige vorkommen. Recht ergiebig für die Forschung war der Fund von Michendorf, der neben Münzen des letzten Wendenkönigs Przibislaw und dessen Gemahlin auch Bracteaten Albrechts des Bären und Ottos I. enthielt, ebenso der Fund von Ilmersdorf mit Bracteaten Ottos I., Bernhardts von Sachsen und Magdeburgs. Dann kommen der Zeitfolge nach mehrere Funde mit Bracteaten Ottos II., deren Gefässe nicht mehr, wie die vorigen, die wendische Töpferei-Technik zeigen, sondern die der ersten christlichen Kulturzeit: blaugrauer Thon, klingend, fast bis zum Schmelz gebrannt, meist abgerundeter Boden. Dieser Gefässtypus setzt sich dann bei den Münzfunden der letzten Askanier (Denare) fort, wobei sich allmählich der abgerundete Boden — wohl in Folge der Verbesserung der Wohnungsausstattung — verliert, auch Henkel häufiger werden. Die Denarfunde aus der Zeit der bayrischen Markgrafen weisen schon einige Veränderungen der Töpferei auf, mit den ersten Spuren von Glasur und mit mehr Wechsel in den Formen.

In der Zeit der Luxemburger Markgrafen werden in märkischen Funden die „Böhmischen“ oder „Prager Groschen“ vorherrschend. Dann, unter den ersten Hohenzollernschen Kurfürsten, traten diese kleinen Hohlpfennige auf, von denen 8 auf einen böhmischen Groschen gingen. In diese Zeit, etwa von 1420 bis 1460, fällt der hier vorliegende Fund von Pladigau, Kreis Osterburg, aus 5 Pfund Hohlpfennigen oder Bracteaten bestehend; zum Teil zeigen sie das Zeichen des Adlers, zum Teil das Lübecker oder Hamburger Zeichen, auch

Stendaler und einige andere Gepräge sind darunter. Bemerken will ich hierbei, dass unser Bahrfeldt in seinem grossen brandenburgischen Münzwerk manche dieser Adlerbracteaten nicht als brandenburgische anerkennt. Von den zu diesem Funde gehörigen beiden Töpfen liegen leider nur diese Scherben vor, die jedoch die Form der sogenannten Krausen erkennen lassen und sonst eine Bestätigung für die diesseitigen Altersbestimmungen ähnlicher Töpferware abgeben. Sie zeigen zugleich auch eine braunrote dünne Glasur, während die Thonmasse hellgrau ist.

Aus derselben Zeit, der Mitte des 15. Jahrhunderts und bis gegen Ende der Regierung Joachims I. giebt es dann die Funde Brandenburgischer Groschen, und als jüngsten dieser Art lege ich den eben erworbenen vor, der im Garten des Ortsvorstehers zu Kloppitz, Kreis Weststernberg, kürzlich ausgegraben wurde. Er enthält 280 Stück Märkische Groschen von 1509—1526, teils in Berlin, teils in Frankfurt a. O. geprägt, daneben noch einen Groschen Johanns von 1496, einen Mansfelder, einen Braunschweiger, einen Ungarn und drei Hochmeister-Münzen. Auch von diesem Funde ist nur der untere Teil des Gefässes gerettet, das also durch die Münzen eine sichere Datierung auf die Zeit von 1530 erhalten kann.

Aus der hierauf folgenden Zeit bis zum 30-jährigen Kriege sind nur wenige Münzpfunde vorgekommen. Die Zeiten waren sicherer geworden, der Anlass zum Vergraben von Geldschätzen daher geringer und die wohnlichen Einrichtungen hatten sich so verbessert, dass sie mehr Gelegenheit zum Verbergen boten. Die Münzen dieser 80—100 Jahre sind deshalb auch heute seltener und werden teurer bezahlt.

Dann aber, mit dem Beginn des 30-jährigen Krieges, scheint jeder seinen Geldbesitz der Erde anvertraut zu haben. Denn es lässt sich annehmen, dass die vielen immer nur gelegentlich jetzt zum Vorschein gekommenen Funde einen ganz geringen Bruchteil aller Vergrabungen ausmachen, deren Urheber nicht mehr zur Wiederhebung ihres Schatzes kommen konnten. Und so gross auch schon die Zahl dieser jetzt gelegentlich zum Vorschein gekommenen Funde ist, so erscheint es doch zweifellos, dass noch viel mehr dergleichen in der Erde weiter verborgen bleibt.

Dass auch aus den beiden letzten Jahrhunderten, namentlich den Kriegszeiten, schon viel Geldfunde gemacht worden sind, sei hier nur beiläufig angedeutet.

Herr Kustos Buchholz legt den I. Band der neuen Folge von „Schlesiens Vorzeit in Bild und Schrift" zur Ansicht vor. Grossquart, 200 Seiten, mit 10 Tafeln und vielen in den Text gedruckten Abbildungen. Seit die Sammlungen des Vereins für das Museum Schlesischer Altertümer in den Besitz der Stadt Breslau übergegangen sind, erfolgen die Veröffentlichungen des Museums zwar noch unter dem alten Haupttitel, aber als „Jahrbuch des Schlesischen Museums für Kunstgewerbe und Altertümer" in diesem vergrösserten und reicher mit Abbildungen versehenen Format.

Dieser I. Band, 1900 erschienen, enthält zunächst die Geschichte des Museums, des Gebäudes und eine Übersicht der Sammlungen. Es folgen eine Anzahl Abhandlungen, Bücherbesprechungen und der Bericht über das Etatsjahr 1899/1900. Besonders interessant ist das auf der I. Tafel farbig abgebildete Reliquiar der heiligen Dorothea, das aus Gold, Silber und Edelsteinen in Form der Büste der Heiligen in Lebensgrösse um die Mitte des 15. Jahrhunderts hergestellt ist, um den Schädel und Unterkiefer der Heiligen aufzunehmen. Die reiche Ausstattung des von K. Masner und H. Seger herausgegebenen Werks verdient ebenso, wie der Inhalt, alle Anerkennung.

16. Hermann Berdrow. Der Grunewald. Schilderungen und Studien. Mit 9 Abbildungen und 3 Karten. Berlin, Hermann Eichblatt, Verlagsbuchhandlung 1902.

Nach Abschluss dieses Protokolls weise ich auf die ebengenannte Schrift um deswillen hin, damit auf sie noch zur rechten Jahreszeit die Freunde des Grunewalds in unserm Brandenburgia-Kreise hingewiesen werden. Mit grosser Sorgfalt ist aus guten Quellen, soweit eigene Beobachtung nicht zureichte, das Material zusammengetragen: Das Relief des Grunewalds, Tier- und Pflanzenwelt, Forstgeschichten, das Weidwerk, das Jagdschloss pp. Dazu eine Übersichtskarte, die allerdings deutlicher sein könnte, wie man denn z. B. bei Station Grunewald eine recht brauchbare Tourenkarte für 10 Pfg. verkauft. Ferner eine geologische Karte und 3 Querprofile durch den Grunewald. Das Büchlein ist zur Orientierung und Belehrung des grossen Liebhaberkreises unseres Grunewalds bestens zu empfehlen.

17. Landeskunde von Preussen, herausgegeben von A. Beuermann, Heft VII.

Die Provinz Brandenburg, bearbeitet von G. Heinze, Seminarlehrer in Friedeberg, Berlin und Stuttgart, Verlag v. W. Spemann.

Diese Heimatkunde der Provinz Brandenburg gehört zu einem grossen Sammelwerk, das die sämtlichen Provinzen des Preussischen Staates umfasst. Die Heimatkunde hat sich allmählich von der Geschichte losgelöst. Diese genügt ihr nicht mehr. Sie will mehr bringen. Das hat aber seine grossen Gefahren. Mit dem Mehr geht sofort die Übersichtlichkeit und der Zusammenhang verloren. Es wird dann eine Heimatkunde sofort eine Art Bädecker oder Führer. Die alten Geschichtsbücher hatten eine Art Basis, das war in der Regel der Charakter der Herrscher. Für die meisten Heimatkunden fehlt meistens ein solcher Standpunkt, von dem aus die Dinge betrachtet werden. Sie wirken daher durch die Einförmigkeit oft ermüdend.

Die vorliegende macht hiervon eine rühmliche Ausnahme. Sie baut ihre Darstellung auf die Topographie der heimischen Landschaft auf. Sie gliedert den Text in drei Hauptabschnitte: den südlichen Höhenzug, die mittelmärkische Mulde und den nördlichen Höhenzug. In diesen Rahmen fügt sie nun die einzelnen Landschaften ein, und zwar werden bei jeder nacheinander die Oberflächengestalt, der Boden, die Erwerbsquellen, die Bewohner, die Besiedelung kurz erörtert. Ein Schlusskapitel giebt noch eine Gesamtübersicht über die Geologie, die Entwicklung der Kultur u. a. Ferner bringt es einige Erzählungen und Sprichwörter in dem Dialekt der Landschaft. Der Text ist mit grosser Sachkenntnis geschrieben. An passenden Stellen werden Abschnitte aus Fontane und Schwebel eingefügt, um die Schilderung poetischer zu gestalten. Zache.

18. Vortrag des Herrn Oberlehrer Dr. Zache: Die Prignitz. Der Vortrag wird im nächsten Heft als besonderer Aufsatz erscheinen.

19. Nach der Sitzung zwanglose Vereinigung in Hickels Restaurant Potsdamerstr. 13.

---

6. (4. ausserordentliche) Versammlung des X. Vereinsjahres.

Wanderfahrt nach Neu-Strelitz i. M.

Sonntag, den 19. Mai 1901.

Zur festgesetzten Zeit hatte sich eine grosse Anzahl Teilnehmer auf dem Stettiner Bahnhof versammelt. Um 8 Uhr 35 Min. fuhren wir mit dem fahrplanmässigen Schnellzug ab. Bis Oranienburg ist die Landschaft bekannt. Dahinter begleiten dann die breiten flachen Wiesen die Eisenbahn, bis sie die Havel überschreitet. Nun folgt ein Strich Wald um Nassenheide. Damit ist das Thal zwischen dem Barnimer Plateau und dem Vorland der Mecklenburgischen Seenplatte passiert. Als letztes Merkmal der Niederung erscheint der Drätz-See mit ganz flachen Ufern. Das Plateau ist niedrig und eben, und ist zwischen Löwenberg und Gransee dicht besiedelt; Ackerfelder und Wiesenstreifen wechseln miteinander ab. Dann erscheint Gransee mit seiner hohen Kirche und dem Doppelturm. Nördlich dieses Ortes beginnen schon die Vorberge der Seenplatte sich bemerkbar zu machen. Noch sind sie bestellt, aber der Wald beginnt allmählich seine Herrschaft anzutreten. So begleiten z. B. zwischen Dannenwalde und Fürstenberg strichweis dichte Buchenwände die Eisenbahnstrecke. Der Wechsel in der Farbe des jungen Laubes giebt der Landschaft etwas ungemein Anmutiges.

Um 10 Uhr 17 Min. trafen wir in Neu-Strelitz ein und wurden hier auf dem Bahnhof von Herrn Gymnasialdirektor Betzstein, Herrn Staatsarchivar und Museumsdirektor von Buchwald und einigen anderen Herren empfangen. Wir wanderten nun durch die Stadt zur Pension Stübinger, wo das Frühstück schon vorbereitet war. Unterwegs hatten wir noch Gelegenheit vor einem Hause vier hohe Monolithsäulen nebst Pfeilern und Gesimsen zu bewundern, welche aus einheimischen Findlingen hergestellt waren und wahrscheinlich aus Granit bestehen. An das Frühstück schloss sich die Besichtigung des Museums mit seinen Schätzen. Den Anfang machten wir mit der Bibliothek, wo Herr von Buchwald die Anordnung und Aufstellung der Bücherschätze erläuterte und einen Plan der Stadt Neu-Strelitz erklärte. Die Stadt wurde 1731 vom Herzog Adolf Friedrich III. gegründet und die Strassen strahlenförmig angelegt. Das Museum für Altertumskunde beherbergt eine Anzahl bemerkenswerter Stücke. Am bekanntesten sind die sog. Prittwitzer Idole; es sind das eine Anzahl gefälschter wendischer Götzen aus Bronze. Alsdann wurden uns sehr schöne dünne Schalen aus Bronzeguss mit nachträglicher Bearbeitung behufs Verzierung gezeigt. Auch Steinwerkzeuge mit Ornamentierung sind vorhanden. Unter den Thongefässen fallen einige Kinderspielzeuge auf, u. a. ein bärenartiges Tier mit einer Urne auf dem Rücken, die aber erst nachträglich aufgeklebt ist. Auch die Silber- und Porzellankammer ist sehr reichhaltig. Auf dem Wege zum Schlosspark statten wir noch der Schlosskirche einen Besuch ab, die in ihrem Innern durch ihre Einfachheit einen sehr feierlichen Eindruck macht. Der Schlosspark bietet eine Menge Abwechslung mit seinem Buschwerk, seinen Rasenplätzen, Steigen, Wegen und Durchblicken. Er stösst an den Zierkersee, und hier stehen eine Anzahl Schwarzpappeln, welche dicht mit Mistelbüschen bewachsen sind. Im Schlossgarten steht ein Mausoleum der hochseligen Königin Luise. „Es beherbergt ein Marmorbild, das die Königin schlafend darstellt. Es ist aber nicht, wie oft angenommen wird, eine Nachbildung des ähnlichen Marmorbildnisses Höchstderselben im Charlottenburger Mausoleum, sondern einer zweiten liegenden Statue des Professors Rauch nachgebildet, und zwar von Professor Albert Wolff, einem Mecklenburger, den jener häufig für seinen talentvollsten Schüler erklärte. Professor Rauch, in künstlerischer Beziehung nicht ganz von seinem Werk für Charlottenburg befriedigt, fertigte dieselbe in aller Stille in Rom auf die genialste Weise an, und König Friedrich Wilhelm III., in der Meinung, sie stelle mehr die durch ihre Schönheit und Anmut hervorragende Frau, als die zu früh dahingeschiedene Königin dar, kaufte sie allerdings an, verbannte sie aber in ein fast unbekanntes kleines Museum von römischen

8*

Skulpturen in der Nähe des Neuen Palais bei Potsdam, und gestattete nur, dass zwei Gipsabzüge davon genommen wurden, der eine für die Sammlung der Werke Professor Rauchs, der andere für den hochseligen Grossherzog Georg, und steht letzterer jetzt im Schlosse zu Hohenzieritz, auf der Stelle, wo die Königin am 19. Juli 1810 ihren Geist aushauchte. Nach diesem Abzug liess der jetzt regierende Grossherzog Friedrich Wilhelm das Kunstwerk von Professor Wolff, der bald nach der Vollendung verstarb, um das Jahr 1891 anfertigen und dies Mausoleum zu Ehren und zum Andenken an die unvergessliche Schwester Höchstseines Vaters, des Grossherzogs Georg, unter Leitung des Hofmarschalls Grafen Schwerin-Göhren von dem Baurat Müschen erbauen. Die Grundumfassung ist aus schwedischem Granit, die äussere Bekleidung des Gebäudes, sowie die vier Säulen vor demselben sind aus schlesischem Sandstein, das Innere ist mit italienischem Marmor (Giallo di Siena) bekleidet, und der Fussboden besteht aus schwarzen und weissen Marmorplatten."

Der Rundgang durch den Park führte uns allmählich um die Stadt auf den Marktplatz zurück, auf dem sich das Bronze-Standbild des Grossherzogs Georg befindet. Hier steht auch die Stadtkirche, dessen Turm nach Zeichnungen Schinkels im Jahre 1831 aufgeführt worden ist. Die Strelitzer nennen ihn das Butterfass, wohl deshalb, weil sich über sein Dach hinaus ein kurzer Stiel erhebt, welcher die goldene Kugel und das Kreuz trägt. Der Turm selber ist viereckig und baut sich etagenförmig auf. Die Plattform des Turmes gewährt einen prachtvollen Überblick über die Landschaft. Nach Norden breitet sich fast ununterbrochen ein dichter Wald aus, durch welchen sich schnurgerade die Chaussee nach Neu-Brandenburg hinzieht. Hinter dem Walde sieht man das Dach und den Turm der Kirche von Hohen-Zieritz emporragen. Nach Süden herrscht Ackerland und Seen vor.

Mittlerweile war die Zeit des Mittagessens herangekommen. Dasselbe wurde in dem grossen Saal der Pension Stübinger eingenommen. Während des Mittagessens, das sehr heiter verlief, wurden mehrere Reden gehalten. Den ersten Toast brachte der I. Vorsitzende, Herr Geheimrat Friedel, auf Se. Majestät den Kaiser und den ältesten Bundesfürsten Se. Königliche Hoheit den Grossherzog aus. Hierauf sprach Herr v. Buchwald, welcher in fesselnder Weise die etymologische Bedeutung des Wortes Heimat benutzte, um auf das Gedeihen der Heimatkunde und der Brandenburgia zu toasten. Herr Direktor Müller feierte die Führer der heutigen Exkursion. Sein Toast war von einem warmen patriotischen Gefühl durchglüht, er gedachte der hohen Dulderin auf Preussens Thron, die uns den grossen Kaiser geschenkt hat. Hierauf ergriff Herr Gymnasialdirektor Betzstein das Wort und feierte in der Sprache Fritz Reuters die Berliner Damen, deren Unternehmungslust und Ausdauer er bewunderte. Den Schluss bildete der Vortrag des Fritz Reuterschen Gedichtes „der goldene Hering“, das von Herrn Gutsbesitzer Henseler-Dabelow vorgetragen wurde.

Nach Tisch wanderte die Gesellschaft durch den herrlichen Tiergarten zu dem Bürgerhorst. In dem prächtigen Buchenwalde giebt es eine grosse Zahl von zahmen Damhirschen, welche sich von unseren Damen füttern liessen. Auch einige Schwanenweibchen waren mit Brüten beschäftigt. Am Rande des Tiergartens steht eine stattliche Esche, welche einen Meter über dem Erdboden 5 Meter Raumumfang besitzt. Um 8 Uhr 3 Min. wurde die Rückfahrt angetreten. Das herrlichste Frühlingswetter hatte die Tour begünstigt. Und es hat sicherlich ein jeder der Teilnehmer die angenehmsten Erinnerungen aus dem Nachbarlande mit heimgenommen.

---

7. (5. ausserordentliche) Versammlung des X. Vereinsjahres

Sonnabend, den 8. Juni 1901, nachmittags 2 Uhr

Besichtigung des königlichen Marstalls und des Marstall-Museums, Breite Strasse, Ecke Schlossplatz.

(Referent: Dr. Gustav Albrecht.)

Das neue Marstallgebäude an der Ecke des Schlossplatzes und der Breitenstrasse, das in allen seinen Teilen nunmehr vollendet und seit Anfang Mai dem Publikum zugänglich gemacht ist, wurde am Sonnabend, den 8. Juni 1901, von den Mitgliedern der „Brandenburgia“ besichtigt. Die Führung durch die verschiedenen Räumlichkeiten des ausgedehnten Gebäudes hatte der Oberrossarzt der kaiserlichen Marställe Dr. Toepper übernommen.

Die Hauptfassade des von dem Geh. Baurat Ihne errichteten Gebäudes erhebt sich am Schlossplatz und erinnert mit ihrer in den Formen edler Renaissance gehaltenen Architektur an das Zeughaus und andere Prachtbauten der Schlüterschen Zeit. Einfach und ohne Überladung baut sich diese Front auf, aber trotz ihrer Einfachheit wirkt sie kunstvoll und vornehm: Berlin ist wieder um eine architektonische Zierde reicher geworden. Noch vor 5 Jahren bot die Südseite des Schlossplatzes zwischen der Breitenstrasse und der Kurfürstenbrücke mit ihren alten schmalen Häusern einen wenig schönen Anblick dar, und der Kontrast dieser baufälligen Häuser zu dem stattlichen Bau des königlichen Schlosses liess wohl bei vielen Berlinern den Wunsch rege werden, dass hier ein Neubau errichtet werden möchte. Unserm kunstsinnigen Kaiser ist es zu verdanken, dass endlich eine Änderung in dem Strassenbilde eintrat, denn er fasste um die Mitte der neunziger Jahre den Entschluss, an der Stelle jener nüchternen Häuser und des alten von König Friedrich I. errichteten Marstalles ein neues monumentales Gebäude zu errichten, das sich seiner Umgebung würdig anpassen und eine Zierde des Schlossplatzes werden sollte. Im Jahre 1896 wurde mit den Abbruchsarbeiten begonnen, und nach kaum dreijähriger Bauperiode steht der prächtige Bau in allen Teilen vollendet da.

Von besonderer Wirkung sind an der dem Schlossplatz zugekehrten Fassade die acht Säulenpaare des Risalits, welche das mit dem preussischen Adler und Fahnen geschmückte Giebelfeld tragen und die einfache Gliederung der Sandsteinfassade anmutig unterbrechen. Auf der Höhe des Gebäudes läuft eine Säulengallerie um, welche an den Ecken des Mittelvorbaus mit Pferdebändigergruppen und an den Ecken des Hauses mit Kriegergestalten in antiker Gewandung und mit Waffentrophäen geziert ist. Den Hauptschmuck der Fassade bilden die beiden von Otto Lessing modellierten Wandbrunnen, die in Nischen an den Ecken des Gebäudes aufgestellt und ebenfalls in Sandstein ausgeführt sind. Die Nische an der Kurfürstenbrücke zeigt eine Prometheusgruppe. Der Heros ist an einen Felsen geschmiedet und versucht mit Anspannung aller Muskeln seine Fesseln zu sprengen, während der gierige Geier seine Fänge krallt, um sie seinem Opfer in die Brust zu schlagen. Unter dieser Gruppe bäumen sich drei Rosse, die Wellen des Meeres verkörpernd, aus deren Nüstern, gleich wie aus dem Felsen, Wasserstrahlen hervorsprudeln, und zwischen ihren Köpfen tauchen zwei reizende Okeaniden auf, von denen die eine den Geier abzuwehren sucht, während die andere sich betrübt abwendet. Die an der Breitenstrasse befindliche Nische zeigt die Befreiung der Andromeda durch Perseus. Auf einem Felsvorsprunge steht der Held, in der Linken den Schild mit dem Medusenhaupt, in der Rechten das kurze Schwert, mit dem er auf das Meerungeheuer losgeht, aus dessen Rachen ein Wasserstrahl aufspritzt. Rechts hinter dieser Gruppe sitzt die liebliche Gestalt der Andromeda, die mit Spannung den Ausgang des Kampfes erwartet, und neben ihr im Hintergrunde erblickt man den geflügelten Pegasus.

Einfach und ohne Prunk, aber vornehm und in edlen architektonischen Verhältnissen ist auch die innere Einrichtung gehalten. Betritt man den Marstall durch die mit schönen eichenen Thüren verschlossenen Portale vom Schlossplatz aus, so gelangt man durch die hohe, gewölbte Vorhalle auf einen 45 m langen und 25 m breiten Hof, der für die Auffahrt der kaiserlichen Wagen bestimmt ist. Dieser Hof ist von einem Glasdach überdeckt, das durch eine sinnreiche, von einem einzigen Beamten zu handhabende Einrichtung in der Mitte teilbar ist, sodass stets genügend frische Luft zugelassen werden kann. In diesem Hofe versammelten sich die Mitglieder der „Brandenburgia" und betraten dann zunächst den linken Seitenflügel, der sich an der Spree entlang zieht. Hier liegen in zwei Stockwerken übereinander die Stallungen für die kaiserlichen Reit- und Wagenpferde, zu ebener Erde die Stände für die Leibpferde des Kaisers und der Kaiserin und für die Reitpferde der kaiserlichen Prinzen, im oberen Stockwerk die Stände für die grosse Zahl der Kutschpferde. Im ganzen sind im Marstall Stallungen für 400 Pferde vorgesehen und ein Krankenstall mit 24 Ständen. Der Pferdebestand wird aus den Staatsgestüten, die alljährlich 40 Remonten liefern müssen, ergänzt, der Mehrbedarf muss freihändig erworben werden. Das ist namentlich bei den Reitpferden der Fall. Für den Bedarf des Kaisers werden die schnellen ungarischen Jucker angekauft, deren Bestand sich auf einige 20 beläuft. Von den 80 bis 90 Reitpferden sind etwa ein Dutzend für den persönlichen Dienst des Kaisers bestimmt. Die Gestütspferde bringen ihren Namen mit, der stets denselben Anfangsbuchstaben wie der Name der Mutter hat. Name, Geburtsjahr und Eltern des Pferdes sind über jeder Box verzeichnet. Peinliche Sauberkeit herrscht in den hohen, gut gelüfteten Stallungen, die bis zur halben Höhe mit hellen Mettlacher Fliesen ausgelegt sind, und in den einzelnen Boxen, die aus dunkelgebeiztem Holz mit Messingbeschlag hergestellt sind. Die Krippen bestehen aus dunkelemailliertem Metall mit weissemaillierten Futterbehältern. Neben den Stallungen liegen die Geschirrkammern und die Reinigungsräume für das Geschirr, und auch hier herrscht die peinlichste Sauberkeit. Die Stallungen sind untereinander und mit den Geschirrkammern und Wagenremisen durch Fahrstühle verbunden. Im Erdgeschoss befinden sich auch die Waschräume und die Apotheke.

Von den Stallungen aus begab man sich in die im oberen Stockwerk eines Zwischengebäudes liegende grosse Reitbahn, die mit Gallerieen und Wandspiegeln ausgestattet, einen prächtigen Eindruck macht. Diese Reitbahn, welche eine beträchtliche Höhe aufweist, ist für den allgemeinen Gebrauch und für Reiterfeste bestimmt, für den besonderen Gebrauch des Kaisers und der Kaiserin sind zwei Reitbahnen in einem anderen Flügel eingerichtet, die durch eine Zwischenwand getrennt sind. Diese Zwischenwand ist jedoch so konstruiert, dass sie jederzeit mit leichter Mühe entfernt werden kann.

Im oberen Stockwerk des nach dem Schlossplatz zu gelegenen Gebäudes sind in langgestreckten, hohen Sälen die Prunkwagen des kaiserlichen Hofes aufgestellt. Die Mittelhalle, die durch zwei Stockwerke hindurchgeht und als Repräsentationsraum gedacht ist, enthält den prunkvollen, vergoldeten Krönungswagen König Friedrichs I., der seitdem beim Einzuge sämtlicher Könige und Königinnen Preussens Verwendung gefunden hat, ausserdem verschiedene Hochzeitswagen und die Galakutschen, welche bei feierlichen Gelegenheiten zur Beförderung fürstlicher Gäste und fremder Gesandten benutzt werden. Die Halle ist im Barockstil gehalten und ganz weiss ausgestattet, den einzigen goldenen Schmuck bildet eine in der Mitte aus einer Blumenguirlande herabhängende elektrische Krone. In der Höhe der Halle verbindet eine umlaufende Gallerie die im oberen Stockwerk liegenden Kammern für die Prachtgeschirre. In eichenen Glasschränken sind hier die kostbarsten Geschirre untergebracht, so eins von rotem Leder mit reichen goldenen Beschlägen für die acht Pferde des Krönungswagens im Werte von 80 000 Mk., das sogenannte „grosse Adlergeschirr" von schwarzem Leder, mit kostbaren silbernen Beschlägen und fliegenden Adlern als Kopfschmuck für die Pferde, und ein ähnliches Adlergeschirr, welches Kaiser Wilhelm I. dem jetzigen Kaiser für den feierlichen Einzug anlässlich seiner Vermählung geschenkt hat. In anderen Schränken sind die von fremden Fürstlichkeiten geschenkten Pferdegeschirre, Sättel und Satteldecken aufgestellt, so ein silberplattiertes Geschirr vom russischen Zaren, reichgestickte Sättel vom türkischen Sultan und verschiedene Decken und Sättel vom Sultan von Marokko. Der Wert der hier aufgestellten Kunstwerke geht in die Millionen.

Die für die Prunkwagen und die kaiserlichen Kutschen bestimmte Halle zieht sich durch den Vorderbau und die ganze Flucht des an der Spree liegenden Flügels dahin. Die für den persönlichen Gebrauch des Kaisers bestimmten Wagen sind durch die Farben rotbraun und schwarz, die der Kaiserin durch blau und Silber gekennzeichnet. Am Ende des Spreeflügels sind in einem Saale die historischen Gefährte aufgestellt. Hier findet man den plumpen Schlitten, auf dem der Grosse Kurfürst die Fahrt über das Kurische Haff machte, die gelbe Stadtkutsche, die Friedrich Wilhelm I. benutzte, den Staatswagen Friedrichs des Grossen mit reicher Vergoldung und die etwas unbeholfene Reisechaise des Prinzen Wilhelm von Preussen, des späteren Kaisers Wilhelm I. In einer Ecke steht der bekannte Schimmel von Mollwitz mit dem „Campagnesattel" Friedrichs des Grossen und ihm gegenüber „Sadowa", das Leibpferd Kaiser Wilhelms des Grossen. Den übrigen Raum nehmen phantastisch gestaltete Schlitten aus der Zeit König Friedrichs I. und Jagdschlitten Friedrich Wilhelms I., der Rollstuhl dieses Königs und ein Gartenwagen der Königin Luise ein. Auch ein Kinderschlitten aus der kurfürstlichen Zeit steht in einer Ecke. Vor diesem Saal sind zwei Kutschen aus denkwürdiger Zeit aufgestellt, die Feldkutsche, welche Kaiser

Wilhelm I. in den Feldzügen 1866 und 1870 benutzt hat, und der Wagen, in dem er bei den Attentaten von Hödel und Nobiling sass. Im Polster dieser Kutsche sind noch die Kugelspuren dieser verabscheuungswürdigen Attentate zu sehen.

Der langgestreckte Seitenflügel an der Spree ist in seiner Fassade ähnlich wie der Frontbau am Schlossplatz gegliedert. Der von Säulen getragene Mittelbau wird von einem Giebelfeld überragt, auf welchem Neptun dargestellt ist, wie er, den Dreizack schwingend, die Wogenrosse durch die Meeresfluten lenkt. Zu beiden Seiten des Giebels steht eine Kolossalgruppe von Pferdebändigern. Die Giebelfelder der Eckvorbauten enthalten Reliefbilder, auf denen man das von Fahnen und Waffen umgebene preussische Wappen sieht, während die Ecken von Pferdebändigergruppen gekrönt sind. Der Zwischenbau an der Seite der grossen Auffahrtshalle enthält grosse Remisen für die Gepäck- und Wirtschaftswagen und in den oberen Stockwerken Beamtenwohnungen. Eine grosse Durchfahrt führt in einen zweiten Hof, der einen Reitplatz enthält und von dem eine lange Rampe in die oberen Stallungen und in die Reitbahn führt.

Nach der Breitenstrasse zu ist das alte Gebäude, welches der Grosse Kurfürst errichten liess, erhalten geblieben. In diesem Hause, das mit dem Reliefportrait des Erbauers und mit einer grossen Pferdegruppe im Giebel geschmückt ist, befinden sich die Wohnräume des Oberstallmeisters Grafen Wedel und Beamtenwohnungen. Dieses Gebäude wurde von dem ehemaligen Schiffsbaumeister Matthias Smids nach einem Brande 1665 errichtet und mit dem danebenstehenden Ribbeckschen Hause vereinigt. Dieses ist als das älteste Privathaus Berlins zu betrachten. Es wurde 1624 von Hans George von Ribbeck, der 1646 Kommandant von Spandau war, erbaut und zeigt über dem reich ornamentierten Renaissanceportal die Wappen des Erbauers und seiner Gemahlin Eva Katharina, geborene Brändin von Lindow, und auf die Erbauer bezügliche Inschriften. Die breite, im Renaissancestil gehaltene Front ist mit hochragenden Giebeln geschmückt und zeigt zwei Reihen Fenster, die durch einen kräftig ausgebildeten Fries getrennt sind. Dies Haus, wie ein daneben befindliches, neu in Sandstein erbautes Prachtgebäude enthalten Beamtenwohnungen und Bureauräume. In dem Ribbeckschen Hause tagte bis 1736 das Ober-Appellationsgericht und später bis 1818 die gefürchtete Ober-Rechnungskammer.

Die beiden erwähnten Gebäude sind die einzigen, welche von dem alten Marstall erhalten geblieben sind, die anderen wurden auf Befehl des Kaisers niedergerissen. Von den anfangs erwähnten Häusern an der südlichen Seite des Schlossplatzes nach der Kurfürstenbrücke zu hatte nur das Haus No. 11, ein mit vier Sandsteinsäulen geschmücktes dreistöckiges Gebäude, eine besondere Bedeutung. Es wurde 1769 von Friedrich dem Grossen für den aus Nürnberg eingewanderten und zum Hofkürschner ernannten Meister Röseler, welcher bis dahin eine der zwischen der Langen Brücke und der Breitenstrasse stehenden Buden besessen hatte, in Stein neu erbaut. Während der Franzosenzeit ging das Haus von den Röselerschen Erben in anderen Besitz über. Die anderen Gebäude waren gewöhnliche Wohnhäuser ohne besonderen Schmuck, in einem derselben an der Ecke der Breitenstrasse befand sich die bekannte Nitzesche Weinhandlung. Hinter diesen Häusern erhob sich der von König Friedrich I. erbaute Teil des königlichen Marstalls, der nur nach der Wasserseite hin sichtbar war, im übrigen von den Häusern verdeckt wurde. Auf dem Haasschen „Prospekt der Langen Brücke" ist dieser Teil des Marstalls in seiner früheren Beschaffenheit dargestellt, von Bäumen beschattet und von einem Gitter umgeben; die Vorderseite am Schlossplatze nehmen Buden ein, von denen sich ein hölzerner Zaun zur Brücke hinzieht. An der Stelle dieses Marstallgebäudes erhob sich vorher das Palais des Grafen Schlick von Bassano, den Kurfürst Joachim Friedrich, nachdem er ihn in Dresden kennen gelernt hatte, 1584 in seine Dienste nahm und später mit der Baustelle an der Ecke des Schlossplatzes beschenkte. Der Graf erbaute sich hier 1604 einen Prachtbau, der zur Zeit König Friedrichs I. niedergerissen wurde und von dem zwei weibliche Portalträger und ein Schlussstein in den Neubau des alten Marstalls eingefügt wurden. Diese Überreste des Schlickschen Palais wurden beim Abbruch wieder aufgefunden und sind nebst anderen Werkstücken des alten Marstalls dem Märkischen Provinzial-Museum überwiesen worden. Eine Zeit lang hat der Saal über der Reitbahn in dem vom Grossen Kurfürsten erbauten Marstall zu gottesdienstlichen Verrichtungen gedient, da die französischen Hugenotten von 1672 bis 1682 hier ihre Gottesdienste abhielten. Nachmals zur Zeit König Friedrichs I. wurde derselbe Saal zu Theatervorstellungen benutzt und namentlich zu Hoffestlichkeiten wurden hier Aufführungen veranstaltet: so zur Feier der Vermählung des Erbprinzen Friedrich Karl von Hessen-Kassel mit Luise Dorothea von Brandenburg am 1. Juni 1700 ein italienisches Singspiel „La festa del hymeneo", bei dem die königlichen Prinzen und zahlreiche Hofkavaliere und Hofdamen mitwirkten, ferner aus Anlass der Vermählung des Kronprinzen im Dezember 1706 ein Singspiel „Der Sieg der Schönheit über die Helden" u. s. w. Die alten Gebäude des Marstalls in der Breitenstrasse haben somit ihre eigenartige Geschichte, und es ist sehr erfreulich, dass sie erhalten geblieben sind.

Nach der Besichtigung vereinigten sich die Mitglieder noch kurze Zeit im Restaurant „Zur Schleuse" neben der alten Stadtvogtei.

8. (6. ausserordentliche) Versammlung des X. Vereinsjahres.

Sonntag, den 16. Juni 1901.

Wanderfahrt nach Buckow (Märkische Schweiz).

(Referent: Professor Müllenhoff.)

Der Ausflug der Brandenburgia hatte eine doppelte Aufgabe. Einerseits sollte die Musterbienenwirtschaft des Herrn Otto Schulz-Buckow besichtigt werden, andererseits galt es auch auf einem grösseren Spaziergange die Seen, Wälder und Höhen der „Märkischen Schweiz" kennen zu lernen.

Um halb zehn Uhr vormittags trafen etwa 80 Mitglieder unserer Gesellschaft auf dem Bahnhofe in Buckow ein; nachdem im Hotel Kronprinz das Frühstück eingenommen war, wurde zunächst das bienenwirtschaftliche Etablissement des Herrn Schulz aufgesucht. Dasselbe liegt nahe dem nordöstlichen Ende der Stadt in der Lindenstrasse und besteht aus zwei durch die Strasse voneinander geschiedenen Teilen: dem Bienenstand und der Fabrik von bienenwirtschaftlichen Geräten.

Der links von der Strasse, nach dem Griepensee, zu gelegene Bienenstand überrascht zunächst durch seine ungewöhnliche Grösse; 250 Völker sind an den zwei langen durch den Bienengarten führenden Wegen aufgestellt; die in den allerverschiedensten Farben und recht grell gefärbten Anflugbretter der vielen neben- und übereinander stehenden Stöcke geben dem Ganzen ein äusserst buntes Aussehen. Gerade durch diese lebhaften und mannigfaltigen Farben gewähren die grossen, in dem ausgedehnten Blumengarten aufgestellten, Reihen von Bienenstöcken einen erfreulichen Anblick.

Eine nähere Betrachtung zeigte, dass die vielen, in regelmässiger Anordnung aufgestellten, Stöcke untereinander die allergrössten Verschiedenheiten aufwiesen. Da sahen wir neben dem altertümlichen Lüneburger Strohkorb den eleganten märkischen Kasten und die verschiedensten anderen Bienenwohnungen. Herr Schulz meint offenbar: „wer vieles bringt, wird manchem etwas bringen" und bietet daher den Bienenzüchtern gar mannigfache Formen von Stöcken; es kann also ein jeder sich den heraussuchen, der für seine Bedürfnisse am besten passt.

Einen schönen Einblick in das Leben eines Bienenvolkes erhält man, wenn man einen für die Beobachtung geeigneten Stock, etwa einen Stülpkorb mit beweglichem Bau, umkehrt. Man sieht dann, dass der Bau der Bienen aus zahlreichen regelmässig nebeneinander hängenden Platten, den Waben, besteht. Leicht kann man dann mit der Wabenzange die einzelnen Waben nebst den darauf befindlichen Bienen herausnehmen. Diese Manipulation wurde von Herrn Schulz und von seinem Bienenmeister in der Art ausgeführt, dass alle Einzelheiten des Wabenbaues und des Lebens der Honigbiene deutlich gesehen wurden.

An den Waben erkennt man leicht die drei verschiedenen Formen von Zellen: die regelmässig sechseckigen Arbeiterzellen, die ihnen durchaus ähnlichen nur grösseren Drohnenzellen und die fingerhutähnlichen Königinzellen. Die letzteren sind der Wabe nur äusserlich angefügt; sie sind mit grossem Aufwande von Wachs erbaut, aber nur sehr einfach gestaltet. Dagegen sind die Arbeiterzellen und Drohnenzellen so zierlich und so regelmässig gestaltet, dass die ganze Wabe wie ein Gewebe von allerhöchster künstlerischer Vollendung erscheint.

Zur Bereitung des Wachses und zum Bauen der Weben brauchen die Bienen sehr viel Zeit und Kraft, die sie besser zur Honiggewinnung verwenden könnten. Man unterstützt daher die Tiere bei dieser Arbeit sehr wirksam und vermehrt die Honigerträge, indem man ihnen halbfertigen oder auch ganzfertigen Bau liefert. Diese „Kunstwaben" werden von Herrn Schulz in besonderen sinnreich erdachten Maschinen fabrikmässig hergestellt und in riesigen Mengen in alle Welt versandt. Besonders interessant ist die „Meisterwabe", die aus Zellen von 10 Millimeter Tiefe besteht; dieses wahre Kunstwerk, vom natürlichen Bau der Biene nicht zu unterscheiden, ist bisher noch nirgends ausser durch Herrn Schulz-Buckow hergestellt worden, obgleich derselbe eine Prämie von 3000 Mk. auf die Nachahmung seiner Meisterwerke ausgesetzt hat.

Auf den Waben und in den Zwischenräumen zwischen denselben, den Gassen, bewegt sich nun eine vielköpfige Menge von Bienen. Ein jedes Volk enthält drei verschiedene Arten von Bienenwesen: die kleinen Arbeiterinnen, die grossen, plumpen, fast hummelähnlichen Drohnen und die lange, schlanke, aber nur kurzflügelige Königin. Ein jedes Volk hat nur eine Königin, einige hundert Drohnen und viele tausend Arbeitsbienen. Durchschnittlich kann man als normale Volkstärke 40 000 Bienen rechnen; es beläuft sich also die Gesamtzahl der im Schulzschen Bienenstande gehaltenen Tiere auf etwa 10 Millionen Exemplare.

Wie ja allgemein bekannt, ist die Königin das einzige fruchtbare Weibchen des Volkes; sie legt die Eier und lässt sich dafür von den Arbeitsbienen füttern. Die Drohnen sind die Männchen; sie erscheinen bei oberflächlicher Betrachtung als unnütze Esser im Stocke. Alle Arbeiten, das Produzieren des Wachses und das Bauen der Zellen, das

Einsammeln und Bergen der Vorräte, die Pflege der jungen Larven, die Reinhaltung und Verteidigung des Stockes liegt den Arbeitsbienen ob.

Während die Drohnen überhaupt keinen Stachel haben, und die Königin ihren Stachel nur braucht, um eine Nebenbuhlerin aus dem Wege zu schaffen, können die Arbeitsbienen auch Menschen stechen und ein Tröpfchen Gift in die Wunde eindringen lassen. Doch machen sie von dieser ihrer Fähigkeit nur wenig Gebrauch, wenn sie nicht besonders gereizt oder geängstigt werden. Wer ruhig und langsam die Waben aus dem Stock herausnimmt und dabei keine Biene klemmt oder festhält, wird nicht leicht gestochen. Trotzdem, dass viele tausend Bienen auf den herausgenommenen Waben sassen, und trotzdem, dass Hände und Gesicht vielfach von den fortfliegenden und hin- und herlaufenden Tierchen bedeckt wurden, entschlossen sich nur zwei Bienen zum Stechen. Die eine hatte sich in den krausen blonden Härchen an der Schläfe einer jungen Dame verfangen und bekam Angst, weil sie nicht wieder herausfinden konnte, die andere war mit einigen Genossinnen dem Schreiber dieser Zeilen in den Ärmel gekrochen und applicirte ihm einen Stich in den Ellenbogen, damit er einandermal sich die Ärmel am Handgelenk zubinden möchte, wenn er wieder Waben voll Bienen in die Hände nimmt.

Als ganz besonders interessant verdient noch hervorgehoben zu werden die von Herrn Schulz in grossem Massstabe betriebene Zucht von Königinnen und die Vorrichtung zum Versande derselben. 30—40 junge fruchtbare Königinnen werden in einem eigens für diesen Zweck hergestelten Aufbewahrungsstocke untergebracht und zwar befindet sich jede Königin in einer besonderen Abteilung des oberen Teiles dieses Stockes und alle Königinnen werden durch ein darunter befindliches starkes Volk gefüttert.

Alljährlich werden zahlreiche Königinnen zum Preise von 4 bis 5 Mark nach allen Richtungen hin versandt. Ein niedlicher kleiner Versandkasten, das „Buckower Weiselschloss“, dient zur Bergung der Königin und der für ihre Erhaltung erforderlichen Begleitbienen.

Die in dem grossen Bienenstande vereinigten Völker gehören, wie gerade die Vergleichung der im Aufbewahrungsstocke vereinigten Königinnen leicht erkennen lässt, mehreren deutlich unterschiedenen Arten an. Neben der einfach schwarzen deutschen Biene sahen wir die durch weissliche Hinterleibsringe kenntliche Krainer Biene und die schön gelb- und schwarzgebänderte italienische Biene. Ausserdem finden sich zahlreiche durch Mischung der verschiedenen Arten und Varietäten entstandene Bastardbienen.

Nachdem wir den grossen Bienenstand im ganzen betrachtet und sodann den Bau und das Volk wenigstens oberflächlich kennen gelernt hatten, wurde das Thun und Treiben der einzelnen Tiere ins Auge gefasst. Da giebt es mancherlei zu sehen. Die einen Bienen bringen Blütenstaub, die anderen Honig; einige schwitzen Wachs aus oder sind mit dem Bauen beschäftigt; daneben wird die Königin gefüttert, den jungen Larven der Futterbrei bereitet und dargereicht. Das Eindrücken des Blütenstaubes in die Zellen und das Bergen des Honigs, das Verkitten der Fugen des Stockes mit Vorwachs, die Reinigung des Bodenbrettes und zahlreiche andere Thätigkeiten werden von den verschiedenen Bienen eines Volkes gleichzeitig nebeneinander ausgeführt.

Das ganze bunte Getriebe erscheint bei oberflächlicher Betrachtung zunächst unverständlich und verwirrend. Und doch ist dieses Durcheinander nur scheinbar; in Wirklichkeit besteht eine vollkommene Ordnung; das sieht man, wenn man das Leben des Einzeltieres von Anbeginn an verfolgt.

Die Königin geht, um Eier zu legen, von Zelle zu Zelle; die nach 3 Tagen ausschlüpfenden Larven wachsen unter der Pflege der Arbeitsbienen rasch heran und verpuppen sich nach 6 Tagen, um sodann 11 Tage als bedeckelte Puppen zu ruhen. Die der Puppenhaut entschlüpfte junge Arbeitsbiene hat zunächst im Stock eine längere Klausur durchzumachen. Während dieser Zeit hat die junge Novize, die „Hausbiene", namentlich zwei Aufgaben zu erfüllen: sie erbaut die kunstvollen Waben und pflegt die jungen Larven. Erst nach 14 tägiger Arbeit im Stocke fliegt die Biene aus; aus der „Hausbiene" wird eine „Flugbiene". Diese hat ausserhalb des Stockes hauptsächlich das Sammeln und Eintragen der Vorräte zu besorgen. Sie saugt den Honig aus den Blüten und trägt ihn im Honigmagen ein; sie sammelt den Blütenstaub und transportiert ihn, wohlverpackt in den „Körbchen" der Hinterbeine, der Wohnung zu. Vom Ausfluge zurückgekehrt, füllt sie den Honig in die Zellen und birgt dort auch den Blütenstaub als Material zum Aufziehen der Larven.

Und alle diese Arbeiten vollziehen sich in so wunderbarer Planmässigkeit, dass es kaum möglich ist, sich etwas vollkommneres zu denken und man lernt es verstehen, dass ein jeder, der sich mit dem Treiben dieser Tierchen eingehender zu beschäftigen angefangen hat, für diese Beobachtung eine grosse Vorliebe gewinnt, dass er als „Bienenvater" die „lieben Bienen" hegt und pflegt und die Bienenzucht als „die Poesie der Landwirtschaft" bezeichnet.

Die Kürze der Zeit gestattete natürlich nicht ein längeres Verweilen am Bienenstande; mit lebhaftem Danke für die freundliche Führung schieden wir von Herrn Schulz. Hatte er uns doch Gelegenheit gegeben, wenigstens einen Einblick in die Wunder des Bienenlebens zu thun. Wie grosses Interesse seine Demonstrationen gefunden hatten, zeigten die Mitglieder der Brandenburgia dadurch, dass sich noch am Abend vor der Rückfahrt nach Berlin eine zahlreiche Gesellschaft in dem Schulzschen Etablissement einfand, um Honig und Honigkuchen als „Mitbringsel“ aus Buckow einzukaufen, und andererseits auch, um die Fabrik von bienenwirtschaftlichen Geräten in Augenschein zu nehmen, welche wir am Vormittag nicht hatten besichtigen können. Und auch diese Fabrik bot, wie hier gleich im Anschlusse an die Beschreibung des Bienengartens bemerkt sein mag, sehr viel Interessantes.

Ebenso wie der Bienenstand imponiert auch diese Fabrikanlage zunächst durch ihren Umfang. Nicht weniger als sechs und teilweise recht grosse Gebäude liegen dem Bienengarten gegenüber an der rechten Seite der Lindenstrasse; am Abhange des Berges in einer langen Reihe nebeneinander geordnet bieten sie dem Beschauer einen sehr schönen und stattlichen Anblick dar; umsomehr als die Gleichartigkeit der Architektur der an mittelalterliche Schlossbauten erinnernden Gebäude dieselben sogleich als zusammengehörig erkennen lässt.

Treten wir durch den Mitteleingang in das grösste Gebäude ein, so sehen wir einen geräumigen Fabriksaal vor uns. Der zarte Wachsgeruch, welcher den ganzen Raum durchzieht, und die zahlreichen im Innern des hellen, freundlichen Arbeitssaales aufgestellten Maschinen belehren uns, dass wir die Fabrikation der Kunstwaben vor uns haben. In nicht weniger als 7 verschiedenen Arten und vermittelst 14 Maschinen werden die Waben hier hergestellt und zwar in einer Güte der Ausführung und zugleich in so grossen Quantitäten, wie es an keinem Orte Deutschlands sonst erreicht ist.

Grosse Vorrichtungen zur Läuterung des Wachses, ausgedehnte Speicherräume zur Lagerung des rohen und des gereinigten Wachses und mächtige Gestelle voll fertiggepresster Kunstwaben schliessen sich an den Fabriksaal für die Kunstwabenfabrikation und geben eine Vorstellung von dem ungeheuren Umfange dieses Teiles der Schulzschen Fabrik.

Nicht minder ausgedehnt ist die in einem zweiten Gebäude betriebene Fabrikation von Wohnungen und allen aus Holz herzustellenden Gegenständen für die Imkerei. Eine grosse Anzahl mit Dampfkraft getriebener Holzbearbeitungs-Maschinen schneidet die Rähmchenstäbe und die Teile der Kästen so sauber und gleichmässig, dass es eine wahre Freude ist, sich aus ihnen die Wohnungen fertig zusammenzustellen.

Ein reichhaltiges Lager von Geräten, Werkzeugen und anderen Hilfsmitteln für die Bienenzucht gab eine Vorstellung von den mannigfaltigen Arbeiten, die der Imker am Bienenstande zu verrichten hat. Besonders interessant sind die zur Entfernung des Honigs aus den Waben dienenden Zentrifugalapparate; sie gestatten selbst den zähen

Haidekrauthonig vollständig aus den Waben zu entfernen, ohne dass die Formen der Zellen im geringsten leiden.

Auch diejenigen, welche an den technischen Einzelheiten nicht gerade besonderen Anteil nahmen, sahen sich mit grossem Eifer die Produkte dieser Thätigkeit an. Das schöne Lager mit süssem Inhalt gefüllter Honigflaschen und Büchsen und die letzten, höchsten veredelten Erzeugnisse des Honigs: die Honigkuchen in ihren verschiedenen Formen als Biskuits, Makronen, Cakes u. s. w.

Es ist somit das Schulzsche Etablissement so recht geeignet, um sich über die Biene und ihre Behandlung durch die Menschen zu orientieren; ebenso wie der Bienengarten Gelegenheit giebt, das wunderbare Leben und Treiben des Tierchens zu beobachten, so kann man in den verschiedenen Teilen der Fabrik und des Lagers bienenwirtschaftlicher Geräte einen Einblick thun in die kaum minder vielseitige Betriebsart der Imkerei.

Gegen 11½ Uhr brach die Gesellschaft auf und unter der Führung des Referenten ging es am Schweizerhaus vorbei zur Blutbuche am kleinen Tornowsee, dann am Südufer des grossen Tornowsees entlang zur Pritzhagener Mühle. Darauf führte uns der Weg am Haus Tornow und dem Elysium vorbei zur Königseiche, durch die Silberkehle zum Dachsberg auf die Jenas Höhe und schliesslich durch den Moritzgrund, auf den Poetensteig, auf die Bollersdorfer Höhen und zur Stadt zurück.

Die Wanderung wurde durch das schönste Frühlingswetter begünstigt; bei Kuckucksruf und Amselschlag wanderten wir unter dem frischen jungen Grün der Buchen und unter den blühenden Akazien; bald gings in den schöngepflegten Parkanlagen am Ufer schöner blauer Seen, dann durch die romantisch wilden Schluchten; die Aussichtspunkte boten herrliche Fernsichten und Gelegenheit zur Rast. So erreichten wir denn, ohne alle Anstrengung und in fröhlichster Stimmung um 3 Uhr, genau zur festgesetzten Stunde, unser Hotel Kronprinz wieder. Daselbst vereinigte uns eine gemeinsame Mittagstafel in dem grossen Festsaale und nachdem der Kaffee im schattigen Garten eingenommen war, zerstreute sich die Gesellschaft, um sich erst gegen 7½ Uhr zur gemeinsamen Rückfahrt nach Berlin wieder zusammenzufinden.

Fischerei der Provinz Brandenburg.

(Aus den Sammelkästen des Märkischen Provinzial-Museums.)
(Vgl. Brandenburgia IV, 177—182 u. 202—206; VII, 193—199.)
(Fortsetzung.)

---

13. **Luxus-Fischware und deren Preise in Berlin** um die Wende des 18. zum 19. Jahrhundert nach damaligen Zeitungs-Annoncen.

In der Spenerschen Z. vom 30. Dez. 1800 werden u. a. offeriert:

Frische engl. Austern, geräucherter Rheinlachs Pfund 1 Thl. 8 Gr., ordinärer Lachs Pfund 10 Gr., Speckbücklinge à Dutzend 12 und 15 Gr. Fette frische Dorsche zu 6, 8, 10, 12, 14 Gr. Frischer Silberlachs à Pfd. 8 Gr. Frische hollsteinsche Austern à 1000 Stück 3 Thl. 16 Gr. Inmargonirte (? marinierte) Muscheln à 100 Stück 16 Gr. Am 22. Dez. wurden offeriert: Frischer Russischer Kaviar, das Fässel 1 Thl. 8 Gr. Grosse frische Brabandter Sardellen, das Pfund 12 Gr. Auch geräucherte Sprotten sind feil. „Pommersche Neunaugen in Ein- und Zwei-Schockfässern und Dorschfische (dieser Fisch ist angenehm wie Zander)." Am 11. August wurden „neue Emdener Heringe" offeriert Am 28. des nächsten Monats erfolgte hierzu folgende Bekanntmachung: „Da der diesjährige Heringsfang der Emdner Heringsfischerei-Kompagnie nicht besonders ergiebig ausgefallen; so ist von jetzt an bis zum künftigen Sommer die Ausfuhr der Emdner Heringe aus der Kur- und Neumark, dem Herzogthum Magdeburg und dem Fürstenthum Halberstadt nach dem Auslande und den übrigen Königl. Provinzen verboten worden; welches dem Publikum zur Nachricht und Achtung hierdurch bekannt gemacht wird. Berlin, den 28. September 1801. Königl. Kurmärk. Kriegs- und Domänenkammer." Mit solchen etwas gewaltsamen Mitteln suchte man vor 100 Jahren gemeinnützigen Unternehmungen unter die Arme zu greifen. Die Emdener Heringsfischerei ist bekanntlich trotzdem zu Grunde gegangen und erst in den siebziger Jahren des 19. Jahrhunderts durch den Deutschen Fischerei-Verein wieder belebt worden.

In der Voss. Z. vom 1. Jan. 1801 wird frischer russischer Kaviar à Fässchen 20 Gr., fr. Dorsch à 4 und 6 Gr. das Stück, eingesalzener Dorsch à 5 Gr. das Pfund angezeigt. Am 6. Jan. „aufrichtiger russ. Kaviar in Kruken à 1 Thlr. „die halbe 12 Gr.". Am 8. Januar: „Frische Engl. Austern das Hundert 3 Thlr. 16 Gr., ausgestochene 2 Thlr.' Geräucherter Rheinlachs à Pfund 1 Thlr. 4 Gr. Der Koch Pankow in der alten Leipzigerstrasse No. 2 zeigt an: „Da sich viele Liebhaber zu Hühner-Pasteten mit Austern gefunden haben, so finde ich es nothwendig, den Preis zu bestimmen, nehmlich auf einem Teller mit 12 Stück Austern 1 Thlr. Auch sind kleine Pasteten à Dutzend 12 und 6 Gr. zu haben. „ — 17. Jan.: „Gut behandelte und geräucherte neue Emdner Heringe". Deshalb interessant, weil das Räuchern der Nordsee-

9

heringe später ganz eingegangen und erst neuerdings wieder versucht worden ist. „Geräucherter Elblachs à Pfund 9 und 10 Gr., in halben Lachsen."

Am 20. Jan. werden ausgeboten frischer Silberlachs à Pfd. 8 Gr. sowie geräucherte Schnäpel (Coregonus oxyrhynchus). Am 22. Januar Pommersche Neunaugen in Zweischockfässern. Am 27. Januar Geräucherte „Schnäpeln" und Sprotten. Neue Sardellen à Pfd. 10 Gr.

Am 15. Jan. 1799 werden offeriert: „frische ausgestochene Austern, à Hundert 3 Thlr. 8 Gr., Caviar, à Fässel 1 Thlr., marinirte Muscheln, Sprotten". „Frischer Salzdorsch, so noch angenehmer als Zander ist, à Pfd. 5 Gr.

Am 26. Juni wird wiederholt frischer Klippfisch angeboten. In der Spenerschen Zeitung vom 29. Nov. 1800 werden offeriert: „Frische Englische und Holländische Austern à $3\frac{1}{2}$ Thlr., geräucherter Rheinlachs Pfd. $1\frac{1}{2}$ Thlr.".

Berlin, 1. Jan. 1901. E. Friedel.

14. **Grüne Heringe.** Unter grünen Heringen versteht man in Berlin und anderen Orten der Mark die frischgefangenen Heringe aus der Ostsee die früher nicht angesalzen wurden, jetzt aber nach schwedischem Vorgange angesalzen werden, wodurch sie sich längere Zeit erhalten, aber an Zartheit verlieren. Diese Heringe werden seit unvordenklichen Zeiten bei den Grünkramhändlern viel mehr als bei den eigentlichen Fischhändlern verkauft. Vgl. Michas Mitteilung in der Brandenburgia VI. 1897, S. 432. Deshalb ist die Meinung verbreitet, der Name grüne Heringe stammt von den Verkaufsstätten der Grünkramhändler her. Das ist aber irrig, die Bezeichnung „grün" kommt für Fisch schon seit Jahrhunderten vor und bedeutet nur soviel als frisch. Die Franzosen brauchen das Wort genau in demselben Sinne, sie sagen z. B. cabilland vert d. h. grüner Kabliau (frischer Kabliau) im Gegensatz zu den getrockneten oder geräucherten Kabliaus. Vgl. z. B. den Aufsatz „die Fischerei in Frankreich" in Mitteilungen des Deutschen Seefischerei-Vereins B. XVI, März 1900, S. 83.

Übrigens spricht man auch von grünen Aalen bei uns. Brandenburgia VI, S. 432. E. Friedel.

15. **Krebspest.** Nachdem die vor ca. 10 Jahren auch in den brandenburgischen Gewässern verhängnisvoll gewordene Krebspest nahezu erloschen schien, tritt sie hier und da wieder auf, wahrscheinlich durch von ausserhalb bezogene Be- und Ersatz-Krebse. Der erfahrene Fischereibesitzer Mahnkopf-Spandau teilte im Brandenb. Fischerei-Verein mit, dass im grossen Rheinsberger- und in einem benachbarten See im August 1898 die Krebsbestände vernichtet worden seien.

Berlin, Dez. 1899. E. Friedel.

16. **Maränen.** Auf dem Berliner Fischmarkt erscheinen die Maränen zweimal im Jahr erstlich etwa zwischen 15. November und 1. Dezember und zweitens zwischen ungefähr 15. Februar und 15. März auf dem Markt.

In den vierziger und fünfziger Jahren waren die grossen Maränen des Madui-Sees in Pommern (Coregonus) nahe der brandenburgischen Grenze in Berlin so verbreitet, dass Verkäuferinnen in den Strassen der Hauptstadt umherzogen und den Fisch mit einem eigentümlichen „cri de Berlin"*) ausriefen „kauft Madüi-Marän! Marän! Auch die kleinen Maränen, die plötzlich in Menge nach grossen Fischzügen in den Tiefseen der Mark auf dem Berliner Markt erschienen (Coregonus albula), wurden derartig ausgerufen. Der verstorbene Pächter des Berliner Ratskellers, Frieske, hatte einen Anteil an dem Fischereiertrag des Maduisees und pflegte im Frühjahr der siebziger Jahre die herrlichen grossen Madui-Maränen auf der Speisekarte zu haben. Seitdem scheint dieser Fisch wieder aus Berlin verschollen zu sein, wenigstens habe ich ihn nicht wieder antreffen können. Aus dem Pulssee und anderen Tiefseen der Neumark kommt ab und zu die von Professor Dr. Peters zuerst festgestellte Pracht-Maräne (Coregonus generosus Peters*) auf den Berliner Fischmarkt. Während die in diesem Winter in Berlin häufige kleine Maräne so zart wie ein frischer Hering oder eine Bachforelle ist, steht die Pracht-Maräne dem Geschmack nach in der Mitte zwischen der kleinen Maräne (C. albula) und der Edel-Maräne des Madui. In diesem Winter erscheinen in der Central-Markthalle auch russische Maränen zum Verkauf. Die tiefsten Seen der Grafschaft Ruppin liefern im übrigen oftmals die kleine Maräne nach Berlin.

Berlin, den 6. März 1900. E. Friedel.

17. **Welsfang.** Aus dem Landkreise Landsberg a. W., 28. August 1896. (Nm. Ztg.) Ein Fischfang von grösster Seltenheit wurde in der Nacht vom Sonntag zum Montag von dem Fischer Hartwig aus Fichtwerder in der Warthe gemacht; er fing einen Wels im Gewicht von 100 Pfund. Der Wels hat eine Länge von 2 Meter. Der von oben nach unten zusammengedrückte Kopf ist $1/2$ Meter breit. Der Fischfang auf der Warthe steht jetzt in vollster Blüte. Fast täglich fangen die Fischer hier vier bis sechs Lachse im Gewichte bis zu 40 Pfund.

18. **Fischsterben in der Spree.** Wie bereits gemeldet, wird seit Sonnabend Abend ein gewaltiges Fischsterben in der Spree beobachtet. Zum Glück sind es, wie uns geschrieben wird, meist nur wertlose Weissfische, Güster, Ucklei, Plötzen und Rotaugen. Das Fischsterben tritt fast regelmässig nach heftigen Gewittern, sobald diese von gewaltsam herabstürzenden Wassermassen begleitet sind, auf. Man ist vielfach geneigt, Wasser-Blitzschlägen die Schuld beizumessen, wohl ohne rechten Grund, da dergleichen Blitzschläge erst noch nachzuweisen bleiben und doch nur in einem verhältnismässig kleinen Umkreis wirken könnten. Ebenso kann die ebenfalls als Mitschuldige angerufene gewitterschwüle, sciroccoartige Luft keine genügende Erklärung bieten. Letztere dürfte vielmehr fast ausschliesslich in der plötzlichen, gewaltsamen und durch fast den ganzen

*) Vgl. Les Cris de Berlin, Berliner Strassenausrufe Brandenburgia V. 1896/97, S. 273.

Wasserlauf innerhalb der Grossstadt erfolgenden Zufuhr von Schmutz und Schmutzwasser in das Flusswasser und die Schiffahrtskanäle zu suchen sein. Während der jetzigen trockenen Jahreszeit haben sich grosse Mengen von Staub u. dergl. angesammelt, die der Platzregen ins Wasser spült, ebenso ergiessen die Notauslässe der Kanalisation gewaltige Wassermengen, welche vielerlei Unrat enthalten. Diese Massen kleben sich an die Kiemen der Fische, erschweren den Atmungsvorgang und bringen die zarteren Fischarten, insbesondere die jugendlichen Individuen, zu einem raschen Absterben.

Berl. Tagebl. 26. Juli 1893.

19. **Der Fischbestand der Oberspree** hat sich in diesem Jahre infolge der durch die Gewerbe-Ausstellung hervorgerufenen ganz bedeutenden Steigerung des Dampferverkehrs in bedenklichem Masse vermindert. Allerdings ist zwischen Köpenick und Stralau der Fischreichtum schon längst von Jahr zu Jahr geringer geworden, weil der Dampferverkehr fortgesetzt überhaupt mehr und mehr zugenommen hat, und es hierdurch den Fischen auf jener Strecke vor allem ganz unmöglich geworden ist, zu laichen. Noch niemals aber ist die Fischerei und besonders der Aalfang, auf der Oberspree, vornehmlich jedoch bei Stralau, so wenig ergiebig gewesen, wie in diesem Jahre. Die Aalkörbe werden von den Dampferwellen unausgesetzt hin- und hergeschaukelt, sodass die Tiere nicht hineingehen. Infolgedessen sind denn auch in diesem ganzen Sommer, trotzdem die Hauptmonate Mai und Juni für die Fischerei sonst sehr günstig waren, bei Stralau kaum soviel Aale gefangen, wie im vergangenen Jahre in einer einzigen Nacht.

Post, 6. Aug. 1896.

20. **Maränen.** „Sämtliche drei Seen (bei Lindow: der Wutz-, Vielitz- und Gudelak-See) sind reich an Fischen aller Art, der Vielitz-See zeichnet sich insbesondere durch den Fang des feinen Zanders aus; die beiden anderen enthielten noch zu Anfang dieses Jahrhunderts Muränen, welche inzwischen ausgestorben sind.“ Fromme: Aus der Vergangenheit von Stadt und Kloster Lindow. 1884. S. 26.

Hier ist, wie so häufig, die Muräne, ein Raubfisch des Mittelmeeres mit unserer zu den Salmoniden gehörigen Maräne verwechselt. Vergl. das von mir diesbezüglich Gesagte bei Besprechung des Buchs „Der Werbellin“ von Dr. H. Böttger in dem Bericht über die Brandenburgia-Sitzung vom 29. Nov. 1899 unter A. 14. — Im vorliegenden Falle handelt es sich um die sehr schmackhafte kleine Maräne (Coregonus albula L.). Vergl. auch No. 13.

E. Friedel.

21. **Eine merkwürdige Fischliebhaberei Friedrich Nicolais** wird in den „Jugenderinnerungen von Gustav Parthei“ (Berlin 1871) Bd. I, S. 46, berichtet.

Ein Lieblingsgericht des Grossvaters (Friedrich Nicolais) war eine kleine grätenreiche Fischart von den Berliner Stäkerlingen. Diese mussten in jeder Woche wenigstens einmal vorkommen.“

Parthei möge mir verzeihen, wenn ich diese Angabe zoologisch wie kulinarisch anzweifle. Der Stichling (Gasterosteus aculeatus L.)

berlinisch „Stekerling" (d. h. „Stacheling") genannt, ist so abscheulich hart, grätig und gefährlich stachelig, dabei so fleischlos, dass man ihn wohl niemals verzehrt. Er kommt in der Spree auch nicht innerhalb Berlins in solchen Schwärmen vor, wie der Yklei (Alburnus lucidus L.), der allerdings seine Geschmacksliebhaber, besonders unter der angelnden Jugend hat, sonst auch nur ein verschmähtes „Armeleuteessen" ist. Wahrscheinlich hat der berühmte Buchhändler, Freund Lessings und Moses Mendelssohns, sich diese kleinen Fischchen öfters zubereiten lassen. E. Friedel.

22. **Der Seehund,** welcher die grössern brandenburgischen Ströme, Elbe und Oder, dann und wann besucht, mag hier auch, als besonderer Fischschädling erwähnt werden. So wird aus Westpreussen berichtet:

Bohnsack, 15. März 1893. Die Danziger Bucht wird in diesem Jahre von einer unglaublichen Menge von Seehunden blockiert. Allein am 14. d. Mts. haben die Fischer nur aus Östlich-Neufähr 20 Seehunde in den Störnetzen erbeutet und sich behufs Erlangung der je 5 Mark betragenden Prämie Fangbescheinigungen vom Vertrauensmann ausstellen lassen. Der kleinste der Hunde wog nach der „Danz. Ztg." 180 Pfund, der grösste 370. Leider ist nur ein Stör von allen Fischern gefangen, die der Meinung sind, dass die Hunde den Störzuzug verhindern. Dafür dürften Breitlings-Schwärme zu erwarten sein. B. T.-Bl. 17. 3. 1893.

Wahrscheinlich handelt es sich nicht um den gemeinen Seehund Phoca vitulina, der in der östlichen Ostsee selten, sondern um den Graukerl, auch Kegelrobbe genannt, Halichoerus grypus, von der sich ein bei Danzig gefangenes altes und schönes Exemplar seit Jahren in dem von Dr. Hermes umsichtig geleiteten Berliner Aquarium befindet.

E. Friedel.

23. **Eine Welsfamilie gefangen.** Einen guten und seltenen Fang haben die Fischermeister Schulz und Meyer III nebst Gehilfen in diesen Tagen in der Spree in der Nähe von Hangelsberg gemacht. Mit einem Zugnetz fingen dieselben vier Welse, zwei ältere und zwei jüngere. Der grösste, wir wollen sagen der Grossvater der Welsfamilie, hat die respektable Länge von 170 cm und, hinter dem Kopf gemessen, einen Umfang von 75 cm. Sein Gewicht beträgt 52 Pfund. Der zweitgrösste — wohl der Vater — wiegt 16 Pfund, während die beiden Kinderchen nur 3 und $1\frac{1}{2}$ Pfund schwer sind. Der grössere Bursche hat ein imposantes Ansehen; alte Fischermeister können sich nicht erinnern, dass in der Spree jemals ein so grosser Fisch gefangen worden sei. Herr Fischermeister Schulz, Wassergasse, ist bereit, für einige Tage die Besichtigung des lebenden Riesenwelses den Interessenten zu gestatten. Fürstenwald. Ztg. 1. Aug. 1898.

24. **Zum Schutz der Fischerei auf der Oberspree** ist seit kurzem ein Kreispolizeidampfer in Dienst gestellt, der wöchentlich mehrmals, auch nachts, Patrouillenfahrten macht. Die auf dem Fahrzeug befindlichen Beamten, der Pritzstabel (Stromaufsichtsbeamter) und Gendarmen in Civil, haben die Aufgabe, die unbefugte Fischerei zu unterdrücken und den Flusspiraten nachzuspüren, die Diebstähle an den Fischvorräten und

Fischereigerätschaften ausführen. Dabei kommen aber auch vielfach Übertretungen harmloser Ruderer und Segler zur Anzeige, zum Beispiel, wenn diese abends ohne Laternenlicht fahren. Die Beamten haben die Befugnis, auf Kähnen, die ihnen sonst verdächtig vorkommen, Revisionen vorzunehmen, die sie auch auf die Mannschaften erstrecken können. Die Beraubungen der Fischereigerätschaften haben seit der Indienststellung des Polizeidampfers schon bedeutend nachgelassen. B. T.-Bl., 31. August 1899.

25. **Fischerei - Litteratur.** Dr. G. Eberty: Der Pritzstabel. (Behandelt die wendischen Wasser- und Fischerei-Vögte zu Spandau, Coepenick, Ruppin und Potsdam.) In No. 1 der Allg. Fischerei-Zeitung XVIII. München u. Berlin, 14. Januar 1893.

Die Allgemeine Fischerei-Zeitung (Neue Folge der Bayer. Fischerei-Zeitung) ist vom 1. Januar 1893 ab u. a. auch Organ des Deutschen Fischerei-Vereins sowie des Brandenburgischen Fischerei-Vereins geworden.

Seither erscheint für den uns lebhaft interessierenden, von Herrn Kammergerichtsrat Uhles vorzüglich geleiteten „Fischerei-Verein für die Provinz Brandenburg" ein eigenes Organ unter der Bezeichnung „Mitteilungen", auf deren reichen heimatkundlichen Inhalt die Mitglieder der Brandenburgia besonders aufmerksam gemacht werden.

26. **Fisch-Vermehrung im Spreewald.** Während vor einem Jahrzehnt über Fischmangel im Spreewalde geklagt wurde, kann heute die Fischzucht als recht erfreulich bezeichnet werden. Hierzu trug namentlich das Hochwasser der letzten Jahre bei, da die Fische sich ungestört vermehren konnten. Auch hat das Hochwasser bewirkt, dass aus grösseren Seen, namentlich aus dem Schwielochsee sich viele Fische stromaufwärts in die weite, überschwemmte Spreewaldniederung begaben. Namentlich haben sich auch viele edle Fische eingefunden, besonders Karpfen. Noch vor zehn Jahren gab es diese im Spreewalde fast garnicht, und jetzt vergeht fast kein Tag, an dem die Angler nicht einige mit nach Hause bringen. Es sind dies meistens Exemplare von zwei bis vier Pfund; doch sind auch grosse Karpfen keine Seltenheit. Jetzt, nachdem das Hochwasser sich verlaufen hat, werden die Fische, namentlich schöne, grosse Hechte, zahlreich mit dem Netze gefangen. Vor acht Wochen, als die Fische wegen des hohen Wasserstandes schwer zu fangen waren, hatten sie einen sehr hohen Preis. Es wurde damals das Pfund Hechte mit 1,20 Mk. bezahlt. Heute kostet dieser Fisch nur 50 Pfennige. Viel trägt auch zum Niedergang des Preises bei, dass der Touristenstrom nach dem Spreewald langsam versiegt. Es kommen im Laufe des Sommers jetzt über 40 000 Fremde nach dem Spreewald, und jeder will das Nationalgericht des Spreewaldes, Fisch mit Spreewaldsauce, geniessen. Da müssen die Wirte die höchsten Preise anlegen, um ihre Gäste zu befriedigen. Gegenwärtig ist das anders. Die Wirte brauchen nur noch wenig Fische, und daher sind die Preise so niedrig. Jetzt gönnt auch der Spreewälder sich selbst wieder einmal ein Gericht Fische, während diese im Sommer zu Gelde gemacht werden mussten. Was die Fischer durch den Eingang der Krebse eingebüsst haben,

das tragen die grösseren Mengen Fische jetzt wieder ein. Soviel Mühe man sich nämlich seit der Krebspest auch mit Hebung der Krebszucht bisher gegeben hat, so ist es doch bisher noch nicht gelungen, den Spreewald mit diesen Krustentieren zu bevölkern.

26. **Der Ukelei als Perlenlieferant.** Dass der Ukelei oder Iklei auch Perlen liefert, dürfte nur wenigen bekannt sein. Thatsächlich verdankt die sogenannte Pariser Perle, die der echten beinahe täuschend gleich sieht, ihren leuchtenden Glanz dem unscheinbaren Bewohner unserer märkischen Gewässer. Um denselben herzustellen, bedient man sich der Schuppen. Die Ukelei-Schuppe besteht aus 30—40 pCt. einer im kalten Wasser unlöslichen stickstoffhaltigen Materie, ungefähr 45 pCt. phosphorsaurem und 3—10 pCt. kohlensaurem Kalk; diese Schuppenteile werden zur Leimfabrikation benutzt, die silberglänzende Substanz aber, mit der die Schuppen ausserdem überzogen sind, dient zur Bereitung künstlicher Perlen und wird pro Pfund mit 60—100 Mk. bezahlt. Um sie zu lösen, schüttelt man die Schuppen mit Wasser, worauf der Silberglanz zu Boden sinkt. Nachdem er mit Ätzammoniak und Hausenblasenlösung versetzt worden ist, kommen die aus Glas geblasenen Perlen hinein. Der Ammoniak verfliegt und der Silberglanz bleibt zurück. In Stettin befinden sich seit Jahren zahlreiche Agenturen Pariser Häuser, die den Glanz aufkaufen. Um die nötigen Quantitäten zu gewinnen, veranstaltet man alljährlich in den märkischen, mecklenburgischen und pommerschen Gewässern ein förmliches Ukeleimorden, in den Eislumen werden die Fische zu Tausenden gefangen. Während man ihre Leiber den Schweinen als Futter vorwirft, kommen die Schuppen in den Handel. Um eine einzige falsche Perle herzustellen, müssen Unmengen von Fischen ihr Leben lassen. B. L.-A. 21. 2. 1899.

27. **Fischergemeinde Sonnenburg, Kreis Ost-Sternberg.** Als am Tage Johannis des Täufers, also am 24. Juni 1883, die Investitur des Prinzen Albrecht von Preussen als Herrenmeister des Johanniter-Ordens in dem sonst so stillen Landstädtchen Sonnenburg stattfand, zeichneten sich bei dem festlichen Empfange besonders die Fischer aus. Ebenso am Johannistage im Jahre 1884 bei der Anwesenheit desselben Herrenmeisters. Vor der Lenzebrücke, die nach dem Schlossplatz führt, hatte sich wie die N. A. Z. berichtet, die Fischergemeinde versammelt, deren Vorsteher Wilschere den Herrenmeister bewillkommnete. Das grosse Rundteil vor dem Schloss war mit Netzen und dem Fischergewerbe entsprechenden Insignien geschmückt. Die Fischer verdanken ihren Wohlstand zumeist dem Johanniter-Orden, der ihnen nach der Urbarmachung des früher wilden Warthebruches, als Entschädigung für die verminderte Fischerei, reiche Wiesen gegeben hat, die jetzt einen weit lohnenderen Ertrag bringen, als dies je bei der Fischerei und dem Krebsfange der Fall gewesen ist, obgleich die Sonnenburger Krebse einst weit und breit berühmt waren und selbst auf der Speisekarte von Chevet im Palais Royal zu Paris als écrevisses de Sonnenbourg figurierten. Unter einem Fuss Länge, erzählt die Überlieferung, durften in früheren Zeiten keine Krebse zur Herrenmeistertafel in Sonnenburg geliefert werden. Das waren also Krebse von der achtbaren Grösse einer Hummer.

E. Friedel.

28. **Maränen und Muränen.** Bei Dr. med. Johan. Christoph. Wulff: Ichthyologia cum Amphibiis Regni Borussici. Methodo Linneana disposita, Regiomonti, 1765, heisst es S. 48 flg.:

Muraenula. Cyprinus pinna ani XIII. et dorsalis IX. Marena. Muränichen, ab oppidulo Marchiae Moryn, ubi frequens ejus est captura. Murenen. Morenen. Piscis delicatus et carus. Muränen Borussis."

Es wird hier also der Name „Muränen" sonderbarerweise von dem Städtchen Morin im Kreise Königsberg i. N. abgeleitet, woran umsoweniger gedacht werden kann, als er selbst hinzufügt, dass die Bezeichnung „Muränen" auch in Preussen (womit Ostpreussen gemeint ist) üblich sei, wo die Maräne garnicht selten vorkommt und das Städtchen Morin wohl kaum bekannt ist. Die lateinische Bezeichnung Muraenula ist ebenso falsch, dagegen der Name Marena, also deutsch Maräne oder Marene vollkommen richtig. Die märkische und ostpreussische Maräne gehört zur Lachsfamilie, die Muräne ist ein mittelmeerischer Fisch, der zur Aalfamilie gehört. Vgl. Mitt. des Vereins f. d. Gesch. Berlins. I. 1884. S. 30 und No. 4 dieser Zusammenstellung.

29. **Der Ursprung der Fischangel.** Sonderbarerweise wurde im christlichen Mittelalter der Ursprung der Fischangel dem Tristram, jenem mit dem Sagenkreis des Artus und der Tafelrunde in Verbindung gebrachten Helden, eigentlich einem Heros der keltischen Mythologie, zugeschrieben, den um 1200 uns Gottfried v. Strasburg, neuerdings Richard Wagner in der Oper Tristan und Isolde im Lichte deutscher Romantik näher gebracht hat. Dr. Joh. Knieschek veröffentlicht in der Zeitschrift für deutsches Altertum und deutsche Litteratur N. F., Bd. XVI 1884, S. 261 flg., eine deutsche Überzeugung der czechischen Bearbeitung des Tristram, in welcher es, nachdem geschildert worden, wie der Held mit Isolden sich vor seinen Verfolgern in eine Waldeseinöde geflüchtet und in einer Hütte mühselig sein Leben über zwei Jahre gefristet hat, wie folgt, heisst:

„auf der Welt sie nichts anderes hatten
als eicheln und waldkräuter;
da assen sie davon wenig.
das war ihre beste Speise,
ausser wenn Tristram mit seinem bogen
erschoss irgend ein vögelein,
sei es eine drossel oder eine holztaube.
auch darauf achtete er
zu schiessen rehe.
dann nahm die Frau eine heftnadel aus ihrem schleier,
Tristram machte daraus ein häkchen in der weise
wie jetzt die angeln sind,
womit man fische fängt,
band es an ein holz
und fieng damit fische im flusse,
der floss vor ihnen.
da hatten sie fische genug mit anderem.

mir ist das sicher gesagt,
dass durch ihn zuerst erfunden ward
fische zu fangen mit angeln
(und verschiedenen reusen)."

Den letzten Vers halte ich mit Kniesehek für einen späteren Zusatz. Vgl. im übrigen das in meiner Schrift: Aus der Vorzeit der Fischerei, Berlin, 1884, S. 54 Gesagte. Unter der Heftnadel der Isolde hat man wohl die kreisrunde Spange des 2. bis 14. Jahrhunderts zu denken, die einen kleinen Kerb an einer Stelle hat, um welche sich ein, einen Diameter des Spangenkreises bildender Dorn bewegt. Dreht man diesen Dorn nach aussen und biegt seine Spitze krumm, so hat man einen, allerdings etwas rohen, Angelhaken. An den Spangenkreis würde die Angelschnur zu binden und diese mittels eines Stückchens leichten Holzes als Angelschwimmer flott zu erhalten und vorm gänzlichen Untersinken zu bewahren sein. Zerrt der Fisch am Köder, so zieht er den Angelschwimmer unter Wasser und deutet damit den Augenblick an, in welchem man die Angel aus dem Wasser schnellen muss, um den Fisch zu fangen. E. Friedel.

30. **Die Stinte des Tegeler Sees bei Berlin.** Bekmann: Historische Beschreibung der Chur- und Mark Brandenburg. I. 1751 S. 1112 schreibt: „Der See bei Ziegel (Tegel) ist sehr fischreich, und seine Fische und Krebse von schönem geschmack. Hält unter andern schöne Zander, Barsche, Bleie und Stinte, so wegen ihrer grösse oben III. Th. II. R. § V. s. 577 angemerket worden." Und S. 577: „In dem Fischreichen See bei Ziegel, Berl. Insp. trifft man sie 8 zoll lang und 3 zoll dikke, die einem Stetinischen Hering nicht unähnlich sein. Sie haben einen starken unangenehmen geruch, wie sie dann auch deshalb hier zu Lande Stint oder Stinks und Stinkfisch, so genannt werden: und wie Colerus XVI. B. 41. K. schreibet, liegen sie das ganze jahr durch in den Seen unten auf dem grunde, und wird kein einziger gefangen, aber um Oculi, oder deutlicher zu sagen am ende des Februar und zu anfange März ziehen sie haufenweise wie die bienen, und werden in grosser anzahl gefunden."

Auch Bloch: Ökonom. Naturgesch. der Fische Deutschlands I. Berlin 1783, S. 228 leitet den Namen Stint von stinken ab, und man kann wegen der Schmackhaftigkeit des Tieres eben nur sagen: de gustibus non est disputandum. Sicher ist, dass der Stint, Osmerus eperlanus Linné, der zur Familie der Lachse, also der Edelfische, gehört, immermehr von den Fischmärkten Berlins verschwindet. Was der Grund davon ist, ist nicht so leicht zu ermitteln. Die Fischer sagen, er sei aus vielen Gewässern verschwunden oder doch in denselben ausserordentlich vermindert. Dr. Carl Bolle, unser Mitglied, ein sorgsamer, verlässlicher und feiner Naturbeobachter, ist mit mir der Meinung, dass dem Fisch nur nicht mehr in geeigneter Weise nachgestellt werde. Wahrscheinlich ist der Fang wegen geringer Nachfrage nicht mehr lohnend. Da Herr Bolle, wie ich, am Tegeler See nach Frühjahrsstürmen immer tote frisch ausgeworfene Stinte am Ufer gefunden haben, so waren wir stets der Meinung, dass der Fisch aus demselben nicht verschwunden sei. Dies wird dadurch bestätigt, dass Herr Bolle in den letzten warmen Tagen des Januar 1885 aus einer Luhme im Eise des Sees bei seiner Insel Scharfenberg eine Menge der Fischchen lebend gefangen hat, die wir, mit Paunirmehl gebacken, uns trefflich haben schmecken lassen. Einige wenige Exemplare erreichten sogar die von Bekmann erwähnte Riesengrösse von 8 Zoll rheinisch. Da der Stint in grossen Tiefen lebt und klein ist, so kann er nur mit einem teuren engmaschigen Fischzeug in marktfähiger Menge gefangen werden. In die Eisluhmen drängt er sich mitunter in solcher Menge, dass wenn man Reisigbündel unter denselben versenkt hat und sie schnell in die Höhe zieht, eine Menge der zierlichen Fischchen gefangen werden. Früher z. B. in den Odergegenden, bediente man sich der Stint-Priepe (ein Exemplar im Märkischen Museum Kat. VI No. 1650), einer gewaltigen, mannshohen und 2 Fuss im Durchmesser haltenden aus Holzspänen geflochtenen Reuse mit der Tausende auf einmal erbeutet werden konnten. E. Friedel.

31. **Störfang in der Oder.** Kienitz. Am 4. Mai 1882 in den Nachmittagsstunden wurde von hiesigen Fischern in dem Oderstrome ein Stör gefangen, welcher eine Länge von 2 m 23 cm (ca. 7 Fuss und ein Gewicht von $59^1/_2$ kg hatte. Ein seltenes Ereignis hierselbst; vor ca. 20 Jahren wurde hier ein solcher Fisch gefangen, der aber nicht die Grösse des jetzt gefangenen hatte. E. Friedel.

32. **Fischzucht im Sorauer Kreise.** Sorau N.-L., 27. Juli. In gleicher Weise wie der Obstbau in unserem Kreise in den letzten Jahren mit sichtbarem Nutzen gefördert wird, hat sich auch die Fischzucht hier ganz besonderer Pflege zu erfreuen. Ihr wird z. B. seit langen Jahren in Mildenau eifrige Pflege zuteil, und ist der dadurch erzielte Gewinn recht ermunternd Neuerdings hat ein junger Gutspächter in Mellendorf grossartige Fischteiche angelegt, und ist dieser schon jetzt mit dem Ertrage recht zufrieden. Leider ist der Schaden, den die Überschwemmungen in den letzten Jahren den Fischzüchtern in der Neissegegend, z. B. bei Forst, zugefügt haben, recht gross, indem das durch die Teiche flutende Hochwasser die Fische mit forttrieb. — Die hiesigen Landwirte behaupten, dass die Zollgesetzgebung ein Emporkommen der früher hier stark betriebenen Schafzucht zum Zweck der Wollgewinnung verhindere, und erwarten mit Sehnsucht eine für sie günstige Änderung des Gesetzes.

Frankfurter Oder-Zeitung 30. 7. 1899.

33. **Getrocknete Störe.** An einem Fischerhause in Zäckerick am rechten neumärkischen Oderufer prangen als seltene Beute an dem Gebälk über der Einfahrt der Unterfahrt (Laube, Löwing) des Hauses zwei getrocknete Störe. Dergl. getrocknete Störe sind mir aus Hohensaaten (Kreis Angermünde) und anderen märkischen Oderdörfern bekannt. Das Märkische Museum besitzt einen solchen Stör. Diese grossen Fische sind als Seltenheiten und Wahrzeichen aufgehängt, vergleichsweise wie in Kirchen und Rathäusern unserer Provinz Rippen und Wirbel vom Walfisch, mitunter vom Mammuth. Bezüglich Zäckerick vgl. „Bär" vom 2. Dez. 1899. S. 762.

E. Friedel.

Walfischrippe. Obwohl die Waltiere bekanntlich Säuger sind, wird ihr Fang dennoch unter den allgemeinen Begriff des Fischfangs gerechnet. Dies mag es rechtfertigen, wenn ich darauf aufmerksam mache, dass sich in der Nikolaikirche zu Jüterbog eine defekte Walfischrippe als Rarität befindet, die wohl ein Schiffer oder Kaufherr dorthin gestiftet haben mag. St. Nikolaus ist Schutzpatron der Handelsfahrer und Kaufleute.

Jüterbog, den 29. Oktober 1899. E. Friedel.

34. **Die Rippe und der Wirbelknochen** in Berlin Ecke Molkenstrasse und Molkenmarkt, an der Stelle ungefähr, wo einst der Roland von Berlin gestanden, rühren ebenfalls von einem Waltier her. In der Nähe befindet sich die St. Nikolaikirche; möglich, dass diese Knochen in reformatorischer Zeit, als man die ehemals katholischen Kirchen „säuberte" von dort fortgethan und als Merkwürdigkeit in der Nähe an einem Hause wieder-angebracht worden sind. E. Friedel.

35. **Fischerei-Geschichtliches** von E. Friedel (No. 20 bis 24). Es sei hier vergönnt, die nachfolgenden interessanten fischereigeschichtlichen Nachrichten mitzuteilen, wenn sie auch das heimische Fischwesen nicht unmittelbar angehen.

Über das Symbol des

ΙΧΘΥΣ

Ιχθυς (*Ιησους Χριστος θεου Υιος*)

sagt in einer Erwiderung auf eine Adresse Pius IX. im Juli 1873: „Vertrauen also auch wir voll jenes Glaubens, der nie abnimmt und der mit Recht in dem Fisch sein Symbol hat: denn gleichwie der Fisch zwischen den sturmbewegten Wellen des Meeres fest und unbewegt bleibt, so lässt sich der wahre und starke Glauben weder durch Verfolgungen noch durch Widerwärtigkeiten niederwerfen." Vgl. No. 21.

36. **Aus „Wattenbach: Das Schriftwesen des Mittelalters". Lpz. 1871.** S. 62: „Wie Édélestand Du Méril (Etudes sur quelques points d'Archéologie et d'histoire littéraire, Par. et Lpz. p. 113) mittheilt (1860) hat sich auf dem Fischmarkt von Rouen noch jetzt die Sitte erhalten, dass die übriggebliebenen Fische am Schlusse versteigert werden, und das Ergebnis auf Wachstafeln eingetragen, deren Abbildung er mitteilt".

S. 123: Die röm. Päbste bedienten sich der Bleibullen, für Breven aber des Fischerringes, der vor dem 15. Jahrh. wohl kaum nachweisbar ist. Vgl. No. 20.

S. 138: Man benutzte auch den Saft des Dintenfisches, sepia. Damit schreibt der faule reiche Jüngling bei Persius 3, 13, der spät erwachend sein Schreibgerät fordert und mit der Dinte unzufrieden ist:

Iam liber et bicolor positis membrana capillis,
Inque manus chartae nodosa venit arundo.
Tunc queritur crassus calamo quod pendeat humor.
Nigra quod infusa vanescat sepia lympha,
Dilutas queritur geminet quod fistula guttas!

Martial (4, 20) schickt mit dem solchergestalt frischgeschriebenem Buch gleich auch einen Schwamm, um, wenn es nicht gefalle, die Schrift auszulöschen. Auch Ausonius (epist. 7) gedenkt noch des Schwammes in ähnlicher Weise, indem er ein Begleitschreiben zu einem Geschenk von 30 Austern mit folgenden Versen beschliesst:

Sed damnosa nimis panditur area
Fac campum replices, Musa, papyrium,
Nec iam fissipedis per calami vias
Grassetur Cnidiae sulcus arundinis,
Pingens aridulae subdita paginae
Cadmi filiolis atricoloribus,
Aut cunctis pariter versibus oblinat
Fulvam lacticolor spongia sepiam.
Parcamus vitio Domnotinae domus,
Ne sit charta mihi carior ostreis.

(Man sieht gleichzeitig daraus, dass in Gallien damals Papyrus ziemlich teuer war.)

37. **Fischereiliche Sprichwörter.**

Old Horace Greeley went a — fishing out for clams
And he did not get nary — a one.

Anfang eines amerikanischen Spottliedes auf den Präsidenten Horace Greely. Clam ist Venus mercenaria, eine sehr wohlschmeckende Meeresmuschel, vgl. meine Angabe Brandenburgia VI. S. 415.

Persisches Sprichwort.

Thust Du Gutes, so wirf es in's Meer,
Sieht es der Fisch nicht, so sieht es der Herr.

Altenglisches Sprichwort.

When the corn is in the shock (zur Erntezeit)
The fish are at the rock.

38. Aus: **Mommsen: Röm. Gesch. I. S. 889**: 175–164 a. Chr.

Die neuen Luxusartikel wurden mit Schwindelpreisen bezahlt; das Fässchen Sardellen aus dem schwarzen Meer mit 1600 Sesterzen (120 Thaler) höher als ein Ackerknecht.

Aus derselben Epoche S. 904:

Dem Athenäer war nichts übrig geblieben als die Schule, der Fischmarkt und das Bordell.

Ebendort: Unter den stehenden Figuren der damaligen griech. Comödie (Menander pp.) der Arzt, der Priester, der Fischer, der Schiffer.

S. 138. Tarentiner Fisch- und Purpurschneckenfang. Der vortreffliche Hafen, der einzige gute an der ganzen Südküste, machte ihre Stadt zum natürlichen Entrepôt für den süditalischen Handel, ja sogar für einen Theil des Verkehrs auf dem adriatischen Meer. Der reiche Fischfang in dem Meerbusen, die Erzeugung und Verarbeitung der vortrefflichen Schafwolle sowie deren Färbung mit dem Saft der tarentinischen Purpurschnecke, die mit der tyrischen wetteifern konnte — beide Industrien hierher aus Miletos eingebürgert — beschäftigten Tausende von Händen.

39. **Der Fischgott Dagon.** „Was die Kopfbedeckung des assyrischen Fischgottes anlangt, den nach der Bibel auch die Philister verehrten, so ist es, wie jeder sich überzeugen kann, der die alt-assyrischen Bildwerke im Britischen Museum ansehen will, genau dieselbe, wie sie heute die römisch-katholischen Bischöfe noch tragen. Der ganze äusserliche Aufzug der päbstlichen Kirche ist aus solchem steinalten, crassen Heidentum erwachsen. Der Fischgott Dagon aber, an dessen Schuppengewand zwei Frauenfüsse hervorstanden, war eines der sinnlichsten aller altheidnischen Sinnbilder, ebensowohl, wie es einst das Kreuz gewesen war. Und daraus sind nun christliche Bekleidungsstücke und heilige Zeichen geworden, die man noch im 19. Jahrhundert anbetet." (Vgl. Karl Blind: Neue Beiträge zur Sündfluth- und Astarte-Sage, Gegenwart 1873. S. 219.)

Kleine Mitteilungen.

Von der Volkszählung am 1. Dezember 1900. Nach den vorläufigen Ermittelungen hat die Volkszählung für eine Reihe grösserer Städte Deutschlands folgende Ergebnisse geliefert:

	1900	mehr gegen 1895		1900	mehr gegen 1895
Berlin	1 884 345	207 041	Lübeck	81 517	11 643
Hamburg	767 385	85 752	Görlitz	80 842	10 667
München	498 503	87 502	Würzburg	74 905	6 100
Leipzig	455 120	55 120	Plauen i. V.	73 908	18 717
Breslau	422 415	49 252	Darmstadt	63 745	7 455
Dresden	395 349	41 064	Ludwigshafen	61 706	22 000
Köln	370 685	49 121	Freiburg i. B.	61 513	8 400
Frankfurt a. M.	287 813	58 544	Potsdam	59 326	871
Nürnberg	260 743	64 960	München-Gladbach	57 659	3 997
Hannover	234 986	25 451	Liegnitz	54 900	3 400
Magdeburg	229 752	15 308	Osnabrück	51 487	6 300
Düsseldorf	212 919	38 964	Harburg	49 156	6 577
Stettin	209 988	22 531	Regensburg	45 312	3 841
Charlottenburg	189 300	48 700	Pforzheim	43 097	9 756
Stuttgart	176 318	17 997	Ulm	42 860	3 575
Bremen	160 823	19 000	Heidelberg	40 232	5 042
Halle a. S.	156 631	40 327	Stralsund	31 005	905
Elberfeld	156 503	17 166	Eisenach	31 000	5 600
Strassburg	150 268	14 660	Göttingen	30 180	4 567
Mannheim	137 000	46 600	Bayreuth	29 263	1 570
Posen	116 151	13 377	Lüneburg	24 703	2 309
Kiel	107 071	21 405	Erlangen	22 812	2 000
Krefeld	106 687	— 358	Eberswalde	21 614	3 218
Kassel	105 455	15 263	Grünberg	20 937	2 412
Karlsruhe	98 000	14 000	Köslin	20 700	1 800
Schöneberg	95 930	33 244	Jena	20 615	5 216
Rixdorf	90 514	30 600	Speyer	20 420	1 376
Augsburg	89 000	6 270	Baden-Baden	15 577	715
Mainz	81 500	4 550	Tübingen	15 323	1 347

Die Armenlasten von Berlin sind nach der neuesten Zusammenstellung des Direktors des Hamburger Armenwesens Dr. Bruehl nicht nur absolut, sondern auch relativ die grössten von allen deutschen Staaten. Nach Abzug der Einnahmen mit 621 486 Mark verbleiben mehr als 14½ Millionen Mark Ausgaben. Auf den Kopf der Bevölkerung entfallen nach dem Stand von 1897/98 8 Mark 48 Pfennig, ein Betrag, dem sich nur Hamburg mit 7 Mark 76 Pfennig nähert. An dritter Stelle steht Danzig mit 6 Mark 38 Pfennig. 20 deutsche Städte, die grösser als Danzig sind, haben geringere Armenlasten. Über 4 Mark auf den Kopf haben noch Krefeld mit 4 Mark 38 Pfennig, Düsseldorf mit 4 Mark 14 Pfennig und Potsdam mit 4 Mark 16 Pfennig. Sehr verschieden sind die eigenen Einnahmen der Armenverwaltungen. So nimmt Köln aus seinen Stiftungen 845 000 Mark, 224 000 Mark mehr als Berlin ein. Mehrere Städte erzielen sogar Überschüsse aus den Armenverwaltungen, so Strassburg, Lübeck und Hanau. Im allgemeinen ergiebt sich aus der Zusammenstellung, dass in alten Städten das Stiftungsvermögen zur Deckung der Armenlasten meist fast zureicht, während in den aufstrebenden Industriestädten die Armenlasten am grössten sind. In Berlin trägt der ungeregelte Zuzug, die Verlockung der Weltstadt für unsichere Existenzen den Hauptanteil an der Vermehrung der Armen-Kopfzahl.

Berlin, im Oktober 1900. E. Fr.

Altmärkischer Taufschmaus. Köckte (Kr. Gardelegen), 31. Oktober. Dass in der Altmark nicht blos die bekannten grossartigen Hochzeiten, sondern auch grosse Kindtaufen gefeiert werden, beweist der Taufschmaus, den der Maurermeister Karl Bethge hierselbst abhielt. Es waren dazu, wie die „Wes. Ztg." mitteilt, an 500 Personen von hier und aus der Umgegend geladen. Zur Speisung der vielen Gäste waren zwei Schweine, ein Rind und ein Kalb geschlachtet; mehrere Centner Mehl waren zum Kuchen verbraucht worden. Der Durst wurde mit 10 Tonnen Bier und verschiedenen Spirituosen gelöscht; an Cigarren wurden 15 Kisten verdampft. Die Musik wurde von der gut geschulten Schillingschen Stadtmusikkapelle aus Salzwedel ausgeführt. B. T. 2. Nov. 1900.

Fragekasten.

A. B. Was weiss man über den Tod des Gesandten Sir Bathurst zu Perleberg 1809? — Über das am 25. November 1809 erfolgte Verschwinden des Lord Bathurst gehen drei Vermutungen um, die gewöhnlichste: Napoleon I. habe ihn als staatsgefährlich mittelbar oder unmittelbar beseitigen lassen, die ebenfalls geteilte: Bathurst, der sehr aufgeregt und eingeschüchtert in Furcht vor räuberischen Überfällen im „Weissen Schwan" zu Perleberg ankam, habe sich selbst das Leben genommen; endlich die anfänglich am wenigsten geglaubte: er sei von gemeinen Raubmördern wegen des vielen Geldes, das er zeigte, höchst wahrscheinlich von August Schmidt dem Sohn des Postwagen-Meisters, mutmasslich unter Mithilfe des Häuslers Mertens umgebracht. Eduard Schulte hat das alles neuerlich in einem Aufsatz in der „Gartenlaube" von 1891 S. 749 flg. „Das Verschwinden des Lord Bathurst in Perleberg im Jahre 1809" sehr lichtvoll auseinandergesetzt und dabei die Hypothese des Raubmordes als sehr wahrscheinlich und glaubhaft dargestellt. Wir folgen Schultes Angaben.

Zu Beginn des Jahres 1809 wurde B. als ausserordentlicher Gesandter nach Wien geschickt, um Österreich zur Erhebung gegen Napoleon anzuspornen. Auf dem Rückwege wollte er über Berlin nach Hamburg reisen und sich in Hamburg nach England einschiffen.

Über die Reise von Berlin bis Perleberg ist bekannt geworden, dass B. auf den Poststationen grosse Unruhe zeigte, seine geladenen Pistolen besichtigte und sich nach dem Verhalten der französischen Truppen in der Nachbarschaft erkundigte. Am Sonnabend den 25. November kam B. in Begleitung seines Sekretärs und Kuriers Fischer und eines Dieners Nikolaus Hilbert, beide Deutsche und anscheinend zuverlässige Leute, in Perleberg an. Alle drei gingen vom Posthaus nach dem in derselben Strasse belegenen Gasthof „Zum Weissen Schwan", der dem Gastwirt Leger gehörte und an das Parchimer Thor stiess, durch welches der Weg nach Hamburg ging. Am Abend beglich Fischer die Rechnung, Hilbert war beim Gepäck beschäftigt. Gegen 9 Uhr stand der Hausknecht mit einer Laterne neben dem Postillon bei den Pferden. Beim Schein der Laterne sah man B. vom Gasthof her an dem Wagen, in der Richtung, wohin gefahren werden sollte, vorübergehen, unbekannt weshalb. Von diesem Augenblick ist B. lebend nicht wieder gesehen und seine Leiche nicht mit voller Sicherheit nachgewiesen worden. (a. a. O. S. 750.)

Alle gerichtlichen und polizeilichen Nachforschungen führten zu nichts. Bei dem übelbeleumdeten August Schmidt wurde der kostbare Pelz des B. versteckt gefunden und Schmidt nebst seiner Mutter nur wegen Diebstahls zu 8 Wochen Gefängnis verurteilt. Die Untersuchung war unglaublich fahrlässig geführt worden. Ein paar Hosen des B. wurden von zwei Perleberger Frauen am 16 Dezember in einem Wäldchen, eine Viertelstunde vom Parchimer Thor gefunden. Auch diese Spur ward nicht genugsam verfolgt.

1852 fand man beim Abbrechen eines Hauses, dreihundert Schritt vom „Weissen Schwan" an der Hamburger Chaussee belegen, unter der Schwelle des Stalles ein menschliches Skelett. Das Haus gehörte seit 1803 dem Häusler Mertens. Schulte macht nun sehr wahrscheinlich, dass dies Gerippe die Reste des erschlagenen B. darstellte und dass Mertens Mithelfer an dem Morde gewesen ist. Der Schädel zeigte eine tiefe Einbeulung wie von einem Hammer oder stumpfen Beilende bewirkt. Schmidt hat jedenfalls den B. nach dem Hause des Mertens geführt und dort ist die That verübt worden. Wegen des weiteren Indizienbeweises verweisen wir auf die spannende und lichtvolle Darstellung Eduard Schultes selbst, vgl. S. 766—772.

Der französischen Regierung ist eine Mitschuld in keiner Weise nachgewiesen.

Dass eine solche That vorkommen und ungesühnt bleiben konnte, hängt mit der ganzen damaligen Unsicherheit und der Lockerung der obrigkeitlichen Autorität im Lande, die durch die französische Invasion verschuldet waren, zusammen.

---

v. G.-C. **Denkmäler, berühmte Grabstätten und Gedenktafeln von Russen** sind in der Provinz Brandenburgia vielfach zerstreut. Eine Zusammenstellung ist, beim Mangel umfassender Vorarbeiten, nur mittels Fragebogen möglich. Über die Berliner Kirchhöfe hat Herr Paul Kunzendorf in Zehlendorf eine Geschichte geschrieben, über die Gedenktafel für den Komponisten Glinka vgl. Dr. G. Albrecht im Bär, 1899, No. 25.

Frau S. **Wieviel Einwohner hat Berlin?** Die Stadt Berlin (selbstredend ohne das vorortliche, nur postalisch zu Berlin gerechnete Stück Berlin W.) hatte nach der Volkszählung am 2. Dezember 1895: 1 654 255 Civil-Einwohner. Die fortgeschriebene Bevölkerungszahl betrug für den 1. Januar 1900: 1 848 269; hiernach ist keine Rede davon, dass, wie Sie voraussetzen, bei der nächsten Volkszählung am 2. Dezember 1900 Berlin die zweite Million überschritten haben werde. Was Sie zu Ihrer Unterstützung anführen, sind statistische Vorausberechnungen aus den siebziger und achtziger Jahren. Diese vom städtischen statistischen Amt, z. B. als es sich um die Bemessung des Geländes für den städtischen Gemeindefriedhof in Friedrichsfelde handelte, aufgestellten rechnerischen Vermutungen haben sich aber als vollkommen trügerisch erwiesen. Der enorme Jahreszuwachs an Seelen, wie er in Berlin in den siebziger Jahren stattfand, hat längst nachgelassen. Es musste dies, weil das begehrte westliche und südwestliche Baugelände immer knapper wurde. Dadurch hat die Bevölkerungsziffer der Vororte sich ausserordentlich vermehrt. Wenn Sie das erwähnte, nicht zum Polizeibezirk der Reichshauptstadt gehörige postalische Stück Berlin W. mit in die Bevölkerungsziffer einziehen, dann allerdings wird dies Gross-Berlin über 2 000 000 Einwohner am 2. Dezember 1900 zählen. E. Friedel.

Für die Redaktion: Dr. Eduard Zache, Cüstriner Platz 9. — Die Einsender haben den sachlichen Inhalt ihrer Mitteilungen zu vertreten.
Druck von P. Stankiewicz' Buchdruckerei, Berlin, Bernburgerstrasse 14.

Die Prignitz.

Von

Eduard Zache.

I. **Die geologischen Grundlagen.** Orographische Skizze, geologische Skizze, die Landschaft zwischen Elde und Löcknitz, die Landschaft zwischen Löcknitz und Stepenitz, die Landschaft zwischen Stepenitz und Dosse, die Landschaft östlich der Dosse, das Havelberger Vorgebirge.

II. **Der wirtschaftliche Aufbau.** Der Siedelungsplan, der Dorfplan, die Dorfnamen, der Gehöfteplan, die Verkehrslinien, die Kolonisation der Askanier, die Dörfer, die Städte, der geistliche Besitz, die Kolonisation der Hohenzollern.

III. **Die geschichtlichen Ereignisse.** Die Napoleonischen Kriege, der dreissigjährige Krieg, das Mittelalter, die slavische Zeit, die Vorgeschichte der Kolonisation, die Urzeit.

I. Die geologischen Grundlagen.

Die Prignitz bildet den westlichen Vorsprung der Provinz Brandenburg. Sie schiebt sich keilartig zwischen Mecklenburg, Hannover und Sachsen ein. Auf der südwestlichen Seite bildet der breite Elbstrom ihre deutliche natürliche und politische Grenze. Nach Norden scheint auf dem ersten Blick eine natürliche Grenze zu fehlen. In der That ist sie auch bei weitem weniger ausgeprägt. Es ist hier der südliche Wall der mecklenburgischen Seenplatte, welcher strichweise eintritt. Man sieht schon auf einer kleinen Karte, wie Dosse und Stepenitz in ihren obersten Abschnitten sich quer vorlegen. Ihr Oberlauf liegt in einem weiten Wiesenthal, und beide nähern sich einander bis auf 1 km. Die deutlichste Marke aber sind die Ruhner Berge, welche nördlich von Putlitz auf eine weite Strecke den Horizont begrenzen und in ihrer höchsten Spitze 178 m erreichen. Auf der nordwestlichen Seite ist es

10

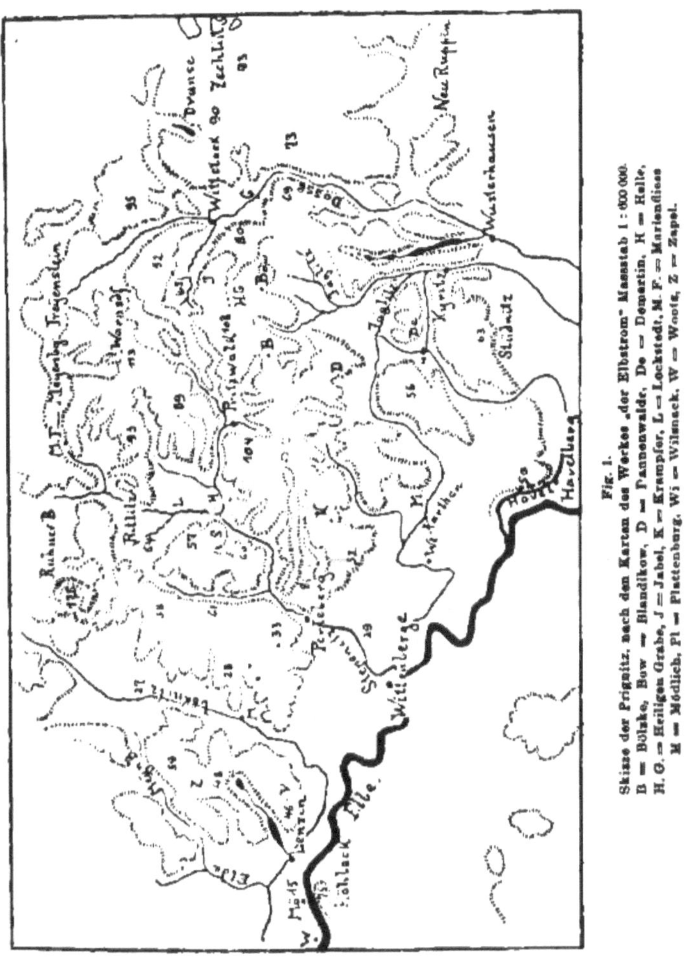

Fig. 1.
Skizze der Prignitz, nach den Karten des Werkes „der Elbstrom" Massstab 1 : 600 000.
B = Bölzke, Bow = Blandikow, D = Pannenwalde, De = Dementin, H = Helle,
H. G. = Heiligen Grabe, J = Jabel, K = Krampfer, L = Lockstedt, M. F. = Marienfliess,
M = Möddich, Pl = Plattenburg, Wi = Wilsnack, W = Wootz, Z = Zapel.

der Meyn-Bach und ein Stück der alten Elde, welche hier die Grenze langhin bilden.

Orographische Skizze. Die Prignitz ist das Vorland der mecklenburgischen Seenplatte. Letztere ist ein Stück des grossen Walles, welcher die Ostsee im Süden begleitet. In seinem innersten Kern, in dem uckermärkisch-neumärkischen Anteil, umschliesst er die grossartigsten Moränengebilde der norddeutschen Tiefebene, die man mit dem Namen Endmoräne bezeichnet hat, am deutlichsten. Dieser breite Wall mit seiner abwechselungsreichen Landschaft ist der Kern, an welchen sich die südlich davorgelagerte Landschaft anschliesst. Wenige Kilometer östlich von der Grenze der Prignitz haben wir den Rhin und die Havel, welche ihre Wasser aus den grossen mecklenburgischen Seen erhalten. Dosse, Stepenitz und Löcknitz entspringen in umfangreichen Wiesengründen und werden in ihrem Lauf allmählich immer kürzer und unbedeutender. Demgegenüber liegt nun im Süden das breite Thal mit Havel und Elbe; diese weite Rinne, welche die Abschmelzwässer des Inlandeises der Nordsee zuführte, als der baltische Höhenrücken noch mit dem Eise bedeckt war. Dosse, Stepenitz und Löcknitz sind die Hauptkanäle, durch welche die Prignitz allmählich entwässert wurde, und bei der geringen Neigung der Vorstufe hat sich zwischen ihnen noch ein sehr dichtes Netz von Nebenadern ausgebildet.

Geologischer Bau. Das Abschmelzwasser modellierte aber nicht nur die Landschaft, es schuf auch die Verteilung der Bodenarten, denn wo die Strömung eine grosse war, liess es von der Grundmoräne, dem Oberen Geschiebelehm, nichts mehr übrig und legte den Unteren Sand bloss, ja an einigen günstigen Stellen wurde auch dieser noch weggewaschen, sodass der Untere Geschiebelehm zum Vorschein kam. Wenn diese Ausbildung der Landschaft sich ähnlich auch an allen Stellen der Mark vollzogen hat, so finden sich doch in der Prignitz auch einige besondere Züge. Nördlich von Perleberg beginnt ein Hügelzug*), welcher sich 20 km nach Osten verfolgen lässt und dessen hervorragendste Kuppen folgende sind: Weinberg 83 m, Weisser Berg 81 m und die Krons-Berge 125 m. Dieser Wall hebt sich um so deutlicher aus der Landschaft heraus, weil er an beiden Seiten fast auf seiner ganzen Ausdehnung von Wiesengründen begleitet wird. Das Material, aus welchem die Berge bestehen, ist scharfer Sand und Kies. Es ist also kein Zweifel, dass wir geologisch die Sandberge zum Unteren Sande werden rechnen müssen. Da der Untere Sand aber ein Produkt des abschmelzenden Eises ist und sich zum grössten Teil schon unter dem Eise selbst in den Höhlen und Kanälen, welche sich das Schmelzwasser bahnte, niedergeschlagen hat, so werden wir in diesem Rücken nur einen ganz besonders mächtigen Rückstand eines aussergewöhnlich umfangreichen subglazialen Stromes zu erblicken haben. Die schwedischen Geologen bezeichnen diese Bildungen als Åsar. Dieser Sandwall ist der letzte Ausläufer der ausgedehnten Sandablagerungen, welche sich

*) F. Wahnschaffe: Die Ursachen der Oberflächengestaltung des Norddeutschen Flachlandes. Stuttgart. 1901. S. 171.

durch die Grafschaft Ruppin bis an die Grenze der Uckermark erstrecken.

Die Abhängigkeit der Prignitz von der mecklenburgischen Seenplatte wird am besten durch die Verteilung und die Richtung der Gewässer bewiesen. Es sind das Löcknitz, Stepenitz und Dosse, welche sich fast gleichmässig in den Raum teilen und parallel miteinander dem Urstromthale zufliessen. Auch in der Form ihrer Betten stimmen sie vollständig überein. Es sind breite und flache Wiesengründe mit ganz sanften Böschungen, in denen sich die Wasseradern langsam dahinschlängeln. Neben den Betten dieser Bäche sind noch einige Seen zu nennen, welche man auch als ehemalige Abflussrinnen der Schmelzwässer ansehen darf. Die längste Kette ist diejenige, welche oberhalb Wusterhausen unter spitzem Winkel sich mit der Dosse vereinigt. Sie beginnt mit einigen kleinen runden Seen bei Herzsprung. Die Seen werden allmählich grösser und erreichen in den untersten beiden, dem Bantikower- und dem Klempow-See, die bedeutende Länge von 10 km und damit eine ausgesprochene Rinnenform. Die Ufer haben auf viele Strecken hin steile Böschungen und gradlinige Erstreckung. Eine zweite Rinne findet sich nördlich von Lenzen. In ihrem Bau weicht sie aber merklich von der ersten ab. Es ist eine breite und tiefe Einsenkung, welche wunderbarer Weise an ihrem oberen Ende breiter ist als an ihrem unteren. Sie ist an ihrem Anfang 1 km breit und hat hier einen cirkusartigen Abhang. Die Böschung bleibt an beiden Rändern steil. Auf ihrer Sohle beherbergt sie zwei Seen, oben den Rambower und unten den Rudower. Ausserdem liegt noch zwischen den Seen das Dorf Nausdorf. Es muss hier in der Abschmelzperiode das Wasser plötzlich in grosser Masse sturzartig wühlend und bohrend aufgetreten sein. Es ist wohl möglich, dass diese Rinne aus dem Abfluss eines grossen Gletschertopfes oder Strudelloches entstanden ist. Mit den aufgeführten Bächen und Seen ist aber das Rinnensystem noch nicht erschöpft: die zahlreichen Nebenrinnen werden wir bei der Besprechung der einzelnen Abschnitte zu erwähnen haben.

Die Landschaft zwischen Elde und Löcknitz. In diesem Abschnitt muss jene grosse Strudelrinne von Lenzen den Ausgangspunkt der Betrachtung bilden. Da sie plötzlich mit ihrer ganzen Breite in der Landschaft anhebt, so ist auch der Boden in ihrer nördlichen Nachbarschaft unabhängig von ihr. Es findet sich hier in grösserer Erstreckung tragbarer Geschiebelehm vor. Der Mittelpunkt dieses fruchtbaren Striches ist das Bredowsche Gut Zapel mit einem Grundsteuerreinertrag von 45 Sgr. pro Morgen.*) Es fehlen die ausgesprochenen Rinnenbildungen in der Landschaft gänzlich. Der Boden

*) Die Ergebnisse der Grund- und Gebäudesteuer-Veranlagung im Regierungsbezirk Potsdam, Berlin 1867.

ist fast eben, nur flache Wellenlinien begrenzen den Horizont, und die Ackerstücke bilden nur sanft geschwungene Breiten. Das Gelände erreicht auf diesem Schild 40 bis 50 m Meereshöhe. Das obere Stück der Lenzener Strudelrinne umgiebt ein Rand von ca. 50 m Meereshöhe, während der Spiegel beider Seen 16 m hoch liegt. Nach Südwesten zum Plateaurande hin wird der Boden sandig. Während daher auf dem fruchtbaren Striche die Dörfer nur 2 bis 3 km weit auseinander liegen, und nur kleine Waldparzellen und Gebüsche das Ackerland unterbrechen, herrscht auf dem 6 km breiten Randstreifen der Kiefernwald vor, und die spärlich eingestreuten Dörfer machen einen ärmlichen Eindruck. Es hat z. B. Verbitz östlich der Lenzner Rinne nur 15 Sgr. Grundsteuerreinertrag pro Morgen. Merkwürdig ist die Stelle, wo die Löcknitz in das Thal eintritt. Hier findet sich eine grosse Bucht tief in das Plateau eingeschnitten, es ist das die Silge, ein Wiesenthal, das aber an den höheren Stellen auch Wald trägt. An dem südöstlichen Rande zwischen Wustrow und Lanz endet das Plateau mit ziemlich steiler Böschung, während es nördlich von Lenzen vollständig eingeebnet ist.

Die Landschaft zwischen der Löcknitz und Stepenitz. Auf der linken Seite nimmt die Löcknitz eine Anzahl kurzer Bäche auf, die aber kaum in das Gelände einschneiden und daher auf die Ausbildung des Bodens keinen Einfluss ausgeübt haben. Ihre Sohle liegt in der Regel noch im Oberen Geschiebelehm. Es finden sich daher hier eine stattliche Anzahl grosser Dörfer dicht beieinander, z. B. Dallmin, Strehlen, Blüten, Karstedt, Glövzin, Premslin und Quitzow.

Fig. 2.
Die Ruhner Berge von Süden.

Die Landschaft macht einen ungemein fruchtbaren Eindruck. Es wächst hier schöner Roggen; auch Gerste und Zuckerrüben, der Wald fehlt in weitem Umkreise gänzlich. Der Grundsteuerreinertrag stellt sich bei einigen Dörfern pro Morgen folgendermassen: Dallmin 38 Sgr., Karstedt 37 Sgr., Glövzin 43 Sgr., Blüten 47 Sgr. und Reetz 39 Sgr.

Der Charakter der Landschaft ändert sich, sobald sich der Einfluss der Stepenitz mit ihren grösseren Nebenflüssen geltend macht. Es sind das im oberen Laufe der Sagastbach und der Freudenbach und im unteren Laufe der Schlatbach. Alle drei nehmen ihren Anfang in dem weiten und flachen Heide- und Moorstrich am Fusse der Ruhner Berge, westlich neben Putlitz. Das Quellgebiet dieser Bäche hat eine Meereshöhe von 54 m und führt in einem Teil den Namen Putlitzer Heide. Es ist ein sehr unfruchtbarer Landstrich: es treten Sanddünen auf und dazwischen sumpfige, saure Wiesen mit Abzugsgräben und Tümpeln. Auf dem Sande wachsen dürftige Kuseln und dünnes Rispengras oder Habichtskraut und an den feuchten Stellen die Büsche der Glockenheide neben denen der gemeinen Heide, beide in gleichgrossen Horsten. Am grossartigsten ist der Eindruck, wenn man von der Strasse Sagast-Putlitz nach Süden über die Heide blickt. Man hat dann den unbegrenzten ebenen Horizont vor sich, während sich im Mittelgrunde und Vordergrunde die Ebene mit ihren Wiesenstücken und Ackerstreifen, ihrem Buschwerk, Waldparzellen und Baumalleen ausbreitet. Nach Süden, in dem Winkel zwischen Schlatbach und Stepenitz, findet sich mit dem scharfen Sand auch der Kiefernforst wieder in grossem Umfange ein.

Die Landschaft zwischen der Stepenitz und der Dosse. Überschreiten wir die Stepenitz, so kommen wir in den geräumigsten Abschnitt der Prignitz. Es ist ganz natürlich, dass derselbe nicht mehr einen einheitlichen Charakter besitzen kann. Wir müssen daher mehrere Unterabteilungen machen. Immerhin bildet der gesamte nördliche Abschnitt, im Oberlauf der Dosse, einen einheitlichen Plan, während der südliche, die sogen. Havelberger Spitze, davon merklich unterschieden ist.

Im nördlichen Abschnitt findet sich nur ein bedeutender Nebenfluss der Stepenitz, es ist das die Dömnitz. Obgleich sie schon eine bedeutende Länge erreicht, so übt sie doch auf den Boden nur einen bescheidenen Einfluss aus. Auch dort, wo sie tief eingeschnitten ist, hat sie doch den Oberen Geschiebelehm nicht in umfangreicher Weise durchwaschen. Hier findet sich daher in der Prignitz der fruchtbare Boden in grösstem Umfange. Es ist schwerer Lehmboden, der bei längerer Dürre fest wie Stein wird und bei langer Regenzeit sehr unter der Nässe leidet. Er ist deshalb für die Beackerung nicht immer günstig, liefert aber in passenden Jahren gute Erträge. Es ist die unveränderte Grundmoräne, und ihr guter Erhaltungszustand ist das beste Zeichen dafür, dass die Schmelzwässer hier eine geringe erodierende Thätigkeit entfaltet haben. Im allgemeinen erreicht das Gelände hier eine Meereshöhe von 90 m und steigt allmählich nach Norden hin an, so dass hier überall 100 m auftreten. Von allen Stellen, z. B. von dem Galgenberge bei Giesensdorf, hat man eine weite Fernsicht, die durch keinen Waldstreifen gehindert wird. Erst ganz fern am Horizonte erscheinen die blauen Berge der mecklenburgischen Grenze. Diese fruchtbare Fläche ist daher mit Dörfern, Vorwerken und Gütern dicht besiedelt, und alle einheimischen Getreidearten und Hackfrüchte finden sich auf den Feldern. Der Grundsteuerreinertrag erreicht z. B. folgende

Zahlen pro Morgen: Pritzwalk 36 Sgr., Buchholz 34 Sgr., Giesensdorf 46 Sgr., Kuhsdorf 59 Sgr., Schönhagen 32 Sgr. und Steffenshagen 44 Sgr.

Das Geschiebelehmgebiet reicht nach Süden bis an den Fuss des grossen Kieswalles. Dieser Rücken, welcher dem Landschaftsbilde in der Nachbarschaft von Perleberg das Gepräge giebt, zwingt die Stepenitz zu einer westlichen Abbiegung unter einem stumpfen Winkel. Sie begleitet den Wall an seinem nördlichen Rande von Kreuzburg bis Lübzow und durchbricht ihn hier, nachdem sie den Schlatbach aufgenommen hat. Der Durchbruch ist ein enges Thal mit schroffen Hängen, wie es sich sonst in der östlichen Prignitz nicht wieder

Fig. 8.
Ein Stück des Perleberger Kiesrückens.

findet. Zum grössten Teil sind die Kuppen mit Kiefernwald bestanden; wo derselbe fehlt, sind die Hügel mit spärlichem Gras und Flechten bewachsen. Die Wege führen durch tiefen Sand. Am Südabhange bewahrt die Landschaft wieder denselben Charakter wie nördlich. Weiter hin ändert er sich insofern, als sich hier ein Netz von Niederungen findet, zwischen denen der Geschiebelehm inselartig stehen geblieben ist. Die grösste Insel ist die um Krampfer, sie hat durchaus den Charakter der Moränenlandschaft, denn in dem lehmigen Boden finden sich auch grössere und kleinere Seen und Tümpel eingestreut. Der Gutsbezirk Krampfer hat 89 Sgr. Grundsteuerreinertrag, Kleinow 60 Sgr. und Viesecke 34 Sgr. pro Morgen.

Hier sind wir nun an der Grenze der fruchtbaren Hälfte der Prignitz angelangt. Es war das Vorherrschen des Geschiebelehms, welches die reiche Besiedelung hervorgerufen hat. Wenn auch in der Umgegend von Pritzwalk der plateauartige Charakter der Landschaft überwiegt, so war es doch durchschnittlich die glückliche Mischung von Höhe und Niederung, d. h. von tragbarem Ackerland und Wiese, welche die Landschaft auszeichnet. Obgleich daher der Wanderer landschaftlich auf wenig Abwechselung zu rechnen hat, so finden sich doch zahlreiche Details, welche anmutige Bilder ergeben.

Anders verhält es sich nun mit der östlichen Hälfte, welche unter dem Einfluss der Dosse und ihrer Nebenflüsse steht.

Halbwegs zwischen Pritzwalk und Wittstock, in der Nachbarschaft des Stiftes Heiligengrabe, beginnt der Charakter der Landschaft schon ein anderer zu werden. Die Ebenheit verliert sich, und dafür tritt ein Wechsel ein zwischen umfangreichen Wiesengründen und ausgedehnten und bewaldeten Höhenzügen. Es ist die Landschaft um Maulbeerwalde nördlich von Heiligengrabe reich an hervorragenden Kuppen und Wällen. Es erreicht der Hexenberg 118 m, der Ossenberg und der Schenzelberg 109 m. Der Boden ist nur noch stellenweise lehmhaltig, und der Sand überwiegt. Deshalb stellt sich nun auch in umfangreichem Masse der Kiefernforst ein. Der grösste ist hier die Stiftsheide. Eine grosse Niederung liegt hier. Es sind das die Gröperwiesen westlich neben Wittstock mit den Quellbächen der Glinze. Südlich von Heiligengrabe in den kleinen Niederungen entspringen die beiden längsten Zuflüsse der Dosse auf der rechten Seite, die Jägelitz und der Nadelbach, die sich bei dem Dorfe Wutike vereinigen. Da sich nun zwischen Jägelitz und Dosse ausserdem noch die lange Seenkette einfügt, so ist das Beweis genug dafür, dass sich hier die Schmelzwässer in überraschend reicher Weise zusammengefunden haben. Ihre Kraft war hier so gross, dass sie an einigen Stellen sogar den Unteren Sand entführt haben, so dass sich hier Inseln von Unterem Geschiebelehm finden. Auf einer solchen Insel steht z. B. Kyritz. Dafür spricht auch der Grundsteuerreinertrag: Blumenthal mit 18 Sgr., Dossow mit 23 Sgr., Goldbeck mit 19, Herzsprung mit 20 und Fretzdorf mit 15 Sgr. pro Morgen. Es herrscht hier ein beständiger Wechsel zwischen Bruch und Höhe, zwischen grünen Wiesen und Ackerfeldern und zwischen Buschwerk und Kiefernwald. Es sind aber die Niveau-Differenzen so gering, dass man über die Gesamtlandschaft keinen Überblick gewinnt. Erst südwestlich von Wittstock und nochmehr weiter östlich von der

Fig. 4.
Vorwerk Schartenberger Hof bei Wittstock.

Stadt ändert sich das Bild. Wir kommen hier aus der wechselreichen Landschaft allmählich auf eine weite Hochfläche, die 88 m Meereshöhe besitzt, und aus der einige höhere Kuppen, wie der Hottenberg mit 111 m und der Scharfe Berg mit 107 m herausragen, zwischen denen sich lange und breite, aber flache Schluchten hinziehen.

Die Landschaft östlich der Dosse. Die Hochfläche schneidet am Thal der Dosse südlich von Wittstock mit einer scharfen Böschung ab. Östlich der Dosse breitet sich eine Depression aus, welche nur 60 m Meereshöhe besitzt. In ihr entspringen mehrere kurze Bäche, welche zur Dosse strömen. Weiter nach Osten hebt sich das Gelände wieder ganz allmählich bis auf 90 m und bildet aufs neue eine ausgedehnte ebene Fläche, die südlich von Schweinrich auf dem Kootzen eine schildartige Ausbildung erhält, so dass die weitere Umgebung völlig verschwindet. Hier aber ist auch keine Spur mehr von der Grundmoräne vorhanden. Der Boden besteht aus dem ärmlichsten Sand. Es giebt in der Mark wohl wenige Striche, die in ähnlicher Weise den Eindruck der Verlassenheit machen wie dieser Streifen zwischen Zootzen und Schweinrich. Der Landstrasse fehlt eine scharfe Begrenzung. Ein paar halbverkrüppelte Birken stehen neben den Geleisen, und zwei oder drei solcher ziehen sich in flachen Windungen durch den tiefen Sand. Zwischen den Räderspuren wächst trockenes spärliches Gras oder ein paar Stielchen des Habichtskrautes, und einige blaue Köpfchen der Jasione recken sich empor. Graue Flechten überspinnen den Boden der Forst und umwickeln auch die Stämmchen der jungen Kiefern mit ihrem Filz. Die Stoppelfelder sind bedeckt mit den dürftigen grauen Pflänzchen des Ackerfilzkrautes (Filago arvensis). Der Grundsteuerreinertrag ist natürlich hier der geringste im ganzen Gebiet. Zootzen hat 9 Sgr. pro Morgen, Schweinrich 5 Sgr., Dranse 7 Sgr. und Zechlin 12 Sgr. Mit der traurigen Beschaffenheit des Bodens hängt es zusammen, dass hier die Kiefernwaldungen einen so grossen Umfang annehmen. Die grösste ist die Zechliner Forst, welche über 10 km breit und lang ist. Nachbarlich hängen mit ihr zusammen die Fretzdorfer, Rossower und Neuglienicker. Am bekanntesten ist die grosse Wittstocker Heide. Sie steht auf demselben öden Sand, er hat aber eine tiefere Lage und wird ausserdem durch den dichten Wald selber feucht gehalten; deshalb macht sie einen so günstigen Eindruck. Damit haben wir die Grenze der Prignitz erreicht, denn die Seen entwässern schon zum Rhin.

Das Havelberger Vorgebirge. Für die geologische Betrachtung bleibt endlich nur noch der südliche Zipfel übrig, welcher in das Havelberger Vorgebirge ausläuft. Die orographische und geologische Ausbildung wird bedingt durch das nördlich vorgelagerte Geschiebelehmplateau von Pritzwalk. Am Südrande desselben entspringen, genau wie am Ostrande, zahlreiche kleine Bäche und Flüsse, so dass auch hier das Gelände ähnlich zerrissen ist, womöglich noch mehr, denn die Bäche sind noch zahlreicher, und die Hügelung daher noch auffallender. Derartig gebaut ist ein ungefähr 5 km breiter Streifen, auf diesen folgt ein zweiter, noch eigenartigerer. Er umfasst mehrere ausgedehnte Luche. Eins davon heisst das grosse Luch südlich von Dannenwalde. In ihm liegen die Quellen der Karthan und der Jägelitz, die beide nach entgegengesetzten Richtungen fliessen, die Karthan nach Westen zur Stepenitz und die Jägelitz nach Osten zur Dosse. Südlich von diesem liegt noch ein zweites längeres und breiteres Luch, das sich parallel mit dem Höhenrand vom Damelack im Südwesten bis Demertin im Nordosten erstreckt und sich allmählich verengt und gabelt und mehrere Flüsse entlässt, die wiederum nach entgegengesetzten Richtungen abfliessen. Auf den Plateauinseln hat sich ein lehmhaltiger Sand erhalten. Der Grundsteuerreinertrag stellt sich folgendermassen: Dannenwalde Gemeindebezirk 21 Sgr., Gutsbezirk 16 Sgr., Kolrep 17 Sgr., Dahlhausen 23 Sgr., Demertin Gemeindebezirk 26 Sgr., Gutsbezirk 36 Sgr. Die Verteilung des Schmelzwassers links und rechts nach beiden Seiten parallel mit dem heutigen Plateaurand hat die Erhaltung dieses Randabschnittes und die der Havelberger Spitze bewirkt. Auf dem schmalen Randstreifen liegen einige Dörfer wie Breddin und Stüdenitz. Es tritt hier auch der Geschiebelehm auf, ebenso wie in der Havelberger Spitze, wo er den Steilhang unter dem Dom und weiterhin havelauf und -ab bewirkt. Auch das Hinterland von Havelberg bis zur Damelacker und Havelberger Forst ist schwerer Lehmboden. Dem entspricht auch der Grundsteuerreinertrag. Stüdenitz hat 44 Sgr., Schönermark 38 Sgr., Havelberg Stadtgemeinde 36 Sgr., Domgemeinde 44 Sgr. und Oberförsterei 45 Sgr. pro Morgen.

Während wenige Kilometer unterhalb von Havelberg ein ausgesprochener Steilhang das Plateau gegen die Havel abgrenzt, verschwindet er von Nitzow abwärts gänzlich. Von hier ab ist der Rand vollständig eingeebnet. Aus der scharfen Krümmung der Havel geht hervor, dass das Plateau ehemals eine weitere Ausdehnung hatte. Die Ortschaften Quitzöwel, Roddan, Legde und Wilsnack zeigen die alte Grenzlinie an. Die Grenzlinie markiert sich durch die Veränderung des Bodens. Auf der Plateauseite herrscht der Sand und auf der Elbseite der Schlick. Die Einebnung ist bewirkt worden durch die Abschmelzwässer, deren Betten wir im Cederbach und in der Karthan wieder erkennen. Diese sandige Vorstufe ist bewachsen mit ausgedehnten Kiefernforsten, während die Bruchgegend Getreide und Kartoffeln trägt.

II. Der wirtschaftliche Aufbau.

In der Prignitz fehlen die bergmännisch nutzbaren Stoffe fast gänzlich, es findet sich nur eine unbedeutende Braunkohlengrube im Betriebe. Es hat daher der Boden nur für Land- und Forstwirtschaft Bedeutung. Im ersten Abschnitt haben wir schon bei der Betrachtung des geologischen Baues die Höhe des Grundsteuerreinertrages eingefügt, um den Wechsel in der Ertragsfähigkeit des Bodens besser zu beleuchten. Am deutlichsten aber geht die Rolle des Bodens aus folgenden Zahlen hervor. Die Ostprignitz ist 188 121 ha gross und hat 68 927 Einwohner, während die Westprignitz nur 146 382 ha misst und dagegen 72 926 Einwohner hat.

Der Siedelungsplan. Für die Verteilung der Siedelungen ist die Fruchtbarkeit des Bodens wohl der wichtigste Faktor, neben ihm muss aber noch ein zweiter in Betracht gezogen werden, es sind das die Thalzüge mit ihrem üppigen Graswuchs, welcher die Siedler angelockt hat. Dazu kommt noch, dass die Prignitz von allen Strichen der Mark der Meeresküste am nächsten liegt, so dass sich hier schon 600 bis 700 mm Regenhöhe finden. Am zahlreichsten sind die Siedelungen an der Stepenitz. Hier folgen die Dörfer aufeinander wie die Perlen auf einer Schnur. Ähnlich ist es auch mit der Löcknitz bestellt. Bedeutend weniger dicht liegen die Dörfer an der Dosse. Aber auch seitwärts von dem Hauptflusse folgen die Dörfer den kleinen und kleinsten Nebenbächen mit ihren Wiesengründen. Am auffälligsten ist dies im Gebiet der Jägelitz und des Nadelbaches. Wo sich im Hinterlande der Havelberger Spitze die grossen Luche ausbreiten, liegen die Dörfer an den Rändern derselben auf den Plateauabhängen. In dem Landschaftsbilde der Prignitz bilden daher die Koppeln mit Rindvieh und Fohlen einen charakteristischen Bestandteil. Am intensivsten ist natürlich die Grasnutzung in der Elbniederung in den Lenzer Wischen. Hier finden sich bei dem Dorfe Breetz sog. Fettweiden, d. h. Grasflächen, auf denen fast das ganze Jahr hindurch Mastochsen weiden und marktfähig werden. Und wenn man in diese Gegend zur Zeit der Heuernte kommt, dann duftet es überall nach Cumarin.

Im allgemeinen liegen die Dörfer ausserhalb der eigentlichen Niederung, aber es giebt auch Ausnahmen. Das Löcknitzthal ist etwas breiter als die übrigen, es beherbergt daher das Schloss Stavenow, das dem Grafen von Voss gehört, und das Dorf Mesekow. Vor allem aber sind es die Städte der Prignitz, welche in den Niederungen liegen. Natürlich müssen sie dazu besonders weit sein. Das gilt von Perleberg im Unterlauf der Stepenitz und von Kyritz im Thal der Jägelitz, während Wittstock und Pritzwalk sich dort angesiedelt haben, wo das Thal durch das Zusammentreffen zweier Bäche einen grösseren Umfang angenommen hat. Bei Pritzwalk sind es Rodaure und Dömnitz und bei Wittstock Glinze und Dosse. Bei Wittstock, wo sich die alten Befestigungen noch in ihrem ganzen Umfange erhalten haben, kann man sehen, wie das Gelände in die Befestigung hineingezogen worden ist. Die Stadt liegt in dem Winkel zwischen Glinze und Dosse, wobei sie sich an die Plateauböschung lehnt. Während nun im Thale eine einfache Mauer als ausreichend befunden worden ist, trennen zwei tiefe Wallgräben die Stadt vom Plateau.

Der Dorfplan. Wie überall im Kolonisationsgebiet, so treffen wir auch in der Prignitz zwei Typen von Dorfplänen, das Runddorf und das Langdorf. Bei dem echten Runddorf führt die Landstrasse neben dem Dorfe vorüber, und die Gehöfte gruppieren sich um den Dorfplatz. Bei dem Langdorf ist die Landstrasse die Dorfstrasse, und die Gehöfte liegen zu beiden Seiten derselben. Typische Runddörfer sind nur noch in geringer Anzahl vorhanden. Ein sehr schönes ist Jabel bei Wittstock, ferner Wilmersdorf und Krüssow zwischen Pritzwalk und Wittstock und Hohenvier nördlich von Perleberg. Andere verraten wohl die alte Anordnung um den Dorfplatz noch, die Gehöfte sind aber schon weiter auseinander gerückt, da nach Bränden die Neubauten nicht mehr so eng aufgeführt werden dürfen. Das gilt z. B. von Wilmersdorf, das schon oben erwähnt wurde. Hier ist ein neues umfangreicheres Runddorf entstanden, in dessen Mitte sich nun, auf dem alten Dorfplatz, eine Anzahl Gärten befinden. Andere Runddörfer haben neben dem ehemaligen einzigen Eingang deren mehrere erhalten. Auffällig ist es, dass an der Stepenitz mehrere Runddörfer hintereinander liegen, sie heissen Rohlsdorf, Kreuzburg, Seddin, Helle und Lockstedt.

Die Dorfnamen. Wie der Plan, so sind auch die Namen doppelter Art. Es giebt solche mit deutschem Klang und mit wendischem. Es lässt sich nun kein Gesetz finden zwischen dem Grundriss des Dorfes und seinem Namen. Es giebt Langdörfer mit wendischen Namen und Runddörfer mit deutschen. Wilmersdorf z. B. ist ein ausgesprochenes Runddorf, ebenso Klein-Woltersdorf, während Gross-Pankow und Reetz Langdörfer sind. Überwiegend aber führen die Langdörfer doch deutsche Namen z. B. Giesensdorf, Buchholz, Kuhsdorf u. s. w. Die grosse Mehrzahl der deutschen Dörfer endet auf dorf, dann folgen solche auf hagen, hausen, beck und leben. Die Namen mit wendischem Klang treten zurück. Die Mehrzahl unter ihnen endet auf ow, in und itz.

Der Gehöfteplan. Für den Aufbau der Gehöfte ist die Platzfrage das Entscheidende. In den meisten Gehöften steht das Wohnhaus mit der Front parallel zur Strasse, dahinter folgen zu beiden Seiten die Ställe, und die Scheune schliesst das Gehöft ab. In den kleinen Wirtschaften findet sich nur ein Stall und an der Stelle des anderen steht das Wohnhaus, das Viereck ist durch einen Zaun nach der Strasse hin abgeschlossen. Neben dieser Anlage trifft man, am häufigsten in dem westlichen Grenzstrich, die alte fränkische Hofanlage noch in einigen Wirtschaften: Es ist hier an der Strasse ein Thorhaus mit Scheune vorhanden, und das Wohnhaus steht im Hintergrunde. Überall aber wird diese Anlage bei Neubauten verlassen. Und doch war der alte Grundriss ungemein praktisch, denn das Wohnhaus bildete den Mittelpunkt des ganzen Gehöftes, da es zwischen Hofraum und Garten lag, während bei den Neubauten wohl die Strasse mit ihrem Leben und Treiben das Verlockende ist. Am konservativsten ist der westliche Gipfel der Prignitz geblieben. Hier finden sich einige Dörfer, z. B. Mödlich und Wootz, in denen sich die niedersächsische Bauart erhalten

Fig. 5.
Gehöft aus Mödlich von der Rückseite.

hat. Es beherbergt das gewaltige Haus unter dem Riesendach Menschen, Vieh und Vorräte für beide. Am stattlichsten sind sie in Mödlich, wo die breiten Giebel nach dem Elbdeich gerichtet sind, so dass man von ihm aus einen rechten Überblick über ein solches Haus erhält. Der Giebel mit den Wohnräumen hat in der Regel drei oder vier Reihen von Fenstern übereinander, so dass man auf den reichen Bodenraum unter dem Dach schliessen kann. Die meisten von ihnen sind noch mit Rohr gedeckt, obgleich sich auch schon einige mit Schieferdach finden. Das Dach und die vier Wände deuten noch die alte Anlage an, im Innern aber sind sie schon gänzlich umgebaut. Das alte Rauchhaus findet sich nur noch ganz vereinzelt. Der offne

Fig. 6.
Rauchhaus in Klein-Wootz.

Herd ist überall durch die Maschine ersetzt worden. In den meisten der Häuser ist weiter die Diele vollständig von dem Wohnraum abgetrennt worden. Hierdurch ist die Fliegenplage wenigstens in etwas gemildert, unter welcher die Bewohner des alten Hauses gewiss nicht wenig zu leiden hatten. Auch heute müssen sie im Sommer die Stuben beständig dunkel halten und dürfen in ihnen keine Speisen aufbewahren.

In Mödlich finden sich bei den grösseren Wirtschaften noch einige Nebengebäude, eine Scheune und ein Ausgedingerhaus.

Was das Baumaterial betrifft, so herrscht Steinfachwerk mit Ziegeldach überall vor. Gebäude aus Holz sind gänzlich verschwunden. In Deibow fand ich noch einen solchen Stall mit der Jahreszahl 1690. In der Nähe der grossen Verkehrslinien, z. B. in Karstedt an der Berlin-Hamburger Bahn trifft man ganz massive Gehöfte mit Schieferdächern und Wohnhäusern mit 8 Fenstern Front. Im ganzen giebt es nur sehr wenige Dörfer, welche einen ärmlichen Eindruck machen, und das sind dann solche, welche in den Sandstrichen liegen.

Die Verkehrslinien. In dem Grundriss der menschlichen Betriebsamkeit in einer Landschaft bilden die Verkehrslinien einen wichtigen Faktor. Die von der Natur gegebenen Strassen sind in der Norddeutschen Tiefebene die Wasserstrasse, deshalb finden wir sie auch früher erwähnt als die Landstrassen. In der Prignitz war es natürlich die Elbe, welche die Richtung angab. In Lenzen befand sich ein Zoll, welcher in seinem Ertrage im Anfang des 17. Jahrhunderts seinen Höhepunkt erreichte. Der brandenburgische Kornzoll in Lenzen*) warf Crucis 1608 bis Crucis 1609 der kurfürstlichen Kasse 39 799 Thaler 10½ Pf. ab. Es ist das allerdings die höchste Ziffer, die später nicht wieder erreicht wurde. Für den Ausbau des Verkehrsnetzes im modernen Sinne ist die Linie Hamburg-Berlin bestimmend gewesen. Zuerst war es die grosse Chaussee und darauf die Eisenbahn. Mit dieser Linie haben die übrigen Städte Fühlung gesucht, und es ist interessant, dass sich in Pritzwalk ein beachtenswerter Knotenpunkt herausgebildet hat. Die Steinbahn Berlin-Hamburg führte über Perleberg, während die Eisenbahn die alte Chaussee nur bis Neustadt a. D. begleitet und hier links abbiegt, um nach Wittenberge zu gehen. Hinter Wittenberge kreuzt die Eisenbahn die Hamburger Chaussee bei Karstedt. Auch in dem Nebengelände findet sich der enge Parallelismus zwischen Steinbahn und Eisenbahn. Es ist sehr interessant den Einfluss der Eisenbahn auf die Entwicklung der Städte zu verfolgen. Es ist nur Wittenberge, welches einen besonderen Zuwachs erfahren hat. Während z. B. Perleberg**) im Jahre 1800 schon 2766 Einwohner hatte, besass zu derselben Zeit Wittenberge nur 884. Im Jahre 1845 wurde die Hamburger Bahn eröffnet. Die Folge war, dass Wittenberge 1850 schon auf 4176 Einwohner angewachsen war und Perleberg nur auf 6500. Im Jahre 1900 hatte Wittenberge mit 16 258 Bewohnern Perleberg mit 8000 weit überflügelt. Wittenberge ist im Laufe des vorigen Jahrhunderts

*) Die Elbzölle und Elbstapelplätze im Mittelalter v. Dr. phil. B. Weissenborn. Halle a. S. 1901.

**) Berghaus: Landbuch der Mark Brandenburg. 1855.

aus einem Ackerbürgerstädtchen zu einer Gewerbestadt geworden. Öl, Taback und Wollzeuge sind die wichtigsten Zweige. Im Osten der Prignitz sind es besonders Grubenhölzer, welche verfrachtet werden.

Die Kolonisation der Askanier. Die Dörfer. In welchen Grössenverhältnissen die landwirtschaftlich benutzten Flächen untereinander stehen, ergiebt sich aus beifolgender Tabelle. Dieselbe zeigt, dass in beiden Kreisen zwei Maxima vorhanden sind. Das erste Maximum

Die Grössenklassen*) Die landwirtschaftlich benutzten Flächen der einzelnen Betriebe betragen	Ostprignitz landwirtschaftliche		Westprignitz landwirtschaftliche	
	Betriebe	Fläche ha	Betriebe	Fläche ha
unter 0,1 a	11	0,0	1	0,0
0,1 a bis 2 „	110	1,3	168	1,7
2 „ „ 5 „	334	10	478	14
5 „ „ 20 „	1316	140	1665	180
20 „ „ 50 „	1385	445	1814	568
50 „ „ 1 ha	1797	1 162	1735	1 140
1 ha „ 2 „	1253	1 690	1432	1 984
2 „ „ 3 „	589	1 386	716	1 709
3 „ „ 4 „	318	1 087	397	1 357
4 „ „ 5 „	279	1 226	314	1 387
5 „ „ 10 „	879	6 448	819	5 751
10 „ „ 20 „	1095	15 748	798	11 428
20 „ „ 50 „	1356	43 168	1155	36 229
50 „ „ 100 „	279	17 950	146	9 109
100 „ „ 200 „	56	7 387	21	3 087
200 „ „ 500 „	37	12 685	39	12 042
500 „ „ 1000 „	28	18 261	11	6 668
1000 „ u. darüber	2	2 080	2	2 609

umfasst die Betriebe der ländlichen Arbeiter, welche Gartenland und Kartoffelland von den Gütern erhalten und es selber bestellen. Es handelt sich hier um Flächen zwischen 1 und 4 Morgen. Das zweite Maximum liegt in beiden Kreisen in engeren Grenzen. Es betrifft den bäuerlichen Grundbesitz und umfasst Flächen von 80 bis 200 Morgen. Dieser Besitz ist nicht bloss der Anzahl der Betriebe nach, sondern auch der Fläche nach der bedeutendste. Es lehrt also die Tabelle, dass in der Prignitz der bäuerliche Grundbesitz vorherrscht. Weiter aber ersieht man noch, dass der Grossgrundbesitz hier sehr zurücktritt. Es giebt nur 2 Betriebe, welche über 4000 Morgen gross sind. Diese Ver-

*) Statistik des Deutschen Reiches Bd. 112. S. 537. 1898.

teilung des Grundes und Bodens ist sicherlich in den grossen Zügen von alters her dieselbe geblieben. Sie stammt gewiss schon aus der Zeit der deutschen Besiedelung. So mannigfaltige Umwandlungen auch die rechtlichen Verhältnisse der Besitzer erfahren haben mögen, und so sehr auch die landwirtschaftliche Betriebsweise sich geändert haben mag, die Verteilung des Areals ist wohl ziemlich konstant geblieben. Leider wissen wir sehr wenig über die Besitzverhältnisse aus der wendischen Zeit. Die Chronisten hatten damals kein Interesse für diese Dinge, und das Schreiben wurde ihnen saurer als jetzt. Und wenn wir heutigen Tages klagen, dass zuviel geschrieben wird, so bedauern wir es, dass damals nicht genug aufgeschrieben worden ist. Es waren nur die lauten kriegerischen Ereignisse, die Interesse erregten, die friedliche Arbeit der Kolonisation wurde nicht beachtet. Und doch ist dieser Mangel an Urkunden lehrreich genug; es geht eben hieraus hervor, dass diese Arbeit eine durchaus friedliche war. Nur die geistlichen Herren, die ja geübter im Schreiben, auch eifriger auf den Besitz waren, haben etwas aufgeschrieben. Das Kloster Amelungsborn*) im Braunschweigischen war in den Besitz mehrerer Dörfer in der Nachbarschaft von Zechlin gekommen. Unter ihnen war ein Dorf wüst geworden, deshalb sollten dessen Hufen an die Nachbargemeinden ausgegeben werden. Es heisst nun in der Urkunde, dass „sie nicht der Gemeinschaft, sondern den zuverlässigen und sicheren Leuten im Dorfe gegeben werden sollten". Das deutet darauf hin, dass hier der Ackerbau zwischen 1300 und 1350 noch teilweise gemeinschaftlich betrieben wurde, so dass sich ein Rest altslavischen Kommunismus erhalten hatte. Es ist wohl sicher, dass dieser Kommunismus es war, welcher die Aufteilung bei der Besiedelung erleichterte, denn auch die Wenden erhielten hierbei ihren Anteil und waren gewiss selbst über ein geringeres Stück noch erfreut, da sie vorher doch gar kein persönliches Recht darauf hatten.

Wir dürfen nicht vergessen, dass die Prignitz der erste Strich Ostelbiens war, welcher besiedelt wurde, deshalb nahm er auch den grössten Schub der westelbischen Auswanderer auf. Albrecht der Bär verteilte das Land unter seine Waffengefährten, und auch die geistlichen Herren erhielten ihren Anteil. Es ist wohl möglich, dass auch wendische Häuptlinge sich unterwarfen und deshalb in ihrem Besitz blieben. Die grössten Grundbesitzer waren die Edlen Gänse von Putlitz, sie waren Herren von Putlitz, Perleberg und Wittstock. Berghaus berechnet, dass ihr Besitz im 15. Jahrhundert noch 7 Quadratmeilen gross war. Ihre unabhängigere Stellung zum Landesherrn geht daraus

*) Guttmann. Die Germanisierung der Slaven in der Mark. Forschungen zur Brdbg.-preuss. Geschichte IX. 1897. S. 39.

hervor, dass ihnen ein regio propria zugeschrieben wird, in welcher sie das Kloster Marienfliess gründeten, was sie wohl schwerlich mit landesherrlichem Pfandgute thun durften. Neben den Edlen Gänsen, die sich heutigen Tages alle nach dem Städtchen Putlitz nennen, sind noch die Familien Kröcher, Karstedt, Saldern, Winterfeld, Rohr, Voss, Jagow, Klitzing und Wartenberg hier begütert. Einige von ihnen waren aus der benachbarten Altmark hierher übergesiedelt z. B. die Kröcher und die Edlen von Plotho. Die Rohrs dagegen stammen aus Bayern, und ein Rohr wurde unter Ludwig dem Bayern mit Meyenburg, Neuhausen und Freienstein belehnt. Die berühmteste Familie ist aber die der Quitzows, welche jetzt nicht mehr in der Prignitz begütert ist. Ihre Glanzzeit liegt in den Jahren kurz vor dem Auftreten der Hohenzollern, aber auch später waren sie noch reich und kunstliebend, dafür sprechen die prächtigen Grabsteine in den Kirchen von Rühstedt und Kletzke und das Denkmal auf der Dorfstrasse von Legde.

Die Städte. Mit besonderem Eifer betrieben die Askanier die Gründung von Städten. Sie gingen darin ganz systematisch zu Werke, indem sie eine Art Einteilung schufen, so dass eine Stadt der wirtschaftliche Mittelpunkt für einen grösseren Landstrich wurde. Diese Bedeutung haben die Landstädte auch heutigen Tages noch. Pritzwalk ist hierfür das beste Beispiel. Es hat 1256 von Johann I. und Otto III. Stadtrecht erhalten. Andere Städte wieder waren Gründungen von Rittern oder der Geistlichkeit. Zu der ersten Gruppe gehörten Perleberg und Kyritz und zu der letzten Wittstock. Über die Entwicklung der Stadt Perleberg geben einige erhaltene Urkunden Aufschluss. Die Stadt ist eine Gründung Stendaler Kaufleute, welche sich dort im Schutze der Gänseburg niedergelassen hatten, offenbar angelockt durch die grosse Strasse, welche sich hier schon nach dem Osten hin auszubilden begonnen hatte. Nachdem der Platz um die Nicolaikirche zu eng geworden war, wurde der Marktplatz abgesteckt und die Jakobikirche erbaut; hieran schlossen sich die Jüdenstrasse, Krämerstrasse, Bäckerstrasse und die Kirchstrasse. Sicher wurde die Anlage durch die Edlen Gänse nach allen Richtungen gefördert, äusserlich z. B. durch die Abgabe von Grund und Boden. Aber auch die innere Entwicklung unterstützten sie. Im Jahre 1239*) schickten die Bürger der jungen Stadt mit Erlaubnis ihres Herrn des Edlen Herrn Johann Gans zu Putlitz zwei von den Vornehmsten aus dem Stadtrat an die Konsuln von Salzwedel, um zu erfahren, was Rechtens sei in dem schweren Zwist, welcher die Stadt zu gefährden drohte. Das Weistum, durch welches sie den Zwist beilegten, fand den Beifall des Stadtherrn. Dieses

*) E. Liesegang: Zur Verfassungsgeschichte von Perleberg. Forschungen zur Brandb.-preuss. Geschichte. IV. Bd. 1891. S. 77.

Schriftstück ordnet die Befugnisse und Rechte der Gemeinde, der Ratsbehörde und des Vogtes gegeneinander. Es gehörte fortan der Ratsbehörde die Entscheidung in allen städtischen Angelegenheiten, und nur die Jurisdiktion bleibt dem Vogt vorbehalten. Welche rege Betriebsamkeit damals in unserer Stadt herrschte ergiebt sich daraus, dass der Stadtherr in demselben Jahre den Schuhmachern Innungsrecht verlieh. Diese Urkunde ist für viele Jahrzehnte die älteste in der Mark. Abgesehen von den Gewandschneidern und Tuchmachern hat sich schwerlich in irgend einer märkischen Stadt so früh eine Innung konstituiert. Es ist das beachtenswert. Die Nahrungsmittelgewerbe, Fleischer und Bäcker, sind in fast allen märkischen Städten die hervorragendsten und angesehensten Ämter. Sie arbeiten aber nur für eine feste Kundschaft und sind daher sehr wenig ausdehnungsfähig. Für gewöhnlich wird es sich wohl mit den Schuhmachern in einer Stadt ähnlich verhalten haben, während die Tuchmacher von früh an auf den Export arbeiteten. Es ergiebt sich daher für Perleberg, dass hier die Schuhmacher schon über das Stadium der Kundenproduktion hinausgewachsen waren. Diese Ereignisse in der städtischen Entwicklung lehren, dass im Jahre 1239 eine ansehnliche und wirtschaftlich scharf gegliederte Bürgerschaft vorhanden war; das konnte aber nur möglich sein, wenn die Anfänge der Siedlung schon einige Zeit zurücklagen. Mit dem Vorschieben der Kolonisation nach Osten scheint es in Perleberg zu einer langsameren Entwicklung gekommen zu sein. Seit Anfang des 14. Jahrhunderts war die Stadt markgräflich und die alte Gänseburg war verfallen. Von der Rührigkeit ihrer Bewohner spricht, dass 1337 die Stadt das Recht erhält auf der Stepenitz Schiffahrt*) zu treiben, dazu werden die Mühlen in Wittenberge entfernt und ein Leinpfad angelegt. Sonst aber kümmerten sich die Markgrafen nicht viel um die Stadt. Der einzige unter ihnen, welcher etwas für die Stadt that, war der falsche Waldemar, welcher die Bürger von jeglichem Zoll von allen Erhebungsstätten befreite.

Während es sich in den Anfängen der Stadtentwicklung hauptsächlich um die Abgrenzung der städtischen Gerechtsame gegenüber dem Stadtherrn und seinem Vogte gehandelt hatte, begann nun die Zeit des Kampfes innerhalb der Bürgerschaft selber. Der Gegensatz zwischen Rat und Innung oder zwischen Kaufmann und Handwerker war auch hier das treibende Element in der Verfassungsentwicklung. Es kam 1347 zu einem grossen Bürgervertrage. So lange das Gemeinwesen noch klein war, übte die gesamte Bürgerschaft, der Burding, die Aufsicht über die städtischen Angelegenheiten. Allmählich aber war dieser Modus zu schwerfällig geworden, deshalb konstituierten sich die

*) Weissenborn a. O.

Geschworenen, die Deputierten der hervorragendsten Innungen, als Ausschuss. Und der Bürgervertrag von 1347 erkennt diese lange geübte Praxis als Recht an.

Dieselbe Rolle, welche die Edlen Gänse von Putlitz als Förderer des Perleberger Stadtwesens gespielt haben, kommt dem Edlen Herrn von Plotho für Kyritz zu. Sie gaben der Stadt 1237 das Stadtrecht und ihre drei Lilien in das Wappen. Im Mittelalter war Kyritz eine ansehnliche Gewerbestadt. Ihre Tuchmacherei blühte derartig, dass sie in Lübeck Gewerbefreiheit genoss. Später kam die Bierbrauerei hinzu. In den letzten 30 Jahren des 17. Jahrhunderts wurden 5—6000 Tonnen Bier ausgeführt. Das Brauen stand jedem Bürger frei. Es waren in der ältesten Zeit 300 Brauhäuser vorhanden.

Der geistliche Besitz. Neben der Ritterschaft gab es aber noch eine zweite energische Kolonisationskraft, das war die Kirche. In der Prignitz gerade finden sich ihre Spuren besonders häufig, und es sind eine grosse Zahl von ihren Bauwerken bis auf den heutigen Tag gekommen. Der Ausgangspunkt für die Ausbreitung des geistlichen Besitzes war Havelberg. Havelberg aber war nur die erste Etappe, wichtiger wurde das Hinterland, das Grenzgebiet zwischen der Prignitz und Mecklenburg. Wittstock wird schon zur selben Zeit mit Havelberg erwähnt.

Fig. 7.
Der Havelberger Dom, nach einer Photographie.

Der Dom zu Havelberg ist der stattlichste Überrest aus der ersten christlichen Zeit. Hoch ragt er auf der Havelberger Spitze in die Luft hinein. Mit klugem Bedacht haben die geistlichen Herrn sich diese Landmarke auserwählt. Bischof Anselm begann mit dem Bau, und 1170 wurde der Dom vom Erzbischof Wichmann von Magdeburg feierlich eingeweiht. Das ursprüngliche Gotteshaus war eine mächtige dreischiffige Basilika mit Balkendecke und Rundbogen. Der Westturm war aus Hausteinen breit und massiv angelegt. Er allein hat dem Ansturm der Zeiten getrotzt, während das Schiff im Jahre 1269 zerstört und verbrannt wurde. Bischof Heinrich III. begann sofort mit der Wiederherstellung. Die neuen Gebäude wurden in altgotischem Stil mit Gewölbedecken aufgeführt. Johann III. (Wöpelitz) (1385—1401) schuf die innere reiche Ausstattung aus einem Teil der Opferspenden des Wunderblutes von Wilsnack. Er richtete die prachtvollen Chorschranken mit dem Lettner her. Und in dieser Gestalt hat der Dom bis auf unsere Zeit gedauert.

Während also der Dom von Havelberg als eine Leuchte des Christentums in das Slavenland hineinragen sollte, schufen die geistlichen Herren sich in Wittstock und Umgebung einen sicheren Platz und eine umfangreiche Liegenschaft. Von der bischöflichen Residenz,

Fig. 8.
Der Amtsturm, Überrest des bischöflichen Schlosses in Wittstock.
Nach einer Photographie.

Fig. 9.
Das bischöfliche Schloss zu Wittstock
Nach Merian 1652.

welche an der westlichen Seite, der Wiesenseite, der Stadt liegt, ist nur noch die Umfassungsmauer und der Bergfried stehen geblieben, die übrigen Gebäude sind verfallen, und die Mauer schliesst einen weiten hofartigen Raum ein. Auf dem Merianschen Bilde mit der Jahreszahl 1652 hebt sich das Schloss mit seinem Turm und den hohen Dächern als ein grosser Gebäudekomplex deutlich über die Häuser der Stadt empor. Dazu besass Wittstock eine Art Aussenwerk gegen die Mecklenburgische Grenze hin, das ist der Heideturm bei Alt-Daber, der am Eingang zur Wittstocker Heide liegt. Auch ein Stück der alten Landwehr findet sich noch zwischen der Wittstocker und Liebenthaler Feldmark. Um Wittstock lag nun der grösste Teil des bischöflichen Grundbesitzes. Zwanzig Dörfer im Umkreise von 12 km gehörten zur Zeit der Reformation zum bischöflichen Tafelamt Wittstock. In weiterer Entfernung gehörte dazu die Plattenburg und das Städtchen Wilsnack. Auch nach Nordosten hatten sie ihren Besitzstand durch Ankauf von Zechlin und Dranse von den Doberaner Mönchen erweitert.

Zum Erwerb dieses reichen Grundbesitzes gehörte Geld, Geld und nochmals Geld. Dieses Geld aber floss ihnen in reicher Weise zu aus den Opferspenden der frommen Pilger. Die Prignitz war das Land der Wunder. Offenbar konnte der Wunderglaube auf dem ostelbischen Kolonisationsgebiet besonders gut Wurzeln schlagen. Diese arme, unterdrückte Bevölkerung, welche zwischen Heidentum und Christentum hin und her schwankte, hatte von beiden nur die Schrecknisse im verängstigten Herzen bewahrt. Vor ihren Augen hatte sich das Unbegreiflichste wiederholt, der Opfertod des Heilandes. Das, was den Ärmsten das Unfassbarste geblieben war, dass der Sohn Gottes sein Blut vergossen haben sollte, das konnten sie mit ihren eigenen Augen sehen. Im Jahre 1383 so schreibt der Chronist: „Da wart dat Dorp Wilsnack mit der Kerken dasuluest durch Hinricke von Bülow vyentlicker wyss gantz verstört vnde verbrannt“. Es fanden sich im Schutt drei geweihte Hostien unversehrt, jede mit einem Blutstropfen. Aus den angesammelten Opferspenden erbaute Bischof Johann III. von Havelberg nicht nur die Wunderblutkirche im Orte selbst, sondern auch das Innere des Doms zu Havelberg und eine Prachtkapelle im Wittstocker Schloss. Wenn man mit der Hamburger Bahn an Wilsnack vorüberfährt, ragt das Dach der Kirche hoch über die Häuser des Städtchens empor. Von dem ursprünglichen Bau hat sich nur der Westgiebel mit dem Portal erhalten. Hier sollte ein Turm aufgeführt werden, woraus aber nichts wurde. Das Kirchenschiff, das für die Scharen der Wallfahrer zugeschnitten war, ist für die heutige Gemeinde viel zu gross, so dass die Prediger sich vor den leeren Bänken fürchten.

Aber auch die Bürger von Wittstock hatten ihren Vorteil von den geistlichen Herren. Es muss ein reges gewerbliches Leben hier geherrscht haben. Die Freiheitsbriefe*) der Tuchmacher datieren aus den Jahren 1325 und 1333. Noch zu Anfang des 18. Jahrhunderts gab es zweihundert Meister und zum Schluss desselben 176 Tuchmacher,

*) Berghaus a. a. O. I. 633.

10 Tuchscheerer, 4 Walkmüller und 4 Färber, welche für 110000 Thaler Tücher, Friese, Boie und Flanelle anfertigten. Im Jahre 1854 arbeiteten 100 Tuchmacher, 8 Tuchscheerer, 6 Färber und dazu 4 Tuchfabriken. Der Grundbesitz der Stadt ist über eine Quadratmeile gross und schliesst die prächtige Wittstocker Heide ein, welche 3200 ha gross ist. Bei der Aufhebung des Bistums Havelberg ging der Besitz an den Kurfürsten Joachim II. über und wurde kurfürstliche Domäne. Von dem grossen Grundbesitz ist aber heutigen Tages nur noch wenig fiskalisch. Es ist das der zerfallene bischöfliche Schlosshof, das Vorwerk Scharfenberg und die Domäne Goldbeck. Fretzdorf ging bald nach der Reformation in den Besitz der Familie von Karstedt über, und die Plattenburg verlieh Joachim II. seinem ersten Hofbeamten Matthias von Saldern, dessen Nachkomme, der Ritterschaftsdirektor Siegfried von Saldern es heute besitzt. Zechlin endlich war bis in die Zeit des dreissigjährigen Krieges die Residenz kurfürstlicher Prinzen.

Während der Grundbesitz der geistlichen Herren sich gänzlich zersplittert hat, ist von dem Besitz der geistlichen Damen noch ein ansehnlicher Komplex übrig geblieben. Es sind das die beiden Fräuleinstifte Heiligen Grabe und Marienfliess an der Stepenitz. Ersteres ist hervorgegangen aus dem Cisterzienser Jungfrauenkloster zum Heiligen Grabe, das sich nachbarlich 10 km westlich neben Wittstock angesiedelt hat. Bischof Heinrich von Havelberg hatte 1287 die Gründung veranlasst und zwar an einer Stelle, wo man eine mit Blut

Fig. 10.
Stiftshof Heiligen Grabe. Nach einer Photographie

befleckte Hostie wiedergefunden hatte, welche von einem Juden gestohlen worden war. Auch hier müssen reichliche Opferspenden geflossen sein, denn das Kloster erwarb allmählich umfangreichen Grundbesitz, von dem die Güter Bölzke, Könkendorf und Rapshagen übrig geblieben sind.

Die Stiftskirche ist ein Granitbau mit schönem Stufengiebel und stammt in ihren Grundzügen aus der Zeit der Gründung. Daneben befindet sich das Klostergebäude. Es umschliesst viereckig einen kleinen Hof und besitzt einen sehr schönen Kreuzgang. In dem einen Gebäude des Vierecks befindet sich der Conventssaal mit den Bildnissen der Äbtissinnen und die Kapelle zum Heiligen Grabe. Die übrigen Räumlichkeiten sind als Schulstuben eingerichtet worden, denn die Stiftsdamen haben Pensionärinnen, junge Mädchen, welche teils von ihnen selbst, teils von engagierten Lehrerinnen unterrichtet werden. Es residieren hier gegenwärtig zwölf Damen unter einer Domina. Die Damen selbst wohnen in besonderen Häusern, welche in einem umfangreichen Garten liegen. Zu einem ähnlichen Damenstift ist das ehemalige Jungfrauenkloster Marienfliess an der Stepenitz umgewandelt worden, das 1230 durch Johann Gans Edlen Herrn zu Putlitz gegründet worden war. Es beherbergt nur fünf Damen und eine Domina. Neben diesen stattlichen Überresten frommen Eifers giebt es aber noch eine grosse Zahl bescheidener, welche wir nicht übergehen wollen. Es sind das die Granitkirchen vieler Dörfer; ihre dicken Mauern haben den Ansturm der Zeiten überdauert, und die kleinen Fenster erinnern an Stürme, wo der Kirchturm des Dorfes und der Bergfried der Burg die letzte Zufluchtsstätte der Bedrängten werden konnte.

Die Kolonisation der Hohenzollern. Gründlich und nach allen Richtungen hin hatte die Kolonisation der Askanier das Land aufgeteilt, es war scheinbar kein Fleckchen übrig geblieben, trotzdem fanden die rastlos suchenden Augen der beiden grossen Hohenzollern-Kolonisatoren noch Platz für thätige Menschen. Friedrich Wilhelm I. verlegte in die waldreiche Gegend von Zechlin die Glashütte aus der Nachbarschaft von Potsdam. Nach dem Landbuch der Grafschaft Ruppin von 1525 gab es in der Herrschaft Goldbeck einige wüste Feldmarken. Hier griff Friedrich der Grosse ein. Die wüste Mark Buchholz wurde 1780—1786 mit dem Vorwerk Friedrichsgüte besetzt und die Mark Lütken-Scharlank 1752 mit Kolonisten zu einem neuen Dorf Klein-Scharlank eingerichtet. Friedrich der Grosse griff aber in der Prignitz noch an einer anderen Stelle ein. Bis zum Jahre 1747 war das Silgebruch an der Einmündung der Löcknitz in das Elbthal ein unfruchtbares, wüstes Elsbruch. Bis zum Jahre 1750 ist es durch Abzugsgräben urbar gemacht worden. Diese Arbeit wurde 1782—1785 vervollständigt. Es wurde eine Kolonie gegründet, die sog. Lenzer Silge. Sie besteht aus einer Anzahl kleiner Wirtschaften mit Ackerland und Wiesen.

III. Die geschichtlichen Ereignisse.

Die Napoleonischen Kriege. Die Landschaft und der Boden sind die Basis, auf welcher sich die kriegerischen Ereignisse einer Zeit abgespielt haben. Wenn auch die Fähigkeiten von Führer und Truppen die ersten Faktoren sind, so wird ein geschickter Feldherr jene beiden nicht vernachlässigen. Die Zeiten liegen ja nun bald hundert Jahre zurück als die Mark und Preussen Kriegsschauplatz waren. In den Napoleonischen Kriegen lag die Prignitz vor dem linken Flügel der feindlichen Operationsbasis. Nach der Schlacht von Jena und Auerstädt war Napoleon in gerader Richtung auf Berlin vorgegangen, während sein linker Flügel allein der geschlagenen Armee gefolgt war. Hohenlohe hatte von Magdeburg aus nicht die gerade Strasse über Berlin zur Oder als Rückzugslinie gewählt, sondern hatte die schützenden Brücher des Rhins und der Havel in seine rechte Flanke gelegt, als er in einem grossen Bogen durch die Prignitz und die Grafschaft Ruppin auf Stettin abmarschiert war. Er selber war am 22. Oktober mit der Hauptmacht über Genthin und Rathenow auf Ruppin aufgebrochen, während die Kavallerie, links ausbiegend, über Havelberg und Kyritz folgte. Blücher war am 24. Oktober bei Sandau über die Elbe gegangen und Karl August war ihm hier am 26. gefolgt. In der That schützten die Brücher die preussische Armee mehrere Tage, und der Feind hatte vollständig die Fühlung verloren, denn erst am 28. Oktober trafen beide Armeen bei Prenzlau zusammen. An die Zeit der französischen Okkupation erinnert in Kyritz ein Denkmal, das die Stadt zweien ihrer Bürger, den Kaufleuten Schulze und Kersten errichtet hat, welche von den Franzosen standrechtlich erschossen worden waren.

Der dreissigjährige Krieg. Eine ganz besondere Bedeutung hatte die Prignitz im dreissigjährigen Kriege. Hier war sie selber Operationsbasis, und hinter den Brüchern der Havel und des Rhins suchte die schwedische Armee wiederholt Schutz. Wie wichtig die Prignitz war, davon zeugen noch die Überreste von Schanzwerken, die sich in ziemlich bedeutender Erstreckung an dem Ufer der Dömnitz, des Nebenflusses der Stepenitz, erhalten haben. Es sind das gemauerte Kasematten, die heutigen Tages zusammengebrochen sind, sich aber immer noch verfolgen lassen. Sie lehren, dass in dem Winkel zwischen der Stepenitz und der Dömnitz für längere Zeit ein festes Lager bestanden hat. Berghaus berichtet von ähnlichen Schanzen längs der Löcknitz; auf der Karte aber findet sich keine Angabe, sie werden daher wohl seit der Zeit schon verschwunden sein. Berühmt ist die Schlacht bei

Wittstock, wo Baner und seine Unterfeldherren Stalhandske und Torstenson die Kaiserlichen und Sachsen am 24. September 1636 schlug. Das Schlachtfeld war der Scharfe Berg, der eine sehr sichere Position war, da er mit einem schroffen Steilhang zur Dosse abfällt.

Das Mittelalter. Wenden wir unsere Blicke noch weiter rückwärts in die Zeit des ausgehenden Mittelalters, so fehlen hier die grossen Ereignisse gänzlich. Wir finden hier nur den nachbarlichen Kleinkrieg mit den mecklenburgischen Herrn. An diese Zeit erinnert z. B. das Bassewitzfest, das bis vor wenigen Jahren in der Stadt Kyritz gefeiert wurde zur Erinnerung an die siegreiche Abwehr dieses Herrn im Jahre 1381. Das grosse Ereignis in dieser Zeit ist aber die Besiedelung durch die Deutschen; wenn diese Besiedelung auch im wesentlichen ein Werk friedlicher Arbeit war, so mussten die Erfolge doch durch Sicherheitsmassregeln gegen die feindlichen Nachbarn unterstützt werden. Dazu dienten die Grenzfestungen. Die bedeutendsten sind Meyenburg und Freienstein. Beide liegen am Südrande der grossen Niederungen, durch welche Stepenitz und Dosse fliessen. In den Urkunden finden sich zahlreiche Klagen über die wiederholten Zerstörungen von Freienstein. Südlich der heutigen Stadt heisst eine Stelle die Altstadt, weil dort eine Stadt gestanden haben soll. Aus dieser Zeit rührt auch wohl das alte Schloss her, ein mächtiger dreistöckiger Feldsteinbau mit vielen gewölbten Zimmern. Auch in der Umgebung von Meyenburg sind Überreste von Burgmauern erhalten. In Putlitz deutet ein restaurierter Bergfried auf die alte Zeit. Weiter westlich haben sich im Schlossgarten von Dallmin Mauerreste gefunden, und auch das dortige Schloss ruht auf festen alten Kellergewölben.

Die slavische Zeit. Und dennoch hat die Kolonisation es nicht vermocht, alle Spuren ehemaliger wendischer Anlagen zu zerstören. Diese monumentalen Überreste aus wendischer Zeit sind die Burgwälle. Sie ragen als flache Hügel aus sumpfigen Niederungen hervor. Da ihr Durchmesser in der Regel einige zwanzig Meter nicht überschreitet, so

Fig. 11.
Der Burgwall bei Jabel.

nimmt man an, dass sie nur vorübergehend als Zufluchtsstätten gedient haben können, wenn die benachbarten Dörfer durch kriegerische Überfälle zerstört worden waren. Auf der Karte findet sich die Bezeichnung

Burgwall an der mecklenburgischen Grenze an zwei Stellen. Zum ersten Mal in dem Thale der Karwe, eines Nebenflusses der Löcknitz und dann im Thale des Meynbaches, nahe dem Dorfe Pinnow. Ein dritter endlich findet sich in den Gröper Wiesen nordwestlich von Wittstock bei dem Dorfe Jabel. Aus der Lage dieser Burgwälle darf man daher wohl schliessen, dass die Grenzlinie schon vor der Zeit der Kolonisation ungefähr den heutigen Verlauf hatte.

Die Vorgeschichte der Kolonisation. Die Angliederung der ostelbischen Mark an das deutsche Mutterland hat eine lange Vorgeschichte. Karl der Grosse hat die ersten Vorstösse über die Elbe unternommen. Im Jahre 789 zog er zu Felde gegen den Slavenstamm der Wilzen. Es lässt sich dieser Vorstoss über die Elbe wohl mit dem Cäsars über den Rhein vergleichen. Es war nur eine Rekognoszierung, und an eine ernstliche Kolonisation hat Karl der Grosse nicht gedacht. Wohl aber sicherte er seine Grenzen durch feste Burgen. Sein Missus Odo baute 808 das Kastell Hohbucki, das bald wieder zerstört wurde. Man hat die Anlage desselben in der „Schanze“, einer ebenen Fläche neben dem Abhang des Höhbeck gegenüber von Lenzen,

Fig. 12.
Die Thalmühle auf dem Hohbeck.
Nach einer Photographie.

wiedergefunden. Der Höhbeck ist ein 75 m hoher Vorsprung, welcher sich mit steiler Böschung aus der Elbe erhebt. Unter den schwächlichen Karlingen war an eine energische Slavenpolitik nicht zu denken, und erst Heinrich I. nahm die Expansionspolitik Karls des Grossen wieder auf. Er schlug 929 die Wenden in einer blutigen Schlacht bei Lenzen. Doch erst unter Otto dem Grossen wurde eine planmässige Unterwerfung der ostelbischen Lande ins Werk gesetzt. Otto wählte aber Magdeburg als Operationsbasis, und so kam es, dass Havelberg der ostelbische Brückenkopf wurde. Markgraf Gero war es, welcher auch die Wendenstämme an der unteren Havel tributpflichtig machte, so dass das ganze Land in Burgwarte eingeteilt und die Bistümer Havelberg und Brandenburg 946 errichtet werden konnten. Aber auch diesmal noch waren die Einrichtungen ohne Bestand, denn als Otto II. in Unteritalien Unglück hatte, empörten sich die Wenden, zerstörten die Einrichtungen und kehrten zum Götzendienst zurück. Nach den Ottonen aber richtete kein deutscher Kaiser wieder seinen Blick nach Osten, es war die italienische Politik, welche ihre Gedanken gefangen hielt. Dieses Grenzland war ihnen auf Jahrhunderte aus den Augen gekommen. Es griff daher ein anderes Verfahren Platz, das zwar langsam, aber sicherer wirkte, das der moralischen Eroberung. In den langen Jahren bis auf Albrecht den Bären traten die Sachsen mit ihren Nachbarn in friedlichen Verkehr. Sächsische Grosse suchten im Wendenlande führende Stellungen, und umgekehrt suchten wendische Fürsten unter den Sachsen Dienste. Auch der Handel bahnte sich von Magdeburg aus nach Osten seinen Weg, und endlich wird auch die Geistlichkeit ihre fromme Arbeit nicht unterlassen haben. Der in Havelberg residierende Wendenfürst Witikind war Christ, wenn auch wohl nur dem Namen nach. Im Jahre 1132 unternahm Kaiser Lothar auf Anregung des Bischofs Otto von Bamberg einen Kreuzzug gegen die Wenden; Witikind wurde besiegt, aber in seinem Besitz belassen und Bischof Anselm baute die erste steinerne Kirche auf der Spitze von Havelberg. Wenn sich auch die Söhne Witikinds 1137 wieder empörten, so war doch vom Jahre 1144 ab der Besitz der Ostmark sicher gestellt und Albrecht der Bär nannte sich Markgraf von Brandenburg.

Die vorgeschichtliche Zeit. Die Dokumente menschlicher Betriebsamkeit reichen aber über die Zeit der Geschichte noch zurück in die graue Urzeit, wo die Menschen das Schreiben noch nicht erfunden hatten. Der Boden beherbergt in der Prignitz sicher noch manchen Schatz, welcher bei intensiverer Kultur zu Tage gefördert werden wird. In die Zeit der Völkerwanderung gehört das germanische Gräberfeld zu Dahlhausen. Durch den Pflug sind hier eine Anzahl Urnen bloss

Fig. 13.
Das Königsgrab von Seddin. Nach einer Photographie.

gelegt worden, welche Überreste von Asche und Knochen enthielten und für die sorglose und pietätlose Art der Bestattung in jener Zeit sprechen. Im starken Gegensatz hierzu steht das prachtvolle Königsgrab von Seddin, das viele Jahrhunderte älter ist. Es ist ein Mausoleum aus Feldsteinen, über welche sich ein 20 m hoher Hügel aus Sand wölbt. Im Innern beherbergte es eine prächtige Bronzeurne mit der Asche und Schmucksachen. Dabei befand sich ein eisernes Schwert. Diese Funde lehren, dass die Beisetzung am Ende der Bronzezeit stattgefunden hat, als schon von Hallstadt her das neue Metall Eingang gefunden hatte. Endlich aber giebt es in der Prignitz noch einen Rest aus der Steinzeit. Das ist das Hünengrab bei Mellen, nördlich von

Fig. 14.
Das Hünengrab bei Mellen. Nach einer Photographie.

Lenzen. Hier finden wir auf einem flachen Hügel zwei konzentrische Rechtecke von Findlingen. Das innere Rechteck ist noch dadurch ausgezeichnet, dass es zur Hälfte von einem besonders grossen Findling dachartig bedeckt ist. Auch dieses ist ein Mausoleum gewesen, das aber lange schon bloss gelegt worden ist. Es umschloss einst den Leichnam eines Vornehmen und beherbergte auch wohl seine Waffen, die aus Stein bestanden. Jene Urbewohner der Mark waren noch ganz auf die engste Heimat beschränkt. Ihr Baumaterial und ihre Waffen suchten sie sich aus den heimischen Findlingen zurecht zu machen.

Kleine Mitteilungen.

Geologische Beobachtungen in der Umgegend von Frankfurt a. O. Herr Professor Dr. Keilhack veröffentlicht (Zeitschr. d. deutschen geolog. Gesellschaft Bd. 52, S. 100 der Verhandlungen) einige interessante Beobachtungen, welche wichtige Aufschlüsse geben über den geologischen Bau dieser Gegend. Zwischen dem Lebuser und dem Sternberger Plateau hat das Oderthal eine sehr merkwürdige Gestalt. Oberhalb der Stadt Frankfurt ist es nur $1^1/_2$ bis 2 km breit, während es sich unterhalb der Stadt ganz plötzlich bis zu einer Breite von 7 km und darüber ausdehnt. Es ist dieser Abschnitt das Nordsüd gerichtete Thalstück, welches das Thorn-Eberswalder Hauptthal mit dem Warschau-Berliner Thal verbindet. In diesem Verbindungsstück zwischen den beiden grossen Urstromthälern erblickt Herr Keilhack eine subglaziale Rinne, in welcher die Schmelzwässer — also unter dem Inlandeise — nach Süden flossen. Es geschah dies in der Zeit als das Inlandeis sich noch bis in die Höhe von Frankfurt a. O. ausbreitete, und die gesamten Schmelzwässer sich vor dem Eisrande aufstauten, bezw. in dem Thale der heutigen Spree, nach W. abflossen. Es lag der Wasserspiegel dieses Stromes zeitweilig in mehr als 50 m Meereshöhe. Für diese Annahme sprechen die Kies- und Sandterrassen, welche sich im südlichen Teil des Landes Sternberg weithin verfolgen lassen. Herr Keilhack unterscheidet 3 Terrassen, von denen die erste zwischen 50 und 60 m Höhe, die zweite zwischen 40 und 45 und die dritte zwischen 30 und 35 liegt. Das Wasser des grossen Schmelzstromes sank allmählich je mehr das Eis zurückging, und sich neue Pässe für das Schmelzwasser bildeten. Der erste derselben war der über das Rote Luch und der zweite das Thorn-Eberswalder Thal. Die höchste Terrasse ist die Königlich Reppener Forst, die nächstniedrige ist das Eilangthal, das von Reppen herunterkommt, und die niedrigste Stufe endlich beherbergt das Pleiskethal. Von dem Dorfe Aurith hat man die einzige Gelegenheit alle drei Terrassen übersehen zu können. Während sich im Osten der Oder, im Lande Sternberg, grosse Sandflächen mit Kiefernheiden ausbreiten, bietet im Westen der Lebuser Abschnitt ein ganz anderes Bild.

Hier fällt zunächst das hohe Steilufer auf, das sich von Brieskow über Frankfurt und Lebus bis Reitwein verfolgen lässt. Schöne Überblicke über diesen Steilhang gewährt eine Fahrt mit der Eisenbahn Frankfurt-Guben. Im Innern findet man weithin fruchtbare Ackerflächen, denn hier herrscht nicht der Sand, das Auswaschungsprodukt der Schmelzwässer, sondern die ungestörte Moräne. Die Zusammensetzung und Lagerung des Diluviums beschreibt Keilhack von dem Steilhang bei Lebus; hier finden sich beide Geschiebelehme mit ihren liegenden Sanden. Etwas gestört wird gelegentlich das Bild dadurch, dass bedeutende Partieen fast senkrecht abgerutscht sind, weil das Hochwasser gelegentlich tiefe Unterspülungen hervorgerufen hat.

Dieses ist das Profil, das sich bei Lebus der Beobachtung darbietet; es fällt auf, dass die Braunkohlenformation ganz und gar fehlt. Sie erscheint erst viel weiter südlich in der Höhe von Frankfurt. Herr Keilhack führt diese auffällige Thatsache auf „ausgedehnte Verwerfungen, wahrscheinlich tektonischer Natur“ zurück. In der Nähe der Mendeschen Ziegelei sieht man in einem Nebenthälchen der Oder tertiäre weisse Glimmersande überlagert von Unterem Geschiebelehm. Diese Lagerungsverhältnisse finden sich auf der Nordseite des Thälchens. „Auf der Südseite desselben ist weder vom Tertiär- noch vom Geschiebelehm mehr eine Spur zu finden. Hier findet sich vielmehr ein ausserordentlich thoniges, mindestens 25 m mächtiges Diluvialgebilde, welches bei genauerer Untersuchung sich unzweifelhaft als eine lokale Moräne, als das Produkt der Aufarbeitung diluvialer Lager von Bänderthon erweist. Thonmassen verschiedener Farbe und Struktur sind in der unregelmässigsten Weise unter Verlust jeder Spur von Schichtung durcheinander geknetet; an anderen Stellen sieht man vollständige Breccien von Thonstücken, und dazwischen finden sich als Zeichen, dass man es mit einer Grundmoräne zu thun hat, vereinzelte Geschiebe in allen Grössen, die z. T. eine ganz ausgezeichnete Politur und Bedeckung mit glacialen Kritzen und Schrammen besitzen.“ Sollte man nach dieser Beschreibung hier nicht auf die Randpartie einer Verwerfungskluft schliessen dürfen? Herr Keilhack sagt daher auch: „Die nördlichste der beiden Grenzlinien ist zweifellos eine Verwerfungslinie, auf der das Tertiär an die Oberfläche tritt, und zwar auf einer schnurgrade verlaufenden Linie, während weiter südlich keine Spur einer Tertiärablagerung mehr zu finden ist. Auch die südliche Begrenzungslinie dieser fetten Grundmoräne scheint den Charakter einer Verwerfung zu besitzen, doch müssen hier noch speziellere Untersuchungen ausgeführt werden. Zweifellos wird eine genaue Prüfung gegenwärtiger und älterer bergbaulicher Aufschlüsse die interessante Frage der Tektonik dieses Gebietes beantworten.“

Ref. möchte aus der Keilhackschen Schilderung nur diese grossen Züge herausheben, weil er sie zu einer eigenen Beurteilung der geologischen Verhältnisse benutzen möchte. Die Arbeit enthält ausserdem noch eine grosse Fülle von interessanten Details.

Diese Örtlichkeit der Mark hat den Ref. wiederholt beschäftigt. (Vergl. Monatsblatt der Ges. für Heimatkunde der Prov. Brandenburg Jahrg. 6, S. 452 und Naturwissenschaftliche Wochenschrift Bd. XIII., No. 27.) Er steht auf einem abweichenden Standpunkt, denn er hält das Oderbruch in seiner ganzen Ausdehnung, unterhalb Frankfurt bei der Verbreiterung beginnend bis zur Neuenhagener Insel, für eine Grabenversenkung und stellt sich vor, dass das enge Stück oberhalb Frankfurt nachträglich von Eilang und Pleiske durchwaschen worden ist, so dass der Oder nun ein neuer Weg eröffnet wurde, und sie nicht mehr durch das Berliner Thal abfloss.

Durch die Beobachtungen Herrn Keilhacks sieht er sich in seinen Ansichten bestärkt, denn die Verwerfungslinien in den Ziegeleigruben liegen auf dem linken Oderufer in der Höhe, wo auf dem rechten Ufer die plötzliche Ausbuchtung des Thales bei der Kleisthöhe anhebt. Er findet, dass hierdurch diese plötzliche Verbreiterung allein zu erklären ist. Wenn aber diese Weiterführung der Bruchlinien zu gewagt sein sollte, so bleibt doch so viel bestehen, dass diese Landschaft nicht ohne tektonische Mithilfe zu Stande gekommen ist. Ein direkter Beweis für die Grabennatur des Bruches an dieser Stelle fehlt freilich noch.

Dagegen kann Ref. für das Oderbruch der Gegend von Wriezen den Beweis beibringen, dass es ein Graben ist. Hier ist durch eine Brunnenbohrung auf dem Bahnhofe ca. 20 m unter Tag das Braunkohlengebirge getroffen worden. Durch die Güte seines verehrten Kollegen, des Herrn Oberlehrers Dr. Böttger ist Ref. in den Besitz der Bohrtabelle gekommen, die Herr Brunnenmacher Biesel-Wriezen zusammengestellt hat. Von der Oberfläche in die Tiefe liegen folgende Schichten:

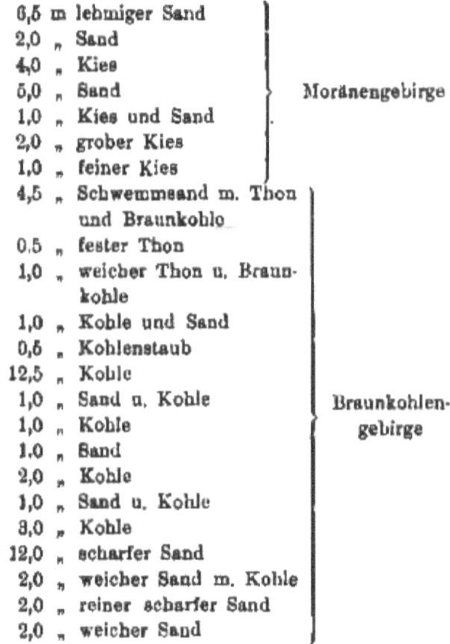

6,5 m	lehmiger Sand	Moränengebirge
2,0 „	Sand	
4,0 „	Kies	
5,0 „	Sand	
1,0 „	Kies und Sand	
2,0 „	grober Kies	
1,0 „	feiner Kies	
4,5 „	Schwemmsand m. Thon und Braunkohle	Braunkohlengebirge
0,5 „	fester Thon	
1,0 „	weicher Thon u. Braunkohle	
1,0 „	Kohle und Sand	
0,5 „	Kohlenstaub	
12,5 „	Kohle	
1,0 „	Sand u. Kohle	
1,0 „	Kohle	
1,0 „	Sand	
2,0 „	Kohle	
1,0 „	Sand u. Kohle	
3,0 „	Kohle	
12,0 „	scharfer Sand	
2,0 „	weicher Sand m. Kohle	
2,0 „	reiner scharfer Sand	
2,0 „	weicher Sand	

Dieses Bohrergebnis darf man wohl benutzen, um zu erklären, dass das Oderbruch kein Auswaschungsthal ist. Wäre dies der Fall, so müsste auch die Braunkohle fortgewaschen worden sein, und es müsste sich so nahe unter Tag älteres Gebirge z. B. der Septarienthon gefunden haben. Zum Vergleich möchte Ref. noch aus einer Arbeit von ihm*) einige Zahlen bei-

*) Über den Verlauf und die Herausbildung der diluvialen Moräne in den Ländern Teltow und Barnim—Lebus, Zeitschrift f. Naturwissenschaften Bd. 63, S. 1.

bringen über die Mächtigkeit des Diluviums auf dem benachbarten westlichen Höhenrand, welche lehren, dass dort das Diluvium ungefähr dieselbe Mächtigkeit besitzt. Bei Herzhorn ist es 9,5 m mächtig, bei dem Dorfe Sternberg 11 m, bei Bollersdorf 12,5 bezw. 36,5 m und bei Müncheberg 29 m bezw. 100 m. Zache.

Bücherschau.

Die Ursachen der Oberflächengestaltung des Norddeutschen Flachlandes von Dr. phil. Felix Wahnschaffe, Kgl. Landesgeologe, Professor an der Bergakademie und Privatdozent an der Universität Berlin. Mit 9 Beilagen und 33 Textillustrationen. Zweite völlig umgearbeitete und vermehrte Auflage. Stuttgart. Verlag von J. Engelhorn. 1901.

Im ersten Hefte unseres Monatsblattes hat Ref. die erste Auflage dieses Werkes besprochen. Es liegt nun die zweite Auflage vor. Ein Vergleich beider lehrt deutlich, welche Menge von Thatsachen und Ansichten in dem verflossenen Jahrzehnt aufgefunden und ausgesprochen worden sind. Das geht schon aus dem äussern Umfang des Buches hervor. Die erste Auflage war 166 Seiten stark und die zweite hat es auf 258 Seiten gebracht. Mit einer peinlichen Sorgfalt hat der Herr Verf. die Litteratur verarbeitet und die feinsten Nuancen in den Ansichten beachtet. Dies macht sich namentlich bemerkbar bei den Auseinandersetzungen über die Endmoränen, Kames, Durchragungszüge, Stauwälle, die Durchbrüche der Urströme nach N. u. s. w. Diese Auseinandersetzungen lehren, wie weit wir noch entfernt sind von einer wirklichen Klarheit über die Herausbildung unseres heimischen Bodens. Wenn auch die Theorie über die Vergletscherung der Norddeutschen Tiefebene als sicher gelten darf, so stellen sich sofort die Schwierigkeiten ein, sobald es sich um die Erklärung eines bestimmten Details handelt. Aus dieser Neuauflage geht aber weiter hervor, dass allmählich ein Faktor wieder eine Rolle zu spielen beginnt, welcher lange Zeit in den Hintergrund gedrängt worden war. Es ist das das Eingreifen der tektonischen Kräfte. Es sind in den letzten Jahren einige Verwerfungen konstatiert worden. Auch Ref. hatte das Glück eine besonders schöne photographieren zu können, die in dem Buche wiedergegeben ist.

Es wird die Aufgabe der nächsten Jahre sein, eine Abgrenzung herbeizuführen zwischen der Thätigkeit des Eises und den Eingriffen durch Störungen in der Erdrinde. Freilich werden sich hier besondere Schwierigkeiten einstellen, wenn man bedenkt, welch ein Unterschied besteht, zwischen dem duktilen Moränenmaterial der Norddeutschen Tiefebene und dem festen Gestein des übrigen Deutschlandes. Die Verwerfungslinien können hier bei weitem nicht so deutlich sein als dort, und vor allem werden die Grenzlinien an der Oberfläche fast überall verwischt sein. So viel ist aber klar: es sind einige tektonische Linien festgestellt worden, deshalb werden sich auch noch weitere finden. Ein Teil dieser Störungen wird auch in die Zeit der Eisbedeckung fallen, und diese werden noch schwieriger zu konstatieren sein, weil das plastische Eis sofort die Differenz ausgeglichen haben wird. Endlich aber darf man auch nicht zu viele tektonische Linien erwarten, da im Vergleich zu den alten Gesteinen Mitteldeutschlands die Zeit für die Eingriffe in Norddeutschland zu kurz war.

Gegen den Schluss des Buches findet sich eine Tabelle über die Gliederung der norddeutschen Quartärbildungen. Wir bringen im folgenden das Wichtigste und für die Mark bezügliche aus derselben.

Postglazialzeit (Jungquartär).

a) jüngere: Buche- und Erle- (Mya-) Zeit, Rezente Fauna und Flora.

b) ältere: Eiche- (Litorina-) Zeit.
Birke-, Kiefer- (Ancylus-) Zeit.

Die Eiszeit in ihren verschiedenen Phasen.

Spätglaziale Phase.

Dryas- (Yoldia-) Zeit: Fauna und Flora noch durch die subarktischen Verhältnisse beim Rückzug des Eises beeinflusst.

Dritte Vereisung.

a) Abschmelzperiode: Endmoränen und Sandbildungen; Thalsand und Terrassen; Åsar, Kames, Geschiebesand, Löss.

b) Inlandeisbedeckung. Oberer Geschiebemergel (Grundmoräne) subglaziale Sande und Grande, beim Herannahen des Eises vorgeschüttete fluvio-glaziale Bildungen.

Zweite Interglazialzeit.

Fauna der grossen diluvialen Säugetiere: Rixdorf.

Interglaziale Torflager: Lauenburg a. E.

Schichten mit Süsswasserkonchylien: Alt-Geltow b. Potsdam, Valvaten- und Ostrakodenmergel und -sande bei Frankfurt a. O., Werder, Korbiskrug.

Marine-Bildungen.

Zweite Vereisung.

Unterer Geschiebemergel (Grundmoräne), oft in mehrere durch Sand getrennte Bänke gespalten. Fluvioglaziale, grandige, sandige und thonige Sedimente beim Vorrücken und Rückzug des Eises.

Erste Interglazialzeit.

Süsswasserschichten: Paludinenbank (Berlin-Rüdersdorf) Klinge bei Cottbus, Süsswasserkalke von Belzig, Valvatensande von Nennhausen b. Rathenow.

Marine-Schichten.

Erste Vereisung.

Grundmoräne von Rüdersdorf.

Präglazialzeit.

Vorhandensein präglazialer Bildungen noch nicht erwiesen. G. Müller rechnet die marinen- und unteren Süsswasserbildungen von Lauenburg a. E. zum Präglazial. Zache.

Für die Redaktion: Dr. Eduard Zache, Cüstriner Platz 9. — Die Einsender haben den sachlichen Inhalt ihrer Mitteilungen zu vertreten.
Druck von P. Stankiewicz' Buchdruckerei. Berlin, Bernburgerstrasse 14.

Strausberg im siebenjährigen Kriege.

Beitrag zur Geschichte der Stadt Strausberg

von

B. Seiffert.

Mit Bezug auf den ersten und zweiten schlesischen Krieg befinden sich, wie dies durch den Gang der Ereignisse und die Entfernung des eigentlichen Kriegsschauplatzes erklärlich wird, im Stadtarchiv nur sehr wenige Aktennachrichten, die dazu nur von allgemeinerer Bedeutung sind, da sie die allerwärts im preussischen Lande angeordnete Wachsamkeit der Bevölkerung gegenüber etwaigen feindlichen Einfällen betreffen. Da ist zuerst folgende Königliche Ordre, d. d. Berlin, den 20. August 1745:

„Demnach wir es bey den jetzigen Coniunctionen nöthig finden, dass alle praecautiones wider einen etwa zu besorgenden feindlichen Einfall genommen werden: Alss befehlen wir hierdurch allergnädigst zu verfügen, dass nach den bereits vor verschiedenen Jahren ergangenen ordres, hohe Stangen auf erhabenen Orten, vor denen nach den Sächsischen und Polnischen Gräntzen belegenen Dörffern aufgesteckt, solche oberwärts mit Stroh, welches mit Theer bestrichen, bebunden, auch eine Theerkanne darauf gehängt werden soll, damit, wenn sich eine Gefahr ereignet, solche angestecket und dadurch denen in der Nachbarschaft belegenen Städten, Flecken und Dörffern ein Signal gegeben werden könne, damit die Bürger und Bauern zur Hülfe herbeieilen und sich in so viel bessern defensions Stand setzen können, wie dann auch die Städte und Dorffschaften fleissig Wacht, sonderlich des Nachts halten und patrouillen aussetzen, auch bey entstehendem Lermen, theils mit ihren Flinten, theils mit ihrem Hausgewehr so viel möglich wehren und jedesmahl aufs schleunigste anhero rapportiren müssen. Jedoch müssen diese Stangen soweit von denen Dörffern entfernt aufgestecket werden, dass solche daraus, wenn sie angestecket werden,

12

keine Feuersgefahr zu sorgen haben, und können in denselben Fällen die Sturmglocken geläutet werden."

Daraufhin beschloss der Rat (Pape, Heller, Beneckendorf, Schmidt) unterm 28. August 1745:

„Bei diesen jetzigen Umständen hat man vor nöthig erachtet, eine stärckere und bessere Wacht zu halten, zu welchem Ende von nun an 1) in jedem Thore sein sollen 4 Mann, und müssen selbige des Morgens um 8 Uhr aufziehen und des Nachts accurat mit der Wache sein, des Nachts auch um den Thoren und den Strassen patrolliren und genau observiren, was passiret. 2) muss jeder Bürger selber auf der Wacht kommen und keine alte abgelebte Leute schicken, welche nicht angenommen werden, sondern im Fall der Bürger nicht selbst aus erheblichen Uhrsachen kommen kann, jedoch einen tüchtigen Mann in seine Stelle schicken. 3) Es muss niemand, es sey wer es wolle, der nicht wohl examiniret, einpassiren und alles gemeldet werden. 4) muss jederzeit einer mit Ober- und Untergewehr wohl versehen, und welches beydes im guten Stande seyn muss, um sich dessen im Fall der Noth bedienen zu können, an dem Schlagbaum stehen, um alles desto besser zu observiren und lösen sich alle 2 Stunden ab. 5) Derjenige nun, welcher sich nicht accurat bezeiget, seine Stunden richtig stehet und seinem vorgesetzten Unterofficier oder Gefreyten in allen Stücken folget und Gehorsam leistet und deshalb eine Klage erhebet, soll derselbe sogleich in Arrest genommen, die Sache examiniret und befundenen Umständen nach dafür sogleich hart bestrafet werden. 6) Auf der Hauptwacht kommen täglich 6 Mann, welche fleissig die Strassen und Thorwächter alle Stunde visitiren müssen. 7) Vor dem Landsberger Thor kommen 4 Mann, welche alle halbe Stunden um die Scheunen herum patrolliren müssen. Allenfalls muss eine Post auf dem Mühlenberg stehen, so alles übersehen kann."

Am 4. September 1745 erhielten die dem Kgl. Commissarius unterstellten Städte Strausberg, Oranienburg, Liebenwalde, Wriezen und Alt-Landsberg die Weisung, sich „wegen Pulver, Bley und Gewehre an den Generalmajor Grafen v. Haacke zu wenden." Am 19. November 1745 wurde angeordnet, dass „alle Brücken, die zur Invasion beförderlich sein könnten, abgeworfen und alle Schiffsgefässe an Prahmen, Kähnen, incl. der kleinen Fischerkähne längst der Oder, Havel und Spree von jener Seite weg und in Sicherheit gebracht werden" sollten: nach einer Ordre vom 24. November sollten auch „die Wachen und Postirungen auf doppelten Fuss gestellt werden." Nachdem jedoch der entscheidende Sieg bei Kesselsdorf (15. Dezember 1745) die Kraft der Kaiserin Maria Theresia gebrochen hatte und die Friedensverhandlungen zu Dresden am 25. Dezember 1745 zum Abschluss gelangt waren, wurde, „da sich die androhende Gefahr gäntzlich verloren und es nur zur höchsten Beschwerde der armen Unterthanen gereichen kann, dass dieselben zumal bey dieser rauhen Witterung bey den aufgerichteten Stangen Wache halten, auch die verordneten Postirungen besetzen müssen", beides wieder aufgehoben. —

Reichhaltiger ist das Material betreffs des siebenjährigen Krieges, besonders aus den Jahren 1758 bis 1760, wo durch die Einfälle und den Vormarsch der Russen bis in die Mark letztere zu wiederholten Malen der eigentliche Kriegsschauplatz wurde; diese Schriftstücke beginnen mit dem Jahr

1757.

(Sauvegardegelder an die Franzosen.)

Am 14. Januar 1757 wurden die Enrollirten, d. h. die zum Kriegsdienst Angesetzten aufgefordert, sich zum Ersatz der Regimenter in Spandau zu melden; am 5. August d. J. „soll Strausberg 4 tüchtige rammassirte, jedoch ganz sichere Leute und die nicht mehr im Wachsthum stehen, nach Spandau schicken." Einer der Enrollirten wurde unter Aushändigung folgendes Ausmusterungsscheines wieder zurückgeschickt:

„Demnach Vorzeiger dieses, der Enrollirte Forcadeschen Regiments[1]), Martin Wegers, aus der Stadt Strausberg gebürtig, seines Alters 24 Jahr und 5' 1' —''' Mass haltend, ein beglaubtes Attest von seiner Obrigkeit und Zeugniss aus dem Kirchenbuche beygebracht und dargethan, dass er die Jahre erreichet, welche er angegeben, und also kein Wachsthum bey selbigem mehr zu hoffen, derselbe auch durch einen Handschlag erhärtet, dass er wirklich derjenige sey, welcher verabschiedet zu werden verlangt: so haben wir nicht anstehen mögen, demselben gegenwärtiges Attest ohnentgeltlich zu ertheilen, um solches bey des hiesigen Commandanten, Herrn Gen. Lieut. v. Rochow Exc. zu seiner Legitimation zu produciren, damit ihme der gebetene Abschied ertheilet werden möge. Berlin, d. 21. März 1757. Kgl. Pr. Churm. Kriegs- und Dom.-Cammer. v. d. Gröben, v. Schoppe, Vidimirt Rochow."

Der Feldzug dieses Jahres war, wie bekannt, besonders deswegen für den König Friedrich II. mit den grössten Gefahren und Anstrengungen verbunden und des Königs Lage sehr bedenklich, weil nunmehr dem ursprünglich verabredeten Kriegsplan gemäss alle seine verbündeten Feinde gleichzeitig von allen Seiten über die preussischen Provinzen herfielen und, da der König seine Streitkräfte teilen musste und überall, wo er nicht persönlich mit Nachdruck eingriff, nur schwacher Widerstand geleistet werden konnte, meist mit Erfolg vordrangen: im Osten die Russen, im Norden die Schweden, im Süden

[1]) Inf. Regt. No. 23.

12*

die Österreicher und im Westen in Verbindung mit der Reichsarmee die Franzosen. Eine Abteilung der letzteren hatte die Hannöversche Armee, bei welcher auch 5000 Preussen standen, am 26. Juli 1757 in der Schlacht bei Hastenbeck besiegt und durch die Konvention von Kloster Seeven (8. September) erreicht, dass dieses Heer sich vorläufig jeder weiteren kriegerischen Operation enthalten musste. Nun stand den Franzosen der Weg in die Preussischen Elbprovinzen offen, und sie brachen auch sofort dorthin auf, um nach Kriegsrecht es sich daselbst bequem zu machen und auf Kosten der Einwohner Winterquartiere zu beziehen. Der französische General v. Poloretzki forderte[1]) „die Kreisdirektoren der Altmark und Priegnitz, v. Jagow und v. Graevenitz, auf, sich persönlich nach Dannenburg im Lüneburgischen zu gestellen. Es geschah ihnen die proposition, eine ganz enorme und unerschwingliche Zahl rationes von Hart- und Rauhfutter behufs der französischen Armee nach dem Lüneburgischen zu liefern, wobey ihnen zugleich 700 Salveguarden aufgedrungen, welche sie pro Stück mit 26 Dukaten zu bezahlen sich gefallen lassen mussten (ca. 60 000 Thl.)"

Diese Thatsache wurde den Magistraten der Mark mit der Weisung zur Kenntnis gebracht, „sich zu solchen angedrohten Lieferungen und Executionen im geringsten nicht gutwillig zu verstehen, weilen diesen Anmuthungen baldigst ein Ende gemacht werden dürfte."

Nach einer Ergänzung[2]) zu dieser Verordnung sollte es aber „vorkommenden Umständen nach nachgelassen seyn, wo es nicht zu ändern und alle dringenden remonstrationes nichts fruchten wollen, mit denen Commandeurs derer eingerückten feindlichen Corps wegen derer fourage Lieferungen und andern Forderungen nach Beschaffenheit derer vorkommenden Umstände und so gut als möglich zu accommodiren."

Trotzdem nun der König selbst die französische Hauptarmee unter dem Befehl des Prinzen v. Soubise und die mit ihr zusammen operirende Reichsarmee am 5. November 1757 bei Rossbach vollständig zersprengte, hielt doch das Armeekorps, welches der Marschall Duc de Richelieu[3]) der Hannöverschen Armee gegenüber befehligte, seine Stellung im Lüneburgischen weiter fest, und vergeblich bemühte sich der neuernannte Führer der letzteren, Herzog Ferdinand von Braunschweig, es gleichfalls nach Westen zurückzudrängen. So wurde es denn[4]) trotz alledem notwendig, „um die Einwohner der Altmark, Priegnitz, Ucker- und Mittelmark vor feindlichen Executionen soviel wie möglich

[1]) Nach einem Schreiben des Kriegsrates Niethe vom 27. September 1757.

[2]) Vom 14. Oktober 1758.

[3]) Seit dem 3. August 1757.

[4]) Nach einem Schreiben vom 6. Dezember 1757.

zu decken, von dem französischen General Marschall Duc de Richelieu 100 Stück Sauve-Guarde Briefe anzunehmen und durch die Magdeburgischen Kaufleute Schultze und Veit Meyer die behandelten Summen wirklich zahlen zu lassen. — Dies muss ihnen wiedergezahlt werden, kein patriot wird sich der Erfüllung der condition entziehen können. Alle sollen dazu beytragen, auch die Geistlichen nach Verhältniss ihrer Einkünfte."

Die ganze Kontribution betrug 39 770 Thl.; hiervon entfielen auf die Städte der Kurmark 23 071 Thl., auf Strausberg 109 Thl., die (aus irgend einem Grunde?) ausdrücklich in 4- und 2-Groschenstücken bezahlt werden sollten [1]).

1758.

Einfall der Östreicher und Russen. Bombardement von Cüstrin. Schlacht bei Zorndorf.

General Richelieu erfuhr anfangs Januar 1758, dass man am französischen Hofe entschlossen sei, ihm einen Nachfolger zu schicken [2]), und beschloss, seine militärische Laufbahn in Deutschland durch einen einträglichen Streich zu beendigen. Zu dem Zweck schickte er am 9. Januar etwa 9000 Mann gegen das schwachbesetzte Halberstadt, um es auszuplündern; 200000 Thaler erpressten sie von den Bürgern, nahmen auch alle möglichen Lebensmittel mit und eilten dann vor den anrückenden Preussen mit ihrem Raube zurück. Auf diesen Vorgang bezieht sich folgende Königl. Ordre vom 26. Februar an die Kriegsräte:

„Nachdem wir allerhöchst selbst bei Gelegenheit des ohnlängst in dem Halberstädtischen eingefallenen Corps Françoischer Truppen und der ihnen bey ihrem so kurtzen Daseyn auf unzeitige Drohung sogleich bezahlten enormen Summa Geldes verordnet und befohlen haben, dass auf den Fall feindlicher Anforderungen und Executionen man nicht sogleich facil mit deren praestation seyn, noch sich dazu verstehen, sondern vielmehr nichts abgeben noch liefern und es darunter bis zur letzten Extremitaet ankommen lassen soll, widrigen falls diejenigen, so aus einer unzeitigen Furcht dagegen handeln werden, gewärtigen sollen, dass sie deshalb selbst für ihre Personen dafür responsable bleiben, noch jemalen einige remission oder Hülfe darunter zu gewärtigen haben sollen . . . . . Wenn wider Vermuthen im Kreyse dergleichen Vorfall sich wieder ereignen sollte, so sollt ihr euch dergestalt geriren, jedoch diese unsere Intention vor der Hand nicht weiter propagiren, sondern

[1]) Nach einer Verfügung vom 18. Mai 1758 wurde eine andere Verteilung vorgenommen, wobei auf Strausberg 112 Thl. 0 Gr. 10 ₰ kamen und auch die Städte der Neumark mit herangezogen wurden.

[2]) Mebes, Beiträge z. Gesch. d. Brandbg.-Preuss. Staates u. Heeres I, 214.

bey euch behalten, um in vorkommenden Fällen davon Gebrauch zu machen."

Erst am 25. August 1758 schickte Niethe diese Vorschrift an den Magistrat, damit er sich „bei etwa geschehen sollenden Anforderungen der Russen und andern Feinde danach richte," welche nunmehr wirklich den märkischen Boden betreten hatten.

Die Östreicher hatten schon im vorigen Jahre einen Streifzug in die Mark unternommen; während Friedrich in Thüringen gegen die französische Hauptarmee manövrierte, war General Haddik mit einigen Tausend Croaten u. a. bis an die Thore Berlins vorgedrungen und hatte die Hauptstadt, welche von nur 2 schwachen Bataillonen Landmiliz bewacht wurde, ohne grossen Widerstand am 16. Oktober 1757 besetzt, eine Kontribution von 185000 Thaler erhoben und am andern Morgen bei der Nachricht, dass Fürst Moritz von Dessau im Anmarsch sei, schleunigst seinen Rückzug über Storkow-Beeskow angetreten[1]). Ein ähnlicher Einfall scheint auch für 1758 geplant gewesen zu sein, als der König in Mähren die Stadt Olmütz belagerte (20. Mai — 2. Juli); darauf deutet wenigstens folgender Brief des Magistrats von Freienwalde a. O. vom 21. Juni 1757:

„Es haben des Geheimen Etats, Kriegs und Dirig. Ministre Herrn Grafen v. Gotter Excellenz uns heut bekannt machen lassen, dass sie die sichere Nachricht erhalten, dass sich bereits in dem Storkowischen Kreyse hinwiederum eine streifende Partei östreichischer Croaten sehen lassen, welche vermuthlich ihren Weg gerade nach Berlin zu nehmen intendiren möchten. Wann nun also zu befürchten stünde, dass diese ihren Weg auch tiefer in das Land nehmen und wenn sie über die Spree kommen könnten, auch die hiesige Gegend incommodiren und bis hieher ravagiren würden, so haben S. Exc. befohlen, Ew. Hochedelgeboren und Hochedlen davon schleunige Nachricht zu geben mit der Auflage, dass dieselben durch Expresse die Magisträte zu Fürstenwalde und Cöpenick requiriren möchten, im Falle diese streifende Partey etwa dasiges Ortes den Uebergang über die Spree tentiren sollte, selbige die Nachricht davon durch Estafettes an die Städte hiesiger Gegend geben, insonderheit aber der Stadt Strausberg und Wriezen als aufs schleunigste bekannt machen möchten; diese aber auch durch Estafettes uns solches hieher berichten möchten, damit die sich allhier aufhaltende hohe Herrschaften[2]) in Zeiten retiriren und die Magisträte jedes Ortes auch

[1]) Mebes, I 197 f.

[2]) In Freienwalde war seit 1687 ein kurfürstliches Schloss, das später Amts-, Schul- und Rathaus wurde. 1800 entstand auf dem Wege nach dem Brunnen das Königliche Schloss, der Witwensitz der Gemahlin Friedrich Wilhelms II. (Fontane, Wanderungen durch die Mark: Oderland, Barnim, Lebus.)

selbst ihre messures in Ansehung der ihnen anvertrauten Städte danach nehmen könnten. . . . .“ —

Im Laufe des Sommers rückten die Russen und Schweden unaufhaltsam immer näher; im Juli standen die ersteren unter Fermor bereits in der Gegend zwischen Königswalde und Meseritz, während letztere nach dem Abzug des Grafen zu Dohna, der sie bisher in Schach gehalten hatte — derselbe sollte den Übergang der Russen über die Oder zu verhindern suchen — im August in die Uckermark einfielen und sich anfangs September bis Zehdenick und Fehrbellin ausbreiteten[1]). Da wurde es denn notwendig, dass für den äussersten Fall Vorsichtsmassregeln angeordnet wurden, deren genaue Befolgung den Kriegsräten besonders anempfohlen ward. So verordnet schon ein Erlass vom 21. Juli 1758:

„Weilen bey gegenwärtigen critischen Zeiten, da die Russen und Schweden näher, sich wohl ereignen könnte, dass eine feindliche Partey in hiesige Provintz einfallen möchte, und also die Vorsicht erfordert, solcherhalb überall auf seiner Hut zu sein . . . . als befehlen wir — —, dass die Accise-, Zoll- und andre Cassen bey Annäherung einer feindlichen Partey die vorhandenen baaren Cassenbestände alsofort anhero (d. i. nach Berlin) senden sollen. Wobenebst ihr auch zu sorgen habt, dass die junge Mannschaft nach der nächsten Vestung in Sicherheit gebracht, ingleichen die Pferde und Rindvieh, auch das vorräthige Getreyde, soviel immer möglich, an solche Oerter, wo es am convenablesten geschehen kann, untergebracht werden, damit solche nicht vom Feinde fortgeführt werden mögen. — Wegen der jungen Mannschaft solle der Kriegsrath mit dem Landrath, der Instruktion hat, concertiren.“

In Vervollständigung dieser Verfügung erliess der Kriegsrat Niethe am 2. August 1758 den Befehl:

„Die junge Mannschaft, die das Gewehr nur einigermassen tragen können, von 12 Jahren an, sollten nebst einer Specification über Namen, Alter und Grösse an Obristlieutenant v. Heyderstadt in Frankfurt a. O. geschickt werden, damit sie die Feinde nicht nach ihrer Gewohnheit[2]) mit sich fortschleppen. Wollten auch die Bürger ihre kleinen Kinder ebenfalls in Sicherheit bringen, so steht ihnen das gleichfalls frey, müssen aber, vor der Hand wenigstens, für deren Aufenthalt sorgen.“ —

---

[1]) Mebes II, 779.

[2]) In der That mussten am 9. Oktober 1760, als Berlin durch Kapitulation dem russischen General Totleben übergeben wurde, ausser der Besatzung auch die dort befindlichen 100 Kadetten in die Kriegsgefangenschaft ziehen, aus welcher sie erst nach $1^1/_2$ Jahr von Königsberg zurückkehren durften (Mebes II, 913).

Ausserdem wurden die Behörden zur grössten Wachsamkeit und zum gewissenhaften Bericht über alle ausserordentlichen Vorkommnisse ermahnt; so unter dem 27. August 1758:

„Nachdem verlautet, dass die Schweden ihre Kundschafter als passagiers sogar bis Berlin, auch Frankfurt und Stettin schicken, so soll Acht gegeben werden, damit die Verdächtigen entdeckt werden mögen . . .“ und unterm 30. August 1758:

„Wo kommandirende Generäle oder der König selbst in der Nähe sind, soll alles Wichtige dorthin gemeldet werden, die Duplicate aber an das General-Direktorium. Jeder soll recht zuverlässige Nachrichten einziehen, das Wahre vom Falschen scheiden; niemals soll jemand auf einen blossen bruit seinen Bericht machen, sondern wohl untersuchen, damit nicht durch falschen rapport ein unnöthiger allarm entstehe.“

Am 15. August erschienen die Russen vor der Festung Cüstrin und begannen sofort ein heftiges Bombardement, infolge dessen bereits um 9 Uhr Morgens die ganze Stadt in Flammen stand. Der Kommandant, Oberst Schach von Wittenau, hielt sich jedoch in den unverletzten Festungswerken und wurde vergeblich am 17. zur Übergabe aufgefordert; auch der Versuch der Russen, eine Brücke über die Oder zu schlagen, scheiterte an dem Widerstand Dohnascher Truppen. Schliesslich hoben die Russen bei der Nachricht, dass der König beim Dohnaschen Corps eingetroffen sei und die preussische Armee die Oder bei Güstebiese passirt habe, in der Nacht zum 23. August die Einschliessung und das Bombardement von Cüstrin auf[1]) und zogen sich nordostwärts zurück bis in die Gegend von Zorndorf, wo dann am 25. und 26. August in mörderischer Schlacht gekämpft wurde. Der glänzende Sieg der Preussen schob dem weiteren Vordringen der Russen einen Riegel vor. Freilich musste die arme Neumark unter ihren Verwüstungen noch schrecklich büssen; erst am 21. September brach Fermor nach Stargard in Pommern auf, und von dort zog das russische Hauptheer am 18. Oktober nach Polen und Ostpreussen in die Winterquartiere.

An diese Vorgänge erinnern folgende Aktenstücke:

1. Ein gedrucktes Avertissement, Cüstrin, den 14. Oktober 1758, welches lautet:

„Es wird bekannt gemacht, dass, nachdem S. Kgl. Majestät aus gerechtester, höcheigener Bewegung allergnädigst befohlen, dass die bei dem russischen Bombardement der Vestung Cüstrin begangenen Plünderungen und Diebereien zusamt allen dabei vorgefallenen Excessen aufs genauste gehörig untersucht, die Thäter mit denen darbei interessirenden Personen entdeckt und denen Verunglückten Eigenthümern soviel nur möglich zu dem Ihrigen hinwiederum verholfen werden soll,

[1]) Mebes II, 749 f. 772. 780.

zu dieser Commission seitens des Militärstandes der Hofrath und Auditeur Pfeil, Kanitzischen Regiments, und in Ansehung des Civilstandes der Hoffiscal Dieterich zum Commissar ernannt sind... Jeder, welcher entweder von denen Thätern selbst oder auch denenjenigen, so dergleichen entwandte Sachen auf irgend einerlei Art und Weise an sich gebracht, Wissenschaft hat, wird erfordert, deren Namen und sämmtliche zur Entdeckung des Verbrechens und Eruirung der Wahrheit gereichende Indicia und Beweisthümer der Commission bekannt zu machen, mit der Versicherung, dass auf Verlangen der Denunzianten Namen zur Abwendung alles Präjudices verschwiegen bleiben sollen. — Wer solche Sachen hat, soll sie binnen 14 Tagen an der Commission extradiren, widrigenfalls sie als Hehler und Complicen regardiret und rechtlich bestraft werden sollen."

2. Niethes Verfügung vom 14. Oktober 1758:

„Es sollen für die Dörfer und Vorwerker der Neumark, welche durch die russische Invasion dergestalt gelitten, dass sie weder Saat- noch Brodkorn behalten, ohne den geringsten Zeitverlust vom Oberbarnimschen Kreyse mit Conkurrenz der Städte 118 Wispel Roggen geliefert und vom Wispel Aussaat 1 Scheff. 6 Metz. bis zur künftigen Ernte vorschussweise hergegeben werden." Strausbergs Anteil betrug 1 Wsp. 12 Schff. 18 Mtz., zu dem alle Ackerbürger, auch die Prediger beisteuern mussten.

1759.

Schlacht bei Kunersdorf.

Im nächsten Jahre 1759 rückten die Russen unter Soltikow abermals heran, um sich womöglich mit den Österreichern unter Laudon zu vereinigen und einen gemeinsamen Vorstoss gegen die Mark zu wagen. Vergebens suchten v. Dohna und v. Wedell den Vormarsch und die gegenseitige Annäherung der Verbündeten zu hindern; am 3. August stiessen beide Heere bei Frankfurt a. O. zueinander. Zwei Tage später traf der König, der in angestrengten Märschen aus Schlesien herbeigeeilt war, um sein Stammland zu schützen, in Müllrose ein, wo er sich mit v. Wedell vereinigte, am 8. August in Wulkow, wo er General Fink an sich zog, liess am 10. bei Reitwein die Brücken über die Oder schlagen und führte am 11. seine Armee hinüber, um am 12. die entscheidende Schlacht bei Kunersdorf, östlich von Frankfurt, zu schlagen[1].

Am 11. August sandte der Kriegskommissarius Stein folgenden Befehl an den Magistrat:

„Auf S. Kgl. Majestät allergnädigsten Spezialbefehl wird Einem Edlen Magistrat zu Strausberg hiermit bey Vermeydung schwerer

[1]) Mebes II, 823.

Strafe aufgegeben, gleich nach Angesicht dieses 2 Mann mit guten Reitpferden in Bereitschaft zu halten, um damit, wenn etwan von Seelow und von Wrietzen Nachrichten einlaufen, dass sich feindliche Truppen in dortigen Gegenden sehen liessen, es sofort nach Alten Landsberg an den Stadtdirigenten Herrn Mertens zur anderweitigen Besorgnis einberichtet werden könne." —

Ferner hatte die Stadt die Verpflichtung, soviel als möglich Lebensmittel und Bier zur Armee des Königs zu fahren; wie sie dieser Pflicht gerade in diesen Tagen von Kunersdorf nachkam und wie es den Bürgern dabei erging, schildert eine spätere Petition[1]) des Magistrats an den König:

„Ew. Kgl. Majestät haben wir hierdurch allerunterthänigst berichten sollen, wie wir zu zwei verschiedenen Malen im Monat August a. c. zum Behufe der Königl. Armee, als selbige ohnweit Frankfurt und Wulkow stand, Wagens mit vivres unter der Aufsicht des Rathmanns Hundertmarck hingeschickt haben. Alldieweilen aber hiesiges Orts fast gar keine Pferde sind, so hat uns der Landrath v. Schulenburg auf unsere Requisition die erforderliche Wagens vom Lande accordiret, weil wir ihm die Versicherung gaben, dass wir für Zahlung dieser Wagens sorgen würden. Es fügte sich aber, dass, als das erste Mal bemeldter Rathmann mit 7 Wagens von hier abging, derselbe nicht weiter als bis Müncheberg kommen konnte, weil die bey der Stadt herumschweifenden Cosacken, welche er, da er etwas vorausgeritten, zum Glück wahrgenommen, die weitere Fortsetzung des Weges gäntzlich verhindert, dass er Mühe gehabt, die 7 Wagens sicher wieder hierherzubringen; wie folglich die ganze Lieferung vereitelt worden und diejenigen, so mit Bier und andren Victualien die Wagens beladen hatten, solche wieder zurücknehmen mussten.

Kurz darauf ging der Rathmann Hundertmarck abermalen mit 13 Wagens; wie er aber Tages vor der Kunersdorfischen bataille ohnweit Cüstrin damit eintrifft und er der armee nicht folgen dürfen, sondern in Cüstrin sich hineinbegeben, daselbst ohne ordre des Commandanten nichts verkaufen müssen, weil sämmtliche Wagens demnächst der armee folgen sollen, so weigerten sich die Bauern solches zu thun, unter dem Vorwand, dass sie kein Futter hätten; daher es dann geschehen, dass, anstatt der armee zu folgen, sie gerades Weges mit allen Wagens, welche ihr aufgeladenes Bier und die vivres bei Cüstrin verkauft, wieder zurück und hierher gefahren sind, dergestalt, dass sich 2 Bauern, als der Leetz und der Krüger zu Werder unterstanden, diejenigen Victualien, womit ihre Wagens geladen gewesen, nicht wieder hierher zu fahren, solche auch nicht eher wieder hier ab-

[1]) Vom 30. Oktober 1759.

lieferten, bis sie durch eine scharfe ordre von dem Landrat dazu angehalten worden.

Wann nun auf diese Weise von nicht mehr als 2 Wagens das Bier verkauft worden, wann von den Eigenthümern auch sofort das Fuhrlohn an die Bauern bezahlt, so entsteht nunmehr die Frage, wer vor die übrigen Wagens, so mit die vivres zurückgekommen, das Fuhrlohn bezahlen soll, weil denen Eigenthümern der Victualien nicht zuzumuthen ist, solches, da sie nichts verkauft haben, zu berichtigen. Wir haben demnach hierdurch allerunterthänigst anfragen sollen, auf was Weise dieses Fuhrlohn soll bezahlt werden, damit wir die Bauern, so die Fuhren gemacht haben, befriedigen können. Wir ersterben in tiefster Erniedrigung Ew. Majestät allerunterthänigst treu gehorsame Bürgermeister und Rathmannen der Stadt Strausberg." —

Der unglückliche Ausgang der „Kunersdorfer Bataille", die schwere Verluste an Menschen und Kriegsmaterial verursachte, drückte zwar die Stimmung des Königs sehr nieder; trotzdem suchte er zu retten, was zu retten war. Vor allem sammelte er die nordwärts zersprengten Heerhaufen bei Oetscher, führte sie am 13. über die Oder zurück in das Lager bei Reitwein und von da am 16. nach Fürstenwalde, wo er gleichfalls zu lagern befahl und bis zum 29. August verblieb, das bei Müllrose gelagerte feindliche Heer sorgsam beobachtend. Schliesslich rückten beide Theile nach der Lausitz ab[1]).

Am 16. August berichtete der Magistrat dem Kriegsrath Niethe pflichtgemäss Folgendes:

„Da der hiesige Ordonnanzrath Krüger diese Nacht nebst einigen Bürgern von der Armee zurückgekommen, so hat uns ersterer gemeldet: 1) Dass unsere Armee diesseits der Oder bei Reitwein, woselbst auch das Hauptquartier wäre, stünde. 2) In Seelow wären wieder die Cosacken gewesen, welche die dort befindlichen Pferde weggeholt hätten. 3) In der Gegend von Lebus habe er gestern unterwegs einen grossen Dampf und Rauch gesehen und hätte verlauten wollen, dass die Cosacken Lebus angestochen. 4) Dass die Wege wieder unsicher werden, und habe er verschiedene Umwege durch das Bruch über den Wollupp[2]) nehmen müssen."

Auf diesen Bericht erteilte der Kriegsrat unterm 17. August zur Antwort, dass der Magistrat immer continuiren müsse, sowohl von unserer Armee als denen Bewegungen der feindlichen Truppen Nachricht einzuziehen und von Zeit zu Zeit an ihn zu rapportiren. „Imgleichen mit dem Transport der Naturalien nach unserer armee nicht nachzulassen sey, sondern damit fortzufahren und wegen der benöthigten

[1]) Mebes II, 845.

[2]) Ein Amt zwischen Letschin und Zechin.

Fuhren, falls die Stadt solche nicht in hinlänglicher Menge aufbringen kann, bey dem Herrn Landrath v. Schulenburg zu requiriren, auch denselben zu ersuchen habe, an denen Vorspännern die ordre zu stellen, dass dieselben nicht eher, als bis alles verkauft ist, davonzufahren sich unterstehen sollen."

Auf die weitere Aufrage, wohin wohl der Magistrat im schlimmsten Falle sein Archiv bringen lassen sollte, empfahl er Berlin oder Stettin als bequemsten Ort: auch wurde am 8. September noch einmal „alles Ernstes befohlen, bei Annäherung feindlicher Truppen die in der Stadt befindliche junge Mannschaft entweder nach der nächsten Vestung oder nach der Residentz su salviren und nichts zu verabsäumen." —

Seit Ende August war Pommern von den preussischen Truppen entblösst, die alle zu des Königs Heer hatten stossen müssen. So drang denn das schwedische Heer wieder südwärts vor und war Ende September in der Gegend von Prenzlau in der Uckermark; erst durch das Wiedererscheinen eines preussischen Corps unter General-Lieutenant v. Manteuffel wurde ihren weiteren Eroberungen Einhalt gethan[1]). Am 22. September wurde deshalb

„auf S. Majestät allergnädigsten Spezialbefehl dem Magistrat von Strausberg aufgegeben, die eingehende sichere Nachrichten von denen Bewegungen der schwedischen Truppen und ihren Exactionen nicht an S. Maj. höchste Personen immediate, wie solches vorhin befohlen, sondern an das General-Direktorium und an den Gen.-Lieutenant v. Manteuffel zu schicken, welcher sich mit seinem Corps bereits in Marsch gesetzt hat." —

1760.

Brandschatzung Strausbergs durch die Russen.

In dem Feldzuge dieses Jahres suchte der König die Vereinigung der Russen und Österreicher zu verhindern. Zur Beobachtung der ersteren entsandte er den Prinzen Heinrich mit einem Corps nach der Neumark (Juni). Am 14. Juni erging der Befehl an den Magistrat:

„Da es der unter Commando des Prinzen Heinrich von Preussen stehenden und jetzo nach der Gegend von Cüstrin im Marsch begriffenen Armee an allerhand Zugemüse und Hülsenfrüchten mangelt, so wird euch aufgegeben, ohne Verzug deren Lieferung zu veranlassen und den Lieferanten die Versicherung zu geben, dass sie prompte Zahlung zu erwarten haben."

Nach einer weiteren Ordre vom 27. Juni sollte „eine Menge Wagens zu den schleunig vorfallenden Magazintransports zum Behufe des Prinzen Heinrichs Liebden Corps d'armée vom Oberbarnimschen

[1]) Mebes II 863 f.

und Lebusischen Kreis aufgebracht werden; auch Strausberg habe sich bereit zu halten." Zur pünktlichen Gestellung der Fuhren wurde unterm 21. Juli aufgefordert; was wahrscheinlich mit dem Abzug des Prinzen Heinrich nach Schlesien zusammenhängt, um den in Breslau von Laudon belagerten Generalmajor v. Tauentzien Hilfe und Entsatz zu bringen und sich mit dem Könige zu einem entscheidenden Schlage gegen die Verbündeten zu vereinigen. Noch ehe diese Vereinigung erfolgte, sah sich Friedrich zur Schlacht bei Liegnitz am 15. August gezwungen, deren siegreicher Ausgang für den König der erste heitere Sonnenblick nach einem Jahr voller Trübsal war. Aber obgleich zwar die Schlacht bei Liegnitz die Vereinigung der Russen und Österreicher in Schlesien vereitelte, erlangte es doch der österreichische Oberfeldherr, dass Soltikow am 20. September 18000 Russen über die Oder setzte, um in Verbindung mit 14000 aus Schlesien durch die Lausitz vordringenden Österreichern Berlin einzunehmen. Bereits am 3. Oktober erschien der russische Vortrab (6000 Mann) unter General Graf v. Totleben vor dem Cottbuser und Hallischen Thore Berlins, forderte jedoch den Kommandanten v. Rochow vergeblich zur Übergabe auf. Als aber Czernitschew mit 12000 Russen und die Österreicher unter Lascy eintrafen, sah sich v. Rochow am 9. Oktober zur Kapitulation genötigt.

Von den Kosacken des Tschernitschef machte eine Abteilung der Stadt Strausberg einen Besuch, über welchen ein besonderes Protokoll aufgesetzt ist; dasselbe lautet:

„Am 6. Oktober 1760 abends gegen 4 Uhr kamen 5 Cosacken am Wriezener Thor geritten und prätendirten hereingelassen zu werden mit dem Vorwand, wie sie zur Armee wollten. Man fand aber praecis deliberatione[1]) vor gut, ihnen durch das Thor mit aller Bescheidenheit zu antworten, dass sie bei der Stadt herumreiten und solchergestalt nach ihrem Corps, so in Rehfelde stünde, sich begeben könnten; wozu sie sich denn verstanden und den angebotenen Branntwein und Bier nicht annehmen wollten: wobei zu merken, dass der Materialist Krause prätendirte, dass die 5 Mann sollten hereingelassen und zu Gefangenen gemacht werden.

Den 7. bald nach 9 Uhr Vormittags ward vom Turm gemeldet, dass ein troupp Cosacken vor dem Landsberger Thor hielten und hereingelassen zu werden ausdrücklich verlangten. Der Herr Major v. Loeben (?) riegelte das Thorweg vom Thore gleich zu, um sich nach der Beschaffenheit der Sache eigentlich zu erkundigen. Da der consul dirigens[2]) nebst den übrigen Magistratspersonen dazu kam, so fand

[1]) In Erwägung ihrer Bitte.
[2]) Der erste Bürgermeister Wolff.

man, dass über 20 Cosacken vor dem Thore aufmarschiert waren, wovon einer nebst einem Husaren gelber Mundirung[1]) dichte am Thor stand und den Eingang prätendirten.

Vorgedachter Herr Major fing nebst dem consul dirigens aus des Thorschreibers Fenster mit diesen beiden an zu capituliren, mit dem Beifügen, wie man Deputirte herausschicken, ihre propositiones anhören und sich zu aller Möglichkeit verstehen wollte: allein auch dies schlugen sie ab und verlangten den Einzug in die Stadt. Nichtsdestoweniger wurde der Herr Bürgermeister Heller und Senator Hundertmark mit einigen Stadtverordneten und Bürgern zum Abschluss der Capitulation bei ihnen herausgeschickt, welche aber nichts ausrichten konnten: sondern der Cosack, so sich vor einen Obersten ausgab, verlangte den consul dirigens vors Thor, welcher denn auch heraus bei ihm ging und sich aufs äusserste submittiret[2]) und die Stadt der Gnade des Obersten demüthig empfahl.

Zuvor schickte er (der Cosack) ein von dem Amtmann Janicke[3]) an ihn abgelassenes Schreiben, die Überlassung einer salva guarde von 13 Mann betreffend, durch das Thor herein.

Der Colonel schien anfangs sehr aufgebracht zu sein und sagte wie er von General Tschernitscheff beordert sei, das Uebrige dem Rath und der Bürgerschaft bekannt zu machen, zu dem Ende er in die Stadt mit seinen Kerlen herein müsste, mit dem Versprechen, eine gute Mannszucht zu halten.

Als nun das Thor geöffnet wurde, musste consul dirigens zuerst in die Stadt gehen, dem er nachfolgte, in der Strasse aber ihm an der Seite gehen musste. Man ging also mit dem Obersten in Begleitung des Dolmetschers und 6 Cosacken nach des consul dirigens Haus, offerirte ihm Caffee, Branntwein und Wein; letzteres verachtete er und verlangte, dass Essen zurecht gemacht werde, wonach er seine Propositionen durch den Dolmetscher folgendergestalt machen liess und seine schriftliche Ordre von dem General Graf v. Tschernitscheff mit beygedrucktem Siegel in fremder und unbekannter Sprache aufwies, nämlich: die Stadt sollte in Zeit von 5 Stunden bezahlen 1) an baarem Gelde 7000 Thaler, 2) an Ochsen 200 Stück, 3) an Brot 12000 Stück, 4) und verschiedenes mehr, das wir nicht verstehen konnten.

[1]) Montierung.

[2]) Unterwürfig gezeigt.

[3]) Dasselbe lautet: „Alt-Landsberg, d. 5. Oktober 1760: Hochgeborener Herr, hochgeneigter Herr Brigadier, gnädiger Herr! Ew. Hochgeboren werden aus beyliegendem des Mehren geneigt zu sehen geruhen, dass ich wegen des hiesigen Amts um 13 Mann zur Salvegarde ganz gehorsam bitte, damit ein jeder ruhig in seinem Orte bleiben und alle von Ew. Hochgeboren geneigt gestellten Ordres befolgt werden mögen. Ich empfehle mich . . . . . des Herrn unterthänigster Janicke."

Ob nun zwar von Rat und Bürgerschaft die wahre Unmöglichkeit vorgestellet ward, so blieb er doch anfänglich unbeugsam. Nacher Mahlzeit, die er sich gut schmecken liess, fing er an, etwas gelinder zu werden, mit dem Befehl, sogleich von Haus zu Haus so viel Geld als immer möglich wäre, sowohl als an Brot beizutreiben. Letzteres wurde anbefohlen, wegen des Geldes aber mit der Bürgerschaft die Anlage-Ueberlegung gemacht.

Der Materialist Krause machte nichts als Unruhe unter der Bürgerschaft, verlangte schlechterdings zuförderst die Abmessung des Bestandes der Stadtkasse mit dem Beifügen, wie die Bürgerschaft nichts eher aufbringen sollte, bevor der Bestand vorgezeigt würde. Der Bürgermeister Heller war dazu content, nur mit der Reservation, dass er seinen bei der Cämmereyrechnung gethanen Vorschuss davon abziehen müsse, weil ihm bey gegenwärtigem feindlichen Einfall nicht zuzumuten sei, sein eigen Geld vorzuschiessen. Endlich nach vielem Zureden des consul dirigens wurde diese Unruhe gestillet; der Krause aber blieb dabei, man müsse dem Feind nicht mehr als 200 Thaler bewilligen, brachte auch mit seinem Schreien und Toben viele von der Bürgerschaft auf seine Seite.

Einige Stunden darauf kamen die ausgeschickten Bürger und stellten vor, wie sie mit vieler Mühe 200 Thaler Kontribution gesammelt und 183 Stück grosse Brote à 10 u. 12 Loth zusammengebracht hätten. Mit den letzteren schien der Oberst einigermassen zufrieden zu sein, weil ihm vorgestellet wurde, dass die Zufuhr wegen Unsicherheit der Wege versperret sey und die Mühlen ledig stünden; wegen des wenigen Geldes aber gerieth er in grosse rage und sagte, dass er uns bis gegen 7 Uhr Zeit liesse, das Anbefohlene zusammenzubringen. Wo nicht, so werde er wegreiten, kein Geld mitnehmen, sondern durch ein stärkeres Commando die Häuser durchsuchen lassen, alsdann er das Geld schon finden wollte.

Weder Thränen, ängstliches Bitten, auch nicht die unterthänigste Ehrerbietung waren imstande, dieses Russen Herz ernstlich zu bewegen; endlich gegen Abend wurden wir dahin übereins, 3000 Thaler Kontribution dergestalt zu geben, nämlich denselbigen Tag sofort 2000 Thl. und in die Zeit von 48 Stunden die übrigen 1000 Thl. Wegen der Ochsen werde er uns dispensiren, schien auch mit den zusammengebrachten Broten zufrieden zu sein, weil er keine weitere Aufbringung anmuthete.

Dem Dolmetscher wurden 20 Thaler und ein Paar Stiefeln gegeben, weil er der Stadt Bestes zu beobachten versprach." —

Der Herr „Oberst", dessen Name nach anderen Aktenstellen Popoff lautete, scheint darauf abgezogen, aber auch, wie er vorausgesagt, wiedergekommen zu sein, um, wenn nicht alles, was er gefordert, so doch so viel wie möglich herauszuschlagen und beizutreiben. Dies geht aus folgenden Magistratsbeschlüssen hervor:

1) Vom 11. Oktober 1760: „Bei der wiederholten Ordre, dass die hiesige Stadt aller Vorstellung ohngeachtet 100 Stück Ochsen und annoch 7000 Stück Brot liefern soll, ist die ackernde Bürgerschaft nebst noch sehr vielen Bürgern convociret und überlegt worden, wie diese Forderung werkstellig zu machen sei. Worauf resolviret worden: Dass diejenigen Bürger, so keine Hufe haben, ihre Ochsen pro liquidatione[1]) hergeben, und die übrigen oder Bürger, so eigene Hufe haben, vor der Hand hergeben sollen, wodurch eine Summe von 51 Stück herauskommt, in Hoffnung, dass der Herr Oberst Popoff, so heute desfalls selbst hier eintreffen will, damit auf unser demüthigstes Bitten zufrieden sein wird.

Ratione des Roggens ist beliebt, dass der ackernde Bürger nach aller Vermögen dröschen lassen und das gemahlte Mehl an die Bäcker geliefert werden und von ihnen einsig und allein namens der Stadt das Brot à 6 ℔ gebacken werden soll. Und damit dieserhalb aller Verdacht einer defraudation wegfällt, so soll ihnen das Mehl zugewogen werden. Kein Preis ist nicht bestimmt, sondern es ist resolviret, denen ackernden Bürgern das Getreide in natura wieder zu liefern a. p.[2]) gez. Wolff, Heller, Beneckendorf, Schmidt, Hundertmark, Katzky u. a."

2) Vom 12. Oktober 1760: „Da der Herr Oberst v. Popoff Rath und Bürgerschaft überlassen, wegen der geforderten 200 Ochsen sich eines proportionirlichen Douceurs[3]) zu vereinigen, so hat man dato dieserhalb die nöthige Ueberlegung gemacht und ist dahin übereins gekommen, gedachten Herrn Obersten überhaupt dieser formirten Forderung halber 500 Thal. und ein Schock Ellen feine Leinwand, so derselbe gefordert, anzubieten und zu bezahlen, jedoch sich einen Schein und expresse Quittung auszubitten und von ihm geben zu lassen, dass nunmehro die hiesige Stadt deren ergangenen ordre zufolge alles und jedes an Contribution, Ochsenlieferung und was ihm anhängig, richtig und prompt abgeleistet hätte und nunmehro von aller und jeder Forderung gänzlich frei sein sollte." —

Zwei in russischer Kursivschrift ausgefertigte Quittungen liegen in der That den Akten bei, doch ist es mir nicht gelungen, ausser der Unterschrift Popoff, der Jahreszahl 1760 und den beiden Summen 3500 und 4030 etwas Näheres herauszubekommen[4]). Gleich nach dem Abzug der Russen ist folgende Aufstellung gemacht worden:

---

[1]) Gegen Rechnung.

[2]) Anno posteriore, im folgenden Jahre.

[3]) Angemessenes Trinkgeld.

[4]) Vgl. Nachtrag, wo über die Summe von 3700 Thalern quittirt ist.

„7—13 Oktober 1760 inclusive.

12 Pferde im Werthe von 532 Thl. — 19 Hühner . . . 3 Thl. 4 Gr. — 2 Metzen Roggen . . . 5 Gr. — 1 Wsp. 21 Schff. 8 Mtz. Hafer . . . . 53 Thl. 2 Gr. — 2 Mandel Getreide . . . 4 Thl. — 65 Ctr. Heu . . . . 32 Thl. 20 Gr. — 1 Schock Stroh . . . 5 Thl. — 839 Brote . . . . 209 Thl. 18 Gr. — 2 Klafter Brennholz . . . . 1 Thl. 18 Groschen.

An Brandschatzung ist erpresset 3813 Thl. 8 Gr. (3700 Thl. sind gezahlt*). An Geld, Gold, Silber und Petriosen geraubt 29 Thl. An Häusern ruiniret 1 Thl. 6 Gr. 2 ₰. An Mobilien, Kleidern, Betten, Wäsche u. s. w. 55 Thl. 2 Gr. An Viktualien, Fleisch, Butter, Käse, Zugemüse 30 Thl. 2 Gr. 3 ₰. An Bier, Branntwein, Wein und sonsten 74 Thl. 13 Gr. 5 ₰. An Ackergeräth geraubt und verdorben 96 Thl. 7 Gr. An Gartenfrüchten 27 Thl. An Douceurgeldern 102 Thl. 8 Gr. An Petriosen und anderen Sachen, die ihnen gegeben werden müssen 228 Thl. 4 Gr. Noch allerhand verursachten Schaden 25 Thl. 8 Gr. Summa 5210 Thl. 12 Gr. 4 Pfg.[1])" —

Um die Brandschatzungsgelder bezahlen zu können, verkaufte der Magistrat 150 Stück Eichen, welche 2193 Thl. 7 Gr. einbrachten, und „200 Kienen Blöcke" für 800 Thaler.

Die blosse Nachricht von des Königs Annäherung verscheuchte übrigens die Feinde schon am 12. Oktober wieder aus Berlin. Der Graf Lascy zog sich mit seinen Truppen nach Torgau zu dem Kaiserlichen Heere, wogegen das russische Heer nach Frankfurt a. O. ging und von da am 17. Oktober über Landsberg a. W. und Zielenzig nach Polen zurückkehrte[2]).

Wie in den Städten, so und noch viel toller hausten die Russen in den offenen Dörfern, schleppten fort, was ihnen begehrenswert schien, und suchten hinterher das Gestohlene irgendwo anders zu Geld zu machen. Um dadurch entstehenden Ungerechtigkeiten und Missständen vorzubeugen oder abzuhelfen, erliess die Churmärkische p. p. Kammer am 20. Oktober 1760 ein gedrucktes „Patent an alle Gerichtsobrigkeiten, Magistrate und Schultzen über die vom Feinde weggenommenen Sachen, welches in den Städten durch die Gülden, auf den Dörfern durch die Schultzen bey versammelter Gemeinde publiciret werden musste:

Es ist angezeiget worden, dass bey der feindlichen Invasion viele Dörfer ihr sämmtliches Vieh und andere Habseligkeiten verlohren,

---

[1]) Noch am 15. April 1772 liquidierte der Schutzjude Aron Simons: „Wass ich bei der Infasion der Russen auf befehl des Magistrats an Waaren und bahrem Gelde habe liefern müssen: 3 Stück Greifenberger Leinwandt à Stück 30 Ellen und à Elle 1 Thl. 8 Gr. . . . . 120 Thl. — 4 Seidene Tücher von der schwersten Sorte à Stück 5 Thl. . . . . 20 Thl. — bar 20 Thl."

[2]) Mebes II, 913.

13

solches hingegen von dem Feinde um ein geringes Geld verkaufet und also noch im Lande sey.

Nun ist die Ch. Cammer versichert, dass christlich gesinnte Unterthanen, bey Erkaufung solcher Sachen, die redliche und lobenswürdige Absicht gehabt, selbige aus der Hand des Feindes zu erretten, und gegen Erstattung der Auslagen denen Eigenthümern zurückzugeben, nicht aber mit dem Schaden ihres Nächsten sich einen unanständigen Vortheil zu stifften.

Damit indessen durchgehends nach einerley Principiis verfahren werden möge: so wird sämmtlichen Gerichtsobrigkeiten p. p., welchen dieses vorgezeiget wird, hiermit anbefohlen, die Verfügung zu machen; dass, wenn jemand ein Stück Vieh, oder sonsten einige Habseligkeit, welche ihm vom Feinde genommen worden, zurückfordert und NB.[1]) von seiner Obrigkeit oder deren Justitiariis ein unterschrieben und besiegelt Attest produciret, ob und welche Stücke Vieh oder Habseligkeit er bei der feindlichen Invasion verlohren, solche ihm ohne Weigerung retradiret werden müsse, wenn 1) der Besitzer geständig, oder summarisch dargethan hat, dass er solches während der feindlichen Invasion oder doch nachher an sich gebracht hat und derjenige, so solches zurückfordert, eidlich erhärtet, nicht nur dass das Vieh oder was es sonst ist, sein wahres Eigenthum sei, sondern auch, dass ihm solches bey der feindlichen Invasion weggekommen oder genommen worden; jedoch muss derselbe 2) demjenigen Besitzer die gehabten Auslagen und darauf verwendete Kosten erstatten, weshalb der Inhaber das angegebene Quantum und dass er wirklich so viel und nicht weniger darauf verwendet, auf Verlangen des Eigenthümers eidlich erhärten muss.

Würde aber jemand hiernächst überführet werden, dass er in einem oder dem andern Punkt falsch geschworen, so soll derselbige nicht allein den andern Theil völlig schadlos halten, sondern auch als ein Meineidiger aufs Schärfste am Leibe gestraft werden."

Eine Erweiterung dieses Patents (vom 27. Oktober 1760) bestimmt näher, wie es zu halten sei, wenn der erste Acquirent die Sachen nicht mehr hat, also die Sachen schon in 3. und 4. Hand sind. Nach einem Reskript vom 27. Dezember 1760 sollen Reklamationen bis Ende Januar 1761 zulässig sein.

Trotz des Abmarsches der Russen schien man vor erneuten Streifzügen derselben nicht ganz sicher zu sein, wenigstens ordnete Kriegsrat Niethe am 2. November 1760 an, dass „Schleunige Nachrichten über feindliche Bewegungen und Marchen an den Kommandanten von Berlin, Herrn v. Sechlin, zu geben seien. Demgemäss habe der Magistrat zu

[1]) notabene.

Strausberg nicht nur jetzt demselben anzuzeigen, was er von denen feindlichen Parteyen, dem Totleben, Tschernitscheffschen Corps und der Hauptarmee der Russen bis hierher in Erfahrung gebracht, sondern auch ferner sich danach durch sichere Leute zu erkundigen."

Übrigens war dem Kaiserlich Russischen Generalmajor, Grafen v. Totleben, das räuberische Marodieren seiner Truppen durchaus nicht recht, wie nachstehende gedruckte Declaration, wovon Niethe am 3. November 1760 dem Magistrat eine Abschrift sandte, zu seiner Ehre bezeugt:

„Ich höre mit Verwunderung, dass diesseit und jenseit der Oder sich marodeurs finden, welche ihre Bosheit so weit treiben, in Städten und Dörfern in meinem Namen Geld einzutreiben. Allhiesiger Magistrat wird also befehligt, in allen Creisen, Städten und Dörfern durch Expresse bekannt zu machen, dass alle Marodeurs und Parteyen, so sich betreten lassen, sie mögen fordern, was sie wollen, zu arretiren und die Glocken zu stürmen. Derjenige, der einen solchen ehrvergessenen Dieb und Räuber bringt, soll von mir 10 Thaler haben, und alle diejenigen sind dafür zu halten, so herumstreifen. Das geringste Commando, so von mir ausgeschickt wird, hat seine schriftliche Ordre, und was von mir ausgeschrieben wird, wird von den Creisen gefordert. Königsberg in der Mark den 29. Oktober 1760. Graf Totleben." —

Eine weitere Bestimmung über den Ersatz des erlittenen Schadens datirt vom 10. November 1760: danach „muss der durch die feindlichen Invasiones zu Liebenwalde und Oranienburg, auch in anderen Städten der Inspection erlittene Verlust allerdings unter sämmtliche Bürger und Einwohner zur Ersetzung der dazu ausgeliehenen Capitalien und genommenen Depositengelder repartirt werden." Als Grundlage soll die Servisanlage dienen, die zuvor mit dem Magistrat, den Verordneten und Viertelsleuten[1]) behufs Berichtigung durchgegangen werden müsse. Ferner wurde infolge des Kgl. Reskripts vom 16. November 1760 durch Niethe am 28. Novbr. angeordnet, dass „Ein Edler Magistrat zu Strausberg den bey der neuerlichen Invasion sowohl in der Stadt, als etwa in dem Heideläuferhause[2]) verursachten Schaden und Kosten sofort ohne den allergeringsten Aufschub untersuchen solle und demnächst von allem eine vollständige zuverlässige Declaration nebst protocollen in duplo binnen 8 Tagen an ihn abschicken. Und damit E. E. Magistrat sehen möge, wie dabey eigentlich zu verfahren sei, so wird demselben das bei Gelegenheit, als die Oestreicher 1758 in Mittenwalde gewesen,

[1]) Bezirksvorsteher.

[2]) Forsthaus „Schlag".

aufgenommene Protocoll und Schadendesignation sub lege remissionis communiciret[1]."

1761.

Diejenigen, welche ihren Schaden zu Protokoll gegeben hatten, sollten denselben eidlich erhärten; dies mussten nachträglich drei Bürger, 3 Juden, der Prediger und ein Bauer aus Ruhlsdorf, einer aus Kienbaum und zwei Bauern aus Rehfelde, die angeblich in Strausberg „feindlichen Schaden" erlitten hatten, infolge Niethes Erlass vom 6. Februar 1761 thun.

Eine Kabinetsordre des Königs vom 10. November 1760, wonach dieser „aus landesväterlicher Milde und Mitleiden eine quantité Roggen geschenkt, auch dabey befohlen, dass solche unter denen Einwohnern hiesiger Residentz sowohl als in denen umliegenden Städten und Dörfern, so an Brod Noth leiden, proportionirlich vertheilt werden solle," kam auch Strausberg zu Gute, indem es „nach Proportion des Invasionsschadens von den accordirten 950 Wispeln Roggen 8 Wispel" erhielt[2]. Ausserdem schenkte der König der Stadt 379 Thl. 23 Gr. 3 Pfg., welche am 7. August 1761 ausgezahlt wurden[3].

Die Befürchtung, dass „bei noch nicht wieder hergestelltem Frieden und bevorstehender Eröffnung der campagne dergleichen feindliche Unternehmungen und Bewegungen wieder vorfallen können in hiesiger Provinz," ging weder in diesem Jahre 1761, noch bis zum Ende des Krieges in Erfüllung: die Mark blieb von weiteren Unruhen verschont. Von den Aktennachrichten dieser letzten Jahre scheint daher nur noch folgende von Interesse zu sein: „Friedrich, König in Preussen, p. p. Es ist angemerkt worden, dass unseren ernstlichen Befehlen zuwider sich dennoch Leute als Boten aufwerfen und sich unterfangen Briefe und Paquets zu colligiren, um solche nach und von der armee zu bringen. Da nun dadurch nicht allein unsere Postcasse sehr benachtheiligt wird, sondern auch auf solche Weise dem Feinde gar leicht Nachrichten zugebracht und sonst allerhand verderbliche Folgen erregt werden können; so befehlen wir hierdurch, sothane schädliche Privatcollectionen der Briefe und Handpackets nach und von der Armee ernstlich zu steuern und . . . . die Magistrate zu instruiren, keine dergleichen Boten mit einem Pass zu versehen, denen Thorschreibern aber

---

[1]) Unter der Bedingung der Rücksendung mitgeteilt.

[2]) Am 13. Mai 1777 kam noch einmal (schon 1763 war dies geschehen) die Anfrage, wie und ob die feindliche Kontribution in Richtigkeit gebracht worden sei; worauf der Magistrat antwortete, dass dieselbe durch Holzverkäufe aus der Heide gezahlt und die seinerzeit geschenkten 8 Wispel gleich damals verteilt worden seien.

[3]) Auch wurden i. J. 1780 die Sauvegardegelder in 4 Raten zu je 28 Thl. 2 Gr. 5 Pfg. von der Regierung an die Stadt wieder erstattet; vgl. 1757 am Ende.

sowohl als denen Wächtern an Thoren aufzugeben, bei Ein- und Auspassirung dergleichen Leute, so als Boten zur Armee gehen oder von derselben kommen, dahin genau nachzusehen, ob selbige Briefe und kleine Packets bei sich haben und solche zu bestellen mitnehmen oder bringen, in diesem Fall dieselben sofort arretiren, ihnen alles abnehmen und dem Postamt alles einliefern zu lassen, auch dem hiesigen General-Postamt davon Mittheilung zu machen. Berlin, den 2. November 1761." —

Der Abschluss des Friedens zu Hubertsburg (15. Februar 1763) beendete den siebenjährigen Krieg, aus welchem der König als Vorkämpfer der Nationalehre gegen das halbe Europa zu freudigem Stolze seiner Unterthanen siegreich hervorging. Ob und wie in Berlin am 4. April 1763 ein grossartiges Friedensfest mit Erleuchtung, auch in Strausberg in den Kreisen der Bürger eine Festlichkeit veranstaltet worden ist, darüber ist leider in den Akten nichts Genaueres zu lesen.

Wohl aber möchte ich noch einiges hinzufügen über die Türkische Gesandtschaft[1]), welche infolge des freundschaftlichen Verhältnisses, das zwischen König Friedrich und dem Sultan bestand, im Spätherbst des Jahres 1763 nach Berlin kam, um dem Könige herzliche Glückwünsche und kostbare Geschenke des Sultans zu überbringen. Diese Gesandschaft berührte auf ihrer Reise auch Strausberg; was für Umstände die Unterbringung und Bewirtung der fremden Gäste dem Magistrat bereitete, mag also der Merkwürdigkeit wegen ausführlicher geschildert werden.

1763.

Die Türkische Gesandtschaft.

Am 24. Oktober 1763 schickte Kriegsrat Niethe folgenden Königlichen Erlass vom gleichen Datum an den Magistrat:

„Da nach der vom Major v. Pirch eingesandten Nachricht, der an Unser Hoff Lager bestimmte Türkische Gesandte Achmet Effendi den 31. hujus in Franckfurth an der Oder eintreffen und nach daselbst gehaltenen Nachtlager den 1. Novbr. cr. in Müncheberg anlangen, daselbst pernoctiren, und von dort ab den 2ten d. m. seine weitere Reise über Strausberg nach Weissensee fortsetzen und an dem letzteren Ort den 3. Novbr. a. c. eintreffen wird, Als lassen wir euch die Designation dessen, was zu seinem Täglichen Unterhalt erforderlich, hiebey Abschriftlich zufertigen mit dem Allergnädigsten Befehl, mit dem Landrath v. Schulenburg zu concertiren und ohne die allergeringste Versäumung zu verfügen, dass alles dasjenige, so nach obiger Designation zu dem Täglichen Unterhalt dieses Türckischen Gesandten zu Strausberg, den 2. Nov. c. verlanget wird, gantz ohnfehlbar und bey Vermeidung nach-

[1]) Mebes II 1070.

drücklicher Ahndung zur Stelle vorräthig gehalten und für dessen und seiner Suite Quartier in jeden Nachtlager alles nöthige veranstaltet werden müssen. — P. S. Uebrigens dienet euch zur Nachricht, das die Suite dieses Türckischen Gesandten aus etliche 70 Persohnen bestehet, worunter 6 bis 8 von Distinction befindlich sind." —

In einer weiteren Anlage, die der Magistrat sogleich per Expresse an den Landrat abzuschicken hatte, ersuchte Niethe letzteren, „10 Fuhren Holz, 3 Fuhren Kohlen, ingleichen Gartengewächse und benöthigte Fourage nach Strausberg zu besorgen. „Das übrige hat E. E. Magistrat herbeyzuschaffen und von hier (Berlin) oder wo es zu bekommen, hohlen zu lassen .... auch die Quartir gehörig zu reguliren und .... in keinem Stück zu manquiren. Hiernechst ist die Liquidation, was alles gekostet, an mich einzusenden."

An den consul dirigens Wolff richtete er persönlich noch folgendes Brieflein (vom 24. Okt. 63):

„Hochzuverehrender Herr Gevatter! Ich bitte sehr, wegen des Türckischen Gesandten alles zu besorgen, auch selbsten an den Herrn Landrath von Schulenburg zu schreiben, damit es an nichts fehlen möge, weil man sonsten gewiss die grosse Verantworthung zu erwarthen hat. Ausser des Herrn Gesandten Suite kommen auch der Herr Major v. Pirch, der ihn führt, vor welchem also auch Quartier gemacht werden muss. Vor dem Gesandten wird wohl des Materialisten Krause sein Hauss das bequemste seyn, denn der Herr Hauptmann Heyde möchte ihm doch wohl das Hundertmarecksche nicht cediren. Den l. m. s. werde ich selber dort seyn. — Nach vielen Complimenten von uns an Ihnen insgesamt bin ich mit wahrer Aufrichtigkeit des Herrn Gevatter wahrer Freund und Diener Niethe." —

Nach der Designation waren zum täglichen Unterhalt der Gesandtschaft erforderlich:

„1. 20 Pfund Rindfleisch. — 2. 120 Pfd. Schöpsen Fleisch oder 3 lebendige Schöpse. — 3. Ein lebendiges Kalb. — 4. 100 Pfd. Reiss. — 5. 40 Pfd. Butter. — 6. 40 Pfd. gutes Oehl. — 7. 50 Pfd. Hönig. — 8. 20 Pfd. Wachslichte und 30 Pfd. Talchlichte. — 9. 300 Pfd. Brodt so weiss wie möglich. — 10. 20 Pfd. Coffee. — 11. 6 Pfd. feiner Zucker. — 12. 15 Stück fette Hühner. — 13. allerhand Gartengewächse. — 14. desgleichen Gewürtze, Pfeffer, Canelle, Nelcken, Saltz p. p. — 15. 20 Quart Milch. — 16. 10 Fuhren Holtz. — 17. 3 Fuhren Kohlen. — 18. 1 Quantitaet Kiehn. — 19. Auf 30 Pferde Gersten Futter und 20. auf 20 Pferde Haafer und Rauch Futter."

Am 27. Oktober nochmalige Erinnerung des Kriegsrates.

Am 30. Oktober schreibt Direktor Wolff an den Landrat v. Schulenburg:

„Hochgebohrener Herr Graff. Gnädiger Herr! Ew. Hochgebohren gebe mir die Ehre, hiedurch gehorsamst zu melden, wie ich gestern Abend durch eine Estaffette von den Herrn Landrath von Rohr bin benachrichtiget worden, dass der Türckische Abgesandte schon den Dienstag als den 1. Novbr. hier eintreffen und den 2. von hier nach Weissensee abgehen wird. Da mich nun die wegen Bewirthung dieses Abgesandten erhaltene 2 Ordres in grosser Verlegenheit setzen, besonders wegen 15 fette Hühner, welche unter andern mit vorgeschrieben sind, so unterstehe mich, Ew. Hochgeb. hiedurch unterthänigst zu bitten, die Gnade zu haben, dem Magistrat damit auszuhelffen, weil wir nicht im Stande sind, uns sonst in dieser Sache zu helffen. Die Bezahlung wird Magistratus mit unterthänigem Dank übernehmen. Ich aber bin mit aller submission Ew. Hochgeb. unterthäniger Diener."

Als Randbemerkung kam des Landrats Antwort:

„Dem Herrn Direktor gebe in bereitester Antworth, dass die Herren auf morgen von Ms. Nicodt sich 15 Stück junge Hühner können abhohlen lassen, sie sitzen seit 14 Tagen und werden vermuthlich guth seyn; wenn sonst noch was fehlen solte, wo ich behülflich seyn, so diene ich recht gern, wenn ich nur weiss, was fehlet."

Zugleich meldet er seine Frau und Tochter zum Besuch an, damit sich dieselben den Einzug des Gesandten ordentlich ansehen können.

Am 31. Oktober weitere Bitte des Direktors um Gartengewächs, besonders aber Blumenkohl und Salat, wie auch einige Pfund frische Butter und ein paar Ziegenkäse. „Für die gnädige Frau habe ich eine bequeme Stube zum Aussehen und werde es mir nebst meiner Frau zur vorzüglichen Gnade rechnen, Ew. Hochgeb. nebst der Hochgräfflichen Familie eine geringe Suppe in meinem Hause vorsetzen zu dürffen . . . ."

Der Magistrat aber hatte folgende offizielle Dispotion wegen der Ankunft des Gesandten getroffen:

„1. Sogleich nach Empfang der Königl. Ordre wurde der Materialist Krause, so das bequemste Haus in der Stadt hat, zu Rathause gefordert und ihm bekannt gemacht, sofort die nöthigen Anstalten zur bequemen Logirung des Gesandten in seinem Hause vorzukehren. Und da

2. derselbe sich anheischig macht, die nach der Specification erforderliche Sachen, ausser Fleisch, Brod, Holtz, Kohlen und Kiehn zu besorgen, so wurde ihm auch eine expresse Fuhre nach Berlin auf sein Verlangen accordiret, um die fehlende Sachen zu hohlen.

3. wurde der Schlächter Bülow gefordert, und befraget, ob er das verlangte Fleisch anzuschaffen im Stande wäre, oder die andern Schlächter darunter assistiren solten, welches der Bülow alleine zu liefern angelobet.

4. Hat der Bäcker Schönebek die Brod Lieferung und die Schmiede die Kohlen zu liefern übernommen.

5. Das erforderliche Holtz und Kiehn wurde sofort durch die Stadt Verordneten besorgt, nach Herrn Krausens Hause gefahren und von Tagelöhnern klein gehauen.

6. Sind die besten Quartiere gleich nach Empfang der Ordre durch die Stadt Verordneten ausgesucht und denen Wirthen nachdrücklich anbefohlen, unvorzüglich die Stuben und Betten in Ordnung zu bringen, welche Quartiere am Sontage revidiret und das unvollständige in Zeiten zu redressiren anbefohlen.

7. Die gantze Bürgerschaft wurde ernstlich anbefohlen, die Strassen zu reinigen und die Misthaufen (!) vor denen Häusern bey 5 Thl. Strafe wegzuschaffen.

8. Da auch bey dieser Gelegenheit theils wegen der Zuschauer, theils wegen der vielen Vorspänner einige Feuers Gefahr leicht zu besorgen, so wurde sogleich Anstalt gemacht, die Stadt Laternen ausbessern, die Pfähle gerade (!) rücken und die Laternen den Abend, wenn der Gesandte hier logiret, anstecken zu lassen, damit bey vorkommenden Unglück die Strassen helle sind, des Endes und zu mehrer praecaution die beyden grossen Spritzen auf den Markt gebracht, und Wache dabey gegeben werden soll; nicht weniger ist bey denen Scheunen des Nachts eine Bürger Wache angeordnet und zwar von 8 Mann.

9. Zur Erleuchtung des Gesandten Quartier werden 2 grosse gläserne Laternen vor der Haussthüre des Abends und die gantze Nacht, wie nicht weniger Lampen auf den fluhr unten und oben brennen.

10. Die Stuben sind mit Blackers umgeben und in der einen Stube in der Mitte eine Crone angebracht, worauf brennende Lichter gesetzt werden sollen.

11. Werden bey Herrn Krause 4 vernünftige Bürger hinbestellet, welche Herrn Krausen, wenn was gefodert wird, assistiren sollen, auch der Maurer Kloko beordert, den gantzen Tag und Nacht sich in Herrn Krausens Hauss aufzuhalten und wegen Feuers Gefahr sogleich bey der Hand zu seyn.

12. Der Schornsteinfeger wurde beordert, gleichfalls einheimisch zu bleiben und die nöthigen Schornsteine reine zu machen."

Ausserdem wurden Frauen zum Reinigen der Hauptwache bestellt, Zicoricum bey dem Rektor und in Gielsdorf besorgt, nachgesehen, ob Bäcker und Brauer vorrätig Brot und Bier hatten, und die Stühle vom Ratschor in der Kirche geholt und samt einem runden Tisch Herrn Krause zur Verfügung gestellt. —

So war denn für alles aufs gewissenhafteste Vorsorge getroffen. Leider schweigen sich auch hier wieder die Akten über den eigentlichen

Verlauf des grossen Ereignisses aus und berichten nur noch in nüchterner Geschäftsmässigkeit, dass dies Nachtquartier p. p. 243 Thl. 8 Gr. 9 ₰ gekostet habe. Allerdings wird auch schon diese Rechnung durch Vergleichung mit den heutigen Preisen ganz interessant.

Es kostete anno 1763: 1 Hammel 3 Thl. — 1 Kalb 7 Thl. — 1 Pfd. Rind- oder Hammelfleisch 1 Gr. 6 ₰. — 1 Metze Mehl 8 Gr. — 1 Semmel 1 Gr. 9 ₰. — 1 Pfd. Butter 12 Gr. — 1 Pfd. Honig 18 Gr. — 1 Pfd. Reis 4 Gr. — 1 Pfd. Wachslichte 1 Thl. — 1 Pfd. Talglichte 12 Gr. — 1 Pfd. Kaffee 20 Gr. — 1 Pfd. feiner Zucker 18 Gr.! — 1 Pfd. Pfeffer 1 Thl. — 1 Pfd. Zimmet 8 Thl. — 1 Pfd. Muskatenuss oder Nelken 6 Thl. — 1 Pfd. Saltz 2 Gr. — 1 Quart Essig 3 Gr. 3 ₰. — 1 Citrone 4 Gr. 6 ₰. — 1 Pfd. grosse Rosinen 6 Gr. — 1 Pfd. Mandeln 12 Gr. — 1 Mtz. weisse Bohnen 8 Gr. — 1 Mandel Weisskohl 8 Gr. — 1 Mtz. Gerstengraupe 8 Gr. —

Inbegriffen in der Rechnung sind nicht die anderweitigen Ausgaben der Stadt, welche durch die Arbeiten und Wachen verursacht wurden. Perlitz giebt die Gesammtausgaben auf 380 Thl. 23 Gr. 9 ₰ an und setzt hinzu, dass hierauf von S. Maj. dem Könige 28 Dukaten vergütet worden seien."

Zum Schluss möchte ich noch die Tradition oder Anekdote über Friedrichs des Grossen persönlichen Aufenthalt in Strausberg richtig stellen, indem ich Perlitz' eigene Angabe darüber citiere:

„1765 hat die Stadt das Glück gehabt, den grossen Friedrich II. in ihren Mauern zu sehen, als derselbe von einer gemachten Reise zurückgegangen ist, da Höchstderselbe hier Nachtlager gehalten hat. Die Stadt darf sich aber darauf nichts zu Gute thun, da sie sich beim Könige durch die Aufnahme nicht sonderlich insinniret hat und, wiewohl unverschuldeter Weise den Schöppenstädtern zur Seite gesetzt worden ist. Wenn der König in der Folgezeit einen schlechten Ort bezeichnen wollen, hat er Strausberg immer als Beispiel angeführt und hat auch nie die Anmerkung vergessen, dass er in dem verfluchten Loche ausgeschmaucht worden. Zur Rettung der Stadtehre sei gesagt: Wie es gemeinhin beim Könige geschah, verlangte er auch hier, dass man ihm Kaminfeuer anmachen sollte. Man that es, aber der Unstern von Strausberg wollte, dass, als kaum das Feuer angemacht wurde, auf einmal ein solcher Rauch entstand, dass der König auf einige Zeit lang das Zimmer verlassen musste. Das Zimmer war vor der Ankunft des Königs von einem Offizier bewohnt worden, der selbst wider Wissen des Wirthes die Kaminrohre obenwärts hatte zumauern lassen. Die Folge davon war selbstverständlich." — Die „schuldigen Hosen" sind also ins Bereich der Fabel zu verweisen.

Nachtrag.

Nach mehrfachen vergeblichen Versuchen, mir durch Kenner der russischen Sprache und Schrift die beiden Originalquittungen zum Verständnis bringen zu lassen, wandte ich mich direkt an die Kaiserlich Russische Gesandtschaft in Berlin mit einer diesbezüglichen Bitte. Mit liebenswürdiger Bereitwilligkeit ist meinem Wunsch entsprochen worden, und so nehme ich denn die Gelegenheit wahr, in diesem Nachtrage beide Quittungen im Urtext und in deutscher Übersetzung zu bringen.

Kwitanzija.

Wsile dannago moije powelenja ot Jego Sijatelstwa Wissowo prewoschoditelnago Gospodina Generala-porutschika i kawalera Grafa Zachara Gregorjewitscha Tschernischewa urjato mnojii s mestetschka Streusburcha Kontributzja i wmesto suota dengem 3500 talerej 1760 godu Septebrja 1 dnja Adjütant Petre Papow.

Quittung.

In Folge mir von Seiner Erlaucht Hohen Excellenz, Herrn General-Porutschik und Ritter, Grafen Zacharias Grigorjewitsch Tschernitscheff, ertheilten Befehls habe ich von dem Flecken Strausberg eine Kontribution, anstatt Vieh in Geld im Betrage von 3500 Thalern genommen.

1760. 1 Septbr. (?)
Adjutant Peter Papoff.

Kwitanzija.

Sa nepostawlennoi mestetschka Streusburcha 4030 chlebow wsjato so onago mestetschka dengami dwesti talerei 1760 godu Octjobrja 2 dnja
Adjütant Petr. Papow.

Quittung.

Für vom Flecken Strausberg nicht gelieferte 4030 Brote habe ich von diesem Flecken in Geld 200 Thaler bekommen.

1760. 2 Oktober
Adjutant Peter Papoff.

Anm. Das Datum der ersten Quitung scheint mir ein Schreibfehler statt 1. Oktober zu sein; zur Übereinstimmung mit unserem Kalender müssen noch 10 Tage zugerechnet werden, so dass der 11. und 12. Oktober herauskäme, womit die Akten dann übereinstimmen würden. —

9. (7. ausserordentliche) Versammlung des X. Vereinsjahres.

Sonnabend, den 7. September 1901, Wanderfahrt nach Spandau.

Der Herbstausflug galt diesmal unserer westlichen Nachbarstadt, welche durch so viele Beziehungen mit der Landeshauptstadt verknüpft ist. Diese alte merkwürdige Stadt, historisch früher genannt als Berlin, ist reich an geschichtlichen Erinnerungen, und ihr gegenwärtiger Zustand ist gleichfalls höchst beachtenswert. Ist sie doch das letzte Aussenwerk der Reichshauptstadt bei einer feindlichen Bedrängnis.

Teils mit der Lehrter Bahn, teils mit der Stadtbahn waren die Teilnehmer kurz nach 2 Uhr auf dem Bahnhof eingetroffen. Am Eingang zum Bahnhofsgarten wurde die Brandenburgia vom Herrn Oberbürgermeister Koeltze und unserem verehrten Mitgliede, Herrn Neupert, auf das Liebenswürdigste in Empfang genommen. In einer Halle waren schon die Tische hergerichtet, an denen die Gesellschaft sofort Platz nahm und unter Austausch der Ferienerlebnisse den Kaffee einnahm. Um 2 Uhr 45 Min. wurde aufgebrochen.

Beim ersten Schritt in die Stadt drängt sich schon ihre gegenwärtige Bedeutung auf. Gegenüber vom Bahnhof erblickt man die grossen Gebäude der Artilleriewerkstatt und die hohen Schornsteine der Geschützgiesserei. Durch enge Strassen führt der Weg dann weiter über den Stresow-Platz zur Charlottenbrücke. Von ihm aus erblickt man nach rechts die Vereinigung von Spree und Havel und nach links die grosse Eisenbahnbrücke über die Havel. Gleich hinter der Brücke, vor dem Eingang in die eigentliche Stadt steht das Bronzedenkmal Kaiser Friedrichs von A. Manthe. Es stellt den Kaiser dar in der Uniform der Kürassiere mit dem Bande des Schwarzen Adlerordens. An den Seiten des Sockels befinden sich drei Reliefs, welche Episoden aus dem Leben des Kaisers darstellen, die verknüpft sind mit der Stadt Spandau. Auf dem einen sieht man den Kaiser, von der Jagd aus der Spandauer Forst zurückgekehrt, aus der Hand der Kaiserin Friedrich den Labetrunk entgegennehmen. Das zweite zeigt den Kaiser und den Prinzen Heinrich thätig bei einem Waldbrande in der städtischen Forst. Auf dem dritten endlich erblickt man den kranken Kaiser am Fenster der Alexandra, wie er die Spandauer Bürger grüsst, die sich am Ufer aufgestellt hatten, als das Schiff auf dem Wege vom Charlottenburger Schloss nach dem Neuen Palais hier vorüber kam. Auch die Figuren der Bürger am Ufer sind Porträts,

z. B. erkennt man den Herrn Oberbürgermeister Koeltze, den Herrn Oberpfarrer Recke und Herrn Neupert.

Am Ufer der Havel entlang und über mehrere Brücken hinweg gelangten wir vor das Thor der Citadelle. Massig und steil erheben sich die Mauern bis zu einer bedeutenden Höhe aus dem Wasser. An einer Stelle sieht man den Juliusturm mit seinem Zinnenkranz darüber hinwegragen. Vor unserem Eintritt gab Herr Neupert die merkwürdigsten Daten aus der Geschichte dieses wichtigen Bauwerkes. Eine Insel in der seeartig erweiterten Havel hat den Baugrund für die Feste gegeben, der nur durch einige Nachhilfe noch verstärkt wurde. Natürlich haben die Gebäude und ihre Bedeutung im Laufe der Zeit mannigfache Umänderung erfahren. So finden wir hier unter den askanischen und bayrischen Markgrafen ein festes Schloss, das ihnen häufig zur Residenz diente, so dass Berlin erst unter den Hohenzollern an seine Stelle trat, wodurch Spandau natürlich an Bedeutung verlor, und von nun ab höchstens noch Witwensitz, für gewöhnlich aber Staatsgefängnis war. Die Kurfürstin Elisabeth, Gemahlin Joachims I. verlebte hier ihre Witwenjahre, und die schöne Giesserin musste hinter den Mauern die Tage der Lust und des Glanzes abbüssen und starb hier 1575. Ein Staatsgefangener ganz anderer Art war Eberhard v. Dankelmann, welcher von 1698 bis 1700 hier in Untersuchungshaft sass.

Aber noch mehr als mit der Kulturgeschichte ist die Stadt und die Festung mit der Kriegsgeschichte der Mark verknüpft. Im dreissigjährigen Kriege war sie zuerst von Gustav Adolf besetzt gehalten; nach dem Abfall Brandenburgs an Schweden residierte hier zeitweise Graf Adam von Schwarzenberg als Statthalter. Im siebenjährigen Kriege wurde die Citadelle im Jahre 1757 die Zufluchtsstätte der Königin Elisabeth Christine, und in den Napoleonischen Kriegen hielten sie einige Zeit lang die Franzosen besetzt, nachdem der Major v. Benneckendorf am 25. Oktober 1806 die Festung und Citadelle ohne einen Schuss abgefeuert zu haben, den Franzosen ausgeliefert hatte. Freilich war die Festung nicht in gutem Zustande; und das erste, das Napoleon anordnete, als er am 27. Oktober durch die Stadt geritten war und sie besichtigt hatte, war eine Erneuerung und Vervollständigung der Werke. So wurde die Festung und die Citadelle Ende April 1813 von den Franzosen ernsthaft verteidigt, und die Besatzung ergab sich erst als die Stadt in Brand geschossen und eine Bastion der Citadelle in die Luft gesprengt worden war. Das bescheidene Denkmal neben der Nicolaikirche nennt die Namen der dabei Getöteten.

Nach diesem Vortrage betraten wir das Innere der Citadelle. Die Befestigungen, die in ihren Grundzügen noch von Rochus von Lynar stammen, umschliessen einen ungefähr quadratischen geräumigen Hof mit einigen Bäumen, einer Kaserne und mehreren andern Gebäuden. Wir hatten Gelegenheit einen Blick in die Kasematten zu werfen und durften ein kurzes Stück auf den Wällen spazieren, wobei wir uns der herrlichen Aussicht auf die obere Havel mit dem Eiswerder erfreuten. Die Namen der vier Bastionen heissen: König, Königin, Kronprinz und Brandenburg. Der Rückweg führte uns natürlich wieder zum Ausgang zurück. Kurz vor ihm erhebt sich in einer Ecke der älteste und merkwürdigste Teil der Citadelle, der Juliusturm. Es ist ein cylindrischer hoher Turm nach Art der märkischen Bergfriede, ohne Thür und Fenster. Wir konnten ihn deshalb auch nur von aussen bewundern. Im Innern beherbergt er den Reichskriegsschatz von 120 Millionen Mark. Da keine Thür zu diesem Schatz führt, so müssen die Mitglieder der Reichsschuldenkommission, welche alljährlich den Schatz revidieren, durch die Mauer eine Öffnung schlagen lassen, welche nach dem Besuch wieder sorgfältig vermauert und übertüncht wird.

Nun wanderten wir in die Stadt zurück und besuchten die Nicolaikirche in der Potsdamerstrasse. Hier gab Herr Oberpfarrer Recke die wichtigsten geschichtlichen Daten sowie die nötigen Erläuterungen über die Kunstschätze und Altertümer, welche die Kirche beherbergt. Das Gotteshaus ist im gotischen Stil erbaut, sein Gewölbe ruht auf 12 hohen Säulen. Man betritt das Innere durch den Turm, der an seiner Höhe allmählich etwas eingebüsst hat. Über dem Eingang zum Kirchenschiff ist die Orgel aufgestellt. Es ist das schon die dritte, welche vor 20 Jahren für 30000 Mark erworben wurde. An den Längsseiten ziehen sich Emporen hin. Auf der einen Langseite steht die Kanzel mit den Bildnissen und Symbolen der vier Evangelisten. An den Wänden unter den Emporen hängen die Bildnisse der Inspektoren und Pfarrer, die an der Kirche thätig gewesen sind. Hinter dem Altar z. B. findet sich das Bild des Pastors Schultze, welcher eine handschriftliche Chronik der Stadt Spandau von 1071 Folioseiten geschrieben hat. Die Chronik ist schon vielfach benutzt worden, z. B. von Kuntzemüller zu seiner Geschichte der Stadt und Festung Spandau. Ausserdem hat sie die wichtigsten Daten geliefert zu der Lebensbeschreibung des Botanikers Kurt Sprengel. Die Chronik geht bis 1805. Das Buch war auf dem Altar zur Einsichtnahme niedergelegt. Das herrlichste Stück der Kirche ist der Altar in den Formen der italienischen Spätrenaissance, gestiftet im Jahre 1582 vom Grafen Rochus Guerini zu Lynar. In diesem Werk hat sich dieser nachgeborene Sohn der italienischen Renaissance, der nach mannigfachen Wanderfahrten in der Mark Brandenburg eine Heimat gefunden hatte, selber ein Denkmal errichtet. Der Altar, aus bemaltem Stein und Stuck erbaut, zeigt in der Mitte das Heilige Abendmahl und zu beiden Seiten die Gräflich Lynarsche Familie, links den Grafen mit den

Söhnen und rechts die Gräfin mit den Töchtern. Über dem Mittelbilde befindet sich noch das Jüngste Gericht und darüber die Stiftshütte mit dem Aronsstab. Vor dem Altar steht ein schweres Taufbecken in Bronzeguss aus dem Jahre 1398. An seiner Aussenseite läuft eine Reihe von Figuren entlang, deren Bedeutung nicht zu erklären ist, da sie zu klein und zu undeutlich sind. Unter dem Taufbecken liegt der Grabstein und darunter die Gruft des Grafen Adam v. Schwarzenberg, des kühnen und selbstsicheren Mannes, der in drangvoller Zeit die Geschicke der Mark leitete und seine eigenen Interessen dabei noch besser zu wahren wusste. Schräg dem Adler gegenüber befinden sich die Reliefbilder zweier Brüder von Röbel und daneben das Porträtrelief Daniels v. d. Linde, Pfarrers und Inspektors zu Spandau. Unter dem Altar endlich ist die Gruft der Gräflich Lynarschen Familie. Es stehen hier die Särge des Grafen und seiner Gemahlin, sowie mehrerer Kinder.

Die wichtigste Handlung, welche in dieser Kirche vollzogen wurde, war sicherlich der Übertritt des Kurfürsten Joachims II. zur reinen Lehre, indem er am 1. November 1539 das Abendmahl in beiderlei Gestalt nahm. Man hat sich vergeblich gefragt, warum der Kurfürst diesen wichtigen Schritt still hier in Spandau in Gegenwart weniger Märkischen vom Adel gethan hat und nicht in seiner Residenzstadt Berlin unter feierlichem Gepränge. Der Kelch, welcher zu dieser heiligen Handlung diente, wird im Märkischen Museum aufbewahrt.

Zur Erinnerung an diese bedeutsame That steht vor dem Portal der Kirche das Standbild des Kurfürsten. Es wurde am 1. November 1889 enthüllt, also am 350. Gedenktage. Die Figur des Kurfürsten ist von Professor Encke modelliert und in Lauchhammer gegossen. Der Kurfürst, ohne Kopfbedeckung, in der bauschigen Tracht jener Zeit, hält in der rechten Hand das Kruzifix und stützt sich damit auf die Bibel, während die linke auf dem Schwerte ruht. An den Seiten des Sockels sind drei Reliefs angebracht, welche den Kurfürsten in wichtigen Situationen seines Lebens darstellen. Auf dem ersten sieht man die Kurfürstin Elisabeth, wie sie ihren ältesten Sohn, den Kurprinzen Joachim in der reinen Lehre unterweist, während ihr jüngerer Sohn Hans auf dem Boden sitzt und mit einem Balle spielt. Das zweite Bild zeigt die „Disputa". An einem Tisch sitzen der Kurfürst, sein Bruder Hans, sein Vetter Georg von Ansbach, Luther und Melanchthon, während im Hintergrunde Georg Buchholzer und Eustachius von Schlieben stehen. Auf dem dritten ist der Kurfürst dargestellt, wie er knieend vor dem Altar aus dem Kelch trinkt, den ihm der Geistliche darreicht.

Nachdem wir das Denkmal in Augenschein genommen, wobei Herr Oberpfarrer Recke die Bilder erklärt hatte, wanderten wir durch die Neuendorfer Strasse zum Schützenhause. An der Stelle, wo die Schönwalderstrasse links von der Neuenburger abbiegt, erhebt sich das neue Bismark-Denkmal aus Bronze, dem wir auch einen Besuch abstatteten. Im grossen Saale des Schützenhauses, der eben erst für 12 000 Mark neu hergerichtet worden war, hatte der Vorstand der Spandauer Schützengilde die wichtigsten Kleinodien und Wertstücke der Gilde auf einem Tisch ausgebreitet. Das interessanteste Stück ist die lange goldene Kette, welche mehrfach um den Leib eines Mannes herumgeht. Die Kettenglieder werden nach dem Ende zu immer grösser, und die letzten haben einen Wert von 30 Mark. Neben der Kette besitzt die Gilde noch eine Anzahl silberner Medaillen und Becher, letztere sind Geschenke von Schützenkönigen. Ferner lag ein Buch aus, in dem die Namen aller Gildemeister von 1593 an verzeichnet standen, und endlich sind noch eine Anzahl Scheiben und Fahnen zu erwähnen.

Nach dieser Besichtigung begab sich die Gesellschaft in den kleinen Saal, in welchen das Abendbrot eingenommen wurde. Herr Geheimrat Friedel dankte hier noch den Herren aus Spandau für ihre Mühe und Sorgfalt und brachte ein dreifaches Hoch auf dieselben aus.

Kleine Mitteilungen.

Bemerkung über Otto mit dem Pfeil in der Manesseschen Liedersammlung. Richard M. Meyer-Berlin macht in einem Aufsatz „Hadlaub und Manesse" (Zeitschrift für Deutsches Alterthum und Deutsche Litteratur, 41. Bd. 2. Heft, Berlin 1900) zu dem vom Standpunkt der brandenburgischen Heimatkunde so interessanten und so oft besprochenen Bilde Ottos mit dem Pfeile und seiner Gemahlin in der zu Heidelberg verwahrten Manesseschen Liedersammlung S. 214 folgende beachtenswerte Bemerkung: „bestimmt möcht ich die schach- und damespielbilder zu Otto v. Brandenburg und Göli auf epische miniatüren zurückführen: die situation ist ja in den romanen beliebt und wird zb. in der Eneide (s. 11 unten) durch den text gehalten, ebenso wie im Tristan (Bechstein v. 2247) und sonst. das sitzen beim schachspiel gehörte im würklichen leben (Weinhold Deutsche frauen I 416 f, Altnord. leben s. 469; Schultz Höf. leben I 417 f) wie in der sage (zb. Frithjofsage) so sehr zu den typischen zügen, dass man es gern zur hervorhebung entscheidender momente benutzte (der Herulerkönig: Deutsche sagen II 32; Konradin); wie natürlich ergab sich da dies bild auch für die illustrationen im epos; dagegen ist für den minnesinger, trotz gelegentlicher bildlicher anwendung, das schachspiel keineswegs bezeichnend: sind ein herr und eine dame beisammen, so haben sie anderes zu tun. bei dem Bilde Ottos v. Brandenburg sind noch die kleinen spielleute zu beachten, die offenbar nur (wie sonst die spitzbogen) den bei herübernahme eines fertigen bildes entstandenen leeren raum auszufüllen haben."

E. Fr.

Entstellte französische Wörter in der Mark. „Pisang". „Oller Pisang" ist ein verächtlicher Ausdruck, den ich in der Umgegend von Lychen, Kreis Templin, gehört und der von plumpen, unbeholfenen bäurischen Leuten gebraucht wird. Es ist wohl kein Zweifel, dass das eine Verderbung des französischen Worts „paysan" (Bauer) ist. — Dergleichen Barbarisirungen französischer Worte sind bei uns auch sonst nicht selten. Ich habe Leute gekannt, die aus „Beau regard" im Oderbruch waren und daraus „Borchard" machten. „Logement" wird in der Mark in „Losement" verderbt." „Moschüken", eine Art Zwieback, ist aus „Monsieur", Koseform „Monsieur-chen" entstanden und in einigen Teilen der Uckermark sowie in Mecklenburg, Vor- und Neuvorpommern, Rügen u. s. w. bekannt.

Lychen, Pfingsten 1901. E. Fr.

Micken. Bei einer Exkursion des Märkischen Museums nach Oderberg am 4. Juni 1899 erregten die auf den Wiesen längs des Finowkanals aufgestellten Heumieten ihres Untergestells wegen die Aufmerksamkeit der Teilnehmer. Diese aus Holz, in Kreuzform angefertigten Untergestelle werden im Oderbruch „Micken" genannt, eine Benennung, welche bisher noch keine genügende Erklärung gefunden hat. Als „Micken" werden in Berlin auch die Stützen für die Gewehre vor den Militärwachen bezeichnet, ebenso nennt man die zusammengestellten Gewehrpyramiden auch „Gewehrmicken". Ferner werden die sogenannten Wanderställe, welche im Sommer auf dem Lande und auch in den Berliner Vororten aus Holz aufgestellt werden, mit dem Namen „Micken" bezeichnet, und diese Bezeichnung ist dann auf kleine, armselige Familienhäuser übertragen worden, welche der Berliner „Micken" oder „Mücken" nennt. Die Bezeichnung der Ställe als „Micken" findet sich auch in amtlichen Schriftstücken. Die Wanderställe werden jetzt immer seltener, da die Polizei der Feuergefährlichkeit wegen den Aufbau derselben verhindert. Welcher Zusammenhang zwischen den einzelnen gleichlautenden Bezeichnungen besteht und welche Bedeutung das Wort „Micke" hat, konnte ich trotz vielfacher Umfragen nicht feststellen

Dr. G. Albrecht.

Für die Redaktion: Dr. Eduard Zache, Cüstriner Platz 9. — Die Einsender haben den sachlichen Inhalt ihrer Mitteilungen zu vertreten.
Druck von P. Stankiewicz' Buchdruckerei, Berlin, Bernburgerstrasse 14.

Des Rates Ziegelofen und die ehemalige „Kalkgerechtigkeit" Strausbergs.

B. Seiffert.

Zu den früheren Kämmereigütern des Rates gehörte eine Ziegelei, deren Gebäude in dem südöstlichen Winkel des jetzigen Lindenplatzes lagen „nach der Stadtmauer zu, etwas abwärts von den andern Häusern". Der Betrieb der Brennerei geschah auf Kosten des Rates und unter Aufsicht eines Ratsherrn, der den Titel eines „Ziegel- oder Kalckherren" führte; denn nicht nur Dach- und Mauersteine liess man fertigen, sondern auch Kalksteine aus den Rüdersdorfer Kalkbergen brennen, und nicht blos zur Notdurft der Bürger, sondern vielmehr noch zum „vorkauff an frembde". Das war für die Stadt gar keine schlechte Einnahmequelle; besonders aber im 16. Jahrhundert nahm das Geschäft, wie die alten Stadtrechnungsbücher ausweisen, einen Aufschwung, dass in manchen Jahren ein beträchtlicher Teil der städtischen Ausgaben durch den Reinertrag des Ziegelofens gedeckt werden konnte. Viele, viele Meilen weit kamen sie hergefahren, „Gottesleute" und Adlige, Bürger und Bauern, um hier ihr Baumaterial an Steinen und Kalk einzukaufen, und selbst mancher Bau S. k. f. g.* ist mit Strausberger Materialien errichtet worden.

Wie so vieles andre, überall und hier, so erlitt auch der Betrieb des Ziegelofens durch die bösen Zeiten des dreissigjährigen Krieges einen harten Stoss; die Gebäude verfallen, keine Mittel zum Aufbau, kein tüchtiger Arbeiter, Verkehrsstockung und Unsicherheit in Handel und Wandel — und obendrein, was das Schlimmste war, bezweifelte plötzlich S. Durchl. der grosse Kurfürst, dass Strausberg dies Regal „Kalk zum Verkauf zu brennen" mit Fug und Recht für sich

*) Seiner kurfürstlichen Gnaden.

14

beanspruche und ausübe. Vergebens versicherte der Rat in wiederholten Bittgesuchen, es sei das seit unvordenklichen Zeiten so und nicht anders gewesen; vergebens liess er aber auch nach einem geschriebenen Dokumente in seinen Aktenstücken suchen; nur die Rechnungsbücher waren als Zeugen aufzufinden, und die bewiesen gerade, was der Rat nicht thun sollte: es half kein Bitten, keine Vorstellung, es blieb bei dem Entscheide: „Keinen Kalk mehr an Fremde verkaufen". Auf diesen Punkt aber kam es gerade dem Rat an, von dem Verkauf innerhalb der Stadt war kein erheblicher Gewinn zu erhoffen; somit verlor der Rat allmählich das Interesse für dies „bonum curiae" und that das bisherige Lieblingskind in fremde Pflege aus, in welcher es denn nach 100 jährigem Siechtum sein Dasein endete. —

Auf den ersten Blick erscheint das Vorgehen des grossen Kurfürsten gegen eine Stadt, von der er wusste, dass sie durch den Krieg in unsägliches Elend gestürzt war, aus welchem sie sich aus eigner Kraft nie emporhelfen konnte, in der That hart und unbarmherzig; wollte er das „gäntzlich eingefallene Stadtregiment" wieder ordentlich einrichten, so war doch eigentlich gerade in dem weiteren, womöglich gesteigerten Betrieb des lukrativen Kalkofens eine so einfache und so wesentliche Beihilfe für den Stadtsäckel dargeboten. Auf der andern Seite sind dem damaligen Rat von Strausberg schwere Vorwürfe gemacht worden, dass er seine „vielhundertjährige Kalkgerechtigkeit" mit zu wenig Festigkeit und Energie verteidigt und dadurch die Stadt sozusagen um ein bedeutendes Vermögen gebracht habe, welches die heutige Generation in ihrer „ausgepauvreten" Finanzlage recht gut gebrauchen könnte. Diese zu einem allerdings übertriebenen Lokalpatriotismus ganz passende Ansicht von der Sachlage — denn Perlitz berührt die Rechtsfrage nur sehr kurz — ist erst in neuerer Zeit verbreitet worden; eine genauere Beschäftigung mit dem einschlägigen Aktenmaterial führt aber bald zu der Einsicht, dass die Entziehung der „vermeintlichen Kalkgerechtigkeit" doch nicht so ohne weiteres als eine Vergewaltigung der städtischen Freiheiten anzusehen ist. Es soll daher im Folgenden zuerst auf Grund des alten Stadtbuches 1530 ff. sowie einiger noch erhaltener Auszüge aus älteren Rechnungsbüchern der Betrieb des Ziegel- und Kalkofens bis zum Ende des 16. Jahrhunderts geschildert, darauf nachgewiesen werden, ob und welche Geschäfte der Rat damit gemacht hat und warum ihm darin bis zum 30 jährigen Kriege kein Eintrag noch Hindernis geschehen ist, und dann endlich die Veranlassung und der Verlauf des Streits um die Kalkgerechtigkeit von 1646 bis 1661 ausführlich entwickelt werden. —

---

1. Der Betrieb des Ziegel- und Kalkofens.

Aus den spezielleren Aufzeichnungen des Stadtbuches 1530 ff. geht klar und deutlich hervor, dass es nur ein einziger Ofen war*), in dem beide Materialien gebrannt wurden, nicht, wie Perlitz meint, dass der Kalkofen an einer andern, ihm aber unbekannten Stelle gestanden habe; sonst müsste auch noch die oftgenannte Kalkscheune ein besonderes Gebäude gewesen sein neben der Ziegelscheune. Wie der „Ziegel- oder Kalckherr“ ein und dieselbe Person war, wie der Ziegelmeister auch den Kalk brennen musste, so sind auch die Bezeichnungen „tigelawen, kalckawen“ und „tigelschune, kalckschunhe“ gleichbedeutend und werden abwechselnd gebraucht, je nachdem gerade Ziegel oder Kalk gebrannt wurden. Der Ofen stand, wie schon oben angedeutet, an der Stadtmauer, die Scheune hat wahrscheinlich die nördliche Seite des „Tigelhaffes“ begrenzt, während das „tigelerhuss“ denselben nach der Strasse oder dem Ziegelplatz zu abschloss und vom Nachbargrundstück im Südwesten eine Umzäunung aus „thunryss“ trennte. In der Mitte des Gehöfts war ein „putte“, ein cisternenartiger Brunnen, dessen Wasser jedoch nicht ausreichte für die Bedürfnisse der Brennerei. Des „Tigelershuss“ war, der damaligen Bauart entsprechend, mit „leim geklickt und mit ror gedeckt“; ebenso wird die Scheune, in welcher die Steine teils getrocknet, teils nach dem Brennen trocken aufbewahrt wurden, denkbar einfach gebaut gewesen sein: der Ofen war ein sogenannter „sathawen“ (Setzofen), in welchem nur mit Unterbrechungen gearbeitet werden konnte, während heutzutage die grösseren Ziegel- und Kalkbrennereien Rumfordsche Schachtöfen mit ununterbrochenem Betriebe haben (wie in Rüdersdorf seit 1802).

Zur Anfertigung der verschiedenen Arten von Ziegelsteinen hielt der Rat einen Ziegelmeister; doch brauchte dieser noch eine Anzahl „Medehulper, „kumpane“, die ihm bei den Vorarbeiten, der Anfuhr und Bearbeitung des Rohmaterials, sowie den Abräumungsarbeiten und Ausbesserungen behilflich sein mussten.

*) Die geschichtlichen Beiträge von W. Sternbeck reden sogar von 4 Kalk- und 4 Ziegelöfen, die alle auf diesem Grundstück gestanden haben sollen. Es zeugt diese Auffassung von der oft unbeschreiblichen Flüchtigkeit und Oberflächlichkeit, mit welcher der Verfasser überhaupt Aktenstücke und Rechnungsbücher, geschweige die lateinischen (!) Urkunden, durchgelesen und verarbeitet hat. Wenn er sich auf die Stellen des Stadtbuches 1530 ff. stützt, wo von einem „drudden vnd vierten awen“ geredet wird, so hätte er, wenn er weiter gelesen hätte, als er durch seine mehrmalige Unterschrift in dem Buche ausdrücklich bezeugt, auch noch zu einem „fünften awen“ kommen können. Fachleute wissen, dass „5 Oefen Steine“ eben Steine sind, die zu 5 verschiedenen Malen oder in 5 verschiedenen Bränden in einem und demselben Ofen gebrannt worden sind. — Engel, Ann. March. fol. 367: „sintemal das fewer auff der einen Seiten bald an den Kalck- vnd Ziegelofen war“, dürfte der einfachste Beweis sein.

Der „tigeler“ suchte auf der Feldmark nach passender „tigelerde — 1487 brachte der Rat die lehmreichen Hufen des wüsten Kenstorf käuflich an sich —; hatte er genug „vor einen awen gesteckt“, so wurden durch die Stadtknechte oder durch Knaben entweder gewisse Bürger „vorheischt und ihnen angezeigt, thosamen die tigelerde tofuren,“ oder man nahm „als dageloner die pawern van klosterdorp“ dazu an; ausser dem Fuhrlohn musste ihnen auch stets „1 vas bier, kawent“ verabfolgt werden. War dann die „lemen erde“ genügend „gewaschen“, wozu das Wasser vom See angefahren wurde, so gings ans Streichen der Ziegelsteine. Die dazu erforderlichen Werkzeuge machte sich der Ziegler selbst, nur lieferte ihm der Rat, was er an Eisen, Leder u. s. w. dazu brauchte; es werden genannt: „streichholzer, leder tor tigelferme, eine stele domit man denn ziegell streicht, Iser und stall to einer howe“ u. s. w., ein besonderes Behältnis, die „lade tom tiegel“ oder „die tygellade“, diente zur Aufbewahrung des Handwerkszeuges. Geformt wurden: „mur- und dacksteine,“ „haler oder halensteine (Hohlziegel)“, „flur- oder senckstehene“, sowie Kacheln, die aber der „potter Schowe im tigelawen tomaken“ hatte, weil dies eben schon Töpferarbeit war. Die Steine, gehörig im „Schunenflur“ getrocknet, wurden dann im Ofen „gesath“, ebenso der Kalk, und nach dem Brennen wieder ausgekarrt. Vor jedem neuen Brand musste natürlich der Ofen wieder instandgesetzt werden: „dat tigelgrutz, der unflaet, dat mull“ aus Ofen und Scheune „gerhumt und ausgefuhrhet“, allerley flickwerck vom tigeler“ verrichtet, oder wo das nicht ausreichte vom „potter und muermeister gebetert.“ „Jurgen und Hinrick,“ die beiden Stadtknechte halfen hierbei beständig, natürlich gegen besondere Vergütigung „up ihre erbeith uff dem tigelhaffe.“

Die Thätigkeit des Ziegelmeisters begann etwa im März und dauerte bis in den November hinein, „um letare der irste awen, der latzte up martini;“ die Anzahl der im Jahre gefertigten Brände variiert, je nach dem Bedürfnis und den Bestellungen, von 2 bis zu 5 Öfen. Für jeden Ofen erhielt der Meister 2 Schock gr. (immer ratenweise, alle 8 oder 14 Tage „up sin lohn“) und eine halbe Tonne Bier; das „Erdestecken“ wurde aber extra bezahlt mit 10 gr. pro Ofen und „4 schepel rogge, die ehm ein radt gelowet up deth erdestecken, wie man ierlichen gegewen hat;“ aus einem späteren Aktenstück ist auch zu ersehen, dass ihm „das Zählgeld“ für das Abzählen der Steine beim Verkauf zukam (heisst noch heut „Tellegeld“).

Das Brennen der Kalksteine hat wahrscheinlich abwechselnd mit dem Ziegelbrennen stattgefunden, weil dazu weniger Vorbereitungen nötig waren. Der Kalk wurde aus dem Rüdersdorfer Bergwerk („kalchkute, kalichberg“) gekauft; der Landprahm (prombt, braadt,

22½' lang, 7½' breit und 2½' hoch gesetzt, etwa 420 Kubikfuss, 250 Centner oder 25 Wispel haltend) kostete 4 Schock, welche dem „Schrywer" zu zahlen waren, d. i. dem Mönche, welcher bis 1540 die Oberleitung des Bergwerks hatte; die Arbeiter (Kalkbreker) bekamen ausserdem ein „gebürlich Dranckgelt" oder „ihre bichken (Picken) toscherpen" und beim Schenkprahm, d. i. jedem elften, eine besondere Löhnung von 4 Schilling = 48 gr. Die Anfuhr der Kalksteine war ein Privilegium der Bauern in den Dörfern Herzfelde, Rüdersdorf und Hennickendorf; sie mussten den Stein für 3 gr. die Fuhre hierherschaffen, später erhielten sie (von 1565 an) pro Centner 5 Pf. bezahlt. — Das Löschen des gebrannten Kalks, das Abwägen und Abmessen des „ungeluschten und geluschten" Kalks besorgte wieder ein Stadtknecht, der „kalckluscher" oder „kalckmeter" hiess und ausser dem Wagegeld noch „fernellon" (Vierteljahrslohn) und „hofgewand" (freie Kleidung) bezog.

Über den Verkauf der fertigen Steine und des Kalks führte der Ziegelherr gewissenhaft ein „register oder wochenbuch", für welche Mühe er jährlich „4 schepel rogge Deputat" erhielt. Man rechnete und kaufte bei Steinen nach Mille (45—72 gr.), Centum (4—7 gr.), halb Centum, „ferndel" (25 Stück = 1 gr. 1 ₰ bis 1 gr. 6 ₰), die Kacheln nach Mandeln, und zwar waren für die Bürger die Preise niedriger als für Fremde; der Kalkverkauf ging nach Wispeln (24 gr.) und Scheffeln (1 gr., für Bürger 5—7 ₰). Am Ende seines Amtsjahres legte der Ratsherr die „rekenschap", übergab die Bareinnahme, „was noch jn schult geblewen (steit), war jm schult register verteckent." —

---

2. Ausgaben und Einnahmen beim Ziegel- und Kalkofen.

Der Verkauf der Brennerei-Erzeugnisse lässt sich nachweisen bis ins Jahr 1469 zurück; was für eine ausgedehnte Kundschaft der Rat hatte, ergiebt eine Zusammenstellung der Ortschaften, nach welchen man Kalk und Steine holte:

Aderberge, angermunde. **B**atzlow, berfelde, besikow, beyerstorp, biesdahl, bisow, bliestorff, blumberg, bollenstorp, bolderstorp, buckholt, buckow. **C**losterdorp, cyndorp. **D**ahme, Damstorf, daluitz, dannenberg. **E**cke, eckerstorf. **F**agelstorp, falkenberg, falkenhagen, franckenfelde, franckfurt, frederstorp, fredeland, frygenwolde, furstenwolde. **G**artzow, gartzyn, gerstorff, ghylstorp, goltzow, grundall, grunow. **H**aselberge, hasenholtz, hegemolle, heidemolle, heckelwergk, herssfelde, henckendorp, hirssfelde, hogen fynow, hogenstein. **K**agel, kauelstorff, kenstorff, klosterfelt, kustrin. **L**antzberg, lichteno, liewenberg, lowenberg, luderstorpff. **M**alcho, malno, monnickehawe, mogelin. **N**edderfynow, neuenhoven, nienhagen, nigendorff, nigenstad. Peterssbagen, predico, pretzhagen. Quilitz. Raufft, refelt, richenow, rikenberge, ringenwolle, ruderstorpf, rülstorp, ruppin. Schonebeck, schonecke, schonefelt, schopfurd, schultzendorff, sidow, sommerfeld, spando, storkow. Thasthorp, tempelfelde, trampp, tuchem. Ukerow. Wegendorp, wediendorp, welsickendorff, werder, wernowken, wesendall, woldenbergk, wrietzen. Zedenick, zepnick . . . des sind im Ganzen 102 Orte, gelegen in dem Umkreise: Zehdenick, Angermünde, Oderberg, Küstrin, Frankfurt, Sommerfeld, Beeskow, Dahme, Spandow. —

An adeligen Geschlechtern, die zu den stehenden Kunden Strausbergs gehörten, werden genannt: die von Arnimb (hanss), die Barffte (hans b. to Batzlow, b. to Malcho, Vallentin to mogelin, baltzer, clawes und christoffel b. to predicow, b. von rindenwolde), die Bredow (von lowenberge gelegen bey Granseye), die Crummensehe (Arnt in dalnitz, baltzer, casper, christoffel, Ebel, hanss, junge hans, ioachim, iurgen), die Dobberkow (iurgen tor hogen fynow), Holtzkendorp (tho sydo), die Pule (lowenberg, die pulin' in raufft, christoffel p. in quilitz), Platen (iurgen in pretzell), Sparr (hans in trampe), Termo (hans), Zcieser (Vallentin von cygeyserh tho buckow.) —

Was „unser gnedigster Herr, S. k. f. g.“ an Kalk gebraucht, geht hervor aus folgenden Notizen:

Anno 1516. u. g. h. 17 winspel kalck, noch 4 wsp.

1517. up die Grimnitz (das kurf. Jagdschloss bei Joachimsthal) 44 wsp.

1519. 103 wsp. — 1520. 100 wsp. — 1224. 26 wsp.

1531 hat Ein Rath inbeholden von der Ziesse up reminiscere 8 schock, auff michaelis 1 schock 50 gr., auff trinitatis 2 schock, auf lucie 9 Schock 10 gr. (21 Schock.)

1532. 11 schock recepimus von u. g. h. vor kalck von der czisse inbehalten up trinitatis, 5 schock 20 gr. up reminiscere, 8 schock 6 gr. up michaelis, 7 schock 50 gr. up lucie (in summa 32 schock 16 gr.).

1533. 28 schock 30 gr. von allen vier quartalenn zusammen gerechent von unssern G. h. von den Ziesen uff den kalck in behaltenn.

1534. 15 fl. 10 gr. von der Zisse.

1535. 11 schock 10 gr. von unserm gnedigstenn entpfangen von der Zeisse abgeschlaen auff Lucie auff eine rechenschafft.

1536. 32 fl. 16 gr. ingenamen fur kalck van unsers gnedigsten Herrn auff annunciacionis 13 fl. 4 gr. ingenommen van u. g. hern wegen auff Johanniss vor kalck sub ratione. 11 fl. 28 gr. auf michaelis, 25 fl. 20 gr. auf weinachten.

1537. 6 fl. 17 gr. von u. g. h. 12 fl. dedit u. g. vor kalck van weinachten bis auff reminiscere.

1566. . . . auch schloskalk dabei. —

Nachstehende Tabelle soll, so unvollkommen sie sich auch hat herstellen lassen, einen ungefähren Überblick gewähren, was bei dem Kalk- und Steingeschäft für den Stadtsäckel herausgekommen ist:

Jahr	Einnahme von		Ausgabe für				Ungefährer Gewinn
	Ziegeln	Kalk	den Ziegler	den Verweser	die Kalkbrecher	Fuhrlohn	
	ca. Schock	ca. Schock	ca. Schock	Schock	ca. Schock	Schock	ca. Schock
1530	23	13	13	9	—	—	—
1531	17	33	15	4	—	—	—
1532	17	57	25	6	—	—	—
1533	19	51	18	12*)	—	—	—
1534	31	36	20	4	—	—	—
1535	40	10	24	4*)	—	—	—
1536	41	50	24	20	—	—	—
1537	31	7	22	4	—	—	—
1538	40	36	18	—	—	—	—
1539	20	23	14	4	—	—	—
1540	36	30	24	—	—	—	—
1541	26	16	17	4	—	—	—
1542	30	10	15	12	—	—	—
1543	26	30	19	—	—	—	—
1544	36	34	24	—	—	—	—
1546	28	36	20	16	0,18	—	28
1547	38	46	23	8	1,20	—	52
1548	18	23	20	13	0,32	—	8
1549	31	58	26	8	1,12	—	54
1550	10	31	11	16	0,56	—	13
1551	28	27	17	12	2,44	—	23
1552	14	28	16	12	1,20	—	13
1553	16	61	15	12	2,16	7	41
1554	11	67	15	20	1,12	1,23	44
1555	19	54	18	6	0,20	1	48
1556	17	55	19	34	1,54	2	15
1557	10	51	19	18	1,48	—	23
1558	20	57	17	20	1,32	—	39
1559	31	63	19	20	1,54	—	54
1560	27	106	23	20	1,40	—	89
1561	37	37	14	16	1,36	—	42
1562	31	89	21	16	1,04	4,44	77
1563	16	83	17	28	1,44	—	53
1564	34	120	23	8	2,20	13,50	107
1565	23	102	22	32	2,40	1,17	67
1566	28	67	15	40	2,46	0,12	28
1567	23	73	16	—	0,32	16,32	—
1568	21	81	18	20	1,8	10,32	53
1569	27	71	15	32	0,24	—	50
1570	21	72	15	17	—	—	45
1571	17	65	22	12	—	0,4	45
1572	27	25	13	8	0,56	0,59	28
1573	90 fl. 18 gr.	45 fl. 13 gr.	29 fl. 13 gr.	—	—	—	—

Zweierlei springt in die Augen, erstens dass die eigentliche Entwicklung des Geschäfts erst in der zweiten Hälfte des 16. Jahrhunderts vor sich geht, und zweitens dass vom Kalk drei bis vier Mal so viel

*) Und Schenkprahm.

einkam als von den Ziegeln; die Berechnung des Durchschnittsreingewinns aus den angeführten 43 Jahren ergiebt etwa 40—50 Schock pro Jahr, die einem heutigen Ertrag von 2—3000 Mark entsprechen würden. —

3. Der Streit um die „Kalkgerechtigkeit".

Die durch die Ziegel- und Kalkbrennerei bedingten Ausgaben und Einnahmen bilden in den Stadtrechnungsbüchern bis zum Jahre 1626 eine stehende Rubrik; von da ab brechen die hochgehenden Wogen des Krieges auch über Strausberg herein, an eine geordnete und geregelte Rats- und Stadtwirtschaft war nicht mehr zu denken, denn alles ging drunter und drüber, und so war bei den unruhigen Zeitläuften ein gleichmässiger Betrieb des Ofens zur Unmöglichkeit geworden. Dass der Ofen „nebst andere Stadt Regalien durch das vorderbliche kriegesfewer anno 1630 gentzlichen eingegangen" sein sollte, ist nicht gut denkbar; denn „anno 1646 kaufte ein gewisser Christian Lamprecht, Rathsverwandter zu Berlin, das Dominikaner-Kloster hierselbst vor 300 Thl. und liess darin die Pfeiler und Mauern, so aus Kalkstein bestunden, abbrechen und im hiesigen E. E. Raths Ziegel-Offen zu Kalk brennen," also muss dieser doch noch gestanden haben.

Als nun dieser Lamprecht anfing, den von ihm gebrannten Kalkstein an andere zu verkaufen und der Rüdersdorfer Bergschreiber Barthold Lehmann davon Kunde erhielt, beschwerte sich derselbe bei der kurf. Kammer in Berlin über des Lamprecht Verfahren, „weil dan bei so gestalten sachen das ganze Jahr durch nicht ein eintziger Scheffel Kalck allhier (d. i. in Rüdersdorf) verkauft werden könte," und begründete die Forderung damit, „dass männiglich vndt zwart alten leütten allhier bewust sei, das sein lebelang in Strausberg kein kalck, sondern nurt Ziegel gebrandt" — und wirklich erging am 28. Juli 1648 an Lamprecht das kurf. Verbot (bei 300 Thl. Strafe) fernerhin Kalk zu brennen „wann dir ein solches zu vollführen nicht gestattet werden kann, Indem Niemalln an dem ohrt einiger Kalck, Sondern nurt Ziegel gebrant worden, Vnd es auch Vnserm Kalckoffen zu Rühderstorff nachteilig ist."

Hatte der arge Krieg so sehr Alles verwirrt, oder wollte der Rüdersdorfer Bergschreiber, der Verwalter des Kurf. Bergwerks, bloss nichts mehr wissen von den ehemaligen Kalksteinlieferungen an den Strausberger Brennofen? Wie kam man jetzt plötzlich dazu, das Kalkbrennen zu verbieten, warum hatten die Kurfürsten nicht schon früher dagegen Einspruch erhoben? Zu besserem Verständniss bedarf es einiger Bemerkungen über die Kalkbrüche in Rüdersdorf und die geschäftlichen Beziehungen des Rates von Strausberg zu ihnen. —

Obwohl es nicht ausgeschlossen zu sein scheint, dass schon die Wenden, welche noch bis zum Anfang des 13. Jahrhunderts in den Ortschaften des Barnim ansässig waren, die Rüdersdorfer Kalkberge bearbeiteten, so steht doch dies ausser jedem Zweifel, dass seit der Germanisierung dieser Gegend durch die Markgrafen Johann I. und Otto III. aus dem askanischen Fürstenhause (also etwa seit 1230) in den Bergen Kalk gebrochen worden ist. Da nun das Kolonisationswerk besonders durch die betriebsamen Cisterziensermönche gefördert wurde, und aus späteren Urkunden ersichtlich ist, dass ihnen in hiesiger Gegend eine Menge von Dörfern*) und der Kalkberg in Rüdersdorf gehörte, so geht man gewiss nicht fehl, wenn man die Ansiedlung der Mönche aus der Abtei Zinna (bei Jüterbogk) und die Inangriffnahme des ihnen geschenkten Kalkberges in Rüdersdorf in zeitliche Verbindung bringt. — Schon 1254 wurde das Dominikanerkloster in Strausberg aus Rüdersdorfer Kalksteinen erbaut, und bei dem gleichzeitig erfolgten Bau der Stadtmauer, sowie später bei der Errichtung anderer städtischer Hauptgebäude, der St. Marien- und St. Nicolaikirche, des Stadthauses, ist doch gewiss ebenfalls Rüdersdorfer Kalk in grossen Mengen verarbeitet worden.

Seitdem blieb Strausberg ein guter Kunde der Rüdersdorfer Mönche, kaufte Kalk für sich und brannte ihn auch für Fremde mit, die nicht selber die Bequemlichkeit eines Kalkofens hatten; und dass alle die Dörfer, die den Cisterziensern gehörten, von hier ihren Bedarf an gebranntem Kalk bezogen, die Bauern aus Rüdersdorf selbst, Herzfelde und Tasdorf, dass ferner der Kurfürst Joachim II., nachdem er schon längst in den Besitz des Kalkbruchs gekommen war, nach wie vor aus Strausberg Kalk kaufte, ist der unwiderleglichste Beweis dafür, dass bis zum Ende der Regierung dieses Fürsten in Rüdersdorf selbst kein Brennofen gewesen sein kann. Dies ausdrücklich zu betonen, halte ich durchaus für notwendig; denn einmal ist dieser Umstand geeignet, die Lücke in der Geschichte des Rüdersdorfer Kalkberges auszufüllen, wie sie sich in der Darstellung des Herrn v. Hagen (1785) findet, sodann aber ist er ausserordentlich wichtig für die Beantwortung der Frage, die für Strausberg gestellt werden muss: „Warum ist nicht schon in alten Zeiten Einspruch gegen den Verkauf des gebrannten Kalks an Fremde erhoben worden?“

Wann der Rat seinen Ziegel- und Kalkofen angelegt hat, ob sogleich nach Gründung der Stadt oder später erst, kann nicht mehr ermittelt werden; den Schicksalen nach zu urteilen, die über die Stadt

*) Nach einem Original Kloster Catastrum von 1480: Closterdorp, Cogel, Honow, Hersfelde, Henneckendorp, Kienbom, Lichtenow, Rehfelde, Rüdersdorp, Werder und Zindorp.

in der ersten Hälfte des 15. Jahrhunderts durch den Sturm und die Plünderung seitens der Pommernherzöge 1402, durch die völlige Verwüstung seitens der Hussiten 1432 hereingebrochen sind, wird unmittelbar nach diesem letzten Ereignis eine erhöhte Bauthätigkeit eingetreten sein, und höchst wahrscheinlich datiert also seit dem Zeitpunkt der Betrieb desjenigen Ofens, der nach dem alten Kalkregister 1469 nachweislich Kalk zum Verkauf an Fremde brannte.

Ein Abkommen irgend welcher Art muss allerdings zwischen den Cisterziensern und dem Rate getroffen worden sein, bis zu welcher Menge der Kalk bezogen werden durfte; das konnte aber jenen eigentlich gleichgiltig sein, denn sie bekamen ihn ja bezahlt; ebenso dass der gebrannte Kalk verkauft werden konnte, und dies gewiss aus keinem andern Grunde, als weil die Mönche selbst keinen Ofen hatten und der Strausberger Ofen der einzige in weiter Umgebung war.

Als dann nach Einführung der Reformation in die Mark die meisten Klostergüter in den Besitz des Landesherrn übergingen, also auch Rüdersdorf, der Kalkberg u. s. w., verfügte Joachim II. nach dem Grundsatze, alle auf diese Güter bezüglichen Einrichtungen möglichst beim Alten zu lassen und nur ganz allmählich, nur wo es dringend nötig würde, Abänderungen zu treffen, dass auch der bisherige Geschäftsgang des Rüdersdorfer Kalkbruches ruhig weiter bestehen bleibe, er bestimmte jedoch, dass der „Hauptmann vber das eigenthumb" oder der „varweser" seinen Wohnsitz in Strausberg nehmen sollte, und zum Amtsbureau wurde ein eigenes Haus eingerichtet, „die Schreiberey". Der Grund für diese Anordnung mag wohl gewesen sein, weil hier in Strausberg sich eher eine Amtswohnung für den Hauptmann fand und auch die gleichzeitig ihm unterstehende Beaufsichtigung des ebenfalls kurfürstlich gewordenen Vorwerks Closterdorf, auf welchem wahrscheinlich schon damals eine grössere Schäferei gehalten wurde, von Strausberg aus bequemer war als von Rüdersdorf; denn umgekehrt zeigte sich in späterer Zeit die Verwaltung des Vorwerks Closterdorf von Rüdersdorf aus mit mancherlei Umständen und Verdriesslichkeiten verbunden.

Die während der nächsten Jahrzehnte in den Stadtbüchern erwähnten Verweser waren bis 1578: 1. „der olde kutel, der olde vorweser", mit dem 1542 im Hause des Herrn Merten Zimmermann (des Stadtschreibers) abgerechnet wurde. 2. Hans Badendick, etwa bis 1545. 3. Nickel Spiegel, ein schlesischer Adliger, welcher 1552 das Dominikanerkloster käuflich erwarb. 4. Von 1562 an Volckmar von Germershausen.*

Gerade unter diesen Verwesern nahm, wie das aus der vorstehenden Tabelle ersichtlich ist, das Kalkgeschäft Strausbergs einen bemerkenswerten oder vielmehr auffallenden Aufschwung. Verteilt man die An-

*) Aus Beckmanns Nachlass im Geh. Staatsarchiv zu Berlin wird ersichtlich, dass derselbe 1572 starb; sein Grabdenkmal war um 1800 noch in der Kirche vorhanden.

zahl der von 1530—44 gekauften Landprahme auf diese Jahre, so kommt auf das Jahr noch nicht 1½ Prahm; dieselbe Berechnung für die Jahre 1546—72 aber ergiebt 4½ Prahm, also rund 3 Prahm mehr als in der Mönche Zeiten; den grössten Posten weist das Jahr 1566 auf, 10 Prahme und dazu den üblichen Schenkprahm.

Fragt man nun, warum die Mönche nichts gegen den Verkauf des Kalkes einzuwenden hatten, so kann man eben nur annehmen, dass der Rat über die ihm von jenen gestattete Menge nicht hinausging, — eine spätere kurf. Verfügung erwähnt ausdrücklich die Zahl 2 —, und es bleibt also nur zu verwundern, dass die Verweser zu der plötzlichen Steigerung des Bedarfs nichts sagten. Soviel versteht sich wohl von selbst, dass der Herr Hauptmann mit E. E. Rat, als dem angesehensten Teil der Bürgerschaft, auf gutem Fuss gestanden haben wird, um geselligen Anschluss für sich und die Seinigen zu haben; und wenn auch mit Nickel Spiegel Differenzen vorgekommen sind, so war das bloss in seiner Eigenschaft als Besitzer des Klosters, hinsichtlich der freien Holzung in städtischer Heide. Von Volckmar von Germershausen ist aber sogar zu lesen, dass er dem Rate ao. 1567 die Summe von „800 gulden Müntz Landeswehrung je 32 gr. auf ein gulden gerechnet an guten vnuorbethenen ganghafftigen Thalern, des Corn vnd schrots wie die ihm lande zu Sachsen vnd Meissen gange vnd gebe seindt“ vorstreckte (zu 6%), „die widderump in gemeiner Stadt Strausbergk scheinbarlichen nutz als zu bezahlunge vnsers gnedigsten Hern des Churfürsten angenommener schulde angelegt vnd angewandt worden.“ (Noch 1610 laborierte der Rat an dieser Schuld.) Hier geht man also gewiss nicht fehl, wenn man ganz besondere persönliche Beziehungen und ein gutes Einvernehmen konstatiert, welches freundlichem Bitten gegenüber wohl ein Auge zudrückt. Und im Grunde genommen, es that der Hauptmann damit dem Kurfürsten keinen Schaden, denn — nun da sind wir wieder auf dem alten Fleck angelangt. Der kurfürstliche Beamte würde sich eine schwere Verletzung seiner Pflicht haben zu Schulden kommen lassen, wenn — ein Brennofen in Rüdersdorf vorhanden gewesen wäre, welchem Konkurrenz zu machen jener dem Rat von Strausberg gestattet hätte.

Nach dem Regierungsantritt des Anfangs sehr haushälterischen Kurfürsten Johann Georg trat aber eine wesentliche Änderung der Sachlage ein; in dem redlichen Bemühen, die vom Vater überkommene Schuldenlast durch Erschliessung neuer Einnahmequellen zu verringern, ordnete der Kurfürst mit praktischem Sinn eine Menge Einrichtungen und Veranstaltungen an, die sämtlich zur Erreichung äusseren Gewinnes Gelegenheit boten. Dahin gehört auch der B a u e i n e s K a l k o f e n s i n R ü d e r s d o r f. Denn im Jahre 1578 wurde das Betriebsbureau in Strausberg aufgelöst; die „Schreiberey, das alte verfallene haus binnen

Strausberg, und der dazu gehörige Garten, vor der Stadt daselbst gelegen, vnd zu vnserm Amte Rüderstorff gehörig, mit allen Ein- und zubehörungen — — — soweit wir und vnsere. Vorfahren vns dessen anzumassen vnd gebrauchen gehabt," cedirte der Kurfürst seinem langjährigen treuen Diener Andreas Bartholt — der es 1585 für 240 Thaler an die Stadt verkaufte —, und fortan befand sich die Bergschreiberei in Rüdersdorf selbst. Im darauf folgenden Jahre aber, 1579, kam eine Dienstinstruktion des Kurfürsten für den Bergschreiber heraus, „die das Verfahren beim Verkauf des in dem Rüdersdorfer Brennofen gebrannten Kalkes" anordnete!! —

Ich habe diese Verhältnisse etwas breiter behandelt, damit die nunmehr folgende Streitfrage nach der Berechtigung des Rates zum Verkauf des gebrannten Kalkes desto verständiger und gerechter beurteilt werden möge, als dies bisher geschehen ist.

Nachdem, wie oben bemerkt worden, im Jahre 1648 der kurfürstliche Erlass an Lamprecht ergangen war, sich bei 300 Thlr. Strafe des Kalkbrennens zu enthalten, wird sich derselbe dem Gebote gefügt haben, denn vorläufig ruhte die Angelegenheit noch fast 10 Jahre, ehe sie zu abermaliger Verhandlung gelangte. —

Anno 1654 wurde die städtische Verwaltung durch die Kurf. Räte Dr. Kemnitz und Blechschmiedt in gemeinschaftlicher dreitägiger Beratung mit dem Bürgermeister Daniel Hundertmark, Gregorius Hanne, Albertus Brüntzlo, dem Richter Martin Schwanheuser und dem Stadtschreiber Kalle (29.—31. März) aufs Neue eingerichtet und geregelt und der darüber aufgesetzte Kommissions-Rezess zwei Jahre später vom Grossen Kurfürsten bestätigt. Punkt 23 dieses für Strausbergs Geschichte äusserst wertvollen Schriftstückes behandelt die:

„Ziegel und Kalkscheune. Ist eingangen, weill aber hochnöhtig, das Sie wieder erbawet werde, alss ists aniezo veranlast, das die Bürger (worunter auch die Rahts Persohnen zueverstehen) auf ihren vorsessen schoss ein Quartall zum Baw solcher Scheunen abgeben sollen, vnnd soll solcher Quartal Schoss ex Fructibus (aus den Erträgen) der Ziegelscheunen den Stedten hinwieder guet gemacht oder gethan werden, die holtzfuhren, so zue solchen Baw nöhtig, haben die Bürger ohn entgeld zue thuen, auff sich genohmen: damit auch solcher Baw vmb so viel gewisser vnnd schleuniger befordert werde, ist zum Baw Meister vber solchen Baw Bgm. Hundertmarck anietzo verordnet worden, der denselben schleunigst vnnd mit allen fleiss befordern, auch, domit es ihme alleine nicht zue viel werde, den peter wegenern mit zuehülffe; vnnd bis dahin, dass solcher Ziegeloffen hinwieder erbawet, können vnnd müssen, laut Chuerf. verordnung, keine Steine aus der Stadt weg gelassen werden." —

Doch „die Mittel, Solches ins werck zu richten, waren bei der armen verödeten Stadt nicht vorhanden, der Rath vor sich konnte wegen der Schweren Contribution nicht auf eigene Kosten den Offen wieder in vollen stande bringen;" wohl aber „fing man in anno 1656 an, ihn durch anderer hülffe wieder zur perfection zubringen." Lamprecht fand sich nämlich dazu bereit und schloss mit dem Rat folgenden Kontrakt:

Der Rath von Strausberg verpachtet dem p. Lamprecht seinen Ziegelofen auf 12 Jahre gegen eine jährliche Miethe von 10 Thl. Die Kirche und der Rath erhalten das Hundert Dach- oder Mauersteine für 10 gr., die Bürger für 12 gr. nebst 6 ₰ Zählgeld „So dem Ziegelstreicher zukompt." Kalk soll der Scheffel 1 gr. kosten und „einen Dreyer Messegelt;" den Kalkstein soll er aber aus Churf. Durchl. Bergen nehmen — (also ja nicht wieder aus dem Kloster). — Es ist ihm gestattet „frey vnd ohne engeld auf dem Kenstorff Erde zu graben." Zum Aufbau der Scheune erhält L. „frey holz vnd Bretter. Brennholz aber muss er kauffen, wo er will, weill es in vnsrer heide nicht vberflüssig vorhanden."

Der Bergschreiber brachte aber wieder bald in Erfahrung, dass Lamprecht doch Kalk verkaufe, und liess ihm dies durch den Rat ernstlich untersagen. „Das er aber Kalck will brennen, einen Landtprahm stein alhier keüffen, 2 oder mehr Prahm Klostersteine darunter mischen und seine Portierey (?) treyben, gleichwie ers jetzo vorhat, den Kalck in- und ausserhalb der Stadt dem hiesigen Kalckoffen zu schaden vorkauffen, solches kann nicht passirt werden. 27. July 1657." Vergeblich wies der Rat die schon früher aufgestellte Behauptung des Bergschreibers, die Stadt sei bloss zum Dach- und Ziegelbrennen berechtigt, mit Entschiedenheit zurück, — der Kurfürst erneuerte die frühere Strafandrohung und erteilte dem Bergschreiber die gemessene Weisung, der Stadt keinen Kalk mehr zu verabfolgen.

Infolgedessen fertigte der Stadtschreiber Kalle Auszüge aus den alten Stadtrechnungsbüchern an, aus denen hervorgehen sollte „wie die Stadt Str. doch ehedem Kalck in grosser Menge gebrandt, und sowol in als ausser der Stadt an frembden verkauffet; dass solcher Kalckowffen der gnedigsten in Gott ruhenden Herrschaft nicht entkegen, sondern vielmehr angenehm gewesen, bezeugen die Schenkprahme, welche die gnedigste Herrschaft, nachdem die Stadt viele abgeholet, Ihnen allemahl auss gnaden obenein vorehret haben"; und „zu mehrerem Beweiss" fügte er noch ein Verzeichnis sämtlicher Urkunden hinzu, durch welche seit Ludwig dem Älteren (1352) die städtischen „Frey- und Gerechtigkeiten" bestätigt worden waren. Letzterer Beweisgrund war freilich höchst hinfällig, denn von allen möglichen andern Privilegien stand da schwarz auf weiss geschrieben, nur nicht vom Kalkbrennen, auch nicht in einem einzigen der sonst vollständig erhaltenen kurfürstlichen Bestätigungsbriefe; die Sache mit dem Schenkprahm war ebenso wenig Beweis, sondern ein uralter Geschäftsbrauch schon von der Mönche Zeiten her; das aber war wenigstens konstatiert, dass, entgegengesetzt der Behauptung des Bergschreibers, früher doch Kalk in Strausberg gebrannt worden war, und diese unleugbare Thatsache veranlasste den Grossen Kurfürsten „den Inhibitions Befehl zu cassiren“ durch folgendes Reskript an den Bergschreiber: „Friedrich Wilhelm p. Nachdem Bürgermeister vnd Rath zu Strausbergk mit glaubhaften Documenten satsamb erwiesen, das Sie vnter andern Ihrer Stadt Regalien auch des Kalckbrennens berechtiget seien, alss befehlen wir dier hiermit, Sie in ihrem rechtmässigen zuegemeiner Stadt besten gereichenden guten vorhaben weiter nicht zue beeinträchtigen, vnnd das Kalckbrennen zue vorhindern, sondern vielmehr do Kalckstein vorhanden, Ihnen solche vf Ihr ansuchen, gleich andern Städten, gegen bahre bezahlung zue vberlassen. Daran p. Vnd wir seint p. Geben Cöln an der Sprew den 12. August 1657.“

Dabei hätte der Rat sich beruhigen und innerhalb der ihm gestatteten Grenzen „zue gemeiner Stadt besten“ friedlich weiter brennen sollen — Lamprechts Kontrakt war längst rückgängig geworden. Aber, wie schon gesagt, an dieser seiner Ansicht nach beschränkten Brenngerechtigkeit lag dem Rate wenig, das Fremdengeschäft war und blieb Hauptsache; und obwohl eben gar nichts Urkundliches weiter seine Ansprüche beweiskräftig unterstützte, als die Thatsache, dass in einer gewissen Zeit ohne Einsprache Kalk verkauft worden war, machte er doch immer wieder den Versuch, den Status quo ante herzustellen. Als nämlich 1659 der Rüdersdorfer Ofen einer umfassenderen Reparatur bedürftig wurde, so dass dort nicht gebrannt werden konnte, liess der Rat sofort 8 Landprahme Kalkstein anfahren, um — in Stellvertretung jenes das Geschäft im flotten Gang zu erhalten. Wiederum Bericht des Bergschreibers, Reskript der kurf. Kammer (29. Juny 1659): „Wann euch aber solches nicht zukombt, Alss ergeht unser Befehl hiermit an euch, euch des Kalkverkauffens ausserhalb der Stadt genzlich zuenthalten,“ Bittschrift des Rates an Seine Durchlaucht selbst, und am 9. July 1659 folgender Erlass:

„Nachdem aus der beygelegten Copia des an den Bergschreiber zu Rüdersdorf ergangenen Rescripts nicht zubefinden, dass supplicirender Raht zu Str. mehr zu brennen befugt sey, als was er zu gemeiner Stadt und der Bürger Heuser vonnöthen hatt, Viel weiniger, dass er an frembde etwas zu vorkauffen macht hette, Als wird ihm hiermit anbefohlen, sobald der Ofen zu Rüdersdorf wieder fertig, sich des Kalckbrennes und Vorkauffens ausserhalb der Stadt gentzlich zu enthalten. Churf. Br. verordente Cammer — Praesident, Ambts Räthe, Cammer- vnd Vice-Cammermeister."

Die Reparaturarbeit zog sich bis ins folgende Jahr hin, und deswegen erneuerte der Kurfürst am 23. März die ausnahmsweise gewährte Konzession: „Friedrich Wilhelm p. Da in Rüdersdorf nicht so viel Kalck gebrant worden, als dass etwas davon verkaufft werden könnte, so soll an den Rath zu Strausberg so viel Stein verabfolgt werden, dass sie auch Kalck zur Verkaufung davon brennen können; Sollte aber ins künfftige zu Rüdersdorff Wiedrumb Kalck verkaufft werden können, so soll die Stadt Str. ferner Kalk zu verkaufen nicht befugt sein, sondern diese Concession himit vfhören." —

Aus dem Jahre 1661 ist ein Kostenanschlag erhalten, welcher folgendermassen lautet: „Ein Pram Kalckstein zu kauffen, von den Churf. Kalckbergen biss Straussbergk zu schaffen, zu brennen, erfordert Unckostungk:

1 Pram S. Churf. Durchl. im berge zubezahlen	6	thlr.	—	gr.	
fuhrlohn bis Straussberg	12	„	—	„	
brenner lohn	2	„	12	„	
wegen ½ Tonnen bier dem brenner	—	„	12	„	
Auss zukramen	—	„	18	„	
Denn ofen zu repariren	—	„	18	„	
Daz holz zum brennen	5	„	12	„	
miete dem Rate wegen des ofens	1	„	—	„	
thut i. sa.	29	thlr.	—	gr.	
hiervon sollen gebrandt werden 24 w. à 1¼ th.	31	„	6	„	

Nach dieser Berechnung blieb freilich kein grosser Gewinn, wenn eben nicht mehr als 2 Prahme gebrannt werden durften, netto 4 thl. 12 gr. für das Jahr; man verpachtete daher wiederum den Ofen für 20 Thaler jährliche Miete und überliess dem „Pachtmann" die Auseinandersetzung mit der Bergschreiberei. Wie vorauszusehen war, beschränkte sich derselbe nicht auf den Verkauf in der Stadt, selbst als der Rüdersdorfer Ofen völlig im Betrieb war; infolge dessen erging am 28. Oktober 1661 das letzte Machtwort des Kurfürsten in dieser Angelegenheit. Nachdem er seiner Verwunderung Ausdruck gegeben, dass der Rat seinen Ofen an einen Pachtmann ausgethan habe, statt ihn selbst zu verwalten, gebietet er beiden Teilen, sich bei 200 Thaler fiscalischer Strafe durchaus des Kalkbrennens zu enthalten, — das sei sein Regal — „und dass ihr unserm ambte Rüderstorff darin den geringsten eintragk nicht mehr thun sollet. Werdet ihr aber Mauerstein und Dachstein brennen, wollen wir hiermit nochmals zugelassen haben, dass ihr, wie vor alters geschehen, 2 Landtprahm kalckstein zu versorgung der Einwohner in der Stadt, nicht aber zum ausswendigen verkauff, mitbrennen möget."

Dass in dieser, wie den vorerwähnten Verfügungen eine Härte und Rücksichtslosigkeit herauszuspüren wäre, kann man wirklich im Ernst nicht behaupten wollen; was seit alter Zeit recht und billig und in Gewohnheit gewesen, wird von der Obrigkeit wiederholentlich und bereitwillig zugestanden, was darüber hinausging, mit Entschiedenheit zurückgewiesen und auf das richtige Mass zurückgeführt. Und das ist gerechtes Verfahren; was hundert Jahre Unrecht war, ist darum noch nicht zum Recht geworden. Natürlich ist es dem Rate schwer gefallen, sein vermeintliches gutes „althergebrachtes Recht" aufzugeben und sich einen ungewohnten Zwang auflegen zu lassen, und wenn er späterhin in einem Zustand trotziger Verbissenheit das ihm Gelassene von der Hand weist und nicht mehr „mitthun" mag, so ist das ein Beweis mehr dafür, dass der Rat selber sich bewusst war, eine unnachweisbare Gerechtigkeit zu verteidigen.

Zwei Punkte möchte ich noch zum Schluss hervorheben, um meine Ansicht zu unterstützen. In dem Rezess von 1654 heisst es ausdrücklich: „Zur vertheidigung solcher freyheiten weill das Rahthaus keine Mittel hatt, vnnd dannoch etzliche fälle sich anietzo begeben, die durchs Recht defendiret werden müssen, ist billig dass die gantze Stadt durch eine gemeine Collection solche vertheidige vnd erhalte, damit dasselbe, was die lieben Alten mit ruhm vnnd Ihren trewen durften erhalten (wie die alten Privilegia lauten), von ihren Nachkömlingen nicht liederlich verschertzet werden möge." — Sollten die kurf. Räte, die mit solchem ausgesprochenen Wohlwollen ihre Bereitwilligkeit zu erkennen gegeben, jede nur irgendwie begründete Gerechtsame der Stadt urkundlich von neuem zu fixieren, nicht auch die Kalkgerechtigkeit diskutiert und wenn zu Recht bestehend, ebenso bestätigt haben? Würden sie geduldet haben, dass dieselbe „liederlich verschertzet" werde, wenn die Vorfahren sie zu Recht besessen? In dem oben angezogenen § 23 ist nur von Ziegeln die Rede, mit keinem Wörtchen von Kalk.

Der zweite auffallende Umstand ist, dass die Stadt nicht einen eigenen Kalkbruch in Rüdersdorf gehabt hat, wie andere Städte und Private. Die im Jahre 1785 erschienene älteste Beschreibung des Bergwerks durch v. d. Hagen erwähnt nur folgende sechs:

1. Den Schwerinschen Bruch: Anno 1672 ward Freiherr v. Schwerin zu Landsberg vom Kurfürsten mit einem Kalkofen in den Kalkbergen beliehen, jedoch „bloss zu seiner Consumtion, und dass er den Kalk weder verkaufen noch verschenken sollte." Als Friedrich I. Stadt und Herrschaft anno 1709 von Otto v. Schwerin wiederkaufte, erhielt er auch den Bruch und den Ofen zurück.

2. Den Arnimschen.

3. Den Hamburgischen.

4. Den Fürstenwaldischen. Zuerst hatte die Stadt ihren Bruch zusammen mit Bischof Georg von Blumenthal zu Lebus, seit 1557 aber allein, wofür jenem Jagd und Wildbahn abgetreten ward. „Auch dieser Stadt ist das Recht verloren gegangen; auf mehrfache Gesuche ist ihr statt des Kalkbruches anno 1777 das Kalkbrennen nachgegeben worden, jedoch nur zum Bau der öffentlichen Gebäude."

5. Den Berlinschen.

6. Den Kölnischen. „Auch diesen Städten wurde das Recht streitig gemacht, aber auf Grund gerichtlicher Entscheidung anno 1698 durch Kurf. Reskript wieder bestätigt."

Ist nicht in all diesen Mitteilungen eine auffallende Ähnlichkeit mit dem Fall Strausberg? Warum aber fehlt dieser Name und warum hat der Rat nicht auch prozessiert und sein „Recht" durchgefochten? — Kurz und bündig, die Frage der „Kalkgerechtigkeit Strausbergs" ist nur künstlich zu einer ungemein wichtigen aufgebauscht worden; bei Lichte besehen ist, was dem Rate durch Observanz zu Gute kam, nicht so bedeutend gewesen, und erst die durch stillschweigend geduldeten Missbrauch erzielten grösseren Einnahmen bildeten einen nicht unbeträchtlichen Teil der Kämmerei-Einkünfte in der zweiten Hälfte des 16. Jahrhunderts.

---

4. Der Verfall des Ziegelwerks bis 1772.

Noch 111 Jahre bestand des Rates Ziegelei, aber mit Kummer und Unwillen; nun die Kalkbrennerei nichts mehr einbrachte, — ein Barverdienst von 4 thl. 12 gr. pro Jahr lohnte wirklich die Umstände nicht, — das Ziegelstreichen auch nur knappen Verdienst abwarf, konnte der Rat oft genug keinen Pächter finden, und um nicht das Geschäft ganz und gar einschlafen zu lassen, musste immer wieder zeitweilige „rathhäusliche Administration", oft jahrelang, eintreten. Freilich kamen auch andere Umstände hinzu, um den Betrieb zu erschweren und zu verteuern. Nach Verpfändung der Kensdorfer Feldmark*) (1617) trat Mangel an Ziegelerde ein, die Bürger aber liessen nur ungern auf ihrem Acker danach graben, weil ihnen der Boden dadurch ruiniert wurde; die Preise fürs Brennholz gingen nach dem 30 jährigen Kriege ungemein in die Höhe, in hiesiger Gegend war es schwer, welches heranzuschaffen.

Es bedurfte schon 1688 einer strengen kurf. Verordnung, um wieder Leben hineinzubringen; dieselbe lautete:

„Von Gottes Gnaden Friedrich Wilhelm p. Es gereichet uns zwarten zu gnädigstem Gefallen, dass das Ziegelwerck zu Strausberg

*) S. Archivband 6 der Brandenburgia S. 134.

hinwiederum angefertiget und in Gang gebracht worden ist; wir vernehmen aber auch dabei, dass wie es das Ansehen haben soll, solches gar schlecht fortgesetzet und dieses Jahr solchergestalt nicht mehr denn 1 Brand geschehen werde. Ueberdem auch theils der Einwohner sich vernehmen lassen sollen nicht zu verstatten, die Erde so auf eines und des andern Acker sich finde, graben zu lassen; Nun halten wir gnädigst davor, dass es eines der nothwendigsten Stücke sei, ein Ziegelwerck bei einer Stadt zu haben, noch mehr aber dergestalt zu gebrauchen und fortzusetzen, dass die Einwohner an Steinen keinen Mangel haben mögen, und auch jedweder von den Einwohnern verbunden solches nützliche Werck mehr zu fördern denn zu verhindern, und das Erdgraben auf ihrem Acker zu verstatten, jedoch dass den Eigenthümern davor etwas gegeben, oder zum wenigsten doch die gegrabenen Kuthen wieder gefüllt werden; Wir befehlen euch demnach hiermit gnädigst und ernstlich dass ihr euch des Ziegelwercks mit mehrem Ernste und Eifer annehmt und solche Anstalt machet, damit es nicht allein in Gang erhalten, besondern auch jährlich bis 3 Mal gebrannt werden, damit nicht allein die neu Anbauende, besondern auch andere, so entweder schon baufällige Rohr oder Stroh Dächer haben, und andere Dächer auflegen müssen, (dann mit Rohr Stroh und dergleichen Häuser zu decken oder solche damit auszubessern keinem mehr verstattet sein soll und habt ihr auch mit Nachdruck darüber zu halten) — — allezeit die Nothdurft haben und sich nicht wegen des Mangels entschuldigen mögen. — — Potsdam den 23 Januar 1688." —

König Friedrich Wilhelm I. wollte 1731 vom Rate 50 Mille Mauersteine geliefert haben. Vorrätig waren nur 7½ Mille, in 4 Wochen sollten aber noch 10 fertig sein. Nun verlangte aber der Rat 4 Th. 17 gr. für 1000 Stück und 5 gr. Fuhrlohn bis Rüdersdorf, wo die Steine zu Wasser verfrachtet werden sollten. Die Kgl. Verwaltung vermochte nicht abzusehen, „mit was fundament sie vor die Steine so viel Geld praetendiret," verordnete einstweiliges Einstellen der Lieferung und die spätere Untersuchung durch einen kgl. Rat, ob die Steine wirklich nicht billiger abzulassen seien. —

Im Jahre 1744 fand wieder eine Neuverpachtung des Brennofens statt; eine vom Bgm. Pape angefertigte Taxa besagt: „Im offen ist kein gewisser debit, der Pächter muss sich die Erde von den bürgerlichen Äckern und das Holz von den Benachbarten ankaufen. Die Witwe Hanowin und Sohn haben aufgesagt, nicht länger zu bleiben, inmassen sie viel Plage und Arbeit und nicht einmal das liebe Brot vollkommen dabei hätten. Die Ziegel Scheune ist überall schwelllos, muss von neuem verschwellet werden; das Dach über dem Brennofen ist eingefallen. — Bei einem Brand können eingebracht werden 12 Mille Dach und 12 Mille Mauersteine; des Jahres 3 Mal, macht 72 000. Das Mille Dachsteine bringt 5 Thaler, das Mille Mauersteine 4 Th. 12 gr., in summa mit 15½Th. Zählgeld 339 Thaler. — Die Unkosten: 24 Sümpfe Erde à 7 gr.; 4 Leute 12 Tage à 5 gr. thut 10 Thaler; anfahren à 1 Thl. — 24 Thaler. Die Erde einzusumpfen, zurechte zu machen und nach der Werkstelle zu bringen à 12 gr. — 12 Thaler. 1 Mille streichen — 6 gr. Schneiden, aufräumen und Dachsteine abtragen — 3 gr. In den Ofen karren und setzen 3 gr. Brennerlohn: der Meister täglich 8 gr., Gesellen 6 gr., sechs Tage nöthig, 1½ Tonnen Bier zu 3 Thl. Zeug und Form 1 Thl. 28 Klafter Holz à 18 gr. — 21 Thl. kostet also ein Brand 98 Thl. 12 gr., 3 Brände 295 Thl. 12 gr. Bleibt also übrig 43 Thl. 12 gr.“

Dieser spärliche Verdienst lockte niemand zur Pachtung, auf Tagelohn wollten wohl einige Ziegelstreicher arbeiten, weiter aber nichts, und die „Ordres des Hohen General Directorii, alle Mühe anzuwenden, dass die Cämmerey Ziegeley wieder verpachtet werden möge“ waren und blieben ebenso erfolglos, als die ungezählten Licitationstermine, deren Protokollschluss stets das Nichterscheinen von Pächtern feststellt. Zuletzt vermochte auch die Kämmerei „bei ihren schlechten Umständen“ nicht mehr, die Auslagen der Selbstverwaltung, 114 Thl. 23 gr. für den Brand, noch zu erschwingen. —

1763: „Friedrich König in Preussen p. Nachdem wir zu Unsern vorhabenden starken Bauten eine grosse Quantität Mauersteine nöthig haben, und daher wollen, dass alle in der Churmark befindliche Ziegeleyen, besonders an den Orten, wo selbige zu Wasser anhero nach Potsdam transportiret werden können, in solchen Stand gesetzet werden, dass nicht allein eine considerable Quantität diesen Sommer und Herbst über gestrichen, sondern auch der Grösse und Güte nach auf den Fuss wie die Rathenauer verfertigt werden, Als habt ihr u. s. w.“ —

Nach dem 7 jährigen Krieg entstand eine grössere Lohnbewegung unter den Ziegelarbeitern, deshalb befahl Kgl. Maj. „allen Arbeitern und Tagelöhnern aufs ernsteste, ferner sich nicht zu unterstehen auf mehreres Lohn, als die Taxe es festsetzet und vor dem Kriege üblich gewesen ist, zu beharren oder die nachdrücklichen Zwangsmittel zu gewärtigen, welche sämmtliche Gerichts Obrigkeiten im Fall, dass sie sich ferner dazu nicht verstehen wollen, zur Hand zu nehmen“ die Anweisung haben.“ —

Endlich — beschloss der Rat, die Zeitpacht in Erbpacht zu verwandeln; der Erbpächter würde, wenn er die „Reapration ex propriis vornehme,“ einige Freijahre erhalten; schon war der Kontrakt mit einem ehemaligen Ziegler des Domprobstes v. Voss aufgesetzt, — da

15*

am 28. April 1772 Nachmittag zwischen 5 und 6 Uhr stürzten die letzten Trümmer in sich zusammen!

Nunmehr erlaubte die Regierung, die letzten, noch vorhandenen Steine zu Stadtbauten aufzubewahren, alles übrige aber, sowie „den Platz zu einem Aufbau einer Bürgerstelle oder eines Gartens“ verkaufen zu dürfen. Im Termin (Nov. 1774) gab Bgm. Kazky mit 25 Thalern das Meistgebot, und 1776, d. 16. August wurde die Confirmation der Erbverschreibung ausgestellt; ein jährlicher Canon von 12 gr., zu Michaelis der Kämmerei zu entrichten, blieb als einzige Reallast auf dem ehemaligen Ziegelwerks-Grundstück haften. —

Ein Königl. Militär-Lazaret entstand 1789 und 1790 auf dem Terrain, auch dies ist schon der Vergessenheit anheimgefallen.

---

10. (8. ausserordentliche) Versammlung des X. Vereinsjahres.

Berlin, Mittwoch, den 25. September 1901.

Besichtigung der Elektrischen Hoch- und Untergrundbahn der Siemens & Halske A.-G.

Am 25. September 1901 besichtigte der Verein für Heimatkunde „Brandenburgia“ — etwa 119 Mitglieder — unter Führung des Herrn Stadtrat Friedel die Bahnanlage der elektrischen Hoch- und Untergrundbahn der Siemens & Halske A.-G. auf der Strecke vom Potsdamer Platz bis nach dem Zoologischen Garten. Es wurden zunächst die Tunnelbauwerke am Potsdamer Platz in Augenschein genommen. Die Haltestelle ist daselbst im wesentlichen bis auf geringfügige Fertigstellungsarbeiten vollendet; dieselbe ist als zweigleisige Kopfstation ausgebildet und hat wegen des Umsetzens der Züge ein besonderes bis unter den Potsdamer Platz reichendes Ausziehgleis erhalten. Die beiden Bahnsteige sind wie bei allen Haltestellen der Hoch- und Untergrundbahn zu beiden Seiten der Gleise angeordnet, so dass die Wagen stets auf der rechts von der Fahrtrichtung gelegenen Seite verlassen bezw. bestiegen werden. Von einer Überdachung der beiden Zugänge, welche ursprünglich geplant war, ist Abstand genommen worden, um den Eintritt frischer Luft in die Haltestelle möglichst ungehindert zu gestatten. Es wurde ferner die freie Strecke des Tunnels in Augenschein genommen. Die beiden Gleise sind hier durch Stützen voneinander getrennt, welche die Deckenkonstruktion tragen. Der Tunnel hat eine lichte Breite von 6,24 m und eine lichte Höhe von 3,33 m über Schienenoberkante. In den Seitenwänden sind Nischen ausgespart, in welchen die Streckenwärter sicher stehen können, wenn die Züge vorbeifahren. Der Weg wurde dann weiter vom Tunnel aus über die Rampe längs der Hinterhäuser der Köthenerstrasse fortgesetzt, wobei auf die Schwierigkeit hingewiesen wurde, welche die Abfangung der betreffenden Häuser bot. Die Fundamente der Häuser mussten daselbst in einzelnen Abschnitten unterfahren und soweit hinabgeführt werden, dass ihre Sohle mindestens ebenso tief liegt wie diejenige des Tunnels, weil anderenfalls durch den seitlichen Druck der Fundamente die Sicherheit der Tunnelwände gefährdet worden wäre. Diejenigen Seitenflügel der Häuser, welche in das Profil der Rampe hineinragten, mussten verkürzt werden, doch sind die über den Tunnel befindlichen Seitenflügel später zum Teil auf die Tunneldecke wieder aufgesetzt worden.

Von den eisernen Brücken besichtigte man zunächst die Unterführung der Königin Augusta-Strasse, des Landwehrkanals und des Schöneberger Ufers und nahm dann die zum Teil sehr komplizierten Bauwerke über der eisenbahn-fiskalischen Zufahrtstrasse in Augenschein. Hier beginnt bereits die Trennung der beiden Gleise, von denen das rechte Gleis horizontal weiterläuft, das linke stark ansteigt, damit das Abzweigungsgleis nach der Oststrecke unter diesem hindurchgeführt werden kann. Diese Trennung der beiden Gleise an den Abzweigungen wurde gewählt, um jede Kreuzung in Schienenhöhe zu vermeiden und somit die grösste erreichbare Betriebssicherheit trotz schneller Zugfolge zu ermöglichen. An der Hand eines Modelles des sogenannten Anschlussdreiecks wurde diese interessante Bauweise von Herrn Regierungsbaumeister Lerche eingehend erläutert. Auf dem horizontalen Gleise wurde der Weg dann fortgesetzt, und der linke Abzweigungsbogen nach dem Kraftwerk zu verfolgt. Darauf stieg man hinab von den Viadukten, um zunächst das Kraftwerk zu besichtigen. In demselben sind vorläufig drei Dampfdynamos (Siemenssche Innenpolmaschinen) à 1200 P. S. aufgestellt, von denen jede 800 Kilow. erzeugt. Für eventuell späteren vergrösserten Betrieb sind noch 2 Maschinen zu je 1300 P. S. vorgesehen. Das Maschinenhaus kann ausserdem durch Hinzunahme des Nachbargrundstückes, welches 2 weitere Maschinen von je 1300 P. S. aufnehmen kann, erweitert werden. Für den Betrieb der Bahn ist Gleichstrom gewählt, und zwar geschieht die Stromzuführung für die Züge durch zwischen den Gleisen liegende Stromschienen, während die Fahrschiene zur Rückleitung dient. Zur Verringerung des Widerstandes beider Leitungen, der Hin- und Rückleitung, sind die Schienen an den Stössen in der üblichen Weise durch Kupferdrähte verbunden. Die Gleise sind auf imprägnierten Holzschwellen verlegt, die überall durch besondere Einrichtungen gegen Wandern gesichert sind. Um möglichst grösste Schalldämpfung zu erzielen, sind die Holzschwellen zum Teil in ein starkes Kiesbett gelagert, zum anderen Teil ist die eiserne Fahrbahn des Viaduktes zwischen den Querträgern mit einer Bimsbetonschicht abgedeckt worden. Der Beton wurde dann zur Erzielung grösserer Wasserdichtigkeit mit Jute abgedeckt und dann mit Goudron gestrichen. Schalldämpfend wirkt ferner der gewählte Blattstoss der Fahrschiene, weil durch denselben Stösse der Fahrzeuge und das sonst bei anderen Oberbauarten hörbare Hämmern auf den Schienen vermieden ist. Nachdem eine photographische Aufnahme sämtlicher Teilnehmer gemacht worden war, wurde der Weg weiter fortgesetzt bis zu den Brücken über den Potsdamer Aussenbahnhof. Hier erregten besonders die gewaltigen Eisenmassen, welche für die grossen Überbrückungen der Bahn aufgewendet worden sind, allgemeine Aufmerksamkeit. Der Potsdamer Aussenbahnhof wird hier durch 2 Brücken, von denen die eine 146, die andere 84 m lang ist, überschritten. Die letztere Brücke liegt ausserdem noch in einer starken Steigung. Interessant ist ferner das durchschlitzte Haus am Dennewitzplatz, welches nicht in der Weise hergestellt wurde, wie die Durchführung des Baues am Kraftwerk, der nachträglich über der fertigen Bahn errichtet worden ist, sondern derart, dass aus dem vorhandenen Hause der für die Bahn erforderlich freie Raum herausgeschnitten wurde, wobei besonders eine sehr sorgfältige Absteifung der stehenbleibenden Teile vorgenommen werden musste. Dort wurde der Viadukt verlassen und der Weg an der Haltestelle „Bülowstrasse" vorbei bis zum Nollendorfplatz fortgesetzt. Nachdem die Haltestelle „Nollendorfplatz" und die zur Unterpflasterbahn hinunterführende Rampe noch eingehend besichtigt worden waren, ging es am Wittenbergplatz in den bis auf die Gleisverlegung fertiggestellten Tunnel hinab, welcher durch zahlreiche Glühlampen erleuchtet war. Derselbe wurde in seiner ganzen Länge bis zur Kaiser Wilhelm-Gedächtniskirche begangen, woselbst die Besichtigung ihr Ende erreichte. Hier sprach Herr Geheimrat Friedel dem Herrn Baumeister Lerche und dem Herrn Bauführer Woltmann den Dank der Gesellschaft aus für die sachkundige Führung.

Im Blumenthal.

Bericht über die Wanderfahrten der Pflegschaft des Märkischen Museums am 17. September 1899 und am 23. September 1900.

Von **Dr. Gustav Albrecht.**

Der Blumenthal, jenes ausgedehnte Waldrevier zwischen Straussberg und Freienwalde, das alljährlich das Ziel vieler Ausflügler bildet, enthält ausser seinen zahlreichen Naturschönheiten soviel des Wunderbaren und Rätselhaften, dass man bei jeder Streife durch sein prächtiges Waldgebiet neue Entdeckungen macht. Auch die Pflegschaft des Märkischen Museums hat bei ihren Excursionen, die sie in den letzten Jahren unter Leitung des Herrn Geheimrat Friedel nach dem Blumenthal unternommen hat, verschiedene bisher weniger bekannte Punkte aufgesucht und bei ihren Untersuchungen sehr viel neues und interessantes Material zur Geschichte und Topographie jener Landschaft aufgefunden.

Eine dieser Wanderfahrten, an welcher ausser den Herren E. Friedel, F. Backschat, G. Lackowitz, H. Maurer, R. Mielke und W. Pütz auch der Schreiber dieser Zeilen teilnahm, fand am 17. September 1899 statt. Um unsere Kenntnis der betreffenden Gegend möglichst zu erweitern, benutzten wir die vor etwa einem Jahre eröffnete Bahn, die von Lichtenberg über Werneuchen nach Wriezen führt, und fuhren bis zur Station Sternebeck. Zu den Genüssen des menschlichen Lebens gehörte diese Bahnfahrt, die rund 2½ Stunde dauerte, indes nicht. Die Bahn*) dient ausser dem verhältnismässig geringen Personenverkehr hauptsächlich dem Güterverkehr, und so geniessen denn die Fahrgäste das etwas zweifelhafte Vergnügen sämtliche Rangierbewegungen, welche der Zug macht, um die Güterwagen abzustossen, nach vorwärts und rückwärts mitzumachen. In Ahrendsfelde

*) Über die neue Bahn wird übrigens von den Bewohnern mehrerer an der Bahnstrecke, bezw. in ihrer Nähe liegenden Ortschaften lebhafte Klage geführt, da sich seit Eröffnung der Bahn der Postverkehr erheblich verschlechtert hat. Früher ging, um ein Beispiel anzuführen, eine Postsendung von dem Orte Beiersdorf unweit Werneuchen nach dem benachbarten Wilmersdorf (7 km) auf direkter Chaussee zur Post in Börnicke und konnte in wenigen Stunden bestellt sein. Jetzt muss der Brief erst eine vollständige Rundreise machen: er geht mit Landpost nach Werneuchen (9 km), dann mit der Bahn nach Friedrichsberg-Lichtenberg (24 km), dann über die Berliner Stadtbahn nach Bernau an der Stettiner Bahn (ca. 32 km) und von dort endlich nach Börnicke (3 km), wo ihn der Landbriefträger in Empfang nimmt. Die Sendung muss also gut neun Meilen zurücklegen, um den eine Meile entfernten Bestimmungsort zu erreichen! Da auch die Anschlüsse oft nicht passen, ist es zur Regel geworden, dass die Sendungen zwei Tage unterwegs sind, und die Beschwerden der Einwohner hören daher nicht auf. Sie verlangen wieder die alte Verbindung, da die neue sie nicht vorwärts, sondern gründlich rückwärts gebracht hat.

ging die Geschichte los und wiederholte sich dann so ziemlich auf jeder Station. Der Zug hielt, setzte seine fälligen Fahrgäste ab und schob sich dann in langsamem Tempo nach rückwärts. Plötzlich gab es einen Ruck, der Zug hielt und hinten am Ende desselben rollte ein einsamer Güterwagen in die Natur. Nun gings wieder vorwärts bis zum Stationsgebäude, wo neue Passagiere eingenommen wurden, und dann unter Prusten, Zischen und Klingeln weiter bis zur nächsten Haltestelle. Man führt sein Geld wenigstens ab bei dieser beständigen Vor- und Rückwärtsbewegung, und das ist für manchen sicherlich ein grosser Trost.

Sobald der Zug bei Tiefensee das Gebiet des Blumenthal erreicht hat, entschädigt der Ausblick auf die schöne Landschaft die Reisenden für die bisherige Fahrt. Am Rande eines bewaldeten Abhangs geht es entlang. Tief hinunter blickt das Auge auf Kiefern und Buchen, zwischen denen Wachholderbüsche in mannigfachen Formen auftauchen, und dann senkt sich das Gelände auch auf der andern Seite: auf hohem Bahndamm führt man zwischen zwei blauen Seen hindurch. Tief unten liegen sie, der Lange See und der Mittelsee, in langer Mulde hingebettet, und rundum steigen die bewaldeten Höhen empor und umgeben die blauen Edelsteine mit dunkelgrüner Einfassung. Ein prächtiger Blick, der an die Waldseen des Hochgebirges erinnert. Es ist ein Teil des berühmten Gamengrundes, der sich so ziemlich an der ganzen westlichen Seite des Blumenthal entlang erstreckt und sich durch herrliche Landschaftsbilder auszeichnet.

Die Bahn führt auf dem Hochplateau weiter, bald zwischen Hügelrücken versteckt, bald am Rande eines Abhangs, und die Scenerie wechselt mit jeder Windung der Strecke. Meist verhindert Kieferngehölz, teilweise mit Buchen und Birken gemischt, eine weitere Aussicht, dann gestattet wieder eine Schlucht oder eine Lichtung einen Durchblick oder ein kleiner See erscheint und verschwindet wieder, bis endlich die Station Sternebeck erreicht ist.

Vom Bahnhof zum Dorf ist es nicht weit. Ein kurzer Weg auf ansteigender Berglehne führt in den Ort hinein, in dessen Mitte sich die im Anfang des 18. Jahrhunderts erbaute Kirche erhebt. Wir hatten eigentlich die Absicht, das Innere des Gotteshauses und die alte Glocke mit ihrer sonderbaren Inschrift (vgl. Monatsblatt VI. S. 181 ff) zu besichtigen, da aber der Lehrer des Orts über Land gegangen war und den Kirchschlüssel wohlweislich mitgenommen hatte, so mussten wir unsere Forschungsgelüste zügeln und konnten nur durch ein halberblindetes Fenster einen Blick in die Kirche werfen. Viel war nicht zu entdecken, nur eine Inschrift an der Rückwand des Altars konnte entziffert werden. Sie lautet:

Sobalt Herr Philip Frantz Laging
und deßen Ehe Frau fr. Anna
Louisa Praetoria daß Lehngut
Sternbeck Erblich ansich gebracht
hatten, ließen sie sich die Erste Sorge
seyn, unter andern diese ganze wüste
und ruinirte Kirche zu bauen da
dann deren Frau Pflege Mama fr.

Anna Catharina Richtern verwittwete
Ditmars Gott zu Ehren und der
Kirchen zum Ziehrath, diese Cantzel
und Altar geschencket hat im Jahr 1710.

Das Äussere der Kirche ist schmucklos und ziemlich verwahrlost, und um die Geschmacklosigkeit möglichst weit zu treiben, ist der hauptsächlich aus roten Ziegeln errichtete Bau mit gelben Backsteinen ausgeflickt. Der Fachwerkturm und der wurmstichige Turmeingang passen sich diesem Äussern würdig an.

Das Dorf besteht nur ausser einer Strasse, in deren Mitte die alte Kirche steht, und durch diese Dorfstrasse führte einst der Handelsweg von Wriezen nach Berlin. Jetzt wird die sogenannte „Alte Berliner Strasse", welche den Blumenthal nach Forsthaus Blumenthal zu durchschneidet und in die Prötzeler Chaussee mündet, nicht mehr benutzt, der Verkehr geht über die von Wriezen auslaufenden Chausseen. Die Teilnehmer der Wanderfahrt verfolgten indess die alte Strasse, um nach dem Forsthaus Blumenthal zu gelangen, und machten, bei dem Wege Biesow-Prötzel angekommen, auf Veranlassung des Verfassers einen kleinen Abstecher nach Süden, um einen im Walde lagernden erratischen Block zu besichtigen.

Dieser Stein, seiner Gestalt wegen vom Volke „Teufelssitz" genannt, liegt, von Moos bedeckt und von Unterholz umgeben, ziemlich versteckt im Walde und war bisher nur wenigen Eingeweihten bekannt. Der Schreiber dieser Zeilen wurde bei einem längeren Aufenthalt im Forsthaus Blumenthal im Jahre 1892 auf den Stein aufmerksam gemacht und führte deshalb die Teilnehmer der Exkursion dorthin. Der Stein ist vor Zeiten gespalten worden — der südlich liegende Teil enthält gleichfalls Zeichen von Sprengversuchen — und bietet in seiner zerklüfteten Gestalt das Aussehen eines Steinsessels dar. Er besteht aus weissem grobkörnigem Granit mit eingesprengten Feldspatstücken und hat dicht über dem Waldboden einen Durchmesser von beinahe 2 Meter; die Höhe der nördlich liegenden Hälfte beträgt 112 Centimeter, die der südlichen 114 Centimeter, doch dürfte der Stein noch einige Fuss tief in den Erdboden hineingehen. Der „Teufelssitz" ist in einem Umkreis von 25 Schritt von kleineren Steinen umgeben, welche nicht etwa Sprengstücke des grossen, sondern einzelne Findlinge sind, und dieser Umstand, sowie die beiden auf der Oberfläche des Steins ausgeriebenen Näpfchen, in der Grösse eines Fünfmarkstücks, deuten darauf hin, dass es sich hier vermutlich um eine alte Kultusstätte handelt, wie sich solche vielfach an erratischen Blöcken befunden haben. Der Stein ist, wie gesagt, wenig bekannt, und selbst in der nächsten Umgebung wissen nur einzelne Leute, wo er sich befindet. Diese Zeilen mögen deshalb dazu beitragen, dass die Kunde von dem Vorhandensein dieses merkwürdigen erratischen Blocks, der von dem Verfasser zufällig neu entdeckt wurde, erhalten bleibt.

Auf einem schmalen Waldwege erreichten wir die „Alte Berliner Strasse" wieder, welche zum Forsthaus Blumenthal führt. Hier wurde eine Rast gemacht, dann setzten wir die Wanderung nach Westen zum

Blumenthalsee und zum Faulen See fort. Beide Seen liegen sehr hübsch in waldiger Umrahmung und haben klares, binsenfreies Gewässer. In dem grösseren von beiden, dem Blumenthalsee, soll der Sage nach eine Stadt versunken sein und an hellen Tagen hört man eine liebliche Musik aus dem Wasser herauftönen, die kommt aus der versunkenen Stadt. Zuweilen schwimmt auch ein grosser Koffer auf dem See, aus dem tönt ebenfalls Musik von Flöten und Geigen. Schon mancher Fischer hat ihn haschen wollen, aber die Netze oder Stricke, mit denen man den Koffer umfing, rissen entzwei, und verschiedene Leute haben ihren Vorwitz mit dem Tode gebüsst. Der Blumenthalsee fordert, wie so mancher andere See in der Mark, alljährlich sein Opfer. Am Neujahrmorgen, wenn eine Eisdecke den See überzieht, sind lange Leinen über das Eis ausgespannt und daran hängt die schönste Wäsche von dem feinsten, weissesten Linnen. Eine alte Frau, die von der Wäsche nehmen wollte, geriet in Gefahr zu ertrinken und konnte nur mit Mühe von den Fischern gerettet werden. Auch an dem Faulen See, der seinen Namen vermutlich wegen der träge schlummernden Oberfläche seines Wassers hat, geht es um. Das ist die wilde Jagd, die von der alten „Stadtstelle" her vorüberbraust und durch den Dachsgrund nach dem „Teufelssitz" zu verschwindet. Auch hier wieder Überbleibsel an einen alten heidnischen Kultus: der durch die Lüfte ziehende Donar (Wode) sucht sein ehemaliges Heiligthum am Näpfchenstein auf.

Ein Gestellweg führt in südlicher Richtung vom Faulen See zur „Stadtstelle", einem anderen sagenumwobenen Rätsel im Gebiete des Blumenthal. Bevor wir die Stelle erreichten, kamen wir an einer einfachen Holztafel vorüber, welche meldet, dass hier am 23. Januar 1823 der letzte Wolf von dem Bürgermeister Fubel aus Straussberg auf einer Treibjagd erlegt wurde.*)

Etwas westlich von diesem Ort beginnt das Gebiet der „Stadtstelle", wo der Tradition nach die alte Stadt Blumenthal gestanden haben soll. Über diesen der Aufklärung noch sehr bedürftigen Punkt der märkischen Lokalgeschichte ist bereits so viel gestritten und geschrieben worden, dass eine eigene Litteratur über die „Stadtstelle" im Blumenthal vorhanden ist**), aber Klarheit ist bisher noch nicht geschaffen worden. Fast jeder der Autoren, die sich über die „Stadtstelle" geäussert haben, nimmt an, dass im

*) Die Tafel nebst Inschrift ist im 7. Jahrgang des Monatsblatts auf Seite 200 abgebildet.

**) Nachstehend stelle ich die bekanntere Litteratur über die „Stadtstelle" zusammen: E. Friedel, Archäologische Streifzüge durch die Mark Brandenburg. 1. Der Blumenthal und seine Altertümer, in Zeitschrift für Ethnologie Bd. III (1871), S. 175—197 (wo eine umfangreiche Litteratur verzeichnet ist). Th. Fontane, Wanderungen durch die Mark Brandenburg II (1893), S. 407—14; Trinius, Märkische Streifzüge II, 42 ff.; Rich. Nordhausen, Im Sande der Mark XI. (Feuilleton der Berliner Zeitung) — Märkische Forschungen I, 121 ff. — Als Quellen für diese Litteratur sind das Karol. Landbuch, Bekmann, Beschreibung der Chur und Mark Brandenburg Teil I. S. 446 f. und Fischbach, Städtebeschreibung (1786) I, 473 f., der Bekmanns Nachrichten abdruckt, zu betrachten.

Blumenthal eine Stadt gelegen habe, und doch ist nirgends in den alten Nachrichten von einer solchen die Rede. Die älteste Quelle, das Landbuch Karls IV. von 1375, führt unter den Ortschaften des Barnim nur das Dorf „Blumendal" auf, dessen Feldmark 50 Hufen umfasste, die von zwei Besitzern Ulrich Crossen und Berckholtz bebaut wurden.*) Von einer Stadt ist indes nicht die Rede. Aber bereits der älteste Berichterstatter, der Bürgermeister Grüvel aus Kremmen, der die „Stadtstelle" im März 1689 besuchte, hielt die steinernen Überreste, die er sah, für die Trümmer einer Stadt. Nach ihm haben dann Bekmann 1750 und Bernouilli 1777 den Ort besucht und gleichfalls die Meinung geäussert, dass die Überreste einer Stadt angehören. Bekmann nahm sogar einen Grundriss dieser Stadt auf und bestimmte die Stellen der 4 Thore in der Stadtmauer, der Haupt- und Nebenstrassen, der Kirche, des Klosters, des Schlosses und des Rathauses. Vorsichtiger drückt sich der Geistliche des benachbarten Dorfes Prötzel aus, der im Jahre 1843 einen genauen Bericht über die Beschaffenheit der „Stadtstelle" zusammenstellte, indem er sagt, dass die ganze Anlage darauf hindeutet, dass hier in alten Zeiten ein menschlicher Wohnort und vorher wohl eine germanische Kultstätte gewesen ist. Fontane, der diesen Bericht (Wanderungen II, 411 f.) veröffentlicht hat, verhält sich im allgemeinen skeptisch, neigt aber schliesslich doch der Ansicht zu, dass auf der „Stadtstelle" eine Stadt sich erhoben hat. Trinius und Nordhausen lassen ihrer blühenden Phantasie die Zügel schiessen und bauen vor den Augen ihrer Leser eine mit Mauer und Zinnen bewahrte Stadt auf, in der ein lebhaftes Treiben, ein emsiger Geschäftsverkehr herrscht, und dies ohne jeglichen historischen Hintergrund.

Dass die „Stadtstelle" im Mittelalter bewohnt gewesen ist, kann nicht geleugnet werden, darauf deuten die Mauerüberreste, der grosse „Marktstein", die Funde von Werkzeugen und Waffen, von mittelalterlichen Scherben und ähnlichen Dingen hin, ob aber diese Wohnstätte eine Stadt gewesen ist, dürfte sehr zweifelhaft sein. Vermutlich ist es nur ein Dorf gewesen, das hier in der Stille des romantischen Waldes angelegt wurde, und zwar an der Stelle einer alten Kultstätte, auf welche der grosse „Marktstein" hindeutet, und das frühzeitig, vielleicht zur Zeit der Pest 1346, wüst geworden ist.**) Das frühe Verschwinden der Ortschaft geht auch aus der Bezeichnung „der Blumenthal" für das Waldgebiet hervor, welche ähnlich wie „der Woltersdorf" bei Bernau von der Ortschaft auf die umliegende Landschaft übertragen wurde.

Heutzutage ist von den Spuren der Feldsteinmauern, der Kirche, des Rathauses, des Marktbrunnens oder ähnlicher Dinge, die frühere Besucher

*) Landbuch (Ausg. v. 1781) S. 88: Blumendal sunt L mansi quorum plebanus IV. Ulrik Crossen habet XXV quos colit Berckholtz habet residuos mansos. Tenentur ambo ad servitium vasallionatus.

**) Unter der Landbevölkerung hat sich die Tradition erhalten, dass zu jener Zeit des „grossen Sterbens" verschiedene Einwohner Blumendals nach Strausberg ausgewandert sind, deren Nachkommen noch heute dort leben sollen.

gesehen haben, nichts mehr erhalten. Vor 30 Jahren, als Geheimrat Friedel die „Stadtstelle" zum ersten Male besuchte, waren noch einzelne Fundamente aus Feldsteinen zu sehen und selbst im Jahre 1892, als der Verfasser dort weilte, liess sich die steinerne Umwallung an der südlichen und östlichen Seite verfolgen, jetzt ist bis auf den grossen „Marktstein" und einige seitwärts zusammengetragene Steinhaufen alles verschwunden. Eine sandige Hochfläche, die jetzt beackert wird und deren Betreten deshalb erst nach der Ernte angängig ist, breitet sich von der Prötzeler Chaussee etwa 1200 m nach Süden hin aus, an der östlichen und südlichen Kante der hochgelegenen Ackerfläche sind die erwähnten Steinhaufen aufgeschichtet und in der Mitte, mehr nach Osten zu, liegt der „Marktstein", ein mächtiger erratischer Block, dessen Länge 2¼ m und dessen Breite 2¼ m beträgt und der 1 m über den Erdboden emporragt, aber mindestens 3—4 m in der Erde steckt. Hier und da finden sich auf der Feldmark geschwärzte Stellen, Überreste von Herdstätten, auch Eisenschlacken und vereinzelte mittelalterliche Scherben mit Riefen und dreieckigen Einkerbungen. Der sogenannte „Marktbrunnen" entpuppt sich als ein Wasserloch unter einer Kiefer und die „Fundamentsteine des Rathauses" sind einfache Granitfindlinge ohne jegliche Bearbeitung. Die Überreste des alten Dorfes Blumendal sind verschwunden und auch dem „Marktstein" scheint nur noch ein kurzes Dasein beschieden zu sein. Denn wie uns damals berichtet wurde, soll ein Steinhändler der Besitzerin des Geländes, der Baronin von Eckardtstein auf Prötzel, 1300 Mk. für den Stein geboten haben, um ihn zu zerkleinern. Der Kauf scheint allerdings nicht zustande gekommen zu sein, aber es ist nicht ausgeschlossen, dass ein anderer Unternehmer gelegentlich mehr bietet und dass mit dem „Marktstein" der letzte Rest des alten Blumendal vom Erdboden verschwindet. Es wäre deshalb sehr zu wünschen, dass die Provinz oder die Denkmalschutzkommission dieses Naturdenkmal käuflich erwirbt oder sein Bestehen sichert, damit der alte Zeuge märkischer Vergangenheit noch recht lange erhalten bleibt.

Nach Besichtigung der „Stadtstelle", wo verschiedene Gefässscherben, Rand- und Henkelstücke aus mittelalterlicher Zeit gesammelt wurden, begaben sich die Teilnehmer in südlicher Richtung auf schönen Waldwegen nach dem Ihlandsee bei Wilkendorf und schritten auf dem westlichen Ufer auf Straussberg zu. Das landschaftlich schönere Ostufer des Sees mit hübscher Aussicht über den ganzen Ihland ist jetzt leider von dem Pächter des Pfuelschen Gutes Wilkendorf, dem Bankier Cohn, der allgemeinen Benutzung entzogen worden, ein Zaun geht bis an das Seeufer hinunter.

Die andere Wanderfahrt der Pflegschaft nach dem Blumenthal fand ein Jahr später am 23. September 1900 statt und war hauptsächlich aus dem Grunde unternommen, um festzustellen, inwieweit die Berichte der Zeitungen über die Verwüstungen und die Abholzung im Gamengrund und über die Sperrung im Blumenthal auf Wahrheit beruhten. Im 9. Jahrgang des Monatsblatts auf Seite 384—388 habe ich über diesen Punkt und über die Sperrung des Waldgebietes*) bereits berichtet und kann deshalb auf diesen Bericht verweisen. Es erübrigt nur noch einige Einzelheiten mitzuteilen. Die Exkursion ging von der Station Tiefensee der obengenannten Wriezener Bahn aus nach Süden am westlichen Ufer des prächtigen Gamensees entlang und nach Überschreitung des Gamengrundes auf der hochgelegenen Werneuchener Chaussee nach Osten weiter. Wir benutzten den sogenannten „Grenzweg", der sich am nördlichen Rande des Blumenthal hinzieht und hatten hier Gelegenheit die herbstliche Pracht des schluchtenreichen Waldes zu bewundern. An einer einsamen Stelle des Grenzweges, abseits im Kiefergehölz, erhebt sich ein einfaches Denkmal, eine abgebrochene Marmorsäule auf viereckigem Unterbau, welches zur Erinnerung an einen ermordeten Forstmann errichtet ist. Die Inschrift auf der schlanken Säule lautet:

An dieser Stelle wurde
am 5ten September
1864
der Jäger
CARL LISSACK
von Wilddieben
erschossen.

Etwa 25 Schritt nördlich von dem Denkmal ist die Stelle des Mordes an einer Kiefer durch ein eingehauenes Kreuz bezeichnet, ausserdem ist der Stamm des Baumes unten durch einen Kranz von Feldsteinen gekennzeichnet. Es ist dies ein sogenannter „Toter Mann", wie sie sich vielfach in der Mark finden.**)

Der Grenzweg führte uns zum Russengrund, der seinen Namen einer Niederlage der Russen im siebenjährigen Kriege verdanken soll, und zu der grossen und kleinen Piche, zwei waldumrandeten, tiefgebetteten Seen, welche zu den Sehenswürdigkeiten des Blumenthal gehören. Beide Seen liegen nordwestlich vom Forsthaus Blumenthal, an dem vorüber wir auf die Alte Berliner Strasse gelangten. Ein kurzer Abstecher zu dem oben erwähnten „Teufelsitz", von dem unser Mitglied Herr Rönnebeck eine photographische Aufnahme (vgl. IX, 481) machte, dann ging es auf der

---

*) Die Sperrung des Blumenthal wird von dem Beamten der Baronin, dem Forstassessor Wahl, immer noch aufrecht erhalten und die „Lustbarkeitssteuer" ruhig weiter erhoben. Die Gerüchte von einer Aufhebung der Sperre, die im Frühjahr 1901 durch die Zeitungen gingen, haben sich als falsch erwiesen. — Kürzlich hat die Sperrung des Blumenthal auch die Gerichte beschäftigt. Der Sohn eines Strausberger Geschäftsinhabers hatte im Blumenthal einen verbotenen Weg benutzt, weigerte sich aber, die auferlegte Strafe zu zahlen. Es kam zur Klage, und das Schöffengericht in Straussberg sprach den Beklagten frei, weil der in Rede stehende Weg nicht als „verboten" gekennzeichnet war.

**) Über die Volkssitte, das Gedächtnis an Ermordete oder Verunglückte durch diese einfachen Denkmale wach zu erhalten, ist im Monatsblatte vielfach berichtet worden, so VI, 178 f., 309, 373, VII, 99, 317 f., VIII, 162, 370, IX, 413 u. a.

alten Heerstrasse auf Dorf Sternebeck zu. Auch diesmal war uns der Besuch der Kirche versagt, der Schlüssel war wieder mit dem Lehrer über Land gewandert (s. ob.), und wir mussten deshalb, ohne eine Besichtigung der alten Glocke vorgenommen zu haben, die Rückfahrt antreten.

Kleine Mitteilungen.

Erinnerung an die Husitenkämpfe. Im Refektorium des alten Pfarrhauses der St. Lorenzkirche zu Nürnberg befindet sich ein um 1844 aufgefundenes, von Heideloff restauriertes Schlachtenbild, zur Erinnerung der Kämpfe Kurfürst Friedrich I. von Brandenburg im Bunde mit den Fürstbischöfen von Bamberg und Würzburg wider die Husiten im 15. Jahrhundert. Das Bild ist in Heideloffs Ornamentik des Mittelalters Heft XIII, Pl. II reproduziert. Nach mir ausgesprochener Meinung des verstorbenen A. Essenwein, Direktors des Germanischen Nationalmuseums, scheint die Darstellung nur allgemein gehalten und nicht auf einen bestimmten Kampf bezogen zu sein. Für die Mark Brandenburg lässt sich die Darstellung daher nicht unmittelbar verwerten. E. Friedel.

Der Flächeninhalt der Stadt Berlin ist durch die seit 1899 in der Hauptsache beendete Neuvermessung des Weichbildes auf 6349,47 ha ermittelt worden. Die für die Berliner Statistik sehr wichtige Frage, wie gross die einzelnen Stadtbezirke sind, kann zur Zeit immer noch nicht beantwortet werden. Seit der im Jahre 1884 erfolgten Neueinteilung des ganzen Weichbildes in 326 Stadtbezirke ist der Flächeninhalt der einzelnen Bezirke nicht bekannt. Die Feststellung wurde gleich nach jener Neueinteilung vom Berliner Statistischen Amt gewünscht und vom Magistrat angeordnet. Dann wurde sie jedoch bis nach Beendigung der ganzen Vermessung hinausgeschoben und spätestens für die Volkszählung von 1900 versprochen. Bereits bekannt ist dagegen jetzt der Flächeninhalt der einzelnen Standesamts-Bezirke. Der grösste ist Bezirk XIII (Wedding) mit 884,93 ha, der nächstgrösste Bezirk VIII (Königstadt) mit 771,74 ha, worauf in weitem Abstande Bezirk XIIa (östlicher Teil von Moabit) mit 553,94 ha folgt. Die kleinsten Bezirke sind IX (Spandauer Viertel) mit 131,17 ha, Va (westlicher Teil von Luisenstadt jenseits des Kanals) mit 149,97 ha, Xa (südlicher Teil der Rosenthaler Vorstadt) mit 164,63 ha, Vb (östlicher Teil der Luisenstadt jenseits des Kanals) mit 165,60 ha, VIIa (westlicher Teil des Stralauer Viertels) mit 177,29 ha. Die grössten Bezirke sind zunächst noch am dünnsten, die kleinsten am dichtesten bevölkert. Bei der Volkszählung von 1895 kamen auf ein Quadratkilometer in den Bezirken

VIII, XIII, XIIa 12 419, 12 940, 14 254 Einwohner, dagegen in Xa, Va, VIIa, IX 68 148, 66 645, 60 614, 56,553 Einwohner. In ganz Berlin kamen auf ein Quadratkilometer 26 416 Einwohner.

Über das „historische Hufeisen" am Palais der Kaiserin Friedrich wird uns, unter Bezugnahme auf unsere Notiz „Die Bedeutung des Hufeisens" geschrieben: „Wie das erwähnte Hufeisen an seinen Platz kam, erzählt ein Herr von P. im Soldatenhort wie folgt: „Es war in den siebziger Jahren, als ich mit meinem hochseligen Herrn, dem Prinzen Karl von Preussen, nach dem Königlichen Schloss zu einem Hoffest fuhr. In der Nähe des jetzigen Palais der Kaiserin Friedrich sagte der hohe Herr zu mir: „Wenn Sie doch einmal feststellen könnten, ob das Hufeisen, das meinem Vater auf den Mittagstisch flog und das er einmauern liess, noch vorhanden ist." Meine Neugier wurde durch die Anregung rege gemacht, und ich bat den hohen Herrn, mir Näheres zu erzählen. Diese Erzählung lautete: „Als ich noch im Schlosse wohnte, weil mein Palais noch nicht fertig war, fuhr ich mit meiner jungen Frau zum Mittagessen zu meinem Vater, dem König. Mein Vater hielt auf äusserste Pünktlichkeit. Meine Frau hatte sich etwas verspätet, und nun jagte der Wagen über die damals sogenannte Hundebrücke, die heutige Schlossbrücke, die Rampe nach dem Palais hinauf. Bei dieser Gelegenheit riss ein Eisen los und flog durch das Fenster der ersten Etage auf den Tisch, an dem mein Vater bereits Platz genommen. Der König war sehr erschreckt, und ich war in der glücklichen Lage, ihm sofort Aufklärung geben zu können. Für mich gestaltete sich diese Aufklärung insofern günstiger, als von dem Zuspätkommen nicht mehr die Rede war. Der König liess das Eisen ausserhalb des Fensters anmauern. Die grosse Kraft derartiger Hufeisen ist übrigens nichts Neues — fuhr der Prinz fort — denn ich habe auf dem Schlossplatz, nahe der Kurfürstenbrücke, jahrelang ein Hufeisen gesehen, das durch die Dachluke über der vierten Etage durchgeschlagen war und von einem Kosaken herrührte, der beim Einzug der Russen über die Brücke sprengte." Das Hufeisen am Palais der Kaiserin Friedrich wurde von Herrn v. P. entdeckt, es befand sich an der linken Wange des vierten Fensters, von der Schlossbrücke an gerechnet. Nachdem der Platz davon entfernt war, erhielt es einen neuen schwarzen Anstrich, so dass es wieder weithin sichtbar wurde. Das Hufeisen am Schlossplatz fand Herr v. P. nicht, es war aber dennoch vorhanden, und zwar an dem Hause No. 10, wo es über dem mittleren Dachfenster angebracht war. Ursprünglich war es vergoldet gewesen, Wind und Regen hatten die Vergoldung aber sehr bald abgewaschen.

Berl. Lok.-Anz. 31. III. 1900.

Das Haus Schlossplatz No. 10 ist abgebrochen und die Baustelle in den Neubau des Königlichen Marstallgebäudes miteinbezogen worden. Das Hufeisen ist im Märkischen Museum Abteilung B. Kat. VI unter No. 11 552 inventarisiert. E. Friedel.

Böten und Volksheilkunst in Lietzow bei Nauen, Kreis West-Havelland.

a) In Lietzow lebte bis vor etwa 25 Jahren ein alter Kuhhirt und Schlächter Giese, der allerlei besprechen konnte: Tierkrankheiten, Fieber, Blutungen und Warzen. Mir selber hat er einmal eine Warze besprochen. Er begegnete mir auf dem Kirchhofe und ich sagte zu ihm: „Giese, ick hebbe 'ne Wratte, bringen Sie se mi weg!“ Giese fuhr mit dem Finger leise darüber und sagte dann: „Goah heim und wasche di!“ Der Befehl wurde unverzüglich ausgeführt, und die Warze war nach einigen Tagen thatsächlich verschwunden.

b) Blutungen. Hatten wir Jungen uns einmal die Nase blutig gefallen (bzw. geschlagen) so suchten wir die Blutung folgendermassen zu stillen. Auf den Boden wurden kreuzweise 2 Strohhalme gelegt. Das Blut liessen wir dann auf den Kreuzpunkt tropfen, und die Blutung hörte alsbald auf.

Bei Schnittwunden wandten wir Spinngewebe an, um die Wunde zu verstopfen.

Hundebisse wurden geheilt, indem man Haare des Hundes, der gebissen hatte, auf die Wunde legte.

c) Besprechungsformel.

1. „Herspann schak (?) dich; der Athem der jägt dich! Im Namen Gottes des Vaters, im Namen Gottes des Sohnes, im Namen Gottes des heiligen Geistes.“ dreimal.

2. Brand, sei wie Sand, fahr auswärts und heil inwärts. I. Namen Gottes des V., im Namen Gottes des Sohnes, im N. Gottes des heil. Geistes.

Lietzow, Westhavelland, um 1860. Otto Monke.

Für die Redaktion: Dr. Eduard Zache, Cüstriner Platz 9. — Die Einsender haben den sachlichen Inhalt ihrer Mitteilungen zu vertreten.
Druck von P. Stankiewicz' Buchdruckerei, Berlin, Bernburgerstrasse 14.

11. (3. ordentliche) Versammlung des X. Vereinsjahres.

Sonnabend, den 28. September 1901, abends $7^1/_2$ Uhr

im Bürgersaale des Rathauses.

Vorsitzender: Herr Geheime Regierungsrat Friedel. Von demselben rühren die Mitteilungen zu No. 1 bis 36 her.

A. Sachliches und Persönliches.

1. Der Vorsitzende begrüsst namens des Vorstandes die Mitglieder der Gesellschaft zum Winterhalbjahr und bittet um recht zahlreiche Beteiligung und um Mitarbeit bei den Sitzungen. Er macht darauf aufmerksam, dass das erste Jubiläum, das zehnjährige Stiftungsfest, im März 1902 werde gefeiert werden, nach vorläufigen Anregungen und Besprechungen in doppelter Weise in einer wissenschaftlichen Sitzung und an einem der Geselligkeit gewidmeten Abend. Auch sei, wie schon früher mitgeteilt, die Errichtung einer Stiftung durch freiwillige Beiträge der Mitglieder geplant. Die Zinsen dieser Jubiläumsstiftung sollen eine freiere Aufwendung von Mitteln für die Gesellschaftszwecke ermöglichen, während bis jetzt die Brandenburgia ihre Ausgaben lediglich bestreite aus den Zuschüssen der Provinz Brandenburg und der Stadt Berlin mit je 500 Mark sowie aus den Mitgliederbeiträgen.

2. Die Totenliste.

Zunächst liegt uns ob, des schmerzlichen Verlustes zu gedenken, den unser Volk und Land durch den Heimgang Ihrer Majestät der Kaiserin Friedrich am 5. August d. J. erlitten. Die Hohe Frau hat unseren Bestrebungen stets anteilnehmend und fördernd gegenüber gestanden. Es sei diesbezüglich an die Ausstellung prähistorischer und anthropologischer Funde Deutschlands erinnert, welche unter dem Protektorat des Erhabenen Gemahls, damals S. Kaiserlichen und Königlichen Hoheit des Kronprinzen des Deutschen Reiches in Verbindung mit der XI. Allgemeinen Versammlung der Deutschen Anthropologischen

16

Gesellschaft zu Berlin vom 5. bis 21. August im Geschäftsgebäude des alten Hauses der Abgeordneten stattgefunden hat. Die Kaiserin Friedrich begleitete damals ihren Gemahl und zeigte das grösste Interesse. Dasselbe bekundete sie bei den Ausgrabungen, welche in derselben Zeit zu Ehren der genannten Gesellschaft mit kaiserlicher Erlaubnis in der Römerschanze bei Nedlitz unweit Potsdam, jenem uralten Ring- und Burgwall, stattfanden, der sich als eine wendische Feste teilweise auf germanischen Grundlagen charakterisirt. Ich konnte damals der Kaiserin einen Teil der Ausgrabungen und Fundstücke selbst erläutern.

Später habe ich wiederholt die Ehre gehabt, die Hohe Frau in den Räumen des Märkischen Provinzial-Museums zu führen. Sie bekundete sachverständige Kenntnis und Vorliebe für die älteren kunstgewerblichen Gegenstände, für die älteren Erzeugnisse des Hausgewerbes, für Volkstrachten und andere Dinge unserer Provinz, welche mit der Heimatkunde, also mit unseren wissenschaftlichen Bestrebungen im engsten Zusammenhange stehen.

Im Sommer ist uns unser langjähriges Mitglied Waldemar Hartwig, ordentlicher Lehrer an der Sophien-Schule, durch den Tod entrissen worden. Hartwig hat sich als Naturwissenschaftler, namentlich als Tierkundiger hervorgethan. Er ist der beste Kenner der Krustentiere der Provinz Brandenburg gewesen und hat grossartige Sammlungen in seiner Wohnung, Lottumstrasse 14, diesbezüglich angelegt, welche er dem Märkischen Museum einzuverleiben versprochen hatte. Seit Jahren kränkelnd, ist er unvermählt und einsam verstorben. Wir haben von seinem Tode nur verspätet und durch Zufall Kenntnis erhalten. Die Monatshefte der Brandenburgia legen von Hartwigs Wissen und von seiner uns zugeneigten Gesinnung Zeugnis ab.*)

Auf das Allerschmerzlichste hat uns der am 15. September d. J. erfolgte Tod unseres Ehrenmitgliedes K. Schulrat Professor Dr. phil. Carl Philipp Euler berührt, für mich um so ergreifender als ich in ihm einen meiner Lehrer und ältesten Freunde betrauere. Carl Euler gehört zu den Begründern der Brandenburgia; seit Anfang an im Vorstande thätig und unseren Bestrebungen, wo er irgend vermochte, helfend und fördernd zugethan. Die Mitglieder werden sich erinnern, wie er in meiner Vertretung noch am 20. Juni vorigen Jahres die Wanderfahrt nach Tegel leitete, obwohl er damals schon recht hinfällig war. (Brandenb. IX. 138.) Mit Vorträgen, die zumeist gleichzeitig Erinnerungen seines reich bewegten Lebens enthielten, hat er uns

*) Brandenburgia. VIII. 221. „Die im Winter 1898/99 auf unseren Südfrüchten beobachteten Schildläuse (Coccidae)." „Die lebenden Krebstiere der Mark Brandenburg" Brandenburgia II. 136; III. 165; V. 370 und VII. 217. — Ferner II. 187; 220; 222. — I. 131, 132.

wiederholt erfreut. Carl Euler ist am 8. Februar 1828 zu Kirchenbollenbach in der Rheinprovinz als Sohn eines Superintendenten geboren. Er war, nachdem er in Bonn und Berlin studiert und hier mit einer Dissertation über die homerischen Studien bei den Alten promoviert, von 1854 bis 1860 Lehrer in Schulpforta. Er widmete sich nachmals ausschliesslich dem Turnfach, war zuerst an der Zentralturnanstalt thätig und leitete seit 1877 die damals von derselben abgezweigte Turnlehrerbildungsanstalt. Am Wilhelms-Gymnasium war er Turnlehrer. Wissenschaftlich widmete er sich mit Hingebung der Geschichte unseres Turnwesens, wie dieses sich um Jahn gruppiert. Er galt als der beste Jahn-Kenner; auch Friesen war sein Lieblingsheld, wie aus Eulers Lebensbeschreibung dieses leider in Frankreich in den Kriegswirren umgebrachten jugendfrischen, reckenhaften Helden, hervorgeht. Die Trauerfeier fand Mittwoch, den 18. September, nachmittags 2 Uhr in der neuen St. Johannes-Evangelistkirche, Auguststrasse 90, wo er Patronats-Ältester war, statt. Seinem gemütlichen behaglichem Wesen entsprach es, dass er seit Jahrzehnten in dem Hause Oranienburgerstrasse 60—63 wohnen konnte, ein seltenes Beispiel von Sesshaftigkeit in dem unruhigen Berliner Leben. Seine sterbliche Hülle ruht auf dem Kirchhof in der Barfusstrasse. Die Brandenburgia war in der imponierenden Trauerversammlung durch eine Deputation vertreten.

Unser Mitglied Gutsbesitzer Schall, früher auf Neu-Roofen bei Menz, Kreis Ruppin, der leider am 27. Juni d. J. in Menz unweit Gransee verstorben, gehörte zu den Mitgliedern, welche, obwohl wegen weiter Entfernung an den Sitzungen teilzunehmen behindert, dennoch der Gesellschaft treu bleiben, indem sie die litterarischen Veröffentlichungen derselben als hinreichende Verbindung mit uns ansehen. Herr Schall hat in den mittelalterlichen Ruinen von Menz*) mit Erfolg Ausgrabungen veranstaltet und eine umfangreiche Sammlung von dort und anderen Teilen der Grafschaft Ruppin hinterlassen.

Am 15. August d. J., abends 11 Uhr, entschlief sanft in Bad Nauheim der Geheime Regierungsrat Professor Dr. phil. et jur. Karl Weinhold, erster Vorsitzender des hiesigen Vereins für Volkskunde. W. am 26. Oktober 1823 geboren — der Vater war Geistlicher — wurde er 1842 im April als stud. theol. in Breslau immatrikuliert. Er promovierte 1846 zu Halle und habilitierte sich daselbst 1847. In Breslau war er 1849 ausserordentlicher, 1850 in Krakau ordentlicher Professor. 1851 finden wir ihn als Prof. ord. in Graz. Berufungen nach Wien und Prag schlug er aus. Im Herbst 1861 kam er nach Kiel, Ostern 1876 nach Breslau. 1888 erhielt er den

*) Vgl. R. Buchholz: „Der Wallberg bei Menz, Kreis Ruppin“, Brandenburgia VIII, S. 219—221.

Charakter als Geheimer Regierungsrat und folgte 1889 dem Ruf als Ordinarius an die hiesige Friedrich Wilhelms-Universität. Er wurde in demselben Jahre Mitglied der Berliner Akademie der Wissenschaften und 1890 Begründer des uns nahe befreundeten hochangesehenen Vereins für Volkskunde.

In weiteren Kreisen ist Weinhold durch die im besten Sinne volkstümlichen Bücher „Altnordisches Leben“ und „Deutsche Frauen im Mittelalter“, in engeren wissenschaftlichen Kreisen durch seine Arbeit „Über deutsche Dialektforschung“ und durch eine Menge von feinsinnigen Veröffentlichungen in verschiedenen gelehrten Organen bekannt.

Der Volkskunde-Verein hat viel an ihm, unendlich viel verloren; diesen Verlust bedauert besonders auch die Brandenburgia, innerhalb deren wissenschaftlichem Rahmen die, wenn auch auf die Grenzen unserer Provinz beschränkte Volkskunde einen der wichtigsten Faktoren ausmacht.

Der Vorstand hat der Witwe ein Beileidsschreiben zugehen lassen. Weinhold hat einen sehr reichen litterarischen Nachlass. Er besass eine umfangreiche Autographensammlung von besonderem Werte, keine kleinen Schnitzel und Spähne, sondern reiche Briefschätze aus der älteren deutschen Litteratur bis zur Goethezeit. Besonders aus der Zeit von Sturm und Drang hat er es verstanden, die interessantesten und inhaltreichsten Dokumente zusammenzubringen, Briefe und Manuskripte von Dichtern, von denen sich sonst nur wenige Reliquien erhalten haben. Diesen ganzen Bestand an Urkunden zur deutschen Litteraturgeschichte hat der Gelehrte der hiesigen Litteraturarchiv-Gesellschaft vermacht, in deren Vorstand er seit ihrer Begründung, im Jahre 1892, erfolgreich wirksam gewesen ist. Die Gesellschaft, seinerzeit von Wilhelm Dilthey, Ernst v. Wildenbruch, Theodor Mommsen, Erich Schmidt ins Leben gerufen, hat bereits zwei starke Bände „Mitteilungen“ veröffentlicht, die von Dr. Heinrich Meisner, Oberbibliothekar an der königlichen Bibliothek, mit grosser Sorgfalt herausgegeben worden sind. Hier, in der königlichen Bibliothek, ist auch der Aufbewahrungsort des Litteraturarchivs, das nun wiederum eine so ausserordentlich schätzbare Bereicherung erfahren hat.

Am 19. Juli d. J. verstarb im 37. Lebensjahr zu Woltersdorfer Schleuse bei Erkner nach langem schweren Leiden der unserer Brandenburgia engbefreundete Dr. Franz Schwartz, Vorsteher des Provinzialmuseums und der Landesbibliothek, sowie Konservator der Denkmäler der Provinz Posen. Als Sohn unseres verewigten Ehrenmitgliedes Geheimrat Dr. Wilhelm Schwartz hatte er dessen Neigungen für Volks- und Altertumskunde überkommen und strebte Ähnliches wie bei uns das Märkische Provinzial-Museum und die Brandenburgia für die Provinz

Posen an. Diese verliert durch den Tod des im kräftigsten Mannesalter stehenden Gelehrten, der gleichzeitig auch ein treuer Verfechter des Deutschtums in den Ostmarken war, sehr viel. Vgl. „Franz Schwartz. Zur Erinnerung an sein Leben und Wirken.“ Von A. Warschauer. Posen, 1901. Sonderabdruck aus den Historischen Monatsblättern für die Provinz Posen. II. S. 113—123.

Der Rittergutsbesitzer Alexander Treichel auf Hoch-Paleschken bei Alt-Kischau in Westpreussen, einer der eifrigsten Sammler auf dem Gebiet der Altertumskunde und Volkskunde, auch tüchtiger Pflanzenkenner, ist auf seiner Besitzung am 4. August d. J. nach langem, schwerem Leiden, im fast vollendeten 64. Lebensjahr verstorben. Die Brandenburgia verdankt dem unermüdlichen Forscher die wiederholte Zusendung von interessantem, litterarischem Material.

Herr N. E. Hammerstedt, Assistent am Nordischen Museum zu Stockholm, hat uns auf diesseitige Bitte die nachfolgende Schilderung des Dr. Artur Hazelius und seines grossartigen Nationalwerks, des Nordischen Museums mitgeteilt, die wir mit verbindlichstem Dank abdrucken.

Dem Vorstande des Nordischen Museums haben wir anlässlich des am 27. Mai d. J. erfolgten Todes des Begründers und Stifters unsere wärmste Anteilnahme ausgesprochen.

Möge die gemeinnützige, wissenschaftliche Thätigkeit des grossen Hazelius auch für uns Süd-Germanen, für unser deutsches Volk in allen seinen Stämmen und Abzweigungen, soweit die deutsche Zunge reicht, vorbildlich sein.

Artur Hazelius.

Dr. Artur Hazelius, der auch ausser den Grenzen Schwedens bekannte Begründer des Nordischen Museums und des Freiluft-Museums Skansen in Stockholm, der begeisterte und begeisternde Bahnbrecher und Vorkämpfer auf dem Gebiete der volkskundlichen Museumswirksamkeit, ist am 27. Mai dieses Jahres durch den Tod von seinem grossartigen Lebenswerk abberufen worden.

Hazelius wurde am 30. November 1833 in Stockholm geboren. Im Jahre 1854 machte er das Studentenexamen, und im Jahre 1860 wurde er zum Doktor Philosophiae kreiert. Nachdem er etliche Jahre als Lehrer gewirkt, wendete er sich sprachwissenschaftlichen Aufgaben zu, und war besonders für eine Reform der schwedischen Orthographie erfolgreich wirksam. Aber eine andere noch viel bedeutendere Bahn erwartete ihn.

Als er im Sommer des Jahres 1872 in Dalarna (Dalekarlien) eine Reise machte, wurde ihm seine wichtigste Lebensaufgabe auf einmal klar. Nach der Ausbreitung des Eisenbahnnetzes in Schweden hatte die neueste Zeit begonnen alle Züge der Vergangenheit bei dem Volke rücksichtslos auszuwischen, ja selbst bis in die abgelegenen Gegenden Dalarnas waren ihre Wirkungen vorgedrungen. Dr. Hazelius beschloss, wie ein anderer Gustaf Wasa, das alte Schweden zu retten. Am 27. Juli 1872 wurde der erste Gegenstand in den Sammlungen des jetzigen Nordischen Museums von Dr. Hazelius angekauft, und am 24. Oktober 1873 konnte er die erste Abteilung des Museums öffnen. Die Sammlung zählte damals gegen 3500 Nummern.

Anfänglich war es die Absicht des Gründers nur Gegenstände von volkskundlicher Bedeutung zu sammeln, und der Forscher wird den Schwerpunkt des Museums noch immer hier erblicken. Aber die Volkskunde hat, wie von Hugo Meyer ausgesprochen ist, nicht nur eine wissenschaftliche, sondern auch eine sociale Aufgabe. Der Wahlspruch des Museums ist: Lerne dich selbst erkennen! und sein Ziel ist ein wirkliches Nationalmuseum zu sein, wo die nordischen Völker, vorzugsweise das schwedische und das norwegische Volk, diese zwei nördlichsten Aussenposten der Germanen, sich selbst als Völker kennen lernen sollen. Das Museum trug darum auch bis zum Jahre 1880 den Namen der Skandinavischen ethnographischen Sammlung. (Der Ausdruck sowie der Begriff Volkskunde war damals noch beinahe unbekannt, und von Volksmuseen wusste man noch nichts.) Im genannten Jahre verwandelte Dr. Hazelius durch eine öffentliche Schenkungsurkunde die Sammlungen zu einem Besitztum des ganzen schwedischen Volkes und zugleich änderte er den Namen zu Nordiska museet (Das Nordische Museum), eine Benennung, worunter dieses Institut mehreren gleichartigen Anstalten sowohl in Skandinavien als ausserhalb desselben zum Vorbilde gedient und sich einen Weltruf erworben hat. Die Sammlungen, worunter auch kunstindustrielle und besonders Zunftgegenstände eine beträchtliche Rolle spielen, enthielten damals 26 000 Nummern. Gegenwärtig belaufen sie sich auf etwa 100 000 Nummern, und von diesen enthalten mehrere — die Porträtsammlung, die Münzen- und Markensammlung, die Kupferstichsammlung u. s. w. — hunderte oder tausende von Gegenständen allein für sich. Wegen Raummangel hat bislang leider ein sehr beträchtlicher Teil der Sammlungen noch nicht ausgestellt werden können.

Im Jahre 1889 begann indessen auf einem von dem hohen Gönner des Museums König Oskar II. geschenkten Bauplatze die Errichtung eines grossartigen Museumsgebäudes, das jedoch noch nicht vollendet ist.

Mit dem bewunderungswürdigen Werke, das er schon ausgeführt und noch ferner zu entwickeln begriffen war, doch noch nicht zufrieden, fasste Dr. Hazelius den Entschluss einen seit Jahren gehegten grossartigen Plan endlich zur Ausführung zu bringen und legte daher im

Jahre 1891 auf einem in der Nähe des genannten Museumsgebäudes gelegenen Grundstücke als Annex desselben ein Freiluftsmuseum an, das unter Beibehaltung des alten Namens des Platzes, Skansen benannt worden ist. Hiermit hatte er eine auf dem Gebiete der Museumswirksamkeit wirklich bahnbrechende Anlage gemacht. Ausser einer volkskundlichen Abteilung (Gebäuden u. s. w.) besitzt dieses Freiluftmuseum auch einen zoologischen Garten der nordischen Tierwelt und ist geeignet so weit wie möglich ein gleichfalls landeskundliches Museum zu sein. Der Flächeninhalt des Skansen, welcher im Jahre 1891 nur 349 Ar betrug, umfasst jetzt 2843 Ar, ein Verhältnis das wohl die Eroberungsfähigkeit des Hazelius ersichtlich beweist.

Obgleich man sich wird sagen müssen, dass sich die Entwickelung des Museums in notgedrungener Folge der schnellen Vergrösserung bisher weit mehr auf dem Felde der Eroberungen, als auf dem der inneren Bearbeitung bewegt hat, so sind doch nicht wenige, die Kenntnis der Sitten und des Lebens der nordischen Völker befördernde Schriften unter der Redaktion des A. Hazelius von dem Museum herausgegeben worden. Unter diesen sind vorzugsweise zu nennen die seit 1881 erscheinenden Jahresberichte; weiter die Serien Afbildningar af föremål i Nordiska museet (Abbildungen von Gegenständen im N. M.), und Bidrag till vår odlings häfder (Beiträge zur Geschichte unserer Kultur), das farbige Bildwerk „Minnen från Nordiska museet (Erinnerungen an das N. M.) u. s. w.

Wahrscheinlich wird der Leser dieser Zeilen die Anmerkung machen, dass hier beinahe nur von dem Museum, nicht von dem Museumsbegründer gesprochen worden ist. Ja wohl, diese Kritik ist richtig — und doch ist sie auch unrichtig. Die Person des Artur Hazelius ist nämlich so innig mit seinem Werk verbunden, dass diese zwei voneinander nicht zu trennen sind. Wenn jemand, so hat Dr. Hazelius sein ganzes Wesen in sein Werk eingesetzt; er ging in seiner grossartigen Schöpfung ganz auf. Darum ist die Geschichte des Nordischen Museums auch die Geschichte des Artur Hazelius, und vice versa. Denn in seinem Museum sah Hazelius ein Abbild seines Vaterlandes, und war er ein wenngleich friedlicher, doch kühner Eroberer, ein energischer, weitsehender Anordner, ein unermüdlicher Sammler, vor allem war er doch ein warmherziger Patriot. In seiner glühenden Vaterlandsliebe muss man die innerste Triebkraft, die wesentliche Erklärung dazu suchen, dass er eine solche Grossthat wie das Nordische Museum hat hinterlassen können. Das schwedische Volk hat wahrhaft Ursache sein Hinscheiden tief zu bedauern, und mit so allgemeiner Teilnahme ist wohl auch in Schweden keine andere private Person bestattet worden wie Artur Hazelius.

3. Virchow-Feier.

Am 13. Oktober d. J. wird der Geheime Medizinalrat Professor Dr. Rudolf Virchow seinen 80. Geburtstag hoffentlich in voller geistiger wie körperlicher Frische feiern. Die vom Vorstand, Ausschuss und Plenum beschlossene Adresse und das Diplom der Ernennung zum Ehrenmitgliede der Brandenburgia soll alsdann durch eine Abordnung derselben überreicht werden.

Am 60. Geburtstag ist zu Ehren unsers um die Heimatkunde nach der vorgeschichtlichen, anthropologischen und volkskundlichen Seite hin so hochverdienten Mitbürgers eine Rudolf Virchow-Stiftung errichtet und seither vermehrt worden. Das Kapital ist dem Gefeierten zur freien Verfügung übergeben und von ihm alljährlich über die Verwendung der Zinsen für wissenschaftliche Zwecke Rechnung gelegt worden. Diese Rudolf Virchow-Stiftung, welche gerade auch für die Heimatkunde erspriesslich wirkt, durch freiwillige Spende zu vermehren, lege ich Ihnen dringend ans Herz mit dem Hinzufügen, dass das Bankhaus Mendelssohn & Co., Jägerstr. 49/50 Beiträge entgegen nimmt.

4. Professor Dr. Julius Rodenberg hat der Brandenburgia zu meinen Händen anlässlich des Glückwunsches zum 70. Geburtstag mit folgendem herzlichen Schreiben gedankt.

Berlin W., den 22. Juli 1901.

Hochgeehrter Herr Geheimrath!

Gestatten Sie mir, Ihnen sowohl wie Ihrer verehrten Frau Gemahlin für Ihre freundlichen Glückwünsche zum 26. Juni nach dem officiellen Dank auch noch diesen persönlichen aussprechen zu dürfen; und weiterhin Sie, als den Vorsitzenden der „Brandenburgia“, zu bitten, auch meinen tiefgefühlten Dank für die an mich, bei der gleichen Gelegenheit gerichtete Adresse dieser Gesellschaft entgegennehmen zu wollen, deren Ehrenmitglied zu sein, mir als der schönste Lohn verwandter Bestrebungen erscheint. Was Sie so gütig sind, im Namen der „Brandenburgia“ mir zu sagen, hat mich deshalb so sehr erfreut, weil es das bestätigt, was ich getreulich im Herzen trage: meine Liebe zu Berlin, meine Dankbarkeit für Alles, was mir hier zu Theil geworden und das beglückende Gefühl, Zeitgenosse und Zeuge seines Emporblühens zu nationaler Grösse gewesen zu sein. Dass aber in dieser ungeahnt mächtigen Entwickelung Berlins zum Mittelpunkte der Reichsinteressen und mitbestimmenden Faktor der Weltpolitik, die Kenntnis heimischer Art und die Freude daran, dass in einer so glänzenden Gegenwart die Pietät vor der Vergangenheit und der Väter Werk nicht verloren gehe: das ist die rühmliche Aufgabe, die unsere „Brandenburgia“ sich gestellt, die sie mit so freudigem Eifer verfolgt; und darum schliesse ich mit dem Wunsche: dass sie auch fernerhin blühen und gedeihen, dass es ihr noch lange vergönnt sein möge, unter Ihrer thatkräftigen Führung, Herr

Geheimrath, auf dem eingeschlagenen Wege rüstig weiterzuschreiten zum schönen Ziele.

Mit nochmaligem Dank und in aufrichtiger Verehrung

Ihr ergebener
Dr. Julius Rodenberg.

Die von den Verlegern Rodenbergs, Gebrüdern Paetel, herausgegebene sein Leben und seine Werke behandelnde Jubelschrift: „Julius Rodenberg. 26. Juni 1831—1901“ reiche ich zur Durchsicht herum.

5. In ähnlicher Weise hat Herr Willibald von Schulenburg für seine Ernennung zum Ehrenmitgliede verbindlich gedankt.

B. Naturgeschichtliches.

6. „Der Riesenstein bei Französisch-Buchholz.“ Unter diesem Titel habe ich einen populären kleinen Aufsatz in der „Weiten Welt“, Berlin, den 5. Juli 1901, S. 685 mit einer nach einer Hönigschen Photographie angefertigten Abbildung auf Wunsch der Redaktion veröffentlicht. Ich nehme Bezug auf die von den Herren H. Maurer und Otto Monke in der Brandenburgia IX. S. 481 flg. mitgeteilten Angaben über diesen bei den Städtischen Rieselfelder-Arbeiten neu entdeckten Riesenblock, mit dem Bemerken, dass meine Abbildung zwar etwas deutlicher als die früher Ihnen vorgelegten Photographien ausgefallen, dass sie im übrigen aber bereits insofern veraltet ist, als die Kanalisations-Verwaltung die Umgebung des Steins durch eine kleine Gartenanlage verschönert hat.

7. Eine in Berlin neu aufgefundene Elch- oder Elentier-Schaufel lasse ich herumgeben und füge zwei Abbildungen hinzu, die

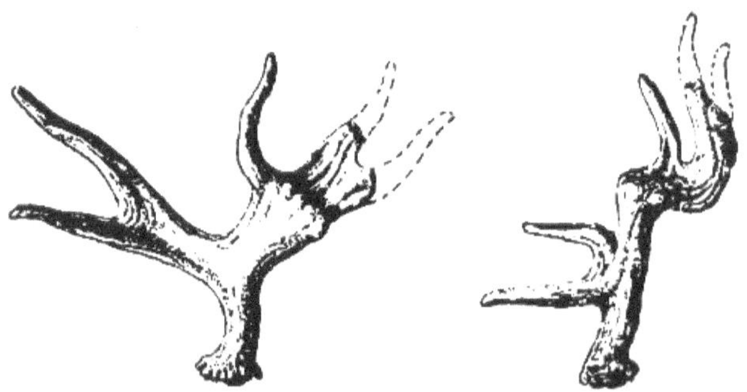

¹/₃ der natürlichen Grösse.

zeigen, dass es sich um eine monströse linke Schaufel handelt. Die noch weiche Schaufel hat, wie ich mir die Sache vorstelle, einen kräftigen Stoss, Hieb oder Druck erhalten, welcher das Geweihstück verbog, derart, dass es mit einer fast rechtwinkeligen Abweichung von der Normalfläche weiter gewachsen ist. Herr Rektor Otto Monke, unser für die Brandenburgia wie für das Märkische Museum gleich unermüdlich thätiges Mitglied, hat das schöne Stück von Herrn Fleischermeister Emil Grix, dem ich hiermit öffentlich herzlich danke, für die städtischen Sammlungen erworben. Herr Grix hat das Geweihstück beim Bau seines Hauses Uferstrasse 14 (Gesundbrunnen) in einer Tiefe von 3 bis 4 m im Flusssand des ehemaligen Bettes unseres Pankebaches gefunden. Zwei Zinken des Schaufelansatzes sind leider abgebrochen worden. Die Bruchstellen lassen erkennen, dass das Geweih bereits in gewissem Sinne als „fossil“ anzusprechen ist. Es dürfte dem älteren Alluvium angehören. Auch sonst sind im ehemaligen Pankefliess Elentierreste gefunden. Klöden, Beiträge zur mineralischen und geognostischen Kenntnis der Mark Brandenburg. VIII. Heft, 1834 sagt S. 66 flg.: „Die in die Spree sich ergiessenden Bäche haben nur schmale Thäler mit unbedeutendem Humusboden. Nur die Panke hat ihr Thal hier und da mehr erweitert, und beim Luisenbrunnen, bei Nieder-Schönhausen, besonders aber bei Französisch-Buchholz bedeutendere humose Ablagerungen.*) Bei der Bearbeitung des Schlossgartens zu Nieder-Schönhausen stiess man im Jahre 1829 in 4 Fuss Tiefe auf das Geweih eines Elentieres von nicht geringer Stärke. Die Rose des Stocks hatte im Durchmesser über 3 Zoll, und die breite Schaufel, mit vielen Sprossen besetzt, zeigte eine

---

*) Vgl. zu Berlin selbst im Gesundbrunnen, wo nach dem nachstehenden Befunde von Schnecken, Laubwald mit Buchen gewesen zu sein scheint, Stein: Die lebenden Schnecken und Muscheln der Umgegend Berlins (Berlin 1850). Er schreibt S. 2: „Nördlich von Berlin fliesst ein seichter Bach, die Panke, daher, welcher mit einem Gebirgswasser einige Ähnlichkeit hat. Im Sommer nur dürftig mit Wasser versehen, hat er doch jeweilen im Frühjahr nach dem Schmelzen des Schnees und durch Aufnahme der Zuströmungen vieler kleiner Gräben, bemerkenswerte Zerstörungen und Veränderungen seines Bettes angerichtet; er ergiesst sich bekanntlich innerhalb der Mauern Berlins in die Spree. Seine Ufer bieten an einigen Stellen in geognostischer Beziehung interessante Ausbeute, und es gelang mir, auf dem linken Ufer, zwischen dem Gesundbrunnen und der Papiermühle, ein Lager von Landschnecken, etwa anderthalb Fuss unter der Oberfläche, aufzufinden; unter denselben waren auch Helix bidens, H. cellaria und Clausilia laminata, die ich in solcher Nähe (½ Meile) von Berlin lebend noch nicht wahrnahm. Diese Gehäuse sind meist in einem sehr zerbrechlichen Zustande, und liegen in einer mergelartigen, von Sumpfeisen durchsetzten Erdschicht; wie denn auch manche mit Eisenoxyd stark bedeckt und teilweis ausgefüllt erscheinen.“ — Dies Gelände ist jedenfalls ein solches, welches das Elchwild gern aufsuchte, gewesen. Leider ist es mir und meinen malakologischen Freunden Geheimrat Prof. Dr. von Martens, Direktor Dr. Otto Reinhardt und Mechaniker Schacko nicht möglich gewesen, diese von Stein entdeckte Konchylienschicht wieder aufzufinden. E. Friedel.

Ausdehnung bis zu drei Fuss. Gehörte ein, noch vereinzeltes Bruchstück vielleicht zu dem wieder verschütteten Gehörne, so dürfte dies noch grösser gewesen sein. Das obere Erdreich, wo die Gehörne entdeckt wurden, bestand zwei Fuss tief aus einer Mischung von mancherlei Erdacker, die früher zur Erhöhung des Bodens aufgeschüttet waren. Der darunter hervortretende Urboden zeigte ein Gemisch schwammiger Art, aus Torf und Eisenocher bestehend, durchadert mit einer schwarzen, sehr zähen Thonart, und mit eingeschlossenen Erlenstämmen. Die Gehörne hatten sich mit Eisenocher teils umlegt, teils durchzogen. Übrigens wurden im Schlamm zugleich eine grosse Menge alter Hufeisen, wahrscheinlich aus dem dreissigjährigen Kriege herrührend, gefunden."*)

Funde von Elchresten sind in Berlin und Umgegend nicht selten, wie u. a. die Belagstücke im Märkischen und der Königl. Museen erweisen sowohl aus dem Jung- wie Alt-Alluvium und den Zwischeneiszeiten des Diluviums.

Das heut vorgelegte Stück hat folgende Masse. Die Krone 4,5 cm Durchmesser, die Stange bis zu 40 cm Länge und bis zu 30 cm Breite. Es sind fünf Zacken vorhanden. Das Männchen erhält im ersten Herbst die Rosenstöcke, auf denen im zweiten Jahr ein etwa fusslanger Spiess sich erhebt, der erst im folgenden Winter abgeworfen wird. Allmählich zerteilt sich das Geweih mannigfaltiger, und im fünften Jahre entsteht eine flache Schaufel, die immer aus zwei Abteilungen, einer kleinen nach vorn gerichteten Basal-Schaufel und einer grösseren aufrechten End-Schaufel besteht, beide Schaufel-Abteilungen, die unregelmässig voneinander getrennt sind, stehen fast senkrecht zu der dicht über den Rosenstöcken drehrunden Basis der Stange. Zu vergl. Blasius: Naturgeschichte der Säugetiere Deutschlands, S. 437 und meine Angaben Brandenburgia IX. S. 240 No. 52 sowie 53 bis 56. Ich schätze das Alter des Elen von der Uferstrasse auf 6 bis 7 Jahr.**)

*) Diese Hufeisen haben selbstredend mit der Elchstange nichts zu thun. Das Elchwild war zur Zeit des dreissigjährigen Krieges längst bei uns ausgestorben. Nach dessen Beendigung hat der Grosse Kurfürst Elche aus Ostpreussen in der Mark – jedoch ohne Erfolg – ausgesetzt und einzugewöhnen versucht. E. Friedel.

**) In Ibenhorst in Ostpreussen sind nicht viel über 100 Elentiere vorhanden. Dagegen ist der Elchbestand in Schweden viel bedeutender. Im Jahre 1900 wurden im Distrikt Norbotten, wo Elche in allen Revieren vorkommen, 202 Elche erlegt, davon 26 in der Zeit, in welcher die Jagd auf dieselben verboten war. In Westerbotten, wo im vorigen Jahre die Jagd bis zum 1. September ganz verboten war, soll der Elchbestand zugenommen haben. Im mittleren Distrikt von Norrland, wo die Jagd nur während einer Woche erlaubt ist, soll der Elchbestand sich trotzdem vermindern. Sehr wenig Elche leben im nördlichen und westlichen Helsingland, dagegen sind sie zahlreich in Gestrikland und Dalekarlien, wo im vorigen Jahre 221 erlegt wurden. Im Bergslagsdistrikt ist mit Ausnahme des östlichen Teils der Elchbestand

8. Über brandenburgische Imatra-Steine. Ich lege zwei moderne aus dem berühmten Wasserfall von Imatra in Finnland stammende, knopfartig abgedrehte, an Kunsterzeugnisse des Drechslers erinnernde Steine und 26 aus dem Diluvium verschiedener Örtlichkeiten unserer Provinz entstammende ganz ähnliche Bildungen vor, indem ich mir eine Abbildung dieser 28 Steine und eine ausführliche Erörterung dazu für das Monatsblatt vorbehalte.

9. Geologische Landesanstalt und Bergakademie. Herr Geheimer Bergrat Karl Schmeisser, der Nachfolger des unserer Brandenburgia befreundet gewesenen verstorbenen Hauchecorne, hat die Güte gehabt, mir zwei Schriften mitzuteilen, einmal den Bericht über die Thätigkeit der geologischen Landesanstalt i. J. 1900 sowie den Arbeitsplan für das Jahr 1901. Wir ersehen daraus, dass 1900 der Regierungsbezirk Frankfurt a. O. reichlicher bedacht, namentlich die Neumark endlich energischer in Angriff genommen worden ist. Dasselbe gilt für 1901. Auch die an Mecklenburg angrenzenden Teile der Mark kommen endlich an die Reihe.

Sodann die Festrede des ersten Direktors bei Gelegenheit der Zweihundertjahrfeier des Königreichs Preussen betitelt: „Die Geschichte der Geologie und des Montanwesens in den 200 Jahren des preussischen Königreichs, sowie die Entwickelung und die ferneren Ziele der Geologischen Landesanstalt und Berg-Akademie“.

Aus dem reichen Inhalt können wir hier nur weniges herausheben.

Agricola, der in der ersten Hälfte des 16. Jahrhunderts ein verdienstliches grosses Werk „de re metallica libri duodecim“ schrieb, leugnete im Gegensatz zu Lionardo da Vinci und Fracastoro noch die organische Natur der Versteinerungen. Die Anschauung von der vis plastica und dem spiritus lapidificus konnte sich trotz der Schriften der Colonna, Steno, Hooke, Leibniz bis in den Anfang des 18. Jahrhunderts erhalten, in welchem die sonst verdienstlichen Engländer Lister und Lhwyd, sowie der Schweizer Lang sich zu ihr bekannten. Diesen folgen bis zur Mitte des 18. Jahrhunderts die Diluvianer Woodward, Wedel, Büttner, Scheuchzer u. a. Nach wenigen Jahrzehnten welch ein wissenschaftlicher Um- und Aufschwung, besonders in der Zeit von 1770 bis 1820, in welche das von Zittel als das „heroische“ bezeichnete Zeitalter der Geologie fällt. Es ist nur nötig

gut. Auf der Insel Gothland leben gar keine Elche. Im westlichen Bergslagsdistrikt ergab die Jagd 50 Elche; an Milzbrand verendeten in zwei Revieren 21 Elche. In Südschweden (Smaland, Halland, Blekinge) sind nur in einigen Wäldern Elchbestände zu finden.

an Namen wie Abraham Gottlob Werner und seine Schüler zu erinnern: Leopold von Buch, Alexander von Humboldt, Christian Samuel Weiss, Karsten, von Schlotheim, von Raumer und zahlreiche andere.

Das Montanwesen dagegen ist schon früh seit dem 10. Jahrhundert rationell in Deutschland betrieben worden. Auch hier hielt aber der Aberglaube lange vor. Der Fortschritt der Gewinnungsarbeiten wurde zwar in der Mitte des 17. Jahrhunderts gefördert durch die Einführung der Sprengarbeit mittels Sprengpulvers, welche 1687 durch Einführung des Lettenbesatzes noch wirksamer gestaltet wurde; dafür aber, auf welcher wissenschaftlichen Grundlage der Bergbau noch zu Beginn des 18. Jahrhunderts stand, ist bezeichnend der Umstand, dass im Jahre 1700 Rössler in seinem Buche „Hellpolierter Bergbauspiegel" und 1734 Dr. Hertwig, des Rats- und Bergschöppenstehls zu Freiberg Assessor, umständlich erläuteren, wie die Wünschelrute sorgfältig zu handhaben sei. Es wird dann der Aufschwung des Bergbaus unter Friedrich dem Grossen geschildert, den zwei treffliche Männer Minister von Heinitz und Ober-Berghauptmann Graf von Reden (deren Namen in den Rüdersdorfer Kalkbrüchen verewigt sind) unterstützten.

Die Rede schliesst mit einem kurzen Abriss der 1860 begründeten Berg-Akademie und der erst am 1. Januar 1873 ins Leben getretenen Geologischen Landesanstalt, deren Räume die Brandenburgia wiederholt betreten durfte. Wir wünschen den Schwesteranstalten, die viele Beziehungen zur Landes- und engeren Heimatkunde haben, auch fernerhin eine segensvolle Entwickelung.

10. Herr Bruno Dürigen legt die 14. von ihm redigierte Glogersche Vogelschutzschrift „Schutz den Vögeln" mit 66 Abbildungen auf 3 Tafeln (Leipzig bei Hugo Voigt 1901) vor. Das treffliche Büchlein ist neu bearbeitet und kann allen Heimatkundigen, denen das Gedeihen unserer befiederten Freunde am Herzen liegt, nur aufs Wärmste empfohlen werden.

11. Illustrierter Führer durch das Naturhistorische Schulmuseum der Stadtgemeinde Rixdorf, Knesebeckstr. 21—23. I. Abteilung: Anatomie und Hygiene. Bau, Leben und Pflege des menschlichen Körpers. Für Schule und Haus bearbeitet von E. Fischer. — Herr Oberlehrer Fischer, u. M., hat mit grösstem Eifer und mit Erfolg die Anfänge eines speziell den Schulzwecken gewidmeten Museums in unserer Nachbarschaft ins Leben gerufen. Der Einteilungsplan ist dem Märkischen Museum nachgebildet, überall ist auf die praktische Anwendung der Sammlungen für Schule und Haus Bezug genommen, was mir ebenso löblich wie zweckmässig erscheint. Der spezielle Inhalt dieser Führerabteilung liegt ausserhalb

meines Wissenskreises, es wird aber genügen, wenn ich angebe, dass Dr. med. Paul Zimmer, Stadtrat in Rixdorf, als Fachmann den Inhalt rühmend in einem Begleitwort bespricht. Auch diesem Institut wünscht die Brandenburgia eine stetige und freudige Entwickelung.

C. Kulturgeschichtliches.

12. Ich lege die „Fest-Zeitung zur 200 Jahrfeier des Gesundbrunnens am Donnerstag, den 5. September 1901.

D. Heinrich Wilhelm Behms

Vorläufige Nachricht

von dem

Gesund-Brunnen

bei Berlin.

Zu haben bei dem Gesund-Brunnen.

1760

(Titelblatt des aufgefundenen Buches vom Jahre 1760)

Festausgabe der Zeitung „Die Quelle, Organ für den Norden Berlins und Umgegend“ vor, welche die Schilderung des historischen Festzuges und folgende Einzelartikel enthält: „Das Luisen-Bad zu Berlin. Ein geschichtlicher Rückblick zur 200 Jahrfeier des

Gesundbrunnens von Carl Lücke", ferner „Die älteste Schrift über den Gesundbrunnen" sowie „Zeitstimmen über die Einweihung des Luisenbades bei Berlin im Jahre 1806", letztere beide Abhandlungen ebenfalls aus der geschickten Feder Carl Lückes.

Über die älteste Schrift unsers Gesundbrunnens bemerkt Lücke im Eingange folgendes:

Der Verfasser der „Geschichte des Gesundbrunnens" erwähnt in seiner nach vorhandenen Quellen und mündlichen Mitteilungen bis auf die Neuzeit bearbeiteten Schrift, Verlag Hermann Kraatz, Berlin 1891 bei Beschreibung der Einrichtung des Brunnens auf S. 22: „Diese Angaben sind noch in handschriftlichen Dokumenten, welche sich allerdings in Privatbesitz befinden, vorhanden: leider scheint ein von Dr. Behm selbst verfasstes Büchlein mit dem Titel: „Heinrich Wilhelm Behm, vorläufige Nachricht von dem Gesundbrunnen bei Berlin 1760" gänzlich verschwunden zu sein." Als anfangs der neunziger Jahre hier in Berlin in der Zimmerstrasse die reichhaltige Bücherei eines Grafen von Voss versteigert wurde, bemerkte ich u. a. auch diese kleine Schrift im Kataloge verzeichnet und versuchte dieselbe zu erstehen. Leider aber war mir der Preis für diese nur 35 Seiten in klein Oktav umfassende Seltenheit — sie wurde für einen auswärtigen Sanitätsrat, einen Sammler von Badeschriften für 16 Mark erstanden, der Vermittler konnte bis 35 Mark gehen — ein derartig hoher, dass ich von dem Ankaufe absehen musste. Der Herr Auktionator aber gestattete mir in liebenswürdigster Weise nach Beendigung der Auktion an Ort und Stelle eine Abschrift davon nehmen zu dürfen, deren Abdruck nachstehend folgt.

Berlin, im August 1901. Carl Lücke.

CREATORI
ET
PATRIAE.

Vorbericht.

Es erscheint in diesen wenigen Blättern eine kurze; jedoch unserer Einsicht nach, hinlängliche Nachricht von dem Gesund-Brunnen bei Berlin

Wir empfehlen dieselbe hiermit nun zugleich die dabei unternommene Arbeit und Bemühungen, welche wir einzig und allein zum Nuzzen unseres Vaterlandes betrieben haben, der Gewogenheit unserer Gönner und Freunde.

Ihre unschätzbare Gnade und Gunst wird uns künftig noch immer mehr und mehr reizen, Vermögen und Kräfte daran zu wenden, dass wir dieses mit Gott angefangene Werck in immer verbesserte Verfassungen bringen mögen. Unsern Mitbürgern durch unsere Geschäftigkeit die verlorene Gesundheit wieder herzustellen, soll iederzeit unser Augenmerk seyn.

Wir versprechen uns einen erwünschten Fortgang und erbitten uns denselben von der göttlichen Barmherzigkeit, welche das zeitliche und ewige Wohl uns und unsern Nothleidenden befriedigen wolle.

(Vignette Muschelform.)

(Kleiner Holzschnitt, eine Landschaft darstellend.)

§ 1.

Der Gesund-Brunnen liegt Nordwärts eine halbe Stunde von Berlin dichte an dem Panko-Flusse, in einem Thale. Er quillet in einer überaus anmuthigen Gegend, aus den Mineralischen Gründen einer schönen Wiese. Gegen Mittag finden sich Anhöhen, welche theils mit Alleen, theils mit Feld-Früchten verzieret sind. Gegen Morgen liegen verschiedene mit Bäumen umgebene Wiesen, welche durchgehends von mineralischen Quellen durchwässert werden. Auch von dieser Seite zeiget sich der Panko-Fluss mit seinen mehreren Armen und mit Bäumen eingefassten Ufern den Augen auf eine angenehme Art. Gegen Mitternacht liegt eine Pappier-Mühle und das zum Brunnen-Wesen gehörige Koch- und Bade-Gebäude. Gegen Abend erblickt man das bequeme Wohnhaus, welches für die Brunnen- und Bade-Gäste bestimmt ist. Die auch da herum angelegte Alleen und Garten ergötzen die Aussicht durch wechselnde Reize.

§ 2.

Vormahls war 4 bis 500 Schritte von dem Brunnen, nach dem Rosenthaler Wege zu, ein vortreflicher Lust-Wald. Fichten, Tannen, Eichen und Birken machten ihn besonders aus. Er war rings herum vest umzäunt und mit wilden Caninichen besezt. Daher ward er der Caninischen-Garten geheissen. Er wurde von dem damahligen gnädigsten Landes-Herrn, dem Könige, Friedrich, dem Ersten, vor seinen Kron-Prinz, Friedrich Wilhelm, welcher in seiner Jugend schon ein Freund von der Jagd war, also eingerichtet. Vor einigen Jahren wurde dieser Busch gänzlich umgehauen und ausgerodet. Ob etwa künftighin eine Maulbeer-Pflanzung seine Stelle besezen werde: das mag die Zeit lehren. Dieses Lust- und Jagd-Revier hat die Gelegenheit gegeben, unsern Gesund-Brunnen, als einen Gesund-Brunnen, zuerst zu entdekken. Vorhin war derselbe seit undenklichen Jahren, als eine Quelle, mitten im Moraste, hervorgesprudelt und sogleich, kaum 50 Schritte, davon, in die Panko geflossen. Der damahlige Pappier-Müller bediente sich dieses Quell-Wassers. Er machte einen Stieg zur Quelle und schöpfte so viel Wasser aus ihr, als er bei seiner Hanthierung und Haushaltung von diesem Nasse nöthig hatte. Weiter war diese Quelle eben nicht bekandt und noch weniger berühmt. Da aber einstmahls im Jahre 1701 der Glorwürdigste König Friedrich I. mit seinem Kron-Prinze und einem zahlreichen Gefolge der Jagd in dem vorbenannten Lustwalde beiwohnete und ein Glas kaltes und reines Wasser verlangte: So brachte man ihm ein Glass von diesem Quell-Wasser. Der Landes-Vater fand in dem ersten Genusse desselben so etwas vorzügliches, dass er sich nicht nur noch ein anderes Glas davon bringen liess, sondern auch die Quelle selbst sehen wolte. Er ritte hin. Da er sie aber so unrein antraf, so befahl er, dass sofort ihre Reinigung und Einfassung besorget werden solte. Er gebot auch nachher den damahligen Leib-Aerzten über dieses Wasser Untersuchungen anzustellen. Sie thaten es also, dass sie dasselbe als ein schönes reines und mineralisches; folglich gesundes Wasser, gesunden und kranken Menschen überaus anpriesen.

§ 3.

Dieses war die glückliche; die Königliche Entdeckung unsers Gesund-Brunnens. Der Gebrauch desselben ward sogleich allgemein. Eine Mänge elender Kranken hohlten sich von dieser Quelle die anders woher vergeblich erwartete Besserung. Mit langwierigen Fiebern gequälte; durch Gicht-Schmerzen ausgemergelte; durch Gelb- und Wassersucht verstellte; ja selbst durch Felle und Staar des Gesichts beraubte Patienten wurden gesund. Personen, welche die Dörrsucht, Auszehrungen, Contracturen und Lähmungen an sich hatten, bekommen Linderung und gestärkte Glieder und Eingeweide. Gott gab dem Gebrauche dieses Wassers augenscheinlich seinen Segen; einen Segen, welcher noch bis auf die gegenwärtige Zeit vollständig zu spüren ist: Indem noch täglich die herrlichsten Curen in langwierigen Krankheiten mit diesem Wasser verrichtet werden.

In diesem Tone geht es weiter bis zum Schlussparagraphen 19:

§ 19.

Wir demüthigen uns zum Beschlusse vor dem Throne des Schöpfers, und statten demselben für die Barmherzigkeit, die er uns erzeiget, den schuldigsten Dank ab. Ihm gebühret das Lob, dass er uns aus Gnaden ein Mittel geschenket hat, wodurch elenden und kranken Personen zu ihrer Gesundheit geholfen werden kann. Wir bitten ihn ferner um seinen gnädigen Beistand und immerwärenden Segen. So wollen wir ihn stündlich loben und preisen.

Herr Lücke hat mehrere Exemplare seiner sehr fleissigen Arbeit zur Verfügung gestellt, wofür hiermit verbindlichst gedankt sei.

13. Herr Superintendent Naumann in Eckartsberga sendet den „Kalender für Ortsgeschichte und Heimatkunde im Kreise Eckartsberga, auf das Jahr 1902“. (7. Jahrgang. Druck von Otto Kirschbaum in Wiehe), freundlichst ein. Ich kann nur wiederholen, was ich bei der Besprechung der frühern Jahrgänge gesagt, dass dies ein vortreffliches Kalenderunternehmen ist, besonders berechnet im Volke die Heimatsliebe in Verbindung mit nützlichen Kenntnissen zu verbreiten, und hinzufügen, dass ich wünschte, jeder brandenburgische Kreis möchte einen ähnlichen Kalender ins Leben rufen.

14. Aus Frankreich kommt ein Zeugnis für das auch dort erwachende Natur- und Heimatsgefühl, das wir auf das Freudigste begrüssen. Dem vortrefflichen Organ „Die Denkmalspflege“ III. 1901. S. 96 entnehmen wir die bezügliche Notiz.

Société pour la protection des paysages nennt sich ein Verein, der vor wenigen Wochen in Paris gegründet wurde zum Schutze gegen das „Reklamewesen“, vor dem nichts mehr sicher ist, weder eine Felswand im Gebirge, noch eine schöne Baumgruppe auf der Wiese nahe der Eisenbahn, die glatte Mauerfläche eines einzeln liegenden Gebäudes u. dergl. mehr.

Der Verein hat folgende Satzungen aufgestellt: „Die Gesellschaft zum Schutze der französischen Landschaft macht es sich zum Hauptzweck, den Begriff zu entwickeln und zu verbreiten, dass jegliche Naturschönheit im grossen und kleinen ein Gegenstand des allgemeinen Nutzens sein kann, ebenso unentbehrlich für die Ehre und den Reichtum eines Landes als auch für die Zierde desselben. Sie hat zum besonderen Zweck: die Landschaft vor jeder in missbräuchlicher Weise angebrachten Reklame zu schützen, und zu verhindern, dass die Naturschönheiten beeinträchtigt oder zerstört werden durch Spekulation, durch die Industrie, durch Gebäude, durch Staats- oder Gemeindeanlagen, welche ohne Rücksicht auf die Umgebung und die wirklichen Interessen derselben ausgeführt werden; die Kenntnis der Naturschönheiten des Landes zu fördern und jede gewaltthätige Handlung, die geeignet ist, uns derselben zu berauben, zur Anzeige zu bringen.

Die Mittel, um diese Bestrebungen zu verwirklichen, sollen zunächst folgende sein:

Die Veröffentlichung einer Zusammenstellung der Gegenden, welche bereits verunziert sind, und solcher, die noch frei von Verunstaltungen sind und davor bewahrt werden müssen.

Die Verwaltungsvorschriften und Gesetze zu studieren, welche eine Handhabe zum Einschreiten gegen unnütze Verunzierungen der Gegenden bieten, als auch entsprechende Gesetzesvorschläge vorzubereiten und zu prüfen.

Rundschreiben an die Beteiligten zu schicken, durch die Zeitungen zu wirken, geeignete Schritte bei den Eigentümern und Behörden zu thun, unwissende und der Sache feindlich gesinnte Gemeinden zu überzeugen und endlich in besonders schwierigen Fällen Vereinsmittel zur Verfügung zu stellen. Letztere sollen durch Sammlungen und Veranstaltungen beschafft werden.

Der Verein soll in Beziehungen treten zu solchen Vereinen, welche ähnliche Zwecke verfolgen, als da sind: Alpenvereine, Verschönerungsvereine, geographische und archäologische Vereine usw.

Durch zeitweise Ausstellungen bezüglicher Kunstwerke, Photographien von schönen Felspartien, Baumgruppen usw. den Sinn für diese Schönheiten zu verbreiten und in den Schulen besonders das Verständnis der Kinder für die sie unmittelbar umgebenden Naturschönheiten zu wecken.

Wir würden ein solches Programm auch für Berlin und unsere Provinz Brandenburg mit grösster Genugthuung begrüssen.

15. Der Häuserschmuck der Stadt München. Vor fünf Jahren, im Juli 1896, hat der Magistrat München das Stadtarchiv veranlasst und ermächtigt, das Geeignete zu unternehmen, dass die Anregungen auf Verschönerung Münchens und Belebung des historischen

Sinnes der Bevölkerung insbesondere durch Anbringung historisch-künstlerisch-architektonischen Schmuckes an den Fassaden der öffentlichen und Privatgebäude, bei Neubauten und Häuserrenovationen neuerdings zur Berücksichtigung in Erinnerung gebracht werde. Auf Grund jenes Magistratsbeschlusses hat damals der Vorstand des Stadtarchivs, Herr v. Destouches, von dem jene Anregungen im Jahre 1880 ausgegangen waren, und für die König Ludwig II. ihm seine Sympathie und Anerkennung in einem besonderen Handschreiben und der Prinzregent mündlich kundgegeben, am 2. August 1896 in der Gemeinde-Zeitung eine entsprechende Bekanntmachung erlassen und darin sich zugleich bereit erklärt, jenen, die durch Anbringung solchen Häuserschmuckes, wie Wahrzeichen, Jahrzahlen, Gedenktafeln, Hausnamen, Bildnissen, Sinnsprüchen etc. zur Verschönerung der Stadt beizutragen gewillt sind, mit Aufschlüssen und Ratschlägen an die Hand zu gehen. Gerade jetzt, wo die Bauthätigkeit auf ihrem Höhepunkt steht, dürfte es daher angezeigt sein, jene Anregungen, durch die zugleich der schöpferischen Thätigkeit von Münchens Künstlern und Architekten ein neues ausgedehntes und dankbares Feld eröffnet worden ist, wieder in Erinnerung zu bringen, und dies umsomehr, als das Beispiel Münchens auch auswärts bereits vielfach Beachtung und Nachahmung gefunden. So hat erst in den jüngsten Tagen der Magistrat der fränkischen Stadt Schwabach, die gleiche Aufforderung an die dortige Bürgerschaft erlassen, „bei Häuserrenovationen an den Fassaden die vorhandenen Gedenktafeln, Wappen, Sinnsprüche und sonstigen zur Belebung des historischen Sinnes dienenden künstlerischen und architektonischen Schmuck anbringen zu lassen."

Auch diese Mitteilung wird von der Brandenburgia mit Interesse entgegen genommen. Die Mahnung gilt nicht bloss der Stadt Berlin, sondern auch allen Städten und grösseren Ortschaften der Provinz Brandenburg. Das Städtische Archiv der Stadt Berlin, die Direktion des Märkischen Provinzial-Museums, der Vorstand der Brandenburgia und sicherlich auch, soweit die Stadt Berlin in Frage kommt, der uns nahestehende und befreundete Verein für die Geschichte Berlins wird dergleichen auf den historischen wie aktuellen Häuserschmuck abzielende Bestrebungen gern und willig mit Rat und That unterstützen.

16. Das schnell berühmt gewordene altgermanische Königsgrab von Seddin bei Perleberg, Kreis West-Priguitz betreffen zwei Mitteilungen von mir, welche sich in den Verhandlungen der Berliner anthropologischen Gesellschaft, Sitzung vom 19. Januar 1901, S. 64 bis 73 befinden und die ich Ihnen heute in einem Sonderabdruck vorlege. Oscar Montelius setzt das Grab auf 1000, Professor Dr. Kossinna, u. M., auf das Jahrhundert zwischen 1000 und 900 v. Chr.

an. Beide nehmen dabei ein Werk germanischer Kultur von ganz hervorragender Bedeutung an.

17. Zum Kapitel der Bauopfer, welches in unserer Brandenburgia wiederholt besprochen macht u. M. Dr. H. Böttger in Wriezen mir folgende Mitteilung:

„Auf Schloss Burgk an der oberen Saale, zu Renss ä. L. gehörig, befindet sich im Rittersaal unter Glas und Rahmen das Skelett eines Hundes mit folgender Notiz:

P. M.

Dieser Hund wurde am 19. Oct. 1739 in einer 4 Ellen dicken Mauer 6 Ellen über hiesigem Schlossthor in einem verschlossenen und nach Ansehen mit rotem Leder ausgeschlagenen Kasten mit darinnen befundenen Thonnapf, auch würcklich natürlichen S. V. Losung und einem 7 Zoll langen mit † † † bezeichneten auch würcklich gebrauchten Schlüssel gefunden.

Dass dieser Hund auf 400 Jahre darinnen befindlich gefunden sein muss, lässt sich aus alten gefundenen Nachrichten deutlich erachten."

Dass der Hund, „des Hauses redlicher Hüter", zum Öftern als grausames Bauopfer hat dienen müssen, ist allmählich bekannter geworden und u. a. in novellistischer Weise von Gustav Freytag in der „Verlorenen Handschrift" ausgenutzt worden.

18. Niederlausitzer Mitteilungen. VI. Bd. 8. Heft. Guben 1901. Das Schlussheft, das ich umlaufen lasse, enthält u. a. zwei beachtenswerte Aufsätze: Die Ernte im Volksbrauch der Niederlausitz. Von Carl Gander in Guben. und Erhebungen aus den Kirchenbüchern der Stadt Guben in der Zeit von 1650—1700 vom Oberpfarrer D. A. Werner daselbst.

19. Cüstrins Bedeutung und Opfer für den preussischen Staat. Von Dr. Gustav Berg. Cüstrin 1901. In Kommission bei Tamradt. 72 S. 8°. Leider nur in 250 Exemplaren gedruckt und mit Gewissenhaftigkeit unter Benutzung des im Haus-, Geheimen Staats- und Regierungs-Archiv, sowie in der städtischen Cüstriner Registratur vorhandenen Materials dargestellt, enthält die interessante Schrift folgenden Inhalt: I. Die Verdienste des Markgrafen Johann um Cüstrin. II. Cüstrins Bedeutung als Residenz, Regierungshauptstadt und Festung sowie Garnison. III. Cüstrins Opfer als Garnisonstadt und Festung. IV. Rückblick.

Da sich hier die Gelegenheit bietet, sei noch erwähnt, dass in Cüstrin eine Art Lokal-Museum für die geschichtlichen Erinnerungen der Stadt gegründet ist, für welches der Militärfiskus Lokalitäten eingeräumt hat.

20. Gustav Adolfs Feldlager und Verschanzungen bei Schwedt a. O. Von Dr. F. Schreiber. Beilag zum XIX. Jahresbericht des Hohenzollern-Gymnasiums zu Schwedt a. O. 1900. Programm No. 88. — Verf. weist die Reste der Befestigungen des Schwedenkönigs mit aller nach den vorhandenen zum Teil verwischten Überresten möglichen Genauigkeit nach. Anfang Juli 1630 war Gustav Adolf II. in Pommern gelandet und hatte bald das ganze Land im Besitz. Mitte März errichtete er bei Schwedt ein befestigtes Feldlager. Bis zum 27. März (6. April) war es der Hauptwaffenplatz der Schweden und bildete die Rückendeckung bei dem Vorstoss nach Frankfurt a. O. Nach der Eroberung von Frankfurt verlor der Platz seine Bedeutung und wurde nach dem Fall von Landsberg a. W. Ende April ganz aufgegeben. Während ihres Bestehens wurden die Werke von keinem Feind angegriffen, bei der Aufgabe nicht zerstört, sondern einfach verlassen.

Die Lage der Werke war durch die Oder und die sumpfigen Ufergelände der Welse hervorragend gesichert. Genaue Pläne und Aufnahmen der einzelnen Befestigungsteile erleichtern deren Würdigung sehr.

21. Einen Sonderabzug aus den Forschungen zur brandenburgischen und preussischen Geschiche „Kurfürst Johann von Brandenburg kein Cicero" von Prof. Dr. Fr. Wagner lasse ich kursieren. Unser verehrtes Mitglied hat schon bei Albrecht Achilles*) nachgewiesen, dass dessen hellenischer Beiname dem Charakter und Wesen des Fürsten nicht entspricht, ein gleiches ist ihm in der vorliegenden Abhandlung hinsichtlich des Kurfürsten Johann (1486—1499) überzeugend gelungen. S. 46 heisst es:

„Die Hoffnung, mit diesem abgeschmackten Beinamen aufräumen zu können trotz der Macht alter Gewohnheit, gründet sich darauf, dass die (allerdings noch thörichteren) Beinamen „Nestor" und „Hektor" für Joachim I. und Joachim II. zu verschwinden beginnen, wenigstens in wissenschaftlichen Werken. Und in dieser Erwartung darf auch der Umstand nicht beirren, dass leider bei der Aufstellung der Denkmäler in der Siegesallee auf die richtige geschichtliche Auffassung zu wenig Rücksicht genommen worden ist. Man wird einwenden, das seien kleinliche Äusserungen, auf die wenig ankäme. Aber dies wäre doch keine ganz unbedenkliche Auffassung. So gut wie die Treue im kleinsten der sicherste Grundstein für sittliche Lebensauffassung überhaupt ist, so richtig ist es, bei der Feststellung geschichtlicher Wahrheit auch in scheinbar unbedeutenden Einzelheiten gewissenhaft und ängstlich das Zuverlässige zu ermitteln.

Ganz sicher muss aber ein Beinamen fallen gelassen werden, wenn sich ergiebt, dass er auf einem Missverständniss beruht und der Wahrheit.

*) Fr. Wagner: Aus der Jugendzeit des Kurfürsten Johann und Joachim I von Brandenburg. Brandenburgia IX. 260 flg.

geradezu widerspricht. Hätten die geistreichen Bearbeiter märkischer Geschichte, denen wir diese Beinamen verdanken, weil sie ihre Belesenheit und Gelehrsamkeit um jeden Preis an den Mann bringen mussten, dem Kurfürsten Joachim I. den Beinamen „Cicero" beigelegt,*) nun, dann könnte man nur vom Standpunkt des Geschmacks aus mit ihnen rechten; sie hätten sich auf lateinische Briefe des Kurfürsten beziehen können, welche noch vorhanden sind, auf rednerische Leistungen vor den Reichsfürsten, für welche zuverlässige Zeugnisse vorliegen; ein wahres Unglück, dass sie hier fehlgegriffen und den ganz unpassenden Namen „Nestor" vorgezogen haben. (Er rührt von Georg Sabinus her: „Exuperas dulci Nestora voce senem.) Schwerlich aber kann man ihnen verzeihen, dass sie des Kurfürsten Johann Andenken mit ihrer Schwärmerei für Cicero beleidigt haben."

Andere haben versucht, ihn „Magnus" zu nennen, wegen seiner Leibesgrösse und Stärke.

Wagner schliesst mit dem Satze: „Wenn schon einmal ein Beinamen für die Kurfürsten Johann notwendig und unentbehrlich ist, so kehre man zu demjenigen zurück, welchen ihm die zeitgenössischen Schriftsteller gegeben haben:

Johann (Magnus) der Starke, aber kein Cicero."

D. Photographien.

Solche sind in wahre Fülle, wie Sie aus dem Umlauf derselben ersehen, eingegangen.

22. 32 Ansichtspostkarten von Spandau und Umgegend als Fortsetzung der früheren Serien legt u. M. Herr Neupert vor;

23. ebenso als Fortsetzung früherer Sendungen, u. M. Herr Gustav Lackowitz 11 Ansichtspostkarten von Pankow und Nieder-Schönhausen bei Berlin;

24. u. M. Herr Reuter 10 Photographien in Kabinetformat von Wittstock a. D.;

25. 13 Prignitzer Ansichtskarten (darunter ebenfalls Wittstock) u. M. Herr Architekt Kühnlein;

26. u. M. Herr Robert Mielke drei Ansichtspostkarten aus dem Museum der Stadt Metz: ein Depotfund der späten Bronzezeit aus Niederjeutz (Kr. Diedenhofen); ein eisernes Hiebmesser in Bronzescheide (La Tène) aus dem Bannwald bei Hültenhausen (Kr. Saarburg i. L.) und zwei Bronze-Armbänder aus einem Hügelgrab der Hallstatt-Zeit im Weiherwald bei Saaraltdorf (Kr. Saarburg i. L.). Diese im städtischen Museum angefertigten Ansichtspostkarten haben nicht bloss die Bedeutung einer Erinnerung, sondern auch wissenschaftlichen Wert. Es wäre nun sehr erwünscht, falls es sich so

*) Leutinger hat dies in der That gethan.

einrichten liesse, dass auch das Märkische Museum dergleichen Ansichtspostkarten ausgiebt.

27. Photographische Aufnahme der stattlichen neuen städtischen Lesehalle in Charlottenburg, überreicht von derem Bibliothekar u. M. Dr. Gustav Albrecht.

28. Von der Pflegschaftsfahrt des Märkischen Museums Sonntag den 30. Juni d. J. eine Ansicht des backsteinernen Bergfrieds von dem alten Schloss in Stolpe a. d. Oder, sogen. „Grütztopp“, aufgenommen und überreicht von Herrn Bibliothekar F. Lüdicke in Charlottenburg. — Ferner von einer Grotte im Stolper Schlosspark des Herrn Schlosshauptmann von Buch. Darauf deutlich ersichtlich links ein germanischer Mahltrog (sogen. Hünenhacke) mit Reibestein, rechts zwei flachere Mahltröge und ganz rechts ein seltsam ausgewitterter grosser Stein, in welchem die härteren Schichten die weicheren Partien überragen. Der grosse Steintisch und die grosse als Sitz dienende Längsschwelle stammt von einem diluvialen Tuff her, welcher auf einem bei Stolpe belegenen Vorwerk nahe einem kalkhaltigen Bache noch jetzt gebrochen und verarbeitet wird. Endlich eine uralte Silber-Weide am Abhange des Parks nach den Oderwiesen zu, welche sich höchst malerisch ausgestaltet hat.

29. Eine von demselben Herrn aufgenommene Ansicht des Innern des grossen wendischen Burgwalls in den Wiesen bei Zauchwitz unweit Beelitz, den ich mit der Pflegschaft des Märkischen Provinzial-Museums am 2. Juni 1901 untersucht habe.

30. 3 Photographien der beiden Hünengräber von Grammertin bei Wokuhl in Mecklenburg-Strelitz unweit der brandenburgischen Grenze von Herrn Staatsarchivar Dr. von Buchwald und u. M. Herrn Hermann Maurer untersucht und als bereits ausgenommen befunden am 11. September 1901. Aufgenommen durch Herrn H. Maurer.

31. Photographie eines überaus herrlichen und stattlichen Rosskastanienbaums (1 m über der Erde ca. 4 m Stammumfang) bei der Försterei zu Eggersdorf, Kreis Niederbarnim, aufgenommen von Herrn F. Lüdicke bei der Pflegschaftsfahrt des Märkischen Museums am 15. September 1901. Eine Tafel an diesem Wunderbaum besagt, dass er 1744 gepflanzt worden sei.

32. Der Schlosshof zu Neuenhagen, Kreis Königsberg N.-M. bei Oderberg i. M. photographiert am 9. Juni 1901, desgl. eine verwilderte Partie des dazugehörigen Gartens, photographiert bei der Pflegschaftsfahrt des Märkischen Museums am 9. Juni 1901.

33. Drei von Herrn H. Maurer am 22. September 1901 bei der Pflegschaftsfahrt des Märkischen Museums mit dessem photographischen Apparat aufgenommene Bilder. A) die Ruine des 1299 erbauten Cisterzienserklosters Himmelpfort, romanische Rundbogen, mit

der neugebauten gothischen Kapelle, welche zur Zeit der Ortschaft als Kirche dient. Längsansicht. — Dann eine Queransicht, welche das sorgsam gefügte Mauerwerk scharf erkennen lässt und ein der jüngern Bronzezeit (mit Eisenspuren) angehöriges Urnenfeld nicht weit (südöstlich) von Fürstenberg in Mecklenburg, unweit der Havel und nahe der brandenburgischen Grenze.

34. Vier Photographien aus Fredersdorf, Kreis Nieder-Barnim von u. M. Herrn W. Pütz bei der Pflegschaftsfahrt des Märkischen Museums am 12. Mai 1901 aufgenommen. A) das Innere der renovierten Kirche mit dem Altar. — B) das Innere des Schlossgartens von der Terrasse des Herrenhauses aus aufgenommen. — C) das Innere der Podewilsschen Familiengruft in dem Rotundebau neben der Kirche mit den Särgen und D) einer der von uns geöffneten Särge. Ich behalte mir hierüber eine besondere durch Abbildungen unterstützte Mitteilung vor.

35. Unser Mitglied, Herr Chemiker Schenk in Fürstenwalde a. Spree, schenkt dem Märkischen Museum mehrere Serien interessanter Photographien. A) 4 verschiedene Aufnahmen des alten Kalkofens in der Nähe des Glockenturms, Kalkberge Rüdersdorf, am 7. Juli d. J. gelegentlich einer Pflegschaftsfahrt des Märkischen Museums aufgenommen. Die Ansichten sind überaus malerisch und erinnern zum Teil an altrömische Ruinen in italienischer Landschaft. — B) aus Fürstenwalde a. Spree zwei Akazienbäume (Robinia pseudacacia), Schlossstrasse, der eine erinnert an die sogenannten Verkehrtbäume und ist das Erzeugnis einer Pfropfung; der Stamm des andern Baumes gleicht einer zusammengerollten Rollstab-Jalousie, ich möchte diese seltsame Ausbildung des Stammes, die auch bei Weissbuchen und Rüstern vorkommt, Rollstabbildung (Rollstabbäume) nennen. — C) zur Vergleichung mit märkischen Klosterruinen, namentlich mit Kloster Himmelpfort (No. 33) 7 Photographien, Teile der um 1299 zuerst im romanischen Stil erbauten Cisterzienserkirche zu Eldena bei Greifswald. Auch die Herkunft dieses Backsteinbaus ist von Interesse, namentlich seit Herr Bauinspektor Stiehl, wie Sie aus seinem geistvollen Vortrag in der Brandenburgia S. 73—80 Bd. X hörten, die niederländische Herkunft unsers frühest mittelalterlichen Backsteinbaus bestreitet und letztere vielmehr mit Oberitalien, speziell der Lombardei in Verbindung zu bringen geneigt ist. Für Pommern und wohl auch für einzelne Teile der Mark Brandenburg haben wir uns nach Dänemark umzusehen. Im Jahre 1168, ungefähr zu derselben Zeit als das Hauptbollwerk der Wenden in der Mark, Brandenburg mit dem Harlungerberg, zum letzten Male d. h. endgiltig in die Hände der Deutschen fiel, ward die Burg zu Arkona auf Rügen, Mittelpunkt des wendischen Lebens und Gottes-

dienstes, von den Dänen erobert. Infolge davon trat Jaromar I., Fürst von Rügen, zu dem Christentum über, die Insel Rügen aber ward in kirchlicher Beziehung dem inseldänischen Bistum Roeskilde, in welchem damals die mächtige Gestalt des weltklugen Bischofs Absalom waltete, zugeteilt. 1172 ward von dem Kloster Esrom auf Seeland das damals zu Pommern gehörige Cisterzienserkloster Dargun, jetzt in Mecklenburg-Schwerin, gegründet. Als jedoch bereits 1198 dieses in einem Kriege verwüstet ward, begaben sich auf Wunsch des rügischen Fürsten Jaromar und seiner Gattin Hildegard, einer Tochter Königs Kanut VI. von Dänemark, die Mönche in das Land Wusterhusen und begründeten hier mit Hilfe der Fürsten 1199 das Kloster Eldena, das zur Linie Clairvaux zählte, als Tochterkloster von Dargun und Esrom. Entsprechend den Grundsätzen ihres Ordens trugen die Mönche in das heidnische Land christliche Sitte und Lebensgewohnheit, rodeten mit geschickter Hand Wälder aus, entwässerten Sümpfe und schufen, wie Professor Dr. R. Schmitt-Greifswald in dem vortrefflichen „Führer durch Greifswald und Umgegend" ausführt, der vom Niederrhein herzuströmenden deutschen Einwanderung willkommene Gelegenheit zu Niederlassungen. So erhielt 1241 das Kloster Eldena das Recht in der Nähe der Salzquellen etwa eine halbe Stunde entfernt von der Ausmündung des Ryck in die das dänische Wieck genannte Ausbuchtung der Ostsee einen Markt begründen zu dürfen, aus dem sich mit grosser Schnelligkeit die Stadt Greifswald entwickelte. Wer sich hierfür spezieller interessiert, den verweise ich auf Professor Dr. Theodor Pyls grundlegende und bahnbrechende auf genaustem archivalischem Studium beruhende Arbeiten über Eldena und Greifswald, welche die Rügisch-Pommersche Abteilung der Gesellschaft für Pommersche Geschichte in mehreren Bänden vor einigen Jahren herausgegeben hat. Vergönnt sei mir aber noch auf den gleichzeitlichen kulturgeschichtlichen Parallelismus zwischen Pommern und Brandenburg hinzuweisen, wie er sich insbesondere durch die Thätigkeit der Mönchsorden ausspricht. Wenn man für Pommern und, wie ich annehme, auch für einige Teile Brandenburgs, beispielsweise für die Klosteranlagen bei Oderberg i. M. und auf der Marieninsel im Parsteiner See, in architektonischer Beziehung bezüglich des Backsteinbaus wird an eine skandinavische Beeinflussung im christianierten Wendlande denken müssen, so entsteht gleich wieder die zweite Frage, sind diese dänischen Architekten durch die Niederlande beeinflusst worden oder durch Italien? Erwägt man aber weiter, dass die Skandinaven auf ihren Wikingerzügen schon frühzeitig mit der italienischen Baukunst, speziell auch mit dem italienischen Ziegel- oder Backsteinbau zweifellos bekannt geworden sind, wenn sie sich nicht geradezu die Augen verbunden haben, so erhalten auf diese Weise die Stiehlsche Hypothesen von der italienischen Beeinflussung unsers frühmittelalterlichen Backsteinbaus, sei es mittelbar, sei es unmittelbar eine neue Stütze. Mir scheint dieser Punkt im Interesse der Entwickelung unserer heimatlichen Baukunst so interessant und so wichtig, dass ich ihn Ihrer Prüfung und Erwägung empfehlen möchte.

Herr E. Schenk hat gleichzeitig mehrere Photographieen überreicht von prächtigen Bäumen darunter der berühmten „Weissen Buche“, von Baumgruppen und Waldpartien in der Nähe von Eldena im Elisenhain, der diesen Namen, nachdem der damalige Kronprinz, spätere König Friedrich Wilhelm IV. mit seiner Gemahlin Elisabeth den Wald im Juni 1827 besucht hat, der letzteren zu Ehren empfing. Ich habe in diesem Hain nicht weit von dem Wirtshaus eine Weissbuche (Carpinus betulus) entdeckt, die eine Zwieselform hat d. h. gespalten, aber unten und oben wieder verwachsen ist, derartig, dass man durch den Spalt allenfalls ein Kind hindurchziehen kann. Diesen Aberglauben hat man, um Kinder vor Verkrümmungen zu schützen, hier wirklich geübt und habe ich hierüber in der Zeitschrift für Volkskunde Band II S. 81 (Berlin 1892) eine Mitteilung unter Beigabe einer Abbildung des Zwieselbaumes gemacht. Genau erweist sich dieser Aberglaube noch jetzt in den verschiedensten Teilen der Provinz Brandenburg im Schwange.

36. Schliesslich füge ich noch eine Photographie des Rathauses zu Greifswald bei, die mein Sohn Erwin Friedel, z. Zt. Unterarzt im Königlichen Charité-Krankenhause, im Mai d. J. aufgenommen hat. Das Rathaus mit hohem Treppengiebel ist im 18. Jahrhundert gebaut. Von dem mittelalterlichen gotischen Rathaus, das Feuersbrünste im Jahre 1713 und 1736 stark heimsuchten, sind nur die gewaltigen gewölbten Keller, die Ratsstube, das Archiv und der Flurraum erhalten geblieben.

37. Herr Kustos Buchholz spricht über

das Renaissance-Haus Friedrichsgracht 58.

Die Nachricht vom Tode des 81 jährigen Rittergutsbesitzers Eugen Possart, Besitzers des Hauses Friedrichsgracht 58, bringt dieses ortsgeschichtlich nicht uninteressante Haus in Erinnerung, das mit dem danebenstehenden, fast ebenso alten, der Schindlerschen Stiftung gehörigen Hause aus der Umgebung sich vornehm abhebt.

Zwar rührt das, was sich an dem Hause äusserlich zeigt, zum grössten Teil von der im Jahre 1878 vorgenommenen Renovierung her, doch ging diese unter möglichst strengem Festhalten an der alten Architektur vor sich, auf die Possart grossen Wert legte.

Das Hauptstück der Front bildet ein von 4 Pilastern mit korinthischen Kapitälen getragener Architrav, der ursprünglich von einem Frontispiz, später von dem Vasenaufsatz gekrönt wurde, wie er noch jetzt besteht. Das Hauptgesims wird von Konsolen getragen, deren Zwischenräume Blumenguirlanden aus Stuck zieren. Die Hauptthüren sind neu und im Renaissancestil reich geschnitzt, das Oberlicht, wie die Brüstung einer Galerie an der Hofseite mit kunstvollem altem schmiedeeisernem Gitterwerk besetzt.

Die Einfahrt flankieren sowohl an der Strassen- wie an der Hofseite je 2 gusseiserne Prellpfähle in Gestalt von Kanonenröhren mit Ritterkopf.

Im Innern des Erdgeschosses birgt nur noch das Mittelzimmer künstlerische Reste aus der Glanzzeit des Hauses, nämlich den in Fächer abgegliederten und bemalten Plafond, sowie 3 Wandspiegel. Doch sind beide nicht sichtbar; Possart hatte sie im Jahre 1878, bei der Vermietung der Räume als Geschäftslokal, fest verdecken lassen.

Im Obergeschoss befindet sich die Wohnung des verstorbenen Besitzers, die jetzt verschlossen ist und auch bei Lebzeiten Possarts nur wenigen, meist unter der Bedingung strenger Diskretion, zugänglich war. Nach dem, was über den Inhalt zu erfahren war — wesentlich durch unser verstorbenes Mitglied Leo Alfieri — strotzte die Wohnung von Kunstwerken und Erinnerungen aus der Rokokozeit, wie ein Museum. Das Haus liess im Jahre 1686 der kurprinzliche Geheimsekretär Heinrich Butendach durch den Baumeister Smids errichten. Butendach war Besitzer des mit der Rückseite anstossenden Grundstücks Brüderstrassse 12. Nachdem im Jahre 1680 die Köllnische Stadtmauer, die nach Errichtung der neuen Festungswerke überflüssig geworden war, abgebrochen wurde, kaufte er 1682 den zwischen seinem Grundstück und dem Zuge der Stadtmauer gelegenen „Garten mit Häuschen" für 1000 Thaler zu und als dann die Friedrichsgracht, wegen der freien Aussicht über das Wasser nach dem damals noch wenig bebauten Friedrichswerder, eine vornehme Strasse zu werden schien, entschloss er sich 4 Jahre später zu diesem Hausbau.

Einige Jahre darauf kaufte der Minister Rüdiger von Ilgen das Grundstück, von dem es 1719 an dessen Schwiegersohn, Kriegsminister von Knyphausen, überging. Die Knyphausenschen Erben besassen es bis 1759. Dann, wohl infolge der Kriegszeit, wechselte das Grundstück in den 4 Jahren von 1759—1762 sechsmal den Besitzer. Am 18. Mai 1759 kaufte es Kriegskommissar Kröger; am 11. Oktober 1759 Etatsminister Heinrich Christian von Katt; am 20. Juni 1760 Obrist-Wachtmeister Aug. Ludw. von Katt; am 21. August 1761 Kriegsrat Fr. W. Baetcke; am 9. September 1761 der bekannte patriotische Kaufmann Gotzkowsky; dieser war schon damals in finanziellen Schwierigkeiten und musste es am 30. September 1761 an Bankier Willmann abtreten; 1768 erwirbt es der „Kauf- und Handelsmann" Phil. Jacob von der Lahr und 1777 der Kaufmann Christian Grand für 12000 Thaler.

1801 finden wir als Besitzer den Seidenfärber Filhes; 1823 den Bankier Goltz; 1840 Bankier Rudolph; 1863 baut der Besitzer Ullstein das Hintergebäude; seit 1867 besass es Possart, der wie oben gesagt, bei der Renovierung von 1878 uns die alte Fassade möglichst erhalten hat, wie aus den beiden vorgelegten Abbildungen, nämlich der Stridbeckschen Zeichnung von 1690 und einer Photographie von 1890 leicht zu ersehen ist.

38. Herr Kustos Buchholz legt aus dem Märkischen Provinzial-Museum vor:

a) Ein grosses Lichtdruck-Tableau, das im Atelier der Graphischen Gesellschaft im vorigen Jahre für das I. Garde-Regiment zu Fuss hergestellt ist und die wichtigsten Erlebnisse des Regiments während der ersten 12 Jahre der Regierung Kaiser Wilhelms II. also von 1888—1900, darstellt.

b) Zwei Photographien, das Innere der Kirche zu Schönfeld bei Crossen darstellend. Man sieht daraus, dass das Gestühl geschnitzt ist, die Empor-Brüstungen mit Gemälden aus der biblischen Geschichte geschmückt sind, auch die Orgel mit Renaissance-Schnitzerei reich verziert ist.

Ebenso ist erkennbar, dass die Kirche ein Fachwerkbau mit Balkendecke ist.

Der durch die Bilder dargestellte Zustand der Kirche rührt von 1663 her, in welchem Jahre sie der Grundherr, Adolph Maximilian von Loeben, dessen gemaltes und geschnitztes Epitaphschild sich im Märkischen Museum befindet (VI. 11 455), die „ganz verwüstete Kirche und Klageturm“ erbauen und verzieren liess.

39. Herr Kustos Buchholz unter Vorlage von

4 prähistorischen Karten von Mecklenburg.

Schon in den 1870er Jahren hatten die anthropologischen Vereine auf Herstellung von Übersichtskarten prähistorischer Funde und Befunde hingewirkt und als massgebende Bezeichnung der letzteren die sogenannte „Chantrésche Legende“ angenommen.

Seit der Zeit hat man in verschiedenen deutschen Landschaften solche Karten herzustellen versucht. Da aber in Karten von den allgemein zugänglichen Massstäben, 1 : 100 000 und drüber, wegen der Masse der Zeichen bald ein verwirrendes Bild entstand, während andrerseits die Messtischblätter 1 : 25 000 nur erst für wenige Teile Deutschlands fertig waren, auch die Reproduktion zu kostspielig gestalteten, unterblieb die völlige Durchführung. Auch im Märkischen Museum war die Karte von Brandenburg im Jahre 1876 in Angriff genommen worden. Die Schwierigkeiten und Kosten der Arbeit entsprachen aber nicht den Vorteilen für die allgemeine Übersicht. Diese wurde durch Fundregister, Zettelkataloge und vorgeschichtche Feldmarksgrundbücher viel bequemer erreicht und so unterblieb die Durchführung auch hier.

In den hier vorliegenden, neu vom Schweriner Museum hergestellten Karten von Mecklenburg ist nun die Übersicht dadurch erheblich erleichtert, dass jede der 4 grossen vorgeschichtlichen Zeitperioden auf einem besonderen Blatt dargestellt ist. No. 1 zeigt die Funde und Befunde der Steinzeit, No. 2 der Bronzezeit, No. 3 der Eisenzeit, No. 4 der wendischen Zeit. Eine weitere Periodenteilung ist auf No. 2 (ältere und jüngere Bronzezeit) und No. 3 (Hallstadt und la Tène-Periode und römische Periode) durch verschiedene Farben markiert. Ausserdem sind die Höhenverhältnisse durch Schraffierung angedeutet, was für den Forscher auch von Wichtigkeit ist.

In dieser Gestalt hat — abgesehen von den Schwierigkeiten einer überall genauen Perioden-Zuteilung — die Übersichtlichkeit schon sehr gewonnen, es bleibt aber zu bedenken, dass die Fortführung immer nur in der Centrale der betreffenden Landschaft geschehen kann und die im Handel bezogenen Karten schon kurze Zeit nach ihrer Publikation wieder veraltet sind.

40. Vortrag des Herrn Direktors Professors Dr. K. Müllenhoff: „Rings um Berlin im Jahre 1858.“ Der Vortrag wurde unterstützt durch zahlreiche Abbildungen aus dem Märkischen Museum. Wir bringen den Vortrag als besonderen Aufsatz.

41. Nach dem Vortrage vereinigten sich die Teilnehmer zu einem gemütlichen Beisammensein im Ratskeller.

Rings um Berlin im Jahre 1858.

Von

Karl Müllenhoff.

Für den jüngeren Berliner, der seine Vaterstadt nur als die Reichshauptstadt kennt, ist es nicht leicht sich in die alten Zeiten zu versetzen. Schon die Zeit der Regentschaft Wilhelms I. scheint uns sehr fern zu sein. Obgleich seitdem nur wenig mehr als vierzig Jahre verflossen sind, ist doch bereits durch die Fülle der neuen Entwickelungen das Damalige so vielfach zerstört, oder doch überwuchert und unkenntlich gemacht, dass man nur schwierig die Reste des

Alten unter dem Neueren und Allerneuesten noch zu erkennen vermag.

Nur wer den ganzen Entwickelungsgang, den unsere Stadt in dieser Zeit genommen hat, im einzelnen hat verfolgen können, würde ein richtiges und vollständiges Bild vom alten Berlin geben können.

Es wäre dieses eine recht schwierige, nur für wenige Auserwählte erfüllbare Aufgabe.

Ein leichteres Ziel stecke ich mir; ich möchte versuchen über die Entwickelung unserer Stadt in den letzten vierzig Jahren einiges nach meinen Beobachtungen und Erinnerungen zusammenzustellen und dabei besonders die Veränderungen hervorheben, welche Berlin in der Nähe der alten Stadtgrenze, der Stadtmauer, erfahren hat.

Meine Erinnerungen an das alte Berlin beginnen mit dem Herbste 1858, der Zeit als unser späterer Kaiser Wilhelm I. die Regentschaft übernahm. Ich kam damals im Alter von neun Jahren aus Kiel, einer Stadt von 16000 Einwohnern nach Berlin, einer Stadt von 459000 Einwohnern. Da gab es für mich ungemein viel Neues und Wunderbares zu sehen und es ist natürlich, dass sich alles Gesehene dem lebhaften jugendlichen Gemüte dauernd einprägte, und dass die damals aufgenommenen Bilder noch heute unverwischt im Gedächtnisse fortleben.

Ich möchte daher das Berlin von 1858 Ihnen vorführen und zwar dadurch, dass ich einen Rundgang um die damalige Stadt beschreibe.

Ich beginne die Wanderung an der Potsdamer Brücke. Von dem Hause aus, in dem wir von 1858 ab 18 Jahre lang wohnten, Schellingstrasse 7, hatte man in der ersten Zeit eine recht freie Aussicht. Aus dem nach Südwesten gerichteten Fenster der Berliner Stube sah man auf die nahe gelegene Potsdamer Brücke, über die weiten Schöneberger Wiesen und bis zum fernen Grunewald hin. Aus den ostwärts gerichteten Fenstern der Vorderstuben konnte man über das unbebaute Terrain der Tempelhofer Vorstadt bis zum Kreuzberg sehen.

Es war also der Bewohner der Potsdamer Vorstadt noch nicht von Häusermassen eingeengt; man lebte in diesem Stadtteil in vielen Beziehungen noch frei, wie auf dem Lande.

Auf dem, vom Anhalter Bahnhof nach Südost gelegenen, grossen freien Felde konnten die Jungen nach Belieben Drachen steigen lassen und andere Spiele veranstalten. Die weiten, mit einzelnen Weiden und Pappeln bestandenen, vielfach sumpfigen und von Gräben durchzogenen Schöneberger Wiesen boten für zoologische und botanische Exkursionen eine reiche Ausbeute. Eidechsen und Blindschleichen gab es an den trockenen Stellen, z. B. hinter der Albrechtshofer Brücke, nahe am

Birkenwäldchen, Ringelnattern und Wasserkäfer in den Wiesengräben und den zahlreichen Wasserlachen.

Unzweifelhaft hatte es die Berliner Jugend von damals besser als die jetzige, die stundenlange Touren machen muss, ehe sie aus den endlosen Häusermassen herauskommt.

Wir brauchten nicht nach Grünau, dem Grunewald, nach Potsdam und anderen fernen Orten zu fahren, um ins Freie zu kommen. Wir machten Ausflüge nach Moritzhof (an der jetzigen Lützow-Brücke) oder Albrechtshof (an der jetzigen Herkules-Brücke) und waren dort mehr im Freien, als wir es jetzt nach langer Eisenbahnfahrt sein können. Als Ziele der Schülerpartien, die in den ersten Jahren vom Wilhelms-Gymnasium aus gemacht wurden, sind mir ausser Moritzhof und Albrechtshof im Gedächtnis geblieben der Gesundbrunnen mit der, uns sehr wunderbar erscheinenden, Quelle und der Königsdamm, wo der Gedenkstein des am 10. März 1856 im Duell gefallenen Polizei-Präsidenten v. Hinckeldey in uns ein geheimes Gruseln erregte.

Wie ländlich es in der Potsdamer Vorstadt, d. h. dem grossen Dreieck zwischen dem Halleschen Thore, dem Potsdamer Thore und der Potsdamer Brücke, noch war, erkennt man auch aus folgendem: In mehreren der grossen Gärten dieser Stadtgegend bestand die Einrichtung, dass Kinder, wenn sie in Begleitung Erwachsener kamen, für einen Groschen Johannisbeeren und Stachelbeeren von den Sträuchern pflücken und essen durften, so viel es ihnen beliebte. Eine sehr menschenfreundliche Einrichtung, von der ich wohl im Interesse unserer Stadtkinder wünschte, dass sie auch jetzt noch bestehen möchte.

Wer im Jahre 1858 von der Potsdamer Brücke ostwärts zum Halleschen Thore wollte, that gut, wenn er auf der Südseite des Kanals ging; das Schöneberger- und Tempelhofer Ufer war bereits eine gangbare Strasse, war sogar hübsch mit Bäumen bepflanzt. Die nördlichen Uferstrassen befanden sich dagegen an mehreren Stellen erst im Entstehungszustande und waren vielfach kaum gangbar, so namentlich von der Schöneberger Brücke aus ostwärts.

Wenden wir uns vom Hallischen Thor aus weiter nach Osten um unseren Rundgang um die Stadt fortzusetzen.

Wir gehen vom Thore aus die Hallische Kommunikation entlang, (jetzt die Nordseite der Gitschiner Strasse) überschreiten am Wasserthor den Luisenstädtischen Kanal und gelangen durch die Cottbuser und Lausitzer Kommunikation (jetzt die Nordseite der Skalitzer Strasse) zum Schlesischen Thor. Unterwegs haben wir reichlich Gelegenheit die architektonischen Reize der alten Stadtmauer zu bewundern; das Bauwerk, eine drei Meter hohe dicke Steinmauer, stammte aus der Zeit Friedrich Wilhelm II. und umschloss die ganze Stadt. Im ganzen war das von der Ringmauer umschlossene Gebiet bebaut, nur im Südosten waren noch viele freie Stellen und dieser Teil des städtischen Weichbildes führte mit Recht den Namen das Köpnicker Feld. Ausser dem in den Jahren 1845—1847 erbauten Krankenhause Bethanien und der im Jahre 1856 vollendeten Michaelskirche sah man in diesem, jetzt von mächtigen Strassenzügen bedeckten und stark bevölkerten Stadtteile nur einige wenige Häuser und dazwischen Felder und Gärten.

Wer Berlin vom Schlesischen Thore aus betrat, erhielt noch im Jahre 1858 einen ähnlichen Eindruck von der Stadt, wie ihn die im Jahre 1784 erschienene „Charakteristik von Berlin" schildert. In dieser heisst es;

„Man bekommt einen schlechten Eindruck von der grossen Stadt, überhaupt hat Berlin ein klägliches Ansehen für einen Fremden, der vom Hamburger, Schlesischen und Kottbuser Thore hereinkommt. Man findet dort elende Häuser, wüste unbebaute Plätze."

Nicht besser, wie auf dem „Köpnicker Felde", sah es im Jahre 1858 im Stralauer Viertel und den benachbarten Teilen der äusseren „Königstadt" aus.

Überschritt man, vom Schlesischen Thore her kommend, die Oberbaumbrücke, so fand man auch am rechten Ufer der Spree noch viel unbebautes Land und herzlich wenig Häuser. Nur eine kleine Anzahl von Strassen gab es in dem grossen Gebiete und selbst in diesen wenigen Strassen standen die Häuser nur vereinzelt.

Die Stadtmauer ging von der Spree und dem Stralauer Thore aus zunächst im Zuge der jetzigen Warschauer Strasse nach Nordosten zu und folgte dann, zuerst nach Nordwesten dann nach Westen gewendet, dem Verlaufe der jetzigen Gubener Strasse und Friedenstrasse. Vom Prenzlauer Thore aus lief die Stadtmauer, wo jetzt die Lothringer, die Elsässer und die Hannoversche Strasse ist, fast genau nach Westen. Sie wendete sich an der neuen Charité vor dem Spandauer Schiffahrts-Kanal südwärts und erreichte am Unterbaum die Spree.

Während, wie wir gesehen haben, im Südosten, Osten und Nordosten die Stadtgrenze weit über das eigentlich bebaute Gebiet hinaus gezogen war, war im Norden und im Nordwesten die Stadt bereits aus dem durch die Stadtmauer umschlossenen Gebiete hinausgewachsen. Zwischen der Brunnenstrasse und dem Oranienburger Thore erstreckte sich im Jahre 1858 ausserhalb der Stadtmauer das bereits zur Zeit Friedrichs des Grossen bebaute „Voigtland"; in der Chausseestrasse hatten die grossen Maschinenbauanstalten von Borsig, Egells, Pflug ihre Werkstätten; und im äussersten Nordwesten waren unter Friedrich Wilhelm IV. in der Chausseestrasse, die grossen Kasernen und in Moabit das Zellengefängnis und die Ulanenkaserne gebaut worden. Allerdings standen diese Gebäude noch recht lange „allein auf weiter Flur" und man konnte noch bis zum Jahre 1870 auf den Moabiter Sandbergen die schönsten Dünenbildungen beobachten und die Jungen konnten in den zwischen den Sandbergen liegenden Torftümpeln Salamander und anderes Wassergetier fischen, so viel sie wollten.

Von den zahlreichen Strassen des jetzigen Stadtteils Moabit existierten im Jahre 1858 nur die Strasse Alt-Moabit, die Kirchstrasse und die Stromstrasse; und die im Zuge der Kirchstrasse verlaufende Moabiter Brücke führte ihren Namen mit Recht, denn sie bildete den einzigen Übergang von Moabit aus über die Spree. Wer in der Gegend der jetzigen Moltkebrücke, von Moabit kommend, über die Spree wollte, liess sich im Boot von der Tichyschen Badeanstalt übersetzen; er gelangte, nachdem er den grossen Seegerschen Holzplatz passiert hatte, an der Schifferstrasse (jetzt Roonstrasse) auf den grossen Exercierplatz (den jetzigen Königsplatz). Von dem Südwestende des Exercierplatzes führte dann ein inzwischen längst verschwundener Weg, die kleine Querallee, in schnurgerader Richtung durch den Tiergarten auf die Viktoriastrasse zu und man konnte auf diesem Wege zu dem Ausgangspunkte unserer Rundwanderung zur Potsdamer Brücke zurück gelangen.

Wie gross die Veränderungen sind, die Berlin in der Zeit von 1858 bis zum heutigen Tage erfahren hat, erkennt man am besten daran, dass auf dem ganzen soeben beschriebenen Rundgange um die alte Stadt kaum ein Gebäude unverändert erhalten ist. Denken wir uns einen Berliner, der die alte Stadt aus der Zeit von 1858 gut kannte und der nach vierzigjähriger Abwesenheit jetzt hierher zurückkehrte. Er würde auf dem langen Wege des Verlaufes der alten Stadtmauer jetzt kaum noch etwas bekanntes vorfinden. Überall neue Häuser, neue Strassen, neue Namen. Und wo die alten Namen geblieben sind, ein gänzlich verändertes Bild.

Ich möchte dieses im einzelnen an der Potsdamer Strasse etwas näher zeigen.

Wo jetzt eine mächtig breite, feste Doppelbrücke im Zuge der Viktoria- und Potsdamer Strasse hoch über den Kanal wegführt, bestand eine recht bescheidene, einfache Brücke. Dieselbe war sehr schmal und so niedrig, dass so oft ein einigermassen grosses Schiff den Kanal passierte, die beweglichen Klappen der Brücke geöffnet wurden. Dieses brachte natürlich jedes Mal eine Unterbrechung des gesamten Fussgänger- und Wagenverkehrs mit sich. Es war diese Einrichtung höchst lästig für die Passanten; es freuten sich über sie nur unpünktliche Schüler, die auf ihrem Wege zur Schule über die Brücke mussten; hatten sie doch jedes Mal eine gute Ausrede, wenn sie zu spät kamen; dann war eben allemal die Brücke aufgezogen.

18

Die Potsdamer Strasse zeigte im Jahre 1858 in ihrem Schöneberger Teile, d. h. jenseits der Potsdamer Brücke, noch recht viele freie Stellen, aber auch im Berliner Teil, dem Stück zwischen Thor und Brücke, fanden sich noch mehrfach Gärten und Baustellen und auch sonst machte die Strasse den Eindruck einer erst halb fertigen Vorstadtstrasse. Trotzdem die Gesamtbreite der Strasse im ganzen unverändert geblieben ist, war der Fahrdamm im Jahre 1858 recht schmal. Jedes Haus hatte zunächst einen grossen Vorgarten; dann folgte ein Rinnstein von etwa 2 Fuss Breite und 3 Fuss Tiefe, der sich am äusseren Rande des Bürgersteiges hinzog; und dieser Bürgersteig selbst war ziemlich breit und er musste es sein, denn auf ihm standen die ungeheuren Bäume, meist Pappeln und Ulmen, die ganze Strasse beschattend. Natürlich blieb da für den Wagenverkehr nur ein schmaler Streifen in der Mitte der Strasse übrig.

Aber, wenn der Fahrdamm auch schmal war, er genügte für den Verkehr. Ausser den meist von Hunden gezogenen Milchwagen, dem Scheerenschleiferkarren und den Wagen, auf denen „Spreewasser und andere kleine Fuhren" transportiert wurden sowie den Schönebergern, die ihr Gemüse zu Markte fuhren, sah man nicht viel Fuhrwerk. Und das war gut, denn das Pflaster war schrecklich und man zog daher allgemein das Gehen dem Fahren vor. In der That glich die Fortbewegung einer Droschke einem fortwährenden Springen vom Stein zu Stein. Auch die Omnibusse waren nicht eben empfehlenswert, denn sie verursachten durch ihr Scheibengeklirr ein so betäubendes Geräusch, dass die Benutzung dieses Vehikels nur besonders nervenstarken Personen erträglich war. Von den 10 Omnibuslinien, die Berlin im Jahre 1858 hatte, ging eine durch die Potsdamer Strasse; es war die Linie Molkenmarkt-Schöneberg; sie verfügte über vier Wagen und zwar ging alle halbe Stunde einer.

Besonders bequem hatte man es demgemäss gerade nicht, wenn man durch die Potsdamer Strasse fahren wollte oder musste. Doch einen Trost hatte man, für die Fussgänger war auch nicht besser gesorgt. Wohl war der „Bürgersteig" mit Granitplatten belegt, aber nur in sehr geringer Breite; wer auf dem Trottoir ging, die dicken Chausseebäume auf der einen, den tiefen Rinnstein auf der andern Seite, musste sehr aufmerksam sein, um durch die Strasse zu kommen ohne anzustossen und hineinzufallen. Dazu kam, dass einzelne Häuser, unbekümmert um die sonst innegehaltene Baufluchtlinie, weit vorspringend gebaut waren. An diesen Stellen war ein wahrer Engpass. Ein rechtes Verkehrshindernis war namentlich ein Gebäude, das im Berliner Volksmunde wegen seines eigentümlichen Aussehens der Eisbock genannt wurde; das Haus war durch die Aufhöhung der Strasse scheinbar in die Erde versunken, man konnte vom Trottoir aus bequem auf das Dach des Häuschens hinauflangen. Dabei sah es so baufällig aus, dass sich gewiss niemand gewundert hätte, wenn es über Nacht zusammengefallen wäre. Und doch hat der Eisbock noch recht lange die Potsdamer Strasse geziert.

Die Beschreibung einer Berliner Strasse von 1858 würde aber unvollständig sein, wenn ich nicht eine besondere Eigenschaft noch wenigstens erwähnte: ich meine den Duft oder vielmehr Gestank, der den stagnierenden Rinnsteinen entströmte. Derselbe war, zumal im heissen Sommer, fast unerträglich, gehörte aber zu den für die Stadt charakteristischen Eigentümlichkeiten. Erst durch die Kanalisation wurde hierin gründlich Wandel geschaffen.

Auch die Strassenbeleuchtung war im Jahre 1858 von der jetzigen recht verschieden. Eine Berechnung ergiebt, dass die damalige Beleuchtung zu der jetzigen etwa in demselben Verhältnisse steht, wie der Verkehr von damals und jetzt, die Potsdamer Strasse wurde damals alle halbe Stunde von einem Omnibus durchfahren, während sie jetzt in derselben Zeit von 62 Pferdebahnwagen und 34 Omnibussen passiert wird.

Der Abschluss der Potsdamer Strasse am Potsdamer Platz war durchaus nicht imposant.

Von rechts und links her sah man die graue Stadtmauer sich dem Thore nähern; die beiden jetzt noch bestehenden Thorgebäude dienten als Unterkunft für die Wachtmannschaften, das eine für die Zollbeamten, das andere für die Militärwache. Ausserhalb des Thores zog nach links die Schulgartenstrasse, nach rechts die Hirschelstrasse, hinter dem Thore nach links die Brandenburger, nach rechts die Potsdamer Kommunikation. Und durch diese Kommunikationen fuhren die Züge der Verbindungsbahn; doch hatten diese Eisenbahnzüge nichts Beängstigendes. Langsam und feierlich schritt vor dem Zuge ein Schaffner voran, mit einer grossen Messingglocke bei jedem Schritte laut läutend. Ihm folgte die Lokomotive und dahinter kam langsam rumpelnd der Güterzug. Oft hatte ein solcher Zug zwei Lokomotiven und eine dementsprechende Anzahl von Wagen und man kann sich denken, wie lange es dauerte, bis der Fussgänger- und Wagenverkehr über den Platz wieder frei wurde. Das Publikum war daran gewöhnt an den Brücken und Thoren zu warten.

Langsamer ging damals der Verkehr in der Stadt, dafür aber auch gemütlicher. Die „Rettungsinseln", die sich jetzt auf den Plätzen befinden, waren entbehrlich; sie sind erst durch die Strassenbahnen und das Radfahren nötig geworden. Jetzt sind an den Strassenkreuzungen berittene Schutzleute postiert um die Fahrordnung: „immer rechts fahren" in Erinnerung zu bringen; damals fanden die wenigen

Wagen von selbst ihren Weg und die Zeitungen konnten noch nicht, wie heute, täglich über Unfälle berichten.

Die ganze Stadt von 1858 würde dem heutigen Berliner nicht wie eine Grossstadt, sondern wie ein etwas gross geratenes Dorf erscheinen.

Kleine Mitteilungen.

O. S. Über den Koschenberger Diabas. — Der grüne ausserordentlich harte Stein, welcher im Niederlausitzer Koschenberg, die Grauwacke durchbrechend, zu Tage tritt, ist Diabas; ich stelle zur Orientierung folgende Notizen darüber zur Verfügung.

Diabas ist ein deutliches körniges Gestein von dunkelgrüner Farbe, das im einzelnen Stück ein grün und weiss gesprenkeltes Aussehen besitzt. In dem Diabas lassen sich mikroskopisch deutlich weisse bis schwach grünlich gefärbte Feldspatleistchen neben schwarzem Augit erkennen, der vielfach uralitisiert ist und dann schwarzgrün erscheint, wodurch das Gestein eine hellere Färbung erhält. Zu beiden gesellt sich zuweilen schwarzer Biotit in vereinzelten Täfelchen, sowie immer Titan- und Magneteisen.

Der Diabas bildet nicht wie der Granit ausgedehnte Gesteinsmassen, sondern durchsetzt namentlich in der sächsischen Lausitz, in Form meist nur schmaler Gänge den Granit oder die Grauwacke. An verhältnismässig recht wenigen Punkten erreicht er jedoch bedeutende Mächtigkeit.

In Gestalt stärkerer Gänge tritt der Diabas im Granit z. B. bei Wiesa unweit Kamenz auf, ferner in der Grauwacke und im Granitit in dem geologisch hochinteressanten Koschenberg bei Senftenberg, auf jenem vereinzelten Ausläufer des nordsächsischen Grauwackenhügellandes, der sich weithin aus den ebenen Gebilden des Schwemmlandes durch seine Erhebung sichtbar macht.

Ein ferner nicht unbedeutendes Vorkommen, mitten aus den Diluvialkiesen hervortretend, befindet sich bei Schwepnitz-Bulleritz, nördlich von Königsbrück.

Diese drei bedeutenderen Vorkommen, die in technisch vollkommener Weise abgebaut werden, bilden zur Zeit die hervorragendsten Fundstellen des Diabases.

Zu technischen Zwecken wurde der Diabas bis vor wenigen Jahren eigentlich nur als Strassenschotter und demnächst zur Gewinnung bossierter Pflastersteine abgebaut, da ihn seine ausserordentliche Härte und vor allem seine ganz ungewöhnliche Zähigkeit nur schwer gewinnbar macht.

Umsomehr wird er infolge dieser Eigenschaften geschätzt, da er alle anderen bisher zu gleichen Zwecken verwendeten Gesteine wie Granit, Grauwacke, Basalt, Quarzit, Porphyr namentlich dort in den Schatten stellt, wo stärkeste Beanspruchung des Materials verlangt wird. Aber nicht allein diese specifische Härte, Festigkeit und Zähigkeit, sondern auch die ausserordentliche Widerstandsfähigkeit gegen Atmosphärilien zeichnen ihn vor anderen Gesteinen aus, die vielleicht hart aber dabei glasartig-spröde sind, oder durch lehmige Verwitterung fortwährend einen reichlichen klebrigen Strassenschmutz abgeben wie z. B. Basalt und Porphyr.

Auch runden sich bossierte Pflastersteine aus Diabas nicht ab und werden den Pferden nicht verhängnisvoll wie die vorgenannten Gesteine oder die vielfach angebotenen künstlichen Ersatzsteine.

Auf Grund dieser Eigenschaften und mit Hinblick darauf, dass eben dieses in der That edel zu nennende Material nur beschränkte räumliche Verbreitung besitzt, hat das weiter unten genannte Diabaswerk in Erkenntnis des Bedürfnisses nach einem besonders widerstandsfähigen Strassen- und Fusswegsbefestigungsmaterial, den Diabas in Verbindung mit Cement zu Kunststeinen in besonderer Fabrikation verarbeitet, die ganz hervorragende Eigenschaften gegenüber denen bei Verwendung anderer Gesteine als Konkret besitzen, wie dies durch die Königl. Prüfungsanstalt in Charlottenburg festgestellt worden ist.

Nach jahrelangen mühevollen Versuchen ist es endlich gelungen die Fabrikation so zu gestalten, dass die hervorragenden natürlichen Eigenschaften des Diabases dem Kunstprodukt erhalten bleiben.

Andererseits aber lässt dieses sich jeder gewünschten Form anpassen, was, bei Verwendung des Diabases allein, nur mit ganz unverhältnismässig hohen Kosten zu bewerkstelligen wäre.

Durch sorgfältige Zerkleinerung, durch vollkommenes Waschen und durch ganz intensives Mischen, sowie durch sonst, infolge langjähriger Erfahrungen gebotene specifische Behandlung des Diabases mit dem nötigen Bindematerial, wird ein Kunststein erzielt, der bei verhältnismässig billigem Preise im Vergleich zu den bis jetzt auf den Markt gebrachten Kunststeinen ein Produkt darstellt, das sich bei der amtlichen Prüfung als das festeste und die geringste Abnutzung zeigende Kunststeinmaterial ergeben hat.

Diese Diabas-Kunststeine können sowohl direkt ohne jede weitere Bearbeitung zur Verwendung gelangen, sie werden aber auch, wenn grössere Ansprüche auf Eleganz gestellt werden, geschliffen, poliert und beliebig gefärbt geliefert.

Besitzer des Diabas-Kunststeinwerkes Koschenberg bei Senftenberg, Kreis Kalau, ist Herr Regierungsbaumeister Alfred Roscher, Dresden-A., Schweizer Strasse 14. Von dort können Proben sowohl des Rohmaterials (auch der Grauwacke) sowie des Kunststeins bezogen werden. Pflasterungsversuche mit letzterem hat die Stadt Berlin noch nicht gemacht. Diabas-Pflaster selbst ist im Stadtteil Moabit auf kleineren Strecken befriedigend verlegt worden. Schade, dass der Diabas mehr in unregelmässige Polyeder zerspringt und sich daher nicht so leicht wie z. B. der Granit von Carlskrone, den man so viel in Berlin als Pflaster sieht, verarbeiten lässt. Das Märkische Museum hat vor einigen Jahren eine Exkursion nach dem Koschenberg gemacht und von dort für die Sammlungen eine reiche Folge von Gesteinsproben, Geschieben und Kiesen des Quartärs über dem Diabas und der Grauwacke mitgebracht. Trotz der Härte des Gesteins entfärben sich Diabas-Geschiebe leicht, sie werden schwarzgrau, und beim Zerschlagen markiert sich die Entfärbungszone bis mehrere Centimeter tief in Steinen von Kindskopfgrösse. Der kleine Teich, welcher sich in dem Diabasbruch gebildet hat, führt kristallklares, kaltes, hartes und vegetationsarmes Wasser. Eine Exkursion nach dem Koschenberg ab Berlin kann an einem Tage ausgeführt werden.

E. Friedel.

Beitrag zur Kunde der vorgeschichtlichen Altertümer der Neumark. (Aus den Sammelkästen des Märk. Prov.-Museums.) Während die von Pastor Hobus vorgenommenen Ausgrabungen bei Blumberg im Kreise Landsberg a. W. bis vor kurzem aus der Zeit des geschliffenen Steines angehörende Funde ergaben, wurden jüngst nunmehr interessante Altertümer aus der Bronzezeit zu Tage gefördert. — Von den zuerst gefundenen mannigfachen Werkzeugen repräsentieren hier die ältere neolithische Steinzeit u. a.: ein geschliffener Steinhammer ohne Bohrloch mit quadratischem Mittelquerschnitt, welchen die Schäferberge in einem Urnenhügelgrabe bergen, und ein ebenfalls undurchbohrtes Steinbeil mit Rinne zur Befestigung des Stieles aus hartem, grauem Gesteine, bei Klein-Vorteil gefunden; während das beste der bisher hier entdeckten Werkzeuge der jüngeren Epoche der neolithischen Steinzeit, ein Axthammer von vorzüglichem Schliffe und Bohrloch, im Wartethale bei dem „Sassendamme“ auf der Moorsohle lag. — Die jüngst von Pastor Hobus aufgedeckten Gräber der „Bronzezeit“ befinden sich an einem sagenumwobenen Orte der „Kohlhöfe“, dort, wo der „Weidendamm“ die Grosskamminer Feldmark bei den „Sandkuten“ von der „Blumberger“ trennt. In verschiedener Tiefe, über und nebeneinander, stehen hier die Urnen älterer Vorzeit aus einer mit Granitgries durchsetzten dicken, groben Thonmasse mit den geschmackvolleren, ornamentierten, bisweilen schwarzpolierten der jüngeren Epoche der Prähistorie beisammen. Zwei Brandaltäre aus wohlgefügten, roh behauenen und gebrannten Feldsteinen, ca 1,5 m hoch, 2 m lang und 1 m breit, wurden, von Brandresten umgeben, hier blossgelegt. In einer Tiefe von 2 bis 3 m lagen mit und ohne Steinpackung die Brandurnen bisweilen 1 m voneinander entfernt. Die Beigaben bestanden aus grossen Buckelgefässen mit Henkeln bis zu einem Bauchdurchmesser von 0,5 m, aus kleinen ineinander gelegten Schalen mit grossem Henkel, kleineren und grösseren, oft mit Strichornamenten versehenen Henkeltöpfen, aus ovalen, tellerartigen, flachen Schüsselgefässen, deren Längsaxe ca. 1 m betrug, und deren Henkel sich an der ersten unteren Randstufe befanden. Auch geschmolzene Bronzestücke lagen hier und da neben Bronzeschmuckresten bei. In einer mit einem zweiten Gefässe als deckelbeschwerten, weniger schönen Begräbnisurne von feinerer Thonmasse, die ungefähr 2 m tief in einem Sandhügel ohne Steinpackung stand, befanden sich Brandknochenreste eines 10—12 jährigen Kindes. Die Dünne der Schädeldecke, die Knochenformation und die Zahnbildung ergaben die Merkmale zum Schlusse auf dieses Alter. Als Beigaben barg dieses Grab zwei mit Patina sehr stark überzogene Bronzefibeln mit Spiralen, zwei Bronzeschnallen, einen Kamm aus Knochenmasse in sehr zarter Bearbeitung mit stark gebogenen Zähnen und Restchen von gedrehtem Silberschmuck. Auffallen musste es, dass die Röhrenknochen aus den Begräbnisurnen, scheinbar der Markentfernung halber, gespalten waren. Die Annahme, dass dies geschehen sei, um die Knochenreste in den Totengefässen bergen zu können, erklärt diese Thatsache nicht hinreichend.*) Von ganz besonderem Interesse ist ein Becher aus terra sigillata, welcher von den Resten einer grossen Buckelurne umschlossen war, und dessen Form den am Rhein gefundenen Römerbechern gleicht. Ferner wurde im „Höllengrunde" eine bronzene Spiralplattenfibel mit längerem Bügel und losem, mit einem Doppelkreuze versehenem Dorne, ähnlich dem vom Königlichen Museum für Völkerkunde unter der Katalog-Nummer II 3816 aufgeführten Bronzeschmucke gehoben. Die Urnenfelder, welche noch viele lehrreiche und interessante Altertümer bergen dürften, erstrecken sich nach den Untersuchungen des Pastors Hobus weithin über die Blumberger und Kamminer Feldmark. Auch die sogenannten Werder des südlich von den Blumberger Höhen liegenden Warthebruches weisen sowohl Gefässe altgermanischen wie wendischen Charakters, oft mit Thonfarbe überzogen, auf; doch wurden hier auch Münzen aus der Ottonenzeit gefunden. Von den schon früher gehobenen Thongefässen besitzt Seine Excellenz Graf Udo zu Stolberg-Wernigerode auf seinem Schlosse Grosskammin eine ansehnliche Sammlung, in welcher auch ein „Schleuderstein" sich befindet mit umlaufender Rille und „Dellen" auf der oberen und unteren Seite. Vielleicht ermöglichen diese Entdeckungen eine Datierung und liefern damit einen kleinen Beitrag zur Erhellung des noch so dunkelen Geschichts- und Kulturbildes der Vorzeit in einem Teile unserer Mark.

Westhavelland. Lietzow bei Nauen. (ca. 1860.)

Ringelspiel für junge Leute.

a) Vers.

1. Du, du gefällst mir nicht
Du bist zu hitzig
Und alle deine Reden
Sind mir zu spitzig.

2. Du, du mein Augentrost,
Du du mein Leben
Dir will ich ganz allein
Ein Küsschen geben!

---

*) Die Röhrknochen platzen von selbst; dies ist in den Leichen-Verbrennungsöfen zu Gotha, Heidelberg, Hamburg und Berlin neuerdings oftmals festgestellt.

E. Friedel.

b) Spiel.

16—20 junge Leute im Alter von 16—24 Jahren, Mädchen und Burschen, treten im Kreise an und reichen sich die Hände. Eine Person tritt in die Mitte und singt die Verse mit Gesten. Die übrigen singen mit. Bei den entsprechenden Worten zeigt er auf ein Mädchen und küsst sie. Dann tritt sie in die Mitte und singt ebenfalls die Verse. Sie sucht sich dabei einen jungen Mann zum Küssen aus, und so geht die Sache weiter.

c) Melodie.

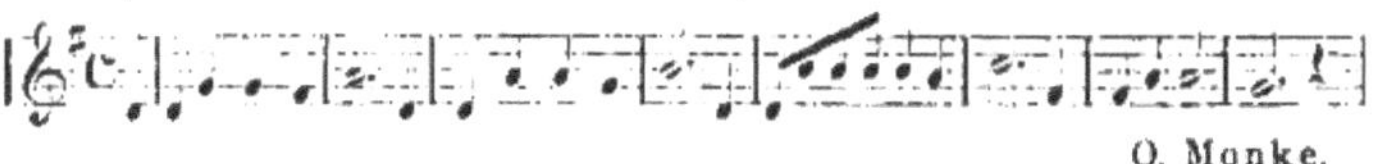

O. Monke.

Niebede, Kreis Westhavelland, ca. 1860.

Pfänderspiel für grössere Kinder.

Guten Tag, gnäd'ger Herr,
Und ich, gnäd'ger Herr,
Komme vom gnäd'gen Herrn,
Um dem gnäd'gen Herrn zu sagen,
Dass unsre Katze blitzeblaue Augen,
Paille-gelbe Vorderpfoten,
Grüne Hinterpfoten
Und einen kokliko-roten Schwanz hat.

Die Teilnehmer sitzen im Kreise. Einer, der Vorsprecher, sagt zu seinem Nachbarn die erste Zeile; dieser spricht sie nach, zum folgenden Spieler gewendet, und so geht die Zeile im Kreise herum.

Sodann wird Zeile 1 und 2 zusammen vom Vorsprecher gesprochen, und beide Zeilen werden nun in derselben Weise wie vorhin No. 1 von allen Mitspielern der Reihe nach wiederholt.

Dann wird mit den Zeilen 1—3 ebenso verfahren, und so geht es fort bis zur letzten.

Wer aber bei diesem Spiel eine Zeile oder auch nur ein Wort auslässt, muss ein Pfand geben.

(Auch in Berlin bekannt.)

O. Monke.

Für die Redaktion: Dr. Eduard Zache, Cüstriner Platz 9. — Die Einsender haben den sachlichen Inhalt ihrer Mitteilungen zu vertreten.
Druck von P. Stankiewicz' Buchdruckerei, Berlin, Bernburgerstrasse 14.

Persönliche Nachrichten.

U. M. Herr Rechtsanwalt Dr. jur. Julius **Stadthagen** hat den Charakter als Justizrat verliehen erhalten.

Sr. Majestät der König Don Carlos von Portugal ernannte u. M. den Königlichen Landbauinspektor **Wilhelm Wulff** zum „Cavalleiros da ordem militar de Nosso Senhor Jesus Christo".

12. (9. ausserordentliche) Versammlung des X. Vereinsjahres.

Sonnabend, den 26. Oktober 1901, nachmittags 5 Uhr

Besichtigung des Königl. Instituts für Infektionskrankheiten, Berlin N., Nordufer-Föhrerstrasse.

Zur festgesetzten Stunde hatte sich eine grosse Anzahl Herren und Damen vor dem Eingang des Gebäudes versammelt. Das Gebäude ist aus roten Backsteinen aufgeführt und besteht aus einem Längsgebäude mit zwei Seitenflügeln. In der Mitte des Hauptgebäudes befindet sich ein vorspringendes Treppenhaus mit hohen Fenstern.

Am Eingang begrüsste Herr Geheimer Medizinalrat Dr. **Dönitz** nebst Gemahlin die Erschienenen und geleiteten sie über den hellen und luftigen Corridor in den Hörsaal. Hier waren mehrere Rahmen aufgestellt mit Photographien und Diapositiven jener niedrigen Lebewesen, welche so schädigend auf die menschliche und tierische Gesundheit eingreifen. Die Bilder waren Meisterwerke in ihrer Art, hergestellt durch Herrn Professor Dr. **Zettnow**. Der I. Vorsitzende, Herr Geheimer Regierungsrat **Friedel**, begrüsste hier die Versammelten und dankte Herrn Geheimrat **Dönitz** für die freundliche Einladung zur Besichtigung dieses neuen für die Wissenschaft und für die Wohlfahrt gleich wichtigen Instituts.

Nun ergriff Herr Geheimrat **Dönitz** das Wort zu folgendem Vortrage:

19

Meine Damen, Meine Herren!

Ihr allverehrter Vorsitzender, der Gründer der Brandenburgia, Herr Geh. Rat Friedel, ist unablässig bemüht, Ihnen das, was die Mark Brandenburg an Sehenswürdigkeiten im weitesten Sinne des Wortes bietet, vor Augen zu führen, und so hat er vor länger als Jahresfrist auch mich gebeten, Ihnen das Institut für Infektionskrankheiten für eine Besichtigung zu öffnen. In Abwesenheit des Direktors, des Herrn Geh. Rat Robert Koch, hatte ich zugesagt, aber um Hinausschiebung des Termines gebeten, weil der Neubau des Institutes sich noch in gar zu unfertigem Zustande befand. Jetzt, wo er seiner Vollendung entgegengeht, ist nach seiner Rückkehr aus Neu-Guinea Herr Geh. Rat Koch gern damit einverstanden, dass ich mein Wort einlöse, und so kann ich Sie heute in diesen Räumen willkommen heissen.

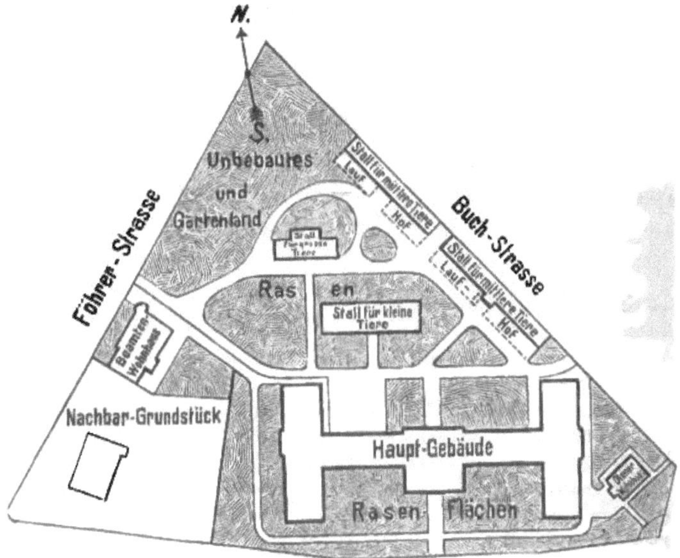

Grundriss des Instituts für Infektionskrankheiten.

Wenn Sie die Einrichtungen eines Institutes, wie es das unsrige ist, verstehen wollen, müssen Sie erst Klarheit darüber haben, welche Aufgaben dem Institute gestellt sind, und mit welchen Mitteln, auf welche Weise diese Aufgaben gelöst werden. Sie würden sonst hier nicht viel anderes sehen, als ein bakteriologisches Laboratorium. Dass aber ein grosser Teil unserer Thätigkeit ausserhalb des Laboratoriums liegt, würde Ihnen gar nicht zum Bewusstsein kommen. Ich halte es deshalb für meine Pflicht, Sie auf diese Dinge aufmerksam zu machen, ehe wir an die Besichtigung gehen. Ein kurzer historischer Rückblick wird Sie ausserdem überzeugen, dass die Errichtung dieses Instituts aus einer inneren Notwendigkeit hervorgegangen ist.

Wenn wir auf den Anfang der achtziger Jahre zurückgreifen, so finden wir den Direktor des Institutes, R. Koch, am Ende der ersten Periode seiner wissenschaftlichen Thätigkeit; er hatte eine neue Wissenschaft geschaffen, die Bakteriologie, und bewiesen, was man schon geahnt, aber zu beweisen sich vergeblich bemüht hatte, dass alle ansteckenden Krankheiten, die sogenannten Infektionskrankheiten, durch kleine Lebewesen, pathogene Organismen, hervorgerufen werden, welche auf irgend eine Weise in den Körper eindringen. Indem sie

Institut für Infektionskrankheiten.

sich dort vermehren, rufen sie eine Schädigung des Körpers hervor, und dieser reagirt darauf automatisch mit Abwehrmassregeln, deren wir selber, wenn wir die Geschädigten sind, uns nicht einmal bewusst werden, ausser dass wir fühlen, dass wir krank sind. Alle diese Vorgänge zusammen, die Schädigung und die Abwehr, bilden den Begriff der Krankheit. R. Koch hatte also eine Anzahl solcher Schädlinge züchten gelehrt und mit seinen Reinkulturen gezeigt, dass einer jeden Krankheit ein eigener, specifischer Mikro-Organismus entspricht.

Mit dieser Erkenntnis hatte die wissenschaftliche Medizin einen ganz erstaunlichen Fortschritt gemacht. Trotzdem kamen die Nörgler und sagten: Da habt Ihr nun die Bazillen entdeckt, — erfunden, sagte man gewöhnlich —, aber Krankheiten könnt Ihr damit doch nicht heilen!

Wer so sprach, übersah in kurzsichtiger Weise, dass mit der Kenntnis dieser Organismen uns eine mächtige Waffe in die Hand gegeben war. Wir hatten nur nötig, diese kleinen Wesen als unsere Feinde anzusehen und mit ihnen zu verfahren, wie man es mit einem politischen Feinde macht, d. h., Abwehrmassregeln treffen, und, wenn das nicht hilft, den Krieg erklären.

R. Koch, der damals Professor der Hygiene an hiesiger Universität war, wandte sich, dieser Stellung gemäss, den hygienischen Abwehrmassregeln gegen unsere mikroskopisch kleinen Feinde zu und trat damit in die zweite Epoche seiner ausserordentlich schöpferischen Thätigkeit ein, unterstützt von einer Schaar arbeitsfroher und opferwilliger Schüler.

Jetzt galt es, die Lebensweise der krank machenden Organismen innerhalb und besonders auch ausserhalb des menschlichen oder tierischen Körpers kennen zu lernen, und zu ermitteln, wie sie in den Körper gelangen. Das musste für jede einzelne Krankheit besonders festgestellt werden. Die wichtigste Krankheit, der man sich zuwandte, war die Tuberkulose, und man erkannte bald, dass sie eine echte Schmutzkrankheit ist, indem der Tuberkelbazillus von den Kindern auf dem Fussboden der Wohnungen und der Strassen aufgelesen, von den Erwachsenen hauptsächlich im Staube der Strassen wie enger Wohnräume eingeatmet wird. Verbreitet aber wird er durch den Auswurf hustender Schwindsüchtiger.

Für einige andere Krankheiten, die häufig als Seuchen auftreten, wurde festgestellt, dass sie sich gewöhnlich durch das Wasser verbreiten. Dahin gehören zwei der mörderischsten Krankheiten, die Cholera und der Typhus.

Ich kann die Sache hier nicht weiter verfolgen, doch werden Sie leicht verstehen, dass die so gewonnenen Kenntnisse den sich hieran anschliessenden Arbeiten über Schutzmassregeln eine ganz bestimmte Richtung gaben, und dass die Filtration des Wassers und die Desinfektion ganz besonders in Frage kamen. Die Desinfektion bezweckt die Zerstörung der Keime an solchem Material, welches noch weiter gebraucht werden soll, z. B. an der Wäsche, an den Wänden und Fussböden der Wohnräume, aber auch an den Instrumenten und dem Verbandmaterial, und sogar an den Händen des Chirurgen und auf der Haut des Kranken, an dem eine Operation vorgenommen werden soll.

Die Arbeiten über Wasserfiltration ergaben, dass ein grosses Wasserwerk mit Filterbetrieb ein keimfreies Wasser zu liefern nicht im Stande ist, dass es aber für das praktische Bedürfnis genügt, wenn der Keimgehalt in einem Kubikcentimeter Wasser von einigen Hunderttausend auf einige Hundert Keime herabgedrückt wird. Mit unseren beschränkten Hülfsmitteln können wir es der Natur nicht gleich thun, welche das

Oberflächenwasser durch mächtige Schichten märkischen Sandes allerdings keimfrei filtriert. Nun hätte man meinen sollen, dass nichts näher liegt, als dieses scheinbar einwandfreie Wasser aus der Tiefe zu heben, aber dieses Wasser enthält Eisen, welches sich in hässlichen braunen Flocken absetzt, wenn das Wasser mit der Luft in Berührung kommt; und ausserdem giebt es einer kleinen Alge Gelegenheit sich anzusiedeln und so gut zu gedeihen, dass sie schliesslich die Leitungsröhren verstopft. Doch ist man auch dieser Uebelstände Herr geworden, und Koch und seine Schule hat die Genugthuung, dass jetzt auch in Berlin das filtrierte Schmutzwasser des Müggelsees und des Tegeler Sees durch Tiefbrunnenwasser ersetzt werden soll, dessen sich Charlottenburg schon seit Jahren erfreut.

Sie sehen wohl, dass diese und ähnliche Arbeiten, an denen sich Koch mit ganzer Kraft beteiligte, zu einer völligen Umgestaltung der Hygiene geführt haben. Ausser Desinfektionsanlagen, Filterwerken und Tiefbrunnen wurden noch Rieselfelder als wichtige Elemente der Hygiene geschaffen, und es schliessen sich an: die Fleischbeschau, die Milchhygiene und alles was in das Gebiet der Sterilisation gehört.

Noch während man mit diesen für unsere socialen Verhältnisse tief einschneidenden hygienischen Untersuchungen und mit ihrer Übertragung in die Praxis beschäftigt war, mit Untersuchungen und Einrichtungen also, welche zum Zweck hatten, die krankmachenden Organismen von unserem Körper fern zu halten, begann R. Koch seine Arbeiten zur Heilung der ansteckenden Krankheiten. Das bedeutete, um in dem schon gebrauchten Bilde zu bleiben, den Krieg gegen Organismen, welche sich schon im Körper des Menschen, oder auch der höheren Tiere, angesiedelt und ihn krank gemacht haben. Damit begann die dritte Epoche der Thätigkeit R. Kochs.

Diese Arbeiten hatten den erstaunlichen Erfolg, dass Koch in dem von ihm dargestellten Tuberkulin der Welt ein Mittel schenkte, mit welchem man thatsächlich im Stande ist, beginnende Tuberkulose zu heilen. Es war diese Entdeckung eine That von weltgeschichtlicher Bedeutung, weil das Tuberkulin ein specifisches Heilmittel ist, d. h. ein solches, welches seine volle Wirksamkeit nur gegen eine ganz bestimmte Krankheit entfaltet, wie z. B. das Chinin gegen das Wechselfieber. Solcher specifischer Heilmittel waren bisher nur drei bekannt; das Chinin, das Quecksilber und das Jod. Koch fügte also diesen dreien ein viertes hinzu, das Tuberkulin, welches sich aber seiner chemischen Zusammensetzung nach wesentlich von den anderen unterscheidet, weil es aus den Krankheitserregern, den Tuberkelbazillen selber hergestellt wird. Mit seiner Entdeckung war wieder eine neue Bahn gebrochen, denn der Analogieschluss lag auf der Hand, dass es auch bei anderen bakteriellen Krankheiten specifische Heilsubstanzen geben würde, die zu suchen die nächste Aufgabe sein musste. Das ging aber weit über den Rahmen eines hygienischen Institutes hinaus, und in richtiger Würdigung der Sachlage entschloss sich ein hohes Kultus-Ministerium, ein neues, eigenartiges Institut zu gründen, dessen Arbeiten auf das grosse Ziel, die Heilung und Unterdrückung der Infektionskrankheiten, gerichtet sein sollten. So entstand das Institut für Infektionskrankheiten, dem selbstverständlich eine Krankenabteilung beigegeben werden musste, weil die Beschäftigung mit Krankheiten, so wie sie geplant war, ohne Kranke nicht denkbar ist.

Als Krankenhaus konnte nur die Charité in Frage kommen, auf deren Grund und Boden das bekannte Barakenlazaret errichtet wurde. Zur Unterbringung der sogenannten wissenschaftlichen Abteilung wurden die in der Unterbaumstrasse gelegenen Häuser angekauft, welche den älteren Berlinern unter dem Namen des Triangels bekannt waren. Das war nur eine provisorische Einrichtung, aber es gingen doch aus diesen unscheinbaren Räumen epochemachende Entdeckungen hervor. Hier begründete Behring seine Blutserumtherapie, welche auf gänzlich neuen Grundsätzen beruhte.

Sie wissen alle, welcher Segen der Welt daraus erwachsen ist, so dass wir jetzt den Würgeengel unserer Kinder, die Diphtherie, nicht mehr zu fürchten haben, wenn nur rechtzeitig die Krankheit erkannt und das Heilmittel gegeben wird.

Vielleicht ist es zweckmässig zum besseren Verständnis dessen, was ich Ihnen noch sagen möchte, wenn ich mit ein paar Worten auf die Gewinnung des Diphtherie-Heilserums eingehe. Es ist allgemein bekannt, dass gewisse Krankheiten den Menschen nur einmal zu befallen pflegen; das einmalige Ueberstehen der Pocken, des Typhus, der Cholera u. s. w. schützt gewöhnlich gegen eine zweite Erkrankung auf Lebenszeit, oder doch auf sehr lange Zeit, und das ist nach unserer heutigen Auffassung in Folgendem begründet.

Der menschliche und der tierische Körper besitzt chemische Schutzstoffe gegen die Krankheitserreger, also z. B. auch gegen die Diphtheriebazillen. Durch das Ueberstehen der Krankheit erlangt der Körper die Fähigkeit, diese Schutzstoffe dauernd in noch viel grösserer Menge zu erzeugen, so dass die Krankheitserreger, wenn sie ein zweites Mal in den Körper eindringen sollten, von vorn herein unschädlich gemacht werden. Man sagt dann, dass der Mensch immun gegen diese Krankheit ist. Bei Tieren können wir aber eine zweite Erkrankung erzwingen, indem wir ihnen sehr grosse Mengen der Krankheitserreger oder der von ihnen erzeugten Gifte beibringen. Wir spritzen sie ihnen zu diesem Zwecke gewöhnlich unter die Haut. Nach dieser zweiten Erkrankung hat die Menge der im Tierkörper erzeugten Schutzstoffe wieder bedeutend zugenommen. Wenn man diese erzwungenen Erkrankungen mehrmals wiederholt, so sammelt sich in dem Blute des Tieres so viel Schutzstoff an, dass in wenigen Kubikcentimetern Blut eine solche Menge davon vorhanden ist, dass man damit die auf natürlichem Wege entstandene Krankheit heilen kann; und das Tier, welches dieses heilkräftige Blut (Blutserum) liefert, nennen wir hoch immun; wir haben es hoch immunisiert, d. h. gegen sehr grosse Mengen Krankheitsstoff unempfindlich gemacht.

In der Folge stellte sich bald heraus, dass die Heilsera, welche man gegen andere Krankheiten herstellte, in ihrer Leistungsfähigkeit weit hinter dem Diphtherieheilserum zurückblieben. Diesem Übelstande wusste man dadurch abzuhelfen, dass man solche Leute, die einer besonderen Ansteckungsgefahr ausgesetzt waren, in derselben Weise gegen diese Krankheit immunisierte, wie man das bei der eben erwähnten Immunisation der Tiere thut. Das ist z. B. das Verfahren, welches man in Südafrika und in Indien gegen Typhus und auch gegen Pest nicht ohne Erfolg eingeschlagen hat.

An der Ausarbeitung der diesen Bestrebungen zu Grunde liegenden Ideen ist das Institut für Infektionskrankheiten in hervorragendem Maasse beteiligt, und für das praktische Bedürfnis sind dabei zwei Verfahren herausgekommen: das Heilen der Kranken mit specifischen, von den Krankheitserregern gewonnenen Heilmitteln, und das Immunisieren der Gesunden gegen befürchtete Ansteckung. Beide Verfahren werden immer auf den einzelnen Menschen angewendet. R. Koch ist aber noch einen Schritt weiter gegangen und hat begonnen, die Seuchen als solche zu bekämpfen. Wie das gemeint ist, wird am besten ein Beispiel lehren.

Als im Jahre 1892 die Cholera über Europa hereingebrochen war und an Deutschlands Grenzen lauerte, wusste man schon, dass uns die grösste Gefahr auf dem Wasserwege drohte, und wirklich gelangte die Seuche durch den Seeverkehr nach Hamburg, wo sie explosionsartig einen schreckenerregenden Umfang annahm. Von Hamburg aus drohte sie stromauf zu gehen, und ebenso war der Rhein von Holland aus, die Oder und die Weichsel von Russland und Mähren aus bedroht, denn in den Nachbarländern herrschte die Cholera, und die Seuche verbreitet sich eben so wohl stromauf — wie abwärts. Das liegt daran, dass kranke Schiffer das Flusswasser verseuchen, und dass dadurch wieder die Uferbevölkerung, welche dieses Wasser benutzt, gefährdet ist. Hat sich aber erst die Krankheit an den Ufern der grossen Flüsse festgesetzt, so wird sie leicht über das ganze Land verbreitet. — Zur Abwehr wurden nun auf Kochs Veranlassung an allen gefährdeten Punkten Wachtposten, d. h. bakteriologisch geschulte Hygieniker aufgestellt, welchen es thatsächlich gelang, den Feind abzufangen, noch bevor er Schaden thun konnte. Es wurde der Schiffsverkehr sorgfältig überwacht; jeder Cholerakranke, welcher über die Grenze kam, wurde mit seiner Umgebung, die ja auch schon infiziert sein konnte, isoliert, und eine Verseuchung Deutschlands wurde verhindert.

Bei dieser Art der Seuchenbehandlung besteht ein wesentliches Moment darin, dass man nicht nur nach den augenscheinlich Kranken sucht, sondern auch nach denjenigen, welche die Krankheitskeime in sich beherbergen, ohne sich krank zu fühlen. Lässt man diese frei herumgehen, so streuen sie die Krankheitskeime weiter aus, und die Unterdrückung der Seuche ist vereitelt. Es müssen also alle in Frage kommenden Personen eine kurze Zeit unter ärztliche Beobachtung gestellt und mit allen Hülfsmitteln, welche uns die Bakteriologie an die Hand giebt, fortlaufend untersucht werden, bis wir sie mit Sicherheit entweder für frei oder für krank erklären können. Da sich diese Massregeln immer nur auf eine verschwindend kleine Anzahl von Personen erstrecken, so merkt man davon im öffentlichen Leben gar nichts; nur wenige Familien werden davon berührt.

Diese Grundsätze sind neuerdings wieder bei der Malaria erprobt worden, indem von diesem Institute aus die Unterdrückung dieser Krankheit auf der Insel Brioni an der Westküste von Istrien geleitet wurde.

Die Malaria, eine Krankheit, für welche das gute deutsche Wort Wechselfieber oder kaltes Fieber leider in Vergessenheit zu kommen scheint, hat das Eigentümliche, dass, wenn sie nicht gleich bei den ersten Anfällen durch richtige Chininbehandlung geheilt wird, sie Jahre lang wiederkehrt und immer leichtere Anfälle hervorruft, die von den Kranken oft wenig beachtet und daher der ärztlichen Kenntnis und Behandlung entzogen werden. Solche Personen vermögen aber ihre Umgebung eben so leicht anzustecken wie frischere Fälle. Wenn nämlich in der warmen Jahreszeit gewisse Mückenarten an solchen Personen Blut saugen und nach einiger Zeit wieder gesunde Personen stechen, so übertragen sie die Krankheit auf letztere. Um das zu verhüten, müssen also die chronisch Erkrankten unschädlich gemacht werden, indem man sie in regelrechte Behandlung nimmt und heilt. Vorerst aber müssen diese Personen entdeckt werden, und das ist eine sehr mühselige Aufgabe. Man entnimmt den in Frage kommenden Personen einige Tröpfchen Blut, streicht es auf kleine Gläschen aus und unterwirft es der mikroskopischen Untersuchung. Finden sich im Blute die Malariaparasiten, die ich Ihnen gleich im Bilde vorzuführen gedenke, so werden die Kranken in Behandlung genommen und müssen Chinin schlucken, sie mögen wollen oder nicht. Auf der Insel Brioni nun, deren reiche Naturschätze nicht ausgebeutet werden konnten wegen des dort herrschenden Wechselfiebers, wurde die Krankheit im Laufe eines Jahres bis auf einige Fälle, die von aussen her frisch eingeschleppt wurden, unterdrückt, dank der aufopfernden Thätigkeit des Herrn Prof. Frosch, des Vorstehers der wissenschaftlichen Abteilung des Institutes. Welche Bedeutung dieser Thätigkeit beizumessen ist, werden Sie verstehen, wenn ich Ihnen sage, dass in der dortigen Gegend früher blühende Städte wegen des mörderischen Wechselfiebers verlassen werden mussten und jetzt in Ruinen liegen. Ich muss noch hinzufügen, dass ein grosser Teil der in Brioni angefertigten Blutpräparate hier in diesem Institute untersucht wurde, und dass der ganze Feldzug gegen die Malaria von hier aus geleitet worden ist.

Im Augenblick sind wir damit beschäftigt, an der Typhusepidemie in Gelsenkirchen und vielleicht auch anderwärts zu zeigen, dass man jetzt im Stande ist, auch den Typhus als Seuche zu unterdrücken. Die nötigen Vorarbeiten sind im Institute gemacht worden und haben zu dem Ergebnis geführt, dass es möglich ist, Leute, die sich gar nicht krank fühlen, aber doch Typhusbazillen ausstreuen, unter den Gesunden herauszufinden, und damit ist die Grundlage für eine Bekämpfung der Seuche gegeben. Zur Aufklärung über die Vorgänge in Gelsenkirchen möchte ich noch bemerken, dass die dortigen Filterwerke nicht, wie in unserer Mark, durch meterdicke Sandschichten, sondern durch Schotter filtrieren müssen, der viel zu grossporig und durchlässig ist, um einwandfreies Gebrauchswasser zu liefern. Gelangen dort also auf irgend eine Weise, Typhuskeime in die Ruhr, so werden sie mit dem filtrierten Wasser in alle Häuser verteilt, und die Epidemie ist fertig. Ein direkter Bezug des Wassers aus der Ruhr scheint die Sache nicht viel schlimmer zu machen. Für die Zukunft wird es sich also darum handeln, zu verhindern, dass der Fluss überhaupt infiziert wird. Durch unnachsichtige Ausübung der Anzeigepflicht bei einem jeden Typhusfalle und gehörige Beaufsichtigung kann das erreicht werden. Es ist das der einzig gangbare Weg, weil zweckmässige Veränderungen an der Wasserversorgung und der Abführung der Verbrauchswässer, die dort noch sehr im Argen liegt, nicht mit der nötigen Schnelligkeit ausgeführt werden können, selbst wenn die dazu nötigen kolossalen Geldmittel zur Verfügung ständen.

Zum Schluss möchte ich Sie zur Vervollständigung des Bildes, das ich Ihnen hier von unseren Arbeiten entworfen habe, noch einen Ausblick in die Zukunft thun lassen und will noch einige Worte über die Pest sagen. Wir stehen dieser Seuche nicht mehr so ratlos gegenüber, wie unsere Vorfahren, seitdem man ihr Wesen und ihre Verbreitungsart erkannt hat. Die Ansteckungsgefahr von Person zu Person ist bei weitem nicht so gross, wie man früher annahm. Dagegen hat sich gezeigt, dass die Ratten es sind, welche den Ansteckungsstoff, die Pestbazillen, nach allen Richtungen hin verbreiten. Wer die Lebensweise der Ratten kennt, weiss auch, dass kein Ort vor ihnen sicher ist; aber ganz besonders ist dieses der Fall bei pestkranken Ratten, welche unter dem Einfluss ihrer Krankheit nicht mehr wissen was sie thun, deshalb ihre Scheu vor dem Menschen ablegen und am hellen Tage herumlaufen, wo sie sonst nur unter dem Schutze der Nacht ihr Wesen treiben. Überall streuen sie dabei die Pestbazillen aus. Das erklärt wohl zur Genüge, weshalb es so schwer ist, sich gegen die Ansteckung zu schützen, weil man nicht wissen kann, wo die Ratten gehaust haben.

Wenn wir uns also gegen die Pest schützen wollen, so müssen wir zuvörderst die Ratten nach Möglichkeit vertilgen. Das sieht man jetzt sogar an jenen Orten ein, wo man bisher die Thäterschaft der Ratten leugnete, wie z. B. in Alexandrien. Seit drei Jahren kommen dort immer wieder kleine Gruppen von Pestfällen vor, aber erst jetzt fängt man an die Anwesenheit und Thätigkeit der Ratten zu würdigen. Hoffen wir aber, dass auch unsere Regierung sich dieser Auffassung anschliesst und bei Zeiten den Ratten den Krieg erklärt. In Hafenstädten hat man schon begonnen, auf pestverdächtigen Schiffen gegen diese Tiere zu Felde zu ziehen, trotz der sehr bedeutenden Kosten, die besonders dadurch entstehen, dass durch die Mittel, welche man zur Vernichtung der Ratten auf einem voll beladenen Schiffe anwendet, oft ein erheblicher Teil der Ladung schwer beschädigt wird, wofür Schadenersatz zu leisten ist. — Wichtiger noch erscheint es, zu Lande die Ratten zu bekämpfen; doch das ist viel schwieriger, weil die Ratten einfach auswandern, wenn sie merken, dass ihnen nachgestellt wird; und nachher kommen sie wieder.

Dass jetzt schon in unserem Institute an allen die Pest betreffenden Fragen sehr eifrig gearbeitet wird, bedarf wohl kaum der Erwähnung. Es ist sogar zu diesem Zwecke eine eigene Abteilung für besonders gefährliche Krankheiten von der wissenschaftlichen Abteilung abgetrennt und Herrn Prof. Kolle unterstellt worden.

Hiermit glaube ich nun, Ihnen ein leidlich anschauliches Bild von der Entwickelung des Königl. Preussischen Institutes für Infektionskrankheiten gegeben zu haben. Sie werden daraus den Eindruck gewonnen haben, dass auf unserem Arbeitsfelde schon einiges geleistet worden ist, dass aber noch sehr viel Arbeit vor uns liegt. Sie werden aber auch gesehen haben, dass wir nicht speciell Bakteriologie treiben, dass wir auch weder reine Hygieniker noch reine Kliniker sind, dass wir aber alle diese Gebiete beherrschen müssen, um ihre Errungenschaften, an denen wir selber beteiligt sind, zur Erreichung unseres Zieles, der Ausrottung der Infektionskrankheiten, mit Erfolg auszunutzen. Diese neueste Richtung der ärztlichen Thätigkeit ist die eigenste Schöpfung des Direktors des Institutes, eines Robert Koch, dem die Munificenz Sr. Majestät Regierung diesen stattlichen Neubau übergeben hat, worin er die nötigen materiellen Unterlagen finden wird zur weiteren Entfaltung seiner schier unerschöpflichen Kräfte.

Auf diesen Vortrag folgte die Vorführung einer Anzahl Projektionsbilder durch Herrn Professor Zettnow, zu denen Herr Geheimrat Dönitz die notwendigen Erklärungen gab. Aus der grossen Fülle der Bilder mögen hier nur einige herausgegriffen werden, weil sie ganz besonderes Interesse erregen. Es sind das Kulturen der Cholerabazillen im Reagierröhrchen und auf der Platte, Stichkultur von Milzbrand, Diphtheriebazillen und Pestbazillen, Milzbrandbazillen und Influenzabazillen. Das grösste Interesse boten aber die Präparate der Malariaparasiten auf den verschiedensten Entwicklungsstufen in den roten Blutkörperchen, und zwar von allen drei bekannten Arten, nämlich des dreitägigen, des viertägigen und des Tropenfiebers.

Ein Bild zeigte den Mückenmagen, besetzt mit zahllosen Kugeln, welche die Keime zu neuen Parasiten enthalten, die nun in die Giftdrüse der Mücke wandern und durch den Stich in das Blut des Menschen befördert werden.

Am Schluss des Vortrages dankte Herr Geheimrat Friedel den beiden genannten Herren für die lehrreiche Stunde.

Hierauf folgte die Besichtigung des Gebäudes, in welches die wissenschaftliche Abteilung des Institutes Anfang Juli 1900 übergeführt wurde, nachdem sie 9 Jahre lang provisorisch im sogenannten Triangel am Unterbaum untergebracht gewesen war. Da der Platz, auf welchem das alte Gebäude stand, für den im Werke begriffenen Umbau des Königl. Charité-Krankenhauses gebraucht wurde, musste mit den Arbeiten in den neuen Räumen schon begonnen werden, noch bevor die innere Einrichtung vollendet war.

Der Grundriss des aus rotem Backstein hergestellten Gebäudes stellt ein stark in die Breite gezogenes lateinisches H dar, indem ein von Ost nach West ziehendes Hauptgebäude zwei langgestreckte Seitenflügel mit einander verbindet. Ein weit ausladender Mittelbau enthält das gross angelegte, bis in den zweiten Stock durchgehende Treppenhaus. In beiden Stockwerken läuft ein heller Korridor die ganze Länge der nach Süden gelegenen Front entlang, während die Hauptlaboratorien des gleichmässigeren Tageslichtes wegen nach Norden untergebracht sind. In den Seitenflügeln befinden sich grosse Säle für Unterrichtszwecke, das chemische Laboratorium, die Bibliothek, der Hörsaal, die Abteilung für besonders gefährliche Krankheiten, welche immer verschlossen gehalten wird, und die photographische Abteilung.

Die Wutschutzstation, in welcher Personen, die von tollen oder tollwutverdächtigen Hunden gebissen sind, der Pasteurschen Schutzimpfung unterzogen werden, liegt im Hauptgebäude. Hier suchen jährlich mehr als 300 Menschen Hülfe. Sie kommen alle aus den

Grenzgebieten gegen Russland und Oesterreich, niemals aus dem Westen des Reiches.

In den Kellerräumen wurden die Heizanlagen, ein riesiger Verbrennungsofen, die Centrifugen und die Kugelmühlen besichtigt, welch' letztere zur Zeit dazu benutzt werden, die winzigen Tuberkelbazillen, von denen etwa 200 auf die Länge eines Millimeters gehen, so fein zu zerreiben, dass nicht ein einziger Bacillus ganz bleibt.

Zum Schluss erfolgte ein Rundgang durch die 4 Tierställe, in in welchen alle Arten von Versuchstieren, von der Maus an bis zum Esel hinauf untergebracht waren. Pferde sollen demnächst eingestellt werden. Für Tiere mittlerer Grösse, wie Hunde, Ziegen, Schweine, sind ausserdem noch sogenannte Laufställe vorhanden, in welchen sich die Tiere bei Tage frei bewegen können.

Die Beleuchtung sämtlicher Gebäude, auch der Ställe, ist elektrisch. Gas wird nur für Laboratoriumszwecke gebraucht.

Die Krankenabteilung wird später von der Charité nach dem Virchow-Krankenhaus verlegt werden, welches jetzt eben in unmittelbarer Nähe des Institutes im Bau begriffen ist und voraussichtlich im Jahre 1904 eröffnet werden wird. Laut Vertrag mit der Stadt sollen dem Institute 4 Baracken mit zusammen 100 Betten zur Verfügung gestellt werden.

Nach der Besichtigung fand sich ein grosser Teil der Besucher noch bei einem Glase Bier in dem Restaurant zum Landsknecht zusammen.

---

13. (4. ordentliche) Versammlung des X. Vereinsjahres.

Mittwoch, den 30. Oktober 1901, abends 7½ Uhr

im Bürgersaale des Rathauses.

Vor dem Eintritt in die diesmalige Tagesordnung war von dem Vorstande eine kleine Feier eingeschoben worden, behufs Überreichung einer Ehrengabe zur silbernen Hochzeit für unseren Ersten Vorsitzenden Herrn Geheimrat Friedel und seine Frau Gemahlin.

Zu diesem Zwecke hatte sich eine ganz besonders stattliche Anzahl von Mitgliedern und Freunden der Brandenburgia versammelt.

Vor dem Rednerpulte war von Herrn Franz Körner ein hübsches Arrangement aus Früchten und Herbstblumen hergerichtet worden, dessen Mittelpunkt die Silberstatue der Brandenburgia bildete. Über derselben, schon auf dem Pulte befestigt, hing eine Krone aus grünen Blättern und bunten Blumen, zwischen denen Silberblätter eingeflochten waren.

Neben dem Gabentisch hatten sich die Mitglieder des Vorstandes (von denen die Herren Geheimrat Bluth und Dr. Carl Bolle leider durch Krankheit behindert waren) sowie die Mitglieder des Ausschusses aufgestellt. Herr Friedel, bedauerlicher Weise ohne seine erkrankte Gattin, wurde durch die Herren Telge und Fr. Körner geleitet, worauf das Vorstandsmitglied Herr Dr. Bahrfeldt folgende Ansprache hielt.

Hoch verehrter Herr Geheimer Rat!

Vor wenig Tagen, da ist es Ihnen vergönnt gewesen, im Kreise Ihrer Familie fern ab vom Getriebe der Hauptstadt in stiller Zurückgezogenheit den Tag zu feiern, an dem Sie und Ihre Frau Gemahlin vor 25 Jahren die Hände zum Ehebunde in einandergelegt haben. Ein solches Fest der silbernen Hochzeit giebt allen denen, die Ihnen persönlich nahestehen, und allen, die Sie schätzen in Ihrer weit ausgedehnten, fruchtbaren Thätigkeit im öffentlichen Leben, im Dienste unserer grossen Stadtgemeinde, nicht minder aber in den verschiedenen Zweigen der Wissenschaft, die Sie als Meister beherrschen, erwünschten Anlass, Ihnen ihre Sympathien zu bezeugen, Ihnen die herzlichsten Glück- und Segenswünsche darzubringen. Das ist von allen Seiten, von nah und fern in reichem Masse geschehen.

Auch die Brandenburgia hat ihren Wünschen durch den Mund des Vorstandes in einer Adresse an Sie in der Ferne schon Ausdruck gegeben. Aber dennoch drängt es uns, heute, wo Sie zum ersten Male wieder in unserer Mitte erscheinen, unmittelbar Ihnen zu nahen. Heute jubelt Ihnen die Brandenburgia einmütig die herzlichsten Glückwünsche entgegen, heute mögen Sie es aus unser aller Munde vernehmen, wie sehr wir Sie schätzen und hoch halten als den Begründer, als den zielbewussten Leiter unserer Gesellschaft. Was die Brandenburgia ist, das dankt sie Ihnen!

Denken Sie zurück an jene erste vorbereitende, von Ihnen berufene Versammlung am 17. Januar 1892 bei Alfieri, den nun auch längst der Rasen deckt, — jener kleine Anfang, und heute! Schauen Sie um sich: die heutige Grösse, die heutige Bedeutung der Brandenburgia — das ist Ihr Werk! Und das fühlt, das empfindet jeder unter uns! Mag man Ihnen draussen von allen Seiten Ehrungen entgegenbringen und Sie feiern auf den weiten Gebieten Ihrer vielseitigen Thätigkeit, — hier, in der Brandenburgia, in dieser grossen Familie, da gehören Sie uns allein, da sind Sie unser Friedel!

Wenn Eins dabei, hochverehrter Herr Geheimer Rat, mit Schmerz uns erfüllt, so ist es der Umstand, dass Ihre verehrte Frau Gemahlin leider durch Krankheit von dieser Feier ferngehalten wird. Aber auch sie, der Sonnenschein Ihres Hauses, wird wieder gesunden und wird mit ihrem regen Interesse für die Brandenburgia, das sie so oft bethätigt hat, Ihnen wieder in unsern Versammlungen zur Seite sein.

Um den Gefühlen der Dankbarkeit, h. v. H. G. R., für alles das was Sie für die Brandenburgia gethan und geschaffen haben, auch einen sichtbaren Ausdruck zu verleihen, haben die Mitglieder unserer Gesellschaft kein passenderes Zeichen der Verbindung zwischen Ihnen und uns wählen zu sollen geglaubt, als diese Figur hier, die die Gesellschaft „Brandenburgia“ sinnbildlich verkörpert und die wir dem hochverehrten Jubelpaare als Festgabe gewidmet haben.

Indem wir Ihnen diese nunmehr überreichen, bitten wir Sie, sie zum dauernden Gedächtnis entgegennehmen zu wollen. Möge sie Ihnen eine Erinnerung bleiben an das Fest Ihrer silbernen Hochzeit, möge sie Sie erinnern an die Ihnen stets dankbar verbundene Brandenburgia und möge sie dermal einst Ihren Kindern die heutige Zeit, für Sie so reich an Ehren und Erfolgen, in das Gedächtnis zurückrufen!

Fünfundzwanzig Jahre sind eine lange Spanne Zeit, aber dennoch ist es keine Übertreibung, wenn wir alle von Herzen wünschen, Sie mindestens noch fernere 25 Jahre in gewohnter Rüstigkeit und Geistesfrische, vereint mit Ihrer Frau Gemahlin unter uns zu sehen, und Sie dabei als den erfolgreichen Leiter unserer Gesellschaft! Diesen Wunsch, — aus aufrichtigem Herzen kommt er uns allen und erfüllt uns aufs Innigste — lassen Sie uns meine Damen und Herren bekräftigen und in ein Hoch ausklingen auf das Jubelpaar.

Unser allverehrter Vorsitzender, Herr Geheimer Regierungsrat Friedel und seine verehrte Frau Gemahlin, so wie das ganze Haus Friedel, — sie leben hoch! hoch! hoch!“

Herr Friedel dankte für sich und seine Familie mit verbindlichen Worten und dem Hinweise, dass das erfreuliche Aufblühen der Brandenburgia keineswegs ihm allein, sondern der regen Anteilnahme des gesamten Vorstandes und Ausschusses sowie so vieler sonstiger Mitglieder der Gesellschaft zu verdanken sei. Einigkeit mache stark, das bewiesen die Fortschritte unserer Gesellschaft und ihrer wissenschaftlichen Leistungen. Er hoffe und wünsche, dass diese schöne und fördersame Harmonie innerhalb der Brandenburgia ihr immerdar beschieden sein möge.

Demnächst überreichte u. M. Herr Justizrat Stadtrat **Bürkner** aus Rixdorf dem Jubilar eine grosse silbergerahmte photographische **Ansicht der Friedel-Strasse in Rixdorf** mit herzlichen Glückwünschen seitens der Anwohner dieser vor einigen Jahren zu Ehren unseres ersten Vorsitzenden benannten Strasse.

Der letztere dankte auch hier auf das Herzlichste, leitete scherzhaft seinen Namen von „Frieden“ ab und hoffte, dass dieser alle Zeiten in den Häusern der Friedel-Strasse und auf der Strasse selbst walten und bewahrt werden möge.

Nach Schluss dieser Jubiläumsfeier ersuchte Herr Dr. Bahrfeldt Herrn Geheimrat Friedel das Präsidium unter Eintritt in die Tagesordnung zu übernehmen.

Der I. Vorsitzende, Geheimrat Friedel, ergriff hierauf das Wort zu den unter No. 1 bis 8 verzeichneten Mitteilungen:

1. Zur Rudolf Virchow-Feier. Die Brandenburgia war bei der erhebenden Feier in den Räumen des Abgeordneten-Hauses, Sonnabend den 12. Oktober, am Vorabend des 80. Geburtstages, durch eine Abordnung des Vorstandes und Ausschusses vertreten, welche ein gebundenes Exemplar der Veröffentlichungen der Brandenburgia und das Diplom der Ernennung zum Ehrenmitgliede nebst einer darauf bezüglichen Adresse überreichte. Die letztere hatte folgenden Wortlaut:

Hochzuverehrender Herr Geheimer Medizinalrat!

Auf altägyptischen Wandgemälden sehen wir, wie der Pharao auf dem Throne sitzt und die Abgesandten befreundeter Länder und Stämme empfängt, welche sich ihm in langem Zuge nahen und huldigend Gaben darbringen.

Ähnlich naht sich zu Ihrem heutigen achtzigsten Geburtstag in schier unübersehbarer Folge die Reihe der glückwünschenden Gelehrten und Forscher, Gesellschaften und Vereine. Jeder legt Ihnen, dem Pharao auf dem Throne der Wissenschaft, huldigend eine Widmung vor.

So tritt auch die „Brandenburgia", Gesellschaft für Heimatkunde der Provinz Brandenburg, welche seit beinahe zehn Jahren die Märkische Natur- und Volksgeschichte nach den verschiedensten Richtungen hin pflegt, an Sie heran und bittet Sie, die Ernennung zum Ehrenmitglied und im Anschluss daran ein Exemplar ihrer sämtlichen Schriften freundlichst entgegen nehmen zu wollen.

Unvergessen wird in den Annalen der Wissenschaft für alle Zeiten bleiben, was Rudolf Virchow auch auf dem engeren Gebiet der Heimat für die Vorgeschichte, für die Anthropologie und für die Volkskunde unmittelbar und mittelbar erforscht und angeregt hat.

Möge die Heimatkunde sich noch viele Jahre Ihrer Unterstützung und Förderung erfreuen!

In ausgezeichneter Verehrung

„Brandenburgia"
Gesellschaft für Heimatkunde der Provinz Brandenburg.

Der Vorstand

Ernst Friedel,	Bluth,	Georg Galland,
I. Vorsitzender.	II. Vorsitzender.	Ausschuss-Obmann.

Eduard Zache,
I. Schriftwart.

Das Erneuungs-Diplom lautet wie nachstehend:

Die unterzeichnete Gesellschaft hat den
Königlichen Geheimen Medizinalrat
Herrn Professor Dr. med.
Rudolf Virchow
zum
Ehrenmitgliede
unter Bezug auf §§ 5, 9, 13 und 17 ihrer Satzungen
vom 22. März 1892 ernannt, wie hierdurch beurkundet wird.
Berlin, den 13. Oktober 1901.
„Brandenburgia"
Gesellschaft für Heimatkunde der Provinz Brandenburg.
Der Vorstand

Ernst Friedel, I. Vorsitzender.	Bluth, II. Vorsitzender.	Georg Galland, Ausschuss-Obmann.

Eduard Zache,
I. Schriftwart.

Aus der gedruckten Festordnung zur Feier im Hause der Abgeordneten, welche ich herumreiche, ersehen Sie, dass die Brandenburgia als heimatkundliche Gesellschaft unter die naturwissenschaftlichen Gesellschaften (Seite 11) eingereiht war.

Am Vormittag war an mich eine Einladung zur Besichtigung des neuen Pathologischen Museums der Universität Berlin ergangen und lege ich die hierauf bezügliche Einführungs-Schrift (mit 5 Grundrissen, Berlin 1901, Schmal-Folio, bei Hirschwald) zur Kenntnisnahme vor. Ich habe sofort die Gelegenheit benutzt, um Herrn Rudolf Virchow, den Gründer dieses grossartigen, in seiner Art unübertroffenen Museums, unser Ehrenmitglied zu bitten, uns den Besuch des Museums zu gestatten. Die Genehmigung ist in liebenswürdiger Weise umgehend gestattet worden und wird die Besichtigung unter Führung des Museums-Assistenten Herrn Dr. med. Kaiserling Sonntag den 1. Dezember d. J. von 10 Uhr Vormittag ab erfolgen.

2. Ein seltsamer Vergiftungsfall. Unser verehrtes Vorstandsmitglied, Dr. Carl Bolle, der am 21. November d. J. hoffentlich in bester geistiger und körperlicher Frische seinen Geburtstag feiern wird, schreibt mir, dass er eigentlich an Stelle des behinderten II. Vorsitzenden meine heutige Begrüssung zur Silberhochzeit habe übernehmen sollen, daran aber durch eine heftige Hautvergiftung, die er sich im wissenschaftlichen Uebereifer zugezogen, zu seinem Bedauern verhindert werde. Freund Bolle hat in der sogenannten Burgsdorff'schen Plantage des Tegeler Forstes dort seit hundert und mehr Jahren verwilderten

Gift-Sumach (Rhus toxicodendron L.) ausgegraben und sich durch Berührung der Blätter und Wurzeln des hier auf der Erde rankenden Strauchs vergiftet, der an das Fünfblatt, gewöhnlich wilder Wein genannt, Ampelopsis quinque folia, in seiner äusseren Erscheinung flüchtig erinnert. In humorvoller Selbstanklage fügt er hinzu, er habe auf seiner Insel Scharfenberg vor etwa 20 Jahren einen jetzt hochstämmigen Sumach gepflanzt und dabei ebenfalls eine heftige Hautentzündung bekommen, sei aber, trotz seiner Jahre, durch Schaden nicht klug geworden. Dieser baumartige Strauch, von dem Carl Bolle in seiner pathetischen Weise ausruft, dass Sylvan und Flora ihn in einer Stunde finsteren Menschenhasses erzeugt hätten, Rhus toxicodendron zur Familie der Anacardiaceae (Therebinthaceae) (Ascherson, Flora des Norddeutschen Flachlandes, Berlin 1898—99, S. 477) gehörig, ist zwar nicht so furchtbar giftig, wie sein Verwandter Rhus venenata, in dessen blosser Nähe, ohne unmittelbare Berührung der Pflanze, empfindliche Naturen schon Vergiftungserscheinungen bekommen, aber doch verhängnisvoll genug, wie ich an Freund Bolle sah, dessen Kopf kürbisartig angeschwollen und wie der Hals und die Hände mit blatternartigen Pusteln bedeckt und stark gerötet war.

Späterer Zusatz: Diese Erscheinungen haben 3 Wochen, allmählich abschwächend, gedauert.

Erkrankungen durch Giftsumach sind bei uns, da der Baum mit Fug gemieden wird, natürlich selten. Mir ist aus Berlin nur noch ein Fall bekannt geworden, über den Dr. Robert Immerwahr, Specialarzt für Hautkrankheiten, im Dermatologischen Centralblatt i. J. 1900 berichtet hat. Bei einem am alten botanischen Garten beschäftigten Gärtner hatten sich in Folge unvorsichtigen Hantierens mit Rhus toxicodendron ähnliche starke entzündliche Schwellungen der Haut, des Gesichts und der Vorderarme mit Blasen- und Pustelbildung herausgestellt, welche sich in etwa 14 Tagen von selbst zurückbildeten. Irgend ein Heilmittel hat Dr. Bolle nicht angewendet. Im Anton Kerner's von Marilaun Pflanzenleben. 2. Aufl. I. 1896 finden Sie den Giftsumach auf der farbigen Tafel zu Seite 474 dargestellt unter dem Titel „Herbstliche Färbung am Erie-See in Nordamerika". Der Baumunhold steht dort in Gesellschaft des Essigbaums (Rhus typhina) des Fünfblatts (Ampelopsis quinquefolia), des Tulpenbaums (Liriodendrom tulipifera), der kanadischen Tanne (Tsuga canadensis), der Weymouthskiefer (Pinus strobus) und des Lebensbaumes (Thuja occidentalis).

Allerhand unheimliche Geschichten vom Giftsumach sind auch sonst aus unserer Gegend bekannt. So soll ein Landpastor eine Laube im Garten gehabt haben, die angeblich mit „wildem Wein" berankt war. Die dort Kaffee trinkenden Personen wurden mitunter von Unwohl-

20

sein, Entzündungen der Augen und Hände befallen. Erst nach Jahr und Tag kam man dahinter, dass das Rankengewächs der Laube Giftsumach war und das Unheil anrichtete.

3. Der Juliusturm in der Citadelle zu Spandau, den wir am Sonnabend den 7. September d. J. besichtigten, hat ein solches Interesse bei unseren Mitgliedern erregt, dass dieselben gern noch einen Bericht vernehmen werden, der von parlamentarischer Seite im Greifswalder Tageblatt vom 18. Oktober d. J. veröffentlicht wurde. Es heisst darin wie folgt:

„In diesem Turm ruht der deutsche Kriegsschatz. Zu ebener Erde stehen 15 Stapel mit je 30 Holzkisten, zusammen 450 Kisten. Eine hölzerne Wendeltreppe führt zum Obergeschoss, wo 22 Stapel zu je 30, 6 Stapel zu je 15 Kisten aufgestapelt sind. Das sind insgesamt 1200 Kisten. In jeder derselben liegen, auf 10 Leinwandbeutel verteilt, 100 000 Mk. in 10- oder 20-Mark-Stücken. Die Kisten haben das Gewicht von je etwa 87 Pfund. 1200 Kisten à 100 000 Mk. machen jene 120 Millionen aus, welche, der französischen Kriegsentschädigung entnommen, durch Reichsgesetz vom 11. November 1871 für den Kriegsfall bereit liegen.

Nach diesem Schatz ist wohl schon mancher Seufzer geschickt worden. Wenn man davon eine Kiste oder auch nur einen Beutel hätte, so mögen viele sehnsuchtsvoll geträumt haben. Am Golde hängt, nach Golde drängt doch alles. In grauer Vorzeit, da noch der Volksgeist seine Sagen dichtete, war es ein Berg, in dessen Schoss das rote Gold ruhen sollte. Eine Wunderblume kündete die Stelle, an welcher man zu den Herrlichkeiten Einlass fand. Alle Jahre, oder auch nur alle Jahrhunderte einmal that der Berg sich auf und einem Gottbegnadeten war es vergönnt, den Schatz zu schauen. Die Gegenwart ist minder poetisch. Ein Kurator und ein Rendant erscheinen alljährlich im Herbste, von einem Mitgliede der Reichsschuldenkommission begleitet, und statt der Wunderblume führen sie sechs Schlüssel, welche die drei Eisenthüren öffnen. Früher waren es nur zwei Thüren. Damit aber während der Revision Licht und Luft hineindringen und der Turm gleichwohl verschlossen bleiben könnte, hat man nachträglich eine aus Eisenstäben bestehende Mittelthür angelegt. Die Schlösser sind mit Filzpfropfen versehen, damit sie nicht rosten. Sobald sich die erste Thür in ihren Angeln dreht, gewahrt man in einer Spalte ein ganzes Heer von Marienwürmchen, die hier nun schon seit Jahren ihre Zufluchtstätte finden. Den revidierenden Herren pflegen zwei Arbeiter und ein Wachtmeister zu folgen, um die bei der Revision sich ergebenden mechanischen Arbeiten zu verrichten. Seit einiger Zeit entsendet ausserdem die Kommandantur einen Offizier mit dem Auftrag, der Inventur beizuwohnen.

Nachdem die einzelnen Kisten gezählt sind, werden Stichproben genommen. Willkürlich greift man die Behälter heraus und lässt sie wiegen. Das Istgewicht muss bis auf kleine durch die verschiedenen Feuchtigkeitsgrade bedingte Differenzen mit dem Sollgewicht stimmen, welches auf der Kiste und im Verzeichnis vermerkt ist. Zumeist wählt man solche Kisten, welche laut früherer Protokolle bei der Revision bisher noch nicht gewogen worden sind. Eine oder die andere wird „gestürzt", d. h. man löst die sie umgebenden Eisenbänder, öffnet den Deckel, nimmt die leinenen Beutel heraus und stellt sie auf eine zweite, eigens für diesen Zweck mit besonderen Gewichten versehene Waage. Einer der Beutel wird geleert, sein glänzender Inhalt auf die Waagschaale geschüttet und für sich allein verwogen. Ein Protokoll verzeichnet getreulich alle vorgenommenen Handlungen und schloss noch stets mit dem beruhigenden Vermerk, dass zu Beanstandungen kein Anlass war.

Die getroffenen Sicherheitsvorkehrungen sind in der That derart, dass Veruntreuung oder Raub ausgeschlossen erscheint. Vor Jahren ging einmal — irren wir nicht: durch amerikanische Blätter — das Gerücht, man könne sich einen unterirdischen Gang bis zum Turm bahnen. Tatsächlich müsste ein solcher Versuch elend scheitern. Um aber auch den leisesten Schatten einer Gefahr zu bannen, hat man seitdem jene schon erwähnte tägliche Revision der Kellerwand durch einen Offizier angeordnet, und es finden sich überdies alljährlich im Frühjahr zwei Beamte ein, denen nichts übrig bleibt, als den befriedigenden Stand der Dinge zu konstatieren.

Bestimmungsgemäss kann der Reichskriegsschatz auf Grund einer kaiserlichen Verordnung, welche der vorgängig oder nachträglich einzuholenden Zustimmung des Bundesrats und des Reichstags bedarf, für die Zwecke der Mobilmachung verwendet werden. Der Gedanke, bei Ausbruch von Feindseligkeiten sofort Baarmittel bereit zu haben, scheint auf den ersten Blick unanfechtbar. Staatswissenschaftliche Schriftsteller des 18. Jahrhunderts, wie Hume, Adam Smith und Justi fanden in einer solchen Thesaurierung grosse politische und ökonomische Vorteile. Die preussischen Könige haben auf ihre Schatzsammlung stets besonderen Wert gelegt, und im Jahre 1866 leistete dieselbe bei dem rasch erklärten und rasch beendeten Kriege gute Dienste. Mit der verbesserten Kreditorganisation indes und mit dem Anwachsen der Ausgaben im Mobilmachungsfalle mehrten sich die Bedenken gegen die Anhäufung von Geldern, welche, wenn sie dem Markte zugeführt würden, produktive Verwendung finden und Zinsen tragen könnten.

Im Jahre 1871 betrugen die Mobilmachungskosten für das preussische Kriegsheer nach einer von Adolf Wagner aufgestellten Berechnung etwa sechs Millionen für den Tag. Inzwischen ist die Friedenspräsenz so stark angewachsen, dass wir über vier Millionen Streiter stellen, und hat die Flotte eine früher kaum für möglich gehaltene Ausdehnung gewonnen. Die Unkosten würden also ganz erheblich höhere sein als vor dreissig Jahren. Das Kriegsministerium kennt die Ziffern, der Aussenstehende kann sie nur ahnen. Man geht indes wohl nicht fehl, wenn man annimmt, dass der Bestand des Kriegsschatzes in drei bis vier Tagen bereits vergriffen wäre. Schon die für den Chinafeldzug aufgewandten Kosten lassen einen Schluss auf die Höhe der Ausgaben für den Fall zu, dass sämtliche Armeekorps in den Kriegszustand zu setzen wären. Dieser Umstand legt die Erwägung nahe, ob die Aufrechterhaltung des Kriegsschatzes in seinem jetzigen Umfang noch zweckmässig ist, oder ob man ihn nicht entweder beseitigen oder entsprechend erhöhen soll.

Das deutsche Reich ist der einzige Grossstaat, welcher einen Kriegs-

20*

schatz besitzt. Alle übrigen Länder glauben, dieser Stütze entraten zu können, und hegen die durch Thatsachen noch nicht erschütterte Zuversicht, dass sie sich im Wege der Anleihe sofort ausreichende Mittel beschaffen können. Deutschland nimmt dagegen jährlich den Zinsverlust von 4,2 Millionen Mark (zu $3^1/_2$ % berechnet) auf sich, was für dreissig Jahre einen Entgang von 126 Millionen Mark bedeutet. Thatsächlich sind denn auch in letzter Zeit Stimmen laut geworden, welche an der jetzigen Einrichtung ernste Kritik üben. Man fordert teils die Beseitigung, teils die Verdoppelung des Reichskriegsschatzes. Der Reichstag würde sich wahrscheinlich eher für das erstere als für das letztere entscheiden.

Allerdings bleibt für den Augenblick der Kriegserklärung ein starker Druck auf den Geldmarkt vorauszusehen; die Kurse auch der bisher für ganz sicher gehaltenen Papiere sinken, der Unternehmungsgeist erlahmt, und das ganze Wirtschaftsleben stockt. Die Baarbestände der Reichsbank wird man nicht allzu stark angreifen dürfen, weil sie gerade für die Zeit der Krisis die feste Säule des Kredites bilden sollen. Gleichwohl aber darf mit Sicherheit angenommen werden, dass eine Anleihe, die der schleunigst zusammenzuberufende Reichstag bewilligt, unschwer Unterkunft findet, die Militärverwaltung also nicht in Verlegenheit gerät. Trotz dieser Gegengründe ist bisher kein Anzeichen dafür zu entdecken, dass man die Bestimmungen über den Reichskriegsschatz einer Revision zu unterwerfen gedenkt. Alles Bestehende hat Beharrungsvermögen, und gerade die nächste Zeit stellt Aufgaben, welche die ganze Kraft der gesetzgebenden Körperschaften in Anspruch nehmen."

4. Künstlerische Ausgestaltung der Städte. Eine planmässige künstlerische Neugestaltung Münchens unter Berücksichtigung der überlieferten baugeschichtlichen Verhältnisse der prächtigen Königsstadt an der Isar ist in einem Umfange, dass es bei uns in Berlin fast Neid erregen möchte, geplant.

Prinzregent Luitpold richtete ein Handschreiben an das Staatsministerium, in dem darauf hingewiesen wird, dass die Errichtung verschiedener Monumentalbauten teils für jetzt, teils für die Zukunft in Erwägung stehe. Die Aufstellung des formellen Programmes für diese Bauten sowie die damit zusammenhängende Erörterung über die Verwendung von im staatlichen Besitze befindlichen grösseren Bauplätzen und älteren Gebäudekomplexen in Münschen soll schon jetzt erfolgen. Die Festlegung derartiger Grundzüge bedeute einen Schritt weiter auf den von König Ludwig I. eingeschlagenen Bahnen. Eine weitschauende und von grossen Gesichtspunkten getragene Behandlung dieser Sache sei für die weitere Entwickelung Münchens von nicht zu unterschätzender Bedeutung. Für die Aufstellung dieses Programmes und zur Entwickelung bei seiner Durchführung soll unter dem Vorsitz des Staatsministers Freiherrn v. Feilitzsch eine grössere Kommission gebildet werden, welcher Vertreter der Ministerien und der Stadtgemeinde München sowie Vertreter der Kunst angehören sollen. Prinzregent

Luitpold behält sich vor, diese Kommission entsprechend zu verstärken und sie auch mit gleichartigen Fragen in anderen grösseren Städten Bayerns zu betrauen.

Möchten wir, im Interesse der spätern Heimatkunde, recht bald in der Lage sein, bezüglich unserer Reichshauptstadt und der grössten Städte unserer Provinz Brandenburg etwas Ähnliches zu berichten. Es thut wahrlich not, dass sich die Regierungsorgane und die Stadtverwaltungen hier zielbewusst vereint die Hände reichen.

5. An Photographien aus Dörfern der weitern Umgebung Potsdams wurden mir unter dem 17. d. M. von folgenden Freunden des Märkischen Museums: Referendar Hermann Rademacher, Kandidat Backschat, Dr. phil. Haus Kania und Dr. phil. Johannes Kunze acht Bilder übersandt (von den Herren auf ihren heimatlichen Streifzügen aufgenommen):

a) Nudow: typisches altes Haus der Nuthe-Nieplitz-Niederung mit Spieker; Balkenköpfe: Reiherkopf, langschnäbelig;
b) Kirche zu Gütergotz, klassischer Granitbau des 13. Jahrhunderts;
c) Nordseite (romanische Fensterchen, vermauertes rundes Portal) ebendaselbst;
d) die alte runde Apsis der Kirche daselbst. Die Abdeckung leider mit platten Dachziegeln erneuert;
e) Ahrensdorf, alte Granitkirche;
f) Alte Feldsteinkirche zu Stahnsdorf, Nord-Portal.
g) Feldsteinkirche zu Schenkendorf, Portal, gotisch, einfach abgetreppt, gotisch um 1300;
h) dieselbe, Gesamtansicht, der Turm von ausgemauertem Fachwerk. Daneben der Kirchhof.

Die Herren beabsichtigen mit anderen Gleichgesinnten ein ergänzendes Verzeichnis der Bau- und Kunstdenkmäler der Umgegend Potsdams aufzustellen; ich wünsche ihrem Unternehmen guten Fortgang und überweise die 8 Aufnahmen der Sammlung des Märkischen Museums.

6. Herr Buchhändler Ernst Frensdorff hierselbst überreicht die VIII. Abteilung seines Bibliotheks-Katalogs, eine Menge interessanter Autographe enthaltend. Ich verweise im übrigen auf die früheren, die Frensdorffschen, auch weiteren Kreisen zugänglichen Bücherschätze etc. betreffenden Mitteilungen.

7. Erich Gossner: Über die Entwicklung und heutige Organisation des Berliner Fischhandels. Inaugural-Dissertation zur Erlangung der Doktorwürde von der philos. Fakultät der Fr. W.-Universität zu Berlin 22. Juni 1901. — Vor wenigen Jahrzehnten wäre eine solche Abhandlung, die im vorliegenden Falle auf fleissigem Quellenstudium beruht, noch unmöglich gewesen, einmal, weil sie sich zur Be-

handlung in lateinischer Sprache wenig eignet und zweitens, weil sie ein vorzugsweise aktuelles und praktisches Thema behandelt, bei dem eine kurze Geschichte des Berliner Fischmarktes allerdings nicht fehlt. Es ist sehr wünschenswert, dass recht oft ähnliche, auch der Heimatkunde dienliche Dissertations-Themata gewählt werden mögen.

8. Von dem sehr rüstigen Uckermärkischen Museums- und Geschichtsverein liegen heut uns zwei Veröffentlichungen vor.

a) Mitteilungen des Uckermärkischen Museums- und Geschichtsvereins zu Prenzlau. Herausg. vom Vereins-Vorstande. I. Band 1. Heft. Prenzlau 1901. Druck und Kommissionsverlag von A. Mieck. Kl. Fol. 47 S. Inhalt: Zwei uckermärkische Bronzedepot-Funde. Beschr. von Hugo Schumann zu Löcknitz in Pommern. 1. Der Fund von Arnimshain. 1888 gemacht in einem in einem Pfuhl versenkten Thongefäss. Ältere Bronzezeit, nach Montelius etwa XV. Jahrhundert vor Christes. — 2. Der Fund von Angermünde, 1899 in der Nähe des kleinen Exerzierplatzes am Abhange nach dem See gemacht. 13 Stück, freilagernd, ohne Gefäss oder dergl. Ältere Bronzezeit, nach Montelius 14.—11. Jahrhundert v. Chr. —

Wewer: Freiluftmuseum. (Eine Zukunftsperspektive nach Hazeliusschem Vorbild.)

v. Arnim-Densen: Über die Voigteien der Uckermark. (Stolpe, Pasewalk-Jagow, Liebenwalde, Lychen, Boytzenburg.)

Uckermärkische Volkssagen. Drei, entnommen dem „Bär“ Jahrgang 1891.

b) Spätrömischer Grabfund mit Terra sigillata-Gefäss von Damme (Uckermark) von Hugo Schumann. Prenzlau 1901. Rudolf Virchow zum 80. Geburtstag gewidmet. Gr. Fol. 11 S. und 1 Tafel mit 16 Abbildungen.

Als bei dem 10 km ö. Prenzlau liegenden gräflich Eickstedtschen Gut Damme im Sommer 1901 eine nördlich von Hof liegende Anhöhe durchstochen wurde, zeigte sich ohne Steinsetzungen eine etwa 5—6 qm grosse Stelle im schweren Lehm bis 2,60 m ausgeschachtet und mit Sand, der sonst in der nähern Umgegend fehlt, verfüllt. Darin standen bezw. lagen mehre Gefässe von Thon und Bronze, silberne Fibeln, eine Schnalle von Silber und um die Gefässe herum 40 bis 50 Spielsteine von grünlich-blauem und milchweissem Glas. Es scheint sich um ein Brandgrab zu handeln.

Das interessanteste Stück ist ein kumpenartiges Gefäss aus hochroter, leicht bräunlicher Siegelerde. Höhe 150 mm, Mündung 245 mm. Die Form erinnert an die bekannten grell gefärbten und lackierten russischen Holzkumpen, welche seit etwa 40 Jahren bei uns mehr und mehr eingeführt worden sind. Der untere Teil des Kumpens ist mit Nischen unter Halbkreisbogen bezw. mit bäumchenartigen Wein- oder

Epheublattwerk ausgefüllt. Nach Draggendorf beginnt dieser Typus römischer Töpferkunst im letzten Drittel des I. Jahrhunderts und geht bis ins III. Jahrhundert n. Chr. Für die Provinz Brandenburg ein höchst seltener Eund. Eine Schöpfkelle und ein Sieb, beides von Bronze, römische, spätere Exportwaare. Aus Silber: eine Schildspange, eine Armbrustspange und eine Gurtschnalle. Das Ganze gehört in das III. nachchristliche Jahrhundert.

S. 11: „Dies Hausgerät ist aber besonders bemerkenswert, denn es ist das Trink- und Spielservice eines germanischen Edelings, das derselbe sich mit ins Grab hat geben lassen, offenbar um es droben in Walhall gleich bei der Hand zu haben.“

S. 12: „Das Spiel war dem hier bestatteten Germanen jedenfalls sehr ans Herz gewachsen, wie ja bekanntlich Tacitus schon über die Spielwut der Germanen seine Verwunderung ausspricht. Tacitus, Germania Cap. 24. Sigillatagefässe werden in Gräbern dieser Zeit meist als Behälter für den Leichenbrand verwendet und die Arbeiter in Damme behaupten, dass dies auch hier der Fall war. Nun liegt jedenfalls ein gewisser Humor darin, dass sich der biedere Edeling von Damme in seinem Lieblingsbierkrug — auch hat begraben lassen.“ —

Wir können zu dem schönen Funde nur bestens gratulieren.

9. Herr Kustos Buchholz, unter Vorlage dreier Photographien: Das hässliche Bild der Gegend zwischen dem Stralauer Platz und der Spree wird nun auch eine erhebliche Änderung zum Besseren erfahren; die dort befindliche alte Städtische Gasanstalt wird abgebrochen und auf dem frei gewordenen Gelände werden sich später moderne Bauten erheben.

Bis zum Jahre 1826 wurden die Strassen und Plätze Berlins nur durch Öl-Lampen beleuchtet; man kann sich vorstellen, wie mangelhaft dieser Zustand war, so mangelhaft, dass an dunkeln Abenden die Passage mit Hand-Laternen häufig war.

Als aber in den ersten Jahren des 19. Jahrhunderts die Versuche zur praktischen Verwendung des schon 100 Jahre vorher entdeckten Leuchtgases in England Erfolg hatten, so dass von 1814 an dort Stadtteile von London, auch andere Städte, die Vorteile des neuen Lichts genossen, drang auch der Ruf desselben nach Berlin.

Die Stadtverwaltung von Berlin scheint sich indes für die Neuerung damals immer noch nicht erwärmt zu haben, denn mit völliger Umgehung der Stadt schloss das Ministerium des Innern durch das Polizei-Präsidium am 21. April 1825 einen Vertrag mit der englischen „Imperial-Continental-Gas-Association“, wonach dieser die öffentliche Beleuchtung der Stadt Berlin innerhalb der Ringmauern mittels Gaslichts auf die Zeit vom 1. Januar 1826 bis 1. Januar 1847, also auf 21 Jahre, übertragen wurde.

Unzufriedenheit mit den Leistungen der Gesellschaft führten allmählich zu Reibungen, in folge deren die inzwischen vom Ministerium mit Regelung der Sache beauftragten Städtischen Behörden 1842 beschlossen,

von der Prolongation des bisherigen oder Abschliessung eines neuen Vertrages mit der englischen Gesellschaft gänzlich abzustehen und die öffentliche Beleuchtung mittels Gaslichts durch eigene Anstalten selbst zu bewirken.

Unterm 6. September 1844 erhielt denn auch endlich der Magistrat die Königliche Genehmigung zur Ausführung dieses Beschlusses unter Vorbehalt der Rechte der englischen Gesellschaft.

Die Stadt berief darauf den Ingenieur Blochmann aus Dresden, der schon seit 1828 die Gasbeleuchtung dort eingerichtet hatte und nach dessen Plan wurden die beiden ersten Städtischen Gasanstalten eine am Kottbuser Thor und eine am Stralauer Platz, in den Jahren 1845 und 1846 errichtet und am 1. Januar 1847 in Betrieb gesetzt.

54 Jahre lang ist also diese Anstalt am Stralauer Platz im Betriebe gewesen; jetzt weicht sie, wie schon so viele noch jüngere Anstalten und Häuser, modernen Bedürfnissen und wir geben ihr gleichsam ein würdiges Leichenbegängnis, wenn wir einen Blick auf ihr letztes Aussehen werfen, das in diesen 3 Photographien von 3 Ansichtsstellen aus verewigt ist.

10. Vortrag des Herrn Dr. Otto Pniower: „Heinrich von Kleist: Michael Kohlhaas." Wir bringen die Ausführungen des Vortragenden als besonderen Aufsatz.

11. Nach der Versammlung geselliges Beisammensein im Ratskeller.

Heinrichs v. Kleist Michael Kohlhaas.

Von Otto Pniower.

An dem Wege von Berlin nach Potsdam, in der Nähe des Griebnitzsees, liegt das Dörfchen Kohlhaasenbrück. Die allgemeine Ansicht ist, dass es daher benannt sei, dass der bekannte Mordbrenner Kohlhaas, der im Jahre 1540 in Berlin hingerichtet wurde, dort gehaust habe. Ihr pflichtet auch Heinrich von Kleist bei, wenn er im Eingang seiner berühmten, wahrscheinlich im Jahre 1806 begonnenen, 1808 zuerst zu einem kleinen Teile, 1810 vollständig veröffentlichten Erzählung „Michael Kohlhaas" sagt, dass „Kohlhaas in einem Dorfe, das noch von ihm den

Namen führt, einen Meierhof besass, auf welchem er sich durch sein Gewerbe ruhig ernährte", und wenn er gegen den Schluss hin den brandenburgischen Erzkanzler, Herrn Heinrich von Geusau, ausdrücklich erklären lässt, dass Kohlhaasenbrück nach dem Rosshändler heisse (Kleists Werke, hersg. von Theophil Zolling 4, 131, 7).

Allein diese Ansicht hält vor der Wahrheit der Geschichte nicht Stand. Niemals hat der berüchtigte Kohlhase in dem Dörfchen, das nach ihm benannt sein soll, gewohnt. Der Name des Ortes hat auch sonst im Sinne historischer Wirklichkeit zu ihm und dem seinigen in keiner innigeren Beziehung gestanden, als dass er möglicherweise auf den eines seiner Vorfahren zurückzuführen ist. Denn der Name Kohlhase ist freilich echt märkisch. Zweimal begegnet er in Prenzlauer Urkunden des 14. Jahrhunderts v. J. 1343 und 1354 (Riedel, Codex diplom. Brandenburg. XXI. 157 und 171), und in einer Müncheberger v. J. 1541 (ibid. XX. S. 173) finden wir ihn wieder. Das heutige Berliner Adressbuch weist ihn fünfzehn Mal auf. Ich sage: im Sinne historischer Wirklichkeit. Denn die Überlieferung schafft sehr früh einen inneren Zusammenhang zwischen dem Namen des Ortes und demjenigen des Mordbrenners. Gleich der erste Bericht, der uns über Kohlhases Schicksal nähere Nachricht giebt und noch im 16. Jahrhundert niedergeschrieben ist — ich komme auf ihn zurück — dieser Bericht weiss zu erzählen, dass „Kohlhase . . . dem Conrad Dratzieher, des Churfürsten zu Brandenburg Factor, der ihm das Silber einkaufete im Mansfeldischen und Stolbergischen Bergwerke . . eine Anzahl Silberkuchen wegnahm, welche er eine halbe Meile diesseits dem Städtlein Potsdam unter einer Brücken, die noch heutiges Tages Kohlhasen-Brücke heisst, in das Wasser versenkt" . . . Aber diese Erzählung trägt den Charakter des Legendarischen allzu deutlich an der Stirne geschrieben. Deutlich scheint die Beziehung des Namens der Brücke, der gewiss schon bestand, als Kohlhase eine allgemein bekannte Persönlichkeit wurde, auf ihn ex post hineingetragen und lediglich aus dem Zusammenklang geschöpft. Der Name begegnet auch sonst als Ortsbezeichnung, wenn auch nicht gerade für eine Brücke, und zwar heisst im Kreise Mayen am Rhein eine Ortschaft „Kohlhaasenmühle". Wie alt freilich die Niederlassung in Kohlhaasenbrück und ihr Name ist, konnte ich leider nicht feststellen. Nach Berghaus (Landbuch der Mark Brandenburg 1, 488), der noch ganz der alten Tradition folgt und Kohlhase eine Schankwirtschaft im Dörfchen betreiben lässt, zeigt ein dort gefundener Grundstein die Jahreszahl 1553, die auch über der Hausthür des Gebändes angebracht war. Ob es aber nicht schon früher existiert hat? In Urkunden kommt der Name, wenigstens in der Riedelschen Sammlung, nicht vor, und die sonstigen Werke, die man darüber befragen könnte, wie Fidicins Territorien, wissen nichts von seiner Entstehung, überhaupt nichts aus der vorkohlhasischen Zeit von ihm zu berichten.

Ich schicke diese Bemerkung voraus, weil sie mir symbolisch scheint für die Stellung, die Kleist in seiner Erzählung zu den historischen Vorgängen, die ihr zu Grunde liegen, einnahm. Ganz frei schaltete er mit der Überlieferung und ziemlich ungehemmt liess er der dichterischen Erfindung die Zügel schiessen. Gleich den Namen des Helden änderte er. Aus Hans Kohlhase schuf er den voller tönenden, rhythmischer klingenden und hinsichtlich des Vornamens bezeichnenderen Michael Kohlhaas. Aus einem Kaufmann, der in Berlin in der Fischerstrasse ansässig war — es heisst, dass er das Haus Nr. 27 bewohnt habe — machte er einen Rosshändler in Kohlhaasenbrück, der nebenbei Landwirtschaft trieb. Sämtliche Namen bis auf den des Helden und seines Gesellen Nagelschmidt sind, mag es sich nun um den Junker handeln, dessen Übergriff zu jenen in der Erzählung geschilderten Ereignissen den Anstoss gab, mag es sich um die hohen Beamten des sächsichen und brandenburgischen Staates handeln, die an dem Verlauf der Begebenheit mehr oder weniger Anteil nehmen, alle diese Namen sind von Kleist erfunden. Ferner: während die Frau des historischen Kohlhase den Gatten überlebte, lässt sie der Dichter früh sterben, indem er das Moment zur Verschärfung des Rachegefühls seines Helden benutzt. Ja, selbst das Ereignis, um dessen willen Kohlhaas zum Räuber und Mörder wird, stellt Kleist wesentlich anders dar, als es in Wirklichkeit vor sich ging: die Pferde, auf deren Dickfütterung der Kohlhaas der Erzählung so trotzig besteht, wurden dem historischen Kohlhase unter ganz anderen Umständen zurückbehalten, als Kleist angiebt. Endlich hat er der ganzen Affaire so zu sagen ein grösseres Format gegeben, indem er die Vorgänge von einer stärkeren historischen Bedeutung sein lässt, als sie in Wahrheit waren. Nach ihm liefert Kohlhaas, wenn nicht gerade Schlachten, so doch Gefechte, und der Nimbus kriegerischen Ruhmes wird ihm verliehen. Er schlägt mit 109 Mann ein von einem Prinzen geführtes Heer von 500 und wendet sich nach dem Siege gegen ein zweites, 150 Mann starkes. Der wirkliche Kohlhase operierte gewöhnlich mit nicht mehr als drei bis fünf Mann, mit dem er seine Überfälle, Plünderungen und Brandstiftungen besorgte. Die höchste Zahl an Mannschaft, die er einmal beisammen hatte, betrug 35 Mann, und in Schlachtordnung hat er sein Gesindel nie aufgestellt (Burkhardt, C. A. H. Der historische Hans Kohlhase und Heinrich von Kleists Michael Kohlhaas, Leipzig 1864 S. 43).

Diese beträchtliche Abweichung des Dichters von der Wirklichkeit hat denn auch den eben genannten Historiker Burkhardt zu der Behauptung veranlasst, dass der Dichter bei seiner Darstellung nicht einem fixierten Berichte folgte, sondern sich mit dem begnügte, was ihm nach Ludwig Tiecks Mitteilung (Kleists hinterlassene Schriften, Berlin 1821 S. VII) einst ein Freund, der spätere Kriegsminister v. Pfuel, von Kohlhasens Geschichte mündlich erzählte.

Ich will dagegen nicht einwenden dass Kleist selbst, als er seine Erzählung als Ganzes veröffentlichte, ausdrücklich auf die Abhängigkeit von einer älteren niedergeschriebenen Darstellung hinwies, einmal äusserlich, indem er auf den Titel setzte: „Aus einer alten „Chronik", dann innerlich, indem er gegen Ende des Werkes „von Chroniken" spricht, aus deren Vergleichung er Bericht erstatte." (Kleists Werke, herausg. von Zolling 4, 151, 28) Denn derartige Bemerkungen sind Tries der Epiker, die sie zur Erhöhung der Illusion und um den Schein der Wirklichkeit zu verstärken, anwenden. So macht Goethe im Werther lediglich zu diesem Zweck Anmerkungen, in denen er bald erklärt, er habe sich genötigt gesehen, die in dem Original (des abgedruckten Briefes) befindlichen wahren Namen eines Ortes zu verändern, bald aus gewissen Rücksichten eine Stelle des scheinbaren Originals unterdrückt zu haben bekennt, bald angiebt, dass er aus Ehrfurcht für einen erwähnten trefflichen Mann einen von ihm herrührenden Brief der Sammlung entzogen habe. Und wirklich spricht Kleist von den Chroniken, deren Vergleichung erst ihm die Wahrheit ergeben haben solle, bei der Darstellung gerade eines solchen Vorganges, über dessen rein dichterische Erfindung nicht der geringste Zweifel besteht. Es sind ähnliche Mittel und sie dienen dem gleichen Zweck, die Naturwahrheit zu erhöhen, wenn der Dichter gegen Ende (Zolling 4, 152, 14) „eines eigenhändigen, ohne Zweifel sehr merkwürdigen Briefes Luthers an Kohlhaas, der aber verloren gegangen ist", gedenkt und zum Schluss in Bezug auf den Seelenzustand des Kurfürsten von Sachsen auf die Geschichte verweist, „in der man das Weitere nachlesen müsse" (Zolling 4, 155, 14 f.). Auch das gehört hierher, wenn es (ibid. 105, 28) von einem erfundenen Plakat heisst: „das wir dem Hauptinhalt nach folgendermassen mitteilen". Man kann also nicht sagen, dass Kleists eigene direkte Äusserungen über diesen Punkt die Burkhardtsche Behauptung widerlegen, wohl aber ergiebt sich aus einer Reihe anderer Momente, dass sie unhaltbar ist und dass seine Darstellung ganz unzweifelhaft auf einer genauen Kenntnis eines fixierten Berichtes beruht.

Ich will von diesen Momenten nur drei anführen. Andere werden sich im Laufe der Erörterung von selbst ergeben.

Erstens: Kleist lässt der historischen Überlieferung entsprechend Kohlhaasens Hinrichtung am Montag nach Palmarum vor sich gehn. Sollte Pfuel diese Einzelheit behalten und Kleist erzählt und dieser dann wieder sie seinem Gedächtnis so fest eingeprägt haben?

Zweitens: der Dichter legt, wie ich schon bemerkt habe, einem der Gesellen des Mordbrenners, der ihm so verhängnisvoll wird, denselben Namen bei wie die Quelle, nämlich Nagelschmidt. Diese Übereinstimmung würde, wie ich meine, allein zur Annahme nötigen, dass Kleist eine fixierte Darstellung benutzt habe. Denn die mündliche Erzählung pflegt auf Namen untergeordneter Personen zu verzichten oder man überhört sie, wenn sie genannt werden. Doch die Übereinstimmung ist nicht einmal auf diese Äusserlichkeit beschränkt. Vielmehr knüpft Kleist die Peripetie im Schicksal seines Helden in einer der Überlieferung ähnlichen Weise an diese Person. Sie berichtet, dass Kohlhase in dem Augenblick in sein Verderben rennt, als er dem unbedachtsamen Gesellen George Nagelschmidt Gehör schenkte, der ihm riet, seinen eigenen Landesherrn, den Kurfürsten von Brandenburg, anzugreifen. Thäte er das, so würde man sich seiner annehmen und seine Klage gegen Sachsen zu einem guten Ende bringen. Indem Kohlhase diesem Rate folgte, führte er seine Gefangennahme herbei. Ähnlich knüpft sich bei Kleist das Verhängnis des Helden an den Genossen Nagelschmidt. Dieser setzt, nachdem Kohlhaas die Feindseligkeiten eingestellt hat, dessen Rolle auf eigene Faust fort und raubt und mordet im Lande. Als sich sein einstiger Herr dann im freiwilligen Gewahrsam in Dresden befindet, schreibt er ihm, dass er sich erbiete, ihm zur Flucht aus seiner Haft an die Hand zu gehn und Kohlhaas ist unvorsichtig genug, in einer Beantwortung des von der Regierung aufgefangenen und ihm, um ihn in die Falle zu locken, heuchlerisch übergebenen Briefes den Vorschlag anzunehmen. Es wird ihm daraufhin der Prozess wegen Landesverrates gemacht und er zu Rad und Galgen verurteilt. Eine solche Übereinstimmung setzt doch wohl eine eingehendere Beschäftigung mit der Überlieferung voraus und wäre unter der Annahme eines einmaligen Anhörens einer mündlichen Erzählung nicht zu begreifen.

Drittens heisst es in der Quelle bei der Erzählung des Besuches, den Kohlhase Luther macht: „Kohlhase ist unvermerkt gegen Wittenberg selbander reitend kommen und im Gasthof eingekehret." Genau so lässt Kleist seinen Rosshändler, als er Luther aufsucht, in Wittenberg in ein Wirtshaus einkehren (Zolling 4, 97, 22).

Der Dichter hat also einen niedergeschriebenen Bericht benutzt. Es fragt sich nun, welchen? Lange Zeit blieb das verborgen, obwohl E. T. A. Hoffmann es im dritten Band seiner Serapionsbrüder schon i. J. 1820 ausgesprochen hatte. Denn erst i. J. 1861 ist Emil Kuh, der bekannte Hebbel-Biograph, angeregt durch die Äusserung bei Hoffmann, diesem interessanten Problem nachgegangen. In einer heute leider nicht mehr aufzutreibenden (Goedeke, Grundriss der deutschen Dichtung Bd. 6 S. 102) Untersuchung „Die Quelle der Kleistschen Erzählung Michael Kohlhaas" (Kolatscheks Stimmen der Zeit, 2. Ausg. Leipzig 1861) hat er von drei Berichten über die Geschichte des Mordbrenners wahrscheinlich gemacht, dass Kleist sie befragt hat. Seit dem ist die Thatsache in die Litteraturgeschichte übergegangen.

Die Hauptquelle war die Darstellung des Berliner Chronisten Peter Hafftiz. Peter Hafftiz, kurz vor 1530 in Jüterbog geboren, lebte von etwa 1550 an in Berlin als Lehrer und schrieb eine Stadtgeschichte, die er „Mikrochronikon" nannte. Aus ihr stellte er einen Auszug her, den er „Mikrochronologikon" betitelte. Jenes grössere Werk wurde bisher überhaupt noch nicht gedruckt, das kleinere erst i. J. 1862, wo es in dem ersten Band des vierten Hauptteils des Riedelschen Codex Brandenburgensis Aufnahme fand. 1894 hat dann Friedrich Holtze Teile daraus im 31. Heft der Schriften des Berliner Geschichtsvereins veröffentlicht und mit einem Kommentar begleitet. Zu Heinrich von Kleists Lebzeiten existierte also auch das „Mikrochronologikon", das für uns allein in Betracht kommt, nur handschriftlich, und man hat denn auch zuweilen angenommen, dass ein solches handschriftliches Exemplar in die Hände des Dichters gelangt war. Diese Annahme ist jedoch nicht unbedingt geboten.

Es enthält nämlich die i. J. 1730 in Dresden und Leipzig erschienene „Diplomatische und curieuse Nachlese der Historie von Ober-Sachsen und angrentzenden Ländern" von Christian Schöttgen und George Christoph Kreysig auf S. 528 ff. unter dem Titel „Nachricht von Hanss Kohlhasen" einen von Anmerkungen begleiteten wörtlichen Abdruck des Hafftizschen Berichtes. Diesen Abdruck hat Kleist wohl benutzt.

In demselben Jahrhundert, in dem Hans Kohlhase auf dem Schaffot seinen Tod fand, erschien noch ein Büchlein, das von seinem Schicksal, wenn auch kurze Nachricht gab. Es ist vom Magister Balthasar Mentz verfasst, in Wittenberg 1598 gedruckt und führt einen im Geschmack der Zeit umständlichen Titel: „Stammbuch und kurtze Erzehlung. Vom ursprung und Herkommen der Chur und Fürstlichen Heuser Sachsen, Brandenburg, Anhalt und Lauenburg" u. s. w. S. Mv. Ob Kleist diese Darstellung gekannt hat, ist zweifelhaft. Emil Kuh hat es, wie Zolling a. a. O. S. X berichtet, angenommen. Eine Übereinstimmung, die sich zwischen seiner Erzählung und der Relation des Mentz findet, könnte allerdings auf den Gedanken führen, dass auch sie ihm vor Augen lag. Beide nämlich lassen den Mordbrenner mit dem Schwert gerichtet werden, während er in Wahrheit aufs Rad gelegt wurde. Allein Kleist könnte doch auch ohne Kenntnis des Mentz dazu gekommen sein, seinem Helden die edlere Todesart zuzuschreiben. Hafftiz erzählt nämlich, dass Kohlhase, „weil die Verbitterung so gross gewesen, zum Tode des Rades verdammt worden sei, man ihn aber mit dem Schwerte habe begnaden wollen". Doch habe Kohlhase auf Anstiften des Nagelschmidt, der ihm entgegenhielt, dass, „wenn sie gleiche Brüder gewesen wären, sie auch gleiche Kappen tragen wollten", die schmählichere Art der Hinrichtung gewählt. Das Motiv wurde Kleist also schon von Hafftiz an die Hand gegeben, und gewiss bedarf es nicht der Zuflucht zum Mentz, um seine Verwendung bei ihm verständlich zu finden.

Um so weniger zu bezweifeln ist, dass der Dichter eine dritte Darstellung der Kohlhaseschen Affaire nachgelesen hat, diejenige, die von Nicolaus Leutinger in seinen Commentarii de Marchia et rebus Brandenburgicis gegeben ist. Leutinger schrieb dies Werk um den Beginn des 17. Jahrhunderts. Aber erst mehr als hundert Jahr nach seinem Tode wurde es und gleich zweimal in dem gleichen Jahr von Joh. Wilh. Krause und Georg Gottfried Küster an die Öffentlichkeit gebracht.

Dafür, dass Kleist das von Leutinger über Kohlhase Berichtete gekannt hat, sprechen mehrere Momente.

Ohne dass die Hafftizische Relation etwas davon weiss, lässt Heinrich von Kleist Kohlhaas dreimal die Stadt Wittenberg in Brand stecken. Nun heisst es an den beiden Stellen, an denen im Leutinger von dem Mordbrenner die Rede ist (lib. I § 69 ed. Küster, lib. I § 48 ed. Krause und lib. III § 11 ed. Küster; lib. III § 9 ed. Krause) einmal, er habe besonders in der Gegend Wittenbergs seine Räubereien getrieben (latrocinando Saxoniae, inprimis in tractu Vitebergensi) und Vorstädte angezündet (suburbia incenderet), an der zweiten Stelle ausdrücklich, er habe in Wittenberg die Vorstadt vor dem Schlossthore in Asche gelegt (suburbium ad portam, quae ad arcem ducit, per incendiarium in cineres redigit). Doch will ich nicht verhehlen, dass dieses Zusammentreffen noch nicht zu dem Schlusse zwingt, dass Kleisten der Leutinger vorgelegen habe. Denn bei Schöttgen und Kreysig, welches Buch der Dichter, wie wir wissen, benutzt hat, wird in einer Anmerkung auf S. 531 auf die zweite Stelle des märkischen Geschichtsschreibers verwiesen und erzählt „Kohlhase habe eine Vorstadt von Wittenberg anstecken lassen und dadurch in der Stadt ein grosses Schrecken verursacht." Kleist könnte zu dem Motiv also auch ohne Einsicht in das Leutingersche Werk selbst, lediglich durch die Lektüre des Buches von Schöttgen und Kreysig, gelangt sein.

Dafür dass er aber doch den Leutinger selbst einsah, giebt es ein, wie ich meine, untrügliches Zeichen.

Den Generalissimus des sächsischen Reiches, eine von Kleist ganz frei erfundene Person, nennt er Prinz Christiern von Meissen. In manchen Ausgaben der Erzählung ist diese besondere Namensform Christiern in das hergebrachte Christian, aber natürlich unbefugter Weise, verändert. Schlägt man nun die erste Stelle bei Leutinger, die von Colhasius erzählt, auf, so findet man gleich, nachdem über ihn berichtet ist, die Worte Christiernus II, tunc Daniae Rex . . . Ich zweifle nicht, dass der

Dichter hier die Anregung empfing, gewissermassen um eine künstliche Patina aufzutragen, diese seltene, archaische Form zu wählen. Dass er auch sonst bemüht ist, über seine Erzählung mittels der Sprache einen Hauch von Altertümelei zu breiten, lehrt neben anderem der Umstand, dass er durchgängig „Reuter“ für „Reiter“ schreibt. Auch Formen wie „jetzo“, „Jungherr“, „presshaft“, „speisete“, „ruhete“, „auflösete“, „drohete“ u. ä. dienen diesem Zweck.

Nachdem aber erwiesen ist, dass Kleist Leutinger vor Augen gehabt hat, müssen wir nach weiteren Spuren seiner Einwirkung suchen. In der That fehlt es an ihnen nicht. Ja, die Einsicht in dieses Geschichtswerk hat auf die innere Form des dichterischen Werkes Einfluss geübt und wurde für die Art der Conception bestimmend.

Ich habe schon bemerkt, dass Kleist das Niveau seines Helden insofern hob, als er ihn aus einem Strassenräuber zu einem Kriegshelden machte. Und hierzu kann sehr wohl Leutinger den Anstoss gegeben haben, wenn er allein und offenbar entgegen der historischen Wahrheit — in dem Zeitraum zwischen Hafftiz und ihm hatte sich sichtlich die Sage des Stoffes in stärkerem Masse bemächtigt — wenn also er allein von den Soldaten spricht, die Kohlhase um sich sammelte und vereint mit einer Räuberschar zu plötzlichen, schreckenverbreitenden Einfällen benutzte (ut manu militum latronumque turma coacta, improvisam irruptionem faciens formidabilis multum esset lib. I § 69 ed. Küster, § 48 ed. Krause).

Von grösserer Bedeutung ist ein anderes Moment, in dem sich Kleist und Leutinger berühren und so berühren, dass man mit Recht auf die Abhängigkeit des Dichters von dem Geschichtsschreiber geschlossen hat.

So oft von der Erzählung „Michael Kohlhaas“ die Rede ist, wird dem Bedauern Ausdruck gegeben, dass sie von ihrer zuerst erreichten künstlerischen Höhe herabsinkt. Indem der Dichter, so sagt man, den Boden des Realen verlässt und sich ins Gebiet des Mystischen begiebt, erlahmt das bis dahin aufs äusserste angespannte Interesse und es ist als ein Triumph seiner virtuosen Kunst zu betrachten, dass er uns überhaupt noch in der sogenannten dritten Welt, der Welt der Ahnungen, Träume und Gespenster, festzuhalten weiss. In der That macht der Dichter in der Behandlung des eigentlichen Themas: dem Bestreben des Helden, sich für ein erlittenes Unrecht Sühne zu verschaffen, erst auf dem Wege der Ordnung und als der nicht zum Ziele führt, auf dem der gewaltthätigen Selbsthilfe, in der Behandlung dieses Themas macht der Dichter plötzlich Halt, um dann einen Seitenpfad einzuschlagen. Deutlich lässt sich der Punkt bezeichnen, wo das geschieht. Michael Kohlhaas hat dank der Intervention Luthers sein Heer entlassen und sich freiwillig in das sächsische Gewahrsam begeben gegen das Versprechen freien Geleites und die Zusicherung, dass seine Angelegenheit gerichtlich ausgetragen werde. Was als freiwillige Stellung zur Disposition der sächsischen Regierung gemeint war, weiss die Hofcamarilla durch allerlei Umtriebe in eine unfreiwillige Haft zu verwandeln. Kohlhaasens scharfem Blick entgeht das nicht. Aber seine Kraft, erlittener Unbill zu trotzen, ist gebrochen. Nur so weit reicht sie noch, dass er die Regierung, der er nichts mehr missgönnt, als den Schein der Gerechtigkeit, durch ein Manöver ins Unrecht zu setzen weiss, indem er sie zu der bestimmten und unumwundenen Erklärung nötigt, dass er ein Gefangener sei. Sonst hat er, der bis dahin mit der Zähigkeit des starken Mannes dafür kämpfte, sein Recht zu behaupten und zu erlangen, „er hat sich vollkommen überzeugt, dass nichts auf der Welt ihn aus dem Handel, in den er verwickelt ist, retten kann" (Zolling 4, 128, 14). „Die Dickfütterung der Rappen hat seine von Gram sehr gebeugte Seele aufgegeben" (ib. 129, 14), heisst es, und er ist entschlossen, sich mit seinen fünf Kindern nach der Levante oder nach Ostindien oder soweit der Himmel über andere Menschen, als die er kennt, blau ist, einzuschiffen (ib. 129, 11). In dieser Stimmung trifft ihn der Brief seines einstigen Genossen Nagelschmidt, der ihm, wie wir wissen, zum Verhängnis wird. Dass er auf die Vorschläge dieses Menschen eingeht, dafür fehlt es ihm in seinem Bewusstsein nicht an einer Rechtfertigung. Er motiviert den Entschluss vor sich damit, dass inzwischen die Regierung ihr gegebenes Versprechen gebrochen habe, er also auch nicht mehr an das seinige: sich ihr friedlich zur Verfügung zu halten gebunden sei. Allein seiner Aufgabe als Verfechter des Rechtsgefühls wird er dennoch untreu. Als ihm nämlich auf Grund dieses aufgefangenen Briefes der Prozess gemacht wird, antwortet er auf die Frage, ob er zu seiner Verteidigung etwas vorzubringen wisse: „Nein". Er streckt damit als Verteidiger des Rechtes die Waffen. Zugleich hat er sein Leben verwirkt. Er wird sächsischerseits zum Tode verdammt und dieses Urteil später von der Brandenburgischen Regierung bestätigt.

Es giebt Leute, die in diesem Versiegen des bis dahin bewiesenen Eifers Kohlhaasens, sein Recht zu suchen und zu verfechten eine psychologische Inconsequenz erblicken. Ich teile diese Ansicht nicht und bin der Meinung, dass die vorhergegangenen Geschehnisse wohl geeignet sind, auch den festesten Charakter mürbe zu machen.

„Des Menschen Thätigkeit kann allzuleicht verschaffen,
„Er liebt sich bald die unbedingte Ruh."

Das wusste auch Kleist. Zudem hat der Dichter den Umschwung wohlweislich vorbereitet, wie denn dem feinen Gewebe von Causalität, das die Erzählung darstellt, nicht ein Faden zu fehlen scheint. Schon lange vorher heisst es (Zolling 4, 117, 10), dass ein Vorfall, eine Volksempörung, von der noch die Rede sein wird, in der That den Willen des Rosshändlers gebrochen habe." Jedenfalls kann die geschichtliche Betrachtung — und auf die allein kommt es mir hier an — nicht so urteilen, die geschichtliche Betrachtung, die das Wesen eines Kunstwerkes vor allem aus der Individualität des Dichters heraus zu begreifen sucht.

In Kleists zerrissenem Gemüt lebte auch der Optimismus. Optimistisch ist die Märchendichtung „Das Käthchen von Heilbronn", in der die unbeirrbare Liebe und Hingabe des Weibes so herrlich zum Siege gelangen. Optimistisch der „Prinz von Homburg", in dem menschliche Milde über die strenge Satzung so schön triumphiert. Optimistisch in gewissen Sinne auch die „Hermannsschlacht", in der die Vaterlandsliebe alle Hindernisse überwindet und die Knechtschaft zur Freiheit durchdringt. Aber nur gelegentlich wird die Nacht des Kleistischen Gemütes von dem Stern des Optimismus erleuchtet. Vorherrschend in ihm war doch der Pessimismus und von der Unvollkommenheit alles Menschlichen, der Gebrechlichkeit der Welt, wie er sich mit Vorliebe ausdrückte, war er nur zu sehr überzeugt. Gerade im „Kohlhaas" kommt diese seine Weltanschauung wiederholt zum Ausdruck. Selbst auf seinen schlichten Helden überträgt er seine melancholische Denkart. Noch bevor Kohlhaas von dem Unrecht beschwert ist, das ihn dazu treibt, an den Säulen von Staat und Ordnung zu rütteln, gleich im Anfang der Erzählung heisst es von ihm: „Er kehrte zur Tronkenburg zurück ohne irgend weiter ein bitteres Gefühl als das der allgemeinen Not der Welt". (Zolling 63, 17.) Und nicht viel später noch einmal: „Denn ein richtiges, mit der gebrechlichen Einrichtung der Welt schon bekanntes Gefühl machte ihn geneigt, den Verlust der Pferde . . . zu verschmerzen (ebenda 66, 13). Wer diese Grundstimmung der Kleistischen Individualität nicht übersieht, dem ist das Erlahmen des Rechtsgefühls seines Helden durchaus verständlich.

Doch darüber denke man, wie man wolle, jedenfalls ist mit der so plötzlich eingetretenen Erledigung der Rechtssache das eigentliche Thema beendet und es taucht ein ganz neues Interesse auf, das — man wird es bei einem Künstler wie Kleist nicht anders erwarten — mit dem Vorhergehenden zwar organisch verknüpft und zu einer Steigerung und Spannung benutzt ist, doch aber eine Abirrung bedeutet. Wir erfahren von einer Prophezeiung, die eine Wahrsagerin vor einiger Zeit den in Jüterbog versammelten Fürsten von Brandenburg und Sachsen verheissen hat. Nur der Brandenburger aber erhält sie wirklich. Die für den sächsischen Fürsten bestimmte hatte die weise Frau dem auf dem Marktplatz des Städtchens ebenfalls anwesenden Kohlhaas gegeben. Der Dichter weiss es nun herbeizuführen, dass der Kurfürst von Sachsen den Mordbrenner auf seinem Transport von Dresden nach Berlin

21

begegnet und an seiner Brust die Kapsel wahrnimmt, die die geheimnisvolle Prophezeiung in sich schliesst. Als er sie sieht, verfällt er in schwere Krankheit, und kaum ist er von ihr genesen, so setzt er alles daran, in den Besitz der Wahrsagung zu gelangen. Sie enthält nichts weniger als die Auskunft über das künftige Schicksal des sächsischen Herrscherhauses, dem die Gefahr des Unterganges droht. Um des Zettels habhaft zu werden, bittet der Regent den Kaiser in einem eigenhändigen Brief, die inzwischen an ihn gelangte Klage gegen Kohlhaas zurücknehmen zu dürfen. Er fleht den Kurfürsten von Brandenburg an, dem Mordbrenner das Leben zu fristen. Ihm selbst verspricht er Freiheit und völlige Verzeihung. Umsonst. Der Rosshändler vernichtet das die Prophezeiung enthaltende Blatt.

Wer aber ist denn nun die Zigeunerin? Kleist selbst nennt sie die geheimnisvolle oder geheimnisreiche und wirklich hat er sie in einen Schleier mystischen Dunkels gehüllt. Nachdem sie in Jüterbog erschienen ist und ihre Prophezeiung halb gegeben halb vorenthalten hat, verschwindet sie und ist im ganzen Kurfürstentum Sachsen nicht auszumitteln. Dann lernen wir in Berlin ein Trödelweib kennen, dessen Ähnlichkeit mit der Wahrsagerin von einem Abgesandten des sächsischen Kurfürsten bei dem vergeblichen Versuch, dem Rosskamm den Zettel zu entziehen, benutzt wird. Auf einmal stellt sich heraus — nur schüchtern wagt der Dichter es auszusprechen (Zolling 148, 18f.) — dass beide, jene Zigeunerin und dieses Trödelweib, dieselbe Person sind. Ja, zuletzt wird sie in unbestimmter Weise mit Kohlhaasens verstorbener Frau Lisbeth identifiziert. Sie erscheint als eine Abgesandte höherer überirdischer Mächte und der Eindruck wird erweckt, als stehe Kohlhaas durch sie mit übermenschlichen Gewalten in Verbindung.

Otto Brahm, der letzte treffliche Biograph Heinrichs von Kleist, hat, um die, wie er meint, disparate Verbindung des ersten realistischen und des zweiten supranaturalistischen Teiles der Erzählung zu erklären, eine zuerst von Adolf Wilbrandt aufgestellte Hypothese von neuem aufgenommen und schärfer formuliert, eine Hypothese, die zugleich die vorher besprochene Burkhardtsche Ansicht, wonach sich der Dichter mit den mündlichen Informationen seines Freundes Pfuel begnügt hat und den, wie ich meine, unzweifelhaften Thatbestand, dass er einen fixierten Bericht benutzt hat, scharfsinnig verbindet. Brahm meint, dass die Erzählung, so wie sie vorliegt, nicht aus einem Gusse sei, sondern auf zwei Ansätzen beruhe. Den ersten Teil habe Kleist allein nach Pfuels Bericht entworfen. Als ihm aber, je weiter die Dichtung vorrückte, die unzureichende Kenntnis des Stoffes um so empfindlicher wurde, habe er doch noch nachträglich die gedruckte Darstellung zu Rate gezogen, aus der ihm dann neue Gesichtspunkte aufgegangen seien.

Es würde zu weit führen, hier auf diese Hypothese näher einzugehn. Es ist nicht leichter ihr zuzustimmen als sie zu widerlegen. So viel ist aber an ihr gewiss richtig, dass Kleist die Anregung zur Einführung der überirdischen Eingriffe aus der alten Litteratur über Kohlhase empfangen habe. Und zwar kommt hier hauptsächlich wieder Leutinger in Betracht. In seinem Bericht heisst es von Kohlhase, nachdem von dem Umfange seiner Macht und der Gefährlichkeit seiner Unternehmungen die Rede war, dass er seine Stärke ausser von der ihm eigenen Verschlagenheit von der Magie entlehnte (quia vires suas a Magia et astutia mutuaretur lib. I § 69 ed. Küster, § 48 ed. Krause) und im Anschluss daran wird hervorgehoben, dass es nicht möglich war, ihn mit Erfolg beizukommen oder ihn durch Hinterhalte abzufangen, wie wenn also Kohlhase mit höheren Kräften im Bunde gestanden hätte, genau wie der Dichter seinen Helden unter dem Schirm und Schutze überirdischer Mächte, als deren Vermittlerin die Zigeunerin auftritt, stehn lässt.

Ich sagte, dass für die Frage nach dem Ursprung der übersinnlichen Momente in Kleists Erzählung hauptsächlich Leutinger in Betracht kommt. In der That spielt auch schon in den Hafftizschen Bericht allerlei phantastisch-magischer Spuk hinein. So wenn es heisst: „dass der Kurfürst von Brandenburg Meister Hansen, dem Scharfrichter von Berlin, welcher ein ausbündiger Schwartzkünstler war, befahl, ihm Kohlhase und seinen Anhang in die Stadt zu schaffen", und dieser es durch seine dunkle Kunst zu Wege brachte. Von einem Genossen Kohlhases wird gleichfalls gesagt, „er sei ein ausbündiger Schwartzkünstler gewesen und hin und wieder auff den Dächern als eine Katze lauffende gesehen worden". Zu der ersten Bemerkung, dass der Kurfürst von Brandenburg dem Scharfrichter den Auftrag gegeben habe, Kohlhase einzufangen, wird in der Schöttgen und Kreysigschen Ausgabe, die, wie wir wissen, Kleist vorlag, die Anmerkung gemacht, dass es dem Herausgeber fern liege, den teuren Kurfürsten dessen zu beschuldigen, dass er von Zauberei viel gehalten habe. Er glaube vielmehr mit Leutingern (lib. XVIII p. 639 ed. Küster), dass man von ihm mehr vorgegeben, als zu beweisen stehet. „Es war aber dieses, fährt er fort, ein Fehler derer damaligen Zeiten, dass man alle Klugheit und Geschwindigkeit, die man nicht sogleich begreiffen konnte, der Zauberey zuschrieb".

Diese Stellen muss man im Auge behalten, man muss Kleists Hang zum Romantischen, seine Hinneigung zum Phantastischen und Mystischen berücksichtigen, die sich ja auch im „Käthchen von Heilbronn, im „Prinzen von Homburg" kund thun, wo der Hypnotismus eine ganz realistische Verwendung findet; man muss den Einfluss bedenken, den in der Zeit der Entstehung der Erzählung der mystische Naturphilosoph Gotthilf Heinrich Schubert auf den Dichter ausübte (vgl. Morris, Heinrich

21*

v. Kleists Reise nach Würzburg, 1899 S. 34 ff.); man darf ferner nicht übersehen, dass er auch sonst bemüht ist, seiner Darstellung Zeitcolorit zu verleihen — und die Kühnheit, in die Erzählung einer historischen Begebenheit übersinnliche Momente zu verweben, erscheint nicht mehr so unbegreiflich. Es ist echt Kleistische Naivität. —

Ich habe nun wohl deutlich gemacht, dass Kleist zwei Berichte über den historischen Kohlhase für seine Erzählung benutzt hat: Peter Hafftiz' Mikrochronikon und Nicolaus Leutingers Geschichte der Mark Brandenburg. Ich bin überzeugt, dass er auch noch andere historische oder kulturgeschichtliche Werke zu Rate gezogen hat, besonders solche, die ihm über die inneren Zustände des damaligen Sachsen Belehrung geben konnten. Denn wie sehr er auch von der wirklichen Geschichte abweicht, wie unhistorisch beispielsweise das Charakterbild seines Kurfürsten im Vergleich zu dem standhaften Johann Friedrich, wie ihn die Geschichte kennt, ausgefallen ist und obgleich er alle Personen aus der näheren oder weiteren Umgebung des Herrschers völlig frei erfunden hat, so kann ich mich bei der so eindringlichen und intimen Schilderung des Treibens am Hofe doch nicht entschliessen zu glauben, er sei darin ohne alle äussere Anregung geblieben und lediglich dem gefolgt, was ihm seine Phantasie hergab. Leider fehlen mir die Kenntnisse dieser historischen Gebiete, die für eine Nachspürung der Fährten, die der Dichter eingeschlagen haben kann, erforderlich sind. Es kann auch sein, dass er die Verhältnisse eines anderen Ländchens, die ihm bekannt waren, wenn sie auch einer späteren Zeit angehörten, mit poetischer Licenz auf das damalige Sachsen übertrug. Jedenfalls muss die Forschung diesen Punkt noch ins Auge fassen.

Gegen die Gesetze einer guten Composition sündigend, indem ich voraussetzte, was bei einer richtigen Disposition des Stoffes vorher hätte mitgeteilt werden müssen, habe ich im Laufe dieser Betrachtungen schon manche Einzelheiten der historischen Überlieferung wie der Kleistischen Erzählung zur Sprache gebracht, ohne im Zusammenhang die eine und die andere besprochen und mit einander verglichen zu haben.

Ich will das nun nachholen.

Kurz zusammengefasst ist das, was Kleist in den Quellen fand, wenn ich von dem, was er Leutinger entnahm und was schon besprochen ist, absehe, etwa folgendes:

Als Kohlhase einmal Pferde nach Sachsen führt, um sie zu verkaufen, behauptet einer von Adel — aus Schöttgens und Kreysigs Nachlese (S. 529 Anm.) ersah Kleist, dass er den Namen Günther von Zaschwitz trug, dass aber nicht er die Äusserung fallen liess, sondern auf seinen Befehl Untersassen von ihm es thaten — sie behaupten, dass Kohlhase die Pferde gestohlen habe. Er lässt sie auf des Edelmanns

Unkosten im Gericht stehn, bis er den Beweis erbringt, dass er sie ehrlich und redlich erworben habe. Kann ers nicht erweisen, solle er ihrer verlustig gehn. Bei seiner Wiederkunft findet Kohlhase, als er hinreichende Beweise über den ehrlichen Besitz der Pferde erbringt, dass sie inzwischen vom Junker benutzt und weidlich abgetrieben sind. Er verlangt Schadenersatz, den zu zahlen der Edelmann sich weigert. Kohlhase bringt die Angelegenheit beim Kurfürsten von Sachsen an, kann aber nicht zu seinem Rechte kommen. So greift er zur Selbsthilfe. Hart vor Zahna überfällt er einen reichen Seidenkrämer aus Wittenberg, beraubt ihn und hält ihn auf einem Werder der krummen Spree gefangen, bis er sich mit Geld gelöst hat. Und mehr solcher Unthaten begeht er, bis sich endlich der Kurfürst von Sachsen erbietet, sich mit ihm zu einigen und einen Tag nach Jüterbog zur Erörterung der Angelegenheit beruft. Kohlhase erscheint, 40 Pferde stark und schliesst mit den vom Kurfürsten verordneten Räten einen Vertrag, der aber von den Sachsen nicht innegehalten wird. So beginnt er von neuem seine Raubzüge, plündert Dörfer an der sächsisch-märkischen und magdeburgischen Grenze, brennt Zahna nieder und stiftet solchen Schaden, dass sich der Kurfürst von Sachsen gedrungen sieht, den Kurfürsten von Brandenburg und den Erzbischof von Magdeburg zu bitten, gegen ihn einzuschreiten. Den Sachsen wird auch endlich gestattet, den Räuber auf märkischem und magdeburgischem Gebiete suchen zu lassen und ihnen das Recht eingeräumt, ihn da zu verhaften. Aber unverzagt und anschlägig wie Kohlhase ist, weiss er sich allen Nachstellungen geschickt zu entziehn. Manchen bösen Streich spielt er dem Kurfürsten, indem er die Plünderungen mit ungeschwächtem Erfolge fortsetzt. Da greift Luther ein. Er schreibt Kohlhase und ermahnt ihn, von seinem Treiben abzustehn. Der Mordbrenner sucht den Gottesmann auf und in einer langen Unterredung verspricht er ihm, sein räuberisches Gewerbe aufzugeben, wogegen ihm verheissen wird, dass seine Angelegenheit geordnet werden und eine gute Endschaft nehmen solle. Allein die Intervention ist fruchtlos. Die Sachsen verfolgen Kohlhase nach wie vor und kümmern sich nicht um die Beilegung der Rechtssache.

Es wird nun erzählt, was wir schon wissen, wie sein Geselle Nagelschmidt ihm rät, den Kurfürsten von Brandenburg anzugreifen und wie er sich dadurch sein Verderben bereitet.

Den Schluss des Berichtes bildet die kulturgeschichtlich höchst interessante und für das Leben Berlins im 16. Jahrhundert überaus charakteristische Darstellung der Gefangennahme des Mordbrenners und seines Gesellen, die zu hegen und hausen verboten war. Einiges davon habe ich schon mitgeteilt. Eine Episode aber verdient an dieser Stelle noch erwähnt zu werden. Ein Bürger, Namens Putletz, in dessen

Haus Gürgen Nagelschmidt hinter der Feuermauer stehend gefunden wurde, ward „ungeachtet er dessen keine Wissenschaft getragen", gefänglich eingezogen und auf dem Neuen Markt enthauptet. „Und ob man wohl der Frauen das Leben hat schenken wollen, hat sie es doch nicht thuen (d. h. sich schencken lassen) wollen, sondern ehe sie beide gerichtet worden, hat sie ihren Mann freundlich umfangen und mit einem Kuss gesegnet und weil sie alle beide alte verlebte Leute gewesen, sind sie auf einem Stuhle sitzend enthauptet worden".

Man sieht abgesehen von diesen prächtigen, genremässigen Zügen, von denen Kleist übrigens keinen Gebrauch gemacht hat, ist es eine dürre Überlieferung. Von einer Charakterschilderung sind nur dürftige Keime vorhanden und diese hat der naive Chronist gewiss unbewusst ausgestreut. Und gerade das, was den Poeten an dem Stoffe reizte, was ihn dazu trieb, ihn zu behandeln, das eigentliche Problem: wie ein Mann aus Rechtsgefühl zum Räuber und Mörder wird, das tritt nur am Eingang ganz schattenhaft auf. Die durchgreifendste Änderung, die Kleist an der Überlieferung vornahm, liegt denn auch nach dieser Richtung hin. Ihm kam es darauf an, an einem bestimmten konkreten Falle zu zeigen, wie nahe bei einander in der menschlichen Brust gut und böse, Tugend und Sünde wohnen und zu erzählen, wie ein schlichter und gottesfürchtiger Mann aus verletztem Rechtsgefühl zum Verbrecher wird und ein tragisches Ende findet. Alle Kunst wendet er an, uns diesen Fall menschlich begreiflich zu machen und nicht genug kann er sich in der Erfindung von Details thun, um uns mit der Überzeugung zu erfüllen, dass all die Bosheiten, Ungerechtigkeiten, Enttäuschungen, die der unglückliche Mann erleidet, ihn zu dem Schritte treiben mussten. Und bis zu dem Punkt des Umschlags, von dem ich schon gesprochen habe, weiss er uns die Geschehnisse mit einer bewunderungswürdigen Einfachheit, Stärke und Schärfe der Darstellung und einer beispiellosen Fähigkeit stufenmässiger Steigerung vorzuführen. Von diesem quellenden Reichtum kann ich hier nur einen schwachen Abglanz geben, von dem voll ausgeführten Gemälde nur eine dürftige Skizze.

Der Rosshändler Kohlhaas reitet mit einer Koppel junger Pferde ins Ausland. Auf sächsischem Gebiete erfährt er eine unerwartete Erschwerung. Er soll nicht nur Zoll bezahlen, während er bisher die Stelle frei passiert hatte, sondern auch einen Pass vorzeigen, worin ihm die ausdrückliche Erlaubnis erteilt sei, die Pferde über die Grenze zu bringen. Den Zoll entrichtet Kohlhaas ohne Sträuben. Von dem Erlaubnisschein wusste er nichts und besitzt ihn daher auch nicht. Nach langen Verhandlungen mit dem hartnäckigen Vogt, zu denen der Junker von Tronka selbst hinzutritt, einigt man sich dahin, dass der Rosskamm den Schein nachträglich in Dresden löse. Des zum Pfande lässt er auf Verlangen des Vogtes ein Paar prächtiger Rappen zurück, die dem Junker, seiner übermütigen Umgebung und seinem Gesinde schon lange in die Augen gestochen hatten. Zur Wartung giebt er ihnen seinen treuen Knecht Herse bei.

In Dresden erfährt er, was ihm schon ahnte, dass die Geschichte von dem Passschein ein Märchen sei. Er kommt zur Tronkenburg zurück und hört, dass man seinen Knecht ungebührlichen Betragens halber, wie es heisst, wenige Tage, nachdem er ihn zurückgelassen, zerprügelt und weggejagt habe. Statt der glatten und wohlgenährten Rappen aber findet er dürre, abgehärmte Mähren. Er stellt den Schlossvogt, später den Junker selbst zur Rede und man sagt ihm auf die Frage, um welchen Versehens halber der Knecht aus der Burg entfernt worden sei, dass er sich als einen trotzigen Schlingel erwiesen und sich gegen einen notwendigen Stallwechsel gesträubt habe. Die Pferde aber hätte man, damit sie ihr Futter abverdienten, ein wenig zu den Erntearbeiten verwendet. Kohlhaas, der die schändliche und abgekartete Gewaltthätigkeit wohl durchschaut, ist gleichwohl entschlossen, im Gefühl seiner Ohnmacht den Ingrimm zu verbeissen, aber die scham- und rücksichtslose Roheit, mit der ihm, dem so schmählich Gekränkten, bei seinen sachlichen Fragen der Vogt und auch der Junker begegnen, erregen ihm noch mehr die Galle und rufen seinen ganzen Trotz auf. Er weigert sich die Pferde zurückzunehmen und verlässt die Burg, um in Dresden, der Hauptstadt, klagbar zu werden. Doch er will sich seines Rechtes völlig vergewissern und beschliesst, vorher nach Kohlhaasenbrück zurückzukehren, um sich durch Vernehmung des Knechtes zu überzeugen, ob ihm nicht vielleicht doch eine Art Schuld beizumessen sei. In diesem Falle wollte er den Verlust der Pferde als eine gerechte Folge davon verschmerzen. Zugleich aber „fasste das Gefühl tiefere und tiefere Wurzeln in dem Masse, als er weiter ritt und überall, wo er einkehrte, von den Ungerechtigkeiten hörte, die täglich auf der Tronkenburg gegen die Reisenden verübt wurden: dass, wenn der ganze Vorfall, wie es allen Anschein habe, bloss abgekartet sein sollte, er mit seinen Kräften der Welt in der Pflicht verfallen sei, sich Genugthuung für die erlittene Kränkung und Sicherheit für zukünftige seinen Mitbürgern zu verschaffen“.

In Kohlhaasenbrück, wohin, wie der Rosskamm richtig vermutet hatte, der zerschlagene Knecht zurückgekehrt war, erfährt er aus einem eingehenden, mit echt Kleistischer Kunst des Inquisitoriums dargestellten Verhör, dass der brave Herse frei von jeder Schuld ist, in aller Bescheidenheit nur das Recht seines Herrn wahrgenommen und lediglich so gehandelt habe, wie es ihm die aufgetragene Pflicht der Obhut der Pferde vorschrieb. Und nun ist Kohlhaas im Einverständnis mit seiner wackeren Frau Lisbeth, die es für ein Werk Gottes erklärt,

Unordnungen wie den geschehenen Einhalt zu thun, entschlossen, in Dresden seine Klage vor Gericht zu bringen.

Monate vergehn, ohne dass er auch nur eine Erklärung über sie, geschweige denn die Resolution selbst erhält. Endlich erfährt er, nachdem er mehreremal von neuem beim Tribunal eingekommen ist, von seinem Advokaten, dass die Klage bei dem Dresdener Gerichtshofe auf eine höhere Insinuation gänzlich niedergeschlagen worden sei und zwar habe dies seinen Grund darin, dass der Junker Wenzel von Tronka mit zwei Junkern, Hinz und Kunz von Tronka, verwandt sei, deren einer bei der Person des Regenten Mundschenk, der andere gar Kämmerer sei.

Kohlhaas befindet sich gerade in der Stadt Brandenburg, als er diese Nachricht empfängt. Er erzählt dem Stadthauptmann, mit dem er bekannt ist, von der Angelegenheit und dieser rät ihm, eine Supplik mit einer kurzen Darstellung des Vorfalls an den Kurfürsten von Brandenburg aufzusetzen und wegen der Gewaltthätigkeit, die man sich auf sächsischem Gebiet gegen ihn erlaubt habe, den landesherrlichen Schutz anzurufen. Kohlhaas befolgt den Rat. Der Stadthauptmann weiss den Brief in die Hände des Kurfürsten zu bringen, allein auch jetzt wird dem Rosshändler die erwartete Genugthuung nicht zuteil. Der Stadthauptmann schreibt ihm, dass er, wie leid es ihm auch sei, in seiner Sache nichts thun könne. Er rate ihm, die Pferde, die er in der Tronkenburg zurückgelassen habe, wieder abführen und im übrigen die Sache ruhen zu lassen. Gleichzeitig schickt er ihm die Resolution der Staatskanzlei, in der Kohlhaas nach dem Bericht des Tribunals in Dresden für einen unnützen Querulanten erklärt und ihm bedeutet wird, dass er sich die Rappen, die ihm der Junker auf keine Weise zurückhalte, von der Burg holen oder wenigstens ihn wissen lassen möge, wohin er sie ihm senden solle. Unter der Hand wird dem Rosskamm auch der Grund dieser Entscheidung bekannt: der Staatskanzler seines Landes ist mit dem Hause derer von Tronka verschwägert.

Kohlhaas schäumt vor Wut, als er dies erfährt. Entschlossen, in einem Lande, in dem man ihn in seinen Rechten nicht schützen wolle, nicht zu bleiben, ruft er einen benachbarten Amtmann zu sich, um ihm seine Besitzungen von Kohlhaasenbrück und Dresden zu verkaufen. Er ist von der Ueberzeugung durchdrungen, dass es Zwecke geben könne, im Vergleich mit welchen seinem Hauswesen als ein ordentlicher Vater vorzustehn, untergeordnet und nichtswürdig sei. Seine Frau Lisbeth, die Zeugin der Unterhandlungen ist, beschwört ihn auf Knien, nichts zu übereilen und die Sache mittels einer Bittschrift beim Landesherrn selbst noch einmal anhängig zu machen. Kohlhaas folgt ihr und überlässt ihr auf ihre Bitte, selbst das Schriftstück zu überreichen. Sie ersucht ihn darum, weil sie, wie sie ihm verschämt eingesteht, einst von dem Kastellan des kurfürstlichen Schlosses umworben wurde und noch immer seiner Zuneigung gewiss sein kann.

Allein dieser Schritt erweist sich als den allerunglücklichsten von den bisher gethanen. Die Frau wird bei ihrem Versuche, an die Person des Landesherrn heranzukommen, von einem Lanzenstoss, den sie vor die Brust erhält, tödlich getroffen, und sterbend wird sie in Kohlhaasens Haus gebracht. Und eben ist das pomphafte Leichenbegängnis, das weniger für sie als für eine Fürstin angeordnet schien, beendet, so erhält er auf die Bittschrift die landesherrliche Resolution: er solle die Pferde von der Tronkenburg abholen und bei Strafe, in das Gefängnis geworfen zu werden, nicht weiter in dieser Sache einkommen.

Da ist seine Langmut erschöpft. Er schickt dem Junker Wenzel von Tronka einen Rechtsschluss, in dem er ihn kraft der ihm angeborenen Macht verdammt, die Rappen, die er ihm abgenommen und auf den Feldern zu Grunde gerichtet habe, binnen drei Tagen nach Sicht nach Kohlhaasenbrück zu führen und in Person in seinen Ställen dick zu füttern. Als die drei Tage verflossen sind, ohne dass die Pferde überliefert worden sind, bricht er mit sieben Knechten nach der Tronkenburg auf, stürmt sie und brennt das ganze Schloss bis auf die Mauern nieder. Des Junkers Wenzel von Tronka freilich, den gefangen zu nehmen er am meisten begierig war, vermag er nicht habhaft zu werden. Er ist während des Sturmes entkommen. Rachedürstig folgt er seiner Spur und als er erfährt, dass er sich in Wittenberg befindet, bricht er dahin auf, entschlossen die Stadt einzuäschern, wenn sie ihm nicht den Todfeind ausliefere.

Wie er nun Wittenberg dreimal in Brand setzt, wie seine Schar zu einem Kriegshaufen anschwillt und wie er dem Lande gefährlich wird, davon war oben bereits die Rede. Schon steht er vor Leipzig und steckt die Stadt an drei Seiten in Brand. Ganz Sachsen, insbesondere die Residenz, wohin nach einem falschen, auch zu Kohlhaas gelangten Gerücht der Junker geflüchtet sein soll, ergreift die ärgste Bestürzung. Da legt sich Luther ins Mittel. Wir haben schon gesehn, dass Kleist den Zug in der Quelle fand, und dies Motiv wird nicht am wenigsten zu dem Reize beigetragen haben, den die naive Darstellung des Chronisten auf den Dichter ausübte. Die Unterredung der beiden Männer selbst aber, ein Meisterstück für sich, ist seine freie Erfindung, wie auch das öffentliche Schreiben des Reformators an den Mordbrenner in seinem prächtigen Wortlaut ganz und gar Kleistens Geist entsprungen ist. Die Quelle verzeichnet nur die Thatsache selbst. Die Unterredung bildet den Angelpunkt der Erzählung. Es gilt von ihr, was Schiller von der Helena-Episode in Goethes Faust an den Dichter schrieb: es ist der Gipfel, der von allen Punkten des Ganzen gesehen werden muss und nach allen hinsieht.

Die Folge der Unterredung ist, dass Kohlhaas zu einer neuen Untersuchung seiner Sache freies Geleit nach Dresden erhält. Erweist sich seine Klage als unbegründet, so solle gegen ihn seines eigenmächtigen Unternehmens wegen, sich selbst Recht zu verschaffen, mit der ganzen Strenge des Gesetzes verfahren werden, im entgegengesetzten Fall aber ihm mit seinem ganzen Haufen Gnade für Recht bewilligt und völlige Amnestie für seine in Sachsen verübten Gewaltthätigkeiten zugestanden sein.

Kohlhaas entlässt seinen inzwischen auf vierhundert Mann angewachsenen Haufen und begiebt sich nach Dresden, um seine Klage wegen der Rappen gegen den Junker Wenzel von Tronka vor Gericht zu bringen. Hier erhält er zu seinem Schutz eine aus drei Landsknechten bestehende Wache. Die Forderungen, die er geltend macht, sind: Bestrafung des Junkers den Gesetzen gemäss, Wiederherstellung der Pferde in den vorigen Stand und Ersatz des Schadens, den er wie sein Knecht durch die verübten Gewaltthaten erlitten haben. Allein die Rappen waren in ihrem elenden und heillosen Zustand schon an den Abdecker geraten, und als man sie endlich ausfindig gemacht hat und nach Dresden bringt, wo sie im Stalle des Kämmerers von Tronka dick gefüttert werden sollen, da kommt es zu Kohlhaasens Unglück zu einer Art Aufstandes. Den Anlass dazu giebt die Weigerung eines von einem erregten Volkshaufen aufgehetzten Knechtes des Kämmerers, die unehrlichen Pferde in den Stall zu führen. Als der Herr ihn für diese Aufsässigkeit mit wütenden Hieben der Klinge vom Platz weg und aus den Diensten jagt, erregt er den Unwillen des Volkes, das sich empört auf ihn stürzt. Er gerät in die grösste Lebensgefahr und wird blutbedeckt vom Platze getragen.

Dieser Vorfall verbreitet auch bei den Gemässigteren und Besseren im Lande eine für den Ausgang der Kohlhaaseschen Streitsache höchst ungünstige Stimmung. Dazu treten andere für den Rosskamm verhängnissvolle Umstände, deren Einzelheiten ich hier übergehe. Nur soviel sei bemerkt, dass ein Gesuch, das er an die Regierung richtet, ihn für einige Tage nach Kohlhaasenbrück reisen zu lassen, verzögert und angeblich der Entscheidung des Landesherrn selbst, auf die er aber vergeblich wartet, vorgelegt wird. Ebenso wird das Rechtserkenntnis bei dem Tribunal, so bestimmt man es ihm auch in Aussicht gestellt hat, nicht gefällt. Ja, er wird geradezu als Gefangener behandelt. Kurz, die ihm angelobte Amnestie wird, wie sich Kleist ausdrückt, gebrochen.

Wie den Rosshändler all diese Erfahrungen endlich mürbe machen und wie er mit stiller Ergebung seine Verurteilung als willkommene Erlösung aus den Wirrnissen in einer Art müder Übersättigung beinahe herbeizwingt, habe ich schon ausgeführt. Auch wie er von Brandenburg reklamiert und auch hier zum Tode verurteilt wird, ist schon bemerkt.

Hinzuzufügen ist noch, was ich gleichfalls bereits angedeutet habe, dass dabei die Mitwirkung der kaiserlichen Regierung zu seinen Ungunsten im Spiele ist, insofern er als Brecher des kaiserlichen Landfriedens der Strafe verfallen ist. In dem ihm von Sachsen bewilligten freien Geleit ist der Umstand wie durch ein Versehen ausser Acht gelassen, so dass von dieser Seite aus ein neues Moment der Schuld des Helden gewonnen ist. Für das ausserordentlich sorgfältige Bemühen des Dichters, den Tod Kohlhaasens auf alle Fälle als notwendig erscheinen zu lassen, ist das kein unwichtiger Punkt. Er ist darum auch mit feiner Kunst von langer Hand vorbereitet.

Nachdem so das Schicksal des Helden entschieden ist, kommt durch die ebenfalls schon besprochene Einmischung des Übersinnlichen ein neues Element der Spannung in die Erzählung. Das leidenschaftliche Verlangen des Kurfürsten von Sachsen weckt die Hoffnung auf Rettung. Allein wir wissen, sie wird zu Schanden. Kohlhaasens Starrsinn, sein Lebensüberdruss, seine pessimistische Überzeugung, wiederum betrogen zu werden, vor allem aber das überwältigende Verlangen, Rache zu üben, treiben ihn dazu, dem Regenten den brennenden Wunsch zu versagen.

Ich wiederhole: nur ein kahler Abriss ist diese Übersicht. Aber auch sie schon wird einen Begriff von der Fülle geben, mit der Kleist das Knochengerüst der Überlieferung umkleidet hat. Er hat die Vorlage aus Eigenem so bereichert und vertieft, dass man getrost sagen kann: seine Erzählung ist ein Phantasiegemälde. Wie er dann den Hauptmotiven den Atem des Lebens lieh, indem er eine unendliche Menge von Nebenmotiven, besonders von der Art der genremässigen Kleinmalerei hinzu erfand, wie er der Darstellung der Vorgänge die denkbar grösste Anschaulichkeit und Sinnfälligkeit zu geben wusste, das muss man selbst nachlesen.

Nur einen, die innere Form betreffenden Punkt will ich hervorheben, weil er wichtig ist für die Art, in der Kleist das Problem erfasste. Es handelt sich um das schwierige Moment der Tragik. Auch Kleist wusste, dass die echte Tragik unschuldig-schuldig ist. Nun ist ja Kohlhaas von vornherein, indem er in dieser, die Grundlagen der menschlichen Ordnung erschütternden Weise zur Selbsthilfe greift, der Schuld verfallen. Allein auf der andern Seite ist, was er thut, mit Kleist zu reden, doch nur eine Ausschweifung in der Tugend, indem ihn eine schätzenswerte Eigenschaft, das Rechtsgefühl, zum Räuber und Mörder macht. Sie ist, rein menschlich betrachtet, die Reaktion einer natürlichen und gesunden Empfindung. Deshalb ist der Dichter bemüht, ihn noch auf andere Weise innerlich in Schuld zu verstricken. So lässt er mit feiner Psychologie in dem schlichten, bescheidenen Mann Selbstüberhebung und Grössenwahn Wurzel fassen. Kaum hat Kohlhaas die Tronkenburg gestürmt und seine Schar sich vermehren sehen, so erlässt er Mandate, in denen er sich einen „reichs- und weltfreien, Gott allein unterworfenen Herrn“ nennt. Der Dichter säumt nicht, das Verfahren „eine Schwärmerei krankhafter und missgeschaffener Art“ zu nennen. (Zolling 4, 89, 5). Später, als er das Lützener Schloss überrumpelt und sich dort festgesetzt hat, fühlt er sich von neuem wie einen regierenden Herren und verfasst ein Mandat, worin er sich „einen Statthalter Michaels, des Erzengels“, nennt, „der gekommen sei, an allen, die in dieser Streitsache' des Junkers Partei ergreifen würden, mit Feuer und Schwert die Arglist, in welche die ganze Welt versunken sei, zu bestrafen“. Und dies Mandat war mit einer Art Verrückung, wie der Dichter sagt, unterzeichnet: Gegeben auf dem Sitz unserer provisorischen Weltregierung, dem Erzschlosse zu Lützen (Z. 4, 94, 6). Auch wie er sich jetzt dem Volke zeigt, ist bezeichnend für den Wahn, dem er verfallen ist: ein grosses Cherubsschwert auf einem rotledernen Kissen, mit Quasten von Gold verziert, wird ihm vorangetragen und zwölf Knechte mit brennenden Fackeln folgen ihm (ebenda 96, 30).

Endlich aber kann ich auf die Frage Antwort zu geben versuchen: was trieb Kleist dazu, diesen Stoff zu bearbeiten und ihn mit so sichtlicher Liebe zu behandeln?

Ich meine, dass sich eine so innige Verwandtschaft zwischen dem Wesen eines künstlerischen Vorwurfs und der Individualität des Dichters, wie sie sich uns hier bietet, nicht immer findet. Der Stoff war seiner Empfindungsweise durchaus homogen. Kleist war Zeit seines Lebens ein kräftiger Hasser. Er liebte so zu sagen den Hass. Das bewies er als Mensch wie als Künstler. Als Mensch z. B. in seinem Verhältnis zu Goethe, den er einst mit anbetender Liebe verehrte, um ihn später, als er sich von ihm geschädigt glaubte, mit dem kleinlichsten Hasse zu verfolgen. Auch gegenüber Iffland liess er sich, als er das „Käthchen von Heilbronn“ nicht zur Aufführung annahm, zu einem unschönen, lediglich von der Leidenschaft eingegebenen Verhalten hinreissen. Als Künstler hat er den Hass immer wieder behandelt. Man könnte ihn mit einigem Recht den Sänger des Hasses nennen. In der „Familie Schroffenstein“ bildet der Hass das Grundthema. In der „Penthesilea“ erscheint er als die Kehrseite der Liebe, die, verletzt und gekränkt, in das lodernde Gefühl der Rache umschlägt. Ähnliches gewahren wir in der „Hermannsschlacht“, wo Thusnelda, die sich vom römischen Legaten Ventidius geliebt glaubt, von dem grausamsten, ja blutgierigen Hass erfüllt wird, als sie die Heuchelei des galanten Anbeters durchschaut. Am wütendsten lässt Kleist die Empfindung des Hasses sich in der grauenvollen Novelle „Der Findling“ austoben, wo der in seiner Ehre gekränkte, um seine Gattin gebrachte Piachi den bübischen Pflegesohn erdrosselt und, als er das Schaffot besteigt, sich weigert, das Abendmahl zu empfangen. An drei hintereinander folgenden

Tagen versucht man immer vergebens, ihn dazu zu bewegen. „Er will nicht selig sein. Er will in den untersten Grund der Hölle hinabfahren. Er will den Pflegesohn Nicolo, der nicht im Himmel sein wird, wiederfinden und seine Rache, die er auf der Erde nur unvollständig befriedigen konnte, wieder aufnehmen.“ Also: Hass und Rache darzustellen, dazu war Kleists zerrissene Seele nur allzu sehr gestimmt. Aber er hatte auch einen Hang zum Lehrhaften, wie das seine Briefe an die Braut, Wilhelmine von Zenge, mit so naiver Drastik beweisen. Nie wohl hat ein Dichter seiner Geliebten gegenüber so den Schulmeister gespielt, wie es hier Heinrich von Kleist thut. Wie sehr musste es ihn daher treiben, einmal an einem einleuchtenden Beispiel aus dem Bereiche der Wirklichkeit, an einem eminenten, ins Staatsleben eingreifenden Falle die natürliche, man kann sagen berechtigte Entwickelung des Hasses und der Rache zu demonstrieren! Wie sehr Kleist von der Gebrechlichkeit der Welt, der ungeheuren Unordnung, in der sie sich befindet, überzeugt war, hab ich schon bemerkt. Davon dass der Mensch verpflichtet sei, ihr entgegenzuwirken und sie zu heilen, war er nicht minder durchdrungen, und an Gelüsten, die Welt zu verbessern hat es ihm nie gefehlt. Andrerseits stand ihm auch die tragische Unfruchtbarkeit solcher Bemühungen nur allzu deutlich vor Augen.

Man sieht: von den vielen sichtbaren und unsichtbaren, inneren und äusseren, notwendigen und zufälligen Momenten, die bei der Conception eines Kunstwerkes wirksam sind, drängen sich einige so sichtbar auf, dass die Wahl dieses Stoffes verständlich erscheint. Je mehr aber der Dichter ihn aus seiner persönlichen Empfindungsweise heraus ergriff, um so bewunderungswürdiger ist die echt epische Ruhe, Sachlichkeit und Objektivität, ja ich möchte sagen Gerechtigkeit, mit der er ihn behandelt. Wir sahen schon, wie er bemüht ist, jeden Zweifel an der Schuld seines Helden, dem er doch so viel von dem eigenen Charakter gab, zu zerstreuen. Ein schönes, wichtiges Motiv ist noch ganz deutlich zu diesem Zwecke erfunden, vielmehr eine Angabe der Quelle zu diesem Behuf ausgenutzt, aber — und das ist besonders bezeichnend — gerade in ihr Gegenteil verkehrt. Hafftiz erzählt, dass Kohlhaase bei seinem Besuche Luthers „dem Doctor gebeichtet und das hochwürdige Sacrament empfangen habe“. Kleist dagegen lässt den Kohlhaas Luther bitten, „ohne weitere Vorbereitung seine Beichte zu empfangen und ihm zur Auswechslung dagegen die Wohlthat des heiligen Sacraments zu erteilen“. Luther ist dazu bereit, wenn der Rosshändler seinem Feind vergeben will. Er aber weigert sich dessen. Als er dann noch einmal beim Weggehen sagt: „Und so kann ich, hochwürdigster Herr, der Wohlthat versöhnt zu werden, die ich mir von euch erbat, nicht teilhaftig werden?“, antwortet Luther kurz: „Deinem Heiland, nein!“ und entlässt Kohlhaas. Kurz vor seiner Hinrichtung — dass Luther jetzt Nachsicht walten lässt, begreift man — empfängt er dann durch einen von ihm Abgesandten die Wohlthat der heiligen Communion.

Gleichwohl hat aber das dem Kleistischen Gemüt so eingeborene Gefühl der Rache auch auf die Conception der wunderlichen Schlusspartie, wie ich meine, bestimmend gewirkt. Und so seltsam dieser Teil uns anmutet, sieht man ihn auf die Tendenzen des Dichters hin an, so erscheint er nicht nur begreiflich, wie wir (oben S. 325 f.) gesehen haben, sondern auch in einem günstigeren Lichte. Für Kleist, der doch immerhin ein märkischer Junker war, durchdrungen vom Staatsgefühl und überzeugt von der unerschütterlichen Berechtigung der Staatsordnung, war, wie ich schon einmal (S. 335) bemerkt habe, der für sein Recht kämpfende Kohlhaas im Unrecht. Summum jus summa injuria! Von vornherein stand für ihn fest, dass er durch seinen Tod die Welt wegen des allzu raschen Versuches, sich selbst in ihr Recht verschaffen zu wollen, versöhnen musste. Zugleich aber war die Sache, für die er alles einsetzte, eine edle. Musste er also für das Unrecht den Tod leiden, so musste er andrerseits für das tapfere und mannhafte Eintreten für das Recht und die Allgemeinheit eine Genugthuung erfahren. Wie aber das machen? In diesem Dilemma, Unmögliches zu vereinigen hat Kleist nach meinem Gefühl mit dem Einschieben der Prophezeiung einen in seiner Art genialen Ausweg gefunden. Er lässt ihn zwar nicht an seinem Hauptfeinde, dem Junker Wenzel von Tronka, rächen, dafür aber an seinem anderen Feind, dem Kurfürsten von Sachsen, der ihm so schmählich die Amnestie gebrochen hat. Indem Kohlhaas lieber den Tod erleidet, als dass er dem Kurfürsten die Prophezeiung ausliefert, an der ihm alles gelegen ist und deren Verlust ihm vermutlich selbst den Tod bereiten wird, indem er den verhängnisvollen Zettel vor seinen Augen liest und dann verschlingt, erlebt er eine nach Kleistischer Auffassung wahrhaft monumentale Genugthuung. Dazu ist ihm die Freude gegönnt, dass er seine lieben Rappen von Wohlsein glänzend wieder erhält und ihren feisten Hals klopfen kann. Auch wird ihm der ganze erlittene Schaden ersetzt und endlich erfährt er, dass der Junker zu zweijähriger Gefängnisstrafe verurteilt sei. Von Gefühlen ganz überwältigt gesteht er, dass sein höchster Wunsch auf Erden erfüllt sei und heiter und befriedigt verlässt er die Welt.

Aber gleichzeitig hat Kleist, indem er seinen Helden in dieser Weise an dem Kurfürsten von Sachsen Rache nehmen lässt, seinem eigenen patriotischen Hasse Luft gemacht. Das hat Adolf Wilbrandt geistreich und treffend dargethan (Heinrich von Kleist S. 335). Er zeigte, wie „dem leidenschaftlich empfindenden Vaterlandsfreund unter den schmählichen Helfershelfern, die Napoleon an deutschen Fürsten fand, keiner verderblicher und hassenswerter erschien als der sächsische Kurfürst, der sich durch Verrat an Preussen im Jahre 1806 und durch den Beitritt zum Rheinbund den Königstitel erkauft hatte. An diesem Verräter galt es Rache zu üben. Sein Reich musste ihm, wenn die gute Sache siegen sollte, genommen und durch das preussische Schwert musste es ihm genommen werden. So flocht der von seinem Zorn verfolgte Dichter in die Geschichte seines Kohlhaas mittels Erfindung des geheimnisvollen Zettels, der dem Hause Brandenburg eine lange Dauer und Blüte versprach, dem sächsischen aber den Untergang prophezeite, seine eigene Stimmung hinein. Was er enthält, spricht seine geheimen Wünsche aus und in der höhnischen, genussvollen Rache, die er den Rosshändler an dem gepeinigten Fürsten nehmen liess, gönnte er sich selbst die Befriedigung, sein Gefühl gegen den königlichen Verräter zu entladen."

Wilbrandt tadelt es, dass der Dichter so die persönliche Empfindung in seine Schöpfung einströmen liess. Aber macht nicht das Durchdringen des Stoffes mit dem eigenen starken Wesen gerade den Dichter? Und wer will entscheiden, wann darin die dem Künstler gezogene Grenze überschritten ist, wann nicht? Ich finde auch in diesem Zuge den ganzen echten Kleist, wie er der heutigen Generation so lieb und teuer geworden ist: den stark empfindenden, leidenschaftlichen, meinetwegen rachsüchtigen und hasserfüllten, aber zugleich von der tiefsten Liebe zum Vaterland getragenen Mann. Wäre er nicht so beschaffen gewesen, er hätte uns auch den „Michael Kohlhaas" nicht geschenkt, eine Schöpfung, die, wenn sie auch nicht schlackenrein ist, ebenso sehr wegen ihres geistigen wie wegen ihres künstlerischen Gehaltes zu den Meisterwerken unserer Litteratur gehört.

Kleine Mitteilungen.

Märkische Kleinbahn-Bezeichnungen im Volksmunde. Die Bahn Paulinenaue—Neu Ruppin heisst die „stille Pauline". — Die Bahn Berlin—Kremmen heisst die „lahme Karline". — Die Bahn Neustadt—Pritzwalk heisst der „tolle Hengst". — Die Bahn Paulinenaue—Rathenow heisst die „zahme Josephine" oder die „Loreley". (Die Schienen sind sehr schmal und die Wagen sollen etwas schwanken wie der Kahn des Schiffers in H. Heine's Gedicht. Die andere Erklärung lautet: „weil diese Kleinbahn hauptsächlich zur Beförderung von Lowries dient".) O. Monke.

Werth der Waldbeeren. Das Sammeln von Waldbeeren in den Königlichen Forsten bildet auch für die ärmere Bevölkerung unserer Gegend eine lohnende Erwerbsquelle, in diesem Sommer gewährte die Beerenernte wieder eine schöne Nebeneinnahme. Besonders ertragreich waren die Heidelbeeren, gleichwohl wurden sie teurer bezahlt als in den Vorjahren. Handelsleute, die sie aufkauften, um sie nach Berlin bezw. Dresden zu verschicken, zahlten für das Liter anfangs 30 Pf., schliesslich 10 Pf. Da nun eine erwachsene Person während der Haupterntezeit wohl 30 bis 40 Liter an einem Tage sammelt, so beläuft sich ihr Verdienst oft auf 3—5 Mk Die Erträge der Preisselbeerernte sind bei uns nur mittelmässig; das Liter wird ausnahmsweise mit 30 Pf. bezahlt. Die Haupternte der Preisselbeeren fällt jedoch in den September, Oktober und November. Geringe Erträge hat die Blaubeerernte diesmal geliefert, darum hatten auch die Preise in diesem Jahre die aussergewöhnliche Höhe von 40 Pf. für das Liter erreicht In unmittelbarer Nähe der Stadt hat die Beerenernte fast ganz aufgehört, unsere Wälder scheinen den früheren grossen Reichtum an Beerenfrüchten allmählich zu verlieren. Ebenso verschwindet der Reichtum an Pilzen; denn nur an einzelnen Stellen findet man üppigen Wuchs. Durch das Ausharken der Nadelstreu in den benachbarten Wäldern wird den Pilzen der günstige Nährboden früherer Zeiten nach und nach entzogen.

Frankf. Oder-Ztg., 28. 9. 1900.

Zur Erklärung des Wortes „Backfisch". Im 3. Heft dieser Zeitschrift S. 211*) vermisst R. Eickhoff eine völlig einwandfreie Erklärung des Wortes „Backfisch" in der Anwendung auf junge Mädchen. Die im Grimmschen Wörterbuche gegebene Erklärung „Backfisch, Fisch zum Backen, noch nicht zum Sieden, dann ein junges, unaufgewachsenes Mädchen" enthält doch aber eine solche Erklärung! In den fischreichen Gegenden Norddeutschlands unterscheidet man von den grösseren, zum Kochen geeigneten Fischen durchaus die kleineren, nur zum „Backen" geeigneten Tiere, welche die sparsame Hausfrau beim Feilschen mit dem Händler verächtlich mit „Backfisch" betitelt. Ganz kleine, d. h. noch völlig unausgewachsene Fische kommen überhaupt nicht zum Verkauf, sondern werden nach dem Fang von den Fischern aus leicht ersichtlichem Grunde sofort wieder in ihr feuchtes Element zurückbefördert. „Backfisch" ist also ein Fisch von „mittlerer" Grösse, in seiner Uebertragung auf unser weibliches Geschlecht also ein Mädchen, das nicht mehr ganz klein, aber auch noch nicht erwachsen ist. Die Übertragung des Fisches auf Mädchen ist nicht unbeliebt: man denke an „Goldfisch", „Fischkasten" (d. i. Mädchenpensionat) etc.!

Bad Oeynhausen. Dr. Ferdinand Teetz.

*) Zeitschrift f. d. deutschen Unterricht. 14. Jahrg. 10. Heft. 1900.

Für die Redaktion: Dr. Eduard Zache, Cüstriner Platz 9. — Die Einsender haben den sachlichen Inhalt ihrer Mitteilungen zu vertreten.
Druck von P. Stankiewicz' Buchdruckerei, Berlin, Bernburgerstrasse 14.

14. (5. ordentliche) Versammlung des X. Vereinsjahres.

Sonnabend, den 23. November 1901, abends 7½ Uhr
im Bürgersaale des Rathauses.

Der Vorsitzende Geheimrat E. Friedel macht die unter No. 1 bis 13 aufgeführten Mitteilungen.

1. U. M. Oberhofgärtner Reuter ist uns am 31. v. M. durch den Tod entrissen worden. Das Potsdamer Intelligenzblatt No. 260 vom selbigen Tage berichtet folgendes:

Oberhofgärtner Adolf Reuter sen. auf der Pfaueninsel wurde am 30. Dezember 1825 im Neuen Garten-Bezirk zu Potsdam geboren. Seine Lehrzeit begann im Jahre 1842 bei dem Königl. Hofgärtner Krausnick im Neuen Garten, er war dann ein Jahr im Treibrevier des Hofgärtners Nietner und ein Jahr beim Hofgärtner H. Sello im Orangerie-Revier; er besuchte die Gärtner-Lehranstalt am Wildpark bei Potsdam 3 Jahre als Hospitant und ging darauf ein Jahr als Gartengehilfe zum Berliner botanischen Garten und 2 Jahre nach dem Neuen Garten. Im Jahre 1850 erhielt er das Zeugnis als Garten-Obergehilfe, konditionierte dann in Lüttich, Gent, Paris und Kew in England (zusammen 4 Jahre), zum Teil in leitender Stellung als Obergärtner. Nach Deutschland zurückgekehrt, war er in der Königlichen Landes-Baumschule in Alt-Geltow als Obergehilfe beschäftigt, von 1854 bis 1865 Planteur bei dieser Anstalt, woselbst er am 25. Februar 1865 zum Baumschulinspektor ernannt wurde. Am 21. Oktober 1866 als Königlicher Obergärtner in Charlottenhof angestellt, erhielt er am 26. Oktober 1868 den Titel als Hofgärtner und wurde am 8. Oktober 1869 als wirklicher Hofgärtner nach der Pfaueninsel versetzt. Er war 13 Jahre hindurch Lehrer an der Königlichen Gärtner-Lehr-Anstalt und erteilte Unterricht in der Obstbaumzucht, Wildbaumzucht, Gemüsezucht und Treiberei. Als er noch in der Landesbaumschule war, hatte er Gelegenheit mit dem Altmeister Lenné Studienreisen nach Holland,

Belgien und England zu unternehmen. Am 7. Juli 1893 wurde ihm der Titel als Oberhofgärtner verliehen. Bereits im Jahre 1878 wurde dem Verstorbenen der Königliche Kronen-Orden 4. Klasse und im Jahre 1892 der Königliche Rote Adler-Orden verliehen. Seine hinterlassene Witwe, ebenfalls gleich ihm im Jahre 1825 geboren, ist noch rüstig. Der 1858 geschlossenen Ehe entsprossen zwei Söhne, von denen einer Königlicher Obergärtner in Sanssouci, der andere Oberlehrer an einem Berliner Gymnasium ist. In den gärtnerischen Kreisen des Inlandes wie des Auslandes war der alte Reuter als ein hervorragend tüchtiger und wissenschaftlich gebildeter Fachgenosse bekannt, dessen Urteil jederzeit gern gehört und beachtet worden ist. Als Lehrer wirkte er überaus anregend, da er in der Theorie nicht weniger tüchtig war als in der Praxis. Alle seine Schüler bewahrten ihm stets treue und dankbare Anhänglichkeit.

Das ist die trockne Aufzählung der Lebensschicksale unsers entschlafenen Freundes Adolf Reuter, dem u. M. Dr. Carl Bolle, als langjähriger Bekannter, hoffentlich ein lebenswarmes Bild in unserer Zeitschrift widmen wird. Der Entschlafene war ein treues Mitglied; mit der grössten Liebenswürdigkeit hatte er die Mitglieder der Brandenburgia und seit langer Zeit alljährlich auch die Pflegschaft der Brandenburgia auf der Pfaueninsel aufgenommen und geführt. Mit Reuter erlischt ein bedeutsamer lebender Zeuge der Vergangenheit der Pfaueninsel, über welche er aus bester Überlieferung bis in die Zeiten zurück, da Friedrich Wilhelm II. sich in seiner Weise auf dem traulichen Eiland erlustigte, Gärtnerisches und Höfisches zu berichten wusste. Die Brandenburgia war bei der Beerdigung durch eine Deputation vertreten und hat auch schriftlich kondoliert.

2. Unser soeben genanntes Vorstandsmitglied Dr. Carl Bolle hat sich den ihm zu seinem 80. Geburtstag, am 21. d. Mts., zugedachten Huldigungen durch eine Reise nach Lugano entzogen. Wir haben schriftlich Glück gewünscht; unsere besten Wünsche begleiten unsern Freund in die Ferne.

3. Das zehnjährige Stiftungsfest der Brandenburgia wird in geselliger Weise am Freitag, den 21. März 1902, in den Räumen der Schlaraffia gefeiert werden und die wissenschaftliche Jubiläums-Feier voraussichtlich im April im Ständehaus stattfinden. Zwei Ausschüsse bereiten beide Veranstaltungen vor.

4. Von den „Mitteilungen aus dem Museum für deutsche Volkstrachten und Erzeugnisse des Hausgewerbes in Berlin" ist das Schlussheft des I. Bandes erschienen. Bemerkenswert darin ist besonders ein höchst eingehender „Bauernschmuck" betitelter Aufsatz von u. M., Robert Mielke, mit vielen Abbildungen. Vom 15. bis 18. d. M. hatte in der Aula Klosterstr. 36 eine hierauf bezüg-

liche Ausstellung stattgefunden und den grossen Reichtum des Museums an heimatkundlichen Gegenständen der Vergangenheit und Gegenwart gezeigt. Um so bedauerlicher ist es, dass der Museums-Verein andauernd mit einem Defizit arbeitet und es noch immer nicht hat durchsetzen können, dass der Preussische Staat, für den Vorstand und Mitglieder seit so vielen Jahren in uneigennützigster Weise arbeiten, das schöne Museum als Geschenk übernimmt. Mindestens sollte der Staat doch soviel zuschiessen, dass die nunmehr chronisch zu werden drohenden jährlichen Unterbilanzen aufhören. Das Museum und seine Bestrebungen werden wiederholt unseren Brandenburgia-Mitgliedern auf das Wärmste und eindringlich zur Förderung empfohlen sowohl durch Zuwendung von Ausstellungsstücken als auch von Geldbeiträgen.

5. Der Massenfund von Bronzegerät bei Dechsel unweit Landsberg an der Warthe erregt derartig auch die Aufmerksamkeit der Heimatkundigen, dass wir darüber an dieser Stelle wenigstens einiges berichten, indem wir im übrigen auf die Mitteilungen in der hiesigen Gesellschaft für Anthropologie, Ethnologie und Urgeschichte mit dem Hinzufügen verweisen, dass die Fundstücke in das Königliche Museum hierselbst gelangt sind.

Herr Provinzial-Vikar Hobus teilt uns hierüber einen in der Frankfurter Oder-Zeitung am 24. August 1901 enthaltenen Aufsatz, welchem wir mit Genehmigung einige Nachrichten entnehmen, mit:

„In den bei Landsberg a. W. gelegenen „Dechseler Wiesen“ wurde vor einiger Zeit ein ungewöhnlich reichhaltiger Massen- oder Depotfund aus der Bronzezeit gemacht. Eine grosse Urne barg über 100 bronzene, stark patinierte Gegenstände, die nach dem Zerfall des umhüllenden Gefässes einen hohen, zweihenkligen Tragkorb füllten. Leider ist die Mehrzahl der Fundstücke durch Kinder verschleppt worden; doch ermöglichen die ungefähr 20 noch gesammelten Reststücke eine genaue Datierung. Es sind dies mehrere Hohlkelte von verschiedener Länge mit geometrischem Ornamente und kleinen Ösen zur Befestigung der Knieschäftung, ferner sogenannte „paalstave“ Paalstäbe mit Öse und 4, je 2 auf jeder Seite befindlichen, gebogenen Schaftlappen, sodann hohlgeschäftete Speerspitzen, einige Sicheln, Ringe und Reifen. Die stark mit Grünspan überzogene Bronze ist von ungleicher Legierung und durchscheint in einigen Stücken hellgelb, in den meisten aber kupferfarben. Die gefundenen Gegenstände mögen mit der Urne in der jüngeren nordischen Bronzezeit beigesetzt worden sein, obschon die kleinen, kreisförmigen, scheinbar mit dem Stempel eingeschlagenen Ornamente eines breiten Reifens auf den älteren Abschnitt dieser Metallzeit hinweisen. Derselben Bronzezeit entstammen auch die Einzelfunde aus Urnen, die unweit des Depotfundortes, auf dem bei Ober-Alvensleben gelegenen „Dechseler Berge“, gehoben wurden. Eine gebogene Ösennadel u. a. von einfachster Konstruktion dürfte für die Datierung besonders charakteristisch sein. Auf demselben Felde wurden ferner sogenannte Buckelurnen vom Lausitzer Typus neben anderen Gefässen, die wunderbare

22*

Variationen in Form und Ornamentierung aufweisen, blossgelegt: kleine Fässchen, weinglasförmige Gefässe, urnenartige Schalen auf hohem, cylindrischem Fusse, der oval durchbrochen und mit regelmässig umzogenen Strichen und Punkten versehen ist. Die Urnen selbst liegen hier gewöhnlich in Steinlagern resp. Steinkisten und sind teilweise von sehr grosser Dimension.

Wollte man auf Grund dieser Ausgrabungen der Bronzezeit nun annehmen, dass diese Fundstätten erst zur Zeit dieses Metalles bevölkert wurden, so würde man indess irren. Schon in grauer Urfrühe muss diese Gegend besiedelt gewesen sein, und ein Volk hat das andere abgelöst. So fand Prediger Hobus auch auf dem unweit Dechsel bei Altensorge gelegenen Massower Urnenfriedhofe die gröberen, einfachen Urnen bei Seite gesetzt, umgewandt oder zerbrochen und darauf oder dazwischen diejenigen von feinerer Masse und gefälliger Form aus der jüngeren Vorzeit beigesetzt. Unter den letzteren zeichnet sich besonders ein schwarzes Gefäss mit Linien- und Punktverzierung, 2 kleinen Traghenkeln und engem, hohem Halse aus. An dieser Stätte konnte man übrigens auf Grund der ausgegrabenen Beigaben den Übergang von der Bronze- auf die Eisenzeit feststellen.

Die obige Behauptung, dass die Dechseler Gegend schon zur frühesten Urzeit bevölkert gewesen sei, wird durch die zahlreichen Funde von geschliffenen und ungeschliffenen Steingeräten mit und ohne Bohrloch und deren Resten in und um Dechsel gestützt. In unmittelbarer Nähe des Depotfundortes, etwas höher liegt ein Urnenfriedhof aus der Steinzeit. Die einzelnen, meist sehr grossen Urnen stehen ebenfalls in Steinlagern und weisen die mannigfachsten linearen Ornamente auf. Feuersteinmesser und deren Splitter bedecken mit Urnenscherben im weiten Umkreise den Boden. Von ganz besonderem Interesse ist ein Steinhammer, der hier gefunden wurde, dadurch, dass die Spuren einer Reparatur, die mit ihm vorgenommen wurde, an ihm ersichtlich sind. Einst mag beim Gebrauch der obere Teil dieses Steinwerkzeuges zur Hälfte des Bohrloches abgebrochen sein. Die Bruchstellen wurden darauf wieder geschliffen, und unterhalb des ersten Bohrloches wurde sodann ein neues, etwas engeres Loch gebohrt. Auch an vielen anderen Stellen des Dorfes, sogar im Pfarrgarten und dem anstossenden Gelände, wurden Steingeräte gehoben, und beim Graben und Pflügen finden die Besitzer auf ihren „Achterhöfen" noch gegenwärtig nicht selten diese Zeugen einer alten Kultur aus grauer Vorzeit. Sie sind aus verschiedenem Gestein gefertigt; ein hammerähnliches Werkzeug ohne Spitze ist aus gelblichem Quarze hergestellt und gleicht einem Stücke Seife.

Die Zeugen menschlicher Thätigkeit durch alle Phasen der Ur- und Vorgeschichte hindurch zeigen sich ferner auf allen etwas erhöhten Landstrichen des Dechseler Geländes. Aus den verschiedenartigen Beigaben, der besonderen Form und Masse der Urnen und der jeder Zeit eigentümlichen Ornamentierung dürfte man die Prämissen zu diesem Schlusse einer Besiedelung hiesiger Gegend von der ersten Vorzeit anziehen und auf nachbenannte Landstriche erweitern können. Alle etwas erhöhten Punkte der Gegend, Inseln des Diluvialweichselbettes, wie verschieden benannte

„Werder", „Dechseler Berg", „Räuberberge", „Ziegenberge", „die Heideken" u. a. sind Wohn- oder Weihestätten der Vorzeit. Sie weisen eine Unmenge schon zerstörter Reste der Prähistorie auf. Neben den neuen Ausgrabungen gehören hierin die früheren Funde der Stein- und Bronzezeit, die teils dem Berliner, teils dem in seiner prähistorischen Abteilung recht umfangreichen Landsberger Museum überwiesen wurden, wie die Feuersteingeräte eines Hügelfundes aus Klein-Czettritz und die dort gehobenen Urnen, die Funde auf dem ausgedehnten, schon im Jahre 1823 bei Gross-Czettritz entdeckten Urnenfelde der „Zickenberge", die schon 1838 an der Goldbecke, dem kleinen Bache vor den Zechower Bergen in einer Grabkammer neben vermoderten Gebeinen gefundenen 2 Feuersteinmeissel nebst einer runden Scheibe Bernstein, die prähistorischen Ausgrabungen (u. a. Bronzegeräte) bei Zantoch, die bronzenen Halsringe und Schmuckgegenstände aus Berkenwerder und Borkow u. a. m. Oft mag auch Stein- und Bronzezeit nicht scharf getrennt gewesen sein, was u. a. an einem zerbrochenen Steinhammer, der mit einem Bronzegerät zusammenlag und an der Berührungsfläche mit Grünspan überzogen war, ersichtlich ist."

Hierzu berichtete das Berl. Tageblatt am 2. d. M. noch folgendes

„Die dem Kaiser vom Landrat Wahnschaffe in Landsberg a. W. im Neuen Palais vorgelegten Dechseler Urnenfunde sind vom Pastor Hobus bei Dechsel bei den von ihm veranstalteten Ausgrabungen gefunden worden. Die zuletzt gefundenen Urnen und Beigefässe gehören dem sogenannten Lausitzer Typus an und werden wegen ihrer besonders auffallenden plastischen Verzierung Buckelurnen genannt. Bei dieser Gefässgruppe liegt die Hauptzierde in der Form, während die Nebenverzierungen nur in Buckeln bestehen, die entweder von der Innenseite her getrieben oder auf die Aussenwandung aufgesetzt oder aber durch Linien angedeutet sind. Die Buckel selbst haben die Form von Frauenbrüsten. Während die Thongefässe dieser Gruppe gewöhnlich vier und sechs solcher Buckel aufweisen wurde in den letzten Tagen eine zweihenklige Urne mit fünf Buckeln gefunden. Ferner wurde auch eine in der Neumark nicht seltene Abart der Buckelurnen, die auf posensche und schlesische Einflüsse hinweisen soll, blossgelegt. Die Buckel dieser Gefässe laufen nicht in eine centrale Spitze, sondern in einen senkrechten Grat aus und sind oben von zwei Linien umrandet. Ausser diesen beiden Arten wurden noch vier verschiedene Buckelformen entdeckt. Die Buckel der einen weiteren Gruppe laufen zwar ebenfalls in eine centrale Spitze aus, doch erweitert sich diese aufwärts zu einem senkrechten wulstartigen Grat ohne scharfe Zeichnung. Die nächste Art bilden die Urnen, deren Buckel von rundlichen Ausbiegungen umgeben, die centrale Spitze nicht in der Mitte, sondern mehr nach dem unterem Rande zu aufweisen. Eine Fortsetzung der unter posenschem oder schlesischem Einflusse entstandenen Buckelform bilden die Strichbuckel, die ein kleines Beigefäss besitzt. Statt der zwei umrandenden Linien wurden vier oder fünf gezeichnet, und der senkrechte Grat wurde ebenfalls durch eine Linie wiedergegeben. Werden statt dieser einen Linie mehrere, etwa drei als Grat angedeutet, so entsteht diejenige Verzierung, die auf zwei etwas gräulich gefärbten Gefässen, einer Leichenbrandurne und einem einhenkligen Beigefäss, besonders auffiel. Der Umstand, dass Strichbuckel und getriebene Buckel in demselben Neste lagen, beweist, dass beide zur selben Zeit angewendet wurden. Eines der beliebtesten Muster ist die Ornamentik des Aurither Typus, der zwei vertiefte Halbkreise und in deren Mitte ein oder abwechselnd zwei vertiefte Löcher auf manchen Gefässen enthält, an der Stelle, wo die centrale Spitze oder der durch eine oder mehrere Linien wiedergegebene senkrechte Grat sich sonst befand. Eine Kombination dieser Formen liefert sehr abwechselungsreiche Ornamente. Schliesslich sei noch erwähnt, dass selbst auf einer schwarzen geglätteten einhenkeligen Thonschale zwei sehr schön gearbeitete Buckel in halbkugelförmiger Erhebung mit zwei halbkreisförmigen, nach unten anflachenden Vertiefungen entdeckt wurden."

Ausserdem wird Herr Dr. Goetze vom Kgl. Museum in der ausserordentlichen Sitzung der vorgenannten Berliner Anthropologischen Gesellschaft am 30. d. M. „Über eine bei Dechsel gefundene Kultfigur und die Ausgrabungen daselbst" unter Benutzung von Lichtbildern sprechen.

6. Einem Pflegschaftsausflug des Märkischen Museums nach Frankfurt a. O. unter Beteiligung einer grössern Anzahl von Mitgliedern der Brandenburgia am Sonntag, den 17. d. M. verdanke ich es, dass ich Ihnen folgendes von dorther vorlegen kann.

a) Helios-Abhandlungen und Mitteilungen aus dem Gesamtgebiet der Naturwissenschaften. Organ des Naturwissenschaftlichen Vereins des Regierungsbezirkes Frankfurt (Museums-Gesellschaft) zu Frankfurt a. O. XVIII. Band. Hersg. von Dr. Hugo Roedel. Berlin 1901. Darin u. A. die Abhandlung von K. Keilhack: Die geologische Geschichte der Gegend von Frankfurt a. O. Mit 2 Karten. Bei Frankfurt haben wir auf engstem Raum die Grundmoränen aller drei Eiszeiten und die fluviatil abgelagerten Sedimente der Schmelzwasser derselben. Nahe der Stadt finden sich die sonst seltenen Sedimente, welche entstanden, als zwischen zweien dieser Eiszeiten milderes Klima mit einer der heutigen gleichen Tier- und Pflanzenwelt lebte. Vgl. auch Dr. Zache's Angaben über eine andere dieselbe Örtlichkeit betreffende Abhandlung Keilhack's auf S. 181 dieses Jahrganges.

b) Das Naturwissenschaftliche Museum zu Frankfurt a. O. Von M. Klittke. Separat-Abdr. aus der Festschrift für die 30. Brandenburgische Provinzial-Lehrerversammlung. Das sehr reichhaltige, am 23. Mai 1897 eröffnete Museum ist zur Zeit im 2. Stockwerk des Hauses Oderstr. 41 mietsweise untergebracht und leidet ersichtlich an Überfüllung, die es nicht ermöglicht, die zoologischen, botanischen und geologischen Sammlungen entsprechend unterzubringen, wozu, um die Verlegenheit aufs äusserste zu steigern, noch schöne vorgeschichtliche, ethnologische und technologische Sammlungen verschiedener Art kommen. Hier sollte wirklich die Königliche Regierung und die Städtische Behörde helfend einspringen.

c) Plan zur Schlacht bei Kunersdorf Sonntag den 12. August 1759. Herausgegeben vom Historischen Verein für Heimatkunde zu Frankfurt a. O. Zerfallend in einen allgemeinen Übersichtsplan und in eine Detail-Darstellung der berühmten Örtlichkeit.

7. 19 neue Ansichtskarten von Pankow, Nieder-Schönhausen, Schönholz, Mühlenbeck, Schönerlinde, Rosenthal und Französisch-Buchholz von u. M. Herrn Gustav Lackowitz dem Märkischen Museum gestiftet, lege ich zur Augenweide vor. Die betreffende Sammlung des Märkischen Museums beläuft sich bereits auf 4- bis 5000 Stück berlinische und brandenburgische Postansichtskarten, ohne natürlich entfernt auf Vollständigkeit auch nur für die Vergangenheit (von der Gegenwart nicht zu sprechen) Anspruch erheben zu können; teilte uns doch bei der Pflegschaftsfahrt des Märkischen Museums am 29. September d. J. nach Rathenow ein dortiger Sammler mit, er habe von Rathenow, Stadt und nächster Umgebung, bereits 410 verschiedene Ansichtspostkarten gesammelt.

8. Der Havelbote. Jahrbuch für das Gebiet der unteren Havel auf das Gemeinjahr 1902. Herausgegeben von Friedrich Johnsen und Walther Specht. Zwei Lehrer haben sich hier zusammengethan und sagen: „Die Liebe zur Heimat zu pflegen, soll der Hauptzweck dieses Büchleins sein. In Schilderungen, Sagen, Erzählungen aus den Stammlanden der preussischen Monarchie, dem Havellande, der Altmark, der Prignitz, der Zauche, soll es dir ein Bild der gewaltigen Kulturarbeit der Hohenzollern entrollen, einer Arbeit ohne Gleichen in der Weltgeschichte.“ — So ist also mein hier in der Brandenburgia wiederholt dringend vorgebrachter Wunsch, es möchten doch wie in anderen preussischen Provinzen und anderen deutschen Landen, so auch innerhalb unserer Provinz heimatkundliche Kalender für Kreise oder Landschaften entstehen, im Havelland in Erfüllung gegangen. Der niedrige Preis, 40 Pf., für das 148 Seiten zählende, mit Abbildungen versehene Jahrbüchlein wird hoffentlich dem Absatz desselben Vorschub leisten, nicht minder der wirklich gediegene, auf das Verständnis kleinbürgerlicher und ländlicher Bevölkerung wohl berechnete Inhalt. An heimatkundlichen Beiträgen nennen wir: Fouqué's Degen zu Nennhausen. Von Direktor G. Weisker. — Das Kloster zum heiligen Grabe. Von Walther Specht. — Trüben und Fiener, zwei Brüche im Lande Jerichow. Von W. Schmidt-Gladigau. — Das Königs-

grab von Seddin, welches allmählich die ihm gebührende litterarische Runde durch die Litteratur des Erdballs antritt, behandelt Walther Specht novellistisch. Wenn der Verf. den Tod des Volkskönigs ins Jahr 450 v. Chr. versetzt, so irrt er allerdings gewaltig, da Kenner wie Montelius und Kossinna sich für eine viel ältere Zeit (950 bis 1000 v. Chr.) entschieden haben. — Im übrigen wünschen wir den Herausgebern besten Erfolg.

9. Die Vereinigung der Saalburgfreunde W. 15, Uhlandstrasse 56, unterzeichnet: Der Vorstand i. A. P. Schulze, Major a. D., sendet das aus sechs Vorträgen bestehende Winterprogramm ein. Die Provinz Brandenburg ist in letzterem nicht vertreten.

10. „Deutsche Burgen und Schlösser“ betitelt sich ein 61 S. kl. fol. langer Aufsatz, welcher den Eingang zu der Agenda Rudolf Hertzog für 1902 bildet. Der Artikel ist auf das beste mit schönen Abbildungen geziert und umfasst u. a. an Burgen: die unserem Kaiser geschenkte Hohkönigsburg im Elsass, die Marienburg an der Nogat, die Meissener Albrechtsburg, die zu No. 9 erwähnte Saalburg bei Homburg vor der Höhe u. s. f. An Schlössern: das Grossherzogliche Schloss zu Schwerin, Rheinsberg, Sans-Souci, das Neue Palais zu Potsdam und das Berliner Schloss. Eine solche Popularisierung der Heimatkunde in der Agenda kann man sich gern gefallen lassen; der Jahrgang 1902 bildet in dieser Beziehung eine ansprechende Fortbildung des jetzigen Jahrganges, der eine malerische Schilderung der Spree von der Spree bis zur Einmündung in die Havel, wie in der Brandenburgia seiner Zeit erwähnt, enthält.

11. Der Münzensammler. Bearbeitet von Dr. Hans Brendicke. 3. Aufl. mit 83 Abbildungen. Stuttgart, Berlin, Leipzig, Union Deutsche Verlagsgesellschaft. An die bereits vorhandenen Taschenbücher für die Jugend, herausgegeben von der Redaktion des Guten Kameraden, reiht sich das vorliegende Büchlein, welches ich nicht zu besprechen wagen würde, wenn es sich nicht auf Anfänger, zu denen ich in der Numismatik auch gehört habe, bezöge. Ganz systematisch ordnet sich der Stoff in das Münzwesen im allgemeinen, dem eine längere geschichtliche Entwickelung folgt, wonächst einzelne Gebiete — wie Brandenburg — die uns am nächsten liegen, besonders besprochen werden. Schliesslich wird das Sammeln der Münzen gelehrt und das litterarische Zubehör aufgeführt. Das Werkchen in bequemem Taschenformat kann für alle Anfänger, insbesondere auch als recht nützliches Geschenk für den Weihnachtstisch, bestens empfohlen werden.

12. Neue Funde von Berlins weiterer Umgebung aus der merovingischen Epoche.

1. Von der Lehnitzer Franziska (Wurfbeil) und von den 2 von Herrn Grunow bei Lüdersdorf ausgegrabenen zwei Eisenwaffen; 2. eiserne gerippte Speerspitze; 3. Speer mit Widerhaken.

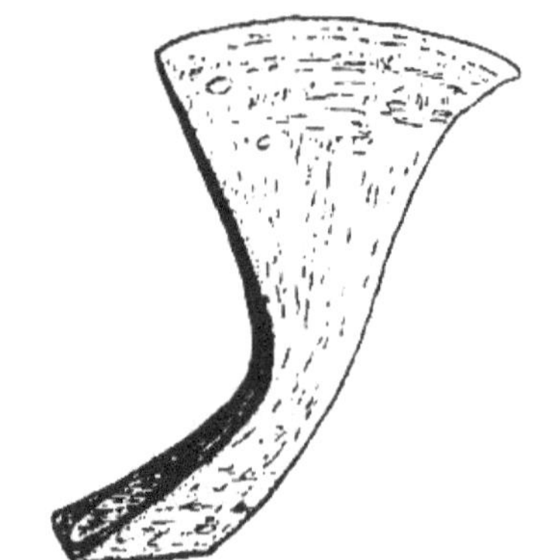

Fig. 1.

Fig 2 u. 3.

Von der hier in Frage kommenden Periode sind aus der Provinz Brandenburg nur wenige Eisenfunde bekannt, es liegt das an der Vergänglichkeit und Nichtbeachtung eiserner Gerätschaften und an den eigentümlichen Bevölkerungsverhältnissen: ein grosser Teil, gerade der vermögenden, kräftigen, wehrfähigen Germanen war mit Hab und Gut in die Ferne abgezogen und nur ein schwächerer Überrest zurückgeblieben, während die Slaven erst in der Ansiedlung, in Form langsamen Vorrückens begriffen waren. Die fränkisch-allemannische Kultur der Zeit hat man unter dem Namen „Merovingisch", namentlich seit dem Vorgange des verstorbenen Direktors des Römisch-Germanischen Museums zu Mainz, Ludwig Lindenschmit, zusammengefasst (Handbuch der deutschen Altertumskunde von L. Lindenschmit I. Teil: Die Altertümer der Merovingischen Zeit. Braunschweig 1880—1889.)

Die geschichtlichen Daten sind bekannt. Merwig oder Merovaeus, in welchem die Periode ihren Schöpfer erblickt, lebte um 450. Das Grab seines Sohnes Childerich I. wurde zu Tournay (Doornick) 1653 mit der den Franken eigentümlichen Ausstattung durch Zufall entdeckt und es erregte sein kostbarer Inhalt selbst damals schon als höchst merkwürdig allgemeine Aufmerksamkeit. Merwigs Enkel, der bekannte Chlodwig I. (tot 511) wird Christ und konsolidiert das mächtige Frankenreich auf Kosten seiner Nachbarn. Im VII. Jahrhundert kommen neben diesen merovingischen Herrschern die Hausmaier (Major Domus) auf, unter denen Pipin von Landen und Bischof Arnulf von Metz sich hervorthun. Um 687 wird der Karolinger Pipin von Heristall alleiniger Major domus, vererbt seine Würde auf Karl Martell, den Arabersieger von Tours und Poitiers, und auf Pipin den Jüngern. Damit erlischt die Bedeutung der Merovinger, die von den Karolingern verdrängt und ersetzt werden.

Von den Landesteilen, welche die Mark Brandenburg bilden, weiss man in der Merovingischen Zeit direkt leider fast nichts. Karl Müllenhoff drückt sich in der deutschen Altertumskunde 2. Bd. 1887, S. 102 flg. folgendermassen aus: Mongolisch-turanische Stämme, Slaven und Germanen drängten im 6. Jahrhundert einander und die Germanen büssten darüber einen grossen Teil ihrer Stammeslande ein. Der Einbruch der mongolischen Avaren um 555 und ihre Niederlassung an der Donau war entscheidend für die Ausbreitung der Slaven; einen verhängnisvollen Anteil daran hat aber auch der Langobardenfürst Albuin genommen. Die gewöhnliche Phrase, dass er bloss aus wildem Grimm und Stammeshass mit den Avaren zum Untergang der Gepiden sich verbündet habe, ist thöricht. Der Vernichtung der Gepiden in Dacien im Jahre 567 folgte gleich im nächsten Frühling der Aufbruch der Langobarden aus Pannonien nach Italien. Das Erbe der Goten, dessen sich der Franke Theudebert hatte bemächtigen wollen, lag schon lange wie eine Beute vor den Augen Albuins und seines Volkes dar. Vor etlichen Jahren, von 550 bis 552, hatten selbst schon mehrere tausend Langobarden dort unter Narses gegen die Goten gekämpft. Aber um die Beute zu ergreifen, mussten sie sicher sein, dass nicht ein Feind sich ihnen an die Fersen heftete. Ein Zuwachs an Macht, Mannschaft und Habe konnte ihnen ausserdem für ihr Unternehmen nur erwünscht sein. So verfielen die Gepiden dem Geschick. Die Hälfte der Beute und ein Teil des Volkes folgte jenen über die Berge, die andre Hälfte und das Land der Besiegten nebst dem der abziehenden Bundesgenossen verblieb den Avaren, deren neue Stellung — im Tieflande an der Theiss und Donau — und bisherige Laufbahn sie ebenso sehr gen Konstantinopel wies, als Albuin sein Weg nach Italien. Von allen Völkern, die damals rings um die mittlere Donau wohnten, selbst von den mit den Avaren neu angekommenen Bulgaren, liefen ihm bei seinem Abzuge Haufen zu; nur Slaven werden nicht mit darunter genannt (Paulus Diaconus 2, 26). Aber die Wirkung des Abkommens reicht noch weiter. Die „Suavi", die Wacho zu Anfang des 6. Jahrhunderts der Herrschaft der Langobarden unterwarf, sind zunächst in den alten Wohnsitzen der Markomannen und Quaden über der Donau zu denken; nördlicher aber im Elblande diejenigen, deren Könige Albuins Vater, Audoin, seine Tochter gegeben hatte. Diese Nordschwaben, die Überbleibsel der taciteischen Semnones hatte ohne Zweifel zuerst der Ansturm der Avaren getroffen. Als der Chan Bajan i. J. 566 einerseits mit Sigibert von Franken, andererseits mit Albuin seine Verträge schloss, wird auch über ihr Schicksal entschieden sein. Ein Teil von ihnen und mehr als 20 000 Sachsen mit Weib und Kind folgten Albuin 568 nach Italien, der andre Teil ward von Sigibert in die von den Sachsen verlassenen Wohnsitze diesseit der Elbe aufgenommen.

Karl Müllenhoff schliesst seine feinsinnigen Ausführungen S. 103 mit den Worten: Das Abkommen, das die drei Fürsten [Bajan, Sigibert und Albuin] trafen, war von welthistorischer Bedeutung: indem die Schwaben den ältesten Sitz der Germanen zwischen Elbe und Oder räumten, die Gepiden der Vernichtung anheim fielen, Albuin mit den Seinen nach Italien abrückte, die Avaren an der Donau ihre Stellung einnahmen, war diesen und in ihrem Gefolge den Slaven der ganze Osten, soweit ihn die Germanen beherrscht hatten, preisgegeben und alle Überreste derselben, die noch innerhalb ihres Bereiches sassen, waren unrettbar über kurz oder lang verloren, ausser wo sie, wie im Donauthal bis zur March und Leita, sich an Stammesgenossen in ihrem Rücken anlehnen konnten.

In die Zeit um 550 etwa mag die eiserne fränkische Streitaxt, securis francisca, kurzweg Francisca genannt fallen, welche ich nebst zwei Eisenspitzen: einem kräftigen Lanzeneisen mit Rückenleiste und einem mit langen Widerhaken versehenen Wurfspeer Ihnen jetzt vorlege und in den zugehörigen Abbildungen darstelle.

Die Francisca hat ein Gewicht von 750 gr. und ist in der Nähe östlich vom Lehnitzsee bei Oranienburg beim Stubbenroden gefunden worden. Die gekrümmte Schneide dieser Wurfaxt misst 11,5 cm. Der Fuss der Axt ist zur Aufnahme des Stiels, den man sich zweimal so lang als die grösste, viereckig durchbohrt und die Aussenseite (der Helm) zu einer Hammerfläche verstärkt.

Diese Wurfaxt ist die echt fränkische Form und ähnelt der aus dem Grabe des Childerich (Lindenschmit a. a. O. S. 68 und 189 Fig. 83 und 84), wobei zu bemerken, dass von der Axt des Childerich, wie sie zur Zeit im Musée du Louvre aussieht, augenscheinlich ein Teil der krummen Schneide und die obere Spitze weggerostet bezw. weggebrochen ist. Die Francisca, obschon verschieden an Grösse und Gewicht, ist nach Lindenschmit S. 189, die leichteste, schmalste und einfachste aller Beilformen und bewährt auch darin den Charakter alter Überlieferung. Die Klinge steigt von dem Axthelm in flachem Bogen aufwärts bis zur leicht ausgeschwungenen Spitze. Die Schneide erreicht etwa nur die Hälfte der gesamten Axtlänge und ist meistens etwas rückwärs geneigt, so dass die obere Spitze weiter vorsteht als die untere.

Die besondere, leicht erkennbare Eigentümlichkeit der Francisca besteht darin, dass die Mitte der Schneide nicht mit der Mitte des Axthelms zusammentrifft, sondern durch die aufwärts gebogene Stellung der Klinge um so viel höher liegt, dass selbst die untere Spitze der Schneide nicht bis zum unteren Rande des Axthelms herabreicht. Vermutlich diente diese Stellung der Schneide, den Schwung des Wurfes oder Hiebes zu verstärken. Das durchschnittliche Mass der Francisca vom Helm zur Schneide beträgt 14 bis 18 cm, und das letztere ist bei den Fundstücken Deutschlands vorherrschend.

Ich habe, um das Aussehen der Francisca zu verdeutlichen, das heut vorgelegte im Märkischen Museum B. II No. 23046 inventarisierte Stück mit einem kurzen hölzernen Schaft oder Stiel versehen lassen. Procopius aus Caesarea, der den Belisar auf seinen Feldzügen als Geheimschreiber begleitete, die verschiedensten germanischen Stämme dabei kennen lernte und in der Geschichte seiner Zeit in acht Büchern die Kriege mit den Vandalen, Mauren, Persern und Goten von 395 bis 559 n. Chr. schildert, giebt (bell. goth. II) der Axt, welche die Franken bei ihrem Einfall in Italien führten, einen sehr kurzen Schaft; und dass er dabei nur die Wurfaxt im Auge hat, erhellt aus seiner weitern Angabe unzweifelhaft, dass sie diese Axt auf ein gegebenes Zeichen alle zugleich warfen, und damit beim ersten Angriff die Schilde der Feinde zu spalten und diese selbst zu töten pflegten. Die Speerspitze mit blattförmiger Spitze und Verstärkungsrippe in der Mitte gleicht Fig. 55 bei Lindenschmit. Dies Speereisen B. II No. 23009 des Museumskatalogs, ist 25 cm lang und mag vollständig etwa 150 gr. gewogen haben. Zusammengefunden von unserm Mitgliede Herrn Grunow in diesem Jahre auf dem Galgenberg in der Nähe von Lüdersdorf, Kreis Angermünde, mit der Lanzenspitze B. II No. 23010, welche 26,5 cm lang, 170 gr. schwer, und wie aus der Abbildung ersichtlich, mit zwei ziemlich weit abstehenden Widerhaken versehen ist. Beider Speere Tülle ist am Anfang durchbohrt zur Aufnahme eines Stiftnagels (clavus hastae), der in Rostspuren erhalten ist. Die Fundstelle liegt ungefähr 100 m von einem altgermanischen Gräberfelde entfernt; nahebei sollen schon einzelne andere eiserne Waffenstücke gefunden sein, namentlich auch ein Schildbuckel, über dessen Verbleib aber nichts bekannt ist. Möglich dass dort ein Kampf stattgefunden hat.

13. Zum Kapitel der Bauopfer (Brandenburgia IV. 252; VIII. 414, IX. 135) erlaube ich mir zwei neue Beiträge zu geben. a) Als vor etwa 3 Jahren die Pflegschaft des Märkischen Museums das durch den Feldmarschall Sparr berühmt gewordene Dorf Prenden, im nordwestlichen Teil des Kreises Nieder-Barnim unter meiner Leitung besuchte, machte uns der Herausgeber der Gefiederten Welt Maler Karl Neunzig damals in Prenden, jetzt in Lehnitz bei Oranienburg wohnhaft, darauf aufmerksam, dass beim Abbruch alter Häuser in Prenden unter denselben nicht selten je ein Schweinsgerippe gefunden werde; er hielt dies für einen abergläubischen Brauch, ein Bau- oder Hausopfer. Uns war damals die Sache zweifelhaft, weil das Schwein doch ein wertvolles Tier ist, das man nicht so leicht zu Opferzwecken ohne weiteres preisgeben wird; wir dachten eher an eine Seuche (Rotlauf oder dgl.) und dass man die Opfer derselben auf diese Weise vergraben habe. Nun teilt mir Herr Neunzig mit, dass inzwischen wieder unter 4 Häusern in den Fundamenten zu Prenden je ein Schweinsgerippe, also zusammen 4, ausgegraben worden seien. Ich muss gestehen, dass ich nun auch stutzig werde. Das Schwein, ein Symbol der Fruchtbarkeit, ist als ein Bau- oder Hausopfertier an sich sehr dankbar, und sollten die Tiere in Prenden an Rotlauf oder dergl. ansteckender gefährlicher Krankheit eingegangen sein, so wäre es gewiss bedenklich und auch wohl unerlaubt gewesen, die Kadaver in den Gehöften zu verscharren. Dazu hat man doch seit dem Mittelalter bereits selbst auf dem Lande die Schindanger angelegt. Es wird um Angabe von ähnlichen Fällen aus unserer Provinz oder anderen Landesteilen ersucht.

b) Ferner teilt mir Herr Rektor Otto Monke, u. M., folgendes mit: Als im Jahre 1849 oder 50 mein Oheim, der Kaufmann Poritz in Spandau, Potsdamer Strasse 32, ein altes Haus, das früher zum Kloster gehört hatte, abreissen liess, um das jetzt an der Stelle stehende Haus zu erbauen, fand man in der Mauer das Gerippe eines Huhnes eingemauert. Beiläufig sei bemerkt, dass der schmale Durchgang neben dem Hause Potsdamer Strasse „die Zelle“ heisst.

14. Herr Kustos Buchholz:

Von dem grossen Katalog der Freiherrlich v. Lipperheideschen Kostümbibliothek, dessen erste Hefte Ihnen schon im vorigen Jahre vorgelegen haben, ist inzwischen der I. Band vollständig erschienen und vom II. Bande liegt hier bereits das 1. Heft vor. Es ist bekannt, dass diese Bibliothek vom Stifter mit den reichsten Mitteln seit 30 Jahren zusammengebracht wurde, um alles auf die Tracht Bezügliche, was in der Litteratur und in Bildern erschienen ist, zum allgemeinen Nutzen in Berlin zu vereinigen. Der Stifter hat seinen Gemeinsinn dadurch weiter bethätigt, dass er die Sammlung, nachdem sie einen gewissen Abschluss erreicht hatte, im vorigen Jahre im Kunstgewerbe-Museum öffentlich ausstellte und dann dem Staat schenkte, der sie im Anschluss an die Bibliothek des Kunstgewerbe-Museums verwalten und die Katalogisierung fortführen lässt.

Der I. Band umfasste die allgemeine Trachtenkunde und die Trachten der 3 grossen Zeitperioden.

Der II. Band führt die Werke über die einzelnen Teile der Tracht und gewisse Zubehöre auf; in diesem 1. Heft des II. Bandes finden Sie davon:

Haartracht, Kopfbedeckung, Halsbekleidung, Handschuhe, Muff, Stock, Schirm, Fächer, Schnürbrust, Reifrock, Fussbekleidung, Schmucksachen; darauf folgt noch die Tracht einzelner Stände.

Vorherrschend sind natürlich französische Werke, denn von Paris her wurde lange Zeit die Mode beherrscht; doch kommen auch sehr viele deutsche Titel aus den letzten 3 Jahrhunderten vor und selbst Berlin ist als Ort der Herausgabe mehrfach vertreten. Was den Katalog auch für sich interessant macht, sind die zahlreich beigedruckten hervorragendsten Abbildungen aus einzelnen der Werke. Uns Berliner interessieren namentlich 2 aufgeführte Werke über preussische Hof- und Amtstrachten von 1787 und 1804, aus denen im Katalog auch je eine Abbildung wiedergegeben wird: Oberforstmeister- und Polizei-Uniform.

15. Herr Archivar Dr. Schuster: Die Markgräfin „Margarete von Brandenburg“. Wir werden die interessanten Ausführungen des Herrn Vortragenden als besonderen Aufsatz im nächsten Hefte bringen.

16. Nach der Sitzung freie Vereinigung im Rathauskeller.

Eggersdorf

Kreis Nieder-Barnim.

Der Hungerige Wolf, der Bötz-See und der Borgwall am Fänger-See.

(Pflegschaftsfahrt des Märkischen Museums am 15. September 1901.)

Eggersdorf,

hart am Ostbahnhofe Strausberg, ein Ort von etwa 560 Einwohnern, kann mit vollem Recht ein anmutig gelegenes Dorf genannt werden. Zwar ist es unregelmässig mit seinen Häusern und wechselnden Villen aufgebaut, und weder die deutsche noch die wendische Ortsform ist klar zu erkennen; indes zieht sich ein grosser Teil der Gehöfte an den freundlichen Ufern des klaren Fliesses hin, welches dieselben mit fruchtbaren Gärten nach hinten abschliesst. Dieses Fliess, welches keinen eigentümlichen geographischen Namen führt, treibt am Nordende des Ortes eine leider verfallene Mühle und ist dasselbe Gewässer, welches auch die schon am 12. Mai v. J. untersuchten Ufer der Posensche bespült. Die wendische Auflösung des Namens Posensche gab seiner Zeit dem Fliess auch seinen vergessenen alten Namen Senzig zurück, welcher Heubach bedeutet; man kann deshalb unsern Ort kurz „Eggersdorf an der Senzig" nennen. Diese Senzig bildet zugleich die Grenzscheide von der städtischen Feldmark Altlandsberg, die an dieser Stelle einen herrlichen Laubwald, hauptsächlich alte Eichen erhalten hat. Dies verschönert naturgemäss die Dorflage ungemein, und bequeme Eisenbahnverbindung [Fern- und Vorortszüge] mit Berlin lockt viele Sommerfrischler zu Monate dauerndem Aufenthalt, so dass der Ort alljährlich vom Mai ab in seinen Bewohnern, die sich der Landwirtschaft und des Gewerbes befleissigen, ein ganz anderes Aussehen gewinnt. Eine erst kürzlich gebaute, allerdings etwas schmale, aber gute Chaussee mit langem Promenadenweg führt vom Bahnhof durch den Ort hindurch nach Bruchmühle und von da nach Alt-Landsberg. Etwa 4 km nördlich des Dorfes und von ihm aus auf herrlichem Eichen- und Nadelwaldweg leicht zu erreichen, liegt der grosse und stille Bötzsee mit seinen klaren Wassern, noch dicht an die Egersdorfer Feldmark angrenzend; ihm entspringt auch die Senzig, die nachher durch die Eggersdorfer Wiesen über Bruchmühle an Petershagen, Fredersdorf, Klein-Schönebeck, Schöneiche vorbeifliessend sich in den Müggelsee ergiesst. Die Anwohner ihrer Ufer nennen sie nur obenhin das Fliess; der märkische Geograph half sich aus dieser Verlegenheit, indem er es nach dem an seinem Mittellaufe gelegenen Fredersdorf das Fredersdorfer Fliess nennt. Wir haben dasselbe Recht; wir gaben ihm seinen alten Namen sênica oder Senzig wieder. Wollen wir es zu deutsch in der Übersetzung ausdrücken, können wir es an einen unterfränkischen Ort anklingend getrost mit Heuengrumbach oder Heugrünbach übertragen und das gesegnete Thal, welches es durchfliesst, die Heuwische nennen.

Mit dem Bötzsee aber werden wir uns nachher noch genauer beschäftigen müssen; nur das sei schon jetzt bemerkt, dass er vor alters viel grösser gewesen sein muss und nach Süden hin das breite Senzigthal ganz füllte, so dass der heutige Mühlenteich zu Eggersdorf sein südlichster Zipfel gewesen zu sein scheint. Ein aufmerksamer Blick auf die Karte und vor allen Dingen auf die Örtlichkeit selbst genügt, um dies zu erkennen. Dieses Thal ist denn zur Erschliessung eines neuen grossen Wasserweges auch schon der Vorzeit aufgefallen, und es bestand 1770 die Absicht, die Senzig vom Fänger- und Bötzsee abwärts wieder schiffbar zu machen, sie durch einen Kanal mit dem Stienitzsee und durch diesen mit dem Rüdersdorfer Kalkfliess in Verbindung zu setzen.*) In der Nähe dieses Thalstückes nur wenig nach Osten zu hat auch das heut auf keiner Karte mehr vermeldete und der Stadt Strausberg gehörige Bötzowsche Bruch gelegen, von dem der Chronist**) vermeldet: Anno 1531 Freitags nach Johannis Baptistä***) ist das Bötzowsche Bruch im Strausbergischen Walde angesteckt worden, und dieweil damals ein dürres Jahr gewesen, ist ein Erdfeuer daraus geworden, welches man in 7 Wochen nicht hat löschen können, dass also die Holzung dadurch sehr verbrannt und verdorben, und der Stadt ein grosser Schaden entstanden." Wir könnten hinzufügen „und Eggersdorf auch". Denn die mannigfachen Brandreste namentlich an eisernen Wirtschaftsstücken und Gebäudeteilen auf augenblicklich beackerten Flächen im Osten und Nordosten des Dorfes machen ein Übergreifen dieses furchtbaren Brandes auf die Eggersdorfsche Heide und einen Teil des Dorfes nicht unwahrscheinlich, den man aus Furcht vor einem gleichen Ereignisse nicht wieder aufbaute. Häuser, welche die Kriegsfurie zerstörte, werden in ruhigen Zeiten an alter Stätte wieder errichtet, wenn ein Ort nicht gänzlich verlassen und wüste wird; aber vor dem unberechenbaren furchtbaren Wüten der Elemente hat der Mensch Furcht; er meidet die unheimliche Stelle.

Die Gehöftelage in der Nähe der Eggersdorfer Kirche auf dem sogenannten Berge zeigt halbkreisförmigen wendischen Typus und bietet

*) Anm. Vgl. Berghaus II, 126.

**) Angelus, Ann. March. fol. 320.

***) 30. Juni.

den ältesten Ortsteil. Vielleicht lag einst auf und an diesem Berge das alte Bötzow, dessen Namen sich in dem vor Zeiten bis zum Mühlenteich in nächster Nähe reichenden Bötzsee erhalten hat. Dann könnte nach altem Rezept der Hügel, auf dem die abseits der Strasse isoliert gelegene Kirche steht, (Cerny) Bogs Heiligtum gewesen sein — doch genug der unerweislichen Vermutungen.

Von Interesse ist der unverkennbar deutsche Name des Ortes, womit allerdings nie sofort auch der Beweis gegeben, dass er von Deutschen angelegt sein muss; dies entscheidet die Gehöftelage, von der wir soeben gesprochen haben. Eggersdorf, in der urkundlich ältesten Form zuerst Hegghebrestorp geheissen, bedeutet Dorf des Heggebrecht oder Egbert.*) Unruhig schwankt in der Zeiten Läufte sein Name hin und her; die Urkunden nennen es:

1333 Hegghebrestorp
1375 Egbrahtstorp
1428 Eggeberstorp
1459 Eiggirstorp
1472 Eckbrechstorff
1483 Eggerstorp
1574 Eckersdorf

bis sich allmählich die Form Eggersdorf dauernd festlegt. Was bedeutet nun der Ortsname aus seiner Grundform Hegghebrecht? Förstemann bleibt bei diesem alten Namen unschlüssig, bringt ihn aber schliesslich mit altnordisch „hagr = dexter, utilis d. h. rechts, passend, zuträglich" und mit altnordisch „haga = concinnare, ordinare, d. h. schicklich fügen, veranlassen, andeuten, anordnen" zusammen. Dies ergäbe für Hegghebrecht den Namenssinn „ruhmvoller Führer". Ich möchte an altenglisch haecce = Schutz, Wehr, an unser hecken oder hegen denken und den Namen mit „Hegeruhm, Heckeruhm" als den eines Mannes übertragen, der die Seinen hegt, in Ordnung hält, schützt und verteidigt, was schliesslich auch auf die Förstemannsche Erklärung hinzielt. Der Namenssinn würde dann im griechischen Ἀλεξικλῆς im slavischen Barnislaw wiederklingen. Eggersdorf bedeutet demgemäss nach seiner Grundform „Hegeruhms Dorf". Es ist nicht auffällig, dass der Name nachher in Egberts Dorf, d. h. „Schwertschärfen-Ruhms" Dorf übergeht; bot doch das schneidige Schwert in jenen Zeiten die grösste Ordnung und den sichersten Schutz.

Ob nun dieser Hegghebrecht vor Zeiten der locator des Dorfes und sein erster Schulze gewesen, oder ob der Name nur von Colonen

*) Nicht mit dem gleichlautenden Eggersdorf bei Müncheberg zu verwechseln, das 1288 noch Eggehardestorp heisst, also Dorf des Eckardt.

aus einem gleichlautenden Orte z. B. Bayerns übertragen ist, lässt sich kurzer Hand nicht entscheiden. Es ist dies wohl auch nicht nötig, da wir ja eine Exkursion und deren Resultate beschreiben wollten.

Nachdem die Teilnehmer am Eingang des Dorfes in einem Gartenlokal altstralauischen Namens Tübbeke sich gekräftigt, begann die Wanderung in den freundlichen Ort. Nach einigen wenigen Schritten kam zur Rechten der Strasse hart am Zaun eines kleinen Gehöfts das Wahrzeichen Eggersdorfs, das sogenannte Sühnekreuz zu Gesicht, das 'Noli me tangere!' des Ortes. Dieses steinerne Kreuz, zur Sühne eines Zweikampfes mit tötlichem Ausgange im Jahre 1512 errichtet, ist eines der wenigen, dessen Geschichte uns urkundlich erhalten ist. Der Sänger der Ortsgeschichte aber, dem Fidicin nicht unbekannt ist, hob also an: Am 10. Juni 1333 giebt Markgraf Ludwig der Ältere seinem lieben und getreuen Johannes Trebuz, Bürger der Stadt Strausberg, und seinen wahren und rechtmässigen Erben unter andern auch das Dorf Heggbebrestorp mit allen Rechten und Nutzungen zu Lehen, weil er den St. Erasmus-Altar in St. Marien zu Strausberg gestiftet und dotiert hat; zugleich quittiert der Markgraf über 62 Mark brandenburgischen Silbers, die er von dem Trebuser erhalten.

Schwere Zeiten kamen über das Dorf. Es wurde 1348 durch den schwarzen Tod fast gänzlich wüst, starb ganz aus, und die Feldmark bedeckte sich mit Strauchwerk und Bäumen. Darum muss das Landbuch 1375 vermelden: Egbrahtstorp hat 48 Hufen (à 50 Morgen), von welchen zur Pfarre 4 gehören. Die Bürger Trebus haben 12 zu ihrem Hofe, welche aber der Schulze bewirtschaftet. Es giebt hier keine bestimmten Hufen (Hufschlag); der Acker wird nach Morgen verpachtet und trägt kein Getreide sondern Holz, weshalb er auch nicht nach Hufen zu bestimmen ist. Nur 8 Hufen werden beackert, von welchen überhaupt 7 Schillinge und nichts weiter entrichtet wird. Dagegen sind 17 Kossäten vorhanden, welche zusammen 36 Schillinge und 42 Hühner zu entrichten haben. Die alte verfallene Mühle giebt 1½ Wispel Roggen.

Wie sehr man sich auch bemüht haben mochte, den Acker wieder urbar zu machen, so scheint dies doch nur sehr langsam von statten gegangen zu sein; denn im Jahre 1451 waren noch 24 Hufen und 1624 noch 17 Hufen wüst, die noch 1857 Heide waren. Die Hufen, welche der Trebuser 1375 dem Schulzen zur Bewirtschaftung überlassen hatte, bildeten später das Rittergut, das 1472 noch ungeteilt war, hiernächst aber im Besitz von Matthes und Tewes Trebus 2 Anteile ausmachte, mit deren einem die Gebrüder Thomas, Achim, Dietrich und Hans Roebel und deren Vetter Klaus Roebel 1483 belehnt wurden.

Der Trebussche Anteil,

zu welchem noch wüste Hufen gezogen und urbar gemacht worden waren, bestand 1601 wieder aus 2 Teilen, welche Erdmann und Hans Trebus besassen. Jeder von ihnen hatte einen Rittersitz mit $5^1/_2$ Hufe, Gerichts- und Patronatsrechten. Jürge Christian von Trebus, auf welchen beide Anteile gekommen waren, verkaufte dieselben 1660 für 1000 Thaler an den Ober-Präsidenten von Schwerin. „Der letzte Patronus von Eggersdorff, Jürge von Trebuss ist den 19. April 1661 hingegangen auf dem Feld und hat sich an einer Fichte erhencket, ist nachmals von dem Diebeshencker abgenommen und auf der Strasse an dem Kirchzaun verscharret worden."

Den Röbelschen Anteil,

welcher in einem Rittersitze bestand, zu welchem zuletzt 8 freie Hufen gehörten, überliess Jürge von Röbel gleich nach dem Jahre 1608 an Joachim von Krummensee, welcher es denen von Röbel bald wieder für deren Güter zu Krummensee und Wegendorf eintauschte. Im Jahre 1620 verkauften die von Röbel diesen Anteil an Bertram von Phuhl, von dessen Sohne Heine von Phuhl ihn 1658 der Oberpräsident von Schwerin für 3500 Thaler ebenfalls erwarb. Sämtliche nun in Schwerins Besitz gekommenen Anteile, die alle obrigkeitlichen Rechte zu Eggersdorf, drei Rittersitze mit zusammen 19 Freihufen und alle Pächte, Dienste und Abgaben der Bauern und Kossäten, sowie die Gerichte und das Patronatsrecht umfassten, erkaufte der König Friedrich I. 1709.

Die Bauerngemeinde bestand im 15. Jahrhundert aus 5 Hüfnern und 7 Kossäten, wozu der Müller gerechnet wurde, und es befanden sich 12 Hufen im Besitz der Bauern. Die noch heut in Eggersdorf vorhandene Familie Ritsche ist die älteste des Ortes; schon im Jahre 1472 sind drei dieses Geschlechtes als Hüfner mit den Vornamen Benedictus, Thevs und Jacob Ritsche erwähnt. Während des 30jährigen Krieges wurde wiederum fast das ganze Dorf verwüstet, so dass 1704 nur noch 4 Kossäten und der Müller vorhanden waren. Erst unter dem Besitz des Königs gelang es, die Hufen wieder zu besetzen, und 1765 wurden auf dem ehemaligen Vorwerk 7 Kolonisten etabliert, von denen 3 reformiert, 3 katholisch und 1 lutherisch waren. Ein Teil von ihnen entstammt der Pfalz.

Nach diesem Abriss der Ortsgeschichte interessiert der Anlass des Sühnekreuzes, welches unsere Abbildung zeigt. Wie wir sehen, hatte um 1483 Tewes von Trebus wohl aus Geldmangel und wegen anderweitiger Verschuldung einen Teil seiner Eggersdorfer Besitzungen an die Gebrüder von Röbel verkaufen müssen, deren einer Thomas von

23*

Röbel hiess. Mit diesem Augenblick scheint in der Trebuser Familie, namentlich in deren jüngeren Gliedern eine gewisse Gereiztheit infolge des doch notwendigen Gutsverkaufes eingetreten zu sein, die zu einer herben Spannung zwischen den beiden adeligen Familien führte und ein blutiges Ende nehmen sollte. Die Ortstradition berichtet, dass der ältere Thomas von Röbel und der Junker Lorenz von Trebus sich an

Das Sühnekreuz in Eggersdorf, Kreis Nieder-Barnim.

einem Wintertage der ersten Monate des Jahres 1512 im grossen Zimmer des Hauses, vor dem das Sühnekreuz steht, dem damaligen Krug oder Gasthof, getroffen und einige Zeit miteinander gezecht haben. Hierbei kam es zu Reibereien, die den alten Groll des Trebusers gegen die von Röbel entfachten. Ein Wort gab das andere. Zwar suchte der besonnene und bedeutend ältere Röbel zu beschwichtigen; als aber der Junker Trebus das Schwert aus der Scheide riss, dem

Röbel Feigheit vorwarf und ihn so bei seiner Ritterehre fasste, kannte auch die Wut des Älteren keine Grenzen mehr. Ein Zweikampf ohne des Gesetzes Regeln begann in der niedrigen Stube, zunächst ohne Folgen; denn die Spitzen der Schwerter blieben in der niedrigen Stubendecke stecken. Zitternd lief die „Krügerinne" hin und her, als die beiden zornglühenden Gegner in rasender Hast die Stube verliessen und vor der Krugthür aufeinander losschlugen. Der alte Röbel war der Fechtkunst des gewandten und flinken Junkers nicht gewachsen; zu Tode getroffen brach er mit einem Weheschrei vor der Thür nieder und gab alsbald seinen Geist auf. An der Stelle aber, wo er gefallen, wurde alsbald vor dem Gasthofseingange zur Sühne der furchtbaren That ein steinernes Kreuz errichtet.

Die Ortstradition, die durch den Anblick des Kreuzes von Anfang an und von Mund zu Mund eine wahrheitsgetreue blieb, hat in diesem Falle ausnahmsweise Recht. Eine Urkunde beweist dies. Kurfürst Joachim I. ging allen denen, die solchen „Auffruhr" machten, sehr scharf zu Leibe, und schmähliche Todesstrafe stand dem Junker als Mörder bevor. Tief erschüttert versuchte ihn sein Vater, der alte Georg von Trebus, zu retten und bahnte einen Versöhnungs-Rezess mit denen von Röbel an, der auch Erfolg hatte. Nachsichtig genug gab auch der Kurfürst und sein Bruder nach, und zum Danke überwies der glückliche Vater, dem der Erbe erhalten blieb, seinem gnädigen Landesherrn die Patronats-Rechte, welche er von seinen Vätern her (seit 1333) über den St. Erasmus-Altar in St. Marien zu Strausberg besass, wovon schon oben die Rede gewesen ist.

Die darüber ausgestellte Urkunde*) ist von ausserordentlicher Länge; ihr Satzbau ein bandwurmartiger; datiert ist sie vom 28. Juni 1512. Wir entnehmen ihr nur das im Originale, was für unsern Zweck von Wichtigkeit ist:

„Ich Georg Trebbus Bekenne offintlich mit diessem brive für mich, mein erben und erbnemen und sunst allerneniglich, die In sehen, horen odir lesen, als mein Sohn Lorentz Trebbus In vergangen tagen mit Thomas Robell seligen Zu Auffrur gewachsen, also das derselb Thomas Robell vom leben zum todt komen und dan die Sache mit gedachts thomas Robels fruntschaft laut eines Reces daruber ausgegangen, Sunlich beygelegt, und die durchlauchten Hochgeborne Fürsten und Hern, Herrn Joachim etc., Churfurst, und albrecht gebruder, Marggrauen zu Brandenburg etc. . . . . ich den Altar sanctj Erasmi, In der Pfarkirchen zu Strausberg gelegen, die Leyhung desselben und mein jus patronatus und gerechtigkeit daran . . . . . von gnants meins Sons wegen zu Bues

*) Riedel I, 12 S. 122, 123.

und abtrag ubirgib iren kurfurstl. und furstlichen gnaden gegenwertiglich ...."

Im Schluss der Urkunde betont der Trebuser, dass er auf „solichen altar Sanctj Erasmi libere Resignirt."

Mit Erlaubnis des jetzigen Besitzers dieses alten Kruges, der zur Zeit ein Privathaus ist und dem Büdner und Maurer Herrn Gliese gehört, besichtigten wir das Innere — die Gaststube mit der niedrigen Decke, in der der Streit begonnen, ferner die nach links sich anschliessende uralte Schenke. Dieser Krug ist schon im Schossregister 1451 erwähnt und gab 12 Groschen. Frau Gliese hat in dem offerwähnten Zimmer noch vor etwa 40 Jahren getanzt. Mit dem Sühnekreuz draussen aber ist es eine eigene Sache. Der Besitzer hat es zwar vom Eingange entfernt und an der Grenze seines Grundstückes aufgestellt. Aber wehe, wenn frevle Hand es berührt oder gar von der Strasse entfernen würde. Mit lautem Gepolter erfüllt es den Raum, wo du es niederlegst, und an rätselhaften Krankheiten fällt dir dein Vieh im Stalle, bis du das Zeichen der Sühne wieder an Ort und Stelle bringst; erst dann zieht wieder Ruhe in dein Haus ein! Wir gruben die Erde unter dem Kreuze aus; mit einem nach unten verbreiterten stumpfen Ende ist es nur wenig in den Boden eingelassen. Der begreifliche Wunsch, über die vermutliche Herkunft der Eggersdorfer Patronatsherren und einiges Weitere aus deren Geschicken zu vernehmen, ist leider mit Rücksicht auf das gestellte Thema unerfüllbar; wir verlassen daher das 'Noli me tangere!' des Ortes und gehen einige wenige Schritte die Dorfstrasse weiter herunter.

Der alte Rittersitz

der Trebuse liegt vor unsern Augen. Mit dem Giebel nach der Strasse zugekehrt liegt der grosse massige Steinbau drohend am Kreuzpunkt der Strassen, die vom Bahnhof Strausberg (Kagel, Herzfelde) nach Altlandsberg und von Rüdersdorf-Petershagen nach Strausberg-Stadt führen. Gar manche Kalksteinfuhre wird auf letzterer nach des Rats Ziegelofen in Strausberg im Lauf der Jahrhunderte bewegt und das Dorf dadurch oft von kreischendem Räderton erfüllt worden sein. Und denselben Weg zurück für die westlich von der Stadt gelegenen Dörfer ging dann der gebrannte Kalk. Das Aussehen dieses Gebäudes täuscht auf den ersten Blick; seiner Dachform nach stammt es etwa aus der Zeit Friedrichs des Grossen. Indessen dürfen wir nicht vergessen, dass dieses Dach und etliche Fuss darunter im Mauerwerk jüngeren Datums sind und aus des grossen Königs Zeit stammen; drei Viertel des Gebäudes aber reichen, wie die Besichtigung gelehrt hat, in eine bedeutend weiter vergangene Zeit zurück. Sie bildeten mit ihrer einstigen Bedachung den befestigten Landsitz der von Trebus, die schon 1375 erwähnte curia, deren Ländereien allerdings damals der Schulze bewirtschaftete. Mancher Kriegs- und Feuersturm sind über dieses Gebäude dahingerast; der 30jährige Krieg, welcher das Dorf gänzlich zur Wüstung machte, that sein übriges. Wohl wurde in diesen Zeiten sein Dach häufiger eine Beute der Flammen und musste erneuert werden; aber die alten eisenfesten Fundamente und Seitenwände wie auch die ziemlich langen alten Bogengänge im Innern hielten Stand bis heute. Die freundliche Erlaubnis der jetzigen Besitzerin Frau Wwe. Miethge machte uns die Innenräume zugänglich. Durch geschickte Anbringung von Wänden hat man aus dem alten Bogengange einzelne Zimmer geschaffen, welche Fenster von ausserordentlicher Tiefe aufweisen; denkt man sich indes diese nachträglich gefertigten Wände hinweg und blickt zu den Bogen der hohen Decke auf, so ersteht in Gedanken ein Saal des alten Herrenhauses wieder, und die wuchtige Festigkeit des Baus auch im Innern verfehlt auf uns ihres Eindrucks nicht. Ein einstmals reiches Geschlecht muss hier gehaust haben, bis häufigere Erbteilung und die wiederholten Schläge des 30jährigen Krieges ihm den Rest gaben. War doch Wallenstein zwei Mal, vom 7. bis 9. November 1627 und vom 13. bis 15. Juni 1628, in dieser Gegend! An diesem Hause, das etwa an 300 Jahre die Trebuse sicher beherbergt hatte, hing auch ihr Herz. Als der letzte Spross Georg Christian von Trebus 1660 Haus und Hof verkaufen musste, konnte er den herben Schmerz nicht verwinden; im Frühjahr des folgenden Jahres griff er zum Strick und erhängte sich. Ausserhalb des Kirchzauns ist er vom Diebshenker verscharrt.

Noch eindrucksvoller aber wirken die Gesteinmassen im alten Keller des Hauses, im einstigen Verliess der Trebus, das wir im Bilde beifügen. Auf etwas verfallener Steintreppe steigen wir nieder in den dunklen, kaltfeuchten gewölbten Raum. Das Auge gewöhnt sich nicht an das Dunkel, das unten herrscht; erst ein aufflammendes Streichholz und die Radfahrlaterne lassen uns einen Umblick gewinnen. Wir befinden uns in einem ziemlich grossen gewölbten Steinkeller, dessen Material alte Kalk- und Feldsteine bilden. Der Kellerboden ist gepflastert. Links vom Eingange befindet sich die Gefangenen-Nische mit ihren zum Teil noch erhaltenen Hals-, Arm- und Fussschellen. Der Ärmste, den die Trebuse festhalten wollten, wurde die in den Keller hineinragende Treppe hinuntergestossen, so dass ihm Hören und Sehen verging. Dann warf man ihn rücklings auf den Sitzstein der Nische, die Schellen schlugen zu und er war in dem dunklen Verliess rettungslos in ihrer Gewalt. Vielleicht, dass ein gutes Lösegeld ihn aus dem fensterlosen Dunkelraum bald wieder erlöste. Noch vor etlichen Jahrzehnten waren die Fesseln vollständig vorhanden: der verstorbene Gatte der Besitzerin entfernte einen Teil derselben, aber die eisernen

Das Burgverliess in Eggersdorf. Kreis Nieder-Barnim.

Ringe im Mauerwerk widerstanden ihm; widerstehen noch heute, so fest halten sie die alten gewaltigen Steine. Im übrigen sind die Steine des Kellers und des Gewölbes wie auch der Wände und der Nische vor Jahrhunderten mit grosser Sorgfalt auf einandergefügt — die heutige Zeit baut nicht mehr so solide. In der Mitte der Bogendecke befand sich einst ein grosser eiserner Haken, zu welchem Zwecke ist unklar — jedenfalls zu keinem guten. Gegenüber dem Eingange erscheint eine jetzt mit Bruchsteinen vermauerte Thür, die in einen zweiten Keller führt, der Wirtschaftszwecken gedient zu haben scheint. In ihm, der ähnlich dem Verliesse gebaut ist, bemerkt man nichts Auffälliges.

Wir verliessen den finstern Raum mit der Genugthuung, dass er jetzt freundlicheren Zwecken dient, wie eine Batterie von Schultheiss-Versand in Flaschen beweist. Aber das thut nichts zur Sache! Verliess ist Verliess! Ketten sind Ketten, Nische ist Nische, Trebuser sind Trebuser! „Geh' nicht um Mitternacht mit einem Licht oder einer Laterne in den dunklen Raum hinunter, du thust es nicht wieder in deinem Leben! Zwar hat noch keiner seit Menschengedenken diesen Versuch gemacht und darum da unten auch nichts erlebt; aber es geht so ein unbestimmtes dunkles Gerücht . . . . . hüte dich! Sobald dir nämlich dein Licht erlöscht — überkluge Menschen sagen, das geschehe durch einen Windzug; aber ich weiss den Grund besser — kannst du von der Nische her etwas erleben, dass dir die Haare zu Berge stehen. Tritt auch nicht grade unter das Loch in der gewölbten Decke, wo der grosse eiserne Haken gesessen!" Und dann erst die dunklen Geheimnisse des noch nicht erwähnten Nebenkellers, der rechts vom Eingang des Verliesses nach der Strasse zu gelegen ist. Er zeigt von aussen Ansätze wie von tief vermauerten Fenstern; keine Thür in ihn hinein ist sichtbar; kein Sonnenstrahl dringt in sein Inneres; kein Mensch — nicht einmal die Besitzerin — wusste bislang von ihm etwas, erst ihr Sohn machte sie unlängst darauf aufmerksam. Was mag dieses so lange vergessene Grab enthalten? Schätze gewiss nicht! Sollten Freundeshände der Krummensee oder Jürge von Röbel den letzten Trebuser Jürge, dem wegen Selbstmords die geweihte Kirchhofserde verschlossen blieb, ausserhalb des Kirchzauns wieder ausgescharrt und unten in seinem Stammhause beigesetzt und seine Leiche eingemauert haben, damit er Ruhe fände? Die Zukunft wird das Dunkel lichten.

Wie uns der kurze Abriss der Ortsgeschichte zeigte, teilten sich um 1472 Matthes und Tewes Trebus in den Eggersdorfer Gesamtbesitz. Der letztgenannte baute sich nordwestlich vom Stammsitz nach dem Fliess oder der Senzig zu auch „ein steinern Haus", dessen rudera gewaltige Steine aufwiesen. Ein Teil derselben ist zu gelegentlichen Bauten verwendet, ein grosser Teil steckt noch tief in der Erde, deren Besitzer Herr Rüger zu Eggersdorf ist. Dorthin lenkte sich denn auch unser Schritt, und es sei bemerkt, dass noch weiter nordwestlich am Fliess abwärts im hinteren Teil des Catholyschen Gartens (Herr Franz Catholy) in noch grösserem Umfange dies der Fall ist. Mit dieser Feststellung haben wir auch die Lagestellen der in der Ortsgeschichte erwähnten 3 Rittersitze. Auf der angedeuteten Forschungsstelle angekommen, erblickten wir eigenartige Fundstücke, welche das Interesse der meisten zunächst lebhaft in Anspruch nahmen, nämlich — abgefallene Pflaumen. Es entspann sich die gewiss sehr interessante Frage, ob sie als faule oder reife abgefallen seien. Eine ziemlich lebhafte Abstimmung nach vorheriger gründlicher Belehrung durch einen Sachverständigen ergab mit Einstimmigkeit: „Sie sind reif und nicht faul!" Dieser unter anderen Verhältnissen gewiss höchst billigungswerte Vorgang war aber wegen der entstandenen Zeitverzögerung mit Rücksicht auf den fleissigen Führer unserer Exkursion, Geheimrat Friedel, nicht ganz korrekt, der schon lange seine Untersuchungen mit dem Resultat vorgenommen hatte, dass er frei umherliegende Bruchstücke frühmittelalterlicher Gefässe fand. Es ist früher eine ganze Zahl von Töpfen und deren Bruchstücken herausgeholt, und die Untersuchungen werden privatim fortgesetzt werden.

Wir schieden, um uns nunmehr zur Schule und zur Kirche zu begeben. Ich benutze den Weg zu einigen Nachrichten, die in den 4. 4. 1810 verbrannten Kirchenbüchern enthalten waren und durch Beckmann gerettet sind:

Ao. 1589, Freitags post Michaelis, ist der Sakramentfeind Jacob Westphale zu Eckersdorf ohne Trost und Sakrament im Gottesreiche plötzlich verstorben und Sonntag nach seinem obitu (Heimgange) auf Chf. Brandbg. Konsistorialbefehl sine crux (sic!) sine lux (sic!) (ohne Klang und Gesang) wie eine bestia ausserhalb des Kirchhofes bescharret worden. —

1594, 14 Tage nach Michaelis, ist ein grosser Schnee, wohl drei Spannen hoch gefallen, dass auch die Schafe in 2 Tagen nicht haben können ausgetrieben werden, und grosse Bäume wegen der schweren Last sich zur Erde gebeuget, auch grosse Zacken heruntergebrochen worden.

1598 Pestis lues saeviit (die Pest raste) und sind in Eckersdorf allein 168 Personen gestorben.

Die Schule, deren Lehrer Herr Abel uns von Anfang an bis zur Stadt Strausberg freundlichst geleitete, bietet ein peinlich sauberes grosses Schulzimmer. An der Wand hängt das Bild des Fürsten Bismarck, dessen eigenhändige Unterschrift der Dr. Chrysander bestätigt; die Schüler hatten den Fürsten in einem Anschreiben um Zuwendung eines solchen gebeten. Das Gleiche gilt von der Schule zu Petershagen, die am 12. Mai v. J. besucht wurde. Die Hauptzier dieser Schule aber ist ein grosses Bild Sr. Majestät des regierenden Kaisers, dem die Petershagenschen Schüler eine dahingehende Bitte schriftlich ausgesprochen.

Von da führte uns der Weg zum „Berg" in die neue und erst am 5. Dezember 1870 durch den Generalsuperintendenten D. Hoffmann geweihte Kirche gotischen Stils — ein schöner Bau aus leider sehr schlechtem Material. Die alte Kirche brannte am 14. September 1865 gänzlich nieder. Das Innere des erst seit 1890 mit einer Orgel versehenen Gotteshauses ist ein überaus freundliches. Es wird sich noch würdevoller gestalten. Zwei direkte Nachkommen unsers vormaligen Patrons des Herrn Reichsgrafen Otto von Schwerin auf „Alten-Landsberg", die in Berlin ansässig sind, interessieren sich lebhaft für den ehemaligen Besitz ihrer Vorfahren und haben für die Eggersdorfer Kirche zur Erinnerung an ihren Besuch das Reichsgräfliche Wappen gestiftet. Dies wird in der Apsis aufgehangen werden. Im Anschluss an diese für uns bedeutsame Widmung, welche den Ort dauernd an die Wohlthaten einer noch immer unvergessenen einstigen Patronatsherrschaft erinnert, sollen auch die Bogenfenster der Apsis mit Bildern geziert werden. In der Mitte gleichsam als Altarbild wird der auferstandene Christus den Kirchenbesucher mit dem Grusse des Friedens empfangen; die Fenster links und rechts werden die Wappen der einstigen Rittergeschlechter des Orts, der von Trebus und Röbel aufweisen. So wird ein schönes Gesamtbild entstehen.

Noch blieb der Osten des Dorfs zu untersuchen. Der Weg zu dem in Aussicht genommenen Grundstücke des Herrn Kaufmanns Ihn führte an der Försterei Eggersdorf vorbei, die vor Zeiten eine Oberförsterei gewesen und eine alte 135 jährige Kastanie in ihrem Garten beherbergt. Der gewaltige Baum mit seinem tief herabhängenden Blätterdach, welches den Stamm neugierigen Blicken fast gänzlich entzieht, ist eine Zierde des Ortes und kann sich den alten Bäumen des Eichenwaldes ebenbürtig getrost zur Seite stellen. Der Stamm hat in 1 m Höhe ca. 4 m Umfang.

Herr Ihn hat seine Villa erst vor Jahresfrist auf einem bisherigen Ackerstück, auf dem seit Menschengedenken nie ein Haus oder Gehöft gestanden, neu auferbaut. Bei Umgrabung des Gartens stiess er auf allerlei verrostete Eisenstücke und Eisenreste von Wirtschaftsgeräten, Thürenbeschlag u. s. w., so dass eine Untersuchung der Stelle geboten schien. In zuvorkommendster Weise waren die Fundstücke in einer Laube geordnet ausgelegt und wurden als Reste verschiedener Zeiten, vom 14. bis 16. Jahrhundert erkannt. Denkt man an die vielfach auf dem Grundstück gefundene Brandasche, so ist die Annahme nicht ausgeschlossen, dass 1531 der schon erwähnte Brand des Bötzowschen Bruches in seiner siebenwöchigen Dauer hier einen alten Ortsteil des

Dorfes zerstört hat. Weitere Untersuchungen an anderen Stellen dieses Bezirkes werden darüber die Gewissheit erbringen.

Wir schieden von dem freundlichen Ort, um uns auf ¾ stündigen herrlichem Waldwege, der uns durch Eichen-, Birken- und Fichtenwaldung führte, nach dem Bötzsee und dem „Etablissement am Hohenfliess“ zu begeben, welches an der Chaussee Altlandsberg-Strausberg liegt. Auf der Veranda des grossen Gasthofes, der auch der „hungrige Wolf“ genannt wird, nahmen wir das Mittagsmahl. Dieser Gasthof, welcher dem Herrn Dam gehört, hat seine interessante Geschichte.

Das Wirtshaus am Hohenfliess.

Ursprünglich lag am Bötzsee eine Geleitszollstätte der Stadt Strausberg, zu deren Freiheiten sie gehörte, und war noch im 16. Jhhdt. daselbst am Hohenfliess etabliert. In den damaligen unruhigen Zeiten reisten die Kaufleute von Stadt zu Stadt mit ihren Waren nur in grösserer Gemeinschaft, selbst bewaffnet und in bewaffneter Begleitung. An der städtischen Zollstätte am Hohenfliess, also an dem viel benutzten Wege Berlin-Altlandsberg-Strausberg u. s. w. nach Osten, wurde Halt gemacht, am sogenannten „Schlage“ (wegen des Schlagbaums so geheissen) Zugtieren und Pferden Ruhe gegönnt, der Zoll bezahlt und des Rats Lanzknechte erwartet, während die alte Begleitung umkehrte oder auch einen neuen Wagenzug auf dem Rückwege begleitete. Die Strausbergischen führten dann die Angekommenen weiter durch das Stadtgebiet die Müncheberger, heut Garzauer Strasse entlang. Ich habe mich vergeblich bemüht, die Art und Höhe des geforderten Zolles zu ermitteln; führe aber, um ein Bild des Ganzen zu geben, vergleichsweise die Hebegebühren des Zollkrugs bei Finkenwalde (Kreis Randow) an, die doch etwas Aufschluss bieten. Es hatte zu zahlen:

jeder Reiter . . . 1 Pfennig (Denar)
Rückweg an demselben Tage frei.
jedes Pferd vor einem Wagen 1 Pfennig.
Rückweg an demselben Tage frei.
jedes lose Pferd . . . . . 1 Pfennig.
5 Schafe oder 5 Ziegen . . 1 Pfennig.
jeder Fussgänger. . . . . 1 Heller

Bemerkt sei noch, dass dergleichen Zollstätten etwas befestigt zu sein pflegten.

Im Jahre 1709 wurde vom König der Geleitszoll am Hohenfliess der Stadt Strausberg abgenommen und zu den königlichen Einnahmen geschlagen und ihr nur der Damm- und Deichselzoll gelassen. Im Jahre 1789 wurde die Zollstelle ganz aufgehoben, nur der Krug blieb übrig. Woher der Name „hungriger Wolff“ stammt, der seit alters bekannt ist, hat eine zahllose Menge von Vermutungen bis heut nicht lösen können. Dass sich ein zweites Restaurant in nächster Nähe mit dem Namen „Rotkäppchen" eingefunden, ist schon leichter zu begründen und zu erklären. Seit wenigen Jahren hat die überaus freundliche Gegend am Bötz durch Villen- und Häuserbauten grosse Entwicklung erfahren und dürfte in dieser Beziehung rastlos weiter vorwärts schreiten. Infolge ihrer Lage verdient sie es auch.

Der Bötzsee,

in ältesten Zeiten boczowe, bottzow trägt einen Namen unzweifelhaft wendischen Gepräges und erinnert sofort an den alten Namen Bötzow der heutigen Stadt Oranienburg. Aus ihm entspringt auch die Senzig, unser Fliess, an dieser Stelle das „Hohefliess" genannt. Dass an seinen Ufern auch ein Dorf gleichen Namens gestanden, wie sich auch an seiner Ostseite ein Wendendorf Göritz befunden haben muss, erscheint immer zweifelloser. Göritz bedeutet „Ansiedlung auf dem Berge"; Bötzow dagegen ist schwerer zu lösen. Entweder ergiebt die Auflösung „Besitz eines Mannes Namens Bozo", welch' letzteres eine beliebte Kürzung des Vollnamens Bozyslaw – Gottesruhm ist, so dass für Bötz „Gottesruhms Sitz" herauskäme. Oder aber man müsste angesichts des gewaltigen Sees, der den wendischen Anwohnern die Allmacht Gottes täglich aufs neue vor die Augen führte, an bóg = Gott selbst denken und hier eine hervorragende Stelle wendischen Götzendienstes vermuten; dann würde Bötzow Gottesstätte zu übertragen sein. Weiter aber trieb uns der rastlose Führer nach Norden zum

Borgwall.

Der „hungrige Wolf" alias Herr Dam übernahm die dankbarst angenomme weitere Führung zur Spitzmühle. Über eine schwanke und schmale Kettenbrücke, die zur Not nur ein einzelner passieren kann, welche aber für alle Fälle laut Anschlag Reitern und Fuhrwerken verboten ist, gelangten wir über die Senzig in den dichten Tann. Auf Schleichwegen an den entzückenden Ufern des Bötz erreichten wir die im Waldthalkessel gelegene Spitzmühle, die zum Kaffee uns einlud. Diese Mühle mit ihrem einladenden Wirtshaus liegt zwischen Bötz- und Fängersee an einem kurzen Fliess, das beide Seeen verbindet. Der lokale Ausdruck Spitze bezeichnet ein spitz zulaufendes oder vorspringendes Landstück. Diese Lage trifft aber für die Spitzmühle durchaus nicht zu, so dass man an eine Übertragung des Namens durch einen Kolonen aus Hessen, Bayern, Österreich denken möchte, wo dieser Mühlenname sich häufig findet. Indessen kommt der Name Spice in slavischen Ländern auch vielfach vor, der eine Kürzungsform von Spytislaw = Erfahrungsruhm ist. Und nun entscheide, wer Lust hat, was Spitzmühle bedeutet. In nächster Nähe der Mühle liegt der Borgwall, seltener Burgwall genannt. Der Führer von Strausberg sagt von ihm, dass er in alter Zeit die hier entlang ziehende alte Heerstrasse beherrschte. Auf ihm wurde gute Beute gemacht. Fundstücke aus der Hallstätter Zeit (7. bis 4. Jhhdt. v. Chr.) wechselten mit Resten wendischer und frühmittelalterlicher Gefässe ab; auch das Vorkommen der Weinbergsschnecke, die den Mönchen zur Nahrung diente, wurde festgestellt — alles wanderte in die unergründliche Tasche des Herrn Geheimen Rats, auch der verwitterte Kinnbacken eines alten Schafes.

Der Spätnachmittag war angebrochen und mahnte zur Rückkehr. Der Rückweg führte grade durch die Strausheide an die Ufer des Straussees. Das Westufer des Sees mit seinem herrlichen Panorama auf die östlich gelegene Stadt Strausberg zwingt unwillkürlich zur Rast und zum Schauen. Drüben erhebt sich die mittelalterliche Stadt mit ihren Zinnen und Mauern; zur linken ragen die massigen Mauern der Strafanstalt auf, an deren Stelle einst das Dominikanerkloster gestanden, in dessen Kirche 1267 der Markgraf Otto III. feierlich beigesetzt wurde. Grade herüber aber ragt der Turm von St. Marien auf und gemahnt uns an die Kirche, in welcher Johannes Trebuz einst den St. Erasmus-Altar gestiftet und 1333 dotiert hat; unsere Gedanken wandern nach dem Anfangspunkt der Exkursion, nach Eggersdorf oder Hegghebrestrop zurück, mit dem der Trebuser belehnt wurde — der Ring der Exkursion ist geschlossen, sie bietet ein Ganzes: es verbinden sich im Geiste Anfang und Ende.

Noch eine kurze Überfahrt über den Straus, eine kurze Besichtigung des alten Strausberger Stadtturms, der St. Georgs-Kapelle — und das Dampfross der Sekundärbahn führte uns in langsamem Fluge der Ostbahnstation Strausberg zu.

Hier schied unter dankbar-ergebenem Händedruck für das wiederholt bewiesene rege und freundliche Interesse an den hiesigen historischen Bestrebungen von dem hochverehrten Herrn Führer und den Teilnehmern der Exkursion der Verfasser dieses, der Petershagen- und Eggersdorfsche Pfarrer

Giertz.

Kleine Mitteilungen.

Wie sahen die Husiten aus.*) Die Erinnerung an die Husiten-Einfälle in die Mark ist noch immer, wofür u. A. das alljährlich zu Bernau gefeierte „Hussiten-Fest" und die „Hussiten-Strasse" in Berlin sorgt, im märkischen Volk vollkommen lebendig. Von weiterem Interesse wird es daher sein, zu erfahren, wie nach zeitgenössischer Darstellung die gefürchteten Glaubensstreiter aussahen in der Zeit, als Kurfürst Friedrich I. von Brandenburg im Bunde mit den Fürstbischöfen von Bamberg und Würzburg im 15. Jahrhundert wider sie kämpfte. Hierzu dient ein merkwürdiges Wandgemälde auf Kalk, entdeckt um 1844 und wieder aufgefrischt von dem bekannten Nürnberger Architekten Carl Heideloff in dem durch ihn wiederhergestellten Pfarrhof St. Lorenz im ehemaligen Winter-Refektorium zu Nürnberg. Dieses Bild wurde laut Anordnung des berühmten Plebanus und Rektor zu St. Lorenz Konrad Kühnhofer, wahrscheinlich auf Veranlassung seines Freundes, des Bischofs von Bamberg Friedrich von Aufsees, hergestellt, dessen Wappen nebst zweien seiner Vorgänger, Lambert von Brunn und Graf Albert von Wertheim dabei angebracht sind. Der Inhalt oder die Bedeutung dieses Bildes ist fast rätselhaft; eine Schlacht zwischen Menschen und phantastischen hier und da Teufeln ähnlichen Wesen, soll wahrscheinlich eine Anspielung auf die damaligen verderblichen Kriege der Husiten sein, die hier als Würgeengel oder Teufel dargestellt sind. Die fechtenden Figuren des Vordergrundes sind durch eine Galerie von Arabesken von der Hauptschlacht gesondert. Das Kriegsglück war den Husiten lange hold, daher hielten viele, besonders die Ungarn, Ziska für keinen Menschen, sondern für den leibhaftigen Teufel, dieser gäbe ihm die klugen Einfälle ein, denn es sei unmöglich, ihm, dem Ziska, beizukommen. Die schlimmste Schlacht der Husiten war die bei Aussig im Jahre 1426, in der die Deutschen eine schreckliche Niederlage erlitten, da die wilden Böhmen kein Leben schonten; vierundzwanzig Grafen und Bannerherren von den edelsten Geschlechtern lagen bei dem Dorfe Hrbowic unter der deutschen Fahne auf den Knien, sich auf Gnade und Ungnade ergebend, die Schwerter vor sich in die Erde gesteckt, aber die Wütenden schonten sie nicht, vielmehr wurden sie auf der Stelle niedergehauen, und viele tausend Deutsche fanden da ihr Grab.

Es ist äusserst interessant, auf diesem alten Gemälde das getreue Kostüm der Husiten zu ersehen, desgleichen ihre Waffen, namentlich die grosse husitische Bratsche, ein zugespitzter Schild, unten mit spitzem Eisen beschlagen, um ihn in die Erde zu stossen. Hinter diesem Schutz wurden die Spiess- oder Wurfwaffen gebraucht, besonders der Wurfspeer (ostip) und ein Wurfspiess (oscèpy oder osep), sowie auch die Armbrust (kuse) und die Partisane (sudlice). Weiter bemerkt man auf diesem Bilde den Palcus

*) Ueber die Schreibweise „Husiten" statt des früher üblichen „Hussiten" vgl. Brandenburgia I, 88; III, 84. Ferner vergl. S. 248 des lauf. Jahrgangs.

(Streit- oder Fausthammer), sogar die den Husiten eigentümliche Waffe den Kriegsflegel, welcher zum Kampfszweck mit vielen eisernen Stacheln beschlagen war. Hervorgehoben ist das böhmische Hemd (tunica) und der Kriegsmantel (placha, lat. sagum). Sehr eigentümlich sind auch die Kopfbedeckungen, Fussbekleidungen und verschiedene andere Gegenstände. Im Jahre 1434 begleitete der genannte Kühnhofer den Kaiser Siegismund nach Eger, und da der Husiten Macht damals bereits gebrochen war, so liess K. dies Gemälde zum Gedächtnis seines Freundes Aufsees ausführen.

Das ganze Bild hat eine grüne Lokalfarbe mit schwarzen Konturen und weissen Lichtern, die Gesichter sind fleischfarben, auch ist eine rote Farbe an Stiefeln, Mützen und an den Arabesken.

Drei Wappen links (heraldisch gesprochen) in der oberen Ecke sind sorgfältigst ausgeführt. Links zunächst das Wappen des Fürstbischofs Lambert von Brunn † 1376. Rechts das Wappen des Fürstbischofs Friedrich von Aufsees † 1440. In der Mitte ein Wappen, welches insbesonders wegen seiner Beziehungen zu Hohenzollern und Brandenburg (schwarz-weisses Würfelfeld, Jagdhundskopf als Helmzier) am meisten interessiert. Es ist das Wappen des Fürstbischofs Grafen Albert von Wertheim, Herrn zu Breuberg.

Der eingangs gedachte Baukünstler und Kunstschriftsteller Carl Heideloff, dessen vortrefflichem Prachtwerk „Die Ornamente des Mittelalters", III. Band, Heft XIII, Platte 2, Seite 3, die vorstehenden Angaben hauptsächlich entlehnt sind, fügt hinzu: Wahrscheinlich sind die Wappen seiner Grossmutter, der Burggräfin Katharina von Nürnberg, Gräfin von Zollern, zum Andenken dem seinigen beigefügt. Alberts Mutter war die Herzogin Judith von Teck. Albert regierte von 1399 bis 1421.

Zur Charakterisierung der in unseren Marken einst so gefürchteten Husiten trage ich nach Besichtigung des Bildes noch folgendes nach:

Die Husiten tragen grosse Bärte, mitunter lange nach unten hängende Schnurrbärte. In der Mitte ist der Einzelkampf zwischen einem barhäuptigen deutschen Ritter, der einen kurzen, kreisrunden Schild mit spitzem Buckel und ein langes gerades Schwert führt, und einem Husiten dargestellt, der einen ovalen, unten mit Eisenstachel versehenen Schild hält und einen Speer mit langem schmalen Eisen schleudert. Der Husit hat unmässig lange, fest gegürtete gestreifte Schnabelschuhe und eine mit Pelz verbrämte Pudelmütze, an der linken Seite eine grosse Gürteltasche. Der deutsche Ritter hat weniger lange Schlappstiefel an. Einige Husiten tragen Säbel auf dem Rücken, welche an die böhmische Nationalwaffe, den Dussak, erinnern, der S-förmig ist, Griff, Klinge und Parierstange aus einem Stück. Die Vorderseite der Schilde ist mit bärtigen Köpfen bemalt. Als Musikinstrument führen die Husiten eine Schlangentuba und gerade, lange Hirtenhörner mit Fähnchen. Ein Hus steckte die Finger beider Hände in den Mund, um gellende, schrille Töne auszustossen.

Nürnberg, im Juli 1900. E. A. Friedel.

Für die Redaktion: Dr. Eduard Zache, Cüstriner Platz 9. — Die Einsender haben den sachlichen Inhalt ihrer Mitteilungen zu vertreten.
Druck von P. Stankiewicz' Buchdruckerei, Berlin, Bernburgerstrasse 14.

15. (10. ausserordentliche) Versammlung des X. Vereinsjahres.

am Sonntag den 1. December 1901, vorm. 10 Uhr.

Besichtigung des neuen Pathologischen Museums der Universität Berlin

am Alexander Ufer.

Das am 12. Oktober 1901, dem Ehrentage Rudolf Virchows, eröffnete Pathologische Museum der Universität Berlin wurde am Sonntag, den 1. Dezember, von den Mitgliedern der „Brandenburgia" besichtigt. Das Museum, ein stattlicher Neubau aus roten Backsteinen, ist auf dem Gelände der Kgl. Charité am Alexander Ufer errichtet und umfasst die von Prof. Virchow in den Jahren seiner Lehrthätigkeit gesammelten pathologischen Präparate. Das Museum ist deshalb als „eigenste Schöpfung Virchows" zu bezeichnen.

In ihren Anfängen geht die Sammlung pathologischer Präparate bis in das 18. Jahrhundert zurück, denn sie besitzt einzelne Exemplare aus der Walterschen und der Mockelschen Sammlung, also aus einer Zeit, wo es noch keine Universität in Berlin gab,*) der Aufschwung der Sammlungen rührt aber erst aus dem Jahre her, als Virchow das pathologische Institut schuf. Seit 1856 hat er sich auf das Eifrigste angelegen sein lassen, seine Sammlungen zu mehren. Hierbei kam ihm zweierlei zu Nutze: einmal das reiche eigene pathologisch-anatomische Material und dann die Unterstützung seiner Schüler und Verehrer, die ihm aus allen Teilen der Welt Objekte zuschickten, von denen sie meinten, dass sie für ihn Wert hätten. So ist eine Sammlung zustande gekommen, die kaum ihres Gleichen hat. Stand Deutschland, was pathologische Sammlungen angeht, früher gegen England und Frankreich zurück, so

*) Vgl. Vossische Zeitung No. 480 vom 12. Oktober 1901.

24

ist dieser Mangel dank der Arbeit Virchows und seiner Gehilfen jetzt reichlich ausgeglichen.

Die Schätze, die Virchow gesammelt hat, kamen bisher nicht gebührend zur Geltung, denn in den Räumen des alten Pathologischen Instituts mussten sogar die Keller- und Bodenräume ausgenützt werden, an eine sachgemässe, für Studienzwecke berechnete Aufstellung der Präparate war deshalb nicht zu denken. Virchow wurde darum nicht müde, mit Nachdruck darauf hinzuwirken, dass die Regierung mit dem Neubau des Pathologischen Museums beginnen sollte. Seit zwei Jahren ist der Wunsch des Gelehrten erfüllt, denn im Sommer 1899 konnte bereits ein Teil der Sammlung im neuen Gebäude aufgestellt werden. Mittlerweile ist die Aufstellung sämtlicher Präparate vollendet und am 12. Oktober 1901 wurde das Museum in Gegenwart einer erlesenen Versammlung von Gelehrten eröffnet. Dieser feierlichen Eröffnung wohnte auch der 1. Vorsitzende der „Brandenburgia“, Herr Geheimrat Friedel, bei.

Wie Prof. Virchow, unser hochgeschätztes Ehrenmitglied, über seine Schöpfung denkt und welchen Wert er derselben beilegt, hat er in der Festschrift*) mit folgenden Worten ausgesprochen:

Das neue Pathologische Museum, welches in den letzten Jahren auf dem Territorium des Charité-Grundstückes erbaut worden ist, stellt die Zusammenfassung der Ergebnisse einer über zwei Jahrhunderte fortgesetzten Sammelthätigkeit auf dem Gebiete der pathologischen Anatomie dar, welche für die Fortschritte der medizinischen Wissenschaft, insbesondere für die Gewinnung exakter Grundlagen für die Theorie der Krankheiten, von grösster Bedeutung gewesen ist. Lange Zeit hindurch waren es nur gelehrte Aerzte, die in freiwilliger Thätigkeit das ihnen zugängliche Material sicherten; seit der Gründung der Berliner Universität und der Ausgestaltung des medizinischen Unterrichts im Charité-Krankenhause ist die Vervollständigung der Sammlungen zu einem wissenschaftlichen Ganzen mit Eifer verfolgt worden. Die Zahl der gesammelten Präparate ist, entsprechend den stets neuen und immer grösser werdenden Aufgaben der Praxis, schnell gewachsen. Die vor wenigen Tagen vorgenommene Zählung der aufgestellten Präparate hat die Summe von 20 833 ergeben.**) Der grösste Teil dieser Präparate gehört freilich der neusten Zeit an, aber manches wertvolle Stück ist seit Jahrzehnten und selbst noch längere Zeit hindurch aufbewahrt worden. Durch sie ist der dankbaren Erinnerung an ältere Forscher eine bestimmte Grundlage gegeben.

---

*) Das neue Pathologische Museum der Universität zu Berlin. Mit 5 Grundrissen. Berlin 1901. Verlag v. Aug. Hirschwald.

**) Ausserdem befinden sich im alten Hause des Pathologischen Instituts noch 2233 provisorisch aufgestellte Präparate. Die Gesamtzahl beläuft sich also auf 23 066.

Die Methoden der Aufbewahrung sind im Laufe der Zeit mehr und mehr vervollkommnet worden. Am längsten haben die getrockneten Präparate ausgehalten. Wie überall lieferten trockene Knochen den ersten Untergrund; die Geschichte der Volkskrankheiten findet darin das sicherste Beweis-Material. Die syphilitischen Veränderungen der Knochen gestatten einen schnellen Ueberblick über die Verbreitung dieser scheusslichen Krankheit in den verschiedenen Jahrhunderten. Aber auch die künstliche Injektion der Gefässe, das Aufblasen und Trocknen von Hohlorganen sind schon früh mit grossem Geschick betrieben worden. Selbst Erkrankungen der Weichteile gestatten durch Eintrocknen eine lange Aufbewahrung. So findet sich in dem Museum eine kleine, aber höchst lehrreiche Sammlung von getrockneten Darm-Präparaten aus der ersten Choleraepidemie (1832). Die kriegschirurgische Abteilung enthält wichtige Knochenpräparate, welche mit den Kriegen des 18. Jahrhunderts beginnen, Erinnerungen des Befreiungskampfes (1813) umschliessen und bis zu den Schlachten des dänischen, des böhmischen und des französischen Krieges reichen. Die Lehre von den Heilungen der schwersten Verwundungen wird dadurch in nützlicher Weise illustriert.

In dem Maasse, als die Kenntnis der konservierenden Flüssigkeiten sich erweiterte, ist dann die Aufstellung auch der veränderten Weichteile in glücklichster Weise ausgedehnt worden. Lange Zeit hindurch war es fast nur Spiritus (Alkohol), der dabei in Anwendung kam; auch als andere, mehr oder weniger antiseptische Stoffe, namentlich die Produkte der Theerindustrie, oder wirkliche Gifte (Arsenik, Sublimat, Bleisalze u. s. w.) herangezogen wurden, blieb der Spiritus das vorzugsweise verwandte Material, das auch durch das Formol nicht ganz verdrängt worden ist. Erst die neueste Zeit hat kompliziertere Methoden in Gebrauch gebracht, welche durch zweckmässige Mischung verschiedener Stoffe selbst die so lange vermisste Erhaltung der natürlichen Farbe, vorzugsweise des Blutrotes, ermöglichten. Das Museum gestattet es, nebeneinander diese verschiedenen Methoden in ihren Wirkungen zu überblicken: einerseits die ausgeblassten und daher schwer oder garnicht genau zu erkennenden Präparate der reinen Alkohol-Zeit, andererseits die fast in natürlichen Farben prangenden Erwerbungen der letzten Jahre. Die Museumsbeamten haben das Verdienst, mit am frühesten diese letztere Phase durch sorgsames Arbeiten geleitet zu haben; die Sammlungen besitzen für manche Krankheiten, z. B. für die Tuberkulose, die Schlagflüsse, die Darmkrankheiten, wundervolle Reihen der instruktivsten Präparate.

Es ist daher möglich geworden, das Museum so auszustatten, dass es schon jetzt ausreicht, die Mehrzahl der Krankheiten in den verschiedenen Zeiten ihres Verlaufes zu demonstrieren, und es lag nahe, dem entsprechend als Zielpunkte des Sammelns die Herstellung eigentlicher

21*

Schausammlungen in Angriff zu nehmen, welche nicht bloss dem wissenschaftlichen Forscher, sondern dem ganzen Volk zugänglich gemacht werden können. Die Königliche Staatsregierung hat diesen Plan gebilligt und die Besucher können nunmehr nach Wahl diese Schau-Abteilungen durchmustern und sie mit den Sammlungen älterer Zeit vergleichen. Nach reiflicher Überlegung hatte die Direktion die Abteilungen des Instituts so angeordnet, dass die beiden untersten Stockwerke dem grossen Laien-Publikum geöffnet werden sollen, während die drei oberen für Ärzte und Studierende reserviert werden. Durch die Einrichtung eines grösseren, amphitheatralisch angelegten Hörsaales, der auch für die Demonstration von Projektionsbildern dient, ist die Bürgschaft geboten, dass die Unterweisung sowohl der gelehrten, als der ungelehrten Zuhörer in fruchtbarer Weise durchgeführt werden kann.

Dass Prof. Virchow seine Schöpfung mit vorstehenden Worten trefflich gekennzeichnet hat, davon konnten sich die Mitglieder der „Brandenburgia" bei ihrem Besuch überzeugen. Die Sammlungen sind ungemein reichhaltig und auch für den Laien belehrend, da die Bezeichnungen der Objekte fast durchgängig so gehalten sind, dass sie auch dem Nichtmediziner verständlich sind. Die Aufstellung in den beiden unteren, dem Publikum zugänglichen, Stockwerken ist folgende:

Im Saal I A. sind die Missbildungen der Gliedmassen und die Knochenbrüche, die Knochenhautentzündungen, Knochenfrass (caries) und Knochenbrand (nekrose), die Gelenkerkrankungen, Tierkrankheiten und Geweihmissbildungen, die Erkrankungen der Leber und Gallenblase und die Knochengeschwülste aufgestellt. In Saal I B. sieht man die Zwillings-Missbildungen, beispielsweise eine Darstellung der siamesischen Zwillinge, die Hemicephalen (Missbildungen mit halbem Kopf) und die tierischen Missbildungen, Embryonen mit Geschwülsten, Brüchen, Hasenscharten und ähnlichen Missbildungen, und im Mittelpunkt des Saales steht eine Pult-Vitrine mit einer Sammlung von Harn-, Gallen- und Kotsteinen. Noch reichhaltiger ist die Sammlung in den drei Sälen des darüber liegenden Stockwerks. In Saal II A. sind die farbigen Präparate der verschiedensten Erkrankungen aufgestellt, so des Gehirns und seiner Häute, des Rückenmarks, der Niere, der Harnblase und des Bauchfells und der anliegenden Organe. Die Sammlung von tuberkulösen Erkrankungen der Milz, des Darms, des Magens, der Genitalien der Nieren, der Lungen und des Kehlkopfes umfasst 6 grosse Schränke, und ihr schliesst sich die Sammlung von Geschwülsten, wie Elephantiasis und anderen, von mit Lepra und Syphilis behafteten Körperteilen und von Herz- und Lungenkrankheiten an. Im Saal II B. sind Objekte zur Lehre von den Parasiten, von der Gicht und der Rachitis, ferner Schädel-Anomalien, künstlich deformierte Schädel und Hieb- und Schussverletzungen aufgestellt. Saal II C. enthält eine interessante Skelettsammlung, in der sich Riesen und Zwerge, Skelette aus der Steinzeit und der Gegenwart, Rückgrat-Verkrümmungen und Amputations-Stümpfe und Knochen-Atrophien finden. Die Mitte des Saales schmückt eine wohl gelungene, geistvoll aufgefasste und ausgeführte Marmorbüste Rudolf Virchows.

Der letztgenannte Herr, welcher an seiner Absicht die Mitglieder der „Brandenburgia" selbst zu führen, durch die heut stattfindende Übergabe des Kaiser und Kaiserin Friedrich Kinder-Krankenhauses an den Magistrat von Berlin behindert war, wurde durch die assistierenden ärztlichen Beamten des Museums vertreten, die in ebenso anschaulicher, wie freundlicher Weise die Führung der trotz des sehr schlechten Wetters zahlreich erschienenen Mitglieder übernahmen.

Herr Geheimrat Friedel sprach nach Beendigung der Besichtigung den liebenswürdigen Führern einen herzlichen Dank seitens der „Brandenburgia" aus. G. A.

Neidkopf und Krone zu Berlin.

von

Amtsrichter **Dr. E. v. Freydorf** zu Lörrach in Baden.

Erste Vermutungen.

Vom Berliner „Neidkopf", der zungereckenden Rokkokobüste am Hause Hl. Geiststrasse 38, ist auf eine beiläufige, die ältere deutschrechtliche Bedeutung des Wortes „Neid" heranziehende Anregung des Verfassers in diesen Blättern seither zweimal gehandelt worden.

Im Juniheft 1898 stellte Herr Custos R. Buchholz die Entstehungsnotizen nach Urkunden und Lokalsagen zusammen. Die beiden, nach Cosmar und Bertram wiedergegebenen Anekdoten stehen gegenseitig, sowie mit den Urkunden in Widerspruch. Hinsichtlich des Kopfes schweigen die Urkunden. Nur eine der Anekdoten belegt eine ihrer Figuren, den mit dem Rechte zur Aufstellung des Neidkopfes beliehenen Goldschmied Lieberkühn mit einem ortsgeschichtlich um 1700 hier nachweisbaren Namen. Blosse Anklänge einer Lokalsage an Historisches sind indessen keine Beweise für die Thatsächlichkeit ihres übrigen Berichtes: Jede Sage, eben die wahrhaft populäre, neigt dazu, durch Verbindung mit historischen Namen, sich neuen Generationen glaubhaft zu machen. — Der Kern der Sage ist, wie auch die Bertramsche Version erkennen lässt, älter als 1700.

Als Kern der Sage bleiben folgende Züge:

1. Die Aufstellung des Neidkopfes gehe auf persönliche Verordnung des Fürsten zurück.

2. Das Neidkopfhaus habe dem Königlichen Hofhalt einen Schatz, nach Bertram eine bestimmte Krone, geliefert.

Im Novemberheft 1898 dieser Blätter wird ferner unter dem Titel „Neidkopf" (Rob. Mielke) eine Reihe dem Aberglauben und Scherz entstammender Fratzenbilder aus dem Gebiete friesischer Häuserornamente zusammengestellt, doch ist daraus von näherer Ähnlichkeit mit dem Neidkopfe in Geberde oder Tradition nichts zu ersehen, nicht einmal dieser Name kommt vor. Das Material lässt also Schlüsse nicht zu und kann nur zur Warnung dienen vor dem Chaos willkürlicher Ornamentik, wie sie jeder Bau- und Schnitzereistil, namentlich in tierischen Masken, kennt.

Inzwischen haben sich anderweit zu Schlüssen zureichende Analogien für den Berliner Neidkopf, nach Vorkommen, Geberde, Namen und Sage zugleich, ergeben. (Vgl. Aufsatz des Verf. in „Zeitschrift für Kulturgeschichte" 1901 Augustheft, woselbst das Nähere nebst Citaten.)

Unsere erste, auf einen Villinger Kopf und Neidbaufall gegründete Vermutung, als handle sichs in Berlin um ähnliches, etwa ein Zeichen des Aussichtsrechts, musste allerdings für die ganze, nun folgende Gruppe, Berlin einbegriffen, aufgegeben werden.

Der ältere, deutschrechtliche Inhalt der Silbe „Neid" bestätigt sich zwar im Sinne von „Gegnerschaft" schlechthin, doch Gegnerschaft im gewichtigsten allgemeinen, nicht bloss nachbarrechtlichen Sinne verstanden.

Im übrigen blieb unsere Annahme, dass die jetzige (Rokkoko-) Büste mit ihrer Zunge nur die Nachfolgerin eines älteren, durch gleiches Attribut und gleichen Namen bezeichneten Bildwerks gewesen sei, bestehen. Die Kennzeichen der Häuser erbten sich bis vor Menschengedenken, regelmässig, wie heute noch in der Schweiz, — auch wenn sie nicht als städtische Wahrzeichen angebracht waren, — vom alten auf den neuen Bau fort.

Die Kopfreihe ausser Berlin.

(Referiert nach d. Verf. Aufsatz in Ztschr. f. Kulturgesch. 1901. Bd. VIII.)

Die Stadt Basel besitzt als, einst am Hauptthor angebrachtes Wahrzeichen einen die Zunge reckenden, bekrönten Manneskopf. Er gilt als Bildnis eines alten Bürgermeisters, der die Stadt aus feindlichem Überfall errettete (weitbekannt als „der Baslerlälle").

In Coblenz streckte (nach mündlicher Mitteilung) bei Stundenschlag am „Hungerturm" ein ähnlicher Kopf die Zunge.

In Rheinfelden (Aargau) spukt ein zungereckender Bürgermeister, der „Gast" genannt; in Kissingen heisst ein verwandter Kopf am Rathause „Jud Schwed'"; zu Schweinfurt ward einst der zungereckende Lollus gleich einem Heidengötzen gefeiert; ein Festzug gilt in Emmerich dem mit bleckendem Maul dargestellten Mann, dessen schreckhaftes Auftreten die Stadt aus Feindesgefahr gerettet hat; zu Rappertswyl „schreien" drei solcher Köpfe „Mord und Weh" gegen die Zerstörerin Zürich mit geöffnetem Mund, und gelten als vom Stadtherrn verliehen. Zu Aalen, Heidingsfeld und Jena nimmt je ein maulsperrender Automatenmann den Rang des städtischen Wahrzeichens ein.

In Mainz endlich nannte die Kinderwelt einen zungereckenden Mannskopf am dortigen Neuthor, den unfreiwilligen Genossen ihrer äpfelwerfenden Spiele, den „Neidkopf". Der Kopf ist heute über einem Kasematteneingang in der Nähe eingemauert. Bis jetzt ist es der einzige dieses Namens ausser Berlin. Weitere Überlieferung für ihn fehlt. Doch bildet der Mainzer Kopf durch Namen und Darstellung einerseits, durch seine Aufstellung am städtischen Hauptthor andererseits, ein Verbindungsglied zwischen der südwestdeutschen Gruppe und Berlin.

Die südwestdeutschen Köpfe erwiesen sich nun, bei anderer Gelegenheit, (Mitteilung des Verf. in der histor. Gesellschaft in Basel am 3. Dezember 1900, vgl. Allg. Schweizer Ztg. v. 5. Dez. 1900) als Darstellungen des sog. „Gerüftes", einer im frühen Mittelalter allgemein verbreiteten, heute bis auf die wenigen Namen und Redewendungen der damit befassten Sagen vergessenen Rechtssitte.

„Gerüfte" hiess zunächst im allgemeinen der Alarm, wie er bei feindlichem Überfall, auch bei Bluttbaten innerhalb der Stadt, erscholl und die Bürger zu den Waffen rief. Als Alarmzeichen ist uns heute noch die „Sturmglocke" bekannt; sie war als solches auch im Mittelalter gelegentlich im Gebrauch. Im besonderen hiess aber „Gerüfte" damals der mündlich ausgestossene Alarmruf. Zum mündlichen Gebrauche dienten besondere, meist altertümliche und noch unerklärte Alarmworte, wie in Sachsen das „Judute", in Thüringen „Zeeter" am Rhein das Wort „Heilall".

Diesen Gerüfteworten kam auch sonst eine besondere, feierliche Bedeutung zu. Das jeweilige Gerüftewort oder -zeichen ertönte, auch wo Gefahr nicht vorlag, zu bestimmten Staatshandlungen, Vollstreckungsakten, Klagerhebungen, soweit solche die Anwesenheit oder Zeugenschaft der gesamten Bürgergemeinde erforderten. Des Gerüftesignals als unbedingt zum Erscheinen verpflichtenden Rufes bediente sich die Obrigkeit zum Aufgebote der Pflichtigen in Angelegenheiten des Heerwesens, des Gerichts- und Polizeibannes. Das Gerüfte konnte mithin als Träger und Zeichen der Staatsgewalt in diesen drei Richtungen, und, da in diesen drei „Aufgeboten" die Zuständigkeit des mittelalterlichen Staates im wesentlichen sich erschöpft, als Verkündiger der Staatsgewalt überhaupt erscheinen.

Die oben angeführten städtischen Bilder wollen, wie wir a. a. O. ausführten, dies Gerüfte darstellen. Bei einzelnen, wie den bei Stundenschlag „gähnenden" Uhrautomaten wird das Schreien z. B. durch Verbindung mit dem Glockenton, nach Art etwa der Schwarzwälder Uhrkünste, — nur weniger glücklich, — zum Ausdruck gebracht.

Die älteren, weniger kunstvollen Darstellungen in Stein bedienen sich des naivsten Ausdrucksmittels, das bildende Kunst für Thätigkeiten der Stimme besass, des „Spruchbandes". Später ward das Spruchband der Steinköpfe als „Zunge" missverstanden und demgemäss weitergegeben, einzelne Uebergangsformen lassen sich nachweisen. So ist noch kenntlich diese Symbolik an dem, die Zunge nur mit dem Glockenschlag vorstossenden Koblenzer Automaten; ebenso bei den, noch eine „runde Zunge" aufweisenden Köpfen von Wyl und Breuberg (vgl. m. Aufsatz. a. a. O.). Die „runde Zunge" ist der hauchartige Kolben, der in der Plastik (z. B. später wiederum bei Windgöttern, blasenden Engeln des Barockstils auftretend), das gedachte Luftdruck- oder Schallgebilde vertreten muss.

Der Berliner Neidkopf schliesst sich nach Wahrzeichenrang, Geberde und Eigennamen eng an diese Gruppe an. Namen, Rang und selbständiges, durch Ornamentik nicht motiviertes Auftreten als Persönlichkeit öffentlichen Interesses heben ihn aus der Phantasiewelt der Zierköpfe mit oder ohne Zunge weit genug hervor. Doch würden, bei der grossen Wirrnis in diesem Gebiete, solche drei Anhaltspunkte für unsere Auslegung noch nicht als endgiltig durchschlagend gelten dürfen.

Die Sagen (ausserhalb Berlins).

Auch die Sagen, wo nicht gänzlich verstümmelt oder neu überwuchert, mussten bei einzelnen der obigen Stücke dazu dienen, unsere Deutung zu stützen.

a) Rettungssagen:

Eine die Stadt rettende Thätigkeit des Zungenmanns wird ausdrücklich berichtet vom Basler Zungenkönig, vom Rheinfeldener Gast, auch vom Blecker zu Emmerich, sowie vom Jud' Schwed' zu Kissingen.

b) Sagen vom obrigkeitlichen Rang:

Die Sagen lassen sich in Wendungen und Anknüpfungen verschiedener Art angelegen sein, eine Bedeutung des jeweiligen Kopfes einzuschärfen, die wir kurzweg als die einer ausgesprochen weltlichen, innerpolitischen Autorität, sagen wir kurz, als „obrigkeitlichen Rang" ansprechen dürfen.

Dass z. B. der betreffende Kopf einen alten Befehlshaber der Stadt darstelle, weiss die Sage zu melden in Basel („Bürgermeister") und in Kissingen („kriegerischer Vorkämpfer"). — Als „vom Stadtherrn verliehen" ferner gelten die Schreiköpfe zu Rappertswyl.

c) Eine Anzahl besonderer Züge, namentlich der Rheinfeldener Sage, erläutern sich gleichfalls aus Anwendungsfällen des Gerüftes, wie ich an einer andern Stelle ausgeführt habe.

Die Berliner Sage.

1. Neuere Anschichtungen. Die den „Neidkopf“ behandelnde Berliner Überlieferung beschäftigt sich in beiden Lesarten in vorderster Reihe mit den jüngeren Daten der Hausgeschichte, einem Neubau von 1719 und der, wohl gleichzeitigen, Neuaufrichtung des Kopfbildes in seiner derzeitigen Gestalt. Diese Anschichtungen sind zunächst abzulösen. Es bleiben

2. als Reste des alten Sagenstoffes zu suchen:

a) die Feindesabwehr.

Eine Rettungssage, wie in Basel u. s. f. fehlt für Berlin vollkommen. Einzig die mehr erwähnte ältere Bedeutung der Silbe „Neid“ weist auf den Zweck einer Abwehr. Dass diese Abwehr nicht etwa, wie wir zuerst annahmen, einem Prozess- oder Privatrechtsfeinde, auch nicht, wie die Anekdote erklären will, einem nachbarlichen, in Gestalt „neidischer“ gegenüber wohnender Weiber auftretenden, Familienfeinde gilt, vielmehr dem Begriffe des Feindes im engeren Sinne, dem öffentlichen politischen Feinde, lässt sich an Hand der übrigen Stücke, insbesondere auch des am Mainzer Aussenthor angebrachten, gleich benannten „Neidkopfes“ folgern.

b) der Obrigkeitsrang (in den Berliner Lesarten).

Die Obrigkeitssage hingegen findet sich in den Berliner Anekdoten in nicht wesentlich verstümmelter Gestalt noch vor, und zwar in zwei einander z. T. kreuzenden Versionen.

α) Die Verleihungsanekdote.

(Euhemeristische Version; Cosmar und Bertram).

In Berlin gilt der „Neidkopf“ zwar nicht, wie das entsprechende Stück in Basel und Kissingen, als persönliches Bildnis eines Anführers oder Bürgermeisters, doch heisst es in Berlin erstlich, der Kopf ist vom König persönlich verliehen, und zwar zum Zwecke einer Vergeltung. Es besteht eine Art Schutzfreundschaft zwischen ihm und diesem Hause, insonders mit Wirkung auf die Errichtung des Kopfbildes. — Auch die Sage von Rappertswyl z. B. lässt die entsprechenden, zur Vergeltung rufenden Köpfe vom alten Herrn der Stadt ihr verliehen sein. — —

Die süddeutschen Sagen begnügen sich i. A. mit sehr unbestimmten Vorstellungen vergangener, nicht wiederkehrender, Autorität. In diesem Punkte spricht die Berliner Sage, schon im Obigen, entschieden bestimmter.

Die Ursache des Schutzverhältnisses erscheint bei Cosmar schon recht nüchtern. Als Hauptleistung des Hauses zum Neidkopf nennt er nur ein zu Hofe geliefertes „goldenes Service". — Hätte nun der Zufall im Wechsel der Hausbewohner es gefügt, dass seinem Berufe in diesem, durch die Sage schon zunftverwandten Hause auch ein Goldarbeiter obgelegen hätte, — 1857 z. B. nennt das Grundbuch Schultze, Goldrahmenfabrikant (Buchholz a. a. O.), — so würde bald das sagenhafte Inventar- und Schatzstück des Hauses mit der Wirklichkeit sich bis zur Unkenntlichkeit vermischt haben, zumal wenn solcher Werkmann in das nahe gelegene Schloss Arbeiten wirklich lieferte: ein Untergang auch dieses, beinahe letzten, Sagenfragments per confusionem, wie dies der Jurist nennt. Goldschmied soll z. B. auch Lieberkühn (Buchholz a. a. O.) gewesen sein.

b) Bertrams Krönleinsage.

Geschichte und Natur des aus dem Neidkopfhause dem Hohenzollernhause gelieferten Stückes, welches die Beziehung beider Häuser begründet, hat aber zum Glück die Bertramsche Lesart in besonderer Episode überliefert. Diese Episode verlegt sich, nach eigener Chronologie, ausserhalb des Rahmens der übrigen Anekdote, in die Zeit vor dem Königtum. Es ist eine Sage für sich.

Ähnlich, wie etwa auf einer Illustration neutestamentlicher Vorgänge ein im Hintergrund des dargestellten Raumes hangendes Wandblatt unter Glas und Rahmen dem Beschauer den entsprechenden alttestamentlichen Vorgang in ferne Erinnerung bringen soll, so findet sich hier, innerhalb der Gesamtanekdote als Anmerkung eingeschaltet, ein älteres, aber noch recht deutliches, ja bei näherer Würdigung den Vordergrund an Plastik übertreffendes Bild; das Interesse des Königs für den Besitzer des Neidkopfhauses erklärend, berichtet nämlich Bertram (wir referieren nach Buchholz a. a. O.):

Schon dem Vater Friedrich Wilhelms I., Friedrich dem Ersten, und zwar diesem noch vor seiner Königskrönung, überreichte bei feierlicher Gelegenheit ein im Neidkopfhause beschäftigter Goldschmiedgeselle Namens Beyrich, infolge angeblichen Traumes, eine kleine silberne Königskrone. Dem mit der Grundsteinlegung der Parochialkirche (15. August 1695) eben befassten Kurfürsten kommt dieser Zwischenfall bedeutsam vor; der Kurfürst nimmt die Krone, legt sie zu dem übrigen Grundsteininhalt in das bereit gehaltene kupferne Kästchen und spricht die Worte: „es sei Gottes Wille und ein „Geheimnis vor der Welt." — Beyrich heisst nach Bertram dann auch des Hauses unter Königsschutz ansässiger Eigentümer zur Zeit der, angeblich späteren Neidkopfbeleihung. Von dem bei Cosmar eingeführten, historischen, Namen eines Hausbesitzers Lieberkühn weiss Bertram überhaupt noch nichts.

Wäre nun, ausser dieser Episode von dem Hause Hl. Geiststrasse 38 nichts bekannt, wäre insbesondere, — wie es z. B. 1841 bis 1857 thatsächlich schon geschehen war — sein Wahrzeichen vom Platze verschwunden, so würde an und für sich die Frage auftauchen: wieso mag ein Königssymbol dem Kurfürsten, auch wenn es eine Weissagung galt, just aus diesem Hause zugewiesen werden? — Man würde in der damit angegebenen Adresse des alten Berlin etwa das Geburtshaus eines der Hohenzollerschen Ahnen, oder den topographischen Ort eines alten Fürstensitzes und dergleichen vermuten, und zwar, namentlich im Hinblick auf die sonderbaren Schlussworte des Kurfürsten, eine Reminiszenz von keineswegs gering zu schätzender Bedeutung.

Wo nun die „gottgewollte und geheime“ Kraft dieses Krönleins suchen, da weiter kein Anhaltspunkt gegeben ist?

Ein günstiges Geschick hat uns das Haus und das Wahrzeichen daran, sei's auch beides in erneuerter Gestalt, erhalten. — (Im Jahre 1857 wurde der Kopf nur durch die Hand Louis Schneiders noch auf seinem Platz gerettet; auf Veranlassung des Genannten liess nämlich Friedrich Wilhelm IV. durch das Polizeipräsidium den Kopf am ursprünglichen Platze wieder anbringen, auch den Besitzer zu einer grundbuchlichen Eintragung bewegen, nach der der Kopf für alle Zeiten an diesem Platze stehen bleiben muss.) — Der „Neidkopf“ steht somit noch vor uns, greifbarer als die Sage.

Unsere Funde haben ferner heute gestattet, eine Bedeutung in diesem zufälligen Relikt zu finden, und es als obrigkeitliches Wahrzeichen rechtsgeschichtlich einzureihen.

Das Verhältnis des Hauses zum königlichen Herrn erklärt sich danach einzig und am ehesten aus dem Hinweis, der dem „Neidkopf“ selbst innewohnt; — dies lässt die Sage zwar ahnen, setzt uns aber sofort wieder in Verlegenheit durch ihre Scenenfolge, welche die Errichtung des Neidkopfes erst längere Jahre nach dem Krönleinauftritt geschehen lässt. Diese Umkehrung der Kausalität und Zeitfolge darf nicht stören. Unsere Annahme, dass dies „Wahrzeichen Berlins“ im Urbild hier thatsächlich schon früher zu sehn war, wird niemand zu kühn finden, der den obigen Darlegungen gefolgt ist. Den Beweis wäre schuldig, nach allen Regeln der Analogie und des gewöhnlichen Hauszeichenerbgangs, wer das Gegenteil behaupten und etwa auf der Einführung des Neidkopfes zu Friedrich Wilhelm des Ersten Zeiten bestehen wollte. — Das Krönlein ist also im älteren, aber vollgiltigen „Neidkopfhause“ als gefertigt zu denken. Dies gesteht die Berliner Sage im Grunde schon damit ein, dass sie das Haus, aus welchem sie den Gesellen treten lässt, selbstredend nicht mit den arabischen Ziffern einer Hausnummer, vielmehr selbst von Anfang an nur durch den „Neidkopf" auf den sie hinweist, kenntlich macht. Auch Titel und Pointe, also die Schwerpunkte der ganzen Erzählung, deuten auf dies Stück der Hausfassade.

Deutlicher hätten Cosmars glaubwürdige alte Leute sich ausgedrückt, ständen sie uns Rede, ob nicht etwa das fertiggestellte Silberkrönlein seinerseits als mit dem alten Wahrzeichen seines Hauses wie üblich an bescheidener Stelle beprägt zu denken sei. Die den früheren Hörern der Anekdote geläufige Zunftsitte liess indes solche Beifügung des Hauszeichens oder der Werkstattmarke bei jedem bedeutenderen, insbesondere aber einem zu so hoher Bestimmung gefertigten Stücke, stillschweigend voraussetzen.

Sobald das Zeichen aber selbst nicht mehr verstanden wurde, ist es der Sage überhaupt gleichgültig, ob mit oder in der Krone übergeben oder nicht. Das schlichte Publikum solcher Sagen verträgt weitläuftige Bezugnahmen überhaupt nicht; so wirft die Berliner Sage die Erwähnung der sonderbaren Hausmarke ausser in Titel und Pointe, schlechthin ab. — Unseres Zeichens dadurch freigewordener, aber immer noch, wie die dem Kurfürsten in den Mund gelegten Worte beweisen, dunkel bewusster Bedeutungsinhalt ist also vollständig umgegossen in das Metall eines der geläufigeren Herrschaftssymbole; und so gelangt der, bei Cosmar gänzlich gestaltlose „Schatz" des Hauses bei Bertram in der Schmiedeform einer Krone neu zur Erscheinung. Dies radikale Selbsterhaltungsmittel der Sage, in usum ignorantium sich geradehin zu übersetzen, hätte freilich nahezu den Verlust jeglichen Zusammenhangs mit dem älteren Hauszeichen zur Folge gehabt, — wäre nicht, wie gesagt, dies Zeichen selbst mit seinen unversehrten Attributen, sichtbar erhalten geblieben. —

Auskunftsmittel der Überlieferung wie dieses, das alte Zungenhieroglyph durch Überschreiben mit einem inhaltsgleichen, neuen Zeiten verständlicheren Symbol, hier der „Krone", zu „übersetzen", kommen auch anderwärts vor. So ist dem Basler Zungenmann in seiner derzeitigen, etwa dem XVII. Jahrhundert entstammenden Blechautomatengestalt gleichfalls ein Krönlein beigegeben, d. h. hier in Wirklichkeit aufgesetzt worden, — — eine artige und unschädliche „Interlinearversion" in jedem Sinne, und weniger irreführend als das, im übrigen allerdings gleichlautende, Palimpsest der Berliner Sage.

Dass etwa auch der Berliner Neidkopf eine Krone getragen hätte, ist nicht ausgeschlossen, braucht aber zur Erklärung nicht unbedingt unterstellt zu werden. Erklärung genug ist, dass die Sage zu diesem präsentablern Kopfschmucke griff, um das Geheimnis des Hauses, entliegenschaftet, anderer Stelle zu übertragen.

Auch in der Krönleinlesart ist, trotz mehrfacher Lücken, mithin der didaktische Zweck erkennbar, das nahe, Autorität verleihende und bestätigende Verhältnis des Neidkopfes zum Fürstenamte darzustellen; die Darstellung in dieser Krönleinsage ist insofern eine ursprünglichere, als hier nicht, wie in der Hauptanekdote nach Cosmar und Bertram (a) der König den Neidkopf erfindet, als im Gegenteil das alte Symbol selbst es ist, von dem aus dem künftigen König das machtverleihende Geheimnis durch huldigenden Gesellen übersandt wird. Das Neidkopfsymbol als solches ist in der That älter als das Fürstengeschlecht (Beispiele a. a. O. d. Ztschr. f. Kulturgeschichte).

Soweit die Kron-Cession.

Wieso des weiteren dieselbe Sage dieses Krönlein nicht, gleich dem „Service" nach Cosmar, würdigt, in die Truhen des Schlosses selbst zu gelangen, (— sei's auch nur nach Art des lombardischen Eisenringes, „eingeschmiedet" etwa in eines der anderen Stücke des Kronschatzes, —) dieser silbernen Krone der Hohenzollern vielmehr so stolz wie bescheiden im Kupferbehältnis bei den Grundsteindokumenten der städtischen Hauptkirche ihren „gottgewollten" Platz anweist, darüber ist in anderm Zusammenhang zu handeln.

Soviel zur Krönleinsage; soviel zur Verleihungsanekdote und zur allgemeinen Neidkopferscheinung.

Schlussergebnis.

Zwischen verschiedenartigen Stoffmassen voranvisierend, welche den Magnet unserer Vermutungen hier und dort leicht abzulenken drohten, finden wir, am Ende der Aufgabe angelangt, den Verlauf der gesuchten Adern im Verschüttungsgebiet einfach. Stellenweise liegen ihre Fragmente zu Tage, wenn auch selten noch in der richtigen Zusammensetzung. Zwei Verfahrensarten führten zum gleichen Ergebnis; erstlich die antiquarische Einreihung des Kopfexemplars und Namens selbst; zweitens die Rückübersetzung seiner Sage aus beiden Verbildungen, der euhemeristischen (a) und der romantischen (b).

Es ergab sich: der Berliner Neidkopf ist altes Gerüfte-, und damit Herrschaftssymbol; er wird, der Hoffähigkeit in prüdem Missverständnis vorlängst entkleidet, vom Volke — in wie stark novierender Cessionsurkunde auch immer, — gleichwohl treulich immerfort den Insignien der Königlichen Kronschatzstücke, (— zugleich auch den kirchenherrlichen Grundsteindokumenten —), zugewiesen, solches mit lebendig bewusster Beziehung zum bestehenden Herrscherhause.

*) Es handelt sich um die Parochial-Kirche, die nicht als „städtische Hauptkirche" gelten kann, d. R.)

Die Kraft des Gedankeninhalts.

Hier nur noch diese Probe.

So sehr war das Gerüftezeichen Attribut der Obrigkeit, dass z. B. Regierende den Antritt ihrer Herrschaft durch Anheben des Sturm- und Alarmsignals verkündeten. So ist es zu verstehen, wenn Blavignac, La Cloche S. 196 berichtet:

> „Nach Oudegherst ergriffen die Grafen von Flandern Besitz von ihrer Grafschaft, indem sie eigenhändig auf einer besonderen Glocke der Kirche St. Bavo zu Gent drei Schläge thaten (en tirant eux-mêmes trois coups sur une cloche spéciale); in jeder Stadt Flanderns, die sie zum erstenmal betraten, wiederholten sie diese Feierlichkeit."

Das Anschlagen der Sturmglocke, — diese ist unter der dreifach geschlagenen cloche spéciale de l'eglise gemeint, — war eine Form, und die weitest verbreitete, des Alarms. Allzu zahlreich sind die ferneren Stellen der Weistümer, welche den Gebrauch des Gerüftesignals, namentlich auch des Sturmglockenschlages, — beides dort meist identifiziert, — auch im übrigen Leben des Herrschers oder seiner Vertreter zeigen.

Vorrang des Symbols.

Um das im Vorstehenden beanspruchte Interesse für die Berliner Antiquität ganz zu rechtfertigen, müssten noch zu folgenden Thesen die Nachweise hier nachgetragen werden, nämlich

1. dass dem Neidkopfsymbol als solchem mit den in der königlichen Schatzkammer aufbewahrten Insignien ein gleicher Rang zukomme;
2. dass, wenn es gälte, in diesem Kronschatz einheimische von entlehnten Symbolen zu sondern, das Berliner Stück sofort in den Vordergrund gestellt werden müsste;
3. dass, sollte jemand wiederum unter diese Prunkstücke treten und Umfrage halten nach dem (inländischen) Dienstalter eines jeden: dass dann kaum ein Wappen, eine Krone, ein Scepter an heimischer Anciennetät und, wir sagen nicht unbeweisliches, mythologischer Würde, mit diesem Gebilde sich messen dürfte;
4. endlich, dass dieses Gerüftesymbol zum alten Staatsbegriff nicht nur Initial ist, sondern auch seine Schlussvignette. — Initialien für den Machtbegriff sind leicht zu schaffen, selbst Monogramme wie Kopfbedeckungen eröffnen leicht die gewünschte Vorstellung.

Den Lauf der eröffneten Vorstellung aber kurz und richtig abzuschliessen, anzuhalten, versteht kaum die höchstentwickelte Kulturschrift.

Im Neidkopfsymbol zum erstenmal tritt ein Hieroglyph entgegen, welches den zu denkenden Begriff zweiseitig umklammert, einerseits dessen Alpha setzt, anderseits auch das nach ältester Auffassung gleichgewichtige Omega einmeisselt.

Kleine Mitteilungen.

Die Humanitäts-Gesellschaft von 1797 in Berlin.*) Gegen Ende des 18. Jahrhunderts führte in Berlin das langempfundene Bedürfnis, dem geselligen Umgange ein höheres, edleres Ziel zu stecken, zur Vereinigung der ganzen Gelehrtenwelt, die damals, bei dem Mangel einer Universität, allerdings noch nicht sehr zahlreich sein konnte. Als Ziel der Vereinigung, welche im October 1796 unter dem Namen „Gesellschaft edler Vergnügungen" oder nach dem Sitzungstage „Mittwochsgesellschaft", zusammentrat, galt nicht allein die Beschäftigung mit den verschiedenen Wissenschaften, sondern auch die Beförderung humaner Gesinnung und nützlicher und angenehmer Unterhaltung. Da das Statut aber die Mitgliederzahl auf 50 beschränkt hatte, welche Zahl alsbald ausgefüllt war, so traten schon am 10. Januar 1797 diejenigen Männer, welche das gleiche Bedürfnis nach Vereinigung hatten und dort keinen Raum mehr fanden, zu einer neuen Gesellschaft zusammen, die sich zunächst „Litterarische Gesellschaft", oder nach dem Zusammenkunftstage „Sonnabend-Gesellschaft" nannte, bald aber den Namen „Gesellschaft der Freunde der Humanität" oder kurzweg „Humanitätsgesellschaft" annahm. Diese Gesellschaft hat eine viel längere Dauer, als die erste gehabt; ihre letzten Sitzungen fanden im Jahre 1861 statt und die sorgsam geführten Protokolle weisen als letzte Teilnehmer: Twesten, Gneist, Petermann, Krautwurst, Schultz, Schnakenburg, Graf Schaffgotsch und Schubarth nach. Der Stoff zu den Unterhaltungen sollte nach den „Gesetzen" vornehmlich aus den schönen Wissenschaften und Künsten, auch aus der Mathematik genommen werden. In den „gesetzförmigen" Sitzungen wurden nur eigene Abhandlungen vorgetragen, in den „gesetzfreien" aber sollten Gedichte deklamiert, Schauspiele und kleinere Schriften gelesen oder über innere Gesellschaftsangelegenheiten verhandelt werden. Zur „Belebung" der Versammlungen war der „Moniteur", ein Fragekasten, eingeführt. Diese Einrichtung wurde aber später für die Gesellschaft sehr verhängnisvoll. Es heisst darüber in einem Bericht: „Man würde sehr irren, wenn man bei diesem Moniteur an seinen ungebührlich zahmen französischen Namensvetter dächte. Dieser Moniteur entwickelte von Anfang an ein so bewegliches Naturell, eine so ungewöhnliche Turbulenz, ja so subversive Tendenzen, dass der Kasten, weit entfernt davon, eine Bundeslade zu sein, die Gesellschaft mehr als einmal an den Rand des Verderbens brachte. Ein wahres Kind der Revolution, stellte der Moniteur alles in Frage; nichts wurde verschont. Als eine Probe mag folgende, dem dunklen Schoss dieser Pandora-Büchse entstiegene Frage dienen: „Giebt es im Altertum, oder in der neueren Zeit, eine Nation, welche in ihrer Religions-Dogmatik nie einen Teufel aufgestellt hätte? und welche hat den lieblichsten, humansten Teufel hervorgebracht

*) Nach den im Besitz des Märkischen Museums befindlichen Akten des Vereins.

und mit welchem Erfolge hat sie dieses Phantom in ästhetischer und moralisch-politischer Rücksicht genutzt?" Da derartige Fragen und die daran geknüpften Debatten sich häufig wiederholten und zu stürmischen und erregten Verhandlungen Anlass gaben, machte man Gesetzbestimmungen, um solche Fragen aus dem Wege zu räumen; aber der unersättlich fragelustige Moniteur „mit seinen endlosen Motionen" konnte nicht zufrieden gestellt werden, ja es kam sogar dahin, dass ein Vorschlag, alle Gesetze zu kassieren, nur mit geringer Majorität verworfen wurde. Der Umstand, dass in der ersten Zeit auch viele Damen an den Sitzungen teilnahmen, gab dem Fragekasten Veranlassung, auch seine Rolle als offizieller Quälgeist zu wechseln, mitunter galant und chevaleresk zu werden, wenn auch nur der Form nach. So tauchte z. B. die Frage auf, ob man nicht denjenigen Damen, die dreimal den Versammlungen beigewohnt haben würden, die Ehrenmitgliedschaft antragen könne? Wenn diese Frage, der der Schalk im Nacken sass, auch mit überwiegender Mehrheit verneint wurde, ja sogar dazu führte, dass das bisher auf Frauen, Töchter und Schwestern beschränkte Einführungsrecht der Mitglieder dahin ausgedehnt wurde, dass jedes Mitglied 2 Damen einführen könne, so verlor sich doch die Beteiligung der Damen an den regelmässigen Versammlungen bald ganz und beschränkte sich auf die jährlichen Stiftungsfestlichkeiten. In den ersten 4 Jahren des Bestehens hatte so die Gesellschaft unter vielen und heftigen inneren Kämpfen, bei denen indes die wissenschaftliche Arbeit doch nicht in den Hintergrund gedrängt war, an ihrer Festigung arbeiten müssen, die endlich im Jahre 1801 durch eine Revision ihrer Gesetze erzielt war. Dem „Moniteur" war dabei die bisherige revolutionäre Rolle gänzlich verschlossen, der Kasten sollte fernerhin nur noch als Aufbewahrungsort für die Vortragsanmeldungen dienen, nachdem jedes Mitglied durch seine Unterschrift sich zur Abhaltung mindestens eines Vortrags in jedem Jahre hatte verpflichten müssen. Nun erst war Ruhe und Sicherheit in die Gesellschaft gekommen; sie arbeitete mit schönen Erfolgen, die eine endlose Reihe wertvoller wissenschaftlicher Abhandlungen darstellen. Nur in der für Preussen so unglücklichen Zeit von 1806 waren 4 Sitzungen hintereinander ausgefallen, vom 18. Oktober bis 15. November. „Die Humanität musste den Soldaten der Fremdherrschaft weichen", heisst es in einem Bericht, als nämlich die Franzosen die Loge Royal York besetzt hatten, in welcher die Gesellschaft jeden Sonnabend tagte. 1807 wurde das Stiftungsfest nicht gefeiert und 1808 begnügte sich die Gesellschaft, ihren Stiftungstag durch einen Akt stiller Wohlthätigkeit zu markieren.

Eine Übersicht der Thätigkeit dieser ausgezeichneten gelehrten Gesellschaft Berlins, sowie der darin wirkenden Mitglieder, wird durch Aufzählen einzelner darin gehaltener Vorträge am besten gewonnen:

Jahr 1797: Prediger Mila: Versuch einer Geschichte der deutschen dramatischen Dichtkunst. Prediger Koch: Die Schillersche Ode: Die Götter Griechenlands und eine Parodie derselben von Benkowitz. Geh.-Secr. Merry: Inwiefern kann man sagen, dass die menschlichen Schwachheiten die Reformation befördert haben? Prediger Koch: Über die Hinrichtung des Sokrates. Lehrer Dittmar: Über anständiges und sittliches Betragen der Frauenzimmer im 16. Jahrhundert. Geh. Ob.-Bau-Rat Langhans: Über das Grössen-Verhältnis verschiedener Hauptstädte Europas. Pred. Koch: Über die Erfindung der Schreibkunst. Dr. Davidsohn: Über den Wert der Geschichte. Lehrer Dittmar: Über Mineralogie. Pred. Mila: Vergleichung der dramatischen Talente Ifflands und Kotzebues. Dr. Oppenheimer: Nach welchen Grundsätzen muss der Laie bei der Wahl seines Arztes verfahren. Garve: Über die Moden. Kriegsrat Dubois: Wodurch unterscheidet sich die mathematische Erkenntnis von der philosophischen. Kandidat Suvern: Die ersten Kriege der Römer in Deutschland und ihr Einfluss auf die Deutschen. Dr. Bourquet: Physikalische Versuche in Absicht der Verschiedenheit der Luftarten. Prof. Wolcke: Erläuterungen zu dem Plan einer Pasigraphie. Kand. Suvern: Über die Bildung des Gefühls für das Lächerliche. Rektor Berger: Über die verschiedenen Manieren in Kupfer zu stechen. Pred. Koch: Haben die Deutschen schon den blühendsten Zeitpunkt ihrer Kultur in Absicht der Sprache und schönen Wissenschaften erreicht? Prof. Rambach trägt sein Schauspiel: „die Freunde“ vor. Prof. Fessler: Charakterzeichnung Philipps von Macedonien. Dittmar: Über Entstehung des Nordlichts. D. Heinsius: Über die Abstammung der Wörter: Dolmetsch, Kebsweib, Krammetsvogel, kreuzbrav, Kalmäuser, Duckmäuser, Böhnhase und der Redensart: Etwas aus dem Stegreif thun. Pred. Koch: Der Aufruhr in Thorn 1724. Dr. Heinsius: Ostereier, Osterhase, Ostergelächter, Pfingsthenne, Michaelishahn. D. Davidsohn: Beiträge zur Seelenkunde etc. etc. Pred. Koch: 4 erotische Gedichte von Kandidat Kinderling, Sprachlehrer Marmalle: Oberlin's Nachrichten vom französ. National-Institut zu Strassburg. Hofrat Hirt: Hauptgrundsätze bei den bildenden Künsten. Prof. Barby: Über Marat. Sprachlehrer Marmalle: Epistel an seinen Freund Zschokke. Kand. Suvern: Der wahre Wert des Studiums der Litteraturgeschichte. Dr. Oppenheimer: Hufelands Kunst, das menschliche Leben zu verlängern. Bendavid: Wiener Kreutzer-Theater und Haschkas Ode auf den Tod Alpingers. Über Elektrizität in Bezug auf die Salomonischen Tempelspitzen. Dittmar: Untersuchungen über das Mondsystem. Pred. Koch: Über Frödenheims Entdeckung des Fori romani. R. Buchholz.

Kompetenzen eines märkischen Dorfschullehrers am Ende des 18. Jahrhunderts. Friedrich Endewaldt, geboren zu Königsberg in Preussen 1768, wanderte, nachdem er die Kattun- und Leinwandweberei erlernt hatte, nach Berlin, woselbst er mit Hilfe und auf Anregung eines bemittelten Verwandten sich für das Lehramt vorbereitete, und ging, nachdem er sich verheiratet hatte, als Küster und Lehrer 1795 nach Lietzow*) bei Nauen. Hier hat er die Drangsale des französischen Krieges recht bitter durchkosten müssen. Mehrere Male bis aufs Hemd ausgeplündert, hat er die Seinigen, seine Frau und acht Kinder, aus ihren Schlupfwinkeln aufsuchen müssen, während er selbst mit genauer Not einer Lebensgefahr entgangen war, indem er durch einen französischen Säbelhieb, der aber glücklicher-

*) Lehrer in Lietzow waren: 1. bis 1795 Rahn, 2. 1795—1821 Endewaldt, 3. 1821—61 Matthia, 4 von 1861—1892 Monke, 5. von 1892—95 Höde, 6. seit 1895 Voss.

weise nur den Hut zerteilte und die Kopfhaut streifte, verwundet wurde. 1806 hatten die Franzosen ein grosses Lager am Neukammerschen Rohrbruch aufgeschlagen. Ein Trupp Franzosen drang von hier aus in Lietzow ein. Am Eingange des Dorfes hieben sie den Gänsen, die an der Pumpe vor dem Bauer Schmidtschen Hause zusammengetrieben waren, mit ihren Säbeln die Köpfe ab; vor dem Schulzenamte machten sie mitten auf der Dorfstrasse ein grosses Strohfeuer an, wozu sie das Stroh aus den benachbarten Scheunen herbeischleppten, und nun begann die Plünderung des Ortes. Alles Wertvolle nahmen sie mit. Als ein Franzose dem Bauer Hintze den Sonntagsrock nahm, zog er ihn sogleich an und sprach: „Sieh Bauer, der passt gut!“ In so schweren Zeiten und bei dem kümmerlichen Gehalte von jährlich 40 Thalern, wovon Endewaldt seinem Amtsvorgänger, dem „Meister Rahn“ noch seine Emeriten-Pension zahlen musste, führte er ein elendes Dasein. Um sich mit seiner starken Familie durchzubringen, musste er nebenbei fleissig am Webstuhle arbeiten, und seine Frau versah das Geschäft einer Hebeamme am hiesigen Orte. Nach 26jähriger, angestrengter Thätigkeit riss ihn der Tod 1821 aus seiner Wirksamkeit; seine irdischen Überreste wurden an der Nordseite der Kirche auf dem „alten Kirchhofe“ eingesenkt. Die alte Lietzower Kirche, welche bei dem grossen Brande vom 11. Juni 1859 bis auf die Umfassungsmauern niederbrannte, stand übrigens nicht auf der Stelle der jetzigen, sondern näher dem Wirtschaftshause und der Scheune der Domäne. Sie war so angelegt, dass die Achse des Gebäudes von Norden nach Süden lief, so dass also der Turm der Strasse zu stand, während man Kirchen im allgemeinen so baut, dass die Hauptachse von Osten nach Westen liegt und der Turm an der Westseite steht. Kirchen wie die alte Lietzower nennt man wohl noch heute „verkehrte“, und Lietzow führte ehedem aus diesem Grunde den Spitznamen „Verkehrt-Lietzow“.

Die Berufungsurkunde für den Lehrer Endewaldt hat folgenden Wortlaut:

Vokation

für den Küster und Lehrer Endewaldt

„Da der jetzige Schulhalter zu Lietzow, Christoph Friedrich Rahn, wegen seines hohen Alters und der damit verbundenen Schwäche des Gesichts und Gehörs, dem Schulhalterdienst länger vorzustehen nicht imstande ist und nach dem Reskript Eines Hochpreislichen Ober-Consistorii vom 26. Juni 1794 dem Seminaristen Johann Friedrich Endewald die Adjunktion auf den Dienst des Schulhalters Rahn zu Lietzow erteilt, auch bei dem Ableben des Küsters Renner zu Berge, welcher den Küsterdienst bei der Gemeinde zu Lietzow mit versehen, ad rescriptum vom 20. November dieses Jahres genehmigt ist, dass zur Verbesserung der Schulhalterstelle zu Lietzow alle bisher von diesem Filial an den Küster zu Berge gefallenen Hebungen, sowohl an fixiertem Gehalt als Accidenzien nunmehr dem dortigen Schulhalter zukommen sollen und ihm dagegen der Küsterdienst zu Lietzow beigelegt ist, so ist zufolge erstgedachten Rescripts von dem hiesigen Königlichen Amte vi iuris patronatus dem Johann Friedrich Endewald bis zur Confirmation Einer Königlichen Hochlöblichen Kurmärkischen Kriegs- und Domänenkammer die Vokation zu der Küsterstelle zu Lietzow erteilt worden.

Es übernimmt derselbe sämtliche in Lietzow vorkommende Verrichtungen, sowohl beim Gottesdienst und in der Schule, als auch bei jeden andern Vorfällen, wohin das Morgen- und Abendläuten und der Mittagsanschlag gehört, sowie solche der Küster Renner und der Schulhalter von Lietzow gemeinschaftlich verrichtet haben und verspricht, solche treu und fleissig zu erfüllen. Dem jetzigen Prediger und dessen Nachfolger im Amte hat der Endewald in gottesdienstlichen Angelegenheiten jederzeit unweigerlich Folge zu leisten, auch sich die zum Besten der Schule von ihm gemachten Veränderungen gefallen zu lassen und übrigens sich durch einen christlichen und musterhaften Lebenswandel vorzüglich auszuzeichnen. Ferner ist es Pflicht für ihn, die ihm zum Unterricht anvertraute Jugend zu Lietzow im Christentum, Lesen, Schreiben und Rechnen mit allem Fleiss zu unterrichten, und sie zu vernünftigen, gesitteten und christlichen Mitgliedern des Staates zu bilden, zu dem Ende die festgesetzten Schulstunden ordentlich abzuwarten und überhaupt der Jugend mit seinem guten Beispiele vorzugehen und zur Nachahmung zu reizen. Dagegen soll der Endewald nachstehendes an fixiertem Gehalt und Emolumenten zu geniessen haben:

1. An Wohnungen:

das Küsterhaus*), bestehend aus 2 Stuben, einer Kammer und 3 Ställen.

2. An Gärten:

1. Der Hausgarten, 2. der Luchgarten, 3. der neue Garten.

3. An barem Gelde:

	Thlr.	Gr.	Pf.
1. Aus der Pfarre	45 Thlr.	15 Gr.	6 Pf.
2. Aus der Kirchenkasse			
a) für das Opfereinfordern und Klingelbeuteltragen	— „	16 „	— „
b) für das Waschen des Kirchengeräts, zu Licht, Kreide und Besen	— „	22 „	— „
	47 Thlr.	5 Gr.	6 Pf.

4. An Äckern:

	Schffl.	Mtz.
1. Vom Königlichen Vorwerk Lietzow an Roggen	12 Schffl.	8 Mtz.
2. Von der Gemeinde:		
a) Von 10 Bauern à $1^1/_2$ Schffl.	15 „	— „
b) „ 8 Kossäten à 3 Mtz.	1 „	8 „
	1 W. 5 Schffl.	

5. An Brot:

1. Von den 10 Bauern jeder 4 Brote	40 Brote
2. „ „ 8 Kossäten à 4 Brote	32 „
3. „ dem Schmied	4 „
4. „ „ Amtsschäfer	2 „
5. „ „ Dorfschäfer	1 „
6. „ „ Müller	2 „
	81 Brote

*) Das alte Lietzower Küsterhaus stand etwa da, wo der Turm der jetzigen Kirche steht. Übrigens hat sich die Lage verschiedener Gehöfte nach dem Brande von 1859 recht wesentlich geändert.

6. An Eiern.

1. Von den 10 Bauern à 4 St.	40	Stück
2. „ „ 8 Kossäten à 2 St.	16	„
3. „ dem Amtsschäfer . . .	4	„
4. „ „ Dorfschäfer . . .	4	„
5. „ „ Müller	2	„
6. „ „ Schmied	2	„
	68	Stück

7. An Bratwürsten:

1. Von den 10 Bauern .	10	Stück
2. „ „ 8 Kossäten vonjedemstattderWurst	3	Pf.
3. Von dem Amtsschäfer .	1	Stück
4. „ „ Müller . . .	1	„
	12	Stück

8. An Accidenzien:

1. Von einer Taufe 4 Gr. Wird aber der Küster gespeist nur 1 Gr. exkl. Gevatterbriefe.
2. Von einer Trauung 16 Gr.
3. Von einem Begräbnis 6 Gr. bis 9 Gr.

Schulgeld erhält derselbe nicht von den Eltern der Kinder, weil ihm dafür aus den Pfarrrevenüen die sub 3 gedachten 45 Thlr. 15 Gr. 6 Pf. gegeben werden; die Gemeinde zu Lietzow aber ist schuldig, ihm zu seinen selbstgekauften Brennmaterialien die freien Fuhren zu thun, wogegen er den Fuhrleuten insgesammt ½ Tonne Bier giebt. Urkundlich ist diese Vokation unter derzeitigen beiden Beamten eigenhändigen Unterschrift und beigedrucktem Gerichtssiegel ausgefertigt, und soll solche bei Einer Königlichen Hochlöbl. Kurmärkischen Kriegs- und Domainen-Kammer zur Confirmation eingereicht werden.

Amt Nauen zu Berge, den 5. Dezember 1794.

Königlich Preussisches Kurmärkisches Justiz-Amt.

(L. S.)

Mitgeteilt durch O. Monke.

Märkischer Volkswitz über Prinz August von Preussen. Theodor Fontane erzählt in seinem Roman „Stechlin“, nachdem er auf die Liebschaften des Prinzen August von Preussen angespielt, dass derselbe endlich doch den Weg bis zur Himmelsthür gefunden. Hier liess ihn St. Peter längere Zeit warten. Als der Prinz darüber etwas ungehalten wurde, erwiderte der Fels der Kirche: „Kgl. Hoheit, es ging beim besten Willen nicht eher!“ „Warum denn nicht?“ murrte der Prinz. „Halten zu Gnaden,“ antwortete Petrus, „ich musste doch erst die 11,000 Jungfrauen in Sicherheit bringen!“

Bücherschau.

Bericht über die neuere Litteratur zur Deutschen Landeskunde. Herausgegeben im Auftrage der Zentral-Kommission für wissenschaftliche Landeskunde von Deutschland von Prof. Dr. Alfred Kirchhoff und Prof. Dr. Kurt Hassert. Band I (1896—1899). Berlin, Alfred Schall, Königl. Hofbuchhandlung, 1901.

Mit dem vorliegenden Bande beginnt ein neues Unternehmen, das im Auftrage der Zentral-Kommission für wissenschaftliche Landeskunde ins Werk gesetzt ist und von Prof. Kirchhoff in Halle und Prof. Hassert in Tübingen geleitet wird. Es handelt sich darum, die zahlreiche neue Litteratur über deutsche Landeskunde zu sammeln, nach den einzelnen Zweigen zu sichten und die Veröffentlichungen ihrem Inhalte nach in kurzen Zügen zu kennzeichnen. Die Zentral-Kommission hat es seit ihrer Begründung im Jahre 1881 stets als eine ihrer Hauptaufgaben angesehen, die Fülle der seit Jahrhunderten aufgehäuften und überall zerstreuten Litteratur zur deutschen Landeskunde in Titelrepertorien zu sammeln und zu sichten, und ausser einer Reihe von Bibliographien zur Landeskunde Mitteleuropas ist die umfassende „Bibliotheca Geographica Germaniae" von Dr. G. E. Richter ein Ergebnis dieser von der Kommission gegebenen Anregung. Nun soll auch die zeitgenössische Litteratur gesammlt und besprochen werden, und der Anfang dieses Unternehmens liegt in dem 1. Bande vor. Neben grösseren Werken umfassenden Inhalts sind auch kleinere Broschüren örtlichen Charakters und die bezüglichen Aufsätze in Vereinsschriften berücksichtigt worden und so der gesamten Welt Materialien zugänglich gemacht, die sonst nur für einen kleinen Kreis von Interessenten verwendbar geblieben wären. Die Veröffentlichungen der „Brandenburgia", für die der Unterzeichnete die Referate übernommen hat, sind gleichfalls berücksichtigt und die Aufsätze und Notizen aufgenommen worden, die für die deutsche Landes- und Volkskunde von Bedeutung sind.

Was den Inhalt des vorliegenden Bandes betrifft, so sind die 952 Arbeiten, die darin besprochen sind, auf 55 Kapitel verteilt. Es würde zu weit führen, sämtliche Abschnitte hier anzuführen, es seien deshalb die hauptsächlichsten hervorgehoben. Die ersten Kapitel enthalten bibliographische, statistische und topographische Werke, dann folgen geologische, meteorologische und allgemein landeskundliche Werke und diesen schliessen sich solche über die Wasserverhältnisse, Pflanzenwelt und Tiergeographie an. In einem besonderen Kapitel sind Schriften über die deutschen Küsten und Inseln, in einem anderen die landeskundlichen Gesamtdarstellungen natürlicher deutscher Landschaften und in den folgenden Abschnitten Reisebeschreibungen, Kartenwerke, anthropologische und prähistorische Schriften und Werke über Siedlungs-, Orts- und Familiengeschichte zusammengestellt. Den kulturgeschichtlichen und volkswirtschaftlichen Werken, soweit sie sich auf die Landeskunde beziehen, sind mehrere Abschnitte gewidmet und in den letzten Kapiteln werden Verkehrswesen, Geographie der einzelnen Staaten und verschiedene Zweige der Volkskunde behandelt. Aus dieser kurzen Übersicht wird man schon ersehen, wie reichhaltig das Material ist, das die Mitarbeiter hier zusammengetragen haben, und da der Bericht, wie in dem Vorwort bemerkt wird, dennoch mannigfache Lücken aufweist, so kann man ermessen, wie umfangreich die neuere Litteratur zur deutschen Landeskunde ist.

Die Aneinanderreihung der Besprechungen erfolgte in der Hauptsache nach geographischen Gesichtspunkten, und zwar in der Reihenfolge: Süddeutschland, Mitteldeutschland und Norddeutschland. Für die Mark Brandenburg sind im Verhältnis zu den anderen Landschaften nur wenige Arbeiten verzeichnet, was wohl seinen Grund darin hat, dass auf dem Gebiet der brandenburgischen Landeskunde wenig veröffentlicht worden ist. Jedenfalls wäre es sehr wünschenswert, wenn von Seiten der Mitglieder der „Brandenburgia" dem Unterzeichneten das einschlägige Material zugänglich gemacht würde, damit die nächsten Bände des „Berichts über die neuere Litteratur zur deutschen Landeskunde" in diesem Punkt etwas reichhaltiger ausgestattet werden können.

Charlottenburg, im Dezember 1901. Dr. Gustav Albrecht.

Fragekasten.

Micke heisst in der Mark auch der Gabelzweig (vergl. Brandenburgia 1896. 149). Ich habe Micke, allerdings nur vereinzelt, auch anwenden hören in der Nutheniederung als Bezeichnung für eine Wegegabelung, wo ein Weg sich gabelförmig (d. h. wie ein Gabelzweig) in zwei Wege teilte. Vgl. Brdb. X. S. 218. Ebenso Gewehrmücke. W. v. Schulenburg.

A. W. **An welchem Denkmal ist die Bezeichnung Kaiser Wilhelm der Grosse zum ersten Male angebracht?** Im August 1896 beschloss der Provinzial-Ausschuss für Westfalen, dass die Inschrift auf dem westfälischen Kaiser-Denkmal lauten solle: „Wilhelm dem Grossen. Die Provinz Westfalen". M. W. ist dies das erste Denkmal mit dem ehrenden Zusatze, welcher seither durch einen Allerhöchsten Erlass als amtlich geworden erscheint. F.

M. N. **Woher stammt das Wort Khaki** (Farbe der Uniformen unserer Chinakämpfer pp.)? Das Wort „Khaki" bedeutet „staubfarbig".

Dr. Herbert Jansen schreibt im Globus: Khak, worin das „Kh“ wie deutsches „ch“ in „Rache“ gesprochen wird, ist ein persisches Wort und heisst „Staub“. Das davon gebildete persische Adjektiv Khaki (chaki) heisse „staub-, erdfarbig“. Beide Wörter gehören auch, als persische Lehnwörter, zum Sprachschatze des nordindischen Hauptidioms, des Hindustani oder Urdu. Die von den Engländern erprobte Erdfarbe der Soldatenkleidung wurde von den einheimischen Soldaten Nordindiens mit dem entsprechenden Worte „Khaki“ bezeichnet; selbstverständlich kann dieses nur die Farbe bedeuten. Irrigerweise wird die Farbe-Bezeichnung mitunter auch auf den Stoff übertragen.

Frl. W. Die Frage über die Einheitlichkeit sämtlicher Menschenrassen, wird von Alexander von Humboldt, wie Sie richtig vermuten, bejaht. Es heisst im „Kosmos“: „Indem wir die Einheit des Menschengeschlechtes behaupten, widerstreben wir auch jener unerfreulichen Annahme von höheren und niederen Menschenrassen. Es giebt bildsamere, höher gebildete, durch geistige Kultur veredelte, aber keine edelere Volksstämme. Alle sind gleichmässig zur Freiheit bestimmt.“ — An derselben Stelle führt dieser Gelehrte die Worte seines edlen Bruders, Wilhelm von Humboldt, an: „Wenn wir eine Idee bezeichnen wollen, die durch die ganze Geschichte hindurch in immer mehr erweiterter Geltung sichtbar ist, wenn irgend eine die vielfach bestrittene, aber noch vielfacher missverstandene Vervollkommnung des ganzen Geschlechtes beweist, so ist es die Idee der Menschlichkeit: das Bestreben, die Grenzen aufzuheben, welche Vorurteile und einseitige Ansichten aller Art feindselig zwischen die Menschen gestellt haben, und die gesamte Menschheit, ohne Rücksicht auf Religion, Nation und Farbe, als Einen grossen, nahe verbrüderten Stamm, als ein zur Erreichung Eines Zweckes, der freien Entwickelung innerlicher Kraft, bestehendes Ganze zu behandeln. Es ist dies das letzte, äusserste Ziel der Geselligkeit, und zugleich die durch seine Natur selbst in ihn gelegte Richtung des Menschen auf unbestimmte Erweiterung seines Daseins. Er sieht den Boden, so weit er sich ausdehnt, den Himmel, so weit er von Gestirnen umflammt wird, als innerlich sein, als ihm zur Betrachtung und Wirksamkeit gegeben an.“ Der naturwissenschaftliche Beweis, dass die verschiedenen Menschenrassen auf Einen Ahnen zu beziehen, ist aber bis jetzt in keiner Weise geliefert. Es fehlt zur Zeit noch, abgesehen von dem dem Tertiär Javas angehörigen Pithecanthropus erectus Dubois, dessen Stellung einerseits zu den eigentlichen Affen andrerseits zum Urmenschen augenblicklich unter den kompetenten Anatomen und Anthropologen noch durchaus strittig ist, an zweifellosen phylogenetischen Bindegliedern zwischen dem unleugbar vorhandenen älteren Diluvial-Menschen und einem vorläufig noch hypothetischen Jung-Tertiär-Menschen. Dass im Tertiär Europas (z. B. Frankreichs) anscheinend von Menschenhand bearbeitete Stämme gefunden sein sollen, ist bekannt; ebenso bekannt aber auch, dass Skeptiker hier teils die menschliche Bearbeitung, teils die Zugehörigkeit der fraglichen Fundstücke zum Tertiär leugnen. Freilich sind seither Jahrzehnte ins Land gegangen und die Kenntnisse der palaeolithischen Spuren des Menschen inzwischen vertieft worden, so dass es gerecht und zweckmässig wäre, die fraglichen Gegenstände nochmals einer internationalen Gelehrtenjury vorzulegen.

Alles dies ändert aber wenigstens vor der Hand nichts an den wahrhaft erhabenen und tröstlichen Ideen, welche die edelen Gebrüder Alexander und Wilhelm von Humboldt über die Gleichberechtigung aller Menschen, ohne Rücksicht auf Herkunft und Farbe, in so köstlicher Sprache zum Ausdruck gebracht haben.

Wilhelm von Humboldt als Sprachforscher und Staatsmann äussert sich bei der gleichen Gelegenheit bezüglich des weitern Fortschritts des Menschen wie folgt:

„So wie die Sprache das Mittel zur Verständigung der Menschen ist, so ist der Staat das Mittel zu ihrer gesellschaftlichen Verbindung. Der Staat, die künstliche Verbindung der Menschen, und ihre natürlichen Fähigkeiten: diese beiden Dinge machen in ihrer Vereinigung die Grundlage der Geschichte aus."

Hier haken allerdings die Gegner der milden Auffassung der Gleichwertigkeit und Gleichartigkeit der Rassen ein, indem sie darauf hinweisen, dass, weil viele Stämme (z. B. die Australneger) es bis zur Gegenwart noch zu keiner Vereinigung, welche sich entfernt mit einem Staatsgebilde vergleichen lässt, gebracht haben, dies minderwertige Rassen sein müssen, die unmöglich auf einen gemeinsamen Stammvater z. B. mit den arischen und semitischen Rassen zurückgehen können. E. Fr.

Dr. F. Fr. Wann das Wort „Spreeathen" zuerst aufgekommen ist? — Im Sammelkasten des Märkischen Museums „die Namen Berlin und Kölln" schreibt Dr. Otto Weddigen, Gymnasial-Oberlehrer a. D. d. d. Charlottenburg, den 24. Juni 1897, an den Unterzeichneten: „er möchte besonders gern darauf hinweisen, dass von Dr. P. F. Weddigen (1758—1809) allein und zuerst das geflügelte Wort Spreeathen für Berlin herstammt." — Dem widersprechen Georg Büchmann und Walter Robert-Tornow in den „Geflügelten Worten". Dort heisst es: „Als Bezeichnung Berlins findet sich „Spree-Athen" wohl zuerst in dem Gedichte des Erdmann Wircker zu Friedrichs I. Lobe. „An seiner Königl. Majestät in Preussen im Nahmen eines andern", worin es heisst:

„Die Fürsten wollen selbst in Deine Schule gehn.
Drumb hastu auch für Sie ein Spree-Athen gebauet".

(In dem Buche „Märkische neun Musen, welche sich unter dem allergrossmächtigsten Schutz Sr. koenigl Majestät in Preussen als Ihres allergnädigsten Erhalters und andern Jupiters bey glücklichen Anfang Ihres Jubel-Jahres auff dem Franckfurtischen Helicon frohlockend aufgestellet." Erste Assemblée verlegts Johann Völcker 1706. S. 59). — E. Fr.

Für die Redaktion: Dr. Eduard Zache, Cüstriner Platz 9. — Die Einsender haben den sachlichen Inhalt ihrer Mitteilungen zu vertreten.
Druck von P. Stankiewicz' Buchdruckerei, Berlin, Bernburgerstrasse 14.

16. (6. ordentliche) Versammlung des X. Vereinsjahres.

Mittwoch, den 11. Dezember 1901, abends 7½ Uhr
im Bürgersaale des Rathauses.

Vorsitzender: Herr Geheime Regierungsrat Ernst Friedel. Von demselben rühren die Mitteilungen unter No. I bis XIX her.

I. Unser II. Vorsitzender, der Landesbaurat und der Konservator der Denkmäler der Provinz Brandenburg Herr Gustav Bluth ist uns leider am 23. v. M. durch den Tod nach kurzem Krankenlager, im 73. Lebensjahr entrissen worden. Die vielseitige Thätigkeit des Dahingeschiedenen umfasste nicht nur das Bauwesen der Provinz, sondern auch die Pflege und die Erhaltung der Bau- und Kunstdenkmäler aus früheren Jahrhunderten. In einer Provinz, welche eine so grosse Anzahl der edelsten Denkmäler des mittelalterlichen Backsteinbaus aufweist, war diese Thätigkeit von besonderer Wichtigkeit. Eine Reihe von interessanten Bauwerken des späten Mittelalters sind unter Bluths Einfluss wiederhergestellt oder erhalten worden. So namentlich die Nikolaikirche zu Brandenburg und die herrliche Klosterkirche zu Zinna bei Jüterbog, einer der schönsten Ordensbauten der ganzen Provinz. Wertvolle Wandgemälde, die unter der Tünche späterer Jahrhunderte verborgen lagen, sind unter seiner Leitung aufgedeckt worden. So in der kleinen Kirche zu Dahlem bei Berlin, die zu den ältesten Denkmälern der Malerei in unserer ganzen Gegend gehören. Die Gestalten sind im Laufe von fünf Jahrhunderten völlig schwarz geworden, doch die edle Zeichnung der Köpfe deutet auf einen wackeren Meister der frühgotischen Malerschule. Auch die Freilegung der Wandgemälde in der Kirche zu Quartschen ist der Anregung des Dahingeschiedenen zu verdanken. Unter den übrigen Bauwerken, deren Erhaltung wesentlich sein Verdienst ist, befanden sich die schönen alten Thore und Stadtmauern von Bernau, Schwedt a. O., Königsberg i. d. Mark und Mittenwalde, ferner die Kirche zu Niederwerbig, der aus prähistorischer Zeit

26

stammende Schlossberg von Burg bei Vetschau, das Königsgrab zu Seddin und das Denkmal des Grossen Kurfürsten in Rathenow u. s. f. Die auch in unseren Monatsblättern regelmässig abgedruckten Jahresberichte über die konservatorischen Leistungen des Verstorbenen legen von seiner ebenso rastlosen wie erspriesslichen Thätigkeit vollgiltiges Zeugnis ab. Von Hause aus war Bluth für ganz andere Aufgaben vorbereitet. Nachdem er seine Studien an der Berliner Bauakademie absolviert hatte, war er fast ausschliesslich bei Ingenieurbauten beschäftigt und in dieser lediglich praktischen Thätigkeit im preussischen Staatsdienst zum Regierungs- und Baurat aufgerückt. Hafenbauten in Wilhelmshaven, die Landes-Irrenanstalt in Neu-Ruppin und Wegebauten gehören zu den hauptsächlichsten Aufgaben aus dieser Zeit seiner Thätigkeit. Da Bluth das Amt des Provinzialkonservators nur im Nebenamt inne hatte, so musste er es sich versagen, manche umfangreicheren Arbeiten, wie z. B. die dringend notwendige Verbesserung des gedruckten Inventars der Bau- und Kunstdenkmäler der Provinz Brandenburg in die Hand zu nehmen. Jedenfalls hat Bluth auch unter diesen schwierigen Verhältnissen eine ausserordentlich vielseitige segensreiche Thätigkeit entfaltet und die Provinz wird der rastlosen selbstlosen Thätigkeit des Verstorbenen ein ehrendes Andenken bewahren Unsere Brandenburgia, welcher Gustav Bluth seit ihrer Begründung zunächst als Obmann-Stellvertreter, dann als Obmann, zuletzt als II. Vorsitzender angehört hat, verliert in dem Verstorbenen ein treues pflichteifriges Mitglied, welches sich die Förderung der Gesellschaftsangelegenheiten stets angelegen sein liess.

Die Brandenburgia hatte zur Beerdigung eine Deputation mit einem Kranz entsendet. Der Vorstand hat ausserdem an die Hinterbliebenen ein Beileidsschreiben gerichtet.

Der Entschlafene ruht auf dem alten Zwölfapostel-Kirchhof, Kolonnenstrasse, Schöneberg.

Gustav Bluths Gedächtnis wird stets bei uns in Ehren gehalten bleiben.

Ein entsprechendes Brustbild Gustav Bluths begleitet einen Artikel den P(eter) W(allé) im Centralblatt der Bauverwaltung, Berlin 30. November 1901, S. 583 unter dem Titel „Provinzial-Konservator Geheimer Baurat Gustav Bluth †“ veröffentlicht hat.

(Die Versammlung erhebt sich zur Ehrung des Verstorbenen von den Sitzen.)

II. Das zehnjährige Jubiläum der Brandenburgia im Jahre 1902. — Die Feier desselben ist nach den Vorschlägen der beiden vorberatenden Ausschüsse wie folgt gedacht.

Die gesellige Feier findet am Freitag, den 21. Juli 1902 abends in den Räumen der Schlaraffia am Enckeplatz statt. Vorsitzender des

Fest-Ausschusses ist, wie in früheren Jahren, Herr Grubenbesitzer Franz Körner, Stellvertreter Herr Hofjuwelier Telge und unser II. Schriftwart, Herr Dr. Otto Pniower.

Die wissenschaftliche Feier findet im April 1902 statt. Das Programm ist etwa wie folgt gedacht. Ansprache seitens des I. Vorsitzenden, Einzelberichte über die Hauptgruppen der Volkskunde, ihre bisherigen Leistungen in der Brandenburgia und ihre Aufgaben für die Zukunft (Naturkunde, Vorgeschichte, Geschichte, Volkskunde). Dann berichtet Herr Professor Friedr. Wagner über den Plan und die Ausführung des grossen Sammelwerks Heimatkunde der Provinz Brandenburg. Als wissenschaftliche Arbeiten hierzu sind zwei Hefte des Archivs gedacht, erstes Heft die eigentliche Festschrift enthaltend (die vorgedachten Berichte und ein ausgearbeitetes Programm der brandenburgischen Heimatkunde) zweites Heft literarische Festbeigaben (einzelne Aufsätze von Mitgliedern und Freunden der Brandenburgia). Vorstand und Ausschuss werden diesbezüglich das Weitere festsetzen.

III. Der Verwaltungsbericht über das Märkische Provinzial-Museum für das Etatsjahr 1900 wird herumgereicht und auf Wunsch ausgeteilt. Ich mache auf folgende Abschnitte daraus aufmerksam.

VI. Wissenschaftliche und gemeinnützige Thätigkeit.

Die dem Museum nach der wissenschaftlichen Seite und in Bezug auf die Propaganda obliegenden Aufgaben sind in der üblichen, hier schon oft beschriebenen Weise erfüllt worden. Die wissenschaftliche Registratur (Archiv und Sammelkästen) erhielt erheblichen Zuwachs. Die vorhandenen Übersichten wurden entsprechend der neu erschienenen Litteratur ergänzt, unvermeidliche Lücken durch erneute Ausnutzung der älteren ausgefüllt. Diese Übersichten dienen dem Zwecke, uns in den Stand zu setzen, Anfragen, die aus dem Publikum heraus an das Museum gerichtet werden, zu beantworten und gewähren bei den eigenen Forschungen die erste Orientierung. Für jenen Zweck wurde das Museum auch im vergangenen Jahre wiederholt in Anspruch genommen. Ebenso sind unsere Sammlungen von verschiedenen Schriftstellern und Gelehrten für ihre Bestrebungen vielfach benutzt worden, wie auch Verleger, Handwerker, Künstler, Fabrikanten von ihnen oft Gebrauch gemacht haben.

Von den Veröffentlichungen, die aus dem Museum hervorgingen, nennen wir folgende grössere:

Die nachträglich erschienene Festschrift zum fünfundzwanzigjährigen Bestehen des Museums, die unter Beigabe zahlreicher Abbildungen eine Geschichte des Institutes in der abgelaufenen Zeit bietet und als Anhang eine Abhandlung über das Königsgrab von Seddin, Kreis Westprignitz enthält.

Aus dem Gebiet der Vorgeschichte: „Prähistorische Bronzefunde aus der Mark Brandenburg" (Nachrichten über deutsche Altertumsfunde). „Vor-

26*

geschichtliche Altertümer aus dem Nachlasse Adalberts von Chamisso" (Brandenburgia).

Aus dem Gebiet der Kulturgeschichte: „Das Antependium der St. Gotthards-Kirche in Brandenburg a. H." (Brandenburgia). „Hauswirtschaftliche Geräte des frühen Mittelalters der Provinz Brandenburg" (ebenda). „Geschichte des Berliner Rathauses" (ebenda). „Theodor Fontanes Grete Minde" (ebenda).

VII. Pflegschaftsfahrten in die Provinz.

Auch in diesem Jahre wurden wieder zahlreiche Pflegschaftsfahrten in das äussere Weichbild von Berlin und in die Provinz unternommen zu dem Zwecke, um durch persönliche Thätigkeit an Ort und Stelle die Bereicherung der Museums-Sammlungen zu fördern und durch wissenschaftliche Aufnahmen das für uns notwendige landeskundliche Material zu vermehren. Zugleich wurden sie zur Einwirkung auf die Bewohner benutzt, um deren Interesse für die Altertumskunde anzuregen und Zuwendungen an das Museum zu veranlassen.

Die Ausflüge, die teils vom Direktions-Vorsitzenden unter Zuziehung einzelner Pflegschaftsmitglieder und Freunde des Museums, teils im Anschluss an Exkursionen der „Brandenburgia", meistens an Sonn- und Feiertagen, veranstaltet wurden, waren gerichtet nach: Brück, Rottstock, Gömnick, Kr. Zauch-Belzig; Dehm-See bei Berkenbrück, Kr. Lebus; Finkenkrug, Brieselang, Nauen, Kr. Osthavelland; Freienwalde a. O., Falkenberg, Hohenfinow, Kr. Oberbarnim; Jüterbog, Kr. Jüterbog-Luckenwalde; Kalkberge Rüdersdorf, Kr. Niederbarnim; Liepnitz-Werder und Bernau, Kr. Niederbarnim; Lunow und Stolzenhagen, Kr. Angermünde; Mittenwalde, Kr. Teltow; Neu-Strelitz; Pankow und Niederschönhausen, Kr. Niederbarnim; Pfaueninsel, Moorlake, Neu-Glinicke, Babelsberg, Kr. Teltow; Strausberg und Stienitzsee, Kr. Oberbarnim; Tegel, Niederbarnim; Tiefensee, Blumenthal und Sternebeck, Kr. Oberbarnim.

IX. Wappenscheiben.

Das Museum hat sich schon seit 15 Jahren angelegen sein lassen, eine Sammlung aller in Berlin und in der Provinz Brandenburg geführter Wappenzeichen, auf Glas farbig gemalt und eingebrannt, herzustellen, um sie, zu Fenstern zusammengestellt, dem Publikum bequem vor Augen zu führen. Da die Kosten der Selbstbeschaffung doch sehr gross geworden wären, so wurde den wappenführenden Körperschaften und Personen die Stiftung der Wappenscheiben anheimgestellt und der gleichmässigen und billigen Herstellung wegen mit einem Glasmaler die Herstellung für den Preis von 10 Mk. für die Scheibe vereinbart. In Betracht kamen die Städte die Adelsfamilien, bürgerliche Familien, die Innungen, die studentischen Vereinigungen und einige wissenschaftliche und Kunstvereine. Die Sammlung ist schon jetzt über Erwarten gross geworden; sie wird, abgesehen von ihrem eigentlichen Wert, zugleich eine kunstvolle Ausstattung der Fenster in dem neu zu errichtenden Museumsgebäude ermöglichen.

In diesem Jahre sind hinzugekommen:

1 Adelsfamilie: von Einem (Britz, Tempelhof), 3 bürgerliche Familien, 3 studentische Vereinigungen: „Normannia", Landsmannschaft, Universität; „Wingolf", Verbindung, Universität; „Wingolf", Verbindung, Technische Hochschule, 1 Verein: Arends'scher Stenographen-Verein „Merkur", so dass die Sammlung gegenwärtig die Wappen von 140 Städten (mehrere mit 2 Wappen), 225 adeligen Familien, 3 bürgerlichen Familien, 51 studentischen Vereinigungen, 55 Berliner Gewerken und 5 wissenschaftlichen Vereinen enthält.

X. Ansichten älterer Bauwerke und Strassenzüge Berlins.

Die Verwaltung war auch in diesem Jahre bemüht, bemerkenswerte ältere Häuser und Strassenpartien, die einer Veränderung entgegensehen, im Bilde fixieren zu lassen. So wurden Gebäude und Strassenfluchten der Alten Jakob- und Waisenstrasse, der Strasse Unter den Linden u. s. w. photographisch aufgenommen. Ältere Berliner Ansichten aus dem Anfang und der Mitte des 19. Jahrhunderts, Stiche und Lithographien, wurden angekauft. Auch eine Sammlung sehr interessanter Photographien, die Darstellungen von jetzt verschwundenen Häusern unserer Stadt aus den fünfziger und sechziger Jahren des 19. Jahrhunderts bieten, wurde erworben.

Verbraucht wurden von der im Etat für diese Ankäufe ausgeworfenen Summe von 1000 Mk. im Ganzen 612 Mk.

XI. Öffentliche Gedenktafeln für verdiente Männer an deren Wohnstätten.

Im Berichtsjahr wurden zwei neue Gedenktafeln auf städtische Kosten angebracht:

für den um die Vorbereitung und Einführung des Allgemeinen Preussischen Landrechts so verdienten Grosskanzler Graf von Carmer am Hause Alexanderstrasse 70 und

für den Geschichtsschreiber und Begründer der städtischen Volksbibliotheken Friedrich von Raumer am Hause Kochstrasse 67.

Eine Übersicht sämtlicher in Berlin befindlicher öffentlicher Gedenktafeln hatten wir als Anhang dem vorjährigen Verwaltungs-Bericht beigefügt. Es sind im ganzen jetzt 64, von denen 31 von der Stadtgemeinde errichtet worden sind.

XII. Die Räume.

Im letzten Bericht war unter dieser Rubrik hauptsächlich von dem Umzug die Rede, den das Museum vor seiner endgiltigen Übersiedelung in das ihm bestimmte Heim noch einmal durchzumachen hatte. Die Arbeiten der Neuaufstellung nahmen ein ganzes Jahr in Anspruch Erst am 15. November 1900 konnten die Säle der kulturgeschichtlichen Abteilung, in denen die der historischen Zeit angehörigen Gegenstände untergebracht sind, dem Publikum zugänglich gemacht werden. Im März 1901 wurde der grosse Saal, in dem die prähistorischen Altertümer zur Schau gebracht sind, für den Besuch geöffnet. Die Aufstellung der naturwissenschaftlichen Objekte harrt noch der Vollendung.

Die Aufstellung ist den Räumen thunlichst angepasst worden, doch konnten wegen ihrer Unzulänglichkeit nur ausgewählte Gegenstände zur Schau gebracht werden, während die grosse Masse in Nebenräumen, die dem Publikum nicht zugänglich sein können, magaziniert wurde. Immerhin erweist es sich als vorteilhaft für den Besucher, dass es bei der grösseren Zimmerzahl möglich war, die Haupt-Abteilungen und Gruppen der Sammlungen von einander getrennt zur Ansicht zu bringen und so die Übersicht zu erleichtern. Diese Gruppenteilung wird zugleich der künftigen endgiltigen Aufstellung im neuen Museumsgebäude den Rahmen geben.

Der Museums-Neubau, bei dem die Fundamentierung des grossen Turms die meisten Schwierigkeiten bereitet hat, macht nunmehr schnellere Fortschritte. Der Turm ist bereits ca. 60 m hoch im Rohbau ausgeführt, daneben das Erdgeschoss der Verwaltungsräume, der Vorhalle und einer grossen Ausstellungshalle; die übrigen Teile sind nur in den Fundamenten fertig.

Abgeschlossen habe ich diesen Bericht am 1. September 1901. Bei den Pflegschaftsfahrten ist allemal eine erhebliche Anzahl von Mitgliedern der Brandenburgia beteiligt gewesen, wie denn überhaupt bisher alle diese Forschungsreisen der letztern stets unmittelbar genützt haben.

IV. Eine erfreuliche Nachricht gelangt an uns aus Küstrin. Daselbst hat sich vor einiger Zeit ein Verein für die Geschichte Küstrins gebildet, um die Erforschung der Geschichte der Stadt und Festung zu fördern. Dazu sollen öffentliche Vorträge, Besprechungen über geschichtliche Fragen, das Anbringen von Gedenktafeln und eine Sammlung von Gegenständen aller Art, die sich auf die Vergangenheit der Stadt beziehen, dienen. Mit dieser Sammlung ist bereits der Anfang gemacht. Herr Hauptmann Noël hat eine Zahl von Gegenständen, die besonders an Friedrich den Grossen erinnern, zusammengebracht. Zur Unterbringung dieser Sammlung ist von der Militärbehörde in der Schlosskaserne ein Raum überlassen worden, der den Namen „Friedrichszimmer“ führt.

Der Verein sieht sich als Ortsgruppe des Neumärkischen Geschichtsvereins an und will die Geschäfte einer solchen Gruppe besorgen. Der Jahresbeitrag ist auf 2 Mk. festgesetzt.

Der Vorstand besteht aus den Herren: Oberlehrer Dr. Berg Rechtsanwalt Kyritz, Hauptmann Noël, Mittelschullehrer Schimming und Archidiakonus Troschke. (Der Verein für die Geschichte Berlins hat gelegentlich der Wanderfahrt am 20. und 21. August 1892 nach Tamsel und am 18. Juli 1897 nach Sonnenburg die geschichtlichen Denkmäler Küstrins in Augenschein genommen.

V. Schriften des V. Internationalen Zoologen-Kongresses zu Berlin, 12. bis 16. August 1901. Ich lege von den Veröffentlichungen vor:

a) Mitteilungen über Naturwissenschaftliche Anstalten Berlins für die Mitglieder des V. Intern. Zoologen-Kongresses. 71 S. Bl. 8. — 26 dergl. öffentliche Institute beschreibend.

b) Tageblatt des V. Internationalen Zoologen-Kongresses Berlin, 12. bis 16. August 1901. Herausgegeben vom Bureau des Kongresses. 30 S. fol. Kurze Berichte über die höchst mannigfaltigen Verhandlungsgegenstände.

Ausserdem hatten die Zoologen-Kongressmitglieder einer gastlichen Einladung nach Hamburg folgend, zum Schluss des Kongresses einen Abstecher nach dem alten Emporium an der Unterelbe gemacht, woselbst sie mit echt hanseatischer Freigiebigkeit durch eine kostbare und wissenschaftlich höchst wertvolle Festgabe überrascht wurden, deren Titel lautet: „Hamburg in naturwissenschaftlicher und medizinischer Beziehung. Den Teilnehmern der 73. Versammlung deutscher Naturforscher und Ärzte als Festgabe gewidmet.“ Mit 254 Abbildungen im Text und 5 Tafeln. XII + 616 S. fol. Hamburg. Verlag von Leopold Voss 1901. Ausser einer Einleitung über die allgemeine Topographie der Stadt Hamburg (Baumeister Melhop), den Untergrund Hamburgs (Prof. Gottsche), die Flora (Dr. A. Voigt) und die Fauna der Umgegend Hamburgs (Prof. Kraepelin), gelehrten Arbeiten, deren Behandlung sich, mutatis mutandis, auch für eine wissenschaftliche Heimatkunde als gut vorbildlich bezeichnen lässt, enthält der stattliche Band noch folgende Kapitel: das hamburgische Vorlesungswesen (mit Ausnahme von 3 philosophischen beziehentlich litteraturästhetischen Vorlesungen, alles naturwissenschaftliche Wissenszweige); die naturwissenschaftlichen Anstalten, die Krankenanstalten, öffentliche Gesundheitspflege, die ärztliche Standesvertretung, Bibliotheken und wissenschaftliche Vereine.

VI. In den Forschungen zur brandenburgischen und preussischen Geschichte. XIV. 2. Hälfte. Leipzig 1901 befindet sich ein anziehender Aufsatz von Prof. Dr. R. Fester-Erlangen: „Vorstudien zu einer Biographie der Markgräfin Wilhelmine von Bayreuth“ über die pikanteste Frauengestalt der friderizianischen Zeit, ein Charakter, der nur von einem Standpunkt abseits von gut und böse richtig erfasst werden kann. Ich lasse den Halb-Band zur Kenntnisnahme zirkulieren.

VII. Berliner geschriebene Zeitungen aus den Jahren 1713 bis 1717 und 1735. Ein Beitrag zur preussischen Geschichte unter König Friedrich Wilhelm I. Herausgegeben von Dr. Ernst Friedländer, Geh. Archivrat.“ Berlin 1902. Schriften des Vereins für die Geschichte Berlins. Heft XXXVIII. Ein stattlicher Band von XIX + 721 S. gr. 8 S. IV: „Das vorliegende Buch besteht aus einer grossen fortlaufenden Reihe geschriebener Zeitungen aus Berlin. Es sind Berichte, die zwei im Solde des Fürsten Georg Albrecht von Ostfriesland stehende Korrespondenten wöchentlich einmal an den Auricher Hof lieferten. Sie schrieben, was ihnen zu Ohren kam, was sie selbst sahen und was sie aus fremden Zeitungen erfuhren."

Es sind das also nicht Zeitungen in unserm Sinne, sondern politische Geheimberichte, wie sie die diplomatischen Geheimagenten an den Höfen noch jetzt in nicht unähnlicher Manier, mitunter chiffriert, verfassen.

Die geschriebenen Zeitungen enthalten selbstredend, neben guten Weizenkörnern vorwiegend Spreu. Man nannte solche Berichte damals nicht mit Unrecht „Fischmarktzeitungen". Der Herausgeber bemerkt dazu S. XIV. „Dieser eigentümliche Ausdruck für Klatsch oder Redereien ist nicht vereinzelt. Mir ist er z. B. begegnet in einem Schreiben Winterfeldts an den Geh. Kabinetsrat Eichel vom 1. Juli 1756, der sich bei Gelegenheit des Stillstandes der Rüstungen vor dem Kriege also äussert. „Hier fängt es nunmehro wieder an ruhig zu werden, und habe ich einige Beurlaubte meines Regiments, welche eingekommen, weil solche nur 12 Meilen von hier zu Hause, wieder gehen lassen; als welches hier den Fischmarcht sehr bestärkt, dass nichts aus dem Markt werden wird." — Bei Koser, die preussischen Finanzen im siebenjährigen Kriege (Forschungen u. s. w. XIII. S. 191) heisst es sogar: „Anjetzo zweifelt der geheime Fischmarkt nicht mehr . . . . ." Dennoch finden sich in den Zeitungen eine Menge interessanter, z. T. unsere Brandenburgia höchlichst interessierende Einzelheiten, auf die ich mir bei Gelegenheit zurückzukommen gestatten werde. Die Zeitungsschreiber waren Zacharias Grübel, Lizentiat der Rechte, der für 50 Thl. jährlich die Berliner nova zweimal in der Woche berichtete und Franz Hermann Ortgies, früher Hofgerichtssekretär in Hannover. Er bittet, sein Salarium auf 100 Thaler festzusetzen, „wie andere Correspondenten, und deren einige noch ein mehres allhier zu geniessen haben, zumal man occasione dessen je zuweilen eine kleine depense thun muss." Auch nicht ungefährlich war der Dienst. Man zog sich leicht Hohes, Höchstes und Allerhöchstes Missfallen zu, wie denn Friedrich Wilhelm I. dem Ortgies fünf Monat strenge Haft und Ausweisung zu teil werden liess.

Wir sind Herrn Friedländer für seine Publikation zu aufrichtigem Dank verpflichtet.

VIII. (Vorlage.) Friedrich Wagner: Die Handschriften der älteren hohenzollernschen Kurfürsten (Albrecht Achilles und Johannes). Eine Untersuchung. (Sonder-Abdruck aus dem Hohenzollern-Jahrbuch 1901, S. 55—59). Unser verehrtes Mitglied, dem wir bereits kulturgeschichtliche Mitteilungen über die letztgenannten Herrscher verdanken, überrascht uns mit der Angabe, dass gesicherte Proben der Handschrift der Kurfürsten Friedrich I. und II. nicht vorhanden und auch Autographa von Albrecht und Johann äusserst selten sind. Die betreffenden Schreibeproben sind im besten Lichtdruckverfahren kopiert beigegeben.

IX. (Vorlage.) Friedrich Wagner: Das Turnier zu Ruppin 1512 (ebendas. S. 99—119. Unsere Mitglieder erinnern sich noch des schönen, dieses Thema behandelnden Vortrags, der uns in der Brandenburgia am 19. Dezember 1900 gehalten wurde. Zu einer Abhandlung ausgestaltet und mit zahlreichen Bildern, zum Teil aus des berühmten Georg Rixners Turnierbuch (Anfang, ursprung und herkomen des Thurnirs in deutscher nation u. s. w. 1530) geschmückt. Je seltener Beschreibungen über dergleichen ritterliche Spiele und Lustbarkeiten in unserer Mark sich erhalten haben, um so dankbarer müssen wir dem Verfasser für die Gründlichkeit und Anschaulichkeit danken, mit der er uns das Turnier schildert. Er schliesst mit den Worten: „Jedenfalls war aber nun der Beweis geliefert, dass die Bemühungen der zollernschen Kurfürsten von Friedrich II. an, ihren märkischen Adel dem bayerischen, schwäbischen, rheinischen und fränkischen in ritterlicher Sitte ebenbürtig zu machen, zum Abschluss gediehen waren. Kamen dann auch die brandenburgischen Edelleute in geistiger Ausbildung ihren deutschen Standesgenossen gleich — und wesentlich zu diesem Zwecke war doch 1506 die Universität Frankfurt angelegt worden — so war eine grossartige Arbeit fürstlicher Mühen zum Segen der Heimat vollendet."

X. Stammtafel der Kurfürsten von Brandenburg,*) der Markgrafen von Ansbach und Bayreuth und der Herzöge in Preussen. Entworfen von Georg Schuster. U. M. Staatsarchivar Dr. Schuster giebt uns hier eine bequeme Übersicht zum Nachforschen in der Genealogie. Um so dankbarer, als wegen der vielfachen Gleichartigkeit der Vornamen und der verschiedenen Stammeslinien Verwechslungen leicht möglich sind. (Ebendaselbst Jahrbuch 1901.)

XI. Georg Schuster: Eine brandenburgische Prinzessin auf dem siebenbürgischen Fürstenthrone. (A. a. O. S. 121—136.) Im September 1625 warb Fürst Gabriel Bethlen von Siebenbürgen, der standhafte Verfechter des Christentums und der evangelischen Lehre in der fernsten Ostmark, um die Hand der am 28. Mai 1602 zu Königsberg i. Pr. gebornen Markgräfin Katharina von Bran-

*) Also bis Friedrich III. Über seine königliche Nachkommenschaft s. Hohenz. Jahrb. 1900. S. 12.

denburg. Am 22. Januar 1626 wurde die Fürstin dem ungarischen Magnaten Georg Racoczy per procurationem angetraut und am 26. die gefahrvolle Reise gen Morgen angetreten. Der bekannte streitbare Oberstleutnant Konrad von Burgsdorf eskortierte den abenteuerlichen Zug, der 6 Tage nach der festgesetzten Zeit, wegen allerhand Hindernisse auf den unwirtlichen Pässen und Landstrassen verzögert, in Kaschau eintraf. Ein Festmahl, bei dem es nicht ohne die damals beliebten Rangstreitigkeiten abging und dessen 80 seltsam zugerichtete Gänge meist aus „Sauerkraut, Rindfleisch und Ferklein" bestanden, beschloss der Tag. Dazu wurde damals und später so fleissig gestohlen, dass die brandenburgischen Gesandten allmählich fast ihr sämtliches Silbergerät einbüssten. Dass die brandenburgischen Magen bei der halbbarbarischen Kost nicht auf ihre Rechnung kamen, zeigt der Bericht eines der Mitreisenden. Die vorgesetzten Speisen seien meist „grob und schlecht", die Weine „trübe und böse" gewesen. So erging es — trübe und böse — auch der Fürstin von der Vermählung am 2. März 1626 ab. Sie vermochte sich in die orientalischen Gepflogenheiten ihres durchaus nicht bösartigen aber herrischen und jähzornigen Gemahls nicht zu finden. Ihre Begleitung entsetzte sich über die fremdartige Kleidung und Aufführung der Ungarn und diese machten unverhohlen ihre Glossen über die spanische Tracht der brandenburgischen Damen und Herren und über deren Benehmen.

Als Bethlen seine Augen am 15. November 1629 geschlossen hatte, ging die Leidensgeschichte der Witwe erst recht an. Um seiner hilflosen Schwester beizustehen, schickte Georg Wilhelm mehre seiner Räte zu ihr. Mit Erstaunen hörten diese, dass die Fürstin im hohen Masse unbeliebt, übrigens zum Katholizismus übergetreten sei. Nach einem unstäten Leben finden wir im Jahre 1638 die Fürstin in Wien, woselbst sie mit einem ziemlich anrüchigen Konvertiten, dem acht Jahr ältern Herzog Franz Karl von Lauenburg sich vermählte. Am 9. Februar 1644 verschied die Herzogin und ward in der Kirche zu Lauenburg beigesetzt.

So unerquicklich die Darstellung dieser Ehe ist, so hoch interessant sind die geschilderten Einzelheiten, da sie die Unterschiede in die Lebensauffassung und Lebensweise zwischen unserm brandenburgischen Norden und dem halb barbarischen fernen Osten scharf hervorheben. Die hier geschilderten Vorgänge würden für einen Roman nur wenig Zuthaten mehr bedürfen.

XII. Die Sammlung unserer provinziellen Kalender, über welche letztere ich zu Ihnen wiederholt gesprochen habe, kann ich heute aus der Niederlausitz vermehren. Ich lege den Sorauer Kalender auf das Gemeinjahr 1902 und den Sorauer Wirtschafts- und Historien-Kalender auf das Jahr 1902 vor. Beide Kalender erscheinen im 84. Jahrgang, was für die Beliebtheit und die Weitverbreitung dieser Schriften spricht, welche von der rühmlich bekannten Firma Rauert & Pittius, G. m. b. H. gedruckt und verlegt werden. Besonders hebe ich den letztgedachten Kalender hervor, welcher neben vier Gratisbeilagen für den ungemein billigen Preis von 50 Pf. auch eine Reihe kleinerer geschichtlicher Aufsätze und Mitteilungen bietet. Wir möchten den Verlag bitten, diesen belehrenden Teil immermehr besonders auch auf Schilderungen der Niederlausitz auszudehnen.

XIII. Robert Mielke: Die kirchlichen Wehrtürme im nordwestlichen Brandenburg. Im „Burgwart". Zeitschrift für Burgenkunde und mittelalterliche Baukunst. Organ der Vereinigung zur Erhaltung deutscher Burgen. III. Jahrg. No. 3. Dezember 1901.

U. M. bewegt sich im West- und Osthavelland und in den beiden Prignitzen. Es haben sich dort Dorfkirchen mit zur Verteidigung eingerichteten Türmen erhalten, ähnlich wie der berühmte Kirchturm von Meldorf, der bei der heldenhaften Verteidigung der Dithmarschen Bauern eine so grosse Rolle gespielt hat. Die alten Feldsteinkirchen der vorgedachten Landstriche, sind nach M. noch im 12. Jahrhundert entstanden.

Verf. bespricht, zunächst den merkwürdigen Kirchturm des Doppeldorfs Hohennauen bei Rathenow, der den Übergang nach dem Ländchen Rhinow deckte. Der gevièrtförmige Turm mit 9,20 m langen und 1,20 m dicken Mauern ist romanisch, die Schartenfenster sind hoch oben. Es scheint sich um den Rest einer Burganlage zu handeln und ist mit dem davon übrig gebliebenen Turm die jetzige erst im 16. Jahrhundert erbaute Kirche verbunden. Besichtigt von der Pflegschaft des Märkischen Museums am 29. September 1901. Zu den eigentlichen Wehrkirchen aus Feldstein gehört die von Kuhsdorf bei Pritzwalk (13. Jahrhundert), besichtigt vom Märkischen Museum am 29. September 1901. Von diesem Turm sowie von dem Westturm der 1250 geweihten Kirche zu Zernitz bei Neustadt an der Dosse, von Demanthin bei Kyritz und von Schweinrich bei Wittstock an der Dosse giebt M. die Grundrisse.

XIV. Michael Kohlhaas. Aus einer alten Chronik von Heinrich von Kleist. Verlag von Fischer, Berlin 1902. In eleganter bequemer Taschen-Ausgabe bringt uns hier unser II. Schriftwart Dr. Otto Pniower eine Textrevision der klassischen Novelle Kleists, die er in der Sitzung am 30. Oktober d. J. S. 314—337 ausführlich besprach. Die Einleitung dazu giebt unser berühmter Literarhistoriker Erich Schmidt. Diese „Pantheon-Ausgabe*) ist mit

*) In derselben Ausstattung, als würdigen Anfang, hat Dr. Pniower auch den Goetheschen Faust, I. Teil, mit Textrevision, Einleitung und Erläuterungen herausgegeben. Bei der sehr vornehmen Ausstattung ist der Preis von 2 Mark für die Pantheon-Bücher ein billiger zu nennen.

einem fesselnden Brustbild des genialen, unglücklichen Kleist, einer Reproduktion des von Johann Friedrich Krüger i. B. 1801 nach dem Leben gemalten Miniaturbildes geschmückt. Aus ihm entstand durch Verzerrung der Stahlstich von H. Sagert, der zuerst in Eduard v. Bülows Buch „Heinrich von Kleists Leben und Briefe" 1848 erschien und lange Zeit für das einzige Bildnis des Dichters galt. Ich lasse die auch für den Geschenktisch sehr geeignete, musterhafte Ausgabe zirkulieren, füge aber mit Rücksicht auf die vorgedachte längere Abhandlung für diesmal nichts hinzu, obwohl mich die geschichtliche Parallele zwischen unserm köllnischen Rosskamm, dem wirklichen Hans Kohhase, und dem romantischen Michael Kohlhaas eigentlich verlocken könnte.

XV. „Zwei neue Vegetationslandschaften der Steinkohlen- und der Braunkohlenzeit." Unter diesem Titel bespricht Prof. Dr. H. Potonié in der Naturwissenschaftlichen Wochenschrift vom 1. Dez. 1901, S. 101 u. a. ein Bild, welches in der neueingerichteten und demnächst zu eröffnenden geologischen Schausammlung der geologisch-palaeontologischen Abteilung des Kgl. Museums für Naturkunde zu Berlin, Direktor Herr Geheimer Bergrat Professor Dr. W. Branco, als eine der beiden urgeschichtlichen Vegetationslandschaften die eine Wand schmücken soll. Es ist eine Braunkohlenlandschaft aus dem miocaenen Waldmoor des Senftenberger Kohlenreviers,*) mit den in unserer Brandenburg mehrfach besprochenen riesigen Stümpfen der virginischen Sumpfcypresse, Taxodium distichum. Angebracht auf dem Bilde erscheint aber auch die mehr trockne Stellen liebende, ebenfalls nordamerikanische Zwerg-Kastanie, Castanea pumila Miller, unserer südeuropäischen Castanea sativa Miller ähnlich. C. pumila ist kürzlich von Potonié im Thon des Hangenden des Flötzes der Grube Viktoria bei Gross-Räschen festgestellt worden. Auch an die amerikanische Eisenrost-Buche, Fagus ferruginea, erinnernde Blätter sind im Senftenberger Revier gefunden. Sonst sind auf dem Miocänbild noch Betula (Birke) und Corylus (Hasel) zu sehen.

XVI. Aus Fürstenwalde a. Spree übersendet u. M. Herr Chemiker Schenk ein im Verlag der Fürstenwalder Zeitung (H. Richter) erschienenes „Gruss-Album", neun saubere Ansichtskarten enthaltend und fünf lose Ansichtspostkarten, welche ich der grossen Sammlung des Märk. Museums, dankend, überweise.

XVII. Photographien aus Frankfurt a. d. Oder, hergestellt bei der Pflegschaftsfahrt des Märkischen Museums dorthin am 17. No-

*) Die Hauptarbeiten über Senftenberg von Oscar Ebert, Henri Potonié und D. von Schlechtendahl sind a. a. O. S. 103 angeführt. Vergl. dazu in der Brandenburgia III. 212 u. 271; IV. 117 u. 285; V. 289; VII. 362 und VIII. 412.

vember 1901 durch u. M. Herrn Stadtbibliothekar F. Lüdicke, lege ich zur Kenntnis vor. Mit grosser Treue aufgenommen sind es 4 Bilder: 1. die Teilnehmer der Fahrt, darunter mehrere Herren aus Frankfurt, vor dem Portal des alten Kollegienhauses (Universität), 2. ein Teil der schönen städtischen Promenade längs der alten Stadtmauer, die nebst ihren Weichbildern und Türmen mit Epheu und Fünfblatt übersponnen erscheint, 3. das Portal auf der Nordseite der Ober-Kirche (St. Marien), welches in gothischen Formen entwickelt, einen reichen Skulpturenschmuck aufweist, darunter rechts u. a. ein Affe (Meerkatze) der eine Ratte gepackt hat, eine merkwürdige Darstellung, auf die ich in der Sitzung am 29. Januar 1902, woselbst ich u. a. über die Hausratte zu sprechen gedenke, zurückkommen werde. Der unterste Plattenaufbau des Portals rechts wie links sowie die Sockel der anstossenden Backsteinmauern sind aus grauem Sandstein gefertigt und mit in katholischer Zeit aus abergläubischen Zwecken eingeriebenen Rundmarken (Näpfchen) sowie Längsrillen (Wetzscharten) förmlich bedeckt. Namentlich die letzteren Zeichen sind am Portal so massenhaft ausgeführt worden, dass die Sandstein-Ornamentstücke dadurch deformiert erscheinen. Über diese Näpfchen und Rillen habe ich öfters zu Ihnen gesprochen und sie Ihnen namentlich an der St. Nikolaikirche in Spandau (dort im Backstein angebracht) bei unserer Wanderfahrt am 7. September 1901 vorgezeigt. Ich gedenke, auf die damit verbundenen volkskundlichen Probleme im Zusammenhange zurückzukommen, sobald ich Zeit finde, über die kürzlich erschienene Schrift des Herrn A. Magni zu sprechen, zu welcher ich mancherlei Beiträge geliefert habe. — 4. endlich das stilsame Denkmal, in der Dammvorstadt am rechten Oderufer, dessen Damm die bis auf 5,41 m gestiegenen Fluten am 27. April 1785 durchbrachen. Drei Minuten links von der Brücke, wo beim Rettungswerke der Regimentskommandeur Herzog Leopold von Braunschweig ertrank, also im eigentlichsten Sinne auch einen Heldentod starb, ist das neuerlich restaurierte, von der Stadt in Unterhaltung genommene Sandsteindenkmal errichtet. Die allegorischen Gestalten, welche auf rundem Postament mit des Herzogs Porträtmedaillen eine Urne tragen, und diejenigen, welche sich neben demselben befinden, erklärt die pathetische Inschrift von Ramler. Am Todestage hält die von Leopold begründete Garnison- oder Leopold-Schule (Kasernenstrasse) hier eine Gedächtnisfeier ab.

Für das Jahr 1902 ist eine Brandenburgia-Wanderfahrt nach Frankfurt a. O. geplant, wo wir alles dies und die vielen anderen

*) Das Kollegienhaus in der Richtstrasse stammt in seiner äussern Gestalt aus dem Jahre 1693, enthält jetzt die 1813 gegründete Oberschule (städt. Realgymnasium), während die Universitas Viadrina 1506 gegründet wurde und zu ihren ersten Musensöhnen Ulrich von Hutten zählte. 1518 doktorierte hier der berüchtigte Tezel.

Sehenswürdigkeiten der Stadt, so Gott will, werden betrachten können. Ich ergreife die Gelegenheit, um Herrn Felix Lüdicke, der seit Jahr und Tag die Wanderfahrten des Märkischen Museums mit seiner Lichtbildkunst unterstützt, auch an dieser Stelle den herzlichsten Dank auszusprechen.

XVIII. Eine grosse Anzahl von Abbildungen brandenburgischer, meist märkischer Klöster und Stifter in Druck, Kupferstich, Lithographie und Photographie habe ich aus den Beständen des Märkischen Museums ausstellen lassen zur Illustrierung des nachfolgenden Vortrags u. M. Herrn Passow über die Klöster der Mark.

XIX. Der Verein „Heimat" Verein zur Förderung der Heimat-Kunde, -Kunst und -Sitte zu Kaufbeuren im Allgäu.

„Zuletzt aber nicht zum Wenigsten" erwähne ich diesen seit ca. 3 Jahren im äussersten Süden unsers deutschen Vaterlandes existierenden Verein, der sich mit dem Märkischen Provinzial-Museum, vor allem mit der gleiche Bestrebungen verfolgenden Brandenburgia zu unserer besondern Freude anfreundet. Wir werden mit diesen unseren wackeren, die Fahne kernigen, unverwüstlichen Volkstums hochhaltenden bayrisch-schwäbischen Landsleuten in Schriften- und damit Gesinnungs- wie Arbeits-Austausch eintreten, dank dem liebenswürdigen Entgegenkommen des Sekretärs des Vereins, des zur Förderung der hier verfolgten edelen Zwecke unermüdlich thätigen Herrn Curatus Frank in dem lieblich und romantisch zugleich belegenen uralten Städtlein Kaufbeuren, an der Eisenbahnlinie München-Lindau.

Der Verein besitzt eine eigene Zeitschrift „Deutsche Gaue, Zeitschrift für Heimatforschung und Heimatkunde", wovon ich aus Band III die ersten Hefte Seite 1 bis 114 (Hefte 41 bis 48) vorlege. Fast jedes dieser kleinere und grössere Aufsätze enthaltenden Hefte hat für uns Interesse und kann für die Tonart, mittels der man allein auf die breite Volksmasse, namentlich auf dem Lande, im Sinne unserer Vereinsaufgaben, einzuwirken vermag, uns geradezu vorbildlich sein. Zur Beherzigung in unseren Brandenburgia-Kreisen und zur Nachahmung mit Anpassung an unsere Gegend, teile ich daher die nachfolgende Ankündigungen der „Heimat" und der „Deutschen Gaue" mit.

Die „Deutschen Gaue" (mit der Beilage „Historische Rundschau" 20 illustrierte Hefte resp. 10 Doppelhefte pro Jahr mit freier Zustellung nur 2,10 Mk.) bringen Aufsätze aus allen Teilen, besonders Schwabens und Altbayerns; sie wollen in weitesten Kreisen das Interesse an der Heimat wecken. Ihre Sprache soll originell, volkstümlich, freimütig sein. Sie streben die bei der Heimatforschung so notwendige Brücke zwischen dem Volk und der Wissenschaft herzustellen Sie bieten Führer bei Ausflügen; ausführliche Schilderungen der interessantesten Punkte; packende Streiflichter auf die

Sittengeschichte früherer Zeiten; sofortige Nachrichten über Ausgrabungen und Funde mit Abbildungen und Plänen; originale Karten und Aufnahmen; Archivstudien; Ortschroniken.

Sie sind Organ des Vereines „Heimat" und verfolgen dessen ideale Ziele:

die heimatliche Geschichte zu erforschen,
das Volk zur Ehrfurcht gegen seine Vorgesetzten anzuleiten,
Ortschroniken bei Entgegenkommen der Gemeinden zu schaffen,
gutes altes Herkommen wieder zur Achtung zu bringen,
alte Lieder, Bauart, Trachten zu erhalten,
den Familiensinn zu heben,
die Geschichte der einzelnen Familien zu erforschen,
das Volk über den Wert seiner Erbstücke zu unterrichten,
alte Kunstwerke vor Zerstörung zu schützen,
die Urkunden in Haus und Pfarrarchiv zu entziffern,
alte Schanzen, Gräber zu durchforschen,
die alten Funde vor Verschleuderung zu bewahren,
das Volk bei Verkauf solcher vor Schaden zu bewahren,
ihm die Kunstwerke seiner Kirche zu erklären,
ihm gute und billige Bücher zu schaffen,
seine Wohnungen mit guten Bildern zu schmücken,
den Handwerkern treffliche alte Werke vor Augen zu führen,
überhaupt dem Volk seine Heimat wieder lieb und teuer zu machen.

Jeder wird in seiner Gemeinde diese praktischen und wissenschaftlichen Ziele erstrebenswert finden und ist eingeladen, Mitglied des Vereines zu werden.

Durch Abonnement der „Deutschen Gaue" erwirbt man die Mitgliedschaft des Vereines „Heimat". Weitere Beiträge werden nicht erhoben.

Der Verein „Heimat" sucht seine Aufgaben durch gemeinsame Ausflüge, durch Ausgrabungen, Versammlungen, Vorträge etc. zu lösen; er gliedert sich in Sektionen für je ein Bezirksamt; in jeder Sektion sind Obmänner aufgestellt, das Alte zu überwachen und Bericht zu geben.

Wir richten im Interesse der Erforschung und Erhaltung unserer zahlreichen geschichtlichen Denkmäler auf dem Lande, die oft dem Untergang entgegengehen, an sämtliche Herrn Geistlichen und Lehrer die ergebenste Bitte, ihre Geneigtheit, die nicht schweren Pflichten eines Obmanns für ihren Ort zu übernehmen, kund zu geben, und werden Statuten wie Richtpunkte senden.

Tafeln mit Familienwappen (soweit eruirbar) lassen wir unsern Abonnenten von 3 Mk. an anfertigen.

Ansichtspostkarten mit dem Familienwappen 100 Stück à 7 Pfg., 400 Stück à 5 Pfg., 1000 Stück à 3 Pfg., ebenso Briefbogen, Couverts mit Familienwappen u. s. w.

Stempel mit Familienwappen von à 3 Mk. an.

Gedruckte Ortschroniken 16 Seiten stark: 100 Stück à 30 Pfg., 32 Seiten stark: 100 Stück à 60 Pfg., im Formate der „Deutschen Gaue“. Formulare zu geschriebenen Ortschroniken, Familienchroniken billigst.

Unsere Bestrebungen sind opfervoll, durchaus von keinem Geschäftsinteresse geleitet. Schon der äusserst geringe Preis der Hefte beweist, dass hier ein buchhändlerisches Spekulationsunternehmen ferne liegt.

Die „Deutschen Gaue“ enthalten zahlreiche Beilagen, Abbildungen. Preis für Mitglieder des Vereins „Heimat“ jährlich 2,40 Mk. (mit Zustellgebühr), für Nichtmitglieder 3,50 Mk.; Einzelnummern 40 Pfg.

Mit dem Abonnement erwirbt man die Mitgliedschaft des Vereines „Heimat“. Weitere Beiträge werden nicht erhoben.

Frühere Jahrgänge zu beziehen à 3 Mk. gebunden. Mitarbeiter stets erwünscht. Auch kurze Kartennachrichten, Zeitungsausschnitte über Grabungen, Funde etc. Förderer der Bestrebungen sind jene, welche die Verteilung der Hefte in die Hand nehmen sowie Abonnenten gewinnen. Zeichner sind willkommen. Photographische Aufnahmen behufs Herstellung schwarzer Strichzeichnungen werden denselben gesendet. Anfragen sind erwünscht und werden, soweit möglich, prompt beantwortet. Bei Ausgrabungen ersuchen wir um sofortige Benachrichtigung und sind sachverständige Berater, soweit verfügbar, zu senden bereit. Bei Funden alter Gegenstände erbitten wir umgehend Nachricht; die Bestimmung und Werttaxierung von Fundstücken erfolgt kostenlos. Münzen, Medaillen, alte Schriften werden ohne Kostenberechnung für unsere Mitarbeiter entziffert. Bei Verkauf alter Gegenstände sind wir zur Vermittlung bereit.

Ansichtspostkarten des Vereins „Heimat“, soweit vorhanden, 50 Stück (gemischt) nur à 3 Pfg.

Orts-Chroniken: = 16 Seiten stark; 100 Stück à 30 Pfg. Kleinere Drucksachen (Monographien) 100 Stück à 5 Pfg. pro Blatt.

Familienwappen werden unsern Mitarbeitern und Förderern kostenlos beschrieben; deren Ausführung in Farben von 3 Mk. an. — Postkarten mit Ansicht des Familienwappens, der Dorfkirche 100 Stück à 7 Pfg., 400 Stück à 5 Pfg., 1000 Stück à 3 Pfg.

Ich war bisher etwas eingenommen von der Organisation und der Propaganda unserer Brandenburgia, bekenne aber neidlos, ja sogar freudig, dass der allgäuische Verein Heimat uns noch bedeutend „über“ ist. Ich empfehle die vortreffliche Organisation nicht bloss unserm Gesamtvorstand und Gesamtausschuss, sondern auch allen unseren Mitgliedern, Gönnern und Freunden zur Prüfung, Beherzigung und soweit angänglich zur Nachahmung hiermit bestens.

XX. Herr Kustos Buchholz legt den neu erschienenen Band des Pracht-Albums der Firma N. Israel für das Jahr 1902 vor.

Wie schon seit vielen Jahren die Firma Rudolf Hertzog ihre Agenda der Kundschaft zum Beginn eines neuen Jahres als Angebinde bietet, so auch die Firma N. Israel seit 4 Jahren das „Album“. Die „Agenda“ ist in der vorigen Sitzung vorgelegt worden; heute sind wir in der Lage, auch dies „Album 1902“ zu präsentieren. Den Hauptinhalt bildet diesmal die Familiengeschichte des Kaiserhauses, die von Müller-Bohn geschildert und seitens der Firma mit einer Anzahl zum Teil noch nicht edierter Abbildungen illustriert worden ist. Daran schliesst sich eine kurze, ebenfalls reich illustrierte „Schilderung der

letzten Entwicklung Berlins“, die mit der Geschichte des Geschäftshauses N. Israel endigt — von dem kleinen Ladengeschäft am Molkenmarkt No. 2 im Jahre 1815 bis zu dem Riesengeschäfts-Hause an der Spandauer- und Königstrassen-Ecke. Eine „Modeplanderei“ und 24 schön ausgestattete Kalender-Tafeln beschliessen das Prachtwerk, das

27

wegen seines Inhalts, besonders aber wegen der vorzüglichen Bilder, den Salon zu zieren geeignet ist.

Von den früheren äusseren Ansichten des Geschäftshauses werden hier aus dem Album zwei Bilder, nämlich von 1844 und von 1897, wiedergegeben.

Der Liepnitz-Werder bei Bernau.

Von

August Foerster.

(Wanderfahrt des Märkischen Museums am 21. Oktober 1900.)

Nicht allzuviele Bewohner der Reichshauptstadt haben eine genügende Vorstellung davon, welche reizvollen Bilder märkischer Landschaft sie in nächster Nähe besitzen. Sie kennen die Oberspree und die Havelseen, wenn es hoch kommt, Buckow und die Märkische Schweiz, aber von dem Seenkranz 25—30 km im Norden von Berlin, von den herrlichen, diese stillen Seen mit dem krystallklaren Wasser umschliessenden Buchenwäldern wissen die wenigsten etwas aus eigener Anschauung. Hier bleibt dem Grossstädter noch viel zu entdecken übrig. Auch diese Zeit wird kommen auch diese Gegend wird ihre Invasion in grossem Stile haben, und dann wird mancher sich wundern, wie man in die Ferne schweifen und das naheliegende Schöne so lange übersehen konnte. Allerdings wird dann auch ein besonderer Reiz dieser Landschaften, ihre Stille und Einsamkeit, ihre jungfräuliche Unberührtheit vor der lärmenden und ihre Wässer trübenden Industrie schwinden. Bis es dahin kommt, sollte, wer Sinn für den Wald, im besonderen den prächtigen Laubwald, in schönster Vereinigung mit stillen, tiefen Seen, besitzt, sich den Genuss, der so leicht zu erreichen, nicht entgehen lassen und im Frühjahr oder Herbst — man weiss nicht welcher Jahreszeit der Vorzug zu geben ist — nach dem Seenkranz im Norden von Berlin pilgern.

Denn ohne zu „pilgern" geht es zur Zeit noch nicht, wenigstens hält es schwer, auf den bis jetzt nur vorhandenen Waldwegen bis an die schönsten dieser Punkte heranzukommen. Aber das Pilgern zu Fuss lohnt wahrlich in diesem märkischen Wald, der, selbst wo die Kiefer überwiegt, den „Grunewald-Charakter", den frischen, grünenden Übergrund, nicht verleugnet, geschweige denn in den Teilen, wo sich Nadelhölzer mit Laubbäumen mischen und gar im reinen Laubwald, wie er sich in den Seen spiegelt.

So dachte auch eine Gesellschaft von 11 Herren, die an einem wunderschönen Oktober-Sonntage, an dem die Sonne so strahlend wie im Mai am Himmel stand und sich kaum ein Lüftchen rührte, den Weg zum Liepnitz-Werder einschlugen. Bis nach Bernau, der alten Stadt mit der wohlerhaltenen, ehrwürdigen Befestigungsmauer, vor der die Hussiten umkehren mussten, so grosses Verlangen auch sie nach dem damals hochberühmten Bier trugen, hatte man die Eisenbahn benutzt, von da sich ein Stück in den nördlich gelegenen Bernauer Stadtforst hineinfahren lassen und dann zu Fuss den Weg nach dem Liepnitz-See eingeschlagen. Das Ziel der Wanderung war der vorgenannte Werder. Von allen Seiten durch den See umschlossen der an keiner Stelle schmäler ist, als die Spree in Berlin, bereitet dieser

Werder dem Wanderer eine Überraschung, wenn er zuerst durch der Zweige laubiges Gitter erspäht wird. Denn nicht ein flaches Inselchen mit Erlengebüsch am Rande und moorigem Grunde hat man vor sich, sondern einen aus dem See emporwachsenden Bergrücken von ansehnlicher Ausdehnung (110 Morgen, wovon 85 unterm Pflug) der nahe seinem höchsten Punkte das Haus und Gehöfte des Pächters trägt. Dort wohnt, dem Grundherrn Grafen von Redern auf Lanken pachtpflichtig, seit 33 Jahren ein Mann, Gustav Spengler mit Namen, das Urbild eines märkischen Landmannes, ein rüstiger Fünfziger, von dem Fama manche Absonderlichkeiten verkündet hatte. Es sollte ein wortkarger, verschlossener Mann sein, dem an Fremdenbesuch in seiner Einsamkeit ganz und gar nichts gelegen sei, am wenigsten an solchem Besuch, der gleich den Wanderern in der ausgesprochenen Absicht gekommen, die berühmte Fundstätte für prähistorische Altertümer, als welche der Liepnitz-Werder ein wohlberechtigtes Ansehen geniesst, einer Besichtigung zu unterziehen. Es war deshalb fraglich, ob trotz vorhergegangener Ankündigung des Besuches Ehren-Spengler gefällig genug sein werde, die Wanderer am Seeufer mit dem Kahn abzuholen und nach dem Werder hinüberzufahren. Doch der Mann war besser als der ihm vorangehende Ruf der Ungefälligkeit und strafte Fama gründlich Lügen. Auf das verabredete Zeichen sah man von drüben einen Kahn abstossen und nicht lange, so erschien Herr Spengler mit freundlichstem Willkommensgruss vor den am Ufer Harrenden und beförderte sie, ihr Gesamtgewicht vorsichtig abschätzend und sie gewissermassen sortierend, in 2 Fahrten an das jenseitige Ufer. Hier grünte und blühte trotz Ende Oktober noch alles. Vor dem Landungsplatz breitete sich eine grüne Wiese aus, ein Kleefeld rechter Hand strotzte vor Üppigkeit wie im Lenz und einige Beete zeigten sich mit Grünkohl von einer Appetitlichkeit und Raupenfreiheit bestellt, dass die Frage ernstlich zu erörtern blieb, ob etwa den Kohlweisslingen der See zu breit dünkt, um den Flug hinüber zu wagen. In diesem Fall könnte Herr Spengler nichts besseres thun, als seinen ganzen Werder mit Kohl bepflanzen.

Der Liepnitz-Werder besitzt nur ein schmales Ufergelände von geringer Erhebung über den See, dessen Wasser Schwankungen von nicht mehr als einem Fuss ausgesetzt sind. Wenig landeinwärts erhebt sich das Gelände ziemlich steil bis auf einige hundert Fuss. Etwa im letzten Drittel der Insel nach Westen zu ist eine sattelartige Einbuchtung, die jedoch an ihrer tiefsten Stelle noch hoch über dem Spiegel des Sees liegt. Von oben ist der Rundblick köstlich, wenn er auch ringsum nur auf Wald fällt, der überall bis dicht an die Seeufer herantritt und im wesentlichen aus Buchen, zur Zeit im rotleuchtenden Herbstschmuck, doch auch zur Abwechselung aus dem dunkeln Grün der Kiefern besteht. Hier oben im schlichten, weltentrückten Pächterhause muss es sich gut weilen lassen! Wie wunderlich mag sich hier manchmal das Weltgetriebe draussen darstellen, gegenüber dem heiligen Frieden der Natur und dem Rauschen des nahen Waldes, das heute noch ebenso tönt, wie es dereinst in die feierlichen, den heidnischen Kultus, an dieser Stätte begleitenden Handlungen hineingetönt hat. Denn durch zahlreiche prähistorische Funde und mehr noch durch die Lage und Eigenart des Ortes beglaubigt, der so ganz den Erfordernissen und Bedingungen entspricht, die von den heidnischen Vorfahren an eine Opfer- und Kult-Stätte gestellt wurden, war der Liepnitz-Werder in ferner Vergangenheit geweihter Boden, ein Opferaltar, wie er sich schon durch seine gegen die Umgebung aufragende Höhe, durch seine Gestalt und durch seine Umrahmung von einem klaren See gewissermassen als von Allmutter-Natur selbst zu heiligen Zwecken dargeboten auch dem blöden Auge darstellen musste! Das Märkische Museum besitzt manche interessanten Funde von dieser Stätte, jedes Umstürzen des Ackers und Tiefpflügen bringt immer wieder Urnenscherben, auch solche mit Ornamenten, auch Stein- und Bronzegeräte zu Tage und an einem hohen Punkte der Westseite des Werders ist in augenfälliger Abweichung von der Farbe des Erdreiches ringsum der Boden bei grosser Ausdehnung so tiefschwarz gefärbt, dass man unschwer diesen Ort als die Brand- und Opferstätte aus der heidnischen Vergangenheit erkennt. Leider ist durch den Grundherrn gegenwärtig ein Verbot auf das Mitnehmen von Funden gelegt worden und auch der Pächter ist gehalten, solche nicht in seinem Interesse zu verwerten.

Unter Gesprächen und Betrachtungen des vorstehenden Inhalts hatten die Wanderer den Werder kreuz und quer durchstreift und dabei auch dem Pächterhause einen Besuch abgestattet, leider als Störenfriede beim schlichten Sonntagsmahle in den Frieden des Hauses fallend. Doch märkische Gastfreundschaft kehrt sich an solche Störung nicht, und so ruhten auch die emsige Hausfrau, die schmucken Töchter und die wettergebräunten Söhne nicht, bis sie die Wanderer vor der Thür des gastlichen Hauses zum Sitzen bewogen und mit Bier und einem Schnäpschen erquickt hatten. Selbst Birnen und Trauben wurden herbeigebracht, letztere vorzüglich süsse, blaue und kleinbeerige von der in unserm Klima selten genügend reifenden Burgunder-Sorte, in Schlesien „Kurzroter“ genannt, die im gesegneten Jahr 1900 aber an einem einzigen, mächtigen Weinstock-Spalier an der Scheunensüdseite in solcher Güte und Fülle gewachsen waren, dass Herr Spengler von dem „Liepnitzer-Werder-Wein“ sogar eingekeltert hatte. Solcherlei werden sich die heidnischen Priester, die einst hier ihr Wesen trieben, gewiss nicht haben träumen lassen. Jedenfalls weckt Traubenblut freundlichere Erinnerungen als das hier wahrscheinlich häufig geflossene Blut zahlloser Opfertiere.

Merkwürdig, der Genius loci leitete die Gedanken immer wieder zurück auf die vorgeschichtliche Vergangenheit des Ortes und so trat denn auch, nach schuldiger Anerkennung der angebotenen und behaglich genossenen Erquickungen, auf aller Lippen die Frage an den freundlichen Wirt: Sind neuerdings wieder Funde gemacht worden? Und siehe da: Ein kräftiges Ja! ertönte von den Lippen des also Gefragten, und bald erschien derselbe, drei mit höchstem Interesse betrachtete Funde der jüngsten Zeit in den Händen, und sie „aber nur zum Ansehn, nicht zum Mitnehmen für das Märkische Museum“, (wie warnend vorausgeschickt wurde), den Sachverständigsten unter den Gästen überreichend. Alle drei waren beim Graben an verschiedenen Teilen des Werders gefunden worden: Ein vorzüglich erhaltener und sehr gut gearbeiteter bronzener Celt, ein Steinmeissel aus Granit und ein Steinbeil aus Diorit. Sie beweisen aufs neue, dass dieser nur bei gefrorenem See ohne Kahn zugängliche Werder in vorgeschichtlicher Zeit eine von seiner heutigen Weltverlorenheit sehr abweichende Rolle in der Geschichte des Landes gespielt haben muss und dass in seinem Grunde wohl noch manches Wertvolle ruhen mag. Nicht ganz unwahrscheinlich ist es auch, dass der Liepnitz-Werder die Mitte, gewissermassen die Citadelle einer Verteidigungslinie bildete, welche zu irgend einer Zeit unter Benutzung der Seenkette, die sich von West nach Ost erstreckt, und zugleich der mehr oder weniger sumpfigen Niederungen, die sich zwischen den Seen befinden, zum Schutze der südlicher gelegenen Gaue eingerichtet war.

Doch die vom Meridian längst sich westwärts senkende Sonne mahnte zum Verlassen des schönen Liepnitz-Werders. Bald war nach herzlichem Abschiede von Herrn Spengler und seinem die Gesellschaft nach dem „Kontinent“ hinübergeleitenden Sohne die Unterförsterei Liepnitz erreicht, hier ein kräftiges Mittagsmahl genommen und von einem sach- und ortskundigen Mitgliede der Gesellschaft der Plan für die Fortsetzung der Wanderung festgestellt. Zunächst ging es seitwärts in den Buchenwald, wo sich nach kurzem Wege einer dieser kleinen stillen Waldseen zeigte, an denen die Mark so reich ist, die aber immer wieder entzücken, besonders wenn sie so ganz unerwartet plötzlich vor den Augen des Wanderers auftauchen, wie es hier geschah. Woher der „Regenbogensee“ seinen Namen haben mag, das mögen Wanderer, die im Lenz hierherkommen, zweifelnd erwägen. Im Herbst ergiebt sich die Erklärung von selbst; denn er is dicht eingehegt in eine solche Fülle von Busch und Baum aller Gattungen deren jede zur Zeit in einer andern Farbe prangt, vom frischen Grün zum tiefen Rot-Braun, dass an der Farbe des Regenbogens nur das Blau fehlt das jedoch und zwar vom tiefsten Indigo-Tone der See selbst beisteuert Hier war es schwer sich zu trennen; doch der fernere Teil des Weges, entlang dem Nordufer des Liepnitz-Sees wollte auch noch genossen werden Das Ufer unterscheidet sich wesentlich von dem entgegengesetzten; denn es st hoch, stellenweis kaum erheblich niedriger als der Werder; doch geht man auf ihm zwischen hohen Waldbäumen wie auf einem schmalen Damm; denn auf der andern Seite schaut man hinunter in die grüne Dämmerung einer mit Birken, Weiden und Röhricht erfüllten Waldschlucht. Diese eigentümliche Terraingestaltung mag den Erklärern der glacialen Wirkungen, die hier thätig gewesen sein sollen, die Erdoberfläche zu formen, eine schwierige Aufgabe stellen. Unsere Maler aber sollten sich diesen Glanzpunkt märkischer Landschaft aufsuchen, um ihn auf die Leinwand zu bannen und das Lob der landschaftlichen Schönheit unserer heimatlichen Mark in alle Welt zu tragen.

Auf dem Heimwege wurde kurze Rast in Uetsdorf gemacht und dann auf vorzüglichen, festen Waldwegen quer durch die Bernauer Stadtforst zur Station Bernau, 9 km von Uetsdorf entfernt, zurückgekehrt. Auch dieser Teil der Wanderung durch den schon dämmrigen Mischwald verdiente eingehendere Würdigung, doch sapienti sat!

Wölsickendorf.

Von

Grunow.

Von Berlin 45 km nordöstlich, 6 km vor Freienwalde a. O. links der Chaussee liegt Wölsickendorf. Der Name Wölsickendorf eigentlich „Welsickendorf" lautend, hängt vielleicht mit der slavischen Wurzel welk = Wolf zusammen, (Wilzen).

Zum erstenmal wird der Ort im Landbuche Kaiser Karls IV. im Jahre 1375 erwähnt. Damals sass Ebel Mollndorf auf dem Gut, doch der grösste Teil der Abgaben wanderte an unsern lieben, guten Bekannten Tyle Sparre auf Trampe „vor der grünen Heide".

Von dieser Zeit ab über 200 Jahre bis zum Jahre 1600 ist über den Ort tiefstes Dunkel gebreitet. Um das Jahr 1600 gehörte Wölsickendorf zum „Pfulenlande". Es war im Besitz der Pfüler zu Löwenberg (Leuenberg) Dannenberg und Steinbeck. Jochen Bohnes Söhne hatten einen Anteil. Aus dieser Zeit stammen auch die ältesten Matrikel der Kirche. Petrus Rücker wird als Pfarrer genannt. Seine Nachfolger waren nach den Aufzeichnungen des zu Bernau verstorbenen Probstes Hundertmark um 1606 Christianus Arnisaeus um 1612 Jacobus Fabritius, der 1637 starb. Nach dem 30jährigen Kriege kam das vollständig wüste und öde Rittergut, wahrscheinlich mit anderem ziemlich herrenlosem Eigentum, in den Besitz des

> „Hochedelgebohrnen, Gestrengen und Hoch Mann Vesten Herrn Wolf Friedrich von Bomstorffen, Churf. Brandenb. Obristen über ein Regiment zu Fuſse und Commandanten der Veste Oderberg, Erbherr auf Ranff und Welsigkendorf".

Nach diesem Herrn kam das Gut an seinen Vetter,

> „dem Hochedelgebohrnen, gestrengen und Mannvesten, Herrn Hanſs Gottfried von Bomstorffen, Sr. Churf. Durchl. Zu Brandenburg wolbestalten Hauptmann zu Fuſse".

Unter diesem Besitzer wurde am 20. Januar 1679 das Dorfland an 2 Bauern und 4 Kossäten ausgethan und zwar

Gürgen Kaysern, Michell Müllern } Pawern

Jacob Münchhagen, Hans Klitzke, Joachim Beshern, Martin Ladewichen } Cossahten

in Gegenwart des

> Hochedelgebohrnen, Gestrengen und Mann Vesten Herrn Hauptmann Friederich Valtin von Dahmen auf Prötzell und des Herrn Joachim Berndten von Bornstadten auf Kl. Cüstrinchen.

Ersterer T. nomine des jüngeren Herrn Otto Balthasar von Bomstorffen, dem Bruder des p. Hans Gottfried von Bomstorffen welches näher aus einem Vertrage von 1687 hervorgeht.

Obiger Vertrag vom Jahre 1679 wurde aufgenommen von

Augusto Reichelio Churf. Brandenb. Hoff Gerichts Advocato in alten Stettin, und, ad hunc Actum legitimè rogato ab requisito Notario publico Cäsareo den 20. January anni currentis.

Am 20. August 1680 werden vom Gutsherrn ein Schulze und 2 Gerichtsmänner eingesetzt, als Schulze Jürgen Kaysern, Ladewich und Münchhagen als Gerichtsmänner, verhandelt vor dem Stadtrichter

Johann Prentzlaw in Freyenwalde.

In diesem Vertrage heisst es:

Satz 13.

So offr hinführo im Dorffe ein Never Schulze bestallet und angenommen wird, soll Er der Gemeine eine Mahlzeit geben sambt einer Halben Tonnen Bier.

Satz 14.

Wenn ein Never Dorffhirte angenommen wird, mufs er der Gemeine, wie in andern Dörffern üblich, das gewöhnliche Anzugs Bier geben.

Nach dem Tode des 1637 verstorbenen Jacobus Fabritius ist die Pfarre während des 30jährigen Krieges unbesetzt geblieben. Nach dem Friedensschluss setzte sich — absque vocatione — als Pfarrer in Wölsickendorf ein Magister Zacharias Rautenberg fest, von welchem berichtet wird, er habe durch unordentliches Leben die Pfarrgebäude verwahrlost und sich nach Schwedisch-Pommern begeben. Um diese Zeit muss die Kirche zum grossen Teil einem Feuer zum Opfer gefallen sein. Nach dieser Zeit hat der Ort wohl 33 Jahre keinen Prediger gehabt, sondern ist von Freienwalde und anderen Orten aus kurieret worden, bis endlich 1690 Burkhard Gottlieb Genzmer aus Freienwalde „zum Prediger hierselbst berufen und von Herrn Christian Papen, Inspector zu Strausberg, in Gegenwart des Patroni Herrn Jürgen Anton von Mönnichau sollemniter introduziret worden." Genzmer schreibt im Kirchenbuche von Wölsickendorf, dass vor seinem Antritt in der Gemeinde viele Jahre nur alle Quartale gepredigt und heiliges Abendmahl gehalten worden sei. Der Patron habe das Kirchlein, welches vorher fast einem Steinhaufen ähnlich gewesen, erst wieder aufführen lassen. Die Einführung Genzmers geschah am 24. Sonntag nach Trinitatis (19. November 1699). Er muss ein tüchtiger, fleissiger und treuer Mann gewesen sein. Kirchenbücher, Kirchenkassen, Rechnungen, kurz alles zur Verwaltung des Pfarramts Nötige hat er mit vieler Umsicht begonnen und eingerichtet. Seine Vaterstadt Freienwalde kann sich des Mannes freuen. So wenig sein Name in der Welt bekannt ist, so segensreich wirkte er in diesem kleinen Kreise. Er wurde 1717 nach Hohen-Lübbichau versetzt.

Ich bin der Geschichte vorausgeeilt und kehre zum Hans G. v. Bomstorff ums Jahr 1686 zurück. Dieser leistete für Ordnung, für kirchliche Versorgung der Gemeinde garnichts, dafür unterdrückte er die Leute, so gut er konnte. Die Rohheit, die gegenseitige Erbitterung nahm von Tag zu Tag zu. Die Willkür des Gutsherrn, die Nichtachtung alles Bestehenden forderte die offene Empörung der Dorfbewohner heraus. Infolgedessen kam es dann auch zu einem Bruch, wie ihn keiner der Beteiligten erwartet hatte. In einer Versammlung im Hause des Schulzen am 19. Juni 1686, in welcher die Wogen der Erregung besonders hoch gingen, wurde v. B. von seinen Untergebenen angefallen, grausam geschlagen, zur Thür hinausgestossen, in einem Schweinebrühtrog nach dem Dorfpfuhl geschleift. Hier erhielt er noch Peitschenhiebe von einem Kutscher, der die Strasse mit Bernauer Bier passierte. Dort wo heute die Friedenseiche am Treffpunkt zweier Wege steht, soll v. Bomstorff gelegen haben, der an seinen Verletzungen am andern Tage starb.

Im Erb-Register von 1679 heisst es Seite 24.

Im Namen der Heiligen Drey Einigkeit. Amen.

„Zu wifsen sey hiermit, Nach dehme nach absterben des sel. HE Obristen Wolff Friederichen von Bomstorffen, zwischen defsen beyden Söhnen alfs Tit: HE. Hanfs Gottfried Von Bomstorffen, Churf. Brd. Hauptmann und Hl. Otto Balthasar von Bomstorffen, Ein brüderlicher Vergleich getroffen da dem ältesten Sohne das Guhtt und Dorf Welsigkendorff, dem Jüngsten aber das Gut Ranff, heimgefallen, welches auch ein Jeder in würklichen Besitz angenommen, alles nach Inhalt des gedachten brüderlichen Vergleichfs Vom 17. January Anno 1679.

Da nun der HE. Hauptmann Hans Gottfried Von Bomstorff, sein Guhtt Welsigkendorff auch geruhig genofsen, bifs in Anno 1686 hatt sich der sonst Nicht erhörte grausame Casus und traurige Fall begeben und zugetragen, dafs des HE. Hauptmanns Ungehorsame Wiederspänstige und treulose Unterthanen sich gegen ihren rechtmäfsigen Herrn aufgelegt, ihren Ayd, den sie geschworen, Vergefsen, und denselben Mörderischer Weise in des Schulzen Gürgen Kaysers Hause angefallen, denselben grausam geschlagen, Ja vor das Haus auf freyer öffentlicher Strafsen gar ermordet, welches geschehen den 29. Juny, also dafs der HE. Hauptmann des folgenden 30. Juny gemelten 1686 ten Jahres daran sterben müfsen. Die Mörderischen Buben, deren 6 gewesen alfs Gürgen Kayser, Michel Müller, Jacob Münchhagen, Hans Klitzke, Peter Koch und Hans Ladewig aber sind miteinander davon gelauffen, also ihre Gütter, Weiber und Kinder im Stiche gelafsen, Von derer theils wieder ertappet und der Justitz überantwortet.“

Nach dem Ableben dieses Mannes fiel das Gut an den jüngeren Bruder Otto Balthasar da Leibeserben des Ersteren nicht vorhanden waren.

Otto gab sich Mühe Ordnung herzustellen. Er siedelte Leute an und gab ihnen Hof und Feld, Geräte und Aussaat. Es war ihm aber nicht beschieden, die Früchte seines Strebens zu ernten, denn schon am 5. April 1693 segnete er das Zeitliche.

Die Wittwe Anna Vöplien geb. v. Platow und die beiden Söhne Friedrich Siegmund 3 Jahre und Joachim Wilhelm ½ Jahr alt, traten die Herrschaft an. Für die Kinder trug die Mutter Sorge einen Vormund zu beraten, niemand wollte sich dazu verstehen; Hauptmann von Mörner zu

Zettin, Hauptmann von Sydow zu Sydow wie auch von Barfuss auf Amt Neuendorf b. Arendsee lehnten ab. Schliesslich übernahm der Bürgermeister Prentzlow zu Freyenwalde a. O. die Vormundschaft, bis sich ein adeliger Vormund finden würde.

Das Bestreben des Vormundes ging dahin, die Güter den Kindern zu erhalten. Nun hatte der verstorbene von Bomstorff das Gut Wölsickendorff noch zu seinen Lebzeiten zu verkaufen gesucht. Es war zwischen ihm und dem General-Feldmarschall von Flemming zu einem Vertrag gekommen und die Hälfte des Kaufvertrages mit 2500 Thaler auch bezahlt worden. Sr. Excellenz von Flemming war mit Rücksicht auf die Kinder mit der Auflösung des Vertrages einverstanden. Die Wittwe hatte den Niessbrauch beider Güter und des Fähr-Krugs bis zur Grossjährigkeit der Kinder, dann aus beiden Gütern die ihr zustehenden Alimente. Mittlerweile hatte auch der Leutnant Georg Ludwig von Barfuss, Erbherr auf Mögelien die Vormundschaft über die Kinder übernommen.

Vom Jahre 1689 war Gut und Dorf Wölsickendorf an Johann Siegmund Hering auf 6 Jahre verpachtet mit 200 Thaler pro Jahr. Nach dem Tode des v. B. sind diese 200 Thaler für das Jahr 1692—1693 mit der Witwe im Beisein der Vormünder verrechnet. Da waren Quittungen über neue Bedachungen der Kossätenhäuser, Einzäunung der Schäferei, Fracht für einen Reisepelz von Leipzig mit 16 Thaler. Eine Quittung lautet:

> „Zu dem Spandowischen Vestungsbau, da diese Vestung Von Gotteswetter angezündet hatte das Dorf Wölsigkendorff laut Quittung müfse zahlen 8 Thlr. 12 Gr."

Am Schluss der Abrechnung hatte der Pächter ein Guthaben von 23 Thaler 21 Groschen 10 Pfennige. Er verzichtete aber bis auf 5 Thaler 12 Groschen die er auf Anweisung des sel. v. B. an Jacob Stickstern in Wrietzen bezahlt hatte. — Auch im Jahre 1693—1694 findet eine Abrechnung durch für die Gutsherrschaft geleistete Zahlungen statt, unter anderem:

> „Vor 2 Churf. Rescripta aus dem Churf. Geheimbten Rahtt, an HE. General Leutenant Von der Marwitzen und Hauptmann von Dahme 2 Thlr."

Indessen blieb der Pächter 15 Thaler 6 Groschen 2 Pfennige schuldig diese sind ihm von der Witwe von Bomstorff teilweise wegen einer Missernte im Roggen, die den ganzen Ober-Barnim betroffen, teilweise wegen vieler Gefälligkeiten, Reisen und anderer Bemühungen erlassen worden. Quittung datiert vom 17. Juni 1694.

1694—1695 lauten die Quittungen hauptsächlich über Reparaturen an den Gebäuden der Bauern und Kossäten wie Unterstützung derselben in Naturalien infolge der stattgehabten Missernte 1694.

Von Trinitatis 1695—1701 wird ein neuer Vertrag geschlossen, wonach die ersten 3 Jahre 250 Thaler, die letzten 3 Jahre 300 Thaler Pacht zu zahlen waren p. Jahr. Am 18. Juni 1701 ist diese Pachtung durch Rückgabe des Inventariums zu Ende.

Ebenso muss um diese Zeit die Pachtung des Fährkruges mit Jochem Bessern gelöst worden sein. Aus dem Besitz derer von Bomstorff geht die Herrschaft auf den Churf. Kapitän Jürgen Anton von Mönnichen über. Von ihm wird berichtet, dass er das wüst gelegene Gotteshaus neu aufgebaut, wie auch das Dorf verbessert, ausserdem durch Heranziehung von Einwohnern nicht geringe Unkosten angewendet hat. Nach seinem Tode 1717 wurde sein Vetter Leutnant Jürgen Heinrich von Mönnichen Besitzer, der wiederum 6 Bauern und 4 Kossäten ansiedelte; als Bauern

Martin Bohme
Martin Engel
Michel Schmidt
Martin Wegemundt
Martin Hünicke
Christoph Cleher

als Kossäten

Andreas Fuhrmann
Michel Pietz
Hans Jürgen Schultze
Martin Schlichting

Dieselben wurden verpflichtet am 6. September 1717 in Gegenwart des Predigers Gentzmer, des Stadtschreibers und Kämmerers Behrenbruch zu Freienwalde und des Gutspächters Jacob Sydowen.

Im Laufe der nächsten Jahre wurden noch angenommen 22. 11. 1720 Michel Golitz, 21. 12. 1722 Jacob Böhm, 24. 1. 1724 Christian Lehmann als Kossäten, von denen Golitz am 9. November 1730 zum Schultzen in Gegenwart der ganzen Gemeinde ernannt und vereidigt wurde.

Am 7. September 1746 wurde dem p. Golitz auf sein Ersuchen die Schulzenpflicht erlassen und der am 24. 1. 1824 eingewanderte Christian Lehmann zum Schulzen durch Handschlag vereidet.

Im Jahre 1735 ist die Kirchenkassen-Rechnung vom Oberstwachtmeister von Bessel entlastet. Im Jahre 1746 quittiert ein Herr von Gender genannt Rabensteiner. Im Jahre 1769 war dann Wölsickendorf im Besitz des Revisionsrates v. Forestier. Von ihm kaufte es der Rittmeister Friedrich Wilhelm von Bredow. Im Besitz dieser Familie befindet sich das Rittergut noch jetzt.

Als Prediger werden nach dem oben erwähnten Genzmer aus Freienwalde genannt:

1717—1751 Fünke
1752—1786 Scheiber
1786—1812 Stein
1813—1824 Böhmer
1824—1842 Lütkemüller
1842 - 1884 Händschker
1884—1889 vacat
1889—jetzt Müller.

Als Lehrer und Küster:

Kühne, Setzkorn bis 1824
Kühne 1824—1857
Schmidt 1857—1859

neben Schmidt wird während zweier Jahre auch

Adjunct Deichen

erwähnt

Will 1859—1865
Adjunct Jahr bis 1866
Schulze 1866—1875
Schönfeld 1875—1876
Krause 1876 bis jetzt

Am 20. August 1899 wurde zum Andenken an das 200 jährige Bestehen der Parochie Wölsickendorf in ihrer jetzigen Gestalt ein Missionsfest, das erste in dem Orte, gefeiert.

Die Kirche ist ein Feldsteinbau aus dem 15. Jahrhundert in ihren Fundament-Partien, in späterer Zeit etwas erweitert mit gleichem Material. Zwei Glocken zieren die Kirche. Die älteste aus dem Jahre 1557, mit einer am Bund befindlichen Inschrift, von der ich von meinem Standpunkt nur die Worte „rex gloria" auf der andern Seite „pace" lesen konnte. Obige Jahreszahl ist in arabischen Zahlen angegeben. Die zweite Glocke:

Soli Deo Gloria
Gofs Mich Hans Heintze
in Berlin 1717.
George Antonius
von Münnichow
Patronus
B. G. Gentzmer
Pastor.

Der im Schiff der Kirche befindliche Kronleuchter aus Messing ist ein Geschenk des Herrn von Bredow-Delow im Jahre 1872, die beiden Altarleuchter, ebenfalls aus Messing, schenkte der Patron Oberst von Bredow im Jahre 1887.

Zum Schluss sei mir gestattet, besonders anzuführen, dass ich auf der einen Seite bis Torgelow-Dannenberg auf der andern Wollenberg-Steinbeck nicht einen Urnenscherben fand, selbst die bekannten ältesten Leute wissen von Urnen oder sonstigen derartigen Funden nichts.

Vorstehende Angaben sind zum Teil einer lückenkaft geführten Chronik, welche mir Herr Prediger Müller freundlichst überliess und wofür ich an dieser Stelle nochmals meinen Dank ausdrücke, entnommen.

Berlin, im August 1901. Grunow.

Kleine Mitteilungen.

Nachrichten aus Dorf Nackel, Kreis Ruppin, und Umgegend.
Gesammelt von Otto Monke.

1. Im Park des Herrn von der Hagen zu Nackel bemerkt man 4 breite, etwa ein Quadrat bildende Gräben, die früher vielleicht eine Insel eingeschlossen haben, welche durch eine Brücke mit dem übrigen Park verbunden war. Von einer eigentlichen Insel kann man jetzt nicht mehr reden, da dieselbe jetzt teilweise unter Wasser liegt. Wahrscheinlich hat sich der moorige Boden gesenkt.

Es scheint mir, als habe man früher, im 18. und Anfang des 19. Jahrhunderts derartige künstliche Inseln vielfach in herrschaftlichen Gärten unserer Heimat angelegt. Mir ist eine solche Insel von derselben Grösse und Form bekannt im Gutsgarten zu Lietzow bei Nauen. Auch sie war durch eine Brücke mit dem Festlande verbunden. Ebenso mit Brücke die Insel im Park zu Fredersdorf an der Ostbahn, auf der sich Gräber der frühern Gutsherrschaft befinden.

2. Ebenso ein Schneckenberg. Diese Schneckenberge scheinen in derselben Zeit aufzutreten. Ich erinnere mich, dass sich in den Anlagen am Bahnhof zu Nauen bis zu den siebenziger Jahren ein Schneckenberg befand und der Hügel im Berliner Tiergarten unweit der Ecke der Königgrätzer- und Lennéstr. führt noch heut den Namen „Schneckenberg".*)

3. Die Weide im Park von Nackel. Im Park zu Nackel steht eine Weide, welche nicht gefällt oder beschädigt werden darf, weil sonst dem Hause derer von der Hagen Unheil drohen würde. Die Weide soll dem Andenken eines zu Nackel verstorbenen Sohnes oder Schwiegersohnes des Herrn von der Hagen gewidmet worden sein.

4. Beim Hause des Gutsbesitzers Schröder ist ein „Franzose" erschlagen und eingescharrt worden.

5. An der Stelle, wo das jetzige Schulhaus steht, hat früher ein erschlagener Franzose (unter der Schwelle?) gelegen.

Also: mehrfache Erinnerungen an die Franzosenzeit.

6. Ein Weg im Walde südwestlich von N. heisst der „Pracherweg" (-Pascherweg). Er soll von Schmugglern zu Anfang des 19. Jahrhunderts viel benutzt worden sein. (Hängt dies mit der Kontinentalsperre zusammen?)

---

*) Die Schneckenberge in unserer Heimat haben den Namen davon, dass die auf sie hinaufführenden Wege sich in Schneckenwindungen hinaufziehen, meist sind diese Schneckenberge bei uns künstlich angelegt. In Süddeutschland versteht man nicht selten unter Schneckenbergen Hügel, die von Wasser umgeben sind und der Züchtung essbarer Schnecken (Helix pomatia) dienen, die durch das Wasser an dem Entwischen behindert werden. E. Friedel.

Bücherschau.

P. Ascherson und P. Graebner, Synopsis der mitteleuropäischen Flora. Fortsetzung bis Lieferung 15.

Von einem so weit ausgreifenden Werke, wie das vorliegende, kann schnellerer Fortgang eher gewünscht, als gefordert und erwartet werden. Es sind ähnliche gross angelegte Floren anderer Länder schon durch die Kürze des menschlichen Lebens am Abschluss verhindert worden; der uns hier beschäftigenden werden voraussichtlich und hoffentlich, unseren Wünschen gemäss, günstigere Gestirne leuchten. Sie geht, unter den Auspizien neugekräftigter Gesundheit Professor Aschersons, rüstig ihren Weg vorwärts.

Nach Erscheinen des ersten Bandes nähert sich jetzt der zweite seiner Vollendung. Die jüngst publizierten Lieferungen behandeln einerseits die grosse Klasse der Gramineen, andererseits, allerdings stark vorgreifend und auf Grund der Zweckmässigkeit die vom System geforderte logische Reihenfolge durchbrechend, die kaum minder wichtige Familie der Rosaceen, welche an Interesse viele der erst zu erwartenden übertreffen dürfte.

Die Gramineen, zu deutsch Gräser, umfassen der Zahl und Bedeutsamkeit nach einen vegetativen Prozentsatz von ausgedehntester Tragweite. Man hat berechnet, dass sie den zwanzigsten Teil der Gesamtvegetation unserer Erde ausmachen. Sie bilden für den Botaniker eine der schwierigsten Gruppen und ihre Kenntnis ist bei grösster Feinheit und Unscheinbarkeit der maassgebenden Organe auf Wenige beschränkt. Eine solche gefördert zu sehen, muss umsomehr allgemeiner Wunsch sein, da nur vermöge derselben eine Vertiefung des Studiums vieler der Menschheit wichtigster Kulturpflanzen, die Cerealien an der Spitze, ermöglicht wird. Zu weit würde es führen, hier Belege für die staunenswerte Gründlichkeit anführen zu wollen, mit welcher die Verfasser den ebenso spröden wie weitläufigen Stoff bewältigt und bis zu den Hordeineen fortgeführt haben.

Zum Abschluss der Gramineen fehlt nur noch Weniges; dann sollen die jenen sich anschliessenden Cyperaceen Gegenstand der Behandlung werden.

Mit den, der Hauptsache nach schon erschienenen Rosaceen, hier wiederum, man erschrecke nicht, in Rosales, Rosoideen und Rosineen zerteilt ja und sogar die Platanceen in sich aufnehmend, tritt uns aufs neue ein gewaltiger Bruchteil des phanerogamen Gewächsreichs entgegen. Die Spiräen gehen in der Reihenfolge der Gattung Rosa voran, welche nicht nur botanisch die Aufmerksamkeit des Lesers fesselt. Bei ihr wird er aus den mannigfachsten Gründen, das Gebiet der Ästhetik zumal berührend, gern verweilen wollen.

Die Bearbeitung dieser Gattung haben die Verfasser dem ausgezeichneten Specialisten Dr. Keller anvertraut. Wenn der einfache Sterbliche bei Nennung des Wortes Rose zuerst und allein an die Königin aller Gartenblumen, dann vielleicht noch an die lyrisch verklärte Hagerose unsrer Fluren denkt, so durchrieselt in gleichem Falle den Botaniker, zumal den nicht zünftigen, ein Gefühl nicht gelinden Schreckens, sobald ihm das nur von Rubus und Salix noch übertroffene Medusenbild einer verwirrten und verwirrenden Menge von Species, Formen, Varietäten und Hybriden entgegengehalten wird: regellos schon in der Wildnis, verzerrter noch trotz aller Schönheit durch Einwirkung der schaffenden Menschenhand, eine Blumenfee in der Maske einer rätselhaften Rosen-Sphinx.

Woran, behufs Klärung der Wildrosen, ein Christ, ein Crépin und andere ihre volle Kraft gesetzt haben, ohne überall zur Einigung zu gelangen, von dem hat Professor Ascherson mit Recht hoffen dürfen, dass, was sein Gebiet betrifft, Dr. Keller gehäufte Schwierigkeiten bemeistern werde, soweit Menschenkräfte dies vermögen. Und in der That, dieser eminente Kenner hat, dank ihm, in viel Dunkel viel Licht, seinen Strahl ein wenig mehr ordnend, geworfen.

Februar 1902. Carl Bolle.

Fragekasten.

Im Preussischen Geheimen Staatsarchiv fand ich das untenstehende historische Dokument: einen Brief des Kurfürsten Friedrich Wilhelm von Brandenburg, gerichtet an seinen Amsterdamer Agenten Matthias Dögen und datiert Kleve, den 26. September 1652. Der Unterzeichner jenes Briefes ist indes nicht der Kurfürst selber, sondern sein klevescher Statthalter, dazumal Graf Johann Moritz von Nassau-Siegen, der kunstsinnige Bauherr des „Moritzhauses" im Haag (jetzt Kgl. Gemäldegalerie), über dessen vielfältige Beziehungen zum Grossen Kurfürsten und zu den brandenburgisch-preussischen Ländern ich vor Jahren ein Buch herausgab. (H. Keller, Frankfurt a. M. 1893.)

Der betreffende Architekt, von welchem in dem kurfürstlichen Schreiben die Rede ist, ist niemand anders als der berühmte Baumeister des Amsterdamer Rathauses, Jakob van Kampen (1598—1657), der Künstler, der auch die Gartenanlagen des „Neuen Tiergartens" bei Kleve entworfen hat. Besagtes Schreiben lautet:

„Friedrich Wilhelm Churfürst.

Unsern gnädigen Grusz zuvor. Raht undt lieber getreuer. Nachdem wir von Architecto van Campen zwey Schachspiele vohr undt ümb 200 Rijksthrl. erhandeln lassen, Alss wollen wir in gnädigsten befehl hiemit an euch solche Zwey hunderdt Rthlr. forderlichst unseret wegen Dafür Zu bezahlen, und ihme van Campen einzulieffern. Auch haben wir obgedachten van Campen gnadigste commission ertheilt, den neulich alhier von uns gehaltenen of Zug*) aldort**) in Kupfer stechen Zu lassen. Wollen demnach gleichsfals in gnadigsten befehl hiemit an euch dass ihr nebst dem van Campen mit dem Kupferstecher, der diese arbeit fertigen würde, darüber beijderseits vergleichet undt sobaldt eine Plat aussgearbeitet ist, dieselbe bezahlet, undt Dann nebst dem van Campen beschaffet, damit gedachter aufzug ungeseumbt getrucket undt aussgelassen werden möge. Etc. . . ."

Meine Frage ist nun: Kennt Jemand diese vom Grossen Kurfürsten bestellte Publikation eines Festzuges in Kleve, der vermutlich nach seiner Vermählung mit der Prinzessin von Oranien in seiner Hauptstadt am Niederrhein stattgefunden? Kennt Jemand den Namen des im Briefe erwähnten Kupferstechers und eine Sammlung, welche das von J. van Kampen herausgegebene Werk besitzt?

Charlottenburg, Februar 1902. Georg Galland.

---

*) Aufzug.
**) d. i. te Amsterdam.

Inhalt des X. Jahrganges 1901/1902.

E. Abbildungen.

Alphabetisches Inhaltsverzeichnis.

28*

Druckfehler-Berichtigung.

S. 49 Z. 25 von oben lies: „Reste“ statt „Rechte“.
„ 71 Z. 18 von oben lies: „Meitzen“ statt „Weitzen“.
S. 81 Z. 12 von oben lies: „Zipfel“ statt „Gipfel“.
„ 82 Z. 18 von oben lies: „Mellen“ statt „Melle“.

S. 123 Z. 17 von oben liess: „Prilwitzer" statt „Prittwitzer".
„ 180 Z. 7 von oben lies: „Gerät" statt „Schwert".
„ 12 Z. 10 von unten lies: „509" statt „481".
„ 18 Z. 16 von oben lies: „schlank" statt „schlang".
„ 25 Z. 15 von unten hinter Wien einzuschalten „dann nach Berlin".
„ 105 Z. 6 von oben lies: „1 bis 9 u. 16" statt „1 bis IX".
„ 111 Z. 6 von unten lies: „von" statt „an".
„ 118 Z. 7 von unten vor „Herz" liess: „16a".
„ 121 Z. 19 von oben lies: „aufmerksam" statt „hingewiesen".
„ 121 Z. 1 von unten lies: „durch".
„ 124 Z. 20 von oben lies: „deren" statt „dessen".
„ 138 Z. 17 von unten lies: „cabillaud".
„ 139 Z. 5 von oben hinter „Mariäni" zu setzen.
„ 139 Z. 15 von oben das Sternchen fällt fort.
„ 143 Z. 4 von oben lies: („Winter 1900") hinter „bevölkern".
„ 147 Z. 17 von unten liess: „Wattenbach" statt „Wattenboch".

S. 152 Z. 6 von unten liess: „Er" statt „Es".
„ 249 Z. 16 von oben hinter „verwerten" lies: Vgl. 5, 369 u. 370.
„ 262 Z. 15 von unten lies: „Vinci" statt „Viuci".
„ 269 Z. 8 von unten hinter „unter stützen" lies: Vgl. 5, 310.
„ 289 Z. 15 von unten hinter Mark lies: Vgl. 5, 341--344.
„ 307 Z. 4 von oben lies „quinquefolia" statt „quinque folia".
„ 310 Z. 21 von unten hinter „Städte" einzuschalten: „Vgl. S. 268".
„ 341 Z. 14 von oben hinter „Warthe" einzuschalten: (vgl. S. 288).
„ 350 Z. 20 von oben liess: „kurzen".
„ 351 Z. 4 von oben hinter „135" einzuschalten: „u. X. 270".
„ 365 Z. 12 von unten hinter „Umfang" einzuschalten („Vgl. S. 273").
„ 370 Z. 4 von unten lies: „Husit" statt „Hus".
„ 370 Z. 3 von unten lies: „steckt" statt „steckte".
„ 393 Z. 5 von unten lies: „Steine" statt „Stämme".
„ 344 Z. 21 von oben lies: „unmöglich".
„ 344 Z. 12 von unten lies: „tornow" statt „Tornow".

Für die Redaktion: Dr. Eduard Zache, Cüstriner Platz 9. — Die Einsender haben den sachlichen Inhalt ihrer Mitteilungen zu vertreten.
Druck von P. Stankiewicz' Buchdruckerei Berlin, Bernburgerstrasse 14.

Zeitfracht Medien GmbH
Ferdinand-Jühlke-Straße 7
99095 Erfurt, Deutschland
produktsicherheit@kolibri360.de